金融学译丛

货币金融学

(第三版)

R. 格伦·哈伯德(R. Glenn Hubbard)
安东尼·帕特里克·奥布赖恩(Anthony Patrick O'Brien) 著
孙国伟 译

MONEY, BANKING, AND THE FINANCIAL SYSTEM

(THIRD EDITION)

中国人民大学出版社
·北京·

出版说明

作为世界经济的重要组成部分，金融在经济发展中扮演着越来越重要的角色。为了加速中国金融市场与国际金融市场的顺利接轨，帮助中国金融界相关人士更好、更快地了解西方金融学的最新动态，寻求建立并完善中国金融体系的新思路，促进具有中国特色的现代金融体系的建立，中国人民大学出版社精心策划了这套“金融学译丛”，该套译丛旨在把国际上金融体系相对完善的国家最权威、最具代表性的金融学著作，被实践证明最有效的金融理论和实用操作方法介绍给中国的广大读者。

该套丛书的特色主要体现在以下三个方面：

（1）理论方法。重在介绍金融学的基础知识和基本理论，帮助读者更好地认识和了解金融业，奠定从事深层次学习、研究等的基础。

（2）实务案例。突出金融理论在实践中的应用，重在通过实务案例以及案例讲解等，帮助广大读者将金融学理论的学习与金融学方法的应用结合起来，更加全面地掌握现代金融知识，学会在实际决策中应用具体理论，培养进行宏观分析和实务操作的能力。

（3）学术前沿。重在反映金融学科的最新发展方向，便于广大金融领域的研究人员在系统掌握金融学基础理论的同时，了解金融学科的学术前沿问题和发展现状，帮助中国金融学界更好地认清世界金融的发展趋势和发展前景。

我们衷心地希望这套译丛的推出能够如我们所愿，为中国的金融体系建设和改革贡献一份力量。

中国人民大学出版社

前言
PREFACE

你认为这重要吗？

作者通常会在教材开始的时候努力说服读者他们的学科很重要甚至令人兴奋。在近年来发生的一些事件之后，随着股价的剧烈波动、负利率、前所未有的货币政策行动以及从2007—2009年毁灭性的金融危机中的缓慢复苏，我们怀疑是否每个人都相信学习货币、银行和金融市场很重要。这很令人兴奋……有时候可能有点太令人兴奋了。在过去的十年中，几乎各个领域都发生了戏剧性的变化，包括金钱的借贷方式、银行和其他金融企业的运作方式及政策制定者对金融体系的监管方式。正如我们的一位同事所说的那样："我相信，如果我把十年前给学生的考试题给现在的学生，那么我对大多数问题都会要求不同的答案！"我们这本教材的目标是为教师和学生提供工具来了解金融体系和货币政策执行中的这些变化。

这一版的新内容

使用本书前两版的学生和教师的热情回应让我们感到欣慰。这些回应证实了我们的看法，即密切关注政策和理论的最新发展的现代方法会吸引读者。在第三版中，我们保留了先前版本的主要特色，同时做出一些改动来解决教师和学生的反馈，并反映我们自己的课堂教学经验。以下内容概括了我们所做的主要改动，随后我们将详细讨论这些变化：

- 在第4.4节"利率与货币市场模型"中增加了用货币市场模型说明利率如何决定的新内容。上一版正文中出现的可贷资金模型部分被移至新的附录。
- 在第6.1节"股票和股票市场"中扩展了对股票市场指数的讨论。
- 改变了第8章"外汇市场"中主题的组织方式，把对冲汇率风险的部分移到本章的最后部分，不讲授这些内容的教师可以很容易地忽略该部分。
- 在第9.1节"金融体系与经济绩效"中增加了经济学家为什么认为经济绩效取决于金融体系的新内容。
- 在第12.4节"金融危机与金融监管"中，新增了《华尔街改革和消费者保护法》（一般称《多德-弗兰克法案》）对美联储作为最后贷款人能力的影响的新内容。
- 在第15.2节"货币政策工具与联邦基金利率"中，增加了有关银行准备金大幅增加如何影响联邦基金利率的决定的新内容。

- 在第 15.3 节“美联储的货币政策工具及其管理联邦基金利率的新方法”中，增加了美联储在准备金不再稀缺的情况下如何管理联邦基金利率的内容。
- 在第 16.4 节“汇率制度和国际金融体系”中修改了中国对汇率市场的干预，并增加了政策困境的内容。
- 在第 18.4 节“利率对货币政策重要吗?”中增加了影子银行贷款渠道的新内容。
- 替换了 11 个开篇案例，并更新了保留的案例。
- 增加了 18 个新的“联系实际”专栏，其中包括一些与学生的个人生活和决定有关的专栏。
- 添加了 2 个新的“解决问题”专栏，并更新了保留的“解决问题”专栏。一些“解决问题”专栏还涉及与学生的个人生活和金融决策相关的主题。
- 添加了 23 个新图形和 5 个新表格，并用最新的可用数据更新了其余的图形和表格。
- 替换或更新了大约一半的“复习题”及“问题和应用”，学生可以在 MyEconLab 上完成。
- 保留了 46 个实时数据练习，学生可以在 MyEconLab 上完成该练习，学生和教师可以在其中查看来自圣路易斯联邦储备银行在线宏观经济数据库 FRED 的最新数据。

新的重要内容

- 第 4 章“利率的决定”中包括了第 4.4 节“利率与货币市场模型”中使用货币市场模型（也称流动性偏好模型）确定短期名义利率的新内容。把这一新章节放在较早的章节中，可以使教师们能够讲授货币供给量变化与短期利率之间的关系，这是有关如何确定利率的初步讨论的一部分。我们将以前版本的第 4 章正文中的“可贷资金模型与国际资本市场”部分移至附录。这种变化基于市场反馈，一些教师希望延后或跳过开放经济框架。
- 第 6 章“股票市场、信息与金融市场效率”扩展了股票市场指数的范围来详细说明为什么经济学家、决策者和投资者使用股票价格的平均值而不是某一家公司的价格来评估股票市场状态。
- 更改了第 8 章“外汇市场”中主题的组织方式。在上一版第 8.2 节“外汇市场”中使用衍生工具的内容已移至本章第 8.3 节“短期汇率波动的需求和供给模型”的末尾，不希望讲授这一内容的教师可以轻松地跳过它。上一版第 8.2 节中的其余内容已整合到 8.1 节中。最后一节被重写并阐明了用来分析汇率的需求和供给方法与利率平价方法的关系。
- 第 9 章“交易成本、不对称信息和金融体系的结构”中，在新的第 9.1 节“金融体系与经济绩效”中讲授为什么经济学家认为经济绩效取决于金融体系。在 2007—2009 年的金融危机之后，该主题仍然很重要，该讨论有助于增强本章和其他章中讨论的许多主题的重要性。
- 第 12 章“金融危机与金融监管”讨论了《华尔街改革和消费者保护法》（《多德-弗兰克法案》）是否削弱了美联储在发生另一场金融危机时作为最后贷款人的能力。（参见第 12.4 节“金融危机与金融监管”中的“联系实际”专栏“《多德-弗兰克法案》会在下一次金融危机中牵制美联储吗?”）。

- 这一版最重要的更改是第 15 章“货币政策”。在以前的版本中，我们采用传统的方法来显示由准备金的需求和供给决定的均衡联邦基金利率。这种方法假设准备金是稀缺的，这是直到 2007—2009 年金融危机之前的准确假设。但是，由于目前银行拥有 2 万亿美元的准备金，传统的解释联邦基金利率变化的方法不再准确。我们在第 15.2 节“货币政策工具与联邦基金利率”中解释了放弃传统的稀缺准备金的假设的后果。然后，在第 15.3 节“美联储的货币政策工具及其管理联邦基金利率的新方法”中，我们对美联储目前如何管理联邦基金利率展开新的讨论。这个新的讨论着重于美联储如何使用为准备金余额支付的利率（IOER）和为银行间隔夜逆回购协议支付的利率来改变联邦基金利率的目标。新的图 15－8“美联储管理联邦基金利率的新方法”总结了该讨论。我们认为，如果学生想要了解联储政策制定的这一关键方面，我们的新方法至关重要。
- 第 16 章“国际金融体系与货币政策”中的第 16.4 节“汇率制度和国际金融体系”包括对中国干预汇率市场的干预措施的更新和修订。第 16.4 节还包括新的内容和政策困境的图形，这是一个国家不可能同时拥有汇率稳定、货币政策独立和自由资本流动的假设。
- 第 18 章“货币理论Ⅱ：*IS-MP* 模型”中的第 18.4 节“利率是货币政策的全部吗?”包括影子银行贷款渠道的新内容。影子银行在 2007—2009 年金融危机以及当前金融体系中的作用使得该主题对于分析货币政策非常重要。

新的开篇案例

每个开篇案例都为学习提供了真实世界背景、激发学生对货币和银行的兴趣，并有助于统辖该章。第三版包括以下新的开篇案例：

- “你有个好主意……但那又怎么样?”（第 1 章）。
- “美联储：对老百姓还是华尔街有利？还是对两者都有利?”（第 2 章）。
- “为什么利率这么低?”（第 4 章）。
- “利率的优势和弊端”（第 5 章）。
- “你也可以买卖原油……但是你应该吗?”（第 7 章）。
- “谁是马里奥·德拉吉？为什么宝洁公司要关注她?”（第 8 章）。
- “小企业涌向手中鸟银行”（第 10 章）。
- “富国银行拥有美联储的部分股份，这有关系吗?”（第 13 章）。
- “‘正常’货币政策的终结?”（第 15 章）。
- “为什么就业在大衰退之后增长缓慢?”（第 17 章）。
- “预测联邦基金利率很困难……即使对美联储也是如此!”（第 18 章）。

新的“联系实际”专栏和相应的章末练习

每一章都包含两个或多个“联系实际”专栏，旨在强化重要概念的现实背景。其中一些联系实际包含直接适用于学生的个人生活和决策的主题。以下是新的“联系实际”：

- “P2P 借贷和金融科技的兴起”（第 1 章）。
- “瑞典会变为第一个无现金社会吗?”（第 2 章）。

- “你的投资组合的风险大吗?”（第 4 章）。
- “如果股价无法预测，为什么还要投资股市?”（第 6 章）。
- “脱欧、汇率和英国企业的盈利能力”（第 8 章）。
- “FICO：一个数字能预测你的财务生活和你的浪漫生活吗?”（第 10 章）。
- “创办一家小企业？去拜访一下你的社区银行家”（第 10 章）。
- “《多德-弗兰克法案》会在下一次金融危机中牵制美联储吗?”（第 12 章）。
- “银行家应该在美联储的运营中发挥作用吗?”（第 13 章）。
- “负利率是有效的货币政策工具吗?”（第 15 章）。
- “美元有‘过高的特权’吗?”（第 16 章）。
- “免费的房利美和房地美?”（第 18 章）。

其他变化

- 添加新的“解决问题”。许多学生在处理应用经济学问题方面有困难。我们通过在每章中包括“解决问题”专栏来帮助学生克服这一困难。以下“解决问题”是这一版本的新增内容：
  - ◇“政治不确定性与债券收益率”（第 5 章）。
  - ◇“瑞士中央银行抵消瑞士法郎升值”（第 16 章）。
- 替换或更新大约一半每章末的复习题、问题和应用。
- 用最新的可用数据更新图形和表格。

我们的方法

在本书中，我们对近年来的金融事件展开广泛的分析。我们认为这些事件非常重要，有必要将其纳入教材正文中，而不仅仅是将其作为专栏加入教材。特别是，我们强调一个决策者好不容易得到的教训：对经济而言，影子银行体系中发生的事情与商业银行体系中发生的事情一样重要。

但是，我们意识到，金融危机和衰退的细节最终将成为历史。在本书中，我们不想只添加学生必须记住的事实清单。相反，我们引导学生分析金融系统为何如此组织以及金融系统如何与更广泛的经济相联系。我们对经济学原理教材的成功感到满意，并在本书中采用了类似的方法：我们为学生提供一个框架，使他们能把在课堂上学到的理论应用到现实世界中。通过掌握这个框架，学生将拥有了解未来几年金融系统发展的工具。为了实现该目标，我们将四个优点纳入本书：

（1）理解、评估和预测的框架；

（2）现代分析方法；

（3）整合国际主题；

（4）关注美联储。

课本的框架：理解、评估、预测

本书所有讨论背后的框架分为三个层次：

- 首先，学生学会理解经济分析。“理解”是指学生发展他们需要的经济直觉来组织概念和事实。

• 其次，学生学会评估当前的发展和财经新闻。我们鼓励学生使用金融数据和经济分析来认真思考如何解释时事。

• 最后，学生学会运用经济分析来预测经济和金融体系可能的变化。

经历了美联储官员、国会议员、华尔街企业高管以及几乎所有其他人都无法预料的一场巨大的金融危机，我们可以让学生为预测金融体系的未来做好准备的想法似乎过于雄心勃勃——至少可以这么说。当然，我们承认有些重要事件很难预测，但我们在本书中介绍的经济分析知识确实可以预测关于金融体系如何演变的许多方面。例如，在第 12 章“金融危机与金融监管”中，我们讨论了周期性的金融危机、监管对策（如 2010 年的《华尔街改革和消费者保护法》）、金融创新及进一步的监管反应。我们还涵盖了对美联储是否保留了足够的权力作为最后贷款人以便在发生另一场危机时稳定金融体系的持续辩论。通过我们的方法，学生不仅可以学习《多德-弗兰克法案》的新规定，而且更重要的是，他们可以学到一个重要的教训，即随着时间的推移，金融企业的创新可能使《多德-弗兰克法案》的许多规定被废弃。换言之，学生将学习到，金融系统不是静态的，而是演变的，用经济分析可以理解演变的方式。

现代分析方法

教材是有趣的东西，大多数除了传统内容外，还是当前和现代的结合。它通常会向学生介绍对学生有帮助的内容，也会介绍对他们没有帮助或者坦率地说适得其反的内容。我们认为，理想的情况是编写一部现代的教材，并结合货币政策和金融体系的最新研究成果，而不必追随经济学或金融学的每一个潮流。在撰写本书时，我们用崭新的眼光审视了货币金融学课程中的主题。我们删减了与现代金融体系不太相关或在大多数经济学家看来理论上不可靠的内容。我们还试图尽可能地直接告知学生，在当今的金融系统和政策制定中哪些是重要的，哪些不重要。

例如，我们没有对准备金要求作为货币政策工具的作用展开传统的大篇幅讨论，只是提供了简短的概述，并指出美联储自 1992 年以来就没有改变过准备金要求。也许我们的教材与其他教材的区别是，我们对当准备金不再稀缺时美联储如何改变联邦基金利率目标提供了全面的讨论。美联储的新方法处于货币政策的中心，学生需要准确和最新的讨论。

同样，美联储关注 M1 和 M2 目标已经过去几十年了。因此，在第 18 章“货币理论Ⅱ：*IS-MP* 模型”中，我们先用戴维·罗默（David Romer）于 15 年前提出的 *IS-MP* 模型替换了 *IS-LM* 模型（假定中央银行瞄准货币存量而不是利率）。我们相信，我们的现代教学方法可以帮助学生将课本内容与他们了解的经济和金融世界联系起来。（对那些想要介绍 *IS-LM* 模型的教师，我们将在第 18 章末为该模型提供附录。）

通过减少过时的内容，我们实现了两个重要目标：（1）我们提供了更简短和可读性更强的课本，（2）我们为讨论基本主题（如投资银行、对冲基金和共同基金构成的影子银行体系）及金融危机的起因和后果留出空间。参阅第 11 章“超越商业银行：影子银行和非银行金融机构”和第 12 章“金融危机与金融监管”。其他课本要么忽略这些主题，要么只是对其做简单介绍。

我们已经为本科生和研究生讲授了很多年的货币金融学。我们相信，我们的教材中的现代和现实世界的分析方法会比其他教材更能吸引学生。

整合国际主题

当次级抵押贷款危机爆发时，美联储主席本·伯南克（Ben Bernanke）指出，这不太可能对美国住房市场造成很大的伤害，更不用说对整个经济造成伤害。当然，事实证明，次贷危机不仅破坏了美国的房地产市场，而且破坏了美国的金融体系、美国经济及大多数发达国家的经济。一个经济体的一个部门的一部分可能引起世界范围的危机，这表明有关货币金融学的教材必须认真对待美国与其他经济体之间的联系。我们将用完整的两章专门讨论国际主题：第 8 章“外汇市场”和第 16 章“国际金融体系与货币政策”。在这些章节中，我们讨论以下问题：欧洲主权债务危机；欧洲中央银行、日本银行和其他一些外国中央银行使用的负利率政策及中央银行之间对货币政策行动加强协调的问题。但我们意识到，尤其是在本课程中，对一位教师来说必不可少的内容对另一位教师则是可选的。因此，我们撰写教科书的方式是，让教师可以跳过其中一个或全部两个国际主题的章节。

关注美联储

我们几乎不会声称货币金融学教材要以美联储为重点……但我们确实做了！当然，所有货币金融学教材都在讨论美联储，但通常要等到课本最后和学期末才会讨论。在与焦点小组的教师交谈后，并根据我们自己多年的教学经验，我们认为这种方法是一个严重的错误。根据我们的经验，学生通常在整合货币金融学课程的内容时会遇到困难。在他们看来，这门课程似乎杂乱无章。美联储的角色可以作为课程的统一主题。因此，我们在第 1 章“货币和金融体系简介”中介绍和概述美联储，在随后的每一章中，我们都对美联储在金融体系中的作用予以扩展。因此，当学生阅读关于美联储运作细节的第 13 章“联储储备和中央银行业务”的时候，学生已经对美联储的重要性及其在金融体系中的作用有了很好的了解。

专题

我们可以将编写本书的目的总结如下：对金融体系的经济学以及金融体系与经济的联系展开系统且现代的讨论。为实现这一目标，我们开发了许多专题。一些类似于在我们的经济学原理教材中已被证明广受欢迎并能有效帮助学习的专题，其他专题是专为本书开发的。

“重要议题和问题”的方法

我们相信，每章都有一个重要议题和相关的重要问题，就学生在网上和报纸上读到的话题以及他们彼此之间及与家人讨论的话题而言，我们就有机会解释该话题背景下的金融体系的运作方式。在第 1 章“货币和金融体系简介”中，我们介绍了金融体系的重要组成部分，介绍了美联储，并预览了金融体系面临的重要问题。在第 1 章末，我们提出 17 个重要议题和问题，为学生提供本书其余部分的路线图，并帮助他们理解学习货币、银行和金融体系的原理，将使他们能够分析有关金融体系和货币政策的最重要的议题。这里的目的不是让学生背诵事实目录。相反，我们使用这些重要议题来证明对金融体系的经济分析对理解最近发生的事件至关重要。有关“重要议题和问题”的完整列表参见第 1 章。

我们在随后的每一章中都以“重要议题和问题”开头，并在每章结束时使用本章介绍的概念来回答问题。

与时俱进的“开篇案例”

每个“开篇案例”都提供了真实世界的学习环境，激发了学生对货币和银行业务的兴趣，并有助于统一该章。例如，第 11 章“超越商业银行：影子银行和非银行金融机构”在题为“银行何时不是银行？当银行是影子银行时！”的“开篇案例”中讨论了影子银行体系的兴起。在整个这一章中，我们会重新讨论该主题。

“联系实际”专栏

每章包括 2～4 个“联系实际”专题，这些专题可以通过现实案例来强化对重要概念的理解，并帮助学生学习如何解释他们在网上和报纸上读到的内容。大多数“联系实际”专栏使用相关的、令人兴奋的新闻故事，其中许多关注紧迫的政策问题。其中的一些“联系实际”涵盖了直接适用于学生的个人生活和决策的主题。

以下是示例：

- “利率和学生贷款”（第 3 章）。
- “你的投资组合的风险大吗？”（第 4 章）。
- “你应该投资垃圾债券吗？”（第 5 章）。
- “如果股价无法预测，为什么还要投资股市？”（第 6 章）。
- “你预期股市的波动率是多少？”（第 7 章）。
- “公司正在发行更多债券，你应该购买吗？”（第 9 章）。
- “创办一家小企业？去拜访一下你的社区银行家”（第 10 章）。
- “你想成为投资银行家吗？”（第 11 章）。
- “如果你担心通货膨胀，那么你应该投资黄金吗？”（第 14 章）。

每个“联系实际”都有至少一个相关的章末问题来让学生测试他们对所讨论主题的理解。

“解决问题”专栏

许多学生在解决应用经济学问题方面有困难。我们通过在每章中包括“解决问题”来帮助学生克服这一障碍。我们的目标是使学生专注于每章的主要思想，并为他们提供一个通过逐步分解来解决经济问题的模型。其中一些“解决问题”涵盖的主题直接适用于学生的个人生活和决策。

每章末的“问题和应用”部分的练习题与“解决问题”相关。学生还可以在 www. myeconlab. com 上完成相关的“解决问题”。

图形和汇总表

我们用四种工具帮助学生阅读和解释图形：

（1）详细的标题。

（2）方框内的说明。
（3）标记的曲线。
（4）带图的汇总表。

数据练习

每章结尾至少有两个数据练习，这些练习可帮助学生熟悉关键数据源，学习如何查找数据及发展解释数据的技能。

实时的数据练习让学生和教师可以使用 FRED 的最新数据，FRED 是圣路易斯联邦储备银行的在线宏观经济数据库。

目录

CONTENTS

第1章

货币和金融体系简介

学习目标

学完本章之后，你应该能够：

1.1　识别金融体系的重要组成部分；

1.2　概述2007—2009年的金融危机；

1.3　说明与金融危机有关的重要议题和问题。

开篇案例

你有个好主意……但那又怎么样？

假设不能借贷资金。也许生活会更好。莎士比亚的戏剧《哈姆雷特》中的一个人物给他儿子的建议是："不要借贷。"一些财务顾问建议刚毕业的大学生只用现金买东西——不要贷款买车，不要用信用卡买新床或冰箱。然而，没有借贷的经济能良性运转吗？答案不言自明，因为现代经济的例子和有少量借贷的传统经济的例子已经给出答案。没有借贷的结果是低收入和微乎其微的经济进步。

为了理解借贷的经济重要性，假设你有一个创办公司的想法：设计一款能限时低价发送教材的章节到学生手机上的app（智能手机应用）。例如，如果一个学生没有买指定的微积分课本，但写作业的时候需要用到第10章，该app能以5美元的价格允许其使用该章六小时。[①] 要启动你的公司有很多事情要做：优化软件、设计供你出售软件的app商店中的页面、与教材出版社洽谈使用它们的图书、向学生推销你的想法。在你从销售该app中获得收入之前必须花费很多钱。但钱从何而来？

你与全世界当今和历史上的每个企业家面临相同的挑战。金融体系（financial system）的作用就是把家庭和其他储蓄者的资金转移给公司。公司的创办、生存和发展需要获得资金。它们依赖资金就像农场依赖水源一样。例如，不妨考虑一下沃野千里但雨水稀少的亚利桑那州南部和加利福尼亚州的中央谷。如果没有一套由水库和沟渠组成的精密的灌溉体系，那么水源就

① 如果你创建这个公司并取得成功，别忘了是从哪里得到的想法！

不会流向这些地区，农场主也不能种植大量的莴苣、芦笋和棉花等农作物。金融体系就像灌溉体系一样，但流经金融体系的是钱而不是水。

在始于2007年的金融危机期间，美国的金融体系出现中断，大量经济部门被切断蓬勃发展所需的资金流动。正如切断加利福尼亚圣华金河谷（San Joaquin Valley）的灌溉水源会中断农作物生产一样，金融危机也会导致整个经济的商品和服务生产的大幅下降。其结果是世界遭遇自20世纪30年代的大萧条以来最严重的经济衰退。

就像工程师会设法修复受损的灌溉水渠以恢复水的流动一样，在金融危机期间，美国财政部和联邦储备委员会（联储）的官员们采取了强有力的行动来恢复通过银行和金融市场流向需要钱的企业和家庭的资金流。虽然对某些政策有争议，但大多数经济学家还是认为，要让经济走出深度衰退，某些政府干预政策是必不可少的。

少有家庭或企业能免于金融危机及其引起的经济衰退的冲击，这进一步证明了金融体系会影响每个人的生活。

我们在本章将为金融体系的重要组成部分提供一个概览，并介绍我们在本书中将要探究的重要议题和问题。

1.1 金融体系的关键组成部分

本书的目的是为你提供理解现代金融体系所需的方法。你应该先熟悉金融体系的三大重要组成部分：

（1）金融资产；

（2）金融机构；

（3）美联储和其他金融监管机构。

现在，我们将简要地逐一考察这些组成部分，在后续章节中还会再次予以考察。

金融资产

资产（**asset**）是个人或企业拥有的任何有价值的东西。**金融资产**（**financial asset**）是一种金融要求权，这意味着如果你拥有一种金融资产，你就拥有要求其他人给你付钱的权利。例如，一个银行支票账户就是一种金融资产，因为其代表你可以要求银行向你支付等于账户金额的一笔钱。经济学家将金融资产分为证券和非证券两大类。**证券**（**security**）是**可交易的**，即可以在金融市场上买卖。**金融市场**（**financial market**）是买卖股票、债券和其他证券的场所或渠道，如纽约股票交易所。如果你拥有苹果公司或脸书公司的一股股票，那么你就拥有一种证券，因为你可以在股票市场上出售你的股份。如果你拥有的是花旗银行或富国银行的一个支票账户，那么你无法出售它。因此，你的支票账户是一种资产而非一种证券。

我们在本书中会讨论很多种金融资产。不妨将其分为如下五大类：（1）货币；（2）股票；（3）债券；（4）外汇；（5）证券化贷款。

货币

虽然我们通常认为“货币”就是硬币或纸币，但即使是对货币最狭义的官方定义中也包括支票账户中的钱。事实上，经济学家对**货币（money）**有一个非常一般化的定义：人们在商品和服务的付款或债务的清偿中愿意接受的任何东西。**货币供给（money supply）**就是经济中的货币总量。正如我们在第 2 章将会看到的那样，货币在经济中发挥着重要的作用，关于度量货币的最佳方法存在一些争议的。

股票

股票（stock）亦称股权或权益（equity），是代表一家企业的部分所有权的金融证券。如果你买了一股微软（Microsoft）公司的股票，你就成为微软公司的一位股东（shareholder），虽然因为微软发行了数百万股股票，你所拥有的只是微不足道的一部分，但你还是拥有企业的一部分。当一家企业增发股票时，其所作所为与一个小企业主接纳一个合伙人是相同的：增加企业的资金，即金融资本（financial capital），同时也增加企业的所有人数量。作为企业一股股票的所有者，你就拥有了对企业的一部分资产和一部分利润的法定要求权，当然前提是企业有资产和利润。企业通常会保留利润中的一部分作为留存收益（retained earnings），并将剩余部分按季度以股息（dividend）的形式支付给股东。

债券

如果你买了企业或政府发行的**债券（bond）**，你就借给企业或政府一定量的钱。**利率（interest rate）**是借入资金的成本（或贷出资金的报酬），通常以借款额的百分比形式来表示。例如，如果你从一位朋友那儿借了 1 000 美元，并在一年后还给他 1 100 美元，那么这笔贷款的利率就是 100 美元/1 000 美元＝0.10，或者说 10%。债券通常支付叫作息票（coupon）的固定金额的利息。当债券到期（mature）时，债券的出售方偿还本金。例如，如果你买了一只 IBM 公司发行的年息票为 40 美元、30 年后到期的 1 000 美元的债券，那么 IBM 公司在随后的 30 年里每年会付给你 40 美元，到期后还会付给你 1 000 美元的本金。到期时间等于或小于一年的债券是短期债券（short-term bond）。到期时间大于一年的债券是长期债券（long-term bond）。债券可以在金融市场上买卖，因此，债券像股票一样是证券。

外汇

一国购买的很多商品和服务都是产自该国之外。类似地，很多投资者也会购买外国政府和企业发行的金融资产。要购买外国的商品和服务或者外国的资产，本国的企业或本国的投资者必须先将本国的通货兑换为外国的通货。例如，当进口索尼电视机时，消费电子巨头百思买（Best Buy）就要将美元兑换为日元。**外汇（foreign exchange）**指的就是外币。外汇最重要的买方和卖方是大型银行。银行代表想购买外国金融资产的投资者开展外币交易。银行也代表想进口或出口商品和服务或者想在外国投资诸如工厂之类的实物资产的企业开展外币交易。

证券化贷款

如果你没有足够的现金支付汽车或住房的全额价款，那么你可以向银行申请一笔贷款。类似地，如果一位开发商想建造一座新的办公大厦或大型购物中心，开发商也可以从银行取得一笔贷款。直到大约 30 年前，银行发放贷款的目的都是收取在贷款还清前的利息来赚钱。大多数贷款不太可能在金融市场上被出售，因此，贷款是金融资产而非证券。

正如我们在第 11 章将要详细讨论的那样，随后，联邦政府和金融企业创造了有许多类型的贷款的市场。银行可在金融市场上出售的贷款就变为证券，因此，将贷款转换为证券的过程就叫作**证券化（securitization）**。

例如，银行可能会发放一笔住房抵押贷款（mortgage），即借款人用于购买住房的一笔贷款，并将其出售给会把这笔抵押贷款与其他银行发放的类似抵押贷款归集在一起的一家政府机构或一家金融企业。房贷的归集就构成一种叫作抵押贷款支持证券（mortgage-backed security，MBS）的基础，它是一种功能类似于债券的新证券。就像投资者可以购买 IBM 公司的债券一样，投资者也可以购买政府机构或金融企业发行的抵押贷款支持证券。发放原始贷款的银行仍然收集借款人偿还的利息，并将其移交给政府机构或金融企业以便再将利息分配给购买抵押贷款支持证券的投资者。银行从发放贷款、收集借款人的还贷并移交给抵押贷款支持证券发行人等业务活动中收取服务费。

需要注意的是，储蓄者的金融资产就是借款人的金融负债。金融负债（financial liability）是个人或企业拥有的金融要求权。例如，如果你从银行办理了一笔汽车贷款，从银行的角度看，这笔贷款是一项资产，因为其代表你承诺在贷款还清前每月向银行支付一定量的还款。但贷款对你这个借款人来说是一笔负债，因为你欠银行的贷款中规定了还款。

金融机构

金融体系通过两种渠道来匹配储蓄者和借款人：(1) 银行及其他金融中介；(2) 金融市场。这两种渠道是根据资金如何从储蓄者或贷款人流向借款人以及参与其中的金融机构来加以区分的。[①] 资金通过**金融中介（financial intermediary）**间接地从贷款人流向借款人，如银行，或者通过金融市场直接地从贷款人流向借款人，如纽约股票交易所。

如果你从银行获得一笔贷款来购买汽车，经济学家将这一资金流动称作间接融资（indirect finance）。这一资金流动之所以是间接的，是因为银行贷给你的资金来自那些将资金存入银行的支票账户或储蓄账户的人们。从这个意义上说，银行并不是直接将其自有资金贷放给你。此外，如果你购买一家企业刚刚发行的股票，这一资金流动就是直接融资（direct finance），因为资金直接从你流向企业。

储蓄者和借款人可以是国内外的家庭、企业或政府。图 1－1 显示金融体系直接和间接地将资金从储蓄者转移给借款人，并将收益从借款人返还给储蓄者。储蓄者以各种形式获得收益，包括股票的股息支付、债券的息票支付及贷款的利息支付。资金也在金融市场和金融中介之间流动，如商业银行在金融市场上购买债券。图 1－1 旨在给出资金如何在金融体系中流动的概览。我们下面将会解释一些关键概念，但大部分讨论会留在后续章节中进行。

金融中介

商业银行（commercial bank）是最重要的金融中介机构。商业银行在金融体系中发挥

---

① 注意，为方便起见，我们有时候将拥有愿意贷出或投资资金的家庭、企业和政府称为贷款人（lender），而将想要利用这些资金的家庭、企业和政府称为借款人（borrower）。这些称谓并不完全准确，因为资金的流动并不总是以贷款的形式进行。例如，购买股票的投资者是在购买一家企业的部分所有权，而非向企业贷出资金。

着重要作用，其接受来自家庭和企业的存款并将大部分存款用于投资，要么通过向家庭和企业发放贷款，要么通过购买诸如政府债券或证券化贷款之类的证券来实现。当家庭想购买“大件商品”时，如汽车或住房，大多数家庭是依靠从银行借款来实现的。类似地，很多企业依靠银行贷款来满足其短期信贷（credit）需求，如存货支出（企业已经生产或采购但尚未出售的商品）或员工薪水支出的资金需求。企业支付存货款项或员工薪水的时间与从商品和服务的销售中获得收益的时间存在不一致，很多企业要依靠银行贷款来消除因时间不一致导致的资金缺口。一些企业也依靠银行贷款来满足其长期信贷需要，如企业的实物资产扩张带来的资金需求。

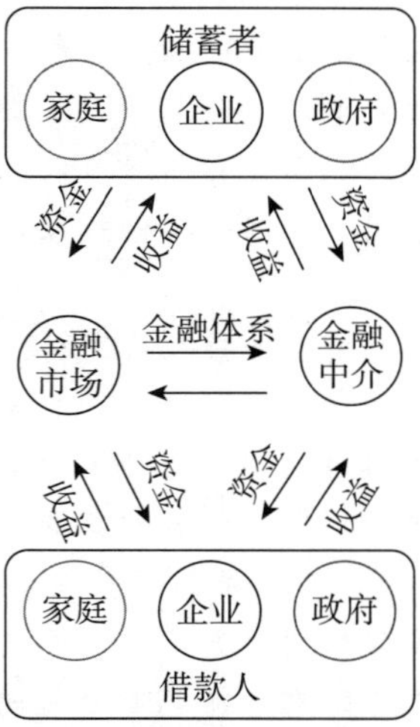

图 1-1　通过金融体系的资金流动

金融体系将资金从储蓄者转移给借款人。借款人通过金融体系将收益返还给储蓄者。储蓄者和借款人包括国内外的家庭、企业和政府。

每一章的“联系实际”专栏都会讨论一个新闻故事或与该章内容有关的其他一些应用。阅读下面的“联系实际 1-1 专栏”，讨论技术进步及一些家庭和企业在 2007—2009 年的金融危机后借钱遭遇困难如何导致 P2P 借贷的兴起。

联系实际 1-1

P2P 借贷和金融科技的兴起

大企业可以通过出售股票和债券在金融市场上筹集资金，但小企业和家庭做不到。因为投资者收集关于小企业的信息的成本高昂，所以这些企业无法出售股票和债券，相反不得不依赖银行贷款。类似地，当个人和家庭（经济学家将二者合称为家庭）要借钱买房时，通常也是依靠银行贷款。当家庭要借钱买汽车、电器和家具时，它们有三种选择：银行贷款、商品的卖家提供的贷款或者自己的信用卡。

曾经，政府监管导致大部分银行的规模都很小。这些小银行雇用的信贷员在决定是否给当地的企业和家庭发放贷款时通常依靠自己的判断和经验。到 21 世纪头 10 年的时候，银行法的变化意味着很多小企业和家庭是从区域性或全国性大银行获得贷款的。这些大银行通常依据固定的指导原则来发放贷款，小银行的信贷员传统上采用的个人判断法失去了用武之地。

到21世纪中期的时候，很多银行认为放松贷款标准使得更多的借款人符合信贷条件是有利可图的。这些银行认为，更松的贷款标准带来的更多的借款人贷款违约可以由新增的符合贷款标准的借款人的还款所抵消。不幸的是，在始于2007年的金融危机期间，贷款违约的借款人数量比银行预期的要多得多。贷款损失开始上升，到2009年末超过2007年末的四倍。

事实上，2007—2009年的贷款损失是自20世纪30年代的大萧条以来最大的。作为对损失的应对，联邦政府的监管部门开始要求银行收紧信贷标准。银行为避免进一步的损失，在发放贷款中也变得更加谨慎。受这些因素的共同影响，家庭和企业获得贷款变得更难。

新的企业，即所谓的P2P贷款人或市场化贷款人，开始去满足那些银行不再满足的贷款需求。P2P贷款网站，如LendingClub、Prosper和SoFi，允许小企业和家庭在线申请贷款。贷款的资金主要有三个来源：个人、其他企业及日渐增多的金融企业，包括保险公司和养老基金。银行传统上是通过向存款人支付较低的利率、对借款人收取较高的利率来赚钱的。相反，P2P贷款人是通过向借款人收取一次性费用，并因代收借款人的还款而对提供资金的人收取一笔费用来赚钱的。

像银行一样，P2P贷款人通过使用关于借款人的收入、按时支付账单的记录及其他方面的信用历史的数据可以估计借款人还款的可能性。因为P2P贷款人利用能迅速评估借款人信息的软件并在贷款申请过程中高度依赖智能手机技术，所以贷款网站就是一个金融科技（fintech）的例子。因为借款利率低于信用卡借款利率，所以很多借款人发现P2P贷款很有吸引力。借款人在P2P贷款中只需支付10%的利率，而不是信用卡贷款的18%。在金融危机之后，债券、银行储蓄账户和其他金融资产的利率降低到历史最低水平。因此，即使在借款人违约会可能导致投资者亏钱的情况下，很多投资者还是愿意在P2P贷款网站上按更高的利率发放贷款。

截至2017年，虽然P2P贷款的规模一直在迅速扩张，但依然远小于银行给小企业和家庭发放的贷款规模。这个行业开始经历一些成长中的阵痛。LendingClub和其他一些市场化贷款人开始检查它们发放并出售给投资者的贷款。2016年5月，当公司的董事会发现LendingClub一直未向购买其贷款的投资者披露所有相关信息时，LendingClub解雇了其首席执行官雷诺·拉普朗什（Renaud Laplanche）。美国财政部也在评估是否需要进一步监管P2P贷款来保护借款人和提供资金给网站放贷的投资者。

P2P贷款和我们在本书中将要讨论的其他金融科技的例子会如何影响金融体系中从贷款人到借款人的资金流动还有待观察。

资料来源：U. S. Department of the Treasury, *Opportunities and Challenges in Online Marketplace Lending*, May 10, 2016; Peter Rudegeair and Anne Steele, "LendingClub CEO Fired over Faulty Loans," *Wall Street Journal*, May 19, 2016; "From the People, for the People," *Economist*, May 9, 2015; and Amy Cortese, "Loans That Avoid Banks? Maybe Not," *New York Times*, May 3, 2014.

见本章末的问题和应用1.8

非银行金融中介

某些金融中介机构，如储贷（savings and loan）协会、储蓄银行（savings bank）和信用社（credit union）之类的“非银行”虽然通过接受存款和发放贷款，以非常类似于商业银行业务的方式开展经营活动，但在法律意义上却是有别于银行的。其他的金融中介机构有投资银行、保险公司、养老基金、共同基金和对冲基金。虽然这些金融机构乍一看与银行并不十分相似，但通过把资金从储蓄者引导到借款人，这些金融机构在金融体系中发挥着类似于银行的功能。

投资银行。诸如高盛和摩根士丹利之类的投资银行不同于商业银行，因为它们并不接受存款，直到最近也很少直接向家庭发放贷款。(2016年底，高盛公司开始从事金融科技在线贷款，为那些虽然有很高的信用卡贷款余额但信用记录良好的家庭提供高达3万美元的贷款。)相反，投资银行致力于为企业的股票和债券发行或正在考虑与其他企业进行合并的企业提供建议和咨询。投资银行也从事证券承销（underwriting）业务，在承销业务中，投资银行向发行股票或债券的企业保证一个价格，接着通过以更高的价格出售股票或债券而获利。到20世纪90年代后期，通过深度介入贷款证券化业务，尤其是抵押贷款的证券化，投资银行作为金融中介的重要性日渐提高。投资银行也开始从事自营交易（proprietary trading），即通过买卖证券来获利。

保险公司。保险公司专门签署合约来保护投保人免于与特定事件（如汽车事故或火灾）有关的财务损失的风险。保险公司向投保人收取保费（premium），再把保费用于投资来获得必要的资金以支付投保人的索赔并覆盖其他成本。例如，当你购买一份汽车保单时，保险公司可能会把你缴纳的保费贷给一家需要资金来扩展业务的连锁酒店。

养老基金。对很多人来说，为退休而储蓄是最重要的储蓄形式。养老基金将工人和企业的定期缴款投资于股票、债券和抵押贷款，以此来赚钱支付工人在退休期间的养老金。养老基金在2016年拥有超过18万亿美元的资产，私人、州和地方政府的养老基金是金融证券的重要需求来源。

共同基金。如富达投资集团旗下的麦哲伦基金之类的共同基金通过向投资者出售基金份额来获得资金。然后，共同基金会把这些资金投资于如股票和债券之类的金融资产组成的**投资组合（portfolio）**，通常会为其提供的服务收取少量的管理费。储蓄者通过购买共同基金份额可以降低如果他们自己购买众多的个股和债券需要承担的成本。资金只能购买少数个股和债券的小储户通过购买共同基金份额也可以降低投资风险，因为大部分共同基金持有大量的股票和债券。发行股票和债券的企业如果宣布破产会导致股票和债券变得一文不值，但对共同基金投资组合的影响可能是很小的。而这对于一个将大部分储蓄投资于该公司的股票或债券的小额投资者而言，影响可能是毁灭性的。因为大多数共同基金都允许投资者随时回购基金份额，所以也为储蓄者的变现提供了便利。

对冲基金。像雷·达里奥（Ray Dalio）管理的桥水基金那样的对冲基金与共同基金的相似之处在于，接受投资者的资金并用这些资金购买由资产构成的投资组合。但对冲基金的投资者通常不超过99个，所有投资者均为富有的个人或者像养老基金那样的机构。对冲基金通常比共同基金的投资风险更高，并向投资者收取更高的费用。

金融市场

金融市场是买卖股票、债券和其他证券的场所或渠道。传统上，金融市场一直是实际的场所，如位于纽约市华尔街的纽约股票交易所或位于伦敦的佩特诺斯特广场的伦敦证券交易所。在这些交易所里，证券商面对面交易股票和债券。如今，大多数证券交易是在券商之间通过计算机实现的电子交易，并被称为“场外”交易。全美证券商协会自动报价系统（National Association of Securities Dealers Automated Quotations System, NASDAQ），即纳斯达克就是一个场外市场，像苹果和英特尔之类的很多高科技企业的股票是在这个市场交易的。在一个特定市场上出售股票和债券被称为在这个市场上“上市”。例如，通用电气在纽约股票交易所上市交易，而苹果公司在纳斯达克上市交易。

经济学家区分**一级市场（primary market）**和**二级市场（secondary market）**。一级市场是股票、债券和其他证券首次被出售的金融市场。首次公开募股（initial public offering，IPO）是指公司在一级市场上首次出售股票。例如，脸书的 IPO 是在 2012 年 5 月完成的。二级市场是投资者买卖现有证券的金融市场。例如，如果你今天购买脸书的股票并在明年出售，那么这笔出售就发生在二级市场。一级市场和二级市场可以是同一个实际或虚拟的场所，如在纽约股票交易所或纳斯达克上市的股票首次公开募股。

联系实际 1-2

人们是如何处置储蓄的？

如果你像大多数大学生一样，那么你的主要金融资产就是你的支票账户。但是在你进入职业生涯之后，你会积累起各种各样的资产。联邦储备系统（Federal Reserve System）会公布显示家庭如何分配其金融财富的家庭金融资产持有数据。下图比较 1978 年和 2016 年的家庭金融资产持有情况。一些资产，如公司股票和债券，是由金融市场提供的。其他资产，如存款和共同基金份额，是由金融中介提供的。

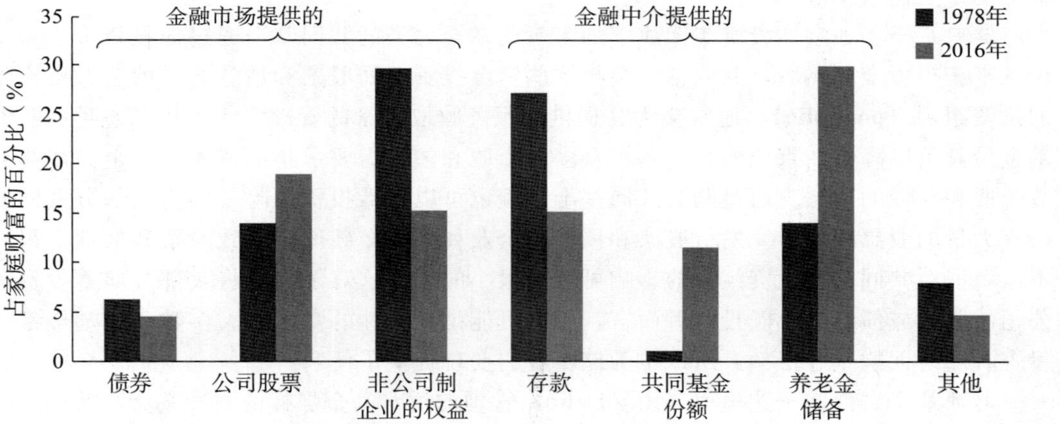

该图表明，在过去的几十年里，家庭对如何持有其金融资产发生了显著的变化。以金融市场提供的资产形式持有财富的类别表明，家庭将其持有的公司股票占总财富的比例从 1978 年的 14%提高到 2016 年的近 19%。但是家庭现在持有的非公司制企业的权益仅为原来的一半，包括合伙制企业（由两个或多个人共同拥有但并不是公司制的企业）和个人独资企业（由单个人拥有的企业）。这些企业的权益等于企业能出售的东西与债务之间的差额。这一权益是家庭财富不太重要的组成部分的原因部分在于 1978 年以合伙制形式组织的很多相对大的企业到 2016 年已经转变为公司制企业。

以金融中介提供的资产形式持有财富的类别表明，家庭现在以存款形式持有的财富，包括支票账户、储蓄账户和存单，占比大幅下降。家庭财富中上升较大的是共同基金份额和养老金储备，即家庭对私人、州和地方养老金计划的要求权的价值及个人退休账户（individual retirement account，IRA）的价值。家庭养老金价值的增加是由于州和地方政府向其工人提供的养老金大幅增加，以及工人在 IRA 和公司提供的 401(k) 计划中存入资金的增加。工人存入 IRA 和 401(k) 账户的收入在他们退休后提取资金之前不征税，这使得这些账户成为对大多数人非常有吸引力的一种储蓄方式。

资料来源：Board of Governors of the Federal Reserve，*Flow of Funds Accounts of the United States*，various issues.

见本章末的问题和应用 1.9。

美联储和其他金融监管机构

在 2007—2009 年的金融危机期间，很多人目睹了银行破产、某些金融资产市场冻结及股价暴跌，他们不禁要问："这是谁负责的？谁管理金融体系？"从某种意义上说，提出这样的问题非同寻常，因为市场制度的核心在于不存在个别人或个别集团的管理。消费者决定着哪些商品和服务是他们评价最高的，厂商之间展开相互竞争并以最低价格提供这些商品和服务。没有人会思考："谁管理冷冻比萨饼市场？"或"谁管理谷类早餐食品市场？"在大多数市场中，政府在决定生产什么、如何生产、厂商索价多少或厂商如何运营等方面的作用是非常有限的。然而，美国和其他大多数国家的决策者们将金融体系视为不同于大多数的商品和服务市场。金融体系的不同之处在于，当尽量顺其自然时，金融体系就会经历一段时间的不稳定并导致经济衰退。

美国联邦政府下设多个致力于金融体系监管的机构，包括：

• 证券交易委员会（Securities and Exchange Commission，SEC）负责监管金融市场；

• 联邦存款保险公司（Federal Deposit Insurance Corporation，FDIC）为银行的存款提供保险；

• 通货监理署负责监管联邦特许银行；

• 联邦储备系统是美国的中央银行；

• 消费者金融保护局（Consumer Finance Protection Bureau，CFPB）是国会在应对 2007—2009 年金融危机中创建的，旨在保护消费者免于金融市场中的欺骗或欺诈性活动。

虽然我们在本书中会讨论所有的这些联邦政府机构，但因其重要性，我们会把重点集中于联邦储备系统。我们先简要介绍一下联邦储备系统，在后续章节中再更详细地探究联储的运作。

联邦储备系统是什么？

联邦储备系统（Federal Reserve，通常被称为联储，the Fed）是美国的中央银行。美国国会于 1913 年创立联储以处理银行体系的问题。正如我们所看到的那样，主要的银行业务是吸收存款和发放贷款。然而，因为存款人拥有随时提款的权利，而银行向人们发放的购买汽车和住房的贷款在几年内是无法得到偿还的，所以银行可能会陷入困境。因此，如果大量存款人同时提款，银行可能没有足够的资金来满足提款要求。这一问题的一种解决方法是，让一国的中央银行充当最后贷款人（lender of last resort），并向银行发放短期贷款为其提供资金来支付给存款人。由于国会认为联储在 20 世纪 30 年代的大萧条期间未能履行作为最后贷款人的职责，国会在 1934 年成立了联邦存款保险公司。联邦存款保险公司为每个银行的每个存款人的银行存款提供上限为 25 万美元的保险，这使得存款人不太可能在金融危机期间提走资金。

联储的职责是什么?

现代联储已经远远超过作为最后贷款人的最初角色。尤其是，现在的联储负责执行货币政策。**货币政策（monetary policy）**是美联储为实现宏观经济政策目标而采取的管理货币供给和利率的行动。这些政策目标包括：高就业、低通货膨胀、高增长和金融体系稳定。联储由理事会（Board of Governors）掌管，理事会由七位成员组成，七位成员又是由美国总统任命并经参议院批准的。理事会的一位成员会被任命为主席。2017 年的联储主席珍妮·耶伦（Janet Yellen），是由总统巴拉克·奥巴马（Barack Obama）在 2014 年任命的。联邦储备系统被划分为 12 个地区，每个地区有一家地区银行。联邦公开市场委员会（Federal Open Market Committee，FOMC）是联储的主要决策机构。联邦公开市场委员会包括：

- 理事会的七位成员；
- 纽约联邦储备银行的行长；
- 四位来自其他 11 家地区联邦储备银行的行长。

联邦公开市场委员会每年在华盛顿哥伦比亚特区会晤八次来讨论货币政策。在这些会议上，联邦公开市场委员会要为特别重要的**联邦基金利率（federal funds rate）**确定一个目标，联邦基金利率是银行之间相互收取的短期贷款利率。

联储被深度卷入了 2007—2009 年的金融危机中。在简要讨论金融危机之前，我们通过讨论金融体系所提供的关键服务来结束我们的金融体系概览。

金融体系的功能是什么?

我们在本书中要做的远不止简单描述金融体系。我们还要利用经济学的基本方法和工具来分析金融体系是如何运转的。你在经济学原理课程中已经学习过这些方法和工具，包括需求和供给模型以及边际分析。你也学习过厂商之间展开相互竞争来为消费者提供最想要的商品和服务的基本经济思想。在金融体系中，银行、保险公司、共同基金、股票经纪人和其他金融服务企业相互竞争来为家庭和企业提供金融服务。

经济学家认为，金融体系为储蓄者和借款人提供了三种重要服务：风险分担、流动性和信息。金融服务企业以不同的方式提供这些服务，这使得不同的金融资产和金融负债对个人储蓄者和借款人或多或少有些吸引力。

风险分担

风险是金融资产价值相对于你的预期发生变化的可能性。利用金融体系来匹配个人储蓄者和借款人的一大好处是可以实现风险分担。例如，如果你花 100 美元购买了一股苹果公司的股票，这股股票一年后可能值 70 美元或 120 美元，具体取决于苹果公司的盈利状况。大多数个人储蓄者追求资产的稳定收益，而不是在高低收益之间反复无常地摇摆。提高获得稳定收益的可能性的一种方法是持有资产的组合。例如，你可以持有一些美国储蓄债券、一些股票和一些共同基金份额。虽然一种资产或资产集合在任意特定时期内可能表现优异，而另一种可能表现不佳，但总体收益会趋向平均水平。将财富分配于不同的资产上叫作**分散化（diversification）**。金融体系通过让储蓄者可以持有许多资产来提供**风险分**

担（risk sharing）。

金融体系提供风险分担的能力提高了储蓄者购买股票、债券和其他金融资产的意愿。这一意愿相应地又提高了借款人在金融体系中筹集资金的能力。

流动性

金融体系为储蓄者和借款人提供的第二种重要服务是**流动性（liquidity）**，流动性是指一项资产转换为现金的难易程度。储蓄者会把金融资产的流动性视为一种好处。当储蓄者需要用钱来购买商品或服务或从事金融投资时，他们希望能很容易地出售这些资产。流动性高的资产可以方便快捷地变现，而流动性低的或非流动性的（illiquid）资产只有在经过一段时间的延迟或承担一定成本的情况下才能变现。比方说，如果你想购买食品、杂货或衣服，用美元现钞或者与支票账户关联的借记卡可以轻而易举地完成交易。然而，因为非流动的个体属性，出售汽车则要花费更多的时间。要出售你的汽车，你可能要承担广告成本或者不得不接受二手车经销商支付的相对较低的价格。持有一个工厂的金融要求权，比方说拥有该工厂的企业发行的股票或债券，相对于拥有工厂里的机器而言，个人投资者会拥有更多的流动性储蓄。相对于把有特殊用途的机器转换成现金而言，投资者把股票或债券转换成现金要容易得多。

一般而言，我们可以说，金融体系创造的资产（如股票、债券或支票账户）的流动性高于实物资产（如汽车、机器或房地产）。类似地，如果你直接向一家小企业贷出 100 000 美元，那么你可能无法再出售这笔贷款，因此，你的投资就是非流动性的。然而，如果你把 100 000 美元存入银行，银行再向企业发放贷款，那么你的存款的流动性就比贷款高得多。

金融市场和金融中介有助于提高金融资产的流动性。例如，投资者可以很容易地出售其持有的政府证券和大企业的股票和债券，也就是说这些资产的流动性非常好。正如我们之前所指出的那样，在过去的 20 年间，金融体系提高了除股票和债券之外的很多其他资产的流动性。证券化过程使得买卖基于贷款的证券成为可能。结果是抵押贷款和其他贷款成为储蓄者更愿意持有的资产。储蓄者愿意接受流动性高的资产支付的较低的利率，这又降低了很多家庭和企业的借款成本。金融体系效率的一个指标是在何种程度上可以将非流动资产转换成储蓄者愿意购买的流动资产。

信息

金融体系提供的第三种服务是**信息（information）**的收集和交流，或者说关于借款人的情况和关于金融资产收益预期。你们当地的银行就是一个信息库。银行收集借款人的信息来预测他们偿还贷款的可能性。借款人需要填写详细的贷款申请书，银行的信贷员会判断每个借款人财务状况的优劣。由于银行专门从事信息收集和处理，其信息收集的成本要低于你试图收集众多借款人信息的成本。银行从贷款上获得的利润部分地补偿银行雇员在信息收集和储存上所花费的资源和时间。

金融市场通过决定股票、债券和其他证券的价格向储蓄者和借款人传递信息。当你持有的苹果公司的股票的价格上涨时，你就知道其他投资者一定预期苹果公司的利润会更高。这一信息可以帮助你决定是否继续投资苹果公司的股票。苹果公司的经理们也可以通过公司股票价格来判断投资者是如何评价公司的经营情况的。例如，苹果股价的大幅上扬传递了投资者对公司持乐观看法的信息。苹果公司会利用这一信息来决定是否通过出售更多的股票或债券来为公司的业务扩张融通资金。将可得信息反映到资产价格中是运转良好的金融市场的一个重要特征。

你在本书的每一章都会看到“解决问题”专栏。这个专栏通过引导你一步步地解决货币、银行和金融市场中的一个应用问题来提高你对内容的理解。在阅读问题之后，你可以通过做该章末的相关题目来检查你的理解。你也可以在 www. myeconlab. com 上完成相关的“解决问题”并获得辅导帮助。

解决问题 1-1

证券化贷款提供的服务

我们之前曾指出，证券化贷款是一种在过去 20 年间重要性显著提高的重要的新型金融资产。简单讨论证券化贷款是否提供了风险分担、流动性和信息三大重要服务。在你的回答中，一定要定义证券化贷款并解释它们是金融资产、金融证券还是两者皆是。

解决问题

第一步　复习本章的内容。这一问题是关于证券化贷款提供的服务，因此，你也许需要复习“金融资产”这一小节以及“金融体系的功能是什么？”这一小节。

第二步　定义证券化贷款并解释它们是金融资产、金融证券还是两者皆是。银行或其他贷款人在发放普通（非证券化）贷款之后不能再出售。因此，非证券化贷款是金融资产而非金融证券。证券化贷款是已经与其他贷款打包在一起，并被出售给投资者的贷款。因此，证券化贷款既是金融资产，也是金融证券。

第三步　解释证券化贷款是否提供风险分担、流动性和信息。证券化贷款提供全部的三种重要服务。例如，在住房抵押贷款被证券化之前，借款人违约或停止还款的风险是由银行或其他贷款人承担的。在抵押贷款支持证券中，当一笔抵押贷款与类似的抵押贷款被打包在一起时，证券的购买者共同分担违约风险。因为任何个别的抵押贷款只反映包括自己在内的证券价值的一小部分，因此，如果借款人对那笔个别的抵押贷款违约，证券的购买者只会遭受少量损失。

因为不能被再次出售，所以一笔非证券化贷款是非流动性的。证券化贷款可以被再次出售，进而有一个二级市场，这使其有了流动性。个人投资者不愿意直接向企业或家庭提供贷款的一个原因是他们缺乏关于借款人财务状况的优质信息。当贷款被证券化时，事实上，投资者可以通过购买证券化贷款来向家庭和企业发放贷款而不需要拥有关于借款人财务状况的直接信息。在购买证券化贷款时，投资者依赖于银行或其他贷款发起人（loan originator）已经收集了必要的信息。

因此，证券化贷款提供了所有三种重要的金融服务：风险分担、流动性和信息。

见本章末的问题和应用 1.12。

1.2　2007—2009 年的金融危机

美国在 2007 年陷入了可能是你一生中最严重的衰退。数百万人在衰退期间失去工作。虽然 2009 年 6 月衰退结束，但复苏依然脆弱，失业率经过 5 年多才恢复到正常水平。

在过去 100 年中唯一可比较的事件就是 20 世纪 30 年代的大萧条。1931 年，尽管还有 9 年多的高失业率，但总统赫伯特·胡佛（Herbert Hoover）宣称："我们现在已经度过了最糟糕的时期……，我们将迅速恢复。"在 2007—2009 年经济衰退期间以及之后，一些政策制定者和经济学家也做出了类似的错误预测，即繁荣将很快恢复。

为什么 2007—2009 年的经济衰退如此严重？为什么复苏需要比预期更长的时间？简单的答案是，与 20 世纪 30 年代大萧条以来的任何其他经济衰退不同，2007—2009 年的经济衰退伴随着金融危机。正如我们将在接下来的章节中看到的那样，金融体系因危机而发生重大变化。因此，即使金融危机现在已经过去近十年了，理解它仍然对理解金融体系非常重要。

我们可以应用本章对金融体系的讨论来为 2007—2009 年的金融危机给出总的看法。**金融危机（financial crisis）**是资金流动从贷款人到借款人的显著中断。由于 2007—2009 年的金融危机对金融体系产生深远而持久的影响，所以我们在后续章节中还会予以讨论。

金融危机的根源

金融危机主要是由 2000—2005 年的住房泡沫引起的。**泡沫（bubble）**是一类资产价格的不可持续的上涨，如高科技公司发行的股票、石油和其他商品或住房。图 1-2 展示了住房泡沫的发展及其最终破灭。图（a）表示的是美国的新房销售量。图（b）表示的是度量单户住房价格变化的凯斯-希勒（Case-Shiller）指数。图（a）表明，新房销售量在 2005 年 7 月稳步上升之后，在 2005 年 7 月到 2010 年 7 月之间下降了令人惊讶的 80%。图（b）表明，住房价格遵循着类似的模式：在 2000 年初到 2006 年初之间大幅上升，随后在 2006 年初到 2009 年初之间下降了超过 30%。自 2011 年起，即金融危机结束的两年后，住房价格开始稳步回升，但新房销售量的回升要慢得多。

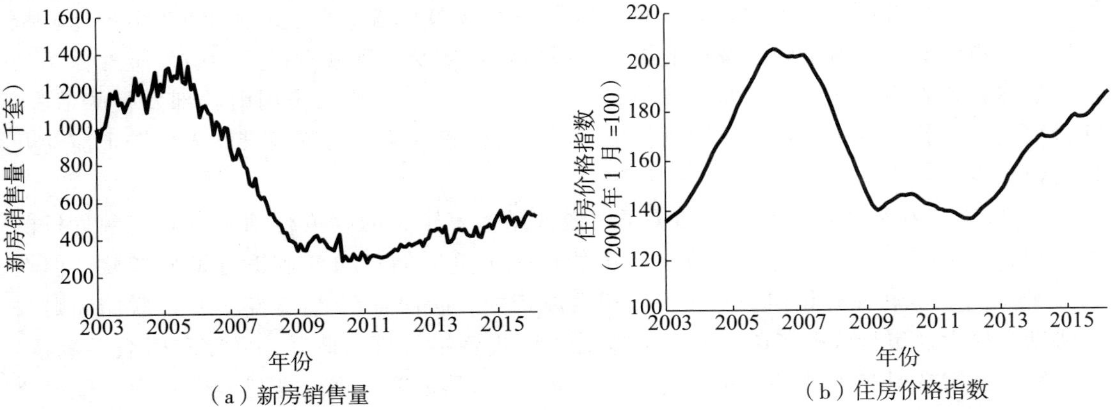

（a）新房销售量　　（b）住房价格指数

图 1-2　住房泡沫

图（a）表明，住房泡沫导致新房销售和住房价格在 2000—2005 年同时快速上升，随之而来的是从 2006 年初到 2009 年初销售量和价格的急剧下跌，接着又缓慢回升。图（b）表明住房价格遵循与新房销售量类似的模式。

资料来源：Federal Reserve Bank of St. Louis.

很多经济学家认为，住房抵押贷款市场的变动在房价泡沫中发挥着重要的作用。住房抵押贷款是第一种被广泛证券化的贷款。为提升住房拥有率，国会想创造房贷二级市场来使得家庭借款买房更容易。为实现这一目标，国会从 1968 年开始依靠两家政府担保企业（government-sponsored enterprise，GSE），即联邦国民抵押贷款协会（Fannie Mae，房利美）和联邦住房贷款抵押公司（Freddie Mac，房地美）。房利美和房地美向投资者出售债券并用所得资金购买银行的抵押贷款。到 20 世纪 90 年代，抵押贷款出现一个巨大的二级市场，资金借助房利美和房地美从投资者流向银行并最终流向借款购房的人们。

到 21 世纪头 10 年，抵押贷款市场已经发生了重大的变化。首先，投资银行成为抵押贷款二级市场的重要参与者。投资银行开始购买抵押贷款，将大量抵押贷款打包为抵押贷款支持证券，然后将其出售给投资者。抵押贷款支持证券备受投资者的青睐，因为其通常比有类似信用风险的其他证券支付更高的利率。其次，到 2005 年和 2006 年初的住房泡沫顶峰时期，贷款人大大放松了获得抵押贷款的标准。传统上，只有信用记录良好并愿意支付至少等于所购住房价值 20%的首付款的借款人才能获得抵押贷款。然而，到 2005 年，很多抵押贷款发放给了信用记录有瑕疵的次级借款人（subprime borrower）。此外，次优级借款人（Alt-A borrower），即声明但未证明其收入状况的借款人，以及支付非常少的首付比例的借款人发现办理贷款容易得多。贷款人也创造出允许借款人在抵押贷款的前几年支付非常低的利率但随后支付较高利率的新型可调整利率抵押贷款（adjustable-rate mortgage）。

利用这类非传统抵押贷款的借款人违约的可能性要高于利用传统抵押贷款的借款人。为什么借款人会办理可能有偿还困难的抵押贷款？为什么贷款人愿意发放这样的贷款？原因是借贷双方都预期房价会继续上涨，这会降低借款人对抵押贷款违约的可能性，也使得借款人在未来将贷款转变为更传统的抵押贷款要容易得多。

不幸的是，从 2006 年开始的房价下跌导致很多借款人对抵押贷款违约。其结果是，抵押贷款支持证券的价值大幅下降，投资者担心买这些证券会亏损。许多商业银行和投资银行都持有抵押贷款支持证券，其价值下降导致这些银行遭受重创。到 2007 年中期，抵押贷款支持证券的价值下降以及商业银行和投资银行遭受的巨额亏损开始引发金融体系动荡。许多投资者拒绝购买抵押贷款支持证券，一些投资者只购买美国财政部发行的债券。除最安全的借款人外，银行开始限制信贷。经济所依赖的从储蓄者到借款人的资金流动开始大幅减少。

从 2008 年春季开始，美联储和美国财政部采取了罕见的政策行动来应对金融危机的影响和始于 2007 年 12 月的经济衰退。虽然传统上美联储只向商业银行发放贷款，但在 2008 年 3 月，美联储开始向一些投资银行发放贷款。同样是在 2008 年 3 月，联储和财政部协助摩根大通银行收购了陷入破产危险之中的投资银行贝尔斯登。联储和财政部确信，贝尔斯登倒闭有引起金融恐慌的可能性，因为许多投资者和金融企业已经停止向其他投资银行发放短期贷款。

危机的深化及联储和财政部的反应

一些经济学家和决策者批评联储和财政部协助摩根大通收购贝尔斯登的决定。他们担心的主要是道德风险问题（moral hazard problem），道德风险问题是指如果诸如贝尔斯登之类的金融企业的经理认为联邦政府会将其从破产中拯救出来，他们就有做出风险更高的投资的可能性。联储和财政部 2008 年 3 月做出拯救贝尔斯登的行动是因其相信大型金融企业的倒闭会带来更广泛的负面经济影响。2008 年 9 月，当投资银行雷曼兄弟濒临破产时，联储和财政部再次担心雷曼的倒闭会危及金融体系中的资金流动。

联储和财政部 2008 年 9 月 15 日做出让雷曼兄弟破产的决定。金融市场的负面反应比联储和财政部预想的要强烈得多，这又促使其在两天后决定让联储向美国最大的保险公司美国国际集团（American International Group，AIG）提供 850 亿美元的贷款以交换其 80%的股份，实际上是将公司控制权交给了联邦政府。然而，雷曼兄弟破产的余波具有广泛的负面影响，包括大多数类型的贷款的急剧下降。最终，2008 年 10 月，国会通过不良资产救助计划（Troubled Asset Relief Program，TARF），根据该计划，财政部向商业银行提供资金以交换其股票。取得私人商业银行部分所有权是联邦政府一次前所未有的行动。在 2007—2009 年的金融危机期间，美联储和财政部的很多政策是备受争议的，因为其涉及金融企业的部分国有化、不会允许大型金融企业破产的隐性担保以及对金融市场前所未有的干预。联储和财政部采取的这些行动旨在恢复从储蓄者到借款人的资金流动。如果资金流动不能提高到一个更为正常的水平，家庭就会缺乏购买住房、汽车和耐用消费品所必需的信贷，企业就会缺乏融通新的厂房和设备投资所必需的信贷，或者说，在很多情况下，甚至缺乏融通存货和雇员薪水所必需的信贷。

大部分经济学家和政策制定者认为，危机的严重程度为美联储应用创新性政策提供了依据，但一些人还是担心美联储的行为超越了国会赋予的权限。其他一些人担心美联储与财政部在危机期间密切配合的行动可能会削弱美联储的独立性。传统上，美联储主席一直严守美联储对包括财政部在内的其他行政部门和国会的独立性。正如我们在后续章节中将会看到的那样，美联储在金融体系中的恰当作用依然备受争议。

1.3　关于货币、银行和金融体系的重要议题和问题

我们在本书中会涵盖很多不同的主题。从第 2 章开始，我们在每一章开始的时候都会强调一个重要议题和问题，在每一章结束的时候会利用该章的分析来回答问题。下面是对随后各章提供框架的议题和问题。

第 2 章：货币和支付体系

议题：美联储在 2007—2009 的金融危机期间的行为引起关于其是否应该对总统和国会保持独立的问题。

问题：中央银行应该独立于其他政府部门吗？

第 3 章：利率和收益率

议题：一些投资分析师认为一些长期债券非常低的利率使其成为高风险投资。

问题：为什么利率与金融证券价格反向变动？

第 4 章：利率的决定

议题：在 2007—2009 年的金融危机之后，利率在很长时间里依然维持在历史最低水平。

问题：决定利率最重要的因素是什么？

第 5 章：利率的风险结构和期限结构

议题：一些经济学家和政策制定者认为债券评级机构有利益冲突，因为其收入来自要

评级的债券发行企业。

问题：政府应该更严格地监管信用评级机构吗？

第 6 章：股票市场、信息与金融市场效率

议题：股票价格波动剧烈。

问题：股市波动性影响更广泛的经济吗？

第 7 章：衍生品和衍生品市场

议题：在 2007—2009 年的金融危机期间及之后，一些投资者、经济学家和政策制定者认为金融衍生品加剧了危机的严重性。

问题：金融衍生品是“金融大规模杀伤性武器”吗？

第 8 章：外汇市场

议题：近年来美元与其他货币的汇率波动剧烈。

问题：为什么以其他货币衡量的美元价值没有保持稳定？

第 9 章：交易成本、不对称信息和金融体系的结构

议题：对很多企业来说，获得扩张所需的资金都是一项重大的挑战。

问题：为什么企业更多地依靠贷款和债券而不是股票作为外部融资来源？

第 10 章：银行经济学

议题：在过去的 35 年里，美国金融体系经历过两个银行倒闭数量急剧增加的时期。

问题：银行业务的风险特别大吗？如果是这样，那么银行面临哪些类型的风险？

第 11 章：超越商业银行：影子银行和非银行金融机构

议题：如今在银行体系之外有大量资金从贷款人流向借款人。

问题：影子银行体系是否对美国金融体系的稳定构成威胁？

第 12 章：金融危机与金融监管

议题：2007—2009 年的金融危机是 20 世纪 30 年代的大萧条以来最严重的危机。

问题：2007—2009 年的经济衰退的严重程度是由金融危机造成的吗？

第 13 章：联邦储备和中央银行业务

议题：国会在 2007—2009 年的金融危机之后讨论了是否降低联储的独立性。

问题：国会和总统是否应该对美联储拥有更大的权力？

第 14 章：美联储的资产负债表与货币供给过程

议题：在 2007—2009 年的金融危机结束后的几年里，银行继续持有创纪录水平的准备金。

问题：银行准备金为什么在 2007—2009 年的金融危机期间和之后快速增加？政策制定者应该担心准备金的增加吗？

第 15 章：货币政策

议题：在 2007—2009 年的金融危机期间，美联储采取了不同寻常的货币政策措施来稳定金融体系，并帮助经济摆脱衰退。

问题：美联储是否有可能恢复使用正常的货币政策程序？

第 16 章：国际金融体系与货币政策

议题：2007—2009 年的金融危机及其后果引发对欧洲中央银行的货币政策的争议。

问题：欧洲国家应该放弃使用共同货币吗？

第 17 章：货币理论Ⅰ：总需求和总供给模型

议题：在从 2007—2009 年的金融危机中复苏期间，就业-人口比率仍然很低。

问题：为什么在从 2009 年开始的经济扩张期间就业增长相对缓慢？

第 18 章：货币理论Ⅱ：*IS-MP* 模型

议题：到 2008 年 12 月，美联储已经将联邦基金利率的目标压低到接近零。

问题：在什么情况下降低联邦基金利率的目标在抗击衰退时不太可能有效？

重要术语和问题

重要术语

资产	金融危机	货币	债券	金融中介	货币供给
泡沫	金融负债	投资组合	商业银行	金融市场	一级市场
分散化	外汇	风险分担	股息	信息	二级市场
联邦基金利率	利率	证券化	联邦储备	流动性	证券
金融资产	货币政策	股票			

1.1　金融体系的关键组成部分

认识金融体系的关键组成部分。

复习题

1.1　简要定义五种重要的金融资产。每种金融资产也是金融证券吗？有可能出现储蓄者视之为金融资产而借款人视之为金融负债吗？

1.2　直接融资和间接融资之间的区别是什么？哪一种与金融中介有关？哪一种与金融市场有关？

1.3　简要解释为什么金融体系是经济中受到最严格监管的部门之一？

1.4　联邦储备是什么？谁任命联储理事会成员？相对于国会首次创建时的责任，联储当前的责任如何？

1.5　简要描述金融体系为储蓄者提供的三种重要服务。

问题和应用

1.6　一位学生谈道：

当我支付我的汽车保费时，那笔钱我从未拿回来过。我的保费代表我从保险公司获得服务的付款。当我把钱存入银行时，如果我想的话，我随后总是能取出那笔钱。因此，对我来说，我的银行存款代表一项金融投资。因此，银行是金融中介而保险公司不是。

简要解释你是否同意这位学生的论点。

1.7　【开篇案例】金融危机之后在白宫的一次讲演中，总统巴拉克·奥巴马说道："最终，在这个国家中，我们一起沉浮：银行和小企业，消费者和大公司。"为什么总统在这个声明中要把银行单独提出来？难道超级市场、航空公司、软件公司和很多其他的企业对经济不是同等重要吗？

资料来源：Helene Cooper and Javier C. Hernandez, "Obama Tells Bankers That Lending Can

Spur Economy," *New York Times*, December 14, 2009.

1.8 【联系实际 1-1】经济学家杂志上的一篇文章提到 P2P 贷款网站："不是通过银行在储蓄者和借款人之间发挥中介作用，双方彼此直接打交道。"

a. 文中把银行描述为储蓄者和借款人之间的中介的意思是什么？

b. 对借款人和储蓄者来说，P2P 贷款网站相较于银行的优势是什么？

资料来源："From the People, for the People," *Economist*, May 9, 2015.

1.9 【联系实际 1-2】相对于银行存款，家庭在养老基金中的储蓄占更大的比例。如果你为退休储蓄，为什么你最好把资金放在 IRA 或 401（k）账户而不是银行账户中？在你的回答中，请务必解释 IRA 和 401（k）账户是什么。

1.10 在通常情况下，你存在银行的钱会得到非常低的利率。汽车贷款和商业贷款的利率要高得多。那么，为什么大多数人更愿意将钱存入银行而不是直接借给个人或企业？

1.11 假定没有金融中介，只有直接融资。这会如何影响一个人购买汽车或住房的过程？

1.12 【解决问题 1-1】在 2007—2009 年的衰退期间，已经取得住房抵押贷款购买住房的很多人发现，他们在对抵押贷款付款时遇到了麻烦。由于住房价格在不断下降，很多人发现他们所欠的住房抵押贷款额超过了住房价格。许多人选择对住房抵押贷款违约。《经济学家》杂志的一篇文章中出现了如下讨论这一问题的一段话：

由于取消抵押品赎回权（foreclosure，止赎）对贷款人是有成本的，同样，对借款人也是痛苦的，因此，重新商量抵押贷款对双方都是有利的。根据常理，问题的症结在于证券化。当抵押贷款被切割成无数部分时，要让众多的贷款人同意改变贷款条件要困难得多。

为什么对抵押贷款重新谈判对借贷双方都有利？证券化如何导致抵押贷款被"切割成无数部分"？为什么证券化使一笔贷款的重新谈判更困难？这些困难会如何影响证券化为储蓄者和借款人提供的服务？

资料来源："Mortgage Mistakes," *Economist*, July 9, 2009.

1.2 2007—2009 年的金融危机

对 2007—2009 年的金融危机给出总的看法。

复习题

2.1 经济学家所说的"泡沫"是什么意思？为什么很多经济学家认为美国住房市场在 2000—2005 年间存在泡沫？

2.2 到 21 世纪头 10 年的时候，住房抵押贷款市场发生了哪些显著的变化？什么是次级借款人？什么是次优级借款人？

2.3 从 2006 年开始的住房价格下跌给金融体系带来了什么问题？

2.4 在应对金融危机时，联储和财政部采取了什么行动？什么是道德风险问题？道德风险问题与联储和财政部的行动有何关联？

问题和应用

2.5　为什么泡沫更可能发生在住房市场而不是汽车市场或冰箱市场？

2.6　图 1－2（b）展示了住房价格指数。这一指数是由已故的韦尔兹利学院的经济学家卡尔·凯斯（Karl Case）和耶鲁大学的经济学家罗伯特·希勒（Robert Shiller）构建的。很多经济学家认为美国平均住房价格的变化难以度量。准确度量住房价格会有哪些挑战？

2.7　创建住房抵押贷款二级市场是如何帮助提高住房拥有率的？为什么联邦政府决定介入住房市场来提升住房拥有率？

数据练习

D1.1　登录美国经济分析局网站（www.bea.gov），使用网站上的数据计算从 2000 年到 2015 年每年 GDP 的百分比变化。用你的数据作图。简要对比 GDP 的变动和图 1－2（b）中的住房价格指数的变动。

第2章
货币和支付体系

学习目标

学完本章之后，你应该能够：

2.1　分析物物交换体系的无效性；

2.2　列举和描述货币的四大功能；

2.3　解释支付体系在经济中的作用；

2.4　解释美国的货币供给是如何度量的；

2.5　应用货币数量论分析长期内货币与价格的关系。

开篇案例

美联储：对老百姓还是华尔街有利？还是对两者都有利？

在竞争激烈的2016年总统竞选期间，候选人在很多议题上分歧严重。但他们中的大多数人都同意需要改变联邦储备系统的运作，它是国家的中央银行。民主党人希拉里·克林顿（Hillary Clinton）和伯尼·桑德斯（Bernie Sanders）提议修改法律消除私人银行业高管在美联储运作中的作用。共和党人唐纳德·特朗普（Donald Trump）和特德·克鲁兹（Ted Cruz）提议国会的一般问责办公室审计美联储的货币政策决定。对美联储的不满已经超出总统候选人范围，扩大到许多国会议员和普通公众——不到一半的人对美联储持支持态度。

对美联储的不满是因为经济表现不佳吗？正如我们在后面的章节中将看到的那样，国会赋予美联储实现低通货膨胀率和低失业率的"双重使命"，但事实上，2016年的通货膨胀率和失业率都很低。对美联储不满的根源似乎是在2007—2009年金融危机期间的行动，因为其中一些行动偏离正常政策。一些经济学家和政策制定者认为，美联储的行为违背了1913年《联邦储备法》的基本精神。在该法案下，美联储获得对国会和总统的实质性独立，但作为交换，美联储只能开展狭义定义的货币政策。一些批评人士认为，美联储利用其独立性来推行有利于华尔街（大型金融公司）而不是老百姓（家庭和小企业）的政策。

但为什么美联储不像其他联邦政府机构（比如联邦调查局或国防部）那样运作？在第13章中，我们将讨论国会以其现有结构建立美联储的原因。我们现在可以说明的是许多国家赋予中央银行相当大的独立性，其中一个关键原因是货币供给变化对通货膨胀率的影响。当中央银行受政府直接控制时，货币供给量通常会迅速增加，通货膨胀率也会迅速增加。

在非洲国家津巴布韦，政府命令该国央行迅速增加货币供给以帮助支付政府支出。结果是通货膨胀率在 2008 年达到了几乎难以想象的百分之 150 亿。央行开始印刷面额 500 亿津巴布韦元的通货，接着是 1 000 亿，然后是 100 万亿。津巴布韦的超级通货膨胀率导致生产和就业的灾难性下降。最后，在 2009 年，为了控制通货膨胀，津巴布韦政府决定彻底放弃本国货币，转而使用美元。最近，委内瑞拉政府也要求央行快速印钞来为其大部分的政府支出提供资金。结果是 2016 年的通货膨胀率估计超过 500%。

如此高的通货膨胀率通常会打击家庭和小企业，而不是大型金融公司，大型金融公司能更好地保护自己免受价格快速上涨的影响。从这个意义上说，好的中央银行政策与老百姓利益攸关。

但美联储目前的结构对避免像津巴布韦和委内瑞拉那样的经济灾难是必需的吗？我们将在后面的章节中继续讨论中央银行政策及关于美联储的政治辩论。在本章中，我们将关注货币供给以及货币与通货膨胀的联系。

资料来源：Michael S. Derby, "Clinton Wants Bankers Off Regional Fed Boards," *Wall Street Journal*, May 12, 2016; Bernie Sanders, "To Rein in Wall Street, Fix the Fed," *New York Times*, December 23, 2015; "Spot the Difference," *Economist*, April 2, 2016; and Andrew Dugan, "Confidence in Obama's Economic Decisions Rises in U. S.," gallup. com, April 24, 2015.

重要议题和问题

议题：美联储在 2007—2009 年的金融危机期间的行为引起关于其是否应该继续对总统和国会保持独立的问题。

问题：中央银行应该独立于其他政府部门吗？

由于一国非常高的通货膨胀率几乎总是导致生产和就业下降，因此，货币，通货膨胀和一国中央银行的政策之间的联系就非常重要。在本章中，我们开始探究这些联系，先简要讨论货币是什么以及如何度量货币。在本章的最后，我们讨论货币数量理论，该理论说明长期内货币供给变化与通货膨胀率之间的联系。

2.1　我们需要货币吗？

经济学家将**货币（money）**非常宽泛地定义为在商品和服务的付款或债务的清偿中被普遍接受的任何东西。我们需要货币吗？经济运行需要货币看似是很显然的，但回想一下你的经济学导论课程。在对供求、生产、竞争和其他微观经济主题的讨论中并没有提到货币。当然，所有的买卖活动都借助货币是不言自明的。然而，你可以在没有提到货币的情况下讲述关于市场制度如何运行的故事，这也表明货币为家庭和企业提供的服务并不总是很明显的。

物物交换

经济在没有货币的情况下也可以运行。在经济发展的早期阶段，个人经常是通过相互之间直接交易产出来交换商品和服务的。这种交换叫作**物物交换（barter）**。例如，在美洲殖民地的边远地区，死了一头奶牛的农民可能会用几头猪与邻近农民交易来换取邻居的奶牛。原则上，物物交换经济中的人们可以通过交换商品和服务来满足所有需要，在这种情况下，他们不需要货币。然而，事实上，物物交换经济是低效的。

物物交换经济的低效性有四个主要原因。第一，买方或卖方必须花费时间和精力来搜寻交易伙伴。农夫接洽的第一位邻居可能不想用奶牛交换猪。在物物交换体系中，交易的每一方都必须想要另一方可供交易的东西。也就是说，必须满足需求的双重巧合（double coincidence of wants）。由于在物物交换经济中有花费在搜寻交易伙伴上的时间和精力，所以**交易成本（transaction cost）**或者说完成交易或交换的时间或其他资源的成本是非常高的。低效性的第二个原因是，在物物交换中，每种商品都有很多个价格。农民可能会用3头猪交换一头奶牛、用10蒲式耳小麦交换一把犁或者用一张桌子交换一辆手推车。因此，一头牛、一把犁或一辆手推车的价格是多少？答案是每种商品都有很多个价格——对可能被交换的每种其他商品都有一个价格。一头奶牛会有以猪为单位的一个价格、以小麦为单位的一个价格、以小推车为单位的一个价格，等等。只有100种商品的物物交换经济中会有4 950个价格，而有10 000种商品的物物交换经济中会有49 995 000个价格！[①] 低效性的第三个原因是缺乏标准化：所有的猪和奶牛都是不同的，因此，以猪为单位的奶牛价格中将不得不规定动物的大小和其他特征。第四，想象一下积累财富的困难性。在物物交换体系中，积累财富的唯一方法就是积累一大堆不同的物品。

货币的发明

物物交换的低效性迫使大部分人只能自给自足。在美洲殖民地的边远地区，大部分人自己种植食物、自己建造房屋、自己制作衣服和工具。因为在做每件事情的时候，一个人有些工作会做得很好而其他工作会做得很差，所以这样的经济是难以增长的。为了改进物物交换，人们有找到一种大部分人在交换中都普遍接受的特定产品的动机。换言之，他们有发明货币的强烈动机。例如，在殖民地时代，兽皮在制作衣服时非常有用。田纳西的第一任总督每年收到1 000张鹿皮的薪水，州财政大臣每年收到450张水獭皮。作为货币且有独立于其作为货币的价值的物品叫作**商品货币（commodity money）**。从历史上看，一旦一种商品成为被广泛接受的货币，那么目前暂不需要的人们也愿意接受。殖民地的农民或田纳西的总督可能并不需要鹿皮，但是，只要他知道他可以用鹿皮购买其他的商品和服务，那么他就愿意在交换他不得不出售的东西时接受鹿皮。

联系实际 2-1

货币是什么？请问一位出租车司机！

几年前，关于货币，本书的作者之一从苏联出租车司机那里受益良多。1989年8月，作为一队美国经济学家中的一员，在彼时的苏联，作者造访了莫斯科和彼得格勒（现在的圣彼得

① 这些计算基于确定 N 种商品需要多少个价格的公式——有 N 个物品时的价格数量：价格数量 $=N(N-1)/2$。

堡)，与苏联经济学家一起讨论两国共同面临的一些经济问题。

在莫斯科乘出租车往返于会议地点和就餐地点简直就是一种折磨。主办方发给美国经济学家的是卢布（当时的苏联货币），但苏联商人和出租车司机却试图拒绝接受卢布。出租车司机报出的是一系列令人费解的用美元、德国马克或日元计价的车费。而且每辆出租车报出的价格各不相同。

当作者向妻子倾诉这种苦恼时，妻子的回应是，她在乘坐出租车时并没有遇到困难。她居然是用万宝路香烟而不是货币支付车费的！第二天，作者也使用了万宝路（其他品牌都不行），而且也可以非常成功地付钱。作者发现，出租车司机可以轻松地把所有的主要货币转换为万宝路等价物。

至少在那段时期，万宝路香烟取代了官方货币（卢布）成为莫斯科出租车司机最广泛使用的货币。

见本章末的问题和应用 1.6 和 1.7。

货币一旦被发明——正如它已经很多次而且在世界很多地方被发明那样——交易成本就会大幅下降，物物交换的其他低效率也会大幅降低。人们可以充分利用**专业化（specialization）**的好处，生产他们相对最有能力生产的商品和服务。现代经济中的大部分人都是高度专业化的。他们只做一件事——会计师、教师或工程师——用赚来的钱买他们需要的其他各种东西。不同于物物交换经济，现在几乎没有人自己种粮食、自己做衣服或者自己造房子。通过专业化，人们的生产效率比他们试图生产自己消费的所有商品和服务要高得多。现代经济的高收入水平是基于货币使其成为可能的专业化。

因此，对问题“我们需要货币吗?”的答案是：“是的，因为货币使得专业化、更高的生产率和更高的收入成为可能。”

2.2　货币的重要功能

货币在经济中发挥了四大重要功能：

(1) 充当交换媒介。

(2) 作为记账单位。

(3) 作为价值贮藏。

(4) 提供延期付款标准。

交换媒介

如果你是教师或会计师，你会因你提供的服务而得到钱。接着你用这些钱去买商品或服务。本质上，你是在用你的教学或会计服务来交换食品、衣服、住所或其他商品和服务。但不同于商品和服务直接被用于交换其他商品和服务的物物交换，你参与的交换中用到了货币。货币是在提供**交换媒介（medium of exchange）**服务。也就是说，货币是交换借以发生的媒介。因为根据定义货币是在商品和服务的付款或债务的偿还中普遍接受的东西，你知道雇主付给你的货币在购买商品、衣服以及其他商品和服务的商店中也会被接受。换句话说，你可以专业化提供教学或会计服务，而不必像在物物交换经济中那样想着直接生产用于满足你的需求的其他商品和服务。

记账单位

使用一种商品作为交换媒介还带来另一种好处：不需要用很多其他商品来报出一种商品的价格——像物物交换那样——每一种商品都有一个用交换媒介报出的单一价格。货币的这一功能给予家庭或企业一种**记账单位（unit of account）**，或者说用货币度量经济中的价值的一种方法。例如，在美国经济中，每种商品或服务都有一个用美元衡量的价格。

价值贮藏

货币使得价值易于贮藏，从而提供一种**价值贮藏（store of value）**服务。如果你今天没有花完现在所有的钱来购买商品和服务，那么你可以把剩下的钱留到将来再用。然而，请注意，如果经济中的价格随着时间的推移快速上涨，那么既定数量的钱可购买的商品和服务的数量就会下降，货币作为价值贮藏的用途就会减弱。

当然，货币只是可用于贮藏价值的很多资产之一。事实上，任何资产——如苹果股票、国债、房地产或雷诺阿（法国印象派画家）的画作——都能代表价值贮藏。实际上，如股票和债券之类的金融资产因为通常支付利息或者价值增值使其相对于持有货币而言有很大的优势。其他一些资产也会因其提供的服务而相对于货币有一些优势。例如，房屋为业主提供睡觉的地方。既然如此，那么为什么每个人都愿意持有货币？答案是流动性，或者说资产变现的便利性。当然，货币本身是有完美流动性的，但你将其他资产变现会招致一些交易成本。例如，当你出售债券或股票时，你要在线或向你的经纪人支付一笔费用或佣金。如果因为你在国内其他地方换了一份工作，你不得已急于出售你的房屋，那么你就必须向房地产经纪人支付一笔佣金，很可能还必须接受较低的价格以便快速将房屋变现。为了避免招致此类交易成本，即使其他资产作为价值贮藏能提供更高的收益，人们在持有其他资产的同时还是会持有一些货币。

延期支付标准

货币作为**延期支付标准（standard of deferred payment）**也是很有用的。货币可以通过提供交换媒介和记账单位服务而便利给定时点的交换。货币也可以通过提供价值贮藏和延期支付标准而便利跨越时点的交换。例如，一个家具店可以通过承诺 60 天内按既定价格全额付款来向一个家具生产商订购 25 张餐桌。

记住货币、收入和财富度量不同的东西

正确认识货币、收入和财富的区别非常重要。我们经常说《福布斯》（*Forbes*）杂志美国富豪榜中的那些人有很多钱。实际上，我们不是说他们口袋里装着（或者在公寓或游艇里藏着）很多纸币，而是说他们有很多有价值的资产，如股票、债券或房屋。像其他资产一样，货币是**财富（wealth）**的一个组成部分，财富是一个人的资产价值与这个人的负债价值之间的差额。只有当一种资产在充当交换媒介时我们才能称之为货币。一个人的收入是他或她在一段时间内赚到的钱。因此，比起收入或财富，一个人通常有相当少的货币。

什么可以充当货币？

我们前面指出，只要作为付款可以被普遍接受，任何资产都可以充当货币。实际上，一种资产适合充当货币的条件是：

- 大多数人愿意接受（即大多数人在使用）。
- 质量标准化，从而任何两个单位都是相同的。
- 经久耐用，从而不会很快被用坏而无法使用。
- 重量轻价值大，从而在进行大额交易时也易于运送。
- 可分割，因为商品和服务的价格会变化。

美国的纸币——联邦储备券——满足所有这些标准。

不兑现纸币之谜

注意，纸币没有内在价值。你可以用一张 20 美元的纸币购买商品和服务，但除此之外，纸币对你没有价值——也许除了作为书签外。美联储发行美国的纸币，但美联储没有义务用黄金或任何其他商品赎回纸币。像纸币这样除了用作货币之外没有价值的货币叫**不兑现纸币（fiat money）**。

人们在交换商品和服务中愿意接受纸币部分是因为联邦政府指定其为**法定货币（legal tender）**，意思是政府接受纸币纳税并要求个人或企业在债务清偿中接受纸币。如果联邦储备券是法定货币，那么岂不是意味着包括每个企业在内的每个美国人都必须接受纸币？让很多人大吃一惊的是，这个问题的答案是“不是”。正如美国财政部在其网站上所解释的那样：

> 没有联邦法律要求私人企业、个人或组织在商品和服务的付款中必须接受纸币或硬币。……例如，公交车可能会禁止用硬币或现钞支付车费。此外，电影院、便利店和加油站可能会拒绝接受大额纸币（通常是 20 美元以上的纸币）。

事实上，政府将货币指定为法定货币并不能解释为什么纸币可以作为交换媒介流通。相反，纸币流通是因为消费者和公司的信心，即如果其接受纸币，那么在需要购买商品和服务时能将其转给其他人。本质上，这是一个预期的自我实现的例子：只有当你相信你在付款时别人也会接受，你才会把某物当作货币。我们的社会愿意使用联邦储备系统发行的绿色纸片作为货币，使其成为可接受的交换媒介。

正如我们在第 2.5 节中将会看到的那样，如果消费者和企业不相信货币在他们购买商品和服务时能转手，那么货币就不再是交换媒介。

联系实际 2-2

跟本杰明们说再见吗？

2016 年末流通中的联邦储备券约为 1.4 万亿美元，即在银行、美国财政部和美联储之外持有的联邦储备券。如下图所示，自 2000 年以来，通货总量几乎变为原来的三倍，那是很多的现金——平均每个美国人持有超过 4 300 美元。虽然有些企业可能手头有很多现金，但在任何特定时间，很少有个人持有超过几百美元的现金。

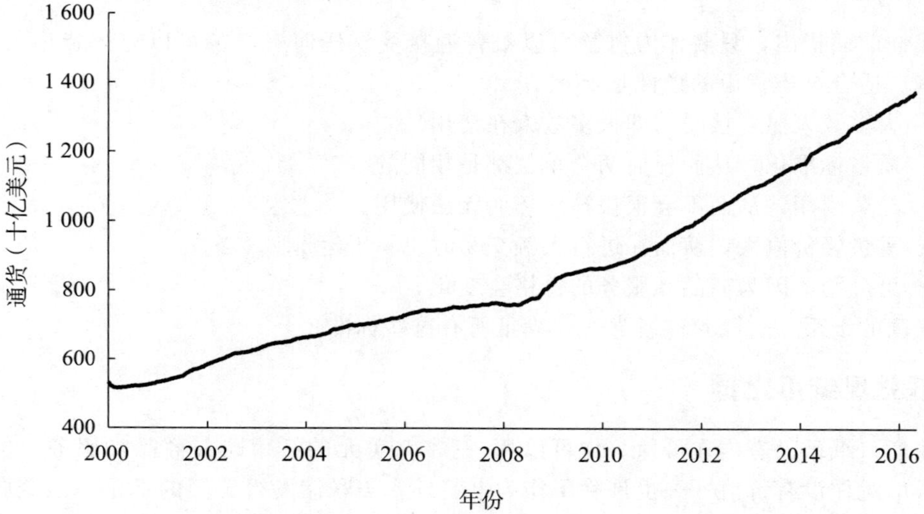

那么，这些现金都在哪里？美联储估计，美国以外的个人、企业和政府持有多达三分之二的美元现金——所有这些货币仍被视为美国货币供给的一部分。在委内瑞拉这样的国家，正如我们在本章开篇案例中所看到的那样，通货膨胀率飙升，许多家庭和企业已经转而用美元而非本国货币来交易。美元的购买力稳定，而本国货币的购买力迅速下降。包括巴拿马、萨尔瓦多、厄瓜多尔和津巴布韦在内的一些国家用美元作为其官方货币，它们这样做并不需要美国政府的正式批准。

此外，在包括美国在内的许多国家中，有些人更喜欢在交易中用现金而不是支票或信用卡的另一个原因是：他们从事的是非法活动或试图逃避依法纳税。出于这些目的，大面额纸币很有用，因为可以用现金来完成大量交易。下图显示了各种面额纸币占总通货价值的百分比。（我们忽略从 500 美元到 10 000 美元的纸币，这些纸币在技术上仍在流通，但自 1969 年以来一直没有发行。）大多数人在日常生活中只使用小面额纸币。但面值为 20 美元或更低的纸币只占

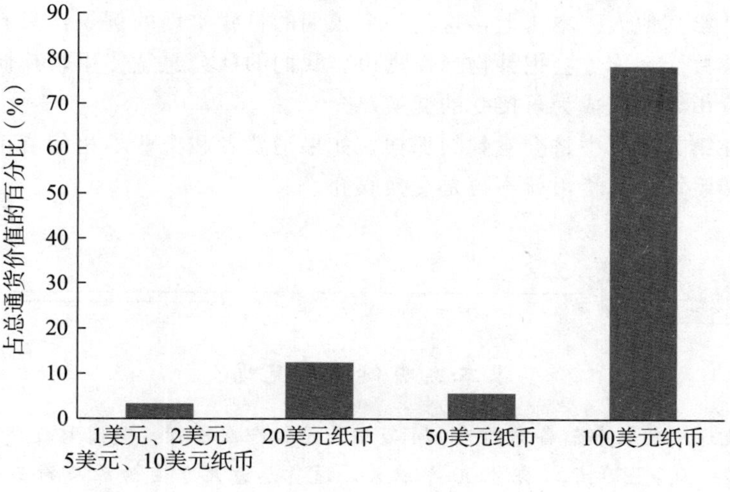

所有流通纸币价值的15%左右。所有美国通货价值的四分之三以上都是100美元的钞票。因为上面有本杰明·富兰克林(Benjamin Franklin)的肖像,所以电视节目和电影中的罪犯和恐怖分子经常把这些纸币叫作"本杰明"。

许多政策制定者和经济学家认为,100美元的钞票不仅仅在电影中可以帮助犯罪分子和恐怖分子,他们认为,因为政府难以监控,所以用大额纸币从事现金交易的能力方便了非法活动。因此,一些政策制定者提议取消100美元纸币、500欧元纸币及其他国家的大额纸币。一位研究过该问题的经济学家认为:"高面额纸币是逃税、犯罪、资助恐怖主义或收受贿赂的支付工具。"2016年,欧洲央行因为"担心这种钞票会便利非法活动",宣布将停止发行500欧元的纸币。

打击犯罪、避税和恐怖主义的斗争会导致100美元的钞票跟随500欧元的钞票而成为历史吗?财政部前部长劳伦斯·萨默斯(Lawrence Summers)和其他一些经济学家和政策制定者认为应该这样做。不过,截至撰写本书时,美联储已经表示暂时还没有停止发行100美元纸币的计划。由于全球有超过100亿美元的这种纸币在流通,即使美联储停止发行新纸币,这种纸币也还需要很多年才能退出流通。

资料来源:Mike Bird, "The Death of the € 500 Note Could Boost Its Black Market Price," *Wall Street Journal*, May 6, 2016; European Central Bank, "ECB Ends Production and Issuance of € 500 Note," press release, May 6, 2016; John Carney and Joshua Zumbrun, "The Plot to Kill the $100 Bill," *Wall Street Journal*, February 16, 2016; Peter Sands, "Making It Harder for the Bad Guys: The Case for Eliminating High Denomination Notes," Harvard Kennedy School, Working Paper Series, No. 52, February 2016; and Federal Reserve Board of Governors, "Currency in Circulation: Volume," February 5, 2016.

见本章末的问题和应用2.8和2.9。

2.3 支付体系

货币方便了经济中的交易。执行此类交易的机制叫作**支付体系(payments system)**。支付体系随时间推移而演变,从依赖于用金币和银币的支付,到用纸币和银行存款签发的支票的支付,再到用电子资金转账的支付。

从商品货币到不兑现纸币的转变

历史学家对人类开始使用金属铸币的准确时间有分歧。有证据表明中国人在公元前1000年就在使用金属铸币了,希腊人在公元前700年已使用金属铸币。自那时之后的几个世纪,买卖双方使用由金、银、铜之类的贵金属铸造而成的铸币。然而,金银铸币有一些缺点。例如,自罗马帝国时代开始,为了获得额外的资金,政府有时会降低通货的价值,熔化铸币并用越来越多价值不高的金属与金银混合重新铸币。仅仅依靠金币和银币的经济产生了一个麻烦的支付体系。人们在运输大量的金币结算交易方面遭遇困难,而且还面临被抢劫的风险。为了解决这一问题,欧洲从大约公元1500年开始,政府和私人企业——早期的银行——将金币储藏在安全的地方并发行纸质证书。任何收到纸质证书的人都可以要求等量的黄金。只要人们相信当他们想要黄金的时候就能得到黄金,纸质证书就可以作为交换媒介流通。事实上，纸币就是这样被发明出来的。

在现代经济中，像美联储那样的中央银行发行纸币。美国现代的支付体系是一个不兑现纸币的体系，因为美联储不会把纸币兑换为黄金或者任何其他商品货币。美联储发行纸币并持有银行和联邦政府的存款。银行可用这些存款与另一家银行结清交易。现在美联储在法律上拥有垄断的货币发行权。虽然19世纪的私人银行也发行自己的通货，但这已成为历史。

支票的重要性

纸币有缺点。例如，运送纸币来结清大额的商业或金融交易的成本可能是高昂的。想象一下带着一个装满美元纸币的手提箱去买一辆汽车的情形！支付体系的另一个重要创新出现在20世纪初，即支票的日益使用。**支票（check）**是一经请求随即支付存在银行或其他金融机构中的钱的承诺。人们可以签发任意金额的支票，用支票结算交易也是一种很方便的方法。

然而，用支票结算交易的确比用现金结算交易需要更多的步骤。假定你的室友欠你50美元。如果她给你50美元的现金，交易就结清了。然而，假定她给你开一张50美元的支票。首先你要带着支票去你的银行，其次你的银行必须向你室友的银行呈交支票请求付款，你室友的银行再从她的账户中扣款。美国每年处理巨大的支票流量要花费数十亿美元。使用支票还有信息成本，卖方需要花费时间和精力来确认开支票的人（买方）的支票账户是否有足够的钱来满足支票金额。就卖方而言，与接受美元纸币相比，接受支票需要更多的信任。

新技术和支付体系

美联储监督支付体系但并不直接控制支付体系，因为许多支付是由银行和其他私营公司来处理的。美联储列出其认为最理想的支付体系的五种标准①：

（1）速度。快速的支付结算可便利家庭和企业。

（2）安全。犯罪分子侵入零售信用卡系统和支付系统其他部分的事件引发对安全的担忧。更高的安全性可以提升消费者和企业对其资金不会被电子化窃取的信心。

（3）效率。投入处理纸质支票或处理支付的其他方面的资源是从生产其他商品和服务中转移而来的。提高支付系统的效率使其运行需要更少的工人和计算机或其他资本，这对经济是有利的。

（4）平稳的国际交易。如果能快速、方便地付款，那么日渐增加的跨境业务将变得方便。

（5）体系参与者之间有效的协作。支付系统需要有效地协调政府、银行等金融机构以及世界各地的其他企业。这种协调确保了交易中资金的顺利转移。

大大减少清算支票和转移资金所需时间的电子通信技术的突破使得达到这些标准变得更加容易。交易的结算和清算现在是通过电子资金转账系统（electric funds transfer system）来完成的，电子资金转账系统是像借记卡（debit card）、自动清算所（Automated

① 这改编自：Federal Reserve System，*Strategies for Improving the Payments System*，January 26，2015，p. 2。

Clearing House，ACH）交易、自动取款机（automated teller machine，ATM）和电子货币那样的计算机化的支付-清算设备。

借记卡可以像支票那样使用：超市或零售店的收银机是与银行的电脑连接在一起的，因此，当顾客使用借记卡购买杂货或其他产品时，他的银行会立刻在商店的账户贷记这一金额并从他的账户中扣除。这样的系统消除了与支票有关的买卖双方之间的信任问题，因为这是由银行的电脑来核准交易的。近年来，很多消费者开始使用他们的智能手机或智能手表上与借记卡或贷记卡关联的 app。例如，苹果支付和安卓支付允许消费者通过挥动手机或手表在有兼容收银机的任何商店的结算柜台购买商品。Apple Pay 和 Android Pay 是近距离移动支付（proximity mobile payment）的例子。虽然使用此类付款的交易总量相对较小，但一直在迅速增加。

自动清算所（ACH）交易包括直接将工资支票存入员工的支票账户以及对汽车贷款和抵押贷款进行电子支付。在电子支付中，付款是通过电子方式从付款人的账户发送至贷款人的账户的。自动清算所交易降低了与处理支票有关的成本，降低了未达付款的可能性，并降低了贷款人通知借款人未达付款所招致的成本。

40 年前还没有自动取款机，要从你的支票账户中存取款，你需要填写一张存款单或取款单，然后到银行出纳员的窗口前排队等候。更麻烦的是，很多银行只在上午 10 点到下午 3 点之间营业。现在，自动取款机使得你可以在你最方便的任何时候在你的银行完成同样的交易。此外，由于自动取款机是联网的（如 Cirrus），你还可以在其他银行的自动取款机中取钱。

电子货币、比特币和区块链

电子资金转账的范围已经扩展到包括**电子货币（e-money）**，电子货币是人们用于购买商品和服务的数字现金。最著名的电子货币形式是 PayPal 服务。个人或公司可以通过连接到支票账户或信用卡来设置 PayPal 账户。只要卖家愿意接受从买方的 PayPal（或其他电子货币）账户转移的资金，电子货币就能像传统的政府发行的货币一样运作。但央行并不控制电子货币，所以它在本质上是一种私人支付系统。

最近，记者、经济学家和政策制定者一直在争论一种新式电子货币——比特币的优点。与 PayPal 不同，比特币并不是由公司所有，而是去中心化的相互连接的计算机系统的产品。比特币是由执行必要的复杂计算的人们生产的，计算的目的是确保使用比特币的在线购买是合法的，也就是说，没有人试图多次使用同一比特币。成功完成这些计算的人将被授予固定数量的比特币——通常为 25 个比特币。这一比特币“采矿”过程将持续到最多生产2 100 万个比特币——预计将在 2030 年达到。

因为人们可以在网站上买卖比特币来换取美元和其他货币，有些人将其称为“加密货币”。你可以购买比特币并将其存储在智能手机的“数字钱包”中。然后，你可以通过使用手机扫描条形码在接受比特币的商店中购买商品。许多网站，如位于亚特兰大的 BitPay，允许商家用类似于信用卡付款的方式使用比特币进行购买。

为什么买家和卖家会更喜欢用比特币而不是现金或信用卡？比特币在一些买家中的流行可能是因为它是一种新颖和时尚的购物方式，并且因为使用智能手机购买的便利性。此外，当你使用信用卡购买商品时，信用卡公司会永久记录你的交易。用比特币的交易更加私密，因为不存在交易记录。

一些零售商更喜欢比特币而不是信用卡购物是因为比特币购物仅支付销售额1%左右的处理费用，而信用卡购物的费用为3%左右。此外，用比特币的销售是最终的，就像用现金购买一样，不像信用卡销售，买家可以在购买后几个月就购买的产品提出异议。

尽管使用比特币有这些可能的好处，但它尚未被广泛采用。Apple Pay 和 Android Pay 的推出为消费者提供了一种使用与信用卡相关联的智能手机来支付的方式，这就削弱了比特币的一种优势。一些公司还质疑比特币背后的软件是否能处理大量交易。最受欢迎的在线比特币交易所——日本的 Mt. Gox 于 2015 年关闭，进一步降低了人们对加密货币的信心。

一些政策制定者担心，交易所的投资者可能会操纵比特币和其他虚拟货币的价格。2012—2016 年，比特币兑美元的价值最低是每个比特币 5 美元，最高是 287 美元。这些价值波动是来自比特币的需求和供应的潜在变动还是来自投资者操纵其价值的影响尚不清楚。

尽管比特币存在问题，但背后的基础技术（被称为区块链）已经引起企业和政府的兴趣，因为它们试图提高支付系统的速度、效率和安全性。区块链在技术上是一种分布式账本（distributed ledger），或者说是登记资金、证券或者包括电影和歌曲在内的任何其他商品的所有权的在线网络。区块链让世界各地的个人和企业可以在加密站点上即时安全地结算交易。利用区块链的直接交易能力可能使银行和其他中介机构消失，可能会大大降低成本。企业采纳区块链面临的最大障碍是技术的复杂性及其导致的高成本。如果成本能随着时间的推移而下降，区块链可能会成为支付系统的一个重要组成部分。

区块链和其他新的支付技术令人兴奋，并导致一些评论员预测出了一个“无现金社会”。美联储的一项研究发现，非现金支付占所有支付的比例继续增加，电子支付现在占到所有非现金支付的比例超过三分之二。毫不奇怪，每年签发的支票数量下降超过 20 亿笔。但实际上，由于两个关键原因，完全无现金（或无支票）的社会在不久的将来可能难以实现。首先，正如我们就区块链所指出的那样，电子支付系统的基础设施建设成本很高。其次，许多家庭和企业对在受到电脑黑客威胁的电子系统中保护自己的隐私感到担忧，但区块链的支持者认为其加密技术可以解决这个问题。虽然支付系统中的纸张用量可能会继续缩小，但不太可能消失。

联系实际 2-3

瑞典会变为第一个无现金社会吗?

你能想象一个没有人用现金的经济吗？虽然迄今为止还没有哪个经济走到这一步，但瑞典可能已经最接近走到这一步了。Swish 是一个移动银行应用程序，在瑞典和其他斯堪的纳维亚国家变得非常流行。该应用程序可以轻松地将资金从一个人的银行账户转移到另一个人的账户，并且由于瑞典的大多数商店和餐馆都有能力处理这些付款，许多人发现他们很少需要使用现金。

一些商店和餐馆已停止接受现金，现在需要通过信用卡或使用 Swish 或类似的应用程序付款。这些商店已经取消了它们的收银机，完全依赖于移动应用程序进行收费。由于许多教区居民不再携带现金，瑞典教会鼓励他们使用 Swish 在教堂服务中捐款。

许多瑞典的银行的分支机构不再提供现金，也不接受现金存款。银行正在拆除许多 ATM。一些银行经理指出，没有现金减少了银行抢劫的可能性。现在，现金在瑞典仅占交易的 2%左右，而在其他欧洲国家平均约为 10%，美国家庭 40%的交易仍使用现金。

特别是，年轻的瑞典人可能会依赖 Swish 或其他应用程序而不是现金甚至信用卡。引用一名大学生的话说："没有人用现金。我认为我们这一代人可以没有它。"但瑞典的一些人仍然必须依靠现金。例如，一些老年人不知道如何使用智能手机应用程序，有视力问题的人可能无法使用应用程序，低收入人群可能买不起智能手机或没有信用卡。一些隐私权倡导者还担心应用程序和信用卡会提供消费者的公共购买记录。最后，有些人担心使用信用卡或应用程序会把他们暴露给可能从账户中窃取资金的黑客。

到目前为止，瑞典比美国和其他国家更接近成为无现金经济体。还有待观察的是，是否更多的国家会跟随瑞典的步伐或者是否某些人看到以电子方式完成所有交易的弊端会让现金保持其在经济中的重要性。

资料来源：Mac William Bishop, "Sweden Sees Shift Away from Cash," nbcnews. com, February 6, 2016; Liz Alderman, "In Sweden, a Cash-Free Future Nears," *New York Times*, December 26, 2015; "Money for Everything," *Economist*, October 3, 2015; and Barbara Bennett, Douglas Conover, Shaun O'Brien, and Ross Advincula, "Cash Continues to Play a Key Role in Consumer Spending: Evidence from the Diary of Consumer Payment Choice," Federal Reserve Bank of San Francisco, *Fed Notes*, August 29, 2014.

见本章末的问题和应用 3.8 和 3.9。

2.4 度量货币供给

经济学家和政策制定者对度量货币感兴趣，因为正如我们在后续章节中将会看到的那样，货币数量的变化与利率、价格、生产和就业的变化有关。如果货币只有交换媒介功能，那么在货币供给中只包括通货、支票账户存款和旅行者支票即可，因为家庭和企业可以很容易地用这些资产购买商品和服务。

然而，只包括这三种资产会导致对现实世界的货币供给过窄的度量。家庭和企业也可以把很多其他资产用作交换媒介，虽然它们的流动性不如现金和支票账户存款。例如，你可以很容易地把你在银行的储蓄账户转换为现金。同样，如果你有货币市场共同基金的份额——这是一种只投资于短期债券的共同基金——那么你可以就你拥有的份额价值签发支票（见第 1 章对共同基金的定义）。因此，我们还需要把像储蓄账户和货币市场共同基金份额那样的资产纳入交换媒介的范畴。

度量货币总量

联储的部分职责是管理美国的货币数量，目前，联储公布两种不同定义的货币供给的数据。图 2－1 用图形说明这些叫作**货币总量（monetary aggregate）**的定义。

M1 总量

狭义的货币供给定义是 **M1**。如图 2－1（a）所示，M1 将传统的交换媒介计为货币：通货、支票账户存款和旅行者支票。直到 20 世纪 80 年代初之前，政府都不允许银行对支票账户付息，这使其成为通货的近似替代品。银行业的金融创新和在 20 世纪 70 年代、80 年代和 90 年代的政府监管放松使得其他类型的账户成为传统银行支票账户的近似替代品。这些账户包括在储贷机构和信用社的支票账户以及商业银行的生息支票账户。现在的 M1 指标包括其他这些可以签发支票的存款以及叫作活期存款（demand deposit）的非生息支票账户存款、旅行者支票和通货。

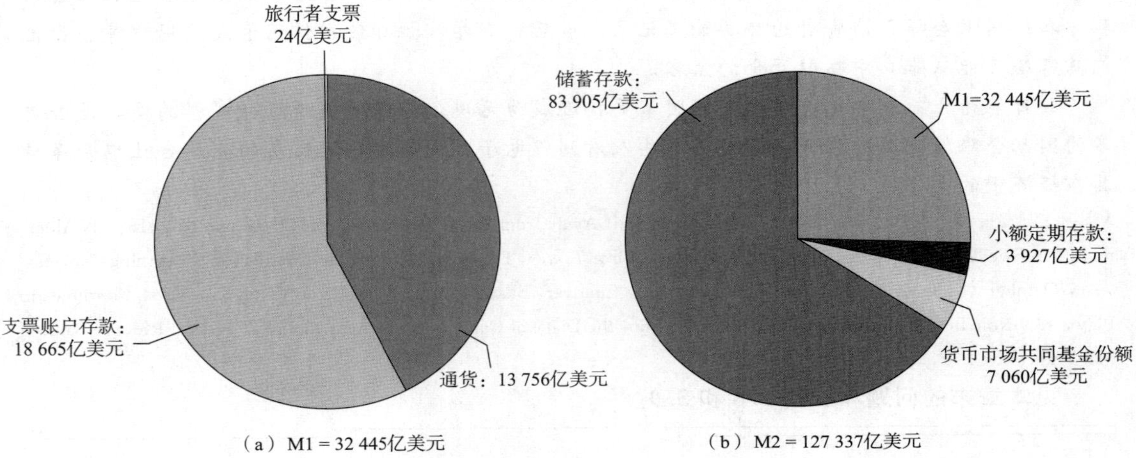

图 2－1　度量货币供给（2016 年 5 月）

美联储使用两种不同的货币供给度量指标：M1 和 M2。M1 包括通货、支票账户存款和旅行者支票。M2 包括 M1 中的所有资产以及图（b）中显示的其他资产。

注：在图（b）中，储蓄存款包括货币市场存款账户。

资料来源：Board of Governors of the Federal Reserve System，*Federal Reserve Statistical Release*，*H6*，May 26，2016.

M2 总量

M2 是比 M1 更广义的货币供给定义，包括被很多家庭视为短期投资的账户。虽然不像 M1 的组成部分那么容易，但这些账户还是可以转换为现金的。如图 2－1（b）所示，除了包括在 M1 中的资产之外，M2 还包括：

- 金额小于 100 000 美元的定期存款，主要是银行存单（certificate of deposit）；
- 储蓄账户；
- 银行的货币市场存款账户；
- 非机构的货币市场共同基金份额。（“非机构的”是指个人投资者而不是像养老基金那样的机构投资者拥有的货币市场共同基金份额。“非机构的”有时也叫作“零售的”。）

我们使用何种货币供给的定义重要吗？

哪一种是对货币更好的度量，M1 还是 M2？如果 M1 和 M2 足够近似地一起变动，那么联储可以使用任意一个来影响经济的产出、价格或利率。如果 M1 和 M2 不是一起变动的，那么它们就会发出关于货币供给变化的不同信号。

图 2-2（a）显示的是从 1970 年 1 月直到 2016 年 4 月的 M1 和 M2 的水平。注意，这些年 M2 的增长要比 M1 多得多。这不足为奇，因为家庭和企业对只包含在 M2 中的存单、货币市场共同基金份额和其他资产的需求增加要比对通货或支票账户的需求增加多得多。经济学家认为，经济变量的变化通常比该变量的水平更重要。例如，当你考虑借钱买房时，你会对通货膨胀率——度量物价水平的百分比变化——而不是当前的物价水平更感兴趣。如果我们认为货币供给变化导致通货膨胀，那么图 2-2（b）中用年百分比变化度量的 M1 和 M2 的增长率就比图 2-2（a）提供更多的信息。

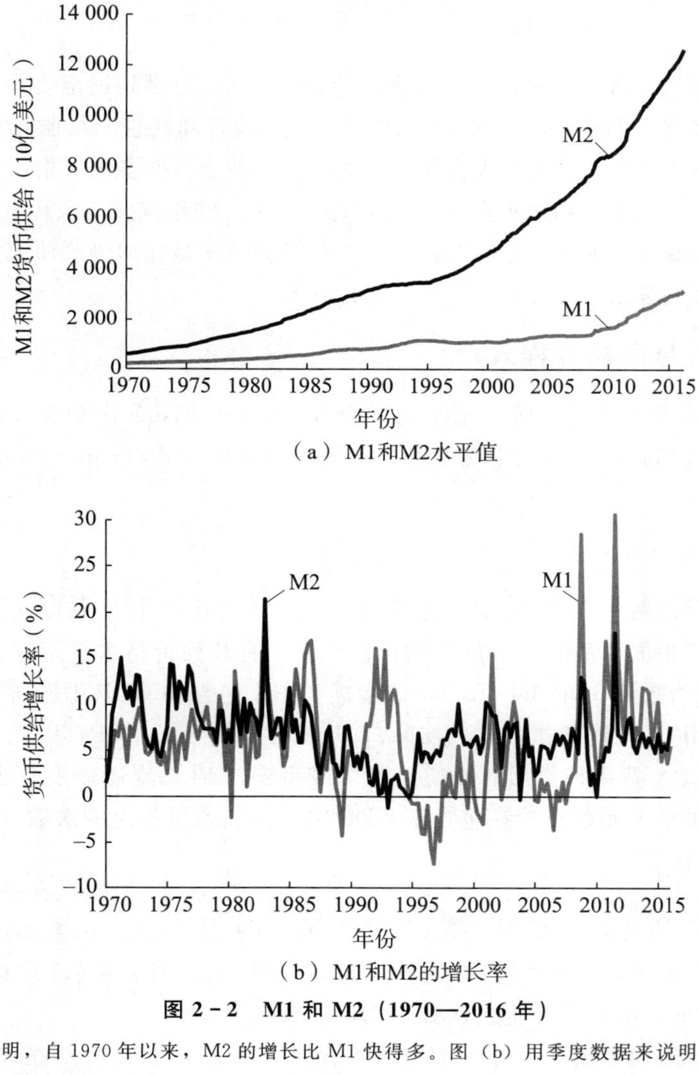

图 2-2　M1 和 M2（1970—2016 年）

图（a）表明，自 1970 年以来，M2 的增长比 M1 快得多。图（b）用季度数据来说明自 1970 年以来 M1 和 M2 的年增长率。M1 比 M2 更不稳定。

注：图（b）中的百分比变化是利用季度数据的复合年变化率。

资料来源：Federal Reserve Bank of St. Louis.

图 2-2（b）显示 M1 和 M2 的增长率明显不同。总的来说，M2 的增长率比 M1 的增

长率更稳定，M1 的增长率在 1990—1991 年、2001 年和 2007—2009 年的经济衰退期间飙升，也有几个时期为负。负增长率意味着 M1 度量的货币供给在这些时期实际上变小了。鉴于 M1 和 M2 增长率的差异，美联储和私人预测机构如何决定使用哪个指标来解释其他经济变量的变化，如经济的总产出、价格水平和利率？事实上，哪个货币供给指标对预测最有用仍然是有待美联储经济学家、学界经济学家和私人预测机构继续研究的悬而未决的问题。

2.5 货币数量论：货币与价格之间联系的初步考察

对货币供给增加与价格上涨之间的联系的讨论至少可以追溯到远至公元前 4 世纪的古希腊哲学家亚里士多德（Aristotle）。西班牙 16 世纪对墨西哥和秘鲁的征服导致大量黄金和白银输往欧洲并被铸成硬币，从而大大增加了欧洲的货币供给。很多作者指出，伴随着货币供给增加的是价格水平的上涨和购买力（purchasing power）的相应损失，其中购买力是消费者用货币获得商品和服务的能力。我们在这一节探究经济学家是如何继续研究货币供给变化和物价水平变化之间的联系的。

欧文·费雪与交换方程式

20 世纪初，耶鲁大学的经济学家欧文·费雪（Irving Fisher）发展了货币数量论，使得货币供给与通货膨胀之间的关系更明确。费雪用交换方程式（equation of exchange）来开始他的分析：

$$M \times V = P \times Y$$

方程式表明货币数量 M 乘以货币流通速度 V 等于价格水平 P 乘以实际 GDP 水平 Y。价格水平度量经济中的商品和服务的平均价格水平。有几种价格水平指标。这里最相关的指标是 GDP 缩减指数（GDP deflator），该指标考虑了包含在 GDP 中的所有商品和服务的价格。如果我们用 GDP 缩减指数乘以实际 GDP 就会得到名义 GDP，因此，交换方程式的右侧等于名义 GDP。费雪将货币的流通速度（或者简单地说流通速度）定义为给定时期的货币供给中的每一美元被花费在包含于 GDP 中的商品或服务上的次数：

$$V = PY/M$$

例如，2015 年的名义 GDP 是 179 470 亿美元，M1 是 30 220 亿美元，因此，2015 年的流通速度是 179 470/30 220＝5.9。这一结果告诉我们，2015 年 M1 中的每一美元花费在包含于 GDP 中的商品或服务上的次数平均为 5.9。

由于费雪将流通速度定义为等于 PY/M，因此，我们知道交换方程式一定始终成立，左边一定等于右边。一个理论是关于世界的一个可能为错的陈述。因此，交换方程式不是一个理论。费雪通过断言流通速度在短期内很可能基本不变把交换方程式转变为**货币数量论（quantity theory of money）**。费雪认为，一美元花费的平均次数取决于变化非常缓慢的制度因素，如人们取得收入的频率、购物的频率、企业开票的频率等。影响流通速度的因素并不取决于货币数量和实际 GDP。因此，费雪认为，流通速度不会随着货币数量或者实际 GDP 的变化而变化。因为对流通速度的这些断言既可能是正确的，也可能是错误的，因此，实际上货币数量论是一个理论。

通货膨胀的数量论解释

为了考察货币供给变动对通货膨胀的影响，我们需要把交换方程式从水平值的形式改写为百分比变化的形式。利用一个方便的数学法则就可以实现它。该数学法则是：变量相乘的方程相当于这些变量的百分比变化相加的方程。因此，我们可将数量方程重写为：

M 的百分比变化$+V$ 的百分比变化$=P$ 的百分比变化$+Y$ 的百分比变化

如果欧文·费雪是正确的，也就是说，流通速度在短期内基本不变且不受货币数量或实际 GDP 变化的影响，那么流通速度的百分比变化为 0。另外，价格水平的百分比变化等于通货膨胀率。把这两个情况考虑进来之后，我们可以再次把数量方程改写为：

通货膨胀率$=M$ 的百分比变化$-Y$ 的百分比变化

这一关系为我们提供了一种思考货币与价格之间关系的有用的方法：假设流通速度恒定，那么货币数量的增长快于实际 GDP 的增长会引发通货膨胀。货币数量的百分比变化越大，通货膨胀率就越高。美国实际 GDP 的长期年增长率约为 3%。因此，数量论表明，如果联储在长期内让货币供给增长率高于 3%，那么其结果就是发生通货膨胀。

解决问题 2－1

货币与收入的关系

一位学生做出如下断言：“除非货币供给增长，否则总产出价值不可能增长。毕竟，要不是有更多的货币，买卖的商品和服务的价值怎么会增加?”解释你是否同意这一论断?

解决问题

第一步　复习本章的内容。该问题是关于货币增长与生产或收入变化之间的关系，因此，你可能需要复习“欧文·费雪与交换方程式”这一小节。

第二步　解释在没有货币供给增长的情况下经济中的产出是否会增长。名义 GDP 度量总产出的价值，或者用符号表示为 PY。PY 是交换方程式的右边，因此，若要增长，左边的 MV 也必须增长。这位学生断言除非货币增长，否则名义 GDP 不可能增长，但交换方程式告诉我们，倘若 V 增加，在货币供给保持不变的情况下，名义 GDP 也会增长。换言之，倘若那些美元被花费的平均次数 V 上升，即使美元总数保持不变，由名义 GDP 表示的经济中的支出总量也会增加。

加分：回顾货币与收入的关系。正如你在经济学基础课程中学过的那样，就整体经济而言，总生产等于总收入，或者说，GDP＝国民收入。(虽然严格说来我们需要从 GDP 中减去折旧来得到国民收入，但这一区别对大多数宏观经济问题并不重要。)然而，GDP 或国民收入要比货币供给大得多。美国的 GDP 通常是用 M1 度量的货币供给的 5 倍多。

见本章末的问题和应用 5.6。

基于数量论的通货膨胀预测有多准确?

注意，数量论的准确性取决于关于流通速度恒定的关键假定是否正确。如果流通速度不恒定，那么货币供给增长与价格水平上涨之间可能不存在紧密的联系。例如，货币数量上升可能被流通速度下降所抵消，价格水平不受影响。实际上，流通速度在短期内可以不规则地变动，我们不会期望数量方程式能提供好的短期通货膨胀预测。然而，在长期内，货币供给变化与通货膨胀之间有紧密的联系。图 2－3（a）展示了美国每十年的 M2 度量的货币供给增长与通货膨胀率的关系。（此处我们使用 M2 是因为可以得到 M2 数据的时间比 M1 更长。）由于实际 GDP 增长率和流通速度的变化，M2 增长率和通货膨胀率之间不存在准确的关系。但有明显的模式：货币供给增长率较高的年份也是通货膨胀率较高的年份。换言之，这些不同年份的通货膨胀率的大部分变动可以用货币供给增长率的变动来解释。

通过考察 2002—2015 年不同国家的货币供给增长率和通货膨胀率，图 2－3（b）提供了与货币数量论一致的进一步的证据。虽然各国的货币供给增长率与通货膨胀率之间并不存在准确的关系，但图 2－3（b）表明货币供给快速增长的国家往往有高的通货膨胀率，而货币供给增长较慢的国家往往有低得多的通货膨胀率。图 2－3（b）中没有包括的是我们在本章开头提到的非洲国家津巴布韦的数据。1999—2008 年，津巴布韦的货币供给每年增长超过 7 500%，最终在 2008 年达到百分之一百五十亿的加速通货膨胀率。津巴布韦遭遇了**恶性通货膨胀（hyperinflation）**——月通货膨胀率超过 50%。图 2－3（b）中也没有包括津巴布韦，因为近年来津巴布韦政府已经停止发布准确的数据。不过，经济学家估计，2015 年和 2016 年其货币供给量翻了一番，物价水平在 2016 年以超过 500% 的恶性通货膨胀率上涨。我们在下一小节讨论恶性通货膨胀会给一国经济造成的问题。

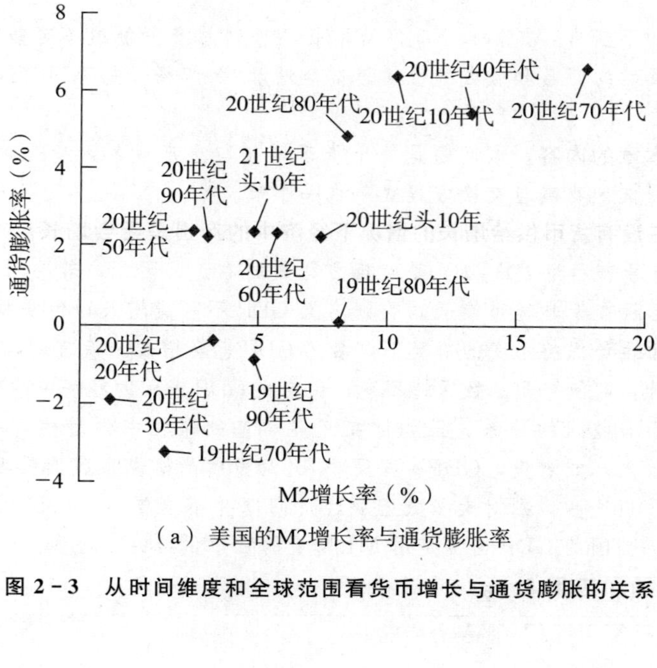

（a）美国的M2增长率与通货膨胀率

图 2－3　从时间维度和全球范围看货币增长与通货膨胀的关系

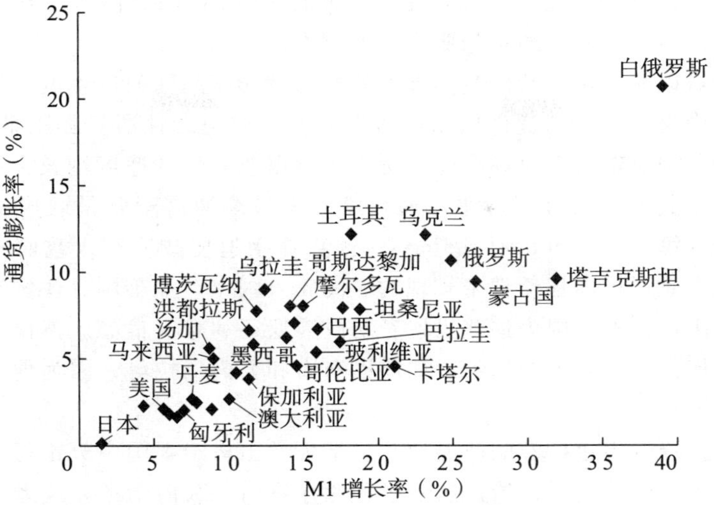

（b）世界的M1增长率与通货膨胀率

图 2-3　从时间维度和全球范围看货币增长与通货膨胀的关系（续）

图（a）说明美国从 19 世纪 70 年代到 21 世纪头十年的 M2 增长率与通货膨胀率的关系。图（b）说明 35 个国家在 2002—2015 年这段时期的 M1 增长率与通货膨胀率的关系。在两幅图中，高货币增长率都伴随着更高的通货膨胀率。

资料来源：图（a）中 19 世纪 70 年代至 20 世纪 60 年代来源于 Milton Friedman and Anna J. Schwartz, *Monetary Trends in the United States and United Kingdom: Their Relation to Income, Prices, and Interest Rates, 1867—1975*, Chicago: University of Chicago Press, 1982, Table 4. 8；图（a）中 20 世纪 70 年代至 21 世纪头十年来源于 Federal Reserve Board of Governors and U. S. Bureau of Economic Analysis；图（b）来源于 International Monetary Fund, *International Financial Statistics*。

恶性通货膨胀的危险

恶性通货膨胀出现的时期比较罕见。一些例子包括：国内战争最后几年的美国南部邦联、20 世纪 20 年代初的德国、20 世纪 90 年代的阿根廷及近年来的津巴布韦和委内瑞拉。在这些极端通货膨胀的案例中，价格上涨如此之快以至于给定数量的货币每天可以买到的商品和服务越来越少。最终，如果价格上涨速度像津巴布韦在 2008 年那样，那么即使只持有货币几个小时的人们也会发现，在他或她花掉钱之前货币已经失去了大部分价值。在这些情形中，家庭和企业会彻底拒绝接受货币，货币在这种情况下不再发挥交换媒介的功能。当经济中不再使用货币时，维持高生产率所需的专业化就停止了。例如，在 20 世纪 20 年代初的德国恶性通货膨胀时期，很多工人放弃工作，因为企业付给他们的钱还没有来得及花掉就已经失去了价值。毫不奇怪，经济活动大幅收缩，失业飙升。随后的经济困难为阿道夫·希特勒（Adolf Hitler）和纳粹党的崛起铺平了道路。近年来，津巴布韦和委内瑞拉的恶性通货膨胀带来生产和就业的大幅下滑及政治动荡。

什么导致了恶性通货膨胀?

货币数量论表明，恶性通货膨胀是由货币供给比商品和服务的实际产出的增长快得多引起的。一旦价格上涨足够快以至于货币失去大部分价值，家庭和企业就会设法持有货币尽可能短的时间。换言之，随着货币以越来越快的速度换手，流通速度开始上升。从数量论的角度看，在恶性通货膨胀时期，方程式左边的 M 和 V 同时快速上升，由于 Y 的增长率有限制，根据简单的算术，通货膨胀率必然飙升。

虽然数量论可以从算术上帮助我们理解恶性通货膨胀是如何发生的，但并没有解释为什么它会发生。中央银行控制货币供给，从而有办法避免恶性通货膨胀带来的经济灾难。那么，为什么某些中央银行有时候会允许货币供给以非常快的速度增长？答案是，中央银行并不总是独立于其他政府部门。恶性通货膨胀的最终原因通常是政府支出超过税收收入，这带来政府预算赤字（budget deficit）。预算赤字迫使政府借入政府支出与税收收入之间的差额，通常是通过出售债券来实现的。高收入国家，如美国、德国和加拿大等，可以向私人投资者出售债券，因为这些投资者对政府偿还利息有信心。然而，私人投资者通常不愿意购买发展中国家发行的债券，如津巴布韦和委内瑞拉等，因为他们不相信这些政府会偿还债券。

无法向私人投资者出售债券的政府通常会把债券出售给本国中央银行。中央银行为债券付款时就增加了该国的货币供给。这一过程叫作货币化政府债务，或者不太正式的说法是靠印钱为政府支出融资。

联系实际 2-4

德国恶性通货膨胀时期的德意志银行

银行不喜欢通货膨胀。银行从放贷中获得大部分收入，通货膨胀导致借款人用购买力较低的钱偿还贷款。尤其是，如果事后的通货膨胀率高于银行在发放贷款时预期的，那么通货膨胀就会减少银行的利润。在恶性通货膨胀时期，银行面临的问题被放大了，因为任何贷款都会用已经失去大部分或全部价值的钱来归还。

最著名的恶性通货膨胀之一发生在 20 世纪 20 年代初的德国。当德国 1918 年在第一次世界大战中战败时，协约国——美国、英国、法国和意大利，要求德国新政府支付战争赔款。几年后，德国政府严重拖欠战争赔款。1923 年 1 月，法国政府派军队进入德国鲁尔工业区试图直接收钱。鲁尔的德国工人发起罢工，德国政府决定给工人支付薪水来支持工人的罢工。政府这样做所需的资金是通过向德国国家银行出售债券获得的，这就增加了货币供给。

货币供给的增加是非常巨大的：全部流通中的德国货币马克的数量从 1922 年 1 月的 1.15 亿上升到 1923 年 1 月的 13 亿，然后是 1923 年 12 月的 49 700 亿亿，即 497 000 000 000 000 000 000。正如货币数量论所预测的那样，结果是失控的高通货膨胀率。德国的价格指数在 1914 年为 100，1922 年 1 月为 1 440，1923 年 12 月上升到 126 160 000 000 000。德国马克变得一文不值。德国政府通过以下做法来结束恶性通货膨胀：（1）与协约国重新签订一份减少赔款偿还的协议；（2）减少其他的政府支出并增加税收来平衡预算；（3）用新马克替换旧马克。每一个新马克相当于 1 万亿个旧马克的价值。德国中央银行也被限制总计发行 32 亿新马克。

德意志银行在恶性通货膨胀时期是德国最大的银行，现在依然是最大的。恶性通货膨胀给银行造成了巨大的压力。由于德国通货如此快地失去价值，家庭和企业都希望尽可能快地处理交易。为了处理这些交易，银行不得不增加相当于第一次世界大战前六倍水平的雇员。家庭和企业急于借钱来满足飙升的支出，它们希望能用购买力已经大幅下降的货币偿还贷款。根据一位经济史学家的研究，贷款需求日复一日地以几何速度增长。由于大部分贷款对银行来说已经无利可图，银行的经理们命令其分支机构大幅减少发放贷款的数量。最终，随着德国货币变得几乎一文不值，德意志银行开始只向那些可以用外国货币或者用煤炭或小麦之类的实物偿还贷款的借款人发放贷款。

虽然遇到严重的财务压力，但德意志银行从恶性通货膨胀中崛起为德国更具竞争力的银行。银行的经理认为，随着货币和金融投资的价值迅速消失，收购其他银行会更好，因为购买的是能保值的土地和建筑物。最终证明这是一个精明的策略。当 1924 年恶性通货膨胀结束、德国经济恢复增长时，德意志银行在从增长中获利方面占尽优势。

资料来源：Thomas Sargent, "The End of Four Hyperinflations," in *Rational Expectations and Inflation*, New York: Harper & Row, 1986; and David A. Moss, "The Deutsche Bank," in Thomas K. McCraw, *Creating Modern Capitalism*, Cambridge, MA: Harvard University Press, 1997.

见本章末的问题和应用 5.11 和 5.12。

中央银行应该保持独立性吗?

在现代经济中，恶性通货膨胀主要发生在发展中国家，当发展中国家的中央银行被迫创造非常多的货币来为政府支出融资以至于通货膨胀飙升时，恶性通货膨胀就会出现。然而，高收入国家的中央银行也可能在政治压力之下购买政府债券来帮助政府预算赤字融资。中央银行对其他政府部门的独立性越高，就越可能抵抗增加货币供给的政治压力，该国的通货膨胀率就越可能较低。

在一篇经典研究中，哈佛大学经济学家的阿尔韦托·阿莱西娜（Alberto Alesina）和劳伦斯·萨默斯检验了 16 个高收入国家 1955—1988 年的中央银行独立性程度与该国的通货膨胀率之间的联系。图 2-4 展示了研究结论。中央银行高度独立的国家，如美国、瑞士和德国等，比中央银行几乎没有独立性的国家，如新西兰、意大利和西班牙等，有较低的通货膨胀率。

美联储的独立性似乎有助于解释美国在过去 30 年相对较低的通货膨胀率。然而，美联储在 2007—2009 年的经济衰退期间的行动导致很多国会议员认为美联储的独立性应该被降低。一些议员长期以来一直是美联储的批评者，他们认为，在一个民主国家中，货币政策应该由国会和美国总统制定并由必须直接对总统负责的官员来实施。在当前的法律下，美联储独立运作，因为美联储是由七位理事会成员掌管的，理事会成员任期为 14 年且由总统任命，除非辞职或任期届满，否则总统或国会不能替换掉他们。由于理事会成员不必经过选举，他们不必就其行动对民主国家的最终授权人（投票人）负责。其他国会议员反对联储在经济衰退期间的行动，因为他们认为这些行动超出联邦法律授予联储的权力。一些议员尤其担心联储已经导致货币供给和银行准备金的增加，这可能造成未来较高的通货膨胀率。

其他国会议员和很多经济学家认为，鉴于危机的异常严重性，联储的行动是合适的。正如我们在后续章节中会看到的那样，关于联储的争议会导致金融体系的一个关键组成部分发生重大变化。

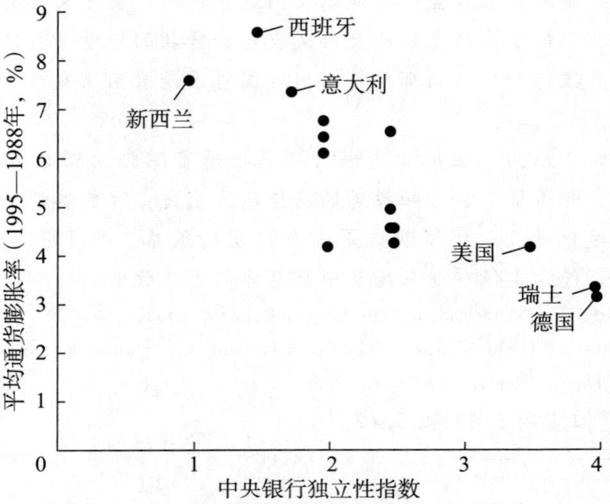

图 2-4　中央银行独立性与通货膨胀率的关系

就 16 个高收入国家而言，中央银行独立性程度越高，通货膨胀率越低。中央银行独立性是由一个从 1（最小独立性）到 4（最大独立性）的指数度量的。

资料来源：Alberto Alesina and Lawrence H. Summers，"Central Bank Independence and Macroeconomic Performance：Some Comparative Evidence，" *Journal of Money，Credit and Banking*，Vol. 25，No. 2，May 1993，pp. 151－162. Copyright 1993 by Ohio State University Press（Journals）. Reproduced with permission of Ohio State University Press via Copyright Clearance Center.

回答重要问题

在本章开头，我们提出如下问题：

"中央银行应该独立于其他政府部门吗？"

我们已经看到，政策制定者对这个问题的答案有分歧。一国赋予中央银行的独立性程度最终是一个政治问题。但我们还看到，大多数经济学家认为独立的中央银行有助于控制通货膨胀。

重要术语和问题

重要术语

物物交换	M1	专业化	支票	M2	延期支付标准
商品货币	交换媒介	价值贮藏	电子货币	货币总量	交易成本
不兑现纸币	货币	记账单位	恶性通货膨胀	支付体系	财富
法定货币	货币数量论				

2.1　我们需要货币吗？

分析物物交换体系的低效性。

复习题

1.1　物物交换体系的成本是什么？

1.2　举两个商品货币的例子？

1.3　分工和专业化在经济中的生活水平方面发挥什么作用？

问题和应用

1.4　为什么一个人会认为 20 美元的联邦储备券比 20 美元的金币是更理想的货币形式？政府更愿意发行哪种货币？简要解释。

1.5　用鹿皮作为货币和用美元纸币作为货币的关键区别是什么？

1.6　【联系实际 2－1】在 20 世纪 80 代末的苏联，用于支付出租车司机的一包包万宝路香烟可以被视为货币吗？简要解释。

1.7　【联系实际 2－2】随着第二次世界大战于 1945 年结束，德国货币马克失去如此之多的价值以至于出现物物交换经济。在这一时期，很多德国人用美国香烟作为货币。为什么在这种情况下，人们会用香烟而不是其他商品作为货币？难道不是只有吸烟的人才会愿意把它用作货币吗？简要解释。

2.2　货币的重要功能

列举和描述货币的四大重要功能。

复习题

2.1　什么使得一张美元钞票成为货币？什么使得个人支票成为货币？在何种情况下你会接受一张美元钞票或一张支票作为货币？

2.2　简要描述货币的四大主要功能。

2.3　货币是唯一可用作价值贮藏的吗？如果不是，给出一些其他的价值贮藏的例子。货币要发挥其交换媒介功能就必须有价值贮藏功能吗？简要解释。

2.4　商品货币与不兑现货币的区别是什么？

问题和应用

2.5　假定你生活在一个简单农场经济中，牛奶是被接受的主要货币形式。就以下几个方面讨论用牛奶作为货币的困难之处：

a. 交换媒介。

b. 记账单位。

c. 价值贮藏。

d. 延期支付标准。

2.6　讨论在下列情形中你的货币、财富和收入是否会增加：

a. 你的住房价值上升。

b. 你的老板给你加薪 10%。

c. 你从银行取出现金买一台苹果的 iPad。

2.7　假定国会修改法律要求企业在交换出售的所有东西时接受纸币。简要讨论谁会从这一立法中受益？谁会受损？

2.8　【联系实际 2－2】根据《华尔街日报》的一篇文章："最高面额的 100 美元钞票在许多新兴市场国家以很高的溢价交易。"为什么这些国家的人们希望用美国货币而不是他们的政府发行的货币？为什么他们对 100 美元纸币的需求大于他们对小面额纸币的需求？

资料来源：Mike Bird, "The Death of the € 500 Note Could Boost Its Black Market Price," *Wall Street Journal*, May 6, 2016.

2.9　【联系实际 2－2】根据华尔街日报的一

篇文章："100 美元是美国最受欢迎的货币面额，也可能是最濒危的。"

a. 你有没有用过 100 美元的钞票买东西？为什么 100 美元的钞票是最受欢迎的美国货币面额？

b. 既然 100 美元的钞票如此受欢迎，那么为什么会濒危？

资料来源：John Carney and Joshua Zumbrun, "The Plot to Kill the $100 Bill," *Wall Street Journal*, February 16, 2016.

2.3 支付体系

解释支付体系在经济中的作用。

复习题

3.1 为什么联储关心支付体系？联储认为支付体系的五个理想的标准是什么？

3.2 为什么政府开始发行纸币？

3.3 什么是区块链技术？区块链有可能导致美国变为一个无现金社会吗？简要解释。

问题和应用

3.4 假定公元前 1 万年的一个经济用一种稀缺的石头作为货币。再假定由于石头意外地受损或被用作武器，石头的数量随着时间的推移会下降。石头的价值随着时间的推移会怎样变化？如果某人发现大量的新石头，结果可能会是怎样的？

3.5 一位历史学家曾给出如下关于三世纪戴克里先（Diocletian）皇帝统治下的罗马帝国的经济的描述：

铸币的成色已经变得如此品质低劣以至于实际上一文不值了。戴克里先重新发行好的金币和银币的努力失败了，因为完全没有足够多的黄金和白银来恢复人们对通货的信心。……戴克里先最终接受了货币经济的统治并修改了税收体系使其基于以货代钱的支付。士兵无法按以货代钱的方式支付兵饷。

a. 铸币已经变得品质低劣的意思是什么？

b. 为什么政府官员在人们把铸币用作货币之前要恢复人们对铸币的信心？

c. 以货代钱是什么？从用金币和银币支付的体系转换到用以货代款方式支付的体系会如何影响帝国经济？

资料来源：Ralph W. Mathisen, "Diocletian," *An Online Encyclopedia of Roman Emperors*, www.romanemperors.org/dioclet.htm. Reprinted with permission from Professor Ralph W. Mathisen.

3.6 《华尔街日报》关于区块链的一篇文章指出："这项技术每年可为全球银行业减少 200 亿美元成本。"什么是区块链技术？它如何降低银行业的成本？

资料来源：Kim S. Nash, "Blockchain: Catalyst for Massive Change Across Industries," *Wall Street Journal*, February 2, 2016.

3.7 2009 年底，亚马逊推出一种旨在与 PayPal 竞争的电子支付系统 PayPhrase。在不到三年后的 2012 年初，亚马逊停止了该计划。PayPal 是迄今为止最大的电子支付系统。竞争对手在尝试建立竞争性的支付系统时会遇到什么问题？

3.8 【联系实际 2-3】瑞典的一些银行关闭了自动取款机，不再允许存款人亲自在分支行提取现金，也不再接受现金存款。

a. 银行采取这些行动的收益是什么？成本是什么？

b. 银行在做出是否实行无现金的决策时会如何度量成本和收益？

3.9 【联系实际 2-3】根据 nbcnews.com 上

的一篇文章，在瑞典，“鞋店，服装店和餐馆越来越依赖于银行卡或手机银行的交易，有些品牌，如瑞典 Hasbees 品牌，甚至没有收银机。”

a. 商店或餐厅拒绝接受现金作为客户付款的收益是什么？成本是什么？

b. 在决定是否无现金时，商店如何衡量成本和收益？

资料来源：Mac William Bishop，“Sweden Sees Shift Away from Cash,” nbcnews. com，February 6，2016.

2.4 度量货币供给

解释美国的货币供给是如何度量的。

复习题

4.1 M1 中包含的资产比 M2 中包含的资产的流动性更高吗？简要解释。

4.2 自 1970 年以来，哪个货币供给指标增长得更快，M1 还是 M2？简要解释为何如此。M1 的增长比 M2 的增长更稳定还是更不稳定？

问题和应用

4.3 定义流动性。根据流动性从最高到最低给下列资产排序：货币市场共同基金、储蓄账户、公司股票、美元钞票、住房、金条、支票账户。

4.4 如果你让某个没学过经济学课程的人来给货币供给下个定义，他或她可能会说这样的话：“货币供给是流通中的纸币和硬币的总量。”为什么联储在狭义货币 M1 中不仅仅包含通货？

4.5 解释下列各项是否只包括在 M1 中，只包括在 M2 中，还是同时包括在 M1 和 M2 中：

a. 旅行者支票。

b. 储蓄存款。

c. 存单。

d. 支票账户存款。

4.6 美国直到 1933 年一直实行金本位制，人们可以用纸币与联邦政府交换黄金。虽然联邦政府不再愿意把纸币兑换为黄金，但美联储仍在位于曼哈顿纽约联邦储备银行大厦的地下室里储存超过 50 万根金条。这些金条是否包括在货币供给的 M1 或 M2 的定义中？简要解释为原因。

4.7 假定你从你的支票账户提取 1 000 美元并用这些钱在你的银行购买存单。这些行为马上会对 M1 和 M2 产生何种影响？

4.8 为什么信用卡没有包括在 M1 或 M2 中？

4.9 图 2－2（b）显示，在 20 世纪 90 年代初期，M1 的增长率迅速上升，而 M2 的增长率则在下降。简要说明怎么可能出现这种情况。

2.5 货币数量论：货币与价格之间联系的初步考察

利用货币数量论分析长期中货币与价格的关系。

复习题

5.1 交换方程式是理论吗？简要解释。

5.2 货币数量论暗含的通货膨胀的成因是什么？

5.3 为什么政府会让恶性通货膨胀发生？

5.4 简要讨论支持和反对中央银行独立于其他政府部门的理由。

问题和应用

5.5 如果货币供给在2018年增加4%，通货膨胀率是2%，实际GDP增长率是3%，那么流通速度在2018年会是什么样的？

5.6 【解决问题2-1】一位学生做出如下陈述："如果一国的货币供给增加，那么该国的总生产水平也一定会增加。"简要说明你是否同意这一陈述。

5.7 美国在19世纪末经历了一段时期的持续通货紧缩，或者说价格水平的不断下降。用货币数量论来说明怎么可能出现通货紧缩。要出现通货紧缩，货币数量一定要下降吗？

5.8 高通货膨胀率如何影响货币的价值？它如何影响货币作为交换媒介的用途？

5.9 统计证据表明长期内的货币供给增长率与通货膨胀率之间的联系是什么？货币供给增长率与通货膨胀率之间的联系在长期还是短期更紧密？

5.10【开篇案例】根据《经济学家》上的一篇文章，"津巴布韦在2008年11月的月度通货膨胀率达到百分之800亿之后不久就放弃了一文不值的货币。津巴布韦人现在使用美元。"文章还指出，津巴布韦的平均收入下降了三分之二。但在该国放弃本币改为美元之后，经济增长开始出现。

a. 为什么津巴布韦会放弃自己的货币而开始使用美元？

b. 为什么使用美元作为货币能使津巴布韦的经济恢复增长？

c. 使用美元而不是自己的货币对津巴布韦政府有什么潜在的问题？

资料来源："Spot the Difference," *Economist*, April 2, 2016.

5.11 【联系实际2-4】当德国政府于1924年成功结束恶性通货膨胀时，这对借款人还是贷款人是好消息？简要解释。

5.12 【联系实际2-4】英国经济学家约翰·梅纳德·凯恩斯（John Maynard Keynes）在1919年出版了著作《和平的经济后果》，他在该书中认为，德国被迫向美国、法国、意大利和英国支付第一次世界大战赔款会带来破坏性后果："然而，谁能说出忍耐的限度有多大或者人们最终会以何种方式来摆脱不幸？"德国被迫支付战争赔款与后来的恶性通货膨胀的联系是什么？为什么恶性通货膨胀会带来政治动荡？

资料来源：John Maynard Keynes, *The Economic Consequences of The Peace*, New York: Harcourt, Brace and Howe, 1920, p. 251.

5.13 【开篇案例】《华尔街日报》的一篇文章指出："美联储虽然对美国经济拥有巨大的影响力，但被设计为独立于国会和总统。"既然美联储对美国经济拥有巨大的力量，为什么会被设计为独立于国会和总统而不是在其直接控制之下？

资料来源：David Wessel, "Explaining 'Audit the Fed,'" *Wall Street Journal*, February 15, 2015.

5.14 美联储履行货币政策职责的一种方式是试图影响关键利率水平。2016年初，美联储主席珍妮特·耶伦在白宫会见了美国总统奥巴马。根据《华尔街日报》的一篇文章，总统发言人表示，"为保护'联储和主席独立性的表里如一'，他'不会期待'耶伦女士会在会议上详细讨论利率路径。"

a. 发言人所说的"联储独立性的表里如一"是什么意思？

b. 为什么总统与美联储主席讨论货币政策细节会破坏美联储独立于总统运作的印象？为什么总统担心美联储独立性的印象会被破坏？

资料来源：David Harrison, "Barack Obama, Janet Yellen Discuss Economy, Regulation at White House," *Wall Street Journal*, April 11, 2016.

数据练习

D2.1 【M1 的组成部分】登录圣路易斯联邦储备银行（FRED）的网站（fred.stlouisfed.org），找到 M1 货币存量（M1）的最新值、M1 的通货部分（CURRENCY）、总支票存款（TCD）和旅行支票（WTCSL）。M1 的哪个组成部分最大？哪个最小？

D2.2 【M1 和 M2 的关系】登录圣路易斯联邦储备银行（FRED）的网站（fred.stlouisfed.org）并从 FRED 获得 M1 货币存量（M1SL）和 M2 货币存量（M2SL）的最新月度值以及 5 年和 10 年前该月的值。

a. 使用这些数据计算每年 M1 占 M2 的比例。

b. 解释这个比例是否随时间推移增加、减少或保持不变。你能对观察到的任何变化想出一种解释吗？

D2.3 【交换方程式】登录圣路易斯联邦储备银行（FRED）的网站（fred.stlouisfed.org），并查找名义国内生产总值（GDP）、M1 货币存量的流通速度（M1V）和 M2 货币存量的流通速度（M2V）的最新值及 1985 年同一季度的值。

a. 使用上面找到的数据，计算两个时期的 M1 货币供给量和 M2 货币供给量。

b. 描述 M1 流通速度和 M2 流通速度在两个季度有何不同。

D2.4 【M2 的变化与通货膨胀的关系】登录圣路易斯联邦储备银行（FRED）的数据站点（fred.stlouisfed.org），从 1990 年 1 月到最近的可用月份，下载并绘制 M2（M2SL）和 CPI（CPIAUCSL）的复合年变化率。你看到两个变量之间有什么关系？

第3章 利率和收益率

学习目标

学完本章之后，你应该能够：

3.1 用利率计算现值和终值；

3.2 区分不同的债务工具并理解其价格是如何决定的；

3.3 说明债券的到期收益率与价格的关系；

3.4 理解债券价格与债券收益率的反向关系；

3.5 说明利率与收益率的区别；

3.6 说明名义利率与实际利率的区别。

开篇案例

国债是高风险投资吗？

想要安全投资吗？美国国债怎么样？当需要借钱支付联邦政府的账单时，财政部就出售面值为 100 美元的债券。当你购买债券时，财政部将每六个月向你支付一次利息，并在债券到期时向你支付债券的 100 美元面值。与发行债券的一些地方政府、公司或外国政府不同，美国政府几乎肯定会偿还这些债券。换句话说，实际上不存在违约风险。

但在 2016 年，许多财务顾问认为国债的风险过高，并警告投资者不要购买。这有矛盾吗？不一定。那时，30 年期国债——30 年后到期并向持有者支付 100 美元的债券——的利率约为 2.5%，这远远高于你从银行的支票账户或储蓄账户中能获得的利率。但是，对于 30 年期美国国债来说，2.5%是历史上的低利率，而它在 1981 年支付的利率为 15%，甚至在 2007 年的年中支付的利率也有 5.25%。为什么国债利率下降？正如我们将在第 4 章更详细地讨论的那样，利率是由借款人的资金需求与贷款人或投资者的资金供给相互作用来决定的。借款人和投资者考虑的一个重要因素是预期的通货膨胀率。预期通货膨胀率越高，借款人偿还投资者的美元的购买力就越低。当投资者预期未来通货膨胀率会很高时，他们会坚持要求支付高额债券利率。

2016 年 30 年期国债利率如此之低的一个重要原因是许多投资者预计未来几年通货膨胀率将保持在 2%或更低。如果这种预期被证明是准确的，那么长期债券的低利率就可能是“新常态”。但一些经济学家和投资顾问并不那么确定。在 2007—2009 年金融危机期间，美联储采取了一系列不同寻常的货币政策行动，其中一些行动 2016 年仍在继续。美联储主席珍妮特·耶伦认为，美联储有能力实现向更正常的金融状态的转变。但是如果耶伦错了，特别是如果通货膨胀率上升快于预期，那么财政部将不得不为新发行的债券支付更高的利率。

当财政部开始出售利率为 5%的新债券时，若你曾以 2.5%的利率买过国债，你会面临什么情况？如果你持有的债券到期，那么你将继续获得 2.5%的利率。但是，如果你需要钱购买汽车或房屋并决定在债券到期前出售该怎么办？你的债券仅支付 2.5%的利息，而财政部出售支付 5%的利率的新债券。为了找到债券买家，你的经纪人将不得不降低价格以补偿买方收到的较低的利率。换句话说，你必须接受债券的损失。

因此，虽然你在购买国债时确实不会面临违约风险，但你会面临利率风险，即你的债券价格会随市场利率变化而波动的风险。如果对未来较高通货膨胀率的预测结果准确无误，那么 2016 年拥有债券的许多投资者在其债券价格下跌时将遭受相当大的损失。

重要议题和问题

议题：一些投资分析师认为一些长期债券非常低的利率使其成为高风险投资。

问题：为什么利率与金融证券价格反向变动？

本章开始探究债券和类似的证券。因为债券促成资金从储蓄者到借款人的流动，所以在金融体系中发挥着重要的作用。深入理解利率有助于理解债券和金融体系的方方面面。

3.1　利率、现值和终值

中世纪的欧洲政府通常禁止贷款人对贷款收取利息，部分原因是大部分人认为拥有多余资金的人应该乐于在不收取贷款利息的情况下将其借给贫穷的朋友和邻居来购买基本的生活必需品。在现代经济中，家庭借钱主要是为住房、家具、大学教育和汽车等支出融资，企业借钱主要是为厂房、办公楼和信息技术等支出融资。也许是因为现代经济中很少有借钱是为了日常必需品的支出融资，所以大多数国家不再禁止对贷款收利息。如今经济学家把利息视为信用的成本。

为什么贷款人对贷款收取利息?

如果种苹果的人免费出售苹果，那么几乎不会有苹果的供给。同样，如果提供信用的贷款人对贷款不收利息，那么几乎也不会有信用的供给。回忆一下你的经济学基础课程中机会成本这个重要的概念，机会成本是你从事一项活动所不得不放弃的活动的价值。正如苹果的价格必须补偿果农提供苹果的机会成本一样，利息必须补偿贷款人提供信用的机会成本。

考虑如下情形：你向一位朋友发放了 1 000 美元的贷款，你朋友承诺一年后还钱。在决定向他收取多少利息时，你需要考虑三个重要方面：

(1) 到你朋友还钱的时候，价格很可能已经上涨了，因此，比起若你现在花掉这笔钱而不是贷放出去，你将能购买的商品和服务更少。

(2) 你朋友可能不还钱，换言之，他可能对贷款违约。

(3) 在贷款期间，你朋友用了你的钱，而你没有用。如果他用这笔钱买了一台电脑，那么他就用了一年的电脑，而你却在等他还钱。换句话说，贷出你的钱会招致现在不能把钱用在商品和服务上所带来的机会成本。

因此，我们可以把你对贷款收取的利息看作下列原因的结果：

- 对通货膨胀的补偿；
- 对违约风险的补偿——借款人不还钱的可能性；
- 对等待花钱的机会成本的补偿。

对上述原因，需要注意两点。首先，即使贷款人确信贷款期间不会出现通货膨胀且借款人没有违约的可能性，贷款人还是会收取利息来补偿自己对还钱的等待。其次，这三个因素因人而异、因贷款不同而不同。例如，在贷款人认为通货膨胀较高的时期，贷款人会收取更多的利息。贷款人也会对看似更可能违约的借款人收取更多的利息。

大多数金融交易都事关未来的支付

我们都很熟悉汽车贷款或学生贷款收取的利率及像银行存单那样的资产支付的利率。但利率对金融体系的重要性比表面上看起来要高得多，原因在于如下重要事实：大多数金融交易都事关未来的支付。当你取得一笔汽车贷款时，你承诺直到贷款还清前每个月都还款。当你购买通用电气发行的债券时，通用电气承诺直到债券到期前每年都给你付息。我们还可以列举很多也事关未来的支付的其他类似的金融交易。金融交易事关未来的支付这一事实引起了一个问题：如何比较不同的交易？例如，假定你需要向银行借 15 000 美元来买一辆汽车。考虑两笔贷款：

(1) 贷款 A，要求你在未来 48 个月每月还款 366.19 美元；

(2) 贷款 B，要求你在未来 60 个月每月还款 318.71 美元。

你更喜欢哪笔贷款？利率有助于回答此类问题，因为利率提供金融现值和金融终值之间的联系。在这个例子中，虽然贷款 A 的月度还款较高，但利率较低：贷款 A 的利率是 8%，贷款 B 的利率是 10%。虽然利率不是评价一笔贷款时唯一要考虑的因素，但却是一个重要的因素。

两个重要的思想——复合和贴现——能帮助我们深入探究利率如何提供金融现值与金融终值之间的联系，也能帮助我们理解如何计算利率，如这两笔贷款的利率。

复合和贴现

考虑一个复合的例子。假定你把 1 000 美元存入一个支付 5%的利率的一年期银行存单（CD）。这个投资的终值是多少？**终值（future value）**是指现在所做的一项投资在未来某一天的价值。一年后，你会收回你的 1 000 美元本金（principal）——本金是投入或借入的金额——及 1 000 美元的 5%的利息：

$$1\ 000+(1\ 000\times 0.05)=1\ 050(\text{美元})$$

我们可以将其简洁地重写为：

$$1\ 000\times(1+0.05)=1\ 050(\text{美元})$$

如果：

i=利率

本金=你投资的金额(你初始的1 000美元)

FV_1=一年后的终值

那么我们可以将表达式重写为：

$$本金\times(1+i)=FV_1$$

(注意，FV_1中的下标1表示我们在考察1年后的终值。)这一关系式的重要性在于其表明我们可以用1加利率乘以投入的本金来计算一年后的终值。

多期复合

假定一年末你决定在存单上再投资（或者说展期）一年。如果你把你的1 050美元再投资一年，那么你不仅会收到初始的1 000美元投资的利息，还会收到你第一年赚到的50美元利息的利息。赚取利息的利息的过程叫作**复合（compounding）**。复合利息（compound interest）是你在一笔投资上赚到的总金额的一个重要组成部分。

我们可以计算你的初始投资两年后的终值：

$$[1\,000\times(1+0.05)]\times(1+0.05)=1\,102.50(美元)$$

一年后赚到的金额×第二年的复合=两年后的终值

我们可以将该式更简洁地写为：

$$1\,000\times(1+0.05)^2=1\,102.50(美元)$$

或者用符号表示为：

$$本金\times(1+i)^2=FV_2$$

我们可以继续将1 000美元的初始投资复合你选择存单展期的任何年数。例如，如果你按相同的利率将存单展期到第三年，那么第三年末你会有：

$$\begin{aligned}1\,000\times(1+0.05)\times(1+0.05)\times(1+0.05)&=1\,000\times(1+0.05)^3\\&=1\,157.63(美元)\end{aligned}$$

注意，复合因子（1+0.05）的指数是复合发生的年数。

不妨一般化我们的结论：如果你按5%的利率把1 000美元投资n年，n可以是任意的年数，那么在n年末你会有：

$$1\,000\times(1+0.05)^n(美元)$$

或者用符号表示为：

$$本金\times(1+i)^n=FV_n$$

解决问题3-1

用复利选择银行存单

假定你正在考虑将1 000美元投资于下列两种银行存单之一：

• 第一种存单三年内每年付4%的利率；

• 第二种存单第一年付8%的利率，第二年付1%的利率，第三年付1%的利率。

你应该选择哪种存单？

解决问题

第一步　复习本章的内容。问题是关于复利的，因此，你可能需要复习“多期复合”这一小节。

第二步　计算投资于第一种存单的终值。第一种存单每年的利率相同，三年后的终值就等于1 000美元的现值，即你的本金额，乘以1加利率的三次方：

$$1\,000\times(1+0.04)^3=1\,124.86(\text{美元})$$

第三步　计算投资于第二种存单的终值。第二种存单每年的利率不同。因此，你每年要用不同的复合因子：

$$1\,000\times(1+0.08)\times(1+0.01)\times(1+0.01)=1\,101.77(\text{美元})$$

第四步　决定你应该选择哪种存单。你应该选择终值最大的投资，所以应选择第一种。

加分：在不计算的情况下被要求猜测这个问题的答案时，很多同学选择第二种存单。他们的推理是第一年收到8%的高利率意味着，即使第二年和第三年的利率低，第二种存单最终也会有更高的终值。如下表所示，虽然一年后第一种存单远远落在后面，但最终在第三年带来更高的价值。这个例子展示了复合有时候会带来的令人惊讶的结论。

单位：美元

	第一种存单	第二种存单
1年后	1 040.00	1 080.00
2年后	1 081.60	1 090.80
3年后	1 124.86	1 101.71

见本章末的问题和应用1.6。

一个贴现的例子

刚才，我们从现在的一笔美元金额出发看一下因复利而在未来能增长到多少，已经用利率将金融终值与金融现值联系起来了。我们还可以把该过程反过来，用利率来计算未来收到的资金的**现值（present value）**，或者说今天的价值。要点是：未来的资金的价值小于现在的资金，因此，我们必须减少或者说贴现未来的资金来得到其现值。**货币的时间价值（time value of money）**是指付款的价值根据收到付款的时间而改变的方式。为什么未来的资金的价值小于现在的资金？因为与贷款人收取贷款利率相同的三个原因，正如本章前面指出的：

（1）因为价格水平通常随时间的推移而上升，所以未来的钱通常比现在的钱买的东西少。

（2）因为借款人可能因未履行承诺还款而违约，所以承诺未来付的钱可能收不到。

(3) 因为不能得到现在有钱购买商品和服务能得到的好处，所以等待还钱有机会成本。

要执行**贴现 (discounting)**，我们可以把刚才讨论的复合过程反过来。在我们的例子中，假如你一年后能收到1 050美元，你就愿意放弃你的1 000美元一年的投资（购买一个1年期存单）。换言之，现值1 000美元相当于一年后收到的终值1 050美元。我们可以把故事反过来并提问：如果银行承诺一年后付给你1 050美元，那么你现在愿意付给银行多少？答案当然是1 000美元。这样看，对你而言，一年后收到的1 050美元的现值是1 000美元。从这个角度看，复合和贴现是等价的过程。我们可以总结这一结论（其中，PV=现值）：

复合：$1\,000\times(1+0.05)=1\,050$；或 $PV\times(1+i)=FV_1$

贴现：$1\,000=1\,050/(1+0.05)$；或 $PV=FV_1/(1+i)$

需要注意的是，虽然 $(1+i)$ 是我们计算现在投资的资金的终值的复合因子，但 $1/(1+i)$ 是我们计算未来收到的资金的现值的贴现因子。

我们可以对任意期数来一般化这一结论：

复合：$PV\times(1+i)^n=FV_n$

贴现：$PV=FV_n/(1+i)^n$

关于贴现的一些要点

我们在本书中会多次使用贴现未来付款的思想，因此，理解下述四个要点非常重要：

(1) 现值有时候也叫作“贴现值”。这一术语强调的是，在把未来收到的美元转换为现在的等价值美元时，我们是在贴现或减少未来美元的价值。

(2) 越久远的未来收到的付款的现值越小。我们可以通过考察贴现公式来明白这一点是正确的：

$$PV=FV/(1+i)^n$$

n 的值越大，分数的分母值越大，现值越小。

(3) 我们用于贴现未来付款的利率越高，付款的现值越小。我们可以通过考察贴现公式来明白这一点是正确的：

$$PV=FV/(1+i)^n$$

由于利率在分数的分母中，所以利率越大，现值越小。从经济角度看，如果你对贷出资金要求较高的利率，那么你的意思是说，对你而言，未来较大金额的美元才与现在的一美元价值一样大。这相当于说未来每一美元现在对你的价值小于它在利率较低时对你的价值。

我们可以利用表3-1来说明第二点和第三点。表中的各行表明，对任意给定的利率，收到的付款越是久远，其现值越小。例如，当利率为5%时，你在1年后收到的1 000美元的付款的现值是952.38美元，但如果你在30年后收到付款，那么现值下降到只有231.38美元。表中的各列表明，对任意给定的收到付款的年数，利率越高，付款的现值越小。例如，你在15年后收到的一笔1 000美元的付款，当以1%的利率贴现时，现值是

861.35 美元，但当以 20%的利率贴现时，付款只值 64.91 美元。需要注意的是，你 30 年后收到的一笔 1 000 美元付款以 20%的利率贴现时现值只有 4.21 美元。

表 3-1　时间、利率和支付的现值

	……后会收到的 1 000 美元的支付的现值			
利率（%）	1 年（美元）	5 年（美元）	15 年（美元）	30 年（美元）
1	990.10	951.47	861.35	741.92
2	980.39	905.73	743.01	552.07
5	952.38	783.53	481.02	231.38
10	909.09	620.92	239.39	57.31
20	833.33	401.88	64.91	4.21

（4）一系列未来付款的现值不过是单笔付款的贴现值之和。例如，某人承诺 1 年后付给你 1 000 美元和 5 年后付给你另一笔 1 000 美元对你价值多少？如果我们假定利率为 10%，表 3-1 表明，你在 1 年后会收到的付款的现值是 909.09 美元，你在 5 年后会收到的付款的现值是 620.92 美元。因此，承诺的两笔付款的现值等于 909.09＋620.92＝1 530.01（美元）。

关于表示方法的说明

本书将始终以小数形式输入数值计算中的利率。例如，5%是 0.05 而不是 5。显然，不遵循这一规则会导致你的计算不准确：你乘以（或除以）0.05 或 5 的差别是很大的！这非常重要，所以我们专门用这一小节来予以说明。

解决问题 3-2

你如何评估大学教育的价值？

根据美国人口普查局《当前人口调查》，在 22 岁时，典型的大学毕业生比没有上大学的典型高中毕业生每年多赚约 7 200 美元。高中毕业生和大学毕业生之间的收入差距一直持续到 42 岁左右。

考虑以下关于大学毕业生和高中毕业生之间收入差距的数据（为简单起见，假设大学毕业生收到的额外收入全部在年底收到）：

22 岁：7 200 美元

23 岁：7 200 美元

24 岁：7 300 美元

25 岁：7 300 美元

a. 只考虑 22 岁到 25 岁，大学教育更高的收入的现值是多少？假设利率为 5%。

b. 假设你已年满 18 周岁并考虑是否在高中毕业后立即就职或进入大学并在 22 岁时加入劳动力队伍。简要说明你会如何计算大学教育对你的现值。（提示：除了所有高中毕业生和所有大学毕业生之间的收入差距之外，还有成本和其他因素要考虑吗？）

资料来源：Christopher Avery and Sarah Turner, "Student Loans: Do College Students Borrow Too Much, or Not Enough?" *Journal of Economic Perspectives*, Vol. 26, No. 1, Winter 2012, pp. 165-192.

解决问题

第一步　复习本章的内容。这个问题是关于贴现未来付款的，因此，你也许需要复习"关于贴现的一些要点"这一小节。

第二步　用给出的数据计算这几年大学教育的现值来回答 a。"关于贴现的一些要点"这一节的第四点是：一系列未来付款的现值不过是每笔付款的贴现值之和。你可以认为大学毕业生和高中毕业生之间的年收入差距实际上是大学毕业生得到的付款。因此，这几年的大学教育现值的计算是（记住以小数形式输入利率）：

$$PV=\frac{7\ 200}{1+0.05}+\frac{7\ 200}{(1+0.05)^2}+\frac{7\ 300}{(1+0.05)^3}+\frac{7\ 300}{(1+0.05)^4}=25\ 699.50(\text{美元})$$

第三步　考虑你会如何计算大学教育的现值来回答 b。第一步是将你在 a 中所做的现值计算延长到 67 岁的正常退休年龄。（这是你有资格从联邦政府获得全额社会保障金的年龄。）为了更好地根据你的情况量身定制地计算，需要考虑以下几点：

（1）你上大学会产生显性费用，包括学费和书本费用。你应该考虑这些成本来计算大学教育的净现值，即考虑成本后的现值。由于这些费用将在未来几年内产生，所以现值会很大。

（2）假设你上大学就不能全职工作，你会失去高中毕业后立即进入劳动力队伍所能获得的工资。这些工资损失对你来说是机会成本。这笔费用因为距离现在很近，所以也有很高的现值。

（3）最后，你应该使用你打算进入的职业的平均收入与如果在高中毕业后立即进入劳动力市场你会接受的工作收入之间的差距，而不是在现值计算中使用的大学毕业生的平均收入与高中毕业生的平均收入之间的差距。

见本章末的问题和应用 1.7 和 1.8。

贴现和金融资产价格

大部分金融资产，如贷款、股票和债券，本质上都是借款人承诺将来向贷款人支付的一定款项。通过给予我们一种确定未来不同时间收到的付款的现值的方法，贴现让我们可以比较不同金融资产的价值。尤其是，贴现给予我们一种确定金融资产价格的方法。要明白这一点，考虑一下为什么投资者要购买诸如股票或债券之类的金融资产。投资者购买金融资产是为了从资产的卖方获得付款。这些付款对投资者价值多少？付款的价值等于其现值。加总所有付款的现值，我们就得到买方会为资产支付的美元金额。换言之，我们已经确定了资产的价格。

3.2　债务工具及其价格

我们在上一节结束的时候得到的结论是关于金融体系的一个重要事实：金融资产的价格等于从拥有资产中会收到的付款的现值。这一节我们把这一重要事实应用于一类叫作债务工具的重要金融资产上。**债务工具**［**debt instrument**，也叫**信用市场工具**（**credit market instrument**）或**固定收益资产**（**fixed-income asset**）］包括银行发放的贷款及公司和政府发行的债券。股票不是债务工具，而是代表发行股票的企业的部分所有权的**股权**（**equity**）。债务工具的条款可以各不相同，但都是借据，或者说是借款人向贷款人支付利息和偿还本金的承诺。因为贷款人和借款人有不同的需求，所以债务工具采取不同的形式。

贷款、债券和付款时间

有四类基本的债务工具：

（1）简单贷款；

（2）贴现债券；

（3）息票债券；

（4）固定付款贷款。

我们可以用这四类债务工具来说明借款人向贷款人付款的时间的不同。我们知道，付款时间不同会影响现值，进而影响债务工具的价格。除了描述每一类债务工具之外，我们还在一个时间线上表示贷款或债券的付款以使得度量资金的流入和流出更容易。

简单贷款

就**简单贷款（simple loan）**而言，借款人从贷款人收到叫作本金的一定量的资金，并同意在一个规定的贷款到期日偿还贷款人本金加利息。最常见的简单贷款是银行的短期企业贷款——叫作工商业贷款。例如，假定美国银行以10%的利率向内茨（Nate's）托儿所发放一笔10 000美元的一年期简单贷款。我们可以在一个时间线上用图形说明这笔交易以展示借款人给贷款人的利息和本金付款。

一年后，内茨会偿还本金加利息：10 000美元+（10 000美元×0.10）或者说11 000美元。在时间线上，贷款人将这笔交易视为：

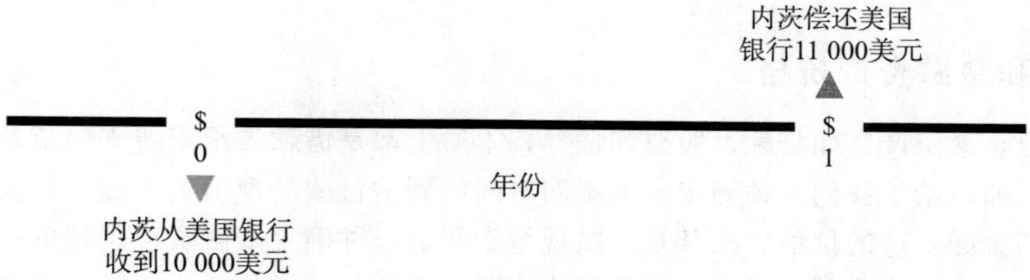

贴现债券

像简单贷款一样，借款人也是通过一次性付款来偿还**贴现债券（discount bond）**。但是，在这种情况下，借款人在到期日支付贷款人叫作面值（face value or par value）的金额，初始收到的金额小于面值。贷款利息是偿还的金额与借入的金额之间的差额。假定内茨托儿所发行一只1年期的贴现债券并收到9 091美元，一年后向债券买方偿还10 000美元的面值。因此，内茨托儿所的贴现债券的时间线是：

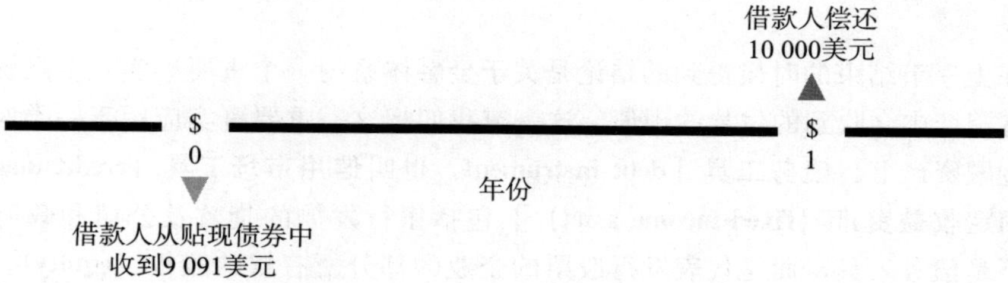

贷款人在该年收到 10 000－9 091＝909（美元）的利息。因此，利率是 909/9 091＝0.10 或 10%。最常见的贴现债券类型是美国储蓄债券、美国短期国债和零息债券。

息票债券

虽然都叫债券，但**息票债券**（**coupon bond**）与贴现债券差别很大。发行息票债券的借款人以息票的形式定期付息，通常是每年一次或两次，并在到期日偿还面值。美国财政部、州和地方政府及大型企业都会发行息票债券。由于息票债券在金融体系中非常重要，你应该熟悉下列与息票债券有关的术语。

• **面值**。债券发行人（借款人）到期偿还的金额。典型息票债券的面值是 1 000 美元。

• **息票**。债券发行人每年向买方支付的固定的美元利息额。

• **息票率**。息票价值占债券面值的百分比。例如，如果一只债券有 50 美元的年息票和 1 000 美元的面值，那么息票率就是 50/1 000＝0.05 或 5%。

• **当期收益率**。正如我们在第 3.4 节会看到的那样，在息票债券被发行之后，其经常在金融市场上被转售多次。买卖的结果的是债券价格在某一特定日期会高于或低于 1 000 美元的面值。当期收益率是息票价值占债券当前价格的百分比。例如，如果一只债券有 50 美元的息票、1 000 美元的面值和 900 美元的当期价格，那么当期收益率是 50/900＝0.056 或 5.6%。

• **期限**。债券到期且发行人向买方支付面值之前的时间长度。很多政府债券和公司债券有 30 年的期限，这意味着，在第 30 年末的最后一次的面值支付之前，发行人在 30 年内每年都会付息。例如，如果 IBM 发行一种息票率为 10%、面值为 1 000 美元的 30 年期债券，那么 IBM 会在 30 年内每年支付 100 美元并在第 30 年末支付最后的 1 000 美元。IBM 息票债券的时间线是：

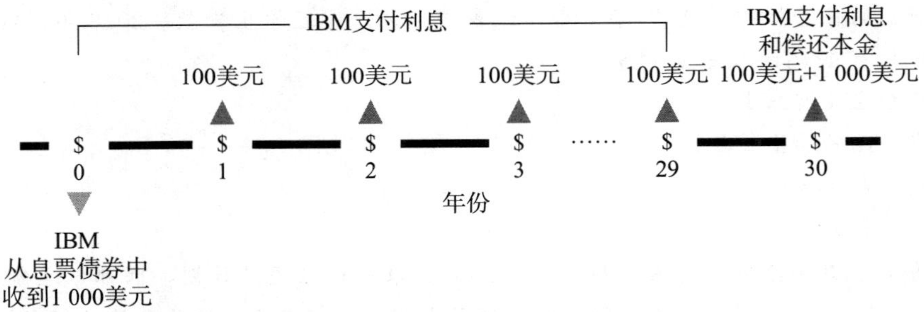

固定付款贷款

在**固定付款贷款**（**fixed-payment loan**）下，借款人定期向贷款人还款（每月一次、每季度一次或每年一次）。还款包括利息和本金。因此，借款人在到期时已经完全还清贷款，并没有本金的一次性还款。还款中同时包含利息和本金的贷款叫作分期偿还贷款（amortized loan）。常见的固定付款贷款是住房抵押贷款、学生贷款和汽车贷款。例如，如果你在偿还一笔利率为 9% 的 10 000 美元的 10 年期学生贷款，那么你的月还款大约是 127 美元。还款的时间线是：

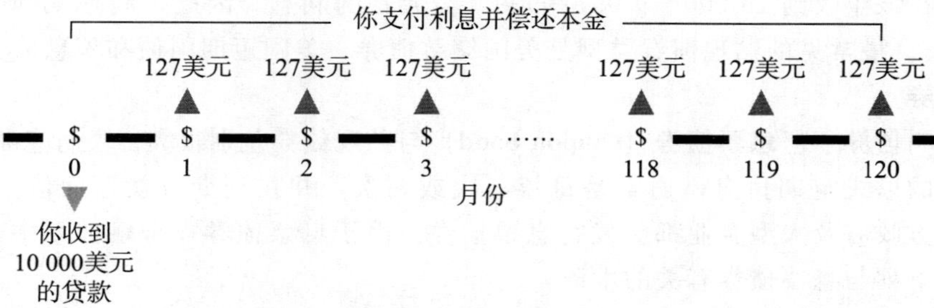

就固定付款贷款而言，因为只要完成所有还款，贷款就被完全还清了，无须担心像简单贷款那样的大额最终还款，所以很受家庭欢迎。因为借款人的每次还款都偿还一些本金，这就降低了借款人对全部本金额违约的可能性，所以固定付款贷款对贷款人也有好处。

虽然大部分债务工具都可以归为这四类，但储蓄者和借款人不断变化的需求刺激了有不止一类特征的新型债务工具的创造。

联系实际 3－1

利率和学生贷款

随着学费的上涨，更多的学生正在利用学生贷款，且贷款的数额也更大。2016 年，美国的学生贷款总额约为 1.2 万亿美元，已经超过信用卡债务总额。学生贷款还款通常是近期的大学毕业生预算中最大的项目。即使是未来的总统也无法幸免。根据前第一夫人米歇尔·奥巴马（Michelle Obama）的说法："事实上，当巴拉克和我结婚时……我们每月的学生贷款还款额实际上高于我们的住房抵押贷款。"毕业后，许多学生努力偿还学生贷款。2016 年，有联邦学生贷款的人中约有 43%的人发生了违约。

学生贷款主要有三类：

（1）有补贴的学生贷款；

（2）无补贴的学生贷款；

（3）私人贷款。

2016 年，联邦学生贷款的固定利率为 4.29%。根据标准还款计划，联邦学生贷款将在 10 年内偿还。2015 年底，联邦学生贷款计划下的所有借款人都满足"按收入修改还款"（Revised Pay As You Earn，REPAYE）计划的条件，根据该计划，还款的上限为借款人收入的 10%，如果 20 年（或 25 年，如果贷款用于研究生学习）后还没有还清，那么可以免除贷款余额。从银行获得的私人学生贷款有各种利率和还款时间。

我们可以用复合和贴现的概念来分析学生面临的一些贷款选择：

（1）你在大学期间不还利息会怎么样？就无补贴学生贷款而言，虽然你在大学期间要支付贷款利息，但你通常可以选择在毕业前推迟支付利息。但是，未付利息会累积并添加到贷款本金中。举一个简单的例子，如果你以 4.29%的利率获得 20 000 美元的学生贷款，那么在你上大学的四年中，你将被收取总计 3 722 美元的利息。如果你在毕业之前没有支付利息，那么你的贷款本金将为 23 722 美元，这意味着在 10 年投资回收期内的每月付款将从205美元上升至243美元，你最终将支付1 152美元的总利息付款。当然，学生的经济状况差别很大，因此推迟支付利息可能会吸引一个学生而不是另一个学生。

(2) 将投资回收期从10年延长到25年会怎么样？虽然对于不使用REPAYE计划的学生来说，联邦学生贷款的标准投资回收期为10年，但许多学生可将期限延长至长达25年。再次假设你有一笔利率为4.29%的20 000美元的学生贷款。在10年的投资回收期下，你的每月付款为205美元。在25年的投资回收期下，付款降至109美元——这对许多学生来说是一种更易于管理的付款，这些学生的第一笔薪水还有其他账单要付。但请记住，固定付款贷款是分期的，这意味着你付的每笔款项都是利息和本金的混合。通过将投资回收期延长15年，你可以更慢地支付20 000美元本金，因此你在贷款期限内支付的利息总额更高。投资回收期为10年，你的利息总额为4 642美元；投资回收期为25年，你的利息总额将近12 639美元，几乎是之前的三倍。

熟悉我们在本章中讨论的利率概念可以帮助学生和他们的父母决定如何为大学教育筹集资金。可以在studentaid. ed. gov和bankrate. com网站上找到有用的贷款计算器。

资料来源：Josh Mitchell, "More Than 40% of Student Borrowers Aren't Making Payments," *Wall Street Journal*, April 7, 2016; Jillian Berman, "America's Growing Student-Loan-Debt Crisis," marketwatch. com, January 19, 2016; and Charlie Spiering, "At Princeton, Michelle Obama Complains About Her Student Loans," *Washington Examiner*, September 24, 2012; and studentaid. ed. gov.

见本章末的问题和应用2.6和2.7。

3.3 债券价格与到期收益率

我们已经看到，债券（或任何其他金融证券）的价格应该等于持有者从债券中收到的还款的现值。我们可以应用这一思想来确定息票债券价格。

债券价格

考虑一只息票率为6%、面值为1 000美元的5年期息票债券。息票率为6%告诉我们，债券的卖方在5年内每年会向债券的买方支付60美元，同时在第5年末还会有1 000美元的最后一次支付。(注意，在现实中通常是每年支付两次息票，因此，息票率为6%的债券在6个月之后会支付30美元并在年末支付另外的30美元。为简单起见，我们在整本书中都会假定证券的所有支付都是在年末收到的。）因而，债券价格P的表达式是投资者会收到的6次支付的现值（5次息票支付和最后的本金支付）。

$$P=\frac{60}{(1+i)}+\frac{60}{(1+i)^2}+\frac{60}{(1+i)^3}+\frac{60}{(1+i)^4}+\frac{60}{(1+i)^5}+\frac{1\ 000}{(1+i)^5}$$

我们可以利用这一推理得到如下支付息票C、面值为FV的n年期债券价格的一般表达式：

$$P=\frac{C}{(1+i)}+\frac{C}{(1+i)^2}+\frac{C}{(1+i)^3}+\cdots+\frac{C}{(1+i)^n}+\frac{FV}{(1+i)^n}$$

省略号表示我们省略了代表第 3 年与第 n 年（债券到期的最后一年）之间的年份的项——可以是第 10 年、第 20 年、第 30 年或其他年份。

到期收益率

要用债券价格表达式求债券价格，我们需要知道将要收到的未来支付和利率。然而，假设我们知道债券价格和未来支付，但不知道利率。例如，如果你面临选择两个潜在的投资的决策会怎么样：

（1）价格为 1 050 美元、息票率为 8%的一只 3 年期、1 000 美元面值的息票债券；

（2）价格为 980 美元、息票率为 6%的一只 2 年期、1 000 美元面值的息票债券。

选择这两个投资的一个重要因素是确定你在每一个投资上会获得的利率。因为我们知道两只债券的价格和支付，我们可以利用现值计算来求出每个投资的利率：

$$\text{债券 1：}1\ 050=\frac{80}{(1+i)}+\frac{80}{(1+i)^2}+\frac{80}{(1+i)^3}+\frac{1\ 000}{(1+i)^3}$$

利用金融计算器、在线计算器或电子表格程序，我们可以求解这个 i 的方程式。债券 1 的解是 $i=0.061$ 或 6.1%。

$$\text{债券 2：}980=\frac{60}{(1+i)}+\frac{60}{(1+i)^2}+\frac{1\ 000}{(1+i)^2}$$

债券 2 的解是 $i=0.071$ 或 7.1%。

这些计算告诉我们，即使债券 1 也许看起来是一项更好的投资，因为债券 1 的息票率高于债券 2，但债券 1 较高的价格意味着其利率比债券 2 明显更低。因此，如果你想在你的投资上获得较高的利率，你应选择债券 2。

我们刚才计算的利率叫作**到期收益率（yield to maturity）**，到期收益率使得资产的支付的现值等于资产现在的价格。到期收益率是基于现值的概念，是经济学家、企业和投资者最常使用的利率指标。事实上，需要注意的是，除非另有所指，否则经济学家或投资者任何时候提到金融资产的利率，都是指到期收益率。计算备选投资的到期收益率使得投资者可以比较不同类型的债务工具。

牢记贴现与复合之间的密切关系。我们刚才利用贴现公式计算了到期收益率。通过问这样的问题："如果我现在为一个有一组特定的未来付款的债券支付价格 P，那么在何种利率下我可以投资 P 并得到相同的一组未来支付？"我们还可以从复合角度来考虑到期收益率。例如，我们可以计算在何种利率下用投资债券的钱投资 30 年可以得到相同的现值，而不是计算从 30 年期国债上收到的支付的现值。

其他债务工具的到期收益率

我们在第 3.2 节看到有四类债务工具。我们已经计算了息票债券的到期收益率。现在我们可以计算其他三类债务工具的到期收益率。

简单贷款

计算简单贷款的到期收益率清晰易懂。我们需要求出使得贷款人对拥有现在的贷款额与到期时的最终支付感到无差异的利率。再次考虑对内茨托儿所的10 000美元贷款。贷款要求一年后偿还10 000美元本金和1 000美元利息。我们计算到期收益率如下：

$$\text{现在的价值}=\text{未来支付的现值}$$

$$10\ 000=\frac{10\ 000+1\ 000}{1+i}$$

我们可以从中解出 i：

$$i=\frac{11\ 000-10\ 000}{10\ 000}=0.10\text{ 或 }10\%$$

需要注意的是，10%的到期收益率与简单利率相同。我们从这个例子中可以得到的结论是，对简单贷款而言，到期收益率与贷款规定的利率是相同的。

贴现债券

计算贴现债券的到期收益率类似于计算简单贷款的到期收益率。例如，假定内茨托儿所发行了10 000美元的一年期贴现债券。我们可以利用简单贷款情形中的方程式来求出贴现债券的到期收益率。如果内茨托儿所现在从出售债券中收到9 200美元，我们可以通过设定未来支付的现值等于现在的价值来计算到期收益率，或者说，$9\ 200=10\ 000/(1+i)$。求解 i 得出：

$$i=\frac{10\ 000-9\ 200}{9\ 200}=0.087\text{ 或 }8.7\%$$

根据这个例子，我们可以为售价为 P、面值为 FV 的一年期贴现债券写出一般方程式。到期收益率是：

$$i=\frac{FV-P}{P}$$

固定付款贷款

计算固定付款贷款的到期收益率类似于计算息票债券的到期收益率。固定付款贷款要求结合利息和本金的定期还款，但到期没有面值偿付。假定内茨托儿所通过从银行取得一笔抵押贷款借了100 000美元来购买一个新仓库。内茨必须每年支付12 731美元。在支付20年之后，内茨就付清了100 000美元的贷款本金。因为贷款的价值现在是100 000美元，所以到期收益率可以计算为求解方程式得到的利率：

$$\text{现在的价值}=\text{支付的现值}$$

$$100\ 000=\frac{12\ 731}{(1+i)}+\frac{12\ 731}{(1+i)^2}+\cdots+\frac{12\ 731}{(1+i)^{20}}$$

利用金融计算器、在线计算器或电子表格程序，我们可以求解这一方程，得到 $i=0.112$，或11.2%。一般而言，对于固定付款（FP）的 n 年期固定付款贷款而言，方程式是：

$$贷款价值 = \frac{FP}{(1+i)} + \frac{FP}{(1+i)^2} + \cdots + \frac{FP}{(1+i)^n}$$

概言之，如果 i 是固定付款贷款的到期收益率，那么贷款现在的价值就等于以利率 i 贴现还款得到的现值。

永续年金

永续年金是一种特殊的息票债券。永续年金支付固定的息票，但不像常规息票债券，永续年金并不会到期。永续年金的主要例子是英国政府曾发行的统一公债（consol），但几十年来再没有发行过新的永续年金。现有的息票率为 2.5%的统一公债还在金融市场上交易。你也许会认为，因为永远支付息票，所以计算永续年金的到期收益率会很困难。但实际上价格、息票和到期收益率之间的关系很简单。如果你的代数技能很强，看一下你能否从支付无数次息票的息票债券的方程式中导出这一方程式①：

$$P = \frac{C}{i}$$

所以息票为 25 美元、价格为 500 美元的永续年金的到期收益率是 $i = 25/500 = 0.05$ 或 5%。

解决问题 3－3

求不同类型的债务工具的到期收益率

就下列每种情形写出你用于计算到期收益率的方程式。你不必解 i 的方程式，只需写出恰当的方程式即可。②

a. 要求 4 年后偿还 700 000 美元的 500 000 美元的企业简单贷款。

b. 价格为 9 000 美元的政府贴现债券，面值为 10 000 美元，一年后到期。

c. 面值为 1 000 美元、价格为 975 美元、息票率为 10%、期限为 5 年的公司债券。

d. 要求 25 年内每年支付 315 美元的 2 500 美元的学生贷款。

解决问题

第一步　复习本章的内容。该问题是关于计算不同债务工具的到期收益率的，因此，你也许需要复习“债券价格与到期收益率”这一小节。

第二步　写出 a 中债务工具的到期收益率的方程式。简单贷款的到期收益率是使贷款还款

---

① 下面是推导过程：统一公债价格等于买方收到的无限序列的息票支付的现值：$P = \frac{C}{(1+i)} + \frac{C}{(1+i)^2} + \frac{C}{(1+i)^3} + \frac{C}{(1+i)^4} + \cdots$。代数法则告诉我们，若 x 小于 1，则形如 $1 + x + x^2 + x^3 + x^4 + \cdots$ 的无限序列等于 $\frac{1}{1-x}$。在这个例子中，$\frac{1}{1+i}$ 小于 1，因此，我们有如下统一公债价格的表达式：$P = C \times \left[\frac{1}{1-\left(\frac{1}{1+i}\right)} - 1\right]$。这一表达式可简化为 $P = \frac{C}{i}$，正如正文中所给出的那样。

② 我们为使用金融计算器解出方程式中的 i 提供工具。

的现值等于贷款额的利率。因此，正确的方程式是：

$$500\ 000=\frac{700\ 000}{(1+i)^4}$$

第三步　写出 b 中债务工具的到期收益率的方程式。贴现债券的到期收益率是使债券面值的现值等于债券价格的利率。因此，正确的方程式是：

$$9\ 000=\frac{10\ 000}{(1+i)}\text{，或 } i=\frac{10\ 000-9\ 000}{9\ 000}$$

第四步　写出 c 中债务工具的到期收益率的方程式。像长期公司债券这样的息票债券的到期收益率是使买方收到的支付的现值等于债券价格的利率。记住息票率为 10%的债券每年支付 100 美元的息票。因此，正确的方程式是：

$$975=\frac{100}{(1+i)}+\frac{100}{(1+i)^2}+\frac{100}{(1+i)^3}+\frac{100}{(1+i)^4}+\frac{100}{(1+i)^5}+\frac{1\ 000}{(1+i)^5}$$

第五步　写出 d 中债务工具的到期收益率的方程式。固定付款贷款的到期收益率是使得贷款还款的现值等于贷款额的利率。注意，因为在这个例子中第一年末没有支付，所以忽略了表达式中常见的第一项。因此，正确的方程式是：

$$2\ 500=\frac{315}{(1+i)^2}+\frac{315}{(1+i)^3}+\cdots+\frac{315}{(1+i)^{26}}$$

见本章末的问题和应用 3.6。

3.4　债券价格与债券收益率的反向关系

政府和大企业发行的息票债券通常期限长达 30 年。在这 30 年里，投资者很可能会在二级市场（secondary market）上多次买卖常见的债券。债券一旦首次被出售之后，发行债券的公司或政府就不再直接干涉后续的任何交易。例如，假定你花费 1 000 美元买了福特汽车公司发行的债券，面值为 1 000 美元，息票率为 5%。当债券价格等于面值时，债券的到期收益率等于息票率。你购买该债券大概是因为你认为 5%是在你的投资上能获得的很好的利率了。如果你在某个时候决定卖出你的债券，交易是发生在你和购买你的债券的那个人之间的。除了被通知应该向新债券所有者而不是你支付未来的息票之外，福特与交易无关。

利率变动时债券价格会如何变动?

假定在你购买债券一年后，福特发行了更多的 30 年期债券，但这些新债券的息票率是 6%而不是 5%。像其他公司一样，福特会根据债券市场情况来改变其出售的债券的息票率。在理想情况下，公司希望以可能最低的利率借款。但贷款人——这个例子中的债券买方——在某些情况下会提高其对贷出资金要求的利率。例如，如果债券买方认为未来的通货膨胀会高于其之前的预期，那么在购买债券前就会要求较高的利率。

福特发行息票更高的新债券会对你的债券产生什么影响？需要注意的是，一家企业一旦发行了债券，其息票率就不再变动。因此，即使福特每年向新债券的买方支付 60 美元，而你每年还是只能收到 50 美元。如果你决定卖出你的债券，你会得到什么价格？显然，你的债券对潜在的买方有一个缺陷——仅支付 50 美元的息票，而新发行的福特债券支付 60 美元的息票。因此，当他或她可以支付 1 000 美元获得息票率为 6%的福特债券时，没有投资者愿意为你的息票率为 5%的债券支付 1 000 美元。其他投资者愿意付给你的比 1 000 美元少多少？通过回顾金融证券价格等于从拥有该证券中而收到的支付的现值这一基本思想，我们可以回答这一问题。要计算价格，我们需要知道使用何种到期收益率。在你购买债券时，到期收益率是 5%。但债券市场情况已经变了，福特不得不提供 6%的到期收益率来吸引新债券的买方。如果你想出售债券，那么该债券就必须在二级市场上与新的息票率为 6%的债券竞争，因此，6%是用于计算你的债券新价格的正确的到期收益率。

在计算你的债券价格时（使用金融计算器、在线计算器或电子表格），需要牢记的是，因为一年已经过去了，你的债券的买方会收到 29 次而不是 30 次息票支付。

$$864.09=\frac{50}{(1+0.06)}+\frac{50}{(1+0.06)^2}+\frac{50}{(1+0.06)^3}+\cdots+\frac{50}{(1+0.06)^{29}}+\frac{1\,000}{(1+0.06)^{30}}$$

你的持有至到期的面值为 1 000 美元的债券只有 864.09 美元的市场价格也许看起来很奇怪。但请记住，你或者债券新的所有者要收到 1 000 美元面值就必须等待 29 年。1 000 美元的面值支付以 6%的利率贴现后的现值只有 184.56 美元。

若一个资产的市场价格上涨，则叫作**资本利得（capital gain）**。若该资产的市场价格下跌，则叫作**资本损失（capital loss）**。在我们的例子中，你会遭受 1 000－864.09＝135.91（美元）的资本损失。

联系实际 3－2

银行在房贷支持债券上的教训惨重

我们在第 1 章看到，银行在金融体系中发挥着重要的作用。虽然大企业可以向投资者出售股票和债券，但中小企业依然要靠银行贷款来获得其经营和扩张所需要的资金。家庭也严重依赖银行来获得像住房、汽车和家具这样的大额支出需要的信贷。银行在金融危机期间削减贷款通过降低企业和家庭为支出融资的能力加深了 2007—2009 年的经济衰退。

为什么银行在那些年削减贷款？利率和债券价格的反向关系可以帮助我们理解这个问题。还记得商业银行业务的基础是从家庭和企业吸收存款并投资这些资金。发放贷款和购买债券是银行所做的最重要的投资。在 21 世纪头 10 年前中期的住房市场繁荣期间，银行向那些信用记录有瑕疵和那些就在几年前还不符合贷款资格的借款人发放了很多住房抵押贷款。银行还向那些支付很少或没有支付首付款的借款人发放了大量住房抵押贷款。正如我们在第 1 章指出的那样，很多抵押贷款被证券化了，这意味是这些贷款被归集起来并转变为叫作抵押贷款支持证券的债务工具，随后又被出售给投资者。很多抵押贷款支持证券类似于长期债券，因为它们是基于借款人对标的抵押贷款的还款来支付定期的利息。

在房地产市场繁荣的鼎盛时期，一些银行大量投资于抵押贷款支持证券，因为其收益率高于有类似的违约风险水平的其他投资的收益率——银行大概是这么想的。当住房价格从2006年开始下跌时，借款人开始对抵押贷款违约。随着借款人停止对房贷还款，抵押贷款支持证券所有者获得比预期低的还款。在抵押贷款支持证券的二级市场上，只有当这些证券有更高的收益率来补偿更高的违约风险水平时，买方——当还能找到他们时——才愿意购买这些证券。这些证券较高的收益率意味着较低的价格。到2008年，很多抵押贷款支持证券的价格已经下降了50%或更多。

到2009年初，美国的商业银行已经在投资上遭受了大约1万亿美元的损失。在2010年，随着房地产市场趋稳和一些抵押贷款支持证券价格的上升，损失有所减轻。不过，这些沉重的损失迫使一些银行倒闭。其他银行因为获得联邦政府不良资产救助计划（Troubled Asset Relief Program，TARP）的资金注入才得以幸免。幸存的银行在发放贷款时变得谨慎得多。银行从中得到的教训是飙升的利率会对持有现有债务工具的投资者造成毁灭性影响。

见本章末的问题和应用4.10。

如果你有一个长期息票债券，利率上升显然不是什么好消息。但利率下降会怎么样？假设在你买了息票率为5%的福特债券一年后，公司开始发行息票率为4%的新债券。福特之所以能以较低的息票率出售债券，是因为投资者预期未来的通货膨胀会低于他们之前的预期或者他们认为福特对债券违约的可能性变小。你的债券现在对投资者有吸引力，因其息票率高于新发行的债券。如果你决定出售你的债券，那么你的债券将在二级市场上与息票率为4%的新债券竞争，因此，4%是适用于计算你的债券的新市场价格的正确的到期收益率：

$$1\ 169.84=\frac{50}{(1+0.04)}+\frac{50}{(1+0.04)^2}+\frac{50}{(1+0.04)^3}+\cdots+\frac{50}{(1+0.04)^{29}}+\frac{1\ 000}{(1+0.04)^{30}}$$

在这个例子中，你会得到1 169.84－1 000＝169.84（美元）的资本利得。

债券价格与到期收益率反向变动

福特债券的例子展示了两个非常重要的结论：

(1) 如果新发行债券的利率上涨，那么现有债券的价格会下跌。

(2) 如果新发行债券的利率下跌，那么现有债券的价格会上涨。

换言之，到期收益率与债券价格反向变动。因为到期收益率在债券价格方程式每一项的分母中，所以这一关系一定成立。如果到期收益率上升，那么息票支付和面值支付的现值一定下降，导致债券价格下跌。到期收益率下降则有相反的结论。债券价格与到期收益率的反向关系背后的经济推理是：如果利率上升，那么利率较低时发行的现有债券变得不受投资者欢迎，其价格下降；如果利率下降，现有债券变得更受欢迎，价格上升。

最后，需要注意的是，到期收益率与债券价格的反向关系对其他债务工具也成立。当市场利率上升时，任何债务工具的现值进而价格都应下降，市场利率下降时则应上升。

二级市场、套利和一价定律

我们考虑一下债券价格和收益率对市场条件变化的调整过程。像债券和股票这样的金融资产市场的买卖类似于商品和服务市场的买卖，但有两个重要区别。首先，大部分金融服务的交易都是电子方式的，计算机系统把买方和卖方连接在一起，因此，几乎不会发生面对面的交易。其次，大部分交易都非常迅速，市场开盘后每一秒都会发生数百万美元的股票和债券交易。因为很多金融市场参与者都是交易者而不是投资者，所以在非常短的时间里会交易大量股票和债券。

金融市场的投资者通常是打算通过收到他或她购买的证券的支付来赚取收益的。例如，苹果公司的投资者购买股票是为了获得苹果支付的股息并从股票价格随时间推移的上涨中获利。然而，交易者买卖证券是希望通过抓住类似证券价格之间的微小差异来获利。

例如，回忆一下当市场利率下跌到4%时现有的息票率为5%的债券价格会怎么样？现有的息票率为5%的债券价格从1 000美元上涨到1 169.84美元。这一价格上涨一旦发生，这些债券与新发行的息票率为4%的债券的到期收益率就相同了——都是4%——从而两种债券对投资者的吸引力相同。若市场利率保持不变，则不会发生进一步的价格变化。但在5%的息票债券价格从开始到最终涨到1 169.84美元之前的这一段时期会怎么样？显然，这一时期购买息票率为5%的债券的交易者可以通过比如1 160美元的价格买入债券并在价格一路上涨到1 169.84美元时卖出债券而获利。

买入并转售证券并从价格的短期变化中获利的过程叫作**金融套利（financial arbitrage）**。从金融套利中获得的利润叫作套利利润（arbitrage profit）。交易者为获得可能的套利利润而竞相购买证券会把价格推高到不再能获得套利利润的水平。由于非常多的交易者参与金融市场及电子交易，证券价格非常迅速地做出调整——有时候在不到一秒钟内——来消除套利利润。经济学家的结论是：证券价格应该调整到使得投资者在可比证券上获得相同的收益率。在我们的例子中，可比的息票债券价格会调整到使得息票率为5%的债券与息票率为6%的债券有相同的收益率。

这一对金融证券价格如何调整的描述是叫作一价定律（law of one price）的一般经济原理的一个例子，一价定律可表述为相同的产品在任何地方都应该有相同的价格。套利利润的可能性解释了一价定律。例如，如果苹果在明尼苏达的售价是每磅1.00美元，而在威斯康星的售价是1.50美元，那么你在明尼苏达购买苹果并在威斯康星转售苹果就能获得套利利润。随着你和其他人利用这一机会，苹果在明尼苏达的价格会上涨，在威斯康星的价格会下跌。若不考虑运输成本，则套利会导致这两个州的苹果价格相同。

在你阅读本书时，需要牢记的是，除了非常短暂的时段外，金融套利使得可比证券有相同的收益率。

联系实际3-3

如何跟踪债券市场：读懂债券表格

无论你是想投资债券还是只想关注债券市场的发展，你可以从哪里获取信息？你可以在《华尔街日报》网站（wsj.com）或者雅虎财经（finance.yahoo.com）上找到有关短期国债、中期国债和长期国债的价格和收益率的每日更新。下面给出的公司债券清单来自金融业监管局（Financial Industry Regulatory Authority，FINRA）的网站。有关公司债券的数据也可以在雅虎财经上找到。

中期和长期国债

下表包含2016年6月3日在二级市场上交易的众多债券中的五种美国中期和长期国债的数据。中期国债的期限是从发行日起2到10年，长期国债的期限通常是从发行日起30年。

前两列告诉你的是到期日和息票率。例如，债券A的到期日为2019年5月15日，票面利率为3.125%，因此，对1 000美元的面值每年支付31.25美元。

	到期日	息票（美元）	买入价（美元）	卖出价（美元）	变动（美元）	卖出收益率（%）
债券A —	2019年5月15日	3.125	106.390 6	106.406 3	0.289 1	0.912
	2020年2月15日	8.500	127.015 6	127.031 3	0.406 3	1.021
	2020年5月15日	3.500	109.171 9	109.187 5	0.468 8	1.110
	2025年2月15日	7.625	148.867 2	148.882 8	1.140 6	1.583
	2029年8月15日	6.125	149.796 9	149.895 4	1.500 0	1.848

随后三列指的是债券价格。所有价格均以每100美元的面值来报告。就债券A而言，列出的第一个价格106.390 6意味着这个1 000美元面值债券的价格是1 063.906美元。买入价是你出售债券时从政府债券交易商处得到的价格。卖出价是你购买债券时必须向交易商支付的价格。卖出价与买入价的差额（叫作买卖价差）是交易商的利润。政府债券市场的低买卖价差意味着交易成本低及流动和竞争性的市场。“变动”这一列告诉你买入价较前一个交易日上升或下降了多少。就债券A而言，每100美元面值的买入价较前一交易日上涨0.289 1美元，或者是这只面值为1 000美元的债券上涨了2.891美元。

最后一列是用第3.3节对息票债券讨论的方法及卖出价计算的到期收益率。《华尔街日报》报告的是用卖出价计算的收益率，因为读者感兴趣的是从投资者角度看的收益率。因此，你可以用表格中包含的信息来构造三种利率：刚才描述的到期收益率、息票率和当期收益率［就债券A而言，等于息票除以价格：(31.25/1 063.906)×100%或2.94%］。需要注意的是，债券A的当期收益率远高于0.916%的到期收益率。这说明对于到期时间短的债务工具，当期收益率不是到期收益率的好的替代指标，因为当期收益率没有包括预期的资本利得或资本损失的影响。

短期国债

下表显示的是美国短期国债收益率的信息。不像中期和长期国债，短期国债是不付息票的贴现债券。相应地只由其到期日（第一列）来标识。短期国债市场遵循一个非常古老的传统：报告的收益率是贴现收益率而不是到期收益率。① 短期国债和票据的买入价和卖出价这两列报告的是价格，而短期国债的买入价和卖出价这两列报告的是收益率。买入收益率是想向交易商出售短期国债的投资者的贴现收益率。卖出收益率是想向交易商购买短期国债的投资者的贴现收益率。交易商的利润空间是卖出收益率与买入收益率的差额。在比较短期国债投资与其他债券投资时，投资者发现知道到期收益率很有用。因此，最后一列显示的卖出收益率是到期收益率（基于卖出价）。因为2016年的短期利率非常低，所以列示的第一种短期国债的卖出收益率只有0.168%。

---

① 面值为FV、购买价格为P的债券的贴现收益率是$[(FV-P)/FV]\times(360/$距到期的天数$)$。

到期日	买入价（美元）	卖出价（美元）	变动（美元）	卖出收益率（%）
2016 年 7 月 21 日	0.175	0.165	0.020	0.168
2016 年 9 月 8 日	0.285	0.275	0.010	0.279
2016 年 11 月 25 日	0.388	0.378	−0.063	0.383
2017 年 2 月 2 日	0.460	0.450	−0.090	0.459

需要注意的是，在中期和长期国债的表格及短期国债的表格中，到期日越久远，到期收益率越高。

纽约股票交易所的公司债券

下表给出一些在纽约股票交易所交易最活跃的公司债券的报价。第一列告诉你的是发行债券的公司的名字——就债券 B 而言，是高盛投资银行。下一列告诉你债券的标识，GS. AEH。第三列给出 5.750%的息票率。第四列给出到期日，即 2022 年 1 月 24 日。接下来一列给出三大主要债券评级公司的债券评级。评级为投资者提供该企业对债券违约的可能性的信息，最高评级 AAA 是给几乎不会违约的债券。我们会在第 5 章详细讨论债券评级。下一列是债券最后一次交易的价格：115.50 美元。最后一列给出基于最后售价的到期收益率：2.757%。

	发行者名称	标识	息票（%）	到期日	穆迪/标普/惠誉	最后售价（美元）	收益率（%）
	美国银行集团	BAC.ICB	7.625	2019年6月1日	Baa1/BBB+/A	116.188	2.007
债券 B —	高盛投资银行	GS.AEH	5.750	2022年1月24日	A3/BBB+/A	115.50	2.757
	苹果公司	AAPL4122390	3.450	2024年5月6日	Aa1/AA+/—	106.789	2.499
	沃尔玛公司	WMT.HV	5.250	2035年9月1日	Aa2/AA/AA	127.121	3.329

见本章末的问题和应用 4.11。

3.5 利率和收益率

你做投资时最关心的是在一个给定的经常叫作持有期（holding period）的时段内的获利情况。如果你购买一只息票债券并持有一年，那么这一年你在债券投资上的**收益（return）**包括：（1）收到的息票支付；（2）债券价格变动。债券价格变动带来的资本利得或损失。通常你最感兴趣的是用收益占投资的百分比来衡量你的收益，这就是你的**收益率（rate of return，*R*）**。

例如，再次考虑你用 1 000 美元购买面值为 1 000 美元、息票率为 5%的福特债券。如果在你购买之后的一年末，债券价格上涨到 1 169.84 美元，那么这一年你会收到 50 美元的息票支付并得到 169.84 美元的资本利得。因此，你这一年的收益率是：

$$R=\frac{\text{息票}+\text{资本利得}}{\text{购买价格}}=\frac{50+169.84}{1\,000}=0.220 \text{ 或 } 22.0\%$$

如果你的债券价格下跌到 864.09 美元，那么你会收到 850 美元的息票支付但遭受

135.91 美元的资本损失。因此，你这一年的收益率是负的：

$$R=\frac{50-135.91}{1\ 000}=-0.086 \text{ 或 } -8.6\%$$

债券收益率的一般公式

我们可以扩展这些例子来写出持有期为一年的息票债券收益率的一般公式。回顾息票债券的当期收益率是息票除以债券当前价格。债券的资本利得或资本损失率是资本利得或损失的美元额除以初始价格。因此，我们有如下一年持有期的收益率的公式：

$$\text{收益率}=\text{当期收益率}+\text{资本利得率}$$

$$R=\frac{\text{息票}}{\text{初始价格}}+\frac{\text{价格变化}}{\text{初始价格}}$$

下面是关于收益率的三个要点：

(1) 在计算收益率时，我们用年初的价格来计算当期收益率。

(2) 即使年末没有出售债券，你也会招致债券的资本利得或损失。如果你出售债券，你有实现的资本利得或损失 (realized capital gain or loss)。如果你未出售债券，你的利得或损失是未实现的 (unrealized)。在任何一种情况下，你的债券价格已经上涨或下跌，在计算你的投资收益率时需要将其包括进去。

(3) 如果你购买一只息票债券，那么当期收益率和到期收益率都不是你在一个特定时段内持有债券获得的收益率的好指标，因为这两者均未考虑资本利得或损失。

利率风险和期限

我们已经看到，现有债券的持有者在市场利率上升时会遭受资本损失。**利率风险 (interest-rate risk)** 是金融资产价格会随市场利率变化而变化的风险。但所有债券都均等地受利率风险影响吗？我们会预期，距到期年数少的债券比距到期年数多的债券受市场利率变化的影响小。经济推理是，距债券到期前的年数越多，债券买方潜在地收到低于市场的息票率的年数就越多，因而，买方愿意支付的价格就越低。

表 3－2 显示的债券价格运算证实了这一推理。假设你年初为一只面值为 1 000 美元、息票率为 5%的债券支付了 1 000 美元。假定年末类似债券的到期收益率已经上升到 7%。在假定你购买了不同期限的债券情况下，表 3－2 展示了你的收益率。例如，最上面的一行显示，如果你买了 1 年期债券，那么你的收益率就等于 5%的当期收益率。你持有 1 年期债券 1 年并在到期日收到 1 000 美元面值，因此，市场利率变化并没有影响你。第二行显示，如果你的债券初始时期限为 2 年，那么你会承担资本损失，因此，收益率小于当期收益率。现在，你的两年期债券距到期只有 1 年，其价格为：

$$981.31=\frac{50}{(1+0.07)}+\frac{1\ 000}{(1+0.07)}$$

余下各行显示，你的债券的期限越长，你的收益就越低（更大的负数）。就 50 年的期限而言，你在持有债券的第一年的收益率是－22.5%。

表 3-2　当利率从 5%上升到 7%时，在持有债券的第一年，期限对利率风险的影响

距到期的年数	当期收益率（%）	初始价格（美元）	年末价格（美元）	资本利得或损失率（%）	该年的收益率（%）
1	5	1 000	1 000.00	0	5.0
2	5	1 000	981.31	－1.87	3.1
10	5	1 000	869.70	－13.0	－8.0
20	5	1 000	793.29	－20.7	－25.7
30	5	1 000	754.45	－24.6	－19.6
50	5	1 000	724.66	－27.5	－22.5

国债投资者面临的利率风险有多大？

我们在本章开头看到，2016 年 30 年期美国国债的利率约为 2.5%。许多人认为国债是非常安全的投资。但情况是这样吗？虽然这些债券没有违约风险，但作为长期债券，有巨大的利率风险。例如，假设你在 2017 年初花费 1 000 美元购买了 30 年期国债，面值为 1 000 美元，票面利率为 2.5%。如果美国国债年底的到期收益率已经上升到 5%的正常利率，那么你的债券价格会下降到 621.47 美元。你会遭受－37.9%的资本损失和－35.4%的收益率。如果到期收益率升至 6%，你的收益率为－45.1%。

3.6　名义利率和实际利率

本章到目前为止只讨论了**名义利率（nominal interest rate）**——没有对由价格水平变化引起的购买力变化做出调整的利率。事实上，通货膨胀会降低任何投资收益的购买力。例如，假定你购买了一只在 20 年内每年给你支付 50 美元利息的面值为 1 000 美元的债券。如果你收到的美元的购买力随着时间的推移而下降，那么事实上你就在将你的部分利息收入输给通货膨胀。此外，通货膨胀还会导致本金的购买力下降。例如，如果通货膨胀是每年 5%，那么 1 000 美元本金的购买力每年下降 50 美元。

贷款人和借款人都知道通货膨胀会降低利息收入的购买力，因此，他们将基于对购买力变动调整过的利率进行投资决策。这些调整过的利率叫**实际利率（real interest rate）**，它是贷款的真实收益和借款的真实成本。由于贷款人和借款人并不知道贷款期间真实的实际利率会是多少，因此，他们必须根据他们预期的实际利率来做出储蓄或投资决策。因此，要估计预期的实际利率，储蓄者和借款人必须决定其预期的通货膨胀率是多少。预期实际利率 r 等于名义利率 i 减去预期通货膨胀率 π^e，或者说[①]：

---

① 要充分考虑购买力变动对名义利率的影响，我们应该用方程式 $\frac{1+i}{1+\pi^e}=1+r$。整理得：$1+i=1+r+\pi^e+r\pi^e$。或者说 $r=i-\pi^e-r\pi^e$。除了 $r\pi^e$ 这一项外，该方程式与正文中的方程式相同。这一项的值通常相当小。例如，如果实际利率是 2%，预期通货膨胀率是 3%，那么 $r\pi^e=0.02\times0.03=0.000\ 6$。因此，只要通货膨胀率相对较低，正文中给出的实际利率的公式就是一个近似逼近实际的值。

$$r = i - \pi^e$$

注意，这个方程式还意味着名义利率等于预期实际利率加上预期通货膨胀率：$i = r + \pi^e$。

例如，假定你从当地银行取得一笔汽车贷款。你愿意支付且银行愿意接受 3% 的实际利率。你和银行都预期通货膨胀率会是 2%。因此，你和银行对贷款 5% 的名义利率达成一致。如果通货膨胀率最终比你和银行的预期高 4% 会怎么样？在这种情况下，你最终支付（和银行最终收到）的实际利率等于 5% − 4% = 1%，小于 3% 的预期实际利率。由于通货膨胀率最终高于你和银行的预期，你因支付较低的实际利率而获益，而银行因收到较低的实际利率而受损。

我们可以概括如下：

（1）如果通货膨胀率大于预期通货膨胀率，实际利率会小于预期实际利率，此时借款人受益，贷款人受损。

（2）如果通货膨胀率小于预期通货膨胀率，实际利率会大于预期实际利率，此时借款人受损，贷款人受益。表 3－3 概括了上述情况。

表 3－3　名义利率、预期实际利率和实际利率的关系

若通货膨胀率……	实际利率会……	借款人会……	贷款人会……
大于预期通货膨胀率	小于预期实际利率	受益	受损
小于预期通货膨胀率	大于预期实际利率	受损	受益

就整体经济而言，经济学家通常将三个月期的美国国债利率作为名义利率的代表。图 3－1 展示了从 1981 年第一季度到 2016 年第二季度这段时期的名义利率、实际利率和预期实际利率。我们计算预期实际利率时用的是费城联邦储备银行所做的专业预测者调研数据。

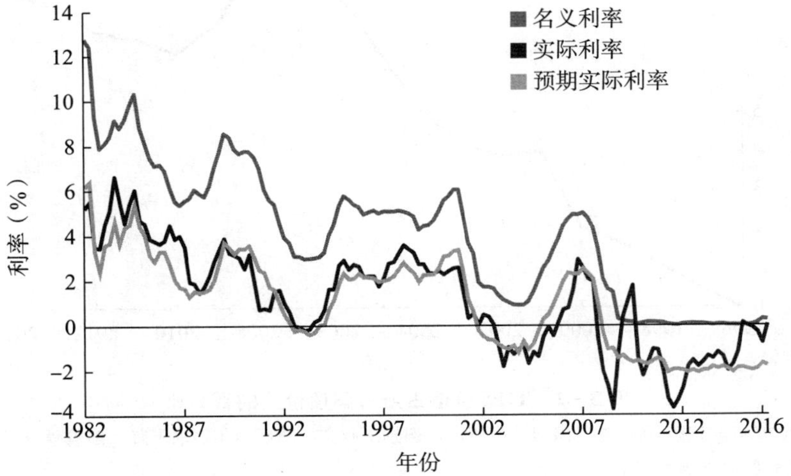

图 3－1　名义和实际利率（1982—2016 年）

在该图中，名义利率是三个月期美国国债的利率。实际利率是名义利率减去用消费者价格指数变化来度量的通货膨胀率。预期实际利率是名义利率减去用对职业预测者的调查来度量的预期通货膨胀率。当美国经济在 2009 年和 2015 年经历通货紧缩时，实际利率高于名义利率。

资料来源：Federal Reserve Bank of St. Louis，and Federal Reserve Bank of Philadelphia.

图 3-1 显示，名义利率和实际利率往往是同时上升和下降的。注意，在某些时期，尤其是自 2007 年的金融危机以来，实际利率一直为负。为什么当投资者预期在投资上会收到负的实际利率时还会购买国债？最合理的解释是，在危机期间及之后，投资者不相信大多数其他投资的低利率足以补偿较高的投资风险。因此，投资者宁愿接受国债的实际利率，也不愿意冒着亏损的风险去投资公司债券或其他高风险债券。最后，需要注意的是，名义利率可以低于实际利率。要出现这种情况，通货膨胀率必须为负，这意味着价格水平在下降而不是上升。价格水平的持续下降叫作**通货紧缩（deflation）**。美国在 2009 年的前 10 个月和 2015 年初经历过一段时间的通货紧缩。

美国财政部 1997 年 1 月开始发行指数化债券（indexed bond）来回应投资者对通货膨胀率影响实际利率的担忧。就这些叫作通货膨胀保值证券（Treasury Inflation-Protection Security，TIPS）的债券而言，财政部会根据用消费者价格指数度量的价格水平的上升来提高本金。TIPS 一旦发行，其声明的利率保持不变，但因为本金额随通货膨胀上升，所以利率也随通货膨胀上升。例如，假定 10 年期 TIPS 发行时的本金是 1 000 美元，利率是 3%。如果该年的通货膨胀率是 2%，那么本金增加到 1 020 美元。因为 3%的利率应用于更多的本金，所以投资者实际收到的利息是 0.03×1 020＝30.60（美元）。因而，投资者在他或她的初始投资上收到的真实利率是 30.60/1 000＝3.06%。[①] 如果价格水平随通货紧缩而下降，那么 TIPS 的本金会下降。

图 3-2 显示的是 TIPS 价值占所有美国国债价值的百分比。直到 2008 年之前，TIPS 在所有国债中的份额一直在稳步增长。随着投资者的通货膨胀预期下降，TIPS 价值占所有美国国债价值的百分比在随后的两年里出现下降，随着投资者考虑未来通货膨胀上升的可能性，占比再次上升。

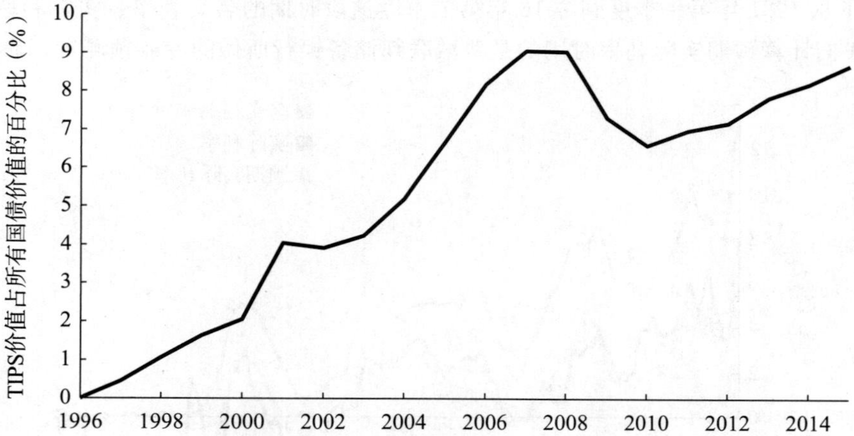

图 3-2　TIPS 价值占所有国债价值的百分比

截至 2008 年，TIPS 在所有美国国债中所占比例越来越高。随后两年需求下降，随着投资者希望保护自己免受未来通货膨胀的影响，需求再次上升。

资料来源：U. S. Treasury，*Treasury Bulletin*，various issues.

① 注意这一计算略有简化，因为实际上财政部每个月都会根据通货膨胀调整 TIPS 的本金，但每 6 个月才会为 TIPS 支付一次利息。

回答重要问题

我们在本章开始时提出问题：

“为什么利率与金融证券价格反向变动?”

我们在本章看到，金融证券价格等于投资者从拥有证券中会收到的支付的现值。利率上升时现值下降，利率下降时现值上升。因此，利率与金融证券价格应是反向变动的。

重要术语和问题

重要术语

资本利得	贴现	现值	资本损失	权益
收益率，R	复合	金融套利	实际利率	息票债券
固定收益资产	收益	信用市场工具	固定付款贷款	简单贷款
债务工具	终值	货币的时间价值	通货紧缩	利率风险
到期收益率	贴现债券	名义利率		

3.1 利率、现值和终值

用利率计算现值和终值。

复习题

1.1 贷款人收取贷款利息的主要原因是什么？

1.2 如果你把1 000美元存入每年支付2%的利率的银行存单，那么两年后你会有多少钱？

1.3 如果利率是5%，那么一年后收到的1 200美元的现值是多少？

1.4 金融资产价格与投资者从持有资产中收到的支付的关系是什么？

问题和应用

1.5 犹他大学的经济史学家诺曼·琼斯(Norman Jones)曾描述过古希腊哲学家亚里士多德对利息的看法：

> 亚里士多德把货币定义为通过使用而被消费的一种商品。房屋和土地不会因使用而受损，而货币要被使用就必须被花掉。因此，就像我们不能租赁食物一样，我们也不能租赁货币。此外，货币也不会繁衍。房屋或牲畜通过使用可以产生新的价值，因此，在使用上要求收益是合理的。不应该指望不会繁衍的货币产生额外的价值，因此，利息是反自然的。

亚里士多德认为货币“不会繁衍”的意思是什么？为什么货币不会繁衍意味着出借人不应该收贷款利息？你同意亚里士多德的推理吗？简要解释。

资料来源：Norman Jones，“Usury,” EH. Net Encyclopedia，edited by Robert Whaples，February 10，2008，http：//eh. net/encyclopedia/article/jones. usury.

1.6 【解决问题3-1】假定你在考虑将1 000美元投资于银行存单(CD)。

a. 你先考虑下列存单之一：

- 存单1，三年内每年支付5%的

利率；

• 存单2，第一年支付8%的利率，第二年支付5%的利率，第三年支付3%的利率。

你应该选择哪一种存单？

b. 如果第二张存单前两年支付1%的利率而第三年支付10%的利率，你对a部分的答案是否会改变？简要解释一下。

c. 现在，假设除了a部分中描述的两张存单之外，还有前两年支付3%的利率，第三年的利率为7%的第三张存单。这项投资的终值与其他两项相比如何？哪个是最好的投资？

1.7 【解决问题3-2】一些公司为员工提供固定福利养老金计划。根据这些计划，员工在退休后可以获得固定的月付款。联邦政府规范了这些计划的某些方面。一名《华尔街日报》的记者写道，根据一个前雇主的退休金计划，14年后当她年满65岁时，每月收到423美元。她收到她前雇主的一封信，提供一笔32 088美元的一次性付款来换取她同意不接受每月养老金的付款。

a. 假设记者的前雇主预期记者活到85岁。这意味着她将领取20年的养老金。她将获得的总金额为423×12×20=101 520（美元）。因为前雇主给她的一次性付款不到这个数额的三分之一，她是否应该拒绝一次性付款？简要解释一下。

b. 记者还提到："2012年生效的法规……允许公司使用公司债券利率而不是较低的国债利率来计算员工未来养老金的贴现值。"如果雇主在提供给雇员一次性付款来换取放弃每月养老金权利时仍在使用国债利率，那么她的前雇主的报价是多于还是少于32 088美元？简要解释一下。

资料来源：Anne Tergesen，"Should You Take a Lump-Sum Pension Offer?" *Wall Street Journal*, June 5, 2015.

1.8 【解决问题3-2】2015年，华盛顿国民（棒球）队签下投手马克斯·谢尔泽（Max Scherzer）为球队效力7年的合同。他将在14年内每年获得1 500万美元的奖金——年数超过他将为国民队效力的7年。据报道，该合同价值2.1亿美元（或每年1 500万美元×14年）。然而，一位棒球作家认为，"这笔交易可以提醒人们交易的付款条款会对合同的实际价值产生影响。"

a. 作家所说的"合同的实际价值"是指什么？合同的实际价值是不是2.1亿美元？简要解释一下。

b. 作家指出："由于很多原因，今天的钱比未来的钱更有价值，未来越远，钱就越少。"今天的钱比未来的钱更值钱的原因是什么？简要说明我们如何计算将来会收到的资金在今天的价值。

c. 为简单起见，假设谢尔泽在2018年、2019年和2020年每个日历年结束时收到每年1 500万美元的薪水。在2018年初，他将在这三年获得的工资的现值是多少？在计算中使用7%的利率。

资料来源：Dave Cameron，"Max Scherzer and When $210 Million Isn't $210 Million," fangraphs.com, January 19, 2015.

3.2 债务工具及其价格

区分不同的债务工具并理解其价格是如何决定的。

复习题

2.1 债务工具与股权的区别是什么？

2.2 债务工具的四个基本类别是什么？哪些类别的债务工具在该工具到期之前支付利息？哪一类债务工具在该工具到期之前偿还部分本金？

问题和应用

2.3 说明以下属于哪种债务工具：

a. 汽车贷款。

b. 美国长期国债。

c. 三个月期美国国债。

d. 住房抵押贷款。

2.4 为什么消费者在购买汽车和住房时通常更喜欢固定付款贷款而不是简单贷款？

2.5 假设福特以1 000美元的价格发行息票债券。绘制债券的时间线，假设它具有以下特征：

- 5%的息票率。
- 1 000美元的面值。
- 20年的到期期限。

2.6 【联系实际3-1】一个学生在查看前文的学生贷款时间线时做出以下观察：

课文中指出贷款利率为9%，但这种计算显然是错误的。每月的付款为127美元，因此学生每年支付127×12=1 524（美元）。因此，由于贷款本金为10 000美元，利率一定是1 524/10 000=0.152 4或15.24%。

简要解释你是否同意该学生的推理。

2.7 【联系实际3-1】一位注册理财规划师指出，就无补贴学生贷款而言，借款人可以选择在大学期间是否对贷款支付利息。她的建议是支付利息而不是将其推迟到毕业之后“在财务上总是对你有好处的……否则（利息支付）会资本化。”

a. 财务规划师在提到利息支付将“资本化”时的意思是什么？

b. 为什么她认为支付利息在财务上总是对你有好处？是否有充分的理由让一些学生决定把支付利息推迟到毕业之后？简要解释一下。

资料来源：Robert Powell, “How to Handle Your Student Loans While You're Still in School,” marketwatch.com, January 29, 2016.

3.3 债券价格与到期收益率

解释债券的到期收益率与其价格的关系。

复习题

3.1 为什么到期收益率与息票率相比是对债券利率更好的度量？

3.2 对下列各部分写出一个列示各项之间关系的表达式。

a. 息票债券价格、息票支付、面值和到期收益率。

b. 简单贷款的借款额、要求的贷款偿付和到期收益率。

c. 贴现债券价格、债券面值和到期收益率。

d. 固定付款贷款的借款额、贷款的还款和到期收益率。

问题和应用

3.3 假定利率是10%。简要解释你是更喜欢收到（a）从现在开始一年后的75美元，(b) 从现在开始两年后的 85 美元，还是 (c) 从现在开始三年后的 90 美元？如果利率是 20%，你的答案会变化吗？

3.4 假定你在考虑订阅杂志 *Economist Analyst Today*。该杂志的推销广告说，一年的订阅费是 60 美元，两年的订阅费是 115 美元。你打算至少两年内一直订阅该杂志。该广告说，与购买两个连续的一年期订阅相比，两年期订阅为你节省了 5 美元。如果利率是 10%，你应该订阅一年期还是两年期？（假定从现在开始一年后的一年期订阅费还是 60 美元。）

3.5 考虑一只两年期贴现债券的情形——不支付息票，两年后而不是一年后支付面值的债券。假定债券的面值是 1 000 美元，价格是 870 美元。债券的到期收益率是多少？（在这个题目中，提供一个数字答案而不是只写出恰当的方程式。）

3.6 【解决问题 3-3】就下列各种情形写出计算到期收益率所需的公式。你不必求解方程式中的 i，只写出恰当的方程式即可。

a. 一笔 350 000 美元的简单贷款，要求 5 年后偿还 475 000 美元。

b. 一只价格是 720 美元、面值是 1 000 美元、5 年后到期的贴现债券。

c. 一只面值是 1 000 美元、价格是 950 美元、息票率是 8%、期限是 6 年的公司债券。

d. 一笔 4 000 美元的学生贷款，要求 20 年内每年还款 275 美元。还款从 3 年后开始。

3.7 考虑一只以 450 美元的初始价格出售的 1 000 美元面值的债券。该债券前 10 年不付息票，随后在剩下的 20 年中支付 6.25% 的息票。写出一个说明债券价格、息票（以美元数量表示）和到期收益率之间关系的方程式。你不必写出表达式的每一项，但一定要写出足够多的项以表示你理解了该关系。

3.8 几年前，英国政府考虑偿还或者从投资者手中回购一些发行在外的年息票为 40 英镑的永续债券。

a. 永续债券是什么？

b. 如果其他长期英国政府债券的到期收益率是 2.5%，那么英国政府给投资者的出价可能是多少？简要说明你的答案。

资料来源：Tommy Stubbington and Ben Edwards, "U. K. to Repay First World War Bonds," *Wall Street Journal*, October 31, 2014.

3.9 很多退休的人会购买年金。就年金而言，储蓄者支付给诸如伯克希尔·哈撒韦保险公司或西北共同保险公司之类的保险公司一笔一次性的金额来交换该公司承诺直到储蓄者死亡之前每年支付一定的金额。就普通年金而言，当买方死亡时，没有对他或她的继承人的最后一次支付。假定戴维·亚历山大（David Alexander）在 65 岁的时候为一笔年金支付了 100 000 美元，该年金承诺在其生命的剩余年份里每年付给他 10 000 美元。

a. 假设戴维在购买年金 20 年后去世，写出一个可用于计算戴维在年金上收到的利率的方程式。

b. 如果戴维在购买年金 40 年后去世，利率会高于还是低于若他在 20 年后死去时的利率？简要解释。

3.4 债券价格与债券收益率的反向关系

理解债券价格与债券收益率的反向关系。

复习题

4.1　债券在“二级市场”上买卖的意思是什么？

4.2　如果你持有一只债券且市场利率上升了，那么你会获得资本利得还是遭受资本损失？简要说明。

4.3　简要解释为什么到期收益率与债券价格反向变动？

4.4　投资者与交易者的区别是什么？什么是金融套利？

问题和应用

4.5　【开篇案例】一位学生问道：

如果一只息票债券的面值是1 000美元，我很难理解为什么拥有该债券的人会以低于1 000美元的价格出售它。毕竟，如果拥有者把债券持有至到期，那么拥有者知道他或她会收到1 000美元。因此，为什么要以低于1 000美元的价格出售债券？

回答该学生的问题。

4.6　简要说明你是否同意如下陈述：

若利率上升，则债券变得对投资者更有吸引力，所以债券价格会上升。因此，若利率上升，则债券价格也上升。

4.7　根据《纽约时报》的一篇文章：“许多市政债券的收益率极低……即使价格小幅上涨，导致收益率下降，本金也会发生损失。”

a. 文章中的“本金也会发生损失”的意思是什么？

b. 你同意文中的分析吗？简要说明。

资料来源：Paul Sullivan, “Taxes Influence Investment Strategy, and Not Always for the Better,” *New York Times*, May 3, 2013.

4.8　考虑下述2016年9月15日关于面值为1 000美元、到期日为2018年9月15日的债券的信息：

息票率：5.0%；

价格：955.11美元；

到期收益率：7.5%。

a. 该债券的当期收益率是多少？

b. 为什么该债券的到期收益率大于息票率？

4.9　福特汽车公司曾发行过到期日为2046年11月1日、息票率为7.40%的债券及到期日为2047年2月15日、息票率为9.80%的息票债券。为什么福特会先发行息票为74美元的债券而在一年多之后又发行息票为98美元的债券？为什么公司不继续发行息票较低的债券？

4.10　【联系实际3-2】《纽约时报》一篇专栏文章指出，在结束于2006年的住房市场繁荣时期：“全球的银行已经大量持有这些所谓的安全证券，并在证券的真正价值为人所知时濒临破产。一些银行破产了，其他一些银行获得帮助。”

a. 专栏作家提到的是何种证券？

b. 这些证券价值下降的原因是什么？

c. 这一结果为什么给银行造成问题？

资料来源：Neil Irwin, “What ‘The Big Short’ Gets Right, and Wrong, About the Housing Bubble,” *New York Times*, December 22, 2015.

4.11　【联系实际3-3】考虑下述两种美国国债的信息：

	到期日	息票（美元）	买入价（美元）	卖出价（美元）	变化（美元）	卖出收益率（%）
债券A	2020年7月31日	1.625	101.898 4	101.914 1	0.500 0	1.151
债券B	2020年7月31日	2.000	103.414 1	103.429 7	0.500 0	1.151

简要解释到期收益率相同的两种债券为什么会有不同的价格。

4.12 考虑如下分析：

债券价格的上涨和下跌与其到期收益率或利率有直接的反向关系。随着价格的上涨，收益率下降，反之亦然。例如，一只面值 1 000 美元的债券也许有规定的年收益率——8%的息票率，这意味着债券每年向债券持有者支付 80 美元。如果以 870 美元的价格买入该债券，那么实际的到期收益率是 9.2%（870 美元本金的 80 美元的年利息）。

你同意这一分析吗？简要解释。

3.5 利率和收益率

解释利率和收益率的区别。

复习题

5.1 息票债券的到期收益率与收益率的区别是什么？

5.2 为什么期限较长的债券比期限较短的债券的利率风险更大？

问题和应用

5.3 假定你以 950 美元的价格购买了一只 10 年期的面值为 1 000 美元、息票率为 4%的国债。如果你在一年后以 1 150 美元的价格卖出了国债，那么你的一年持有期的收益率是多少？

5.4 据《华尔街日报》的一篇文章称，“欧洲的公司和政府越来越多地以……长达 100 年的期限来借款。”文章指出：“这对借款人来说是个好消息，却增加了投资者的风险。”既然投资者在债券到期时不太可能仍然存活，那么为什么有些投资者还会购买期限如此长的债券？为什么这类债券被认为对投资者风险特别大？

资料来源：Christopher Whittall, “The Very Long Bet: 100-Year Bonds That Pay Peanuts,” *Wall Street Journal*, May 11, 2016.

5.5 假定你在 2018 年 1 月 1 日购买了一只有下述特征的息票债券：

- 面值：1 000 美元；
- 息票率：$8\frac{3}{8}\%$；
- 当期收益率：7.5%；
- 到期日：2020 年。

如果该债券 2019 年 1 月 1 日的售价是 850 美元，那么你在 2018 日历年的持有期中在该债券上的收益率是多少？

5.6 假设市场利率为 6%，你刚买了一只息票率为 6%、面值为 1 000 美元的 4 年期息票债券。一年后，市场利率下降到 4%。那么你这一年在债券上获得的收益率是多少？

5.7 假定你正在考虑投资于一种面值为 1 000 美元、息票率为 6% 的 4 年期债券。

a. 如果类似债券的市场利率是 6%，那么该债券的价格是多少？该债券的当期收益率是多少？

b. 假定你购买了该债券，第二天类似债券的市场利率下降到 5%。现在你的债券的价格会是多少？其当期收益率是多少？

c. 现在假定自你购买该债券以来，一年已经过去了，你已经收到第一次息票支付。另一位投资者现在愿意为该债券支付多少？你在该债券上的总收益是多少？如果另一位投资者在一年前已经按照你在问题b中计算的价格购买了该债券，那位投资者的总收益是多少？

d. 现在假定自你购买该债券以来，两年已经过去了，你已经收到前两次息票支付。这时类似债券的市场利率超出预期地升至10%，另一位投资者会愿意为你的债券支付多少？债券的当期收益率在下一年会是多少？假定另一位投资者已经按照你在问题c中计算的价格购买了该债券。那位投资者在过去一年的总收益是多少？

3.6 名义利率和实际利率

说明名义利率和实际利率的区别。

复习题

6.1 贷款的名义利率与实际利率的区别是什么？

6.2 实际利率与预期实际利率的区别是什么？

6.3 什么是TIPS？为什么投资者会买TIPS而不是常规国债？

问题和应用

6.4 假定你打算借入15 000美元4年来购买一辆新车。简要解释你更喜欢处于下列哪一种情形：

a. 你的贷款利率是10%，你预期年通货膨胀率在随后4年中平均为8%。

b. 你的贷款利率是6%，你预期年通货膨胀率在随后4年中平均为2%。

6.5 实际利率何时会不同于预期实际利率？你在进行一笔1年后偿还的贷款还是一笔10年后偿还的贷款时会更关注这种可能的差别？

6.6 在19世纪末的几十年里，美国的价格水平下降了。这很可能帮助还是伤害了那些借款购买土地的美国农场主？你的答案取决于价格水平下降被预期到还是未被预期到吗？简要解释。

6.7 假定一年期国债在2018年1月1日的价格是970.87美元。投资者预期通货膨胀率在2018年会是2%，但通货膨胀率在该年末最终是1%。国债的名义利率（用到期收益率衡量）、预期实际利率和实际利率分别是多少？

6.9 《华尔街日报》2016年的一篇文章指出："政府债券的收益率正在全球范围内走高，此举通常与经济增长和通货膨胀预期上升有关。"简要解释为什么投资者预期通货膨胀会更高时债券收益率会上升。

资料来源：Min Zeng and Christopher Whittall, "As Bond Yields Rise, Some Investors Fear Another False Dawn," *Wall Street Journal*, April 24, 2016.

数据练习

D3.1 【比较不同期限债券的利率】前往圣路易斯联邦储备银行（FRED）的网站（fred. stlouisfed. org），下载并绘制1990年1月至最近一个月期间的3个月期国债（TB3MS）、10年期国债（GS10）和30年期国债（GS30）的数据系列。（请注意，有一段时间财政部停止销售30年期国债，因此这几个月没有数据。）在哪些时段，10年期国债和30年期国债之间的差距最大？10年期国债与3个月国债之间的差距最大的是哪个时段？

D3.2 【用1年期国债和消费者价格指数计算实际利率】前往圣路易斯联邦储备银行（FRED）的网站（fred.stlouisfed.org），下载1980年至最近一个月期间1年期国债（TB1YR）的数据。找到所有城市消费者的消费者价格指数（CPIAUCSL），然后点击“编辑图表”链接。在下拉菜单中，选择“一年前的百分比变化”下载数据。从1年期国债的值中减去你的通货膨胀指标，并绘制由此产生的实际利率和名义国债利率的值。名义利率与实际利率之间的差距在哪个时期最大？

D3.3 【比较TIPS和常规国债的利率】前往圣路易斯联邦储备银行（FRED）的网站（fred.stlouisfed.org）下载并绘制从2003年1月到最近一个月的10年期国债（GS10）利率和10年期财政部TIPS（FII10）利率。什么解释了两种利率之间的差异？什么时期二者差异最大？

D3.4 【分析名义利率和实际利率】前往圣路易斯联邦储备银行（FRED）的网站（fred.stlouisfed.org）并下载以下五个变量的最新值：（1）30年常规抵押贷款利率（MORTG）；（2）美国银行美林证券美国公司AAA有效收益率[©]（BAMLC0A1CAAAEY）；（3）3个月期国债：二级市场利率（TB3MS）；（4）10年期国债不变期限利率（GS10）；（5）密歇根大学的未来12个月预期通货膨胀的指标（MICH）。

a. 使用这些数据，取最新的预期通货膨胀率并计算每种名义利率的预期实际利率：30年常规抵押贷款利率、美国银行美林证券美国公司AAA有效收益率、3个月期国债：二级市场利率以及10年期国债不变期限利率。

b. 假设实际通货膨胀率高于预期通货膨胀率。借款人还是贷款人会变得更糟？简要解释一下。

D3.5 【分析债券价格和利率】前往圣路易斯联邦储备银行（FRED）的网站（fred.stlouisfed.org），并下载1年期国债：二级市场利率（TB1YR）的最新值以及一年和两年前同一个月的值。

a. 假设1年期国债的面值为1 000美元。用上述利率计算三个月中每个月的1年期国债价格。

b. 根据你在a部分的计算，你能得出债券收益率和债券价格之间关系的结论吗？

第4章

利率的决定

学习目标

学完本章之后，你应该能够：

4.1　讨论构建投资组合时最重要的因素；

4.2　利用供求模型确定债券的市场利率；

4.3　利用债券市场模型解释利率的变动；

4.4　利用货币市场模型解释利率的决定；

4.A　利用可贷资金模型确定国际资本市场的利率。

开篇案例

为什么利率这么低?

你想攒钱在几年后买新车或房子吗？传统上，许多人通过把钱存入银行存单（银行存单）来为支出而储蓄。正如我们在后面的章节中将要讨论的那样，即使你存款的银行倒闭了，联邦存款保险也会对每家银行的每笔存款提供高达 250 000 美元的保险。因此，许多人选择更安全的银行存单，而不是冒股票或债券市场的风险。

在 2007 年开始的金融危机之前，银行经常提供年利率为 5%的银行存单。如果你将 1 万美元存入一张利率为 5%的银行存单，那么在五年结束时，你的储蓄将增加到 12 763 美元。到七年结束时，你的储蓄将增加到 14 071 美元。

然而，在金融危机期间，包括银行向存款人提供的利率在内的所有利率急剧下降。截至 2009 年，他们已经跌破 1%，且维持了七年多。2016 年底，美国最大的银行之一富国银行（Wells Fargo）的一年期银行存单的利率仅为 0.10%。在非常低的利率下，如果你存入 10 000 美元，那么五年后你的储蓄将增加到 10 050 美元。七年后，你的储蓄将增加到 10 070 美元。让银行使用你的钱七年的“奖励”只有 70 美元。如果七年间的通货膨胀最终达到每年 2%，那么你的储蓄的购买力将下降 13%以上。换句话说，七年的储蓄将导致你的购买量低于开始时的购买量。

为了应对低的银行存款利率，一些储户购买国债或公司债券。但这些债券的利率也很低。

例如，在 1980—2009 年期间，10 年期美国国债的平均利率为 7.2%，在 2016 年底只有 1.8%。同样，在 1980—2009 年期间，财务稳健的大型公司发行的长期债券的平均利率为 8.4%，在 2016 年底只有 2.5%。如我们在第 3 章所看到的那样，市场利率上升导致现有债券价格下跌。因此，如果国债或公司债券的利率升至其历史平均水平，债券投资者将遭受重大资本损失。毫不奇怪，许多财务顾问警告投资者购买债券可能有风险。

在本章中，我们将研究为什么利率在如此长的时间内处于如此的历史低水平，并更深入地考察债券市场如何确定利率。

资料来源：Paul H. Kupiec，"The High Cost of Ultralow Interest Rates," *Wall Street Journal*, May 22, 2016; wellsfargo. com; Federal Reserve Bank of St. Louis; and "Market Data Center," wjs. com.

重要议题和问题

议题：在 2007—2009 年的金融危机之后，利率在很长时间里依然维持在历史最低水平。

问题：决定利率最重要的因素是什么？

我们在本章讨论储蓄者如何决定其财富在各种替代性资产上的配置，如股票和债券。我们还会进一步分析债券市场并说明，像其他市场一样，均衡债券价格和均衡利率是由影响债券需求和供给的因素决定的。

4.1 如何构建投资组合？

随着你职业生涯的进步和收入的增加，你会开始考虑应该投资于哪些金融资产。有许多资产可供你选择，从基础的银行支票和储蓄账户到股票和债券，再到复杂的金融证券。你在建立投资组合时应该遵循什么原则？（回想一下，投资组合是投资者拥有的资产集合。）

我们先考察典型投资者的目标。你可能预期投资者会努力获得最高的投资收益率。但是，假设你有机会在一项资产（如股票或债券）上投资 1 000 美元，你预期收益率为 10%，但你也认识到得到−5%的收益率的可能性也很大。你是否会投资该资产，或者你是否更愿意投资于预期收益率为 5%但不会产生负收益的资产？如果你目前只有 1 000 美元的投资或者你目前有 100 万美元的投资，会有影响吗？如果你是 60 岁而不是 20 岁，你的答案会有所不同吗？

组合选择的决定因素

有很多构建投资组合的方法，具体取决于投资者如何回答我们刚才提出的问题。即使收入、财富和年龄相同的投资者也经常会有非常不同的投资组合。投资者用如下的组合选择的决定因素（或资产需求的决定因素）来评价不同的投资选项：

（1）投资者的财富，或者说，要配置于各种投资上的总储蓄额。

（2）一种投资相对于其他投资的预期收益率。

（3）一种投资相对于其他投资的风险程度。

（4）一种投资相对于其他投资的流动性。

(5) 一种投资相对于其他投资的获取信息的成本。

我们现在逐一考察这些决定因素。

财富

回忆一下，收入和财富是不同的。收入是一个人在一个特定时期（如一年）内赚到的钱。资产是一个人拥有的任何有价值的东西，如股票和债券。负债是一个人的贷款或其他债务。财富是一个人拥有的资产总额减去所欠的负债总额。随着一个人财富的增长，我们预期这个人的金融投资组合的规模会增长，但组合中各种资产不是等比例地增加。例如，当你刚大学毕业时，你不会有很多财富，你拥有的唯一的金融资产可能是支票账户中的500 美元。一旦你找到一份工作，你的财富就开始增长，但你的支票账户中的金额可能不会增加很多，你可能会购买一份银行存单和一些货币市场共同基金的份额。随着你的财富继续增长，你也许会购买投资于股票和债券的共同基金。一般而言，当我们从整体上审视金融市场时，我们可以假定财富增长会增加大多数金融资产的需求量。

预期收益率

给定你的财富，你如何决定将哪项资产加入你的投资组合？你很可能想投资于收益率高的资产。然而，正如我们在第 3 章所看到的那样，一个特定持有期的收益率包括投资者只能在期末计算的资本利得率。假定你正在考虑投资于当前价格为 950 美元、息票率为8%的 IBM 息票债券。你知道你在这一年中会收到 80 美元的息票支付，但你不知道 IBM 债券年末的价格是多少，因此，你不能提前计算你的收益率。但你可以有根据地估计一年后的债券价格，进而计算**预期收益率（expected return rate）**。

为了保持例子简单，假定你认为年末只有两种可能性：

IBM 债券	年末的债券价格（美元）	资本利得或损失	该年的收益率（%）
可能性 1	1 016.50	7%的利得	8+7=15
可能性 2	921.50	−3%的损失	8−3=5

一个事件发生的概率是该事件会发生的可能性，表示为一个百分比。在这个例子中，假设你认为两种价格出现的概率均为 50%。一般而言，我们用下面的公式计算一项投资的预期收益率：

$$
\begin{aligned}
\text{预期收益率} &= \text{事件 1 发生的概率} \times \text{事件 1 的值} \\
&\quad + \text{事件 2 发生的概率} \times \text{事件 2 的值}
\end{aligned}
$$

这个公式可以扩展到考虑投资者认为相关的所有事件。概率用小数，在这个例子中应用这个公式可以得到：

$$\text{预期收益率} = 0.50 \times 15\% + 0.50 \times 5\% = 10\%$$

一种方法是把预期收益率看作长期平均。也就是说，如果你投资于这种债券若干年，你对两种可能的收益率发生的概率判断正确，那么你在一半的年份里会得到一个 15%的收益率，在另一半的年份里会得到一个 5%的收益率。因此，平均而言，你的收益率是10%。当然，这是一个简化的例子，因为我们假定只有两种可能的收益率，而现实中有很多可能的收益率。我们还假定能对每种收益率赋予准确的概率，而实际中通常是很难做到的。但这个例子还是得到一个基本思想：投资者在金融资产间做出选择时需要考虑可能的收益率和这些收益率发生的概率。

风险

现在，假定你正在选择是投资于刚才描述的 IBM 债券还是投资于你认为有 50％的概率获得 12％的收益、50％的概率获得 8％的收益的福特债券。福特债券的预期收益率是：

0.50×12％＋0.50×8％＝10％

福特债券与 IBM 债券的预期收益率相同。虽然预期收益率都相同，但大多数投资者更喜欢福特债券，因为 IBM 债券的风险更大。

我们在第 3 章提到违约风险和利率风险，但经济学家对风险有一个包括这两种风险和其他类型风险在内的一般定义：**风险（risk）**是一种资产收益的不确定性程度。特别是，获得一个距离资产的预期收益率很远的收益率的可能性越大，资产的风险越大。就这两种债券而言，IBM 债券的风险较大，因为投资者预期会获得的收益率要么高于预期收益率 5 个百分点，要么低于预期收益率 5 个百分点，而投资于福特债券的投资者预期会获得的收益率只是高于或低于预期收益率 2 个百分点。为了提供一个风险的数值指标，经济学家通过计算一项资产的实际收益率若干年内的标准差来度量资产收益率的波动性。如果你上过统计学课程，回忆一下，标准差度量一组特定数字的分散程度。[①]

大多数投资者都是风险厌恶的，风险厌恶的意思是，在预期收益率相同的两种资产中做出选择时，投资者会选择风险低的资产。投资者通常是风险厌恶的，因为很多人购买金融资产是作为储蓄计划的一部分来满足未来的支出的，如买房、支付子女的大学学费或为退休准备足够的资金。他们希望避免在他们正需要资金的时候资产价值下降。只有当他们能从更高的收益中得到补偿时，这些投资者才会投资于风险较大的资产。大多数投资者厌恶风险的结果是，我们能在金融市场中看到风险与收益的权衡取舍。例如，银行存单之类的资产收益率低，但风险也低，而股票之类的资产收益率高，但风险也高。

---

① 我们可用此例来说明如何计算投资一种资产的风险，风险用资产收益的标准差来衡量。计算标准差的第一步是找出每个收益与预期收益之间的偏差或差异。例如，对于 IBM 债券，预期收益率等于 10％，第一个收益率为 15％，因此与预期收益率的差异为 15％－10％＝5％：

	收益率 1（％）	与预期收益率的偏差（％）	收益率 2（％）	与预期收益率的偏差（％）
IBM	15	5	5	5
福特	12	2	8	－2

接下来，我们需要取收益偏差的平方再将它们加在一起，并根据收益的概率加权。结果是收益的方差：

	收益率 1（％）	偏差的平方（％）	收益率 2（％）	偏差的平方（％）	偏差平方的加权平均
IBM	15	25	5	25	0.50×25％＋0.50×25％＝25％
福特	12	4	8	4	0.50×4％＋0.50×4％＝4％

最后，取方差的平方根给出收益的标准差。用这种风险度量，我们发现 IBM 债券比福特债券风险更大：

	方差（％）	标准差（％）
IBM	25	5
福特	4	2

一些投资者实际上是风险喜好的，即他们更喜欢持有一项有可能实现收益最大化的高风险资产来赌一把。在我们的例子中，风险喜好的投资者会被吸引到有 50%的概率获得 15%的收益率的 IBM 债券上，即使该债券也有 50%的概率获得 5%的收益率。最后，一些投资者是风险中性的，即他们只是基于预期收益来做投资决策，不考虑风险。

联系实际 4-1

黑天鹅会吃掉你的 401(k) 吗？

如果你去中型或大型公司工作，其中一个好处可能是公司会提供 401(k) 退休计划。根据 1978 年国会通过的法律，这些计划让你可以通过将部分工资投资于金融资产（通常是购买股票和债券的共同基金）来为退休储蓄。如果你在达到退休年龄之前没有提取资金，那么你向 401(k) 计划缴纳的资金或资金的盈利不必纳税。

在选择大多数公司提供的选项时，你需要考虑预期收益和风险水平。正如我们刚才所见，在金融市场中，风险和收益之间存在权衡，风险最高的资产通常也有最高的预期收益。下表提供了 1926—2015 年间关于投资者广泛拥有的四种金融资产的数据。表中的“小”公司只是在美国股市的背景下很小。事实上，它们相当大，其股票总价值在 3 亿美元到 20 亿美元之间。“大”公司包括通用汽车、AT&T、麦当劳、苹果以及标准普尔 500 指数中包含的其他 500 家公司，而标准普尔 500 指数是价值超过 50 亿美元的公司股票价格的平均值。年均收益率是这期间四种资产中每种资产的 89 个年收益率的简单平均值。风险用年收益率的波动率来衡量，为该期间每项资产年收益率的标准差。

金融资产	年均收益率（%）	风险（%）
小公司股票	12.0	23.0
大公司股票	10.0	17.4
长期国债	5.6	12.2
短期国债	3.4	3.4

资料来源：Morningstar/Ibbotson.

表格第二列和第三列中的数据说明了风险和收益之间的权衡。这些年来，小公司股票的投资者的年均收益率最高，但也承担了最大的风险。美国国债投资者的年均收益率最低，但风险最小。

表中所用的常规风险度量表示收益波动的通常范围。但有时候，收益的发生远远超出通常的收益范围。例如，在金融危机最严重的 2008 年，大公司股票的投资者遭受了 37%的损失。如此大的损失的概率小于 5%。由于房地产市场的崩溃引发了金融危机和自 20 世纪 30 年代大萧条以来最严重的经济衰退，股市表现不佳。纽约大学的专业投资人兼经济学教授纳西姆·尼古拉斯·塔勒布（Nassim Nicholas Taleb）推广了“黑天鹅事件”这一术语，它指的是对社会或经济产生重大影响的罕见事件。这个名字来自欧洲人认为所有天鹅都是白色的事实——直到 1697 年，当时在澳大利亚发现了黑天鹅。因此，黑天鹅事件令人惊讶且与之前的经历相反。一些经济学家将金融危机视为黑天鹅事件，因为在其发生之前，很少有人认为危机是可能发生的。

在 2008 年，401(k) 账户的平均价值从 65 500 美元下降到 45 500 美元，或超过 30%。因此，许多规避风险的个人投资者将退休账户中的资金转出股票共同基金，转入债券共同基金甚至是货币市场共同基金，这些基金支付 1%或更低的利率。对那些已经退休或接近退休的人来说，如果他们在退休期间依靠这些资金来支付他们的生活费用，那么 401(k) 账户价值下降超过 30%可能是毁灭性的。但对年轻的投资者来说，下降造成的问题并不那么严重。事实上，大公司股票的价值到 2013 年已经恢复到 2008 年的水平了。

因此，金融危机的黑天鹅是通过引起资金转向风险较低但收益也较低的资产，而不是通过引起股价的暂时下跌对普通投资者的投资组合造成更大的损害。

资料来源：Nassim Nicholas Taleb, *The Black Swan: The Impact of the Highly Improbable*, 2nd ed., New York: Random House, 2010; and Jack VanDerhei, Sarah Holden, Luis Alonso, and Steven Bass, Employee Benefit Research Institute, *Issue Brief*, No. 423, April 2016.

见本章末的问题和应用 1.6。

流动性

我们从第 2 章了解到，流动性是一项资产易于变现的难易程度。流动性高的资产有助于储蓄者在时间上平滑支出或应急使用资金。例如，如果你有未预料到的医疗支出，你希望能迅速出售资产来满足支出需要。资产的流动性越高，其对投资者的吸引力就越大。在其他特征相同的情况下，相对于流动性低的资产，投资者对流动性高的资产愿意接受较低的收益率。因此，正如风险和收益率之间存在权衡取舍一样，在流动性和收益率之间也有权衡取舍。你愿意对你的支票账户接受非常低的利率（可能是零），因为你可以立即提取这些资金。

信息获取成本

如果获取某些资产的信息时不必花费时间或金钱，那么投资者会认为这样的资产更有吸引力。例如，美国财政部发行的债券的价格和收益率很容易在《华尔街日报》或者像雅虎财经那样的网站上找到。而且，投资指南也解释了联邦政府极不可能对债券违约。然而，如果是一家新企业发行债券，那么投资者在决定是否投资之前必须花费时间和金钱来收集和分析该企业的信息。

在所有其他特征相同的情况下，投资者对信息获取成本较低的资产愿意接受较低的收益率。因此，正如风险与收益率之间以及流动性与收益率之间存在权衡一样，在信息获取成本与收益率之间也存在权衡。

我们可以把对组合选择的决定因素的讨论概括如下：金融资产的可取特征会引起投资者的资产需求量增加，金融资产的不可取特征会引起资产需求量减少。表 4-1 列示了投资组合选择的决定因素。

表 4-1　投资组合选择的决定因素

……增加	引起投资组合中资产的需求量……	因为……
财富	上升	投资者有更多的储蓄可供配置
资产相对于其他资产的期望收益	上升	投资者从持有资产中获利更多
风险（即收益的变动性）	下降	大多数投资者都是风险厌恶的

续表

……增加	引起投资组合中资产的需求量……	因为……
流动性（即资产易于变现）	上升	投资者可轻松变现资产来为消费融资
信息成本	下降	投资者必须花费更多的时间和金钱来获取和分析关于资产及其收益的信息

分散化

因为现实世界充满不确定性，即使深入分析，投资者也无法确定资产的表现会像预期的那样，所以几乎所有投资者的投资组合都包括很多种资产。为了弥补不能找到一种完美资产的缺憾，投资者通常持有各种类型的资产，如不同公司发行的股票。把财富配置在很多不同的资产上来降低风险叫作**分散化（diversification）**。

投资者可以利用各种资产的收益通常不是完全同时变动这一事实。例如，你可能会拥有福特汽车公司和苹果公司的股份。在经济衰退期间，由于汽车销售量下降，福特的股价可能会下降，然而，如果苹果公司推出一款消费者大量购买的新的流行电子产品，那么虽然经济在衰退，但苹果的股价还是会上涨。类似地，如果一种新的处方药出人意料地未获得联邦政府的批准，那么制药企业默克公司的股价可能会下降，然而，当连锁企业 Red Robin 美味汉堡公司推出一种用花椰菜和抱子甘蓝制成的汉堡并广受欢迎时，该公司的股价可能会飙升。因此，分散化的投资组合的收益率比组成投资组合的个别资产的收益率更稳定。

因为各种资产都有某种叫作**市场（系统性）风险［market（systematic）risk］**的共同风险，所以投资者不能完全消除风险。例如，经济衰退和经济扩张会降低和提高所有股票的收益率。在 2007—2009 年的金融危机期间，几乎没有表现好的投资。资产也带有叫作**异质性（非系统性）风险［idiosyncratic（unsystematic）risk］**的自身特有风险。例如，个别股票的价格会受到诸如科学发现、工人罢工及不利诉讼之类的影响公司盈利能力的不可预测事件的影响。分散化可以消除异质性风险但不能消除系统性风险。

联系实际 4－2

你的投资组合的风险大吗？

虽然所有投资都有风险，但你可以在构建投资组合时采取措施来理解和管理风险。财务规划师鼓励他们的客户在确定投资是否合适时评估自己的财务状况和风险承担意愿。

在你选择要接受的风险程度时，时间跨度是一个重要因素。为了在未来几年买房，你为买房而节省的资金应该被投资到虽然收益率很低但风险也很低的资产上，如银行存单。如果你为几十年后的退休而储蓄，那么你可以追求风险较高的投资（如股票）的长期收益，而不必过多关注收益的短期变化。随着你临近退休，你可以转而采用更保守的策略以避免损失大部分储蓄。

下图显示了以两个不同年龄组的人为户主的家庭如何分配财富。以 35 岁及以下的人为户主的年轻家庭的大部分财富都来自他们的住房价值和他们拥有的小企业的价值。他们持有的股票、退休账户或其他金融资产相对较少。以年龄在 55～64 岁更接近退休的人为户主的家庭的大部分财富仍然是他们的住房和小企业。但这些家庭在退休账户和退休账户之外拥有的股票上的财富相对较多。以 75 岁以上的人为户主的家庭（图中未显示）在银行存款上拥有的财富的比例大得多，而在股票上的财富比例远远低于以 55～64 岁的人为户主的家庭。

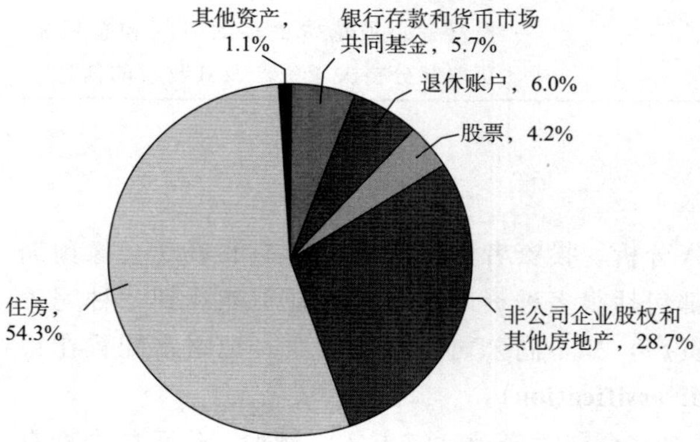

（a）户主年龄为35岁及以下的家庭

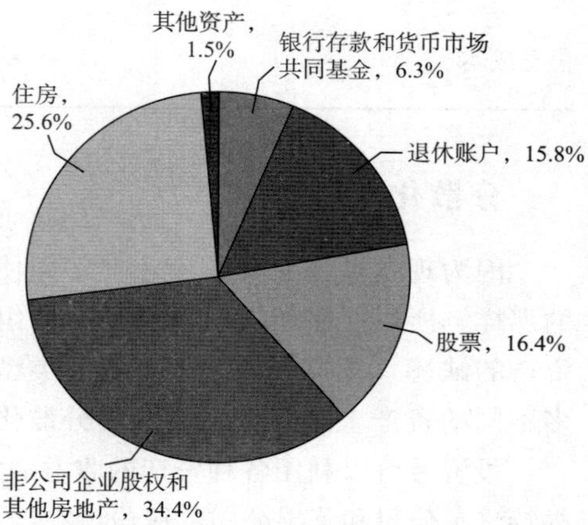

（b）户主年龄在55~64岁的家庭

以下两个典型的年轻和年长储蓄者的财务规划在时间跨度和财务目标上有所不同：

	年轻储蓄者的财务规划	年长储蓄者的财务规划
需要资金的时间线	想要建立超过 10 年的金融投资组合	金融投资组合的金额是否接近投资者退休时需要的金额
财务目标	通过获得高额长期收益来积累资金	保留现有资金以获得略高于通货膨胀率的收益率
投资组合规划	在最大化预期收益率的基础上建立金融投资组合，对收益率的可变性关注有限	通过选择安全资产以在通货膨胀和税收刚好超过零后获得预期收益率来降低风险

在评估你的财务规划时，你需要考虑通货膨胀和税收的影响。回顾第 3 章的实际利率和名义利率之间的重要区别。资产的高名义利率在高通货膨胀期间只能带来中等的实际收益。此外，联邦政府对大多数投资的收益征税，一些州和地方政府也是如此，这些税收通常是对名义收益而非实际收益征收。例如，如果债券在通货膨胀率为 5%的一年中给你支付 6%（或 60 美元）的息票，那么你获得的实际利率仅为 1%——但你需要按 6%的名义收益纳税。你的实际税后收益可能与你的名义税前收益大不相同，具体视投资而定。许多投资者选择投资股票是因为他们知道，从长远来看，投资安全资产（如美国短期国债）可能会给他们带来非常小的实际税后收益。（我们将在第 5 章进一步研究税收待遇差异如何影响某些投资的收益。）

了解风险、通货膨胀和税收如何影响你的投资将有助于你做出更明智的投资决策。

资料来源：数据为 2013 年数据且来自 Edward Wolff，“Household Wealth Trends in the United States，1962—2013：What Happened over the Great Recession?” National Bureau of Economic Research Working Paper 20733，December 2014，Table 15。注意，“银行存款和货币市场共同基金”也包括人寿保单的退保现金价值。“股票”包括共同基金和个人信托的价值。

见本章末的问题和应用 1.7。

4.2 市场利率与债券的需求和供给

我们可以利用刚刚讨论的组合选择的决定因素来说明债券的需求和供给的相互作用如何决定市场利率。虽然你在经济学基础课程中应该已经熟悉了需求和供给分析，但将这一分析应用于债券市场仍有一些困难。通常，我们在画一幅需求和供给的图形时，用纵轴表示商品或服务的价格。虽然我们对债券的价格感兴趣，但我们也对其利率感兴趣。幸运的是，正如我们在第 3 章学到的那样，债券价格 P 与其到期收益率 i 是由一个公式联系起来的，即面值为 FV 且 n 年后到期的有息票支付 C 的债券的价格公式为：

$$P=\frac{C}{(1+i)}+\frac{C}{(1+i)^2}+\frac{C}{(1+i)^3}+\cdots+\frac{C}{(1+i)^n}+\frac{FV}{(1+i)^n}$$

因为息票支付和面值不变，所以我们一旦确定了债券市场的均衡价格，也就确定了均衡利率。在这种说明如何决定市场利率的债券市场分析法中，我们把债券视为在市场中交易的“商品”。债券市场分析法对考察影响债券需求和供给的因素如何影响利率是最有用的。在本章附录中，我们将考察另一种把资金视为可交易商品的可贷资金市场分析法。像其他经济学领域一样，我们用哪个模型取决于在一个特定情形中问题的哪个方面是最重要的。

债券市场的需求和供给图

图 4-1 说明了债券市场。为简单起见，我们假定这是一种到期面值为 1 000 美元的 1 年期贴现债券的市场。图形显示这种债券的均衡价格是 960 美元，均衡债券数量是 5 000 亿美元。回忆第 3 章的面值为 FV、售价为 P 的 1 年期贴现债券的公式：

$$i=\frac{FV-P}{P}$$

在这个例子中：

$$i=\frac{1\ 000-960}{960}=0.042 \text{ 或 } 4.2\%$$

像商品和服务市场一样，在除债券价格外影响需求和供给的所有因素不变的情况下，我们画出债券的需求和供给曲线。债券的需求曲线表示债券价格与投资者的债券需求量之间的关系。随着债券价格上升，债券的利率会下降，债券会变得不太受投资者欢迎，需求量会下降。因此，债券的需求曲线是向下倾斜的，如图 4-1 所示。

接下来思考债券的供给曲线。供给曲线表示债券价格与持有现有债券的投资者和正在考虑发行新债券的企业债券的供给量之间的关系。随着债券价格上升，其利率下降，现有债券的持有者更愿意出售债券。一些企业也会发现以较低的利率借款来为项目融资更省钱，并会发行新的债券。债券供给量会因这两个原因而增加。

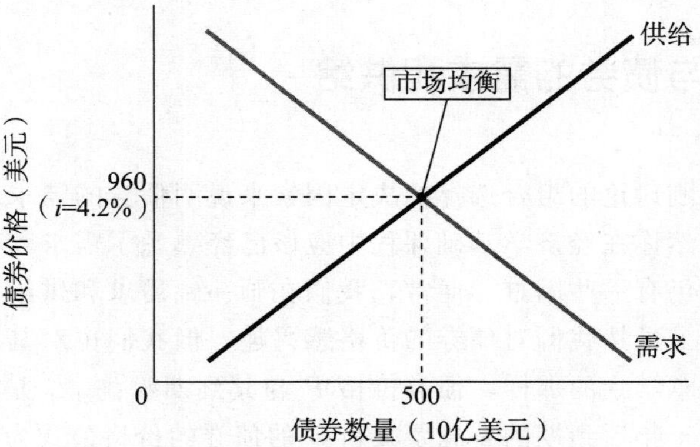

图 4－1　债券市场

债券的均衡价格在债券市场中决定。债券市场通过决定债券的价格也决定了债券的利率。在这个例子中，面值为 1 000 美元的 1 年期贴现债券的均衡价格为 960 美元，意味着其利率（i）为 4.2%。均衡债券数量是 5 000 亿美元。

像商品和服务市场一样，若债券市场当前处于均衡状态，则会继续保持均衡，若不在均衡状态，则会移向均衡状态。例如，在图 4－2 中，假定当前的债券价格是 980 美元，高于 960 美元的均衡价格。在这一较高的价格下，需求量是 4 000 亿美元（点 B），小于均衡需求量，而供给量是 6 000 亿美元（点 C），大于均衡供给量。结果是有 2 000 亿美元的超额债券供给。投资者正在买入当前价格下想买的全部数量，但一些卖方无法找到买方。这些卖方有降低其愿意接受的债券价格的激励以使得投资者购买债券。这一债券价格下行压力会一直持续到价格降到 960 美元的均衡价格（点 E）为止。

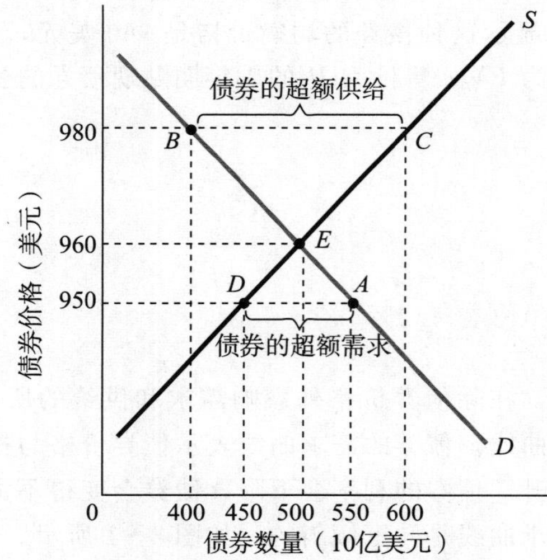

图 4－2　债券市场的均衡

在 960 美元的均衡债券价格处，投资者的债券需求量等于借款人的债券供给量。在高于 960 美元的任何价格处都有超额债券供给，债券价格会下降。在低于 960 美元的任何价格处都有超额债券需求，债券价格会上升。债券买方和卖方的行为推动债券价格回到 960 美元的均衡价格。

现在，假设债券的价格是 950 美元，低于 960 美元的均衡价格。在这一较低的价格下，需求量是 5 500 亿美元（点 A），大于均衡需求量，而均衡供给量是 4 500 亿美元（点 D），小于均衡供给量。结果是有 1 000 亿美元的超额债券需求。投资者和企业在当前的价格下可以卖出想卖的全部数量的债券，但一些买方无法找到卖方。这些买方就有提高其愿意购买债券的价格的激励，以使得企业和其他投资者愿意向其出售债券。这一债券价格上行压力会一直持续到价格升至 960 美元的均衡价格为止。

解释均衡利率的变动

在图 4-1 中画出债券的需求和供给曲线时，我们假设除债券价格外，影响投资者债券购买意愿——或企业和投资者债券出售意愿——的所有因素不变。你可能还记得在经济学基础课程中需求量（或供给量）的变动与需求（或供给）的变动之间的区别。如果债券价格变化，那么沿着需求（或供给）曲线移动，但曲线不发生移动，于是我们得到需求（或供给）量的变动。如果任何其他相关变量发生变化——如财富或预期通货膨胀率，那么需求（或供给）曲线会发生移动，我们就得到需求（或供给）的变动。我们在下一节考察引起债券需求曲线或供给曲线移动的最重要的因素。

引起债券需求曲线移动的因素

我们在第 4.1 节讨论了决定投资者将哪种资产纳入投资组合的因素。这五个因素中的任何一个发生变化都会引起债券需求曲线移动：

（1）财富；

（2）债券的预期收益率；

（3）风险；

（4）流动性；

（5）信息成本。

财富

家庭在经济增长过程中会积累更多的财富。储蓄者越富有，他们可投资于包括债券在内的金融资产的储蓄存量就越大。如图 4-3 所示，当保持所有其他因素不变时，财富增加会使债券需求曲线向右移动，从 D_1 移动到 D_2，因为储蓄者在任何给定价格下愿意且能够购买更多的债券。图中随着债券需求曲线向右移动，均衡债券价格从 960 美元上升到 980 美元，均衡债券数量从 5 000 亿美元增加到 6 000 亿美元。因此，债券市场的均衡点从点 E_1 移动到点 E_2。在经济衰退期间，如在 2007—2009 年所发生的，家庭会遭遇财富缩水，保持所有其他因素不变，债券需求曲线会向左移动，同时降低均衡价格和均衡数量。在图 4-3 中，随着债券需求曲线向左移动，从 D_1 移动到 D_3，均衡价格从 960 美元下降到 940 美元，债券的均衡数量从 5 000 亿美元下降到 4 000 亿美元。于是，债券市场的均衡点从点 E_1 移动到点 E_3。

债券的预期收益率

如果债券的预期收益率相对于其他资产的预期收益率上升了，那么投资者会增加其债券需求，债券需求曲线会向右移动。如果债券的预期收益率相对于其他资产的预期收益率下降了，那么债券需求曲线会向左移动。注意，是债券相对于其他资产的预期收益率导致债券需求曲线移动。例如，如果债券的预期收益保持不变，而投资者判断投资于股票的预期收益率会高于之前的预期，那么债券的相对收益率下降，债券需求曲线左移。

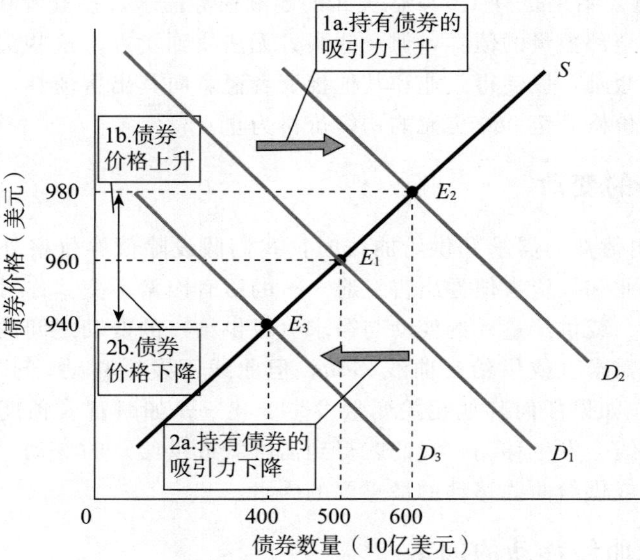

图 4－3　债券需求曲线的移动

保持所有其他因素不变，财富增加会导致债券需求曲线向右移动。随着债券需求曲线向右移动，均衡债券价格从 960 美元上升到 980 美元，均衡债券数量从 5 000 亿美元增加到 6 000 亿美元。

保持所有其他因素不变，财富减少会使债券需求曲线向左移动，同时降低均衡价格和均衡数量。随着债券需求曲线向左移动，均衡价格从 960 美元下降到 940 美元，均衡债券数量从 5 000 亿美元下降到 4 000 亿美元。

债券的预期收益受预期通货膨胀率的影响。如我们在第 3 章看到的那样，预期实际利率等于名义利率减去预期通货膨胀率。因此，预期通货膨胀率上升降低了预期实际利率。类似地，债券的预期实际收益率等于名义收益率减去预期通货膨胀率。预期通货膨胀率上升降低债券的预期实际收益率，这又会降低投资者在任何给定价格下购买债券的意愿，并导致债券需求曲线向左移动。预期通货膨胀率下降会提高债券的预期实际收益率，提高投资者在任何给定价格下购买债券的意愿，并导致债券需求曲线向右移动。

风险

债券的风险相对于其他资产的风险上升会降低投资者购买债券的意愿并引起债券需求曲线向左移动。债券的风险相对于其他资产的风险下降提高投资者购买债券的意愿并引起债券需求曲线向右移动。重要的是债券相对于其他资产的风险。如果债券的风险保持不变，但投资者判断股票比他们之前认为的风险更高，那么债券的相对风险就会下降，投资者会增加债券需求，债券需求曲线向右移动。事实上，在 2008 年末和 2009 年初，很多投资者认为投资股票的风险上升了。结果投资者增加债券需求，这就抬高了债券的均衡价格，进而压低了债券的均衡利率。

流动性

投资者重视资产的流动性，因为流动性高的资产在投资者需要资金购买汽车或投资其他资产时能以较低的成本被更快地出售。如果债券的流动性提高，那么在任意给定价格下投资者都会需求更多的债券，债券的需求曲线向右移动。债券的流动性下降导致债券的需求曲线向左移动。注意，重要的是债券的相对流动性。例如，在线交易网站首次出现在 20 世纪 90 年代，这些网站使得投资者能以非常低的成本买卖股票，于是，很多股票的流动性上升了。结果债券的相对流动性下降了，债券的需求曲线向左移动。

信息成本

投资者在评估资产时必须支付的信息成本影响其购买这些资产的意愿。例如，从 20 世纪 90 年代初开始人们就可以轻松地在互联网上免费或以非常低的成本获得金融信息。以前，投资者只有付费订阅时事通讯或在图书馆中花费数小时从年报和其他记录中收集数据才能找到这些信息。由于《华尔街日报》和杂志等对股票的讨论一直比债券更广泛，所以互联网对债券的可得信息的影响更大。由于信息成本较低，债券需求曲线向右移动。在金融危机期间，许多投资者认为他们缺乏足够的信息来衡量某些类型债券违约的可能性——特别是抵押贷款支持证券。即使有可能，收集足够的信息也是成本高昂的。由于信息成本较高，债券需求曲线向左移动。

表 4－2 概括了引起债券需求曲线移动的最重要的因素。

表 4－2　导致债券需求曲线移动的因素

保持所有其他因素不变，……的增加/上升	导致对债券的需求……	因为……	对债券市场均衡的影响的图形
财富	增加	更多的资金被配置在债券上	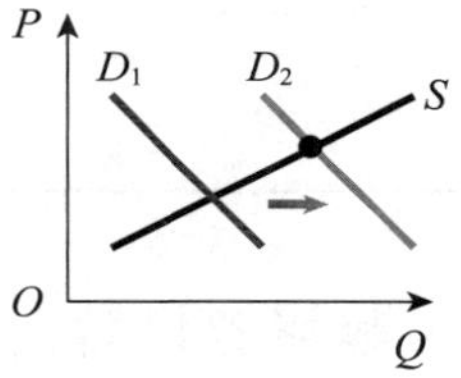
债券的预期收益率	增加	持有债券相对更有吸引力	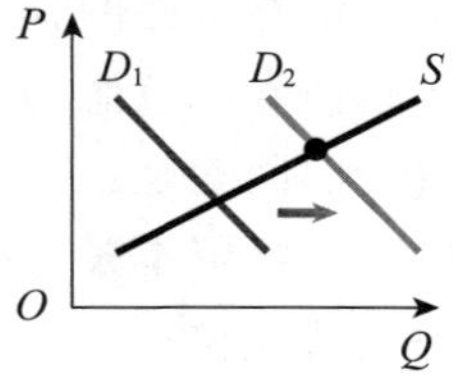
预期通货膨胀	减少	持有债券相对不再有吸引力	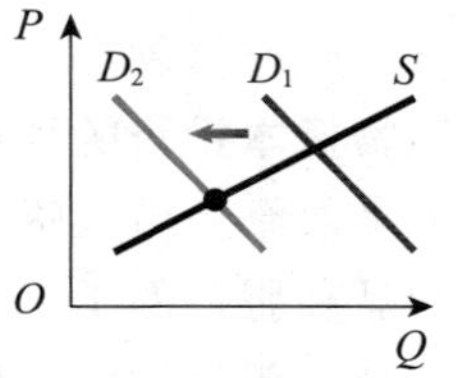
其他资产的预期收益率	减少	持有债券相对不再有吸引力	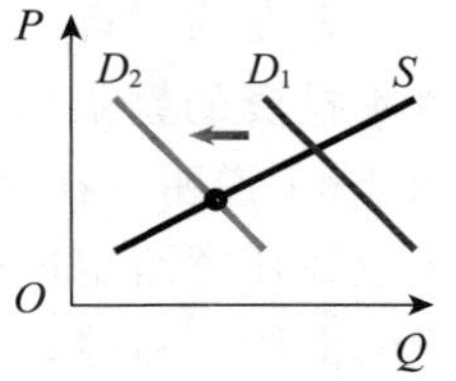

续表

保持所有其他因素不变，……的增加/上升	导致对债券的需求……	因为……	对债券市场均衡的影响的图形
债券相对于其他资产的风险	减少	持有债券相对不再有吸引力	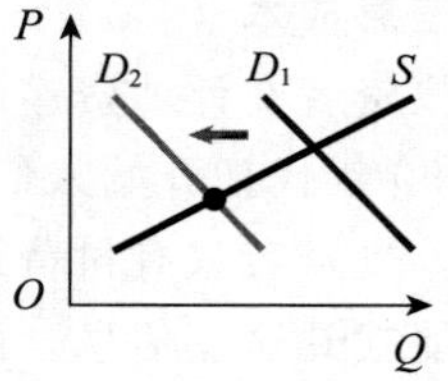
债券相对于其他资产的流动性	增加	持有债券相对更有吸引力	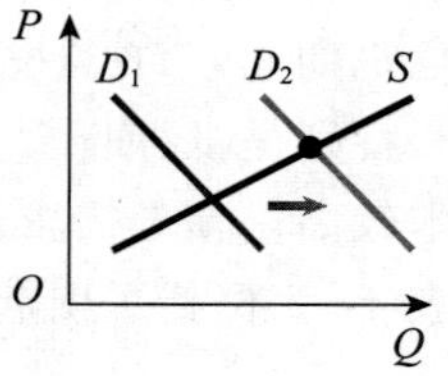
债券相对于其他资产的信息成本	减少	持有债券相对不再有吸引力	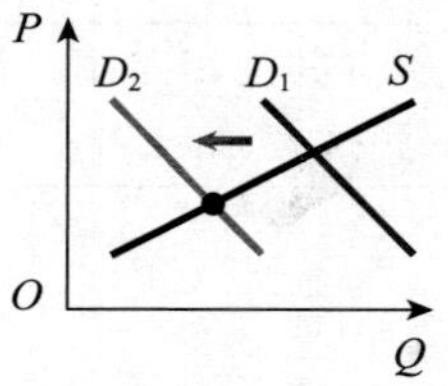

引起债券供给曲线移动的因素

不是债券价格的变化，而是影响债券持有者出售债券的意愿的因素或者影响企业和政府发行新债券的意愿的因素的变化会引起债券供给曲线移动。解释债券供给曲线移动的四个最重要的因素是：

（1）实物资本投资的预期税前盈利性；

（2）营业税；

（3）预期通货膨胀；

（4）政府借款。

实物资本投资的预期税前盈利性

大多数企业借入资金是为了融通实物资本资产的购买，如它们预期将要使用若干年来生产产品和服务的工厂、机器工具和信息技术。企业预期投资于实物资产越是有利可图，企业就越希望通过发行债券借入更多的资金。20 世纪 90 年代末，很多企业认为投资于可以向消费者在线销售商品的网站会很赚钱。结果是计算机、服务器和其他信息技术形式的实物资本投资的繁荣和债券销售额的增加。

图 4－4 说明了在保持所有其他因素不变时，实物资本投资盈利性预期的上升是如何随着企业在任意给定价格下发行更多的债券而导致债券供给曲线向右移动的。随着图中的债券供给曲线向右移动，从 S_1 移动到 S_2，均衡债券价格从 960 美元下降到 940 美元，均衡债券数量从 5 000 亿美元上升到 5 750 亿美元。在经济衰退时期，企业通常开始对投资

于实物资本可以获得的利润变得悲观，结果是，保持所有其他因素不变，债券供给曲线向左移动，提高了均衡债券价格，但降低了均衡债券数量。在图 4－4 中，随着债券供给曲线向左移动，从 S_1 移动到 S_3，均衡债券价格从 960 美元上升到 975 美元，均衡债券数量从5 000 亿美元下降到 4 000 亿美元。

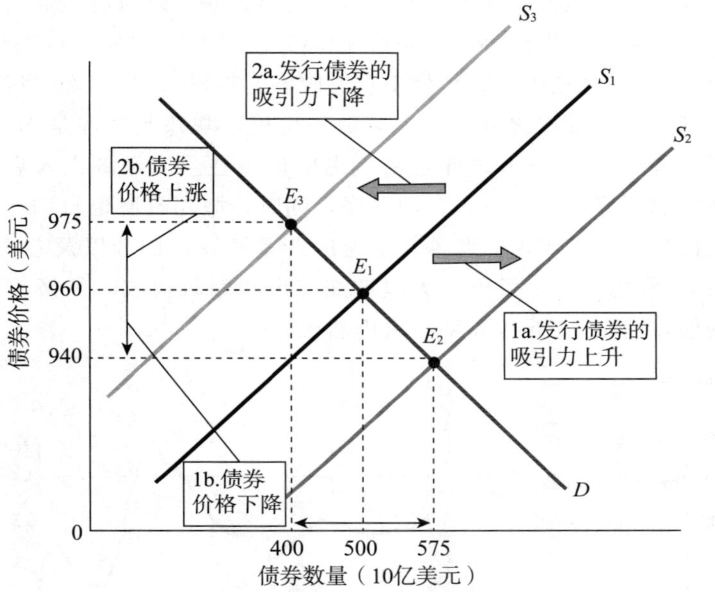

图 4－4　债券供给曲线的移动

当保持所有其他因素不变时，企业对实物资本投资盈利性预期的上升会随着企业在任意给定价格下发行更多的债券而导致债券供给曲线向右移动。随着债券供给曲线向右移动，均衡债券价格从 960 美元下降到 940 美元，均衡债券数量从 5 000 亿美元上升到 5 750 亿美元。如果企业开始对从实物资本投资中可以获得的利润变得悲观，那么在保持所有其他因素不变时，债券供给曲线向左移动。随着债券供给曲线向左移动，均衡债券价格从 960 美元上升到 975 美元，均衡债券数量从 5 000 亿美元下降到 4 000 亿美元。

营业税

营业税也会影响企业对未来盈利性的预期，因为企业关注的是纳税后剩下的利润。因此，在提高营业税后，企业从新的实物资本投资中可以获得的利润就减少了，企业发行的债券减少。结果债券供给曲线向左移动。当联邦政府制定一部投资税收优惠法案来削减营业税时，低税收增加了企业在新投资项目上赚到的利润，进而导致企业发行更多的债券。于是，债券供给曲线向右移动。

预期通货膨胀

我们已经看到，预期通货膨胀率上升通过降低在任意给定的名义利率下投资者可以获得的预期实际利率减少了投资者的债券需求。从发行债券的企业角度看，较低的预期实际利率是有吸引力的，因为这意味着企业对借入的资金用实物衡量的偿还额减少。因此，预期通货膨胀率上升导致债券供给曲线向右移动，因为企业在每个价格水平下都供给更多的债券。预期通货膨胀率下降导致债券供给曲线向左移动。

政府借款

迄今为止，我们已经强调了家庭和企业的决策如何影响债券价格和利率。政府决策也会影响债券价格和利率。例如，很多经济学家认为，20 世纪 80 年代和 90 年代初一连串的大额美国联邦政府预算赤字导致利率稍微高于如果没有如此多赤字时的水平。

当我们在美国谈及“政府部门”时，我们不仅包括联邦政府，还包括州和地方政府。政府部门通常既是贷款人——当联邦政府向大学生和小企业发放贷款时——也是借款人。近年来，由于税收收入已经下降到远远不能满足支出，联邦政府已经向美国和外国的投资者借入大量资金。其结果是出现大量的联邦预算赤字。图 4－5 显示自 1965 年以来的联邦预算赤字和盈余。（阴影区域表示经济处于衰退阶段的年份。）除了 20 世纪 90 年代末的少数几年税收收入超过政府支出之外，在大多数年份里，联邦预算都是赤字。从 2008 年开始的巨额赤字部分源于 2007—2009 年经济衰退的严重性。当经济进入衰退阶段时，由于家庭收入和企业利润下降，税收收入自动下降，同时，联邦政府也自动增加了失业保险和其他针对失业者的计划上的支出。此外，衰退的严重性导致国会以及总统乔治·W. 布什（George W. Bush）和巴拉克·奥巴马大幅增加支出和削减税收。经济复苏最终减少了联邦预算赤字的规模，但到 2016 年赤字规模仍然很大。

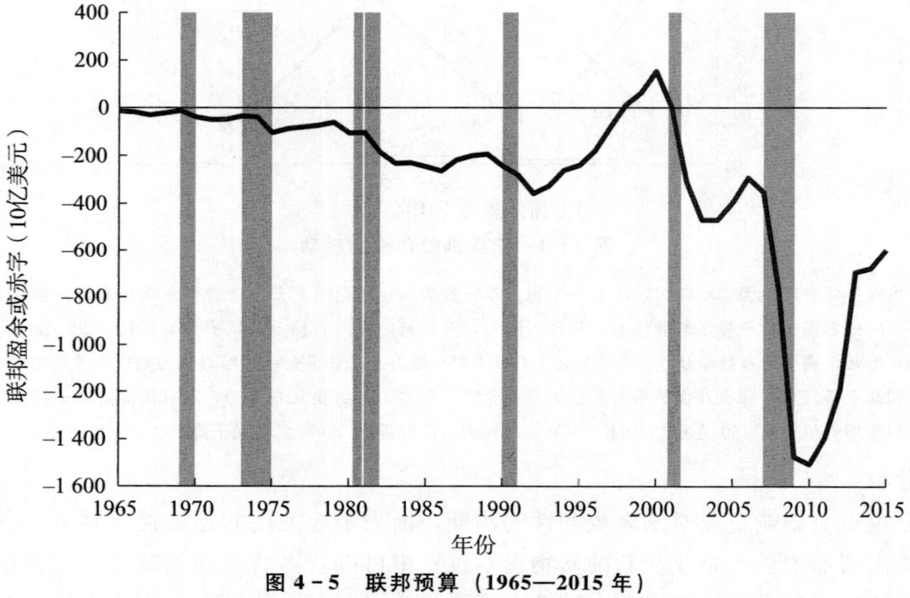

图 4－5　联邦预算（1965—2015 年）

除 20 世纪 90 年代末的少数几年外，联邦政府通常都有预算赤字。2007—2009 年的经济衰退带来创纪录的赤字水平，这要求联邦政府通过出售债券大量借款。阴影区域表示经济衰退的年份。

资料来源：U. S. Bureau of Economic Analysis.

我们可以分析政府预算赤字或盈余对债券市场的影响。假定联邦政府在没有增加税收的情况下提高支出。当政府通过发行债券来为相应的赤字融资时，债券的供给曲线会向右移动。如果我们现在假定家庭对政府提高支出的反应是保持储蓄不变，那么在保持其他因素不变的情况下，政府预算赤字的结果是导致债券的均衡价格下降和债券的均衡数量上升。因为债券价格和利率反向变动，所以均衡利率会上升。

我们可以总结如下：如果其他因素都不变，那么政府借款上升将导致债券供给曲线向右移动，债券价格下降，利率上升。政府借款下降将导致债券供给曲线向左移动，债券价格上升，利率下降。表 4 - 3 概括了引起债券供给曲线移动的因素。

表 4 - 3　导致债券供给曲线移动的因素

保持所有其他因素不变，……的增加/上升	导致对债券的需求……	因为……	对债券市场均衡的影响的图形
预期盈利性	增加	企业借款融通有利可图的投资	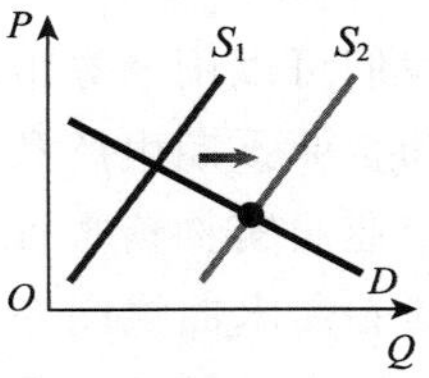
营业税	减少	税负降低了投资的盈利性	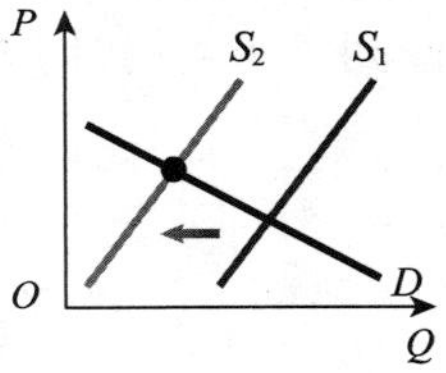
投资税收优惠	增加	政府税收优惠降低了投资的成本，从而提高了投资盈利性	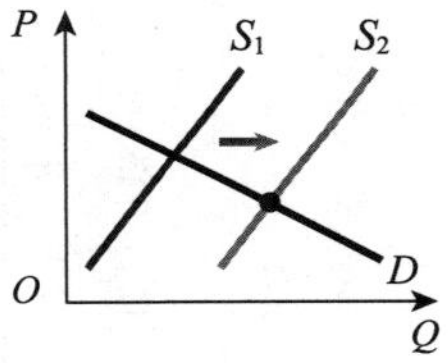
预期通货膨胀	增加	在任意给定的债券价格下，贷款的实际成本下降	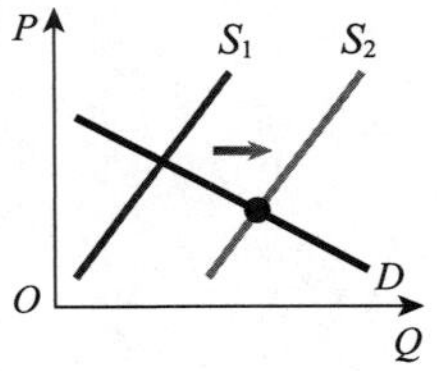
政府借款	增加	在任意给定的利率水平下，经济中更多的债券被提供	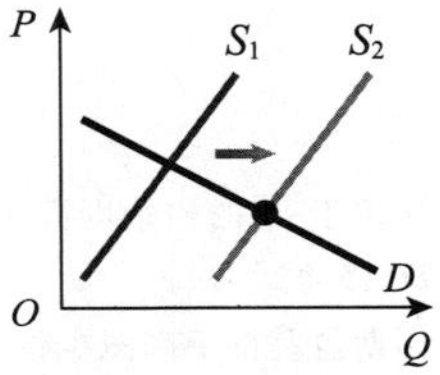

4.3　解释利率变动

利率变动的原因是债券需求的变动、债券供给的变动或两者兼而有之。这一节我们思考一下用债券市场模型来解释利率变动的两个例子：

（1）商业周期的利率变动，商业周期是指美国和其他大多数国家经历过的交替出现的经济扩张和经济衰退时期。

(2) 费雪效应，费雪效应描述通货膨胀率变化引起的利率变动。

在实际中，债券需求和债券供给的很多变动是同时发生的，经济学家有时候难以确定每条曲线移动了多少。

为什么利率在衰退期间下降?

我们可以用债券市场图形来说明利率在商业周期中的变动。在经济衰退开始的时候，家庭和企业预期生产和就业水平在一段时期内会低于正常水平。家庭会遭遇财富的不断减少，企业对实物资本投资的未来盈利性变得悲观。如图 4-6 所示，持续减少的家庭财富导致债券需求曲线向左移动，从 D_1 移动到 D_2。企业对实物资本投资盈利性预期的下滑使其发行较少的债券，债券供给曲线向左移动，从 S_1 移动到 S_2。图形显示均衡债券价格从 P_1 上涨到了 P_2。我们知道，均衡债券价格上升导致均衡利率下降。

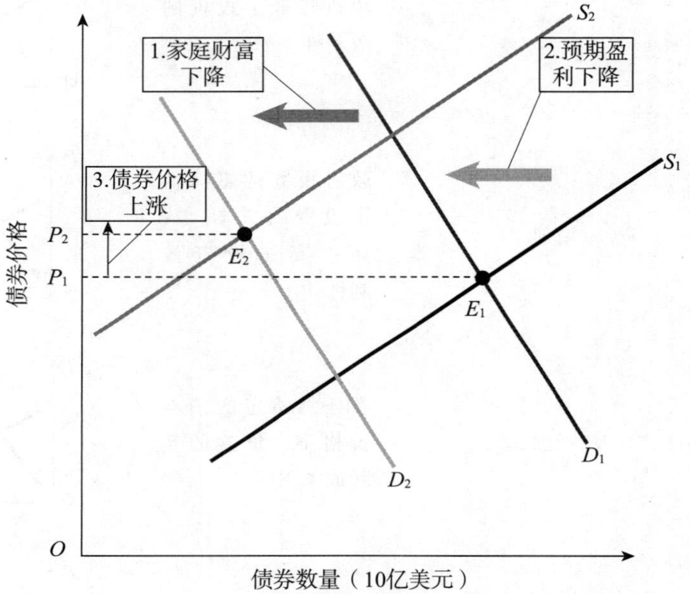

图 4-6　经济低迷时期的利率变化

1. 从位于 E_1 的初始均衡，经济低迷减少家庭财富，在任何债券价格水平下都减少债券需求。债券需求曲线向左移动，从 D_1 移动到 D_2。

2. 预期盈利性下降减少借款人在任意债券价格水平下的债券供给。债券供给曲线向左移动，从 S_1 移动到 S_2。

3. 在新的均衡点 E_2，债券价格从 P_1 升至 P_2。

注意，如果在衰退期间债券需求曲线比债券供给曲线向左移动得多，那么均衡债券价格会下降，进而均衡利率会上升。美国数据的证据表明利率在经济衰退时期通常下跌（在经济扩张时期上涨），这表明在商业周期中债券供给曲线比需求曲线移动得更多。

预期通货膨胀变化如何影响利率？费雪效应

债券市场均衡决定债券价格和名义利率。但借款人和贷款人更关心实际利率，因为实际利率是他们付出或收入的钱经通货膨胀效应调整之后的价值。在预期实现之后，我们可以通过从名义利率中减去实际的通货膨胀率来计算实际利率。因为投资者和企业事前并不知道通货膨胀率会是多少，所以他们不得不形成对通货膨胀率的预期。因而，债券市场均衡应该反映了借款人和贷款人关于预期实际利率的信念，预期实际利率等于名义利率减去预期通货膨胀率。

20 世纪初，耶鲁大学的经济学家欧文·费雪（Irving Fisher）认为，如果债券市场均衡暗含着贷款人愿意接受、借款人愿意付出一个特定的实际利率，如 3%，那么任何预期通货膨胀变化都应引起名义利率变化以保持实际利率不变。例如，假设当前的名义利率是 5%，预期通货膨胀率是 2%。在这种情况下，预期实际利率是 3%。现在，假定投资者和企业判断未来的通货膨胀率可能是 4%。费雪认为结果将是名义利率从 5%上升到 7%，这会保持 3%的预期实际利率不变。更一般地，**费雪效应（Fisher effect）**声称，名义利率随预期通货膨胀率的变化而相应地上涨或下跌。

费雪效应与我们对债券市场中的需求和供给如何调整的理解一致吗？图 4-7 表明确实是一致的。假定债券市场参与者初始预期通货膨胀率为 2%，市场当前处于由 D_1 和 S_1 相交决定的均衡点 E_1。现在，假定市场参与者开始认为未来的通货膨胀率会是 4%。如我们在前一节看到的那样，预期通货膨胀率上升会引起债券需求曲线向左移动，从 D_1 移动到 D_2，因为投资者从持有债券中获得的预期实际利率在任何给定的债券价格下都会下降。同时，预期通货膨胀率上升会引起债券的供给曲线向右移动，从 S_1 移动到 S_2，因为企业对债券支付的预期实际利率在任何给定的债券价格下都会下降。

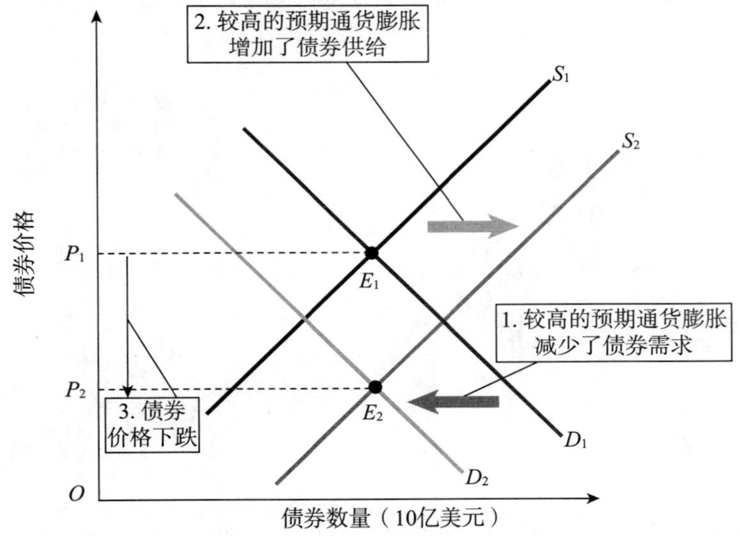

图 4-7　预期通货膨胀和利率

1. 从点 E_1 的初始均衡开始，预期通货膨胀上升减少投资者的预期实际收益，降低了投资者在任何债券价格水平下的债券购买意愿。需求曲线向左移动，从 D_1 移动到 D_2。

2. 预期通货膨胀上升提高了企业在任何债券价格水平下发行债券的意愿。债券供给曲线向右移动，从 S_1 移动到 S_2。

3. 在新的均衡点 E_2，债券价格从 P_1 下降到 P_2。

债券的需求曲线和供给曲线都会因预期通货膨胀上升而移动。在新的均衡处，债券的价格较低，名义利率较高。在图 4－7 中，均衡债券数量并未改变，因为名义利率上升的数量正好等于预期通货膨胀率的变化。换言之，该图表明费雪效应恰好起作用。实际上，经济学家发现，各种现实世界的摩擦因素导致名义利率的上升或下降并不总是恰好等于预期通货膨胀率的变化。这些现实世界的摩擦因素包括经纪人和交易商在为投资者买卖债券时的收费以及在某些债券的买卖中投资者必须纳税。

虽然费雪效应并不是恰好成立的，但也提醒我们关于债券市场的两个重要事实：

（1）较高的通货膨胀率导致较高的名义利率，较低的通货膨胀率导致较低的名义利率。

（2）在实际通货膨胀发生变化之前，预期通货膨胀的变化就会带来名义利率变化。

联系实际 4－3

为什么债券的利率那么低？

就在金融危机爆发前的 2007 年中，10 年期国债的利率为 5.0%，公司债券利率（由信用良好的公司发行）为 6.7%，3 个月期国债利率为 4.6%。我们已经看到，在经济衰退期间，我们预计利率会下降。如下图所示，在 2007—2009 年经济衰退期间，公司债券利率暂时上升，因为投资者认为违约风险上升，而 10 年期国债和短期国债利率下降。（阴影区域代表经济衰退的月份。）

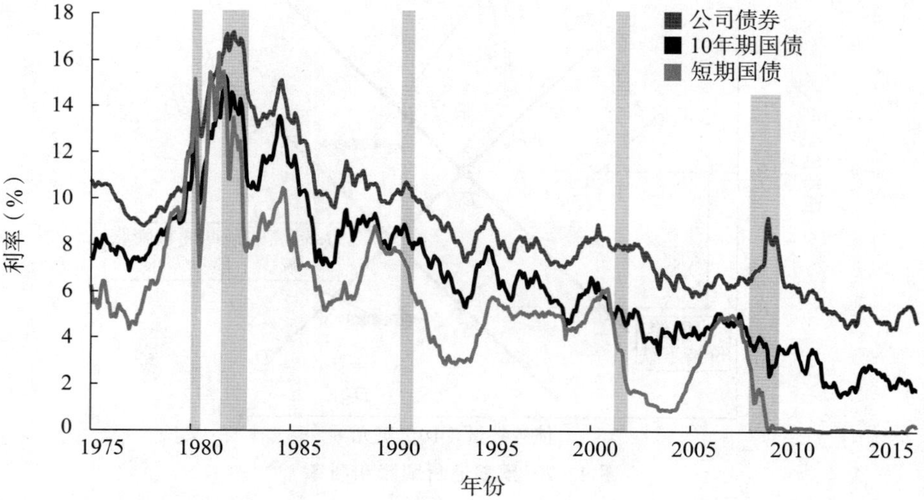

如上图所示，经济衰退结束后七年多来，所有三类证券的利率仍处于历史低位。2016 年 10 月，10 年期国债的利率为 1.74%，短期国债利率为 0.33%，是 70 多年来的最低利率。利率并不只是在美国处于非常低的水平：

• 英国政府发行的 50 年期债券的利率降至 2% 以下，一位金融专栏作家面对这种现象感慨道：“疯了，彻底疯了。”

• 日本 30 年期政府债券的利率降至 1% 以下。

• 德国 10 年期政府债券利率下降至 0.05%。按照这个利率，如果你投资 1 000 欧元购买德国政府债券，等待 10 年后，你将从德国政府收回 1 005 欧元——贷出资金 10 年仅得到 5 欧元（约 5.75 美元）的收益。

我们可以使用债券市场模型来分析为什么债券利率在如此长的时间内保持如此低的水平。如图 4-7 的分析所示，由于实际和预期的通货膨胀率仍然很低，我们预计费雪效应会导致低的名义债券利率。下图显示这一时期债券市场的其他变动。在经济衰退期间和之后，美国和其他许多高收入国家政府预算赤字增加使债券供给曲线向右移动，从 S_{2007} 移动到 S_{2016}。这种移动本身会使均衡债券价格降低到 P_1，提高均衡利率。然而，如下图所示，债券的需求曲线从 D_{2007} 移动到 D_{2016}，甚至大于供给曲线的移动。结果是，均衡债券价格从 P_{2007} 升至 P_{2016}，均衡利率下降。

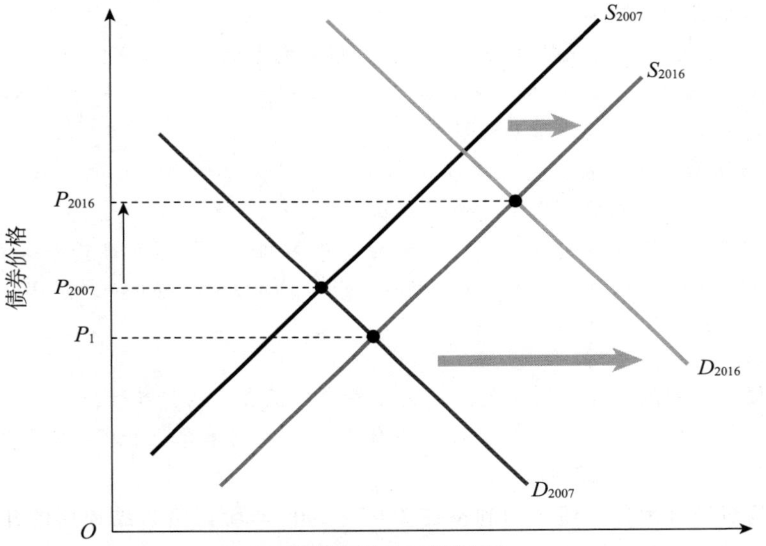

是什么导致债券需求的大幅增加？在金融危机期间，许多投资者择优而栖（flight to quality），他们出售股票和其他金融证券并购买政府债券。即使在金融危机结束后，大多数其他高收入国家的增长仍然缓慢，投资者对投资风险较高的金融证券持谨慎态度。此外，包括中国、日本和韩国在内的一些国家的高储蓄率意味着这些国家的投资者增加了对美国国债的需求。

政府债券需求增加的另一个主要来源是央行，后者采取降低利率以增加生产和就业的货币政策。正如我们将在后面的章节中看到的那样，通常银行通过购买短期政府证券来实施扩张性货币政策，正如美联储在购买短期国债时所做的那样。但经济复苏乏力导致美联储、英格兰银行、欧洲央行和日本央行都采取了量化宽松政策，即购买长期债券以刺激经济。例如，美联储购买美国国债。量化宽松的结果是政府债券的需求急剧增加、价格上涨和利率下降。

除非全球经济增长明显加快，否则债券利率似乎注定要保持在低位。增长率的提高可能会加大通货膨胀并减少央行购买政府债券。其结果将是债券价格下跌和利率上升——这将导致拥有债券的投资者蒙受资金损失。但正如一位债券市场参与者在 2016 年对投资者所说的那样，“人们几乎不担心经济实力。人们几乎不担心有通货膨胀。”

资料来源：Justin Lahart，“The Yield Curve's Message for the Fed”，*Wall Street Journal*，June 9，2016；James Mackintosh，“A 2% Yield on a 50-Year Gilt? Bonkers. Totally Bonkers，” *Wall Street Journal*，June 8，2016；Min Zeng，

"Foreign Demand for Treasuries Soars, the 'One-Eyed King,'" *Wall Street Journal*, June 9, 2016; and Ben Eisen, "The Yield Curve Is Flattening No Matter What the Fed Says," *Wall Street Journal*, June 9, 2016.

见本章末的问题和应用 3.5。

解决问题 4－1

通货膨胀率上升会对你的债券投资造成什么影响？

继 2016 年 11 月唐纳德·特朗普意外当选总统后，《华尔街日报》的一篇文章指出："投资者正面临更高的增长和通货膨胀。"

a. 在 2007—2009 年金融危机结束后，为什么债券利率仍处于历史低位？

b. 当投资者认为特朗普总统的当选会导致通货膨胀上升时，对债券价格的影响是什么？请务必在答案中包含债券市场的需求和供给图表。

c. 假设你预期的通货膨胀率上升幅度比其他投资者大，但你预计它在未来三年内不会上升。你应该等三年才卖掉你的债券吗？简要解释一下。

d. 如果你预期通货膨胀率上升，那么之前投资于长期债券还是短期债券会使你现在更好？

资料来源：Sam Goldfarb, "U. S. Government Bond Selloff Gains New Momentum," *Wall Street Journal*, November 30, 2016.

解决问题

第一步　复习本章的内容。这个问题是关于债券极低利率的持续性以及通货膨胀对债券价格的影响，所以你可能想要复习联系实际"为什么债券的利率那么低?"以及"预期通货膨胀变化如何影响利率？费雪效应"这一节。

第二步　通过解释为什么债券的利率在 2007—2009 年金融危机结束后的几年内保持在非常低的水平来回答 a 部分。我们在"联系实际"中看到，由于在此期间实际和预期通货膨胀率都非常低，因此，费雪效应将导致我们预期债券的名义利率也会很低。此外，我们看到债券(特别是政府债券）需求的增加超过债券供给，这提高了债券价格并降低了名义利率。

第三步　通过解释预期通货膨胀上升对债券价格的影响来回答 b 部分并用图表说明你的回答。文章指出，唐纳德·特朗普的意外当选导致投资者提高了对通货膨胀率的预期。我们在本章已经看到，预期通货膨胀的上升会影响债券的需求曲线和供给曲线。你的图表应显示债券的需求曲线向左移动，供给曲线向右移动，以及价格较低的新均衡。如果你在价格下跌期间持有债券，那么你会遭受资本损失。

均衡价格从 P_1 下降到 P_2，而债券数量保持不变，如图 4－7 一样。请注意，即使纯粹的费雪效应不成立，我们也知道债券价格在新的均衡下仍然较低，因为债券的需求向左移动，债券的供给向右移动，即使移动的大小可能不同。

第四步　通过讨论实际和预期通货膨胀对债券价格变化影响的差异来回答 c 部分。债券价格变化是由预期通货膨胀率变化引起的。目前的通货膨胀预期已经反映在名义利率上，因此也反映在债券价格中。例如，如果债券的买卖双方愿意接受 2%的预期实际利率，那么，如果预期通货膨胀率为 1%，则名义利率将为 3%。如果买家和卖家改变他们的预期，名义利率将会调整。因此，如果你认为未来的通货膨胀率高于其他投资者的预期，那么你最好立即出售债

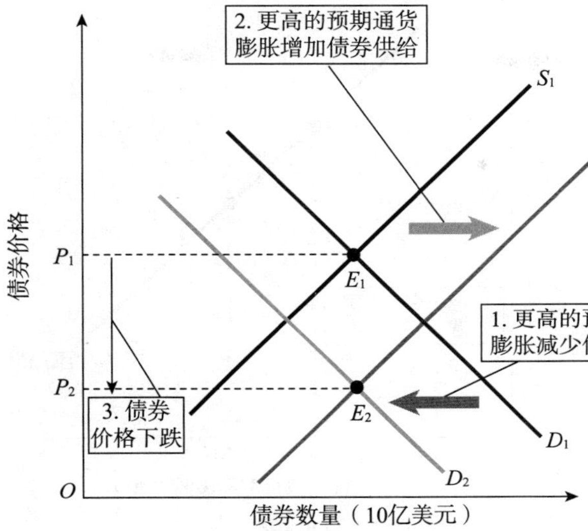

券。等待通货膨胀上升意味着等待名义利率上升并且债券价格下跌。到那时，你要避免债券的资本损失为时已晚。

第五步 通过解释为什么预期通货膨胀上升时长期债券是一项特别糟糕的投资来回答 d 部分。 预期通货膨胀上升会提高短期和长期债券的名义利率。但我们从第 3 章了解到，债券的期限越长，市场利率变化导致的价格变化越大。因此，如果预期通货膨胀和名义利率上升，那么长期债券的资本损失将大于短期债券的资本损失。

见本章末的问题和应用 3.6。

4.4　利率与货币市场模型

上一节的债券市场分析侧重于长期名义利率。正如我们将在后面的章节中看到的那样，传统上，货币政策关注的是短期名义利率。特别是，美联储针对的是联邦基金利率——银行对隔夜贷款相互收取的利率。本节我们利用货币市场模型（也叫流动性偏好模型）来考察短期名义利率的决定。

货币的需求和供给

货币市场模型（money market model） 侧重于货币的需求和供给的相互作用如何决定短期名义利率。[①] 图 4－8 显示的是货币需求曲线。纵轴表示名义利率，横轴表示货币数量。此处我们用的是 M1 的货币定义，等于通货加支票账户存款。

① 英国经济学家约翰·梅纳德·凯恩斯在 1936 年出版的《就业、利息和货币通论》一书中首次讨论了货币市场模型。凯恩斯将该模型称为“流动性偏好模型”，一些经济学家仍在使用该模型。请注意一个可能的混淆来源：经济学家有时也会用“货币市场”一词来指代期限为 1 年或 1 年以下的债券市场，如短期国债市场。

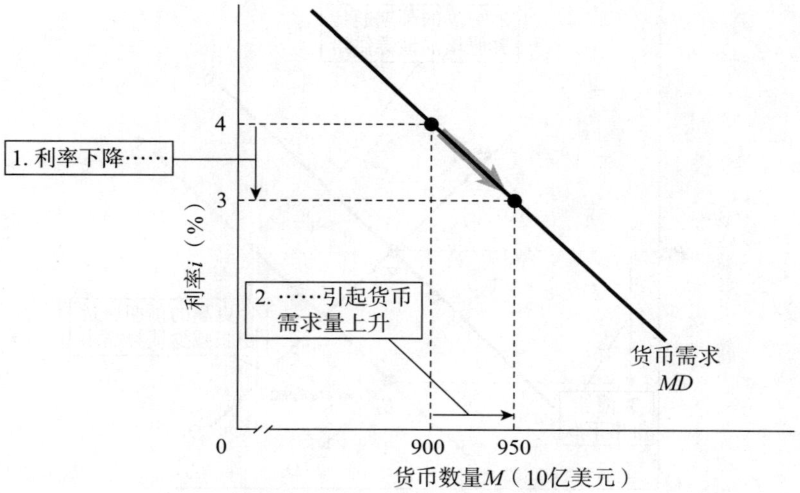

图 4-8　货币需求

因为较低的名义利率导致家庭和企业把美国短期国债之类的金融资产转换为货币，所以货币需求曲线向下倾斜。在所有其他条件相同的情况下，利率从 4%下降到 3%会使货币需求量从 9 000 亿美元增加到9 500 亿美元。

要理解为什么图 4-8 中的货币需求曲线向下倾斜，考虑家庭和企业可以选择持有货币和持有其他金融资产（如美国短期国债）。货币有一个特别理想的特征：完全的流动性，所以你可以用它来购买商品、服务或金融资产。货币也有一个不可取的特征：钱包里的钱没有利息，支票账户中的钱也没有利息或者利息很少。货币的替代品，如美国短期国债，是支付利息的，但如果你想用这些资金购买商品或服务，就必须出售它们。当美国短期国债等金融资产的名义利率上升时，家庭和企业因持有货币而损失的利息增加。当名义利率下降时，家庭和企业因持有货币而损失的利息减少。记住，机会成本是当你从事一项活动时不得不放弃的东西。名义利率是持有货币的机会成本。

我们现在可以解释为什么货币需求曲线向下倾斜：当短期国债和其他金融资产的名义利率低时，持有货币的机会成本低，家庭和企业的货币需求量高。当利率高时，持有货币的机会成本高，货币需求量低。在图 4-8 中，利率从 4%降至 3%导致家庭和企业的货币需求量从 9 000 亿美元增加到 9 500 亿美元。

货币需求曲线的移动

你从经济学原理课程中学到，商品的需求曲线是在保持除价格之外影响消费者购物意愿的变量不变的情况下画出的。除价格之外的变量的变化引起需求曲线移动。同样，货币的需求曲线是在保持除利率之外影响家庭和企业的货币持有意愿的所有变量不变的情况下画出的。除利率之外的变量的变化引起需求曲线移动。引起货币需求曲线移动的两个最重要的变量是：

（1）实际 GDP；

（2）价格水平。

实际 GDP 增加意味着商品和服务的交易量会增加。家庭和企业需要更多的货币来完成交易，因此，家庭和企业希望持有的货币量在每个利率上都会增加，货币需求曲线向右移动。实际 GDP 减少降低了每个利率上的货币需求量，货币需求曲线向左移动。更高的价格水平提高了给定数量的买卖所需的货币数量。例如，80 年前，当价格水平低得多时，每周 30 美元的工资可以让你进入中产阶级，你可以花 500 美元买一辆新车。结果是家庭和企业的货币需求量远低于今天，即使对那些年较低的实际 GDP 和较少的人口的影响做出调整后也是如此。价格水平上升增加每个利率下的货币需求量，货币需求曲线向右移动。价格水平下降减少每个利率下的货币需求量，货币需求曲线向左移动。

图 4－9 演示了货币需求曲线的变动。实际 GDP 增加或价格水平上升会导致货币需求曲线右移，从 MD_1 到 MD_2。实际 GDP 减少或价格水平下降会导致货币需求曲线左移，从 MD_1 到 MD_3。

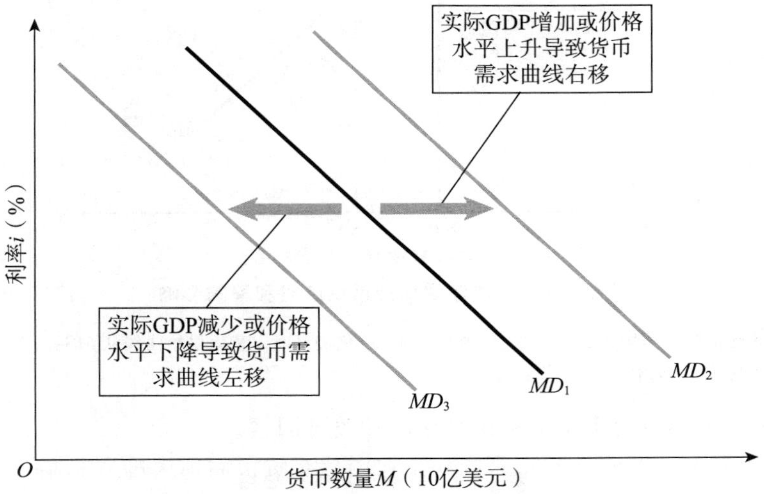

图 4－9　货币需求曲线的移动

实际 GDP 或价格水平变化导致货币需求曲线移动。实际 GDP 增加或价格水平上升导致货币需求曲线右移，从 MD_1 到 MD_2。实际 GDP 减少或价格水平下降导致货币需求曲线左移，从 MD_1 到 MD_3。

货币市场均衡

如我们在第 14 章将会看到的那样，包括美联储在内的各国央行不能完全控制货币供给。但我们暂且假设联储能将货币供给设定在其选择的任何水平上来聚焦于货币供给变化对短期名义利率的影响。根据这一假设，货币供给曲线是一条垂直线，名义利率变化对货币供给量没有影响。图 4－10 用货币需求曲线和货币供给曲线来说明货币市场如何决定均衡名义利率。就像其他市场一样，货币市场均衡发生在货币需求曲线穿过货币供给曲线的地方。如果美联储增加货币供给量，那么货币供给曲线会向右移动，均衡利率下降。图 4－10 显示，当美联储将货币供给量从 9 000 亿美元增加到 9 500 亿美元时，货币供给曲线从 MS_1 向右移动到 MS_2，均衡利率从 4%下降到 3%。

在货币市场中，从一个均衡到另一个均衡的调整与商品市场的调整略有不同。在图 4－10 中，货币市场最初处于均衡状态，利率为 4%，货币供给量为 9 000 亿美元。当美联储将货币供给量增加 500 亿美元时，家庭和企业持有的货币数量会超过它们在 4%的利率下愿意持有的数量。家庭和企业如何处理额外的 500 亿美元？它们最有可能用这笔钱购买短期金融资产，如期限为一年或更短的国债。家庭和企业购买短期金融资产的结果是抬高其价格并压低其利率。

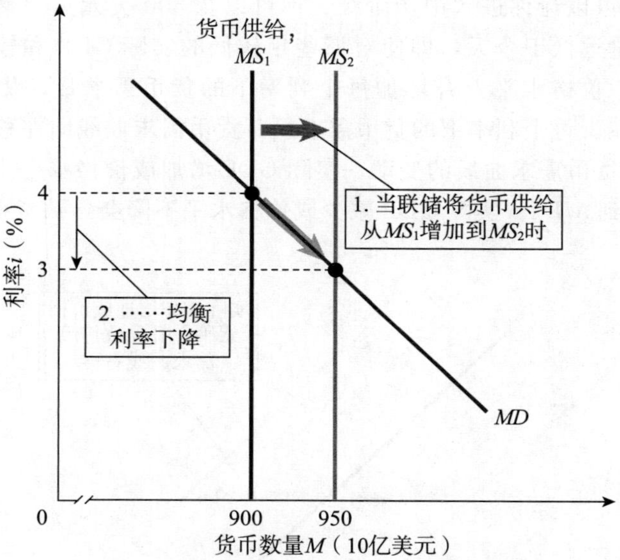

图 4-10　联储增加货币供给对利率的影响

当美联储将货币供给量从 9 000 亿美元增加到 9 500 亿美元时，货币供给曲线从 MS_1 向右移动到 MS_2，均衡名义利率从 4%下降到 3%。

表 4-4 总结了导致货币需求和供给变动的关键因素。

表 4-4　货币市场模型总结

……增加/上升	……变动	引起……	对货币市场均衡的影响的图形
实际 GDP	货币需求曲线右移	名义利率上升	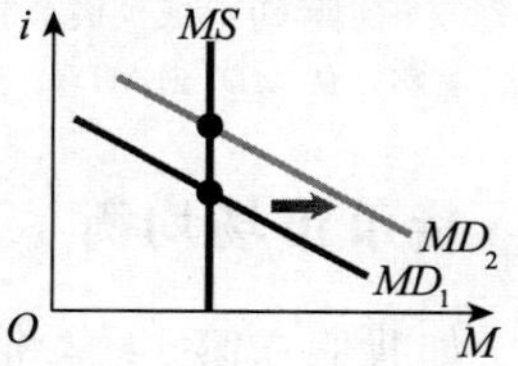
价格水平	货币需求曲线右移	名义利率上升	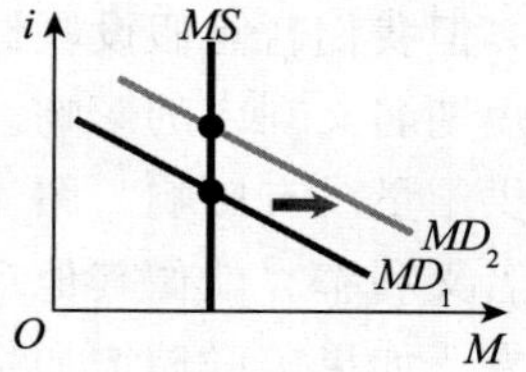
货币供给	货币供给曲线右移	名义利率下降且货币数量增加	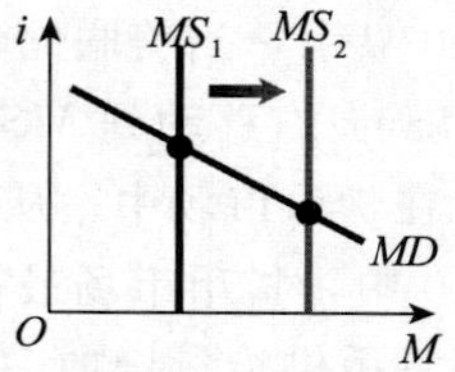

货币市场模型告诉我们，至少在短期内美联储可以通过增加货币供给量来降低短期名义利率。然而，在大多数情况下，长期利率（如国债或公司债券）在金融体系中发挥着更重要的作用。在随后的章节中，我们将在分析利率变化时将更多地依靠债券市场模型。我们将在第 17 章和第 18 章讨论货币政策对产出、就业和通货膨胀的影响时会重新使用货币市场模型。

回答重要问题

在本章开始的时候，我们提出了如下问题：

"决定利率最重要的因素是什么？"

我们在本章已经看到，长期名义利率是由债券的需求和供给的相互作用决定的。投资者会因多种因素的变化而增加或减少对债券的需求。特别是，当预期通货膨胀上升时，投资者减少对债券的需求，因为对每个名义利率而言，通货膨胀率越高，投资者获得的实际利率越低。预期通货膨胀上升会带来更高的名义利率并导致在投资组合中持有债券的投资者遭受资本损失。债券供给也取决于预期通货膨胀率及实物资本投资的预期盈利能力、政府借贷程度和其他一些因素。

重要术语和问题

重要术语

分散化	异质性（非系统性）风险	货币市场模型	预期收益率
市场（系统性）风险	风险	费雪效应	

4.1　如何构建投资组合？

讨论在构建投资组合时最重要的因素。

复习题

1.1　资产需求的决定因素是什么？

1.2　经济学家如何定义预期收益率和风险？投资者通常是风险厌恶的还是风险喜好的？请简要说明。

1.3　从什么意义上说投资者面临风险与收益的权衡取舍？

1.4　市场风险和异质性风险的区别是什么？分散化如何降低金融投资组合的风险？

问题和应用

1.5　为《纽约时报》撰文的一位财务规划师给出以下讽刺性投资建议："每年的 1 月 1 日，只要确定哪个资产类别会表现最好，并把你的所有钱投入其中。"

a. 财务规划师所说的"资产类别"的意思是什么？

b. 为什么这个建议实际上不是投资者应该遵循的？相反，投资者遵循什么会更好？

资料来源：Carl Richards, "Diversification Is the Sane Alternative to Betting Big on One Investment," *New York Times*, March 16, 2015.

1.6　【联系实际 4－1】以下内容来自 marketwatch.com 上的专栏："有很多事情我们或多或少知道会发生……但是潜在

的黑天鹅是什么？”

a. 专栏作家所说的“黑天鹅”是指什么？

b. 对专栏作家的问题有可能有一个好的答案吗？简要解释一下。

资料来源：Matthew Lynn，“5 Black Swans That Could Rock Markets in 2016，” marketwatch. com，January 4，2016.

1.7 【联系实际 4－2】关于 401(k) 计划的一份报告指出：“年轻参与者倾向于股票基金……而年龄较大的参与者更可能投资于债券基金等固定收益证券。”

a. 什么是 401(k) 计划？

b. 报告中提到的“股票基金”的意思是什么？为什么年轻投资者更可能投资股票基金而年长投资者更可能投资债券基金？

资料来源：Jack VanDerhei，Sarah Holden，Luis Alonso，and Steven Bass，Employee Benefit Research Institute，*Issue Brief*，No. 423，April 2016.

4.2 市场利率与债券的需求和供给

用需求供给模型确定债券的市场利率。

复习题

2.1 为什么债券需求曲线会向左移动？为什么债券供给曲线会向右移动？

2.2 为什么债券的供给曲线向上倾斜？为什么债券的需求曲线向下倾斜？

2.3 如果债券市场的当前价格高于均衡价格，说明债券市场如何调整到均衡。

问题和应用

2.4 简要说明下列陈述是正确还是错误：

a. 债券价格越高，债券需求量越大。

b. 债券价格越低，债券供给量越小。

c. 保持所有其他因素不变，债券的利率随投资者财富的增加而下降。

d. 保持所有其他因素不变，如果投资者开始认为美国政府可能对债券违约，那么债券的利率会下降。

2.5 对下列每种情形，说明债券的需求曲线、债券的供给曲线或两者是否会移动。一定要说明曲线会向右移动还是向左移动。

a. 美联储发布一份预测，认为未来 5 年的平均通货膨胀率是 5%。在此之前，美联储一直预测通货膨胀率为 3%。

b. 经济经历一段时期的快速增长，公司的利润不断上升。

c. 联邦政府积累一系列的预算盈余。

d. 投资者认为股票市场的风险水平下降了。

e. 联邦政府对债券交易按每只债券 10 美元来征税。

2.6 用债券的需求和供给图形来说明以下每种情况。你的图形一定要说明需求或供给曲线的任何变化、初始的均衡价格和数量以及新的均衡价格和数量。另外，请务必解释图中发生的情况。

a. 政府出现巨额赤字，其他一切都保持不变。

b. 家庭认为未来的纳税额将高于当前的纳税额，因此他们增加了储蓄。

c. a 和 b 同时发生。

2.7 一些经济学家认为，股市繁荣是预期未来会出现有利可图的商业机会的迹象。用一幅债券的需求和供给图形来说明股票市场繁荣对均衡利率的影响。

4.3　解释利率变动

用债券市场模型解释利率变动。

复习题

3.1　简要说明在衰退期间利率通常会如何变动。利用一幅债券的需求和供给图形来说明你的答案。

3.2　债券市场对预期通货膨胀率上升会如何调整？利用一幅债券的需求和供给图形来说明你的答案。

问题和应用

3.3　解释在下列各种情形中债券的均衡价格和均衡数量会如何变动。（如果对均衡价格或均衡数量变动的方向不确定，请解释原因。）

a. 在国会提高公司所得税的同时，经济中的财富增加了。

b. 经济经历商业周期的扩张阶段。

c. 预期通货膨胀率下降。

d. 联邦政府积累了预算赤字。

3.4　根据《经济学人》2016 年关于欧洲政府债券利率的一篇文章，投资者担心“欧洲股市比一年前的水平低近 20%，商品价格暴跌，公司债券的违约率正在上升。”

a. 文章中列出的因素是否会影响欧洲政府债券的需求或供应？简要解释一下。

b. 保持影响欧洲债券市场的其他因素不变，你在 a 部分确定的结果是否可能导致欧洲政府债券的利率上升或下降？用欧洲政府债券市场的需求和供给的图形来说明你的答案。

资料来源：“Why Investors Buy Bonds with Negative Yields,” *Economist*, February 9, 2016.

3.5　【联系实际 4－3】《华尔街日报》的一篇文章开头说：“德国和英国 10 年期政府债券的收益率降至历史最低点，这充分展示了当下通货膨胀率低、增长乏力和超常规模的货币政策。”讨论文章列出的三个因素中每一个因素对债券市场均衡利率的影响。用债券市场的图形说明你的答案。一定要在你的图形中说明由于这些因素变化所引起的债券需求曲线或供给曲线的变化以及债券均衡价格的变化。

资料来源：Jon Sindreu, “Rock-Bottom Bond Yields in Europe Hit All-Time Lows,” *Wall Street Journal*, June 8, 2016.

3.6　【解决问题 4－1】根据《华尔街日报》2016 年初的一篇文章：美国期限超过 25 年的政府债券在截至周四的一个月内的收益率是－1.2%……在 1 月至 3 月间增长了 8.7%……逆转反映了金融市场的担忧从可能的经济衰退前景转变为更高的通货膨胀风险。

a. 如果投资者认为通货膨胀会高于他们此前的预期，为什么债券价格会下跌？用债券的需求和供给曲线说明你的答案。

b. 在这种情况下，25 年到期的债券可能比 2 年内到期的债券价格下跌幅度更大还是更小？简要解释一下。

资料来源：Min Zeng, “It Didn't Pay to Bet Against Inflation in April,” *Wall Street Journal*, April 29, 2016.

3.7　【开篇案例】《经济学人》杂志的一篇文章称，在德国，80%的家庭财富以银行存款的形式存在，而这一比率在美国仅为 20%。文章指出：“如果德国……储户很容易受到低利率的影响，部分原因在于他们自己的投资习惯。”

a. 德国储户是否会比美国储户更容易受到低利率的影响？简要解释一下。

b. 文章指出，“低利率……旨在鼓励支

出，而不是储蓄。”为什么央行决策者更关注鼓励支出而不是鼓励储蓄？

资料来源：“Mario Battles the Wutsparer,” *Economist*, April 30, 2016.

4.4 利率与货币市场模型

用货币市场模型说明利率是如何决定的。

复习题

4.1 为什么货币需求曲线向下倾斜？

4.2 画出一幅货币需求和供给的图形来说明美联储如何降低短期名义利率。

问题和应用

4.3 画出货币市场的图形。说明下列各项对货币需求曲线、货币供给曲线和均衡短期名义利率的影响：

a. 联储减少货币供给。

b. 衰退引起实际 GDP 下降。

c. 价格水平上升。

d. 在价格水平下降的同时联储增加货币供给。

4.4 假设通货膨胀率上升，美联储的反应是采取行动提高短期名义利率。用货币市场的图形说明美联储行动的结果。一定要标明货币需求或货币供给曲线的变化以及均衡利率的变化。

数据练习

D4.1 【债券市场和经济衰退】前往圣路易斯联邦储备银行（FRED）网站（fred.stlouisfed.org）下载并绘制 1954 年 1 月至最近一个月的 10 年期美国国债（GS10）数据系列。访问国家经济研究局（nber.org）的网站，查找商业周期高峰和低谷的日期。（商业周期高峰和低谷之间的时期是经济衰退。）描述 10 年期国债利率在经济衰退之前、期间和之后如何变化。经济衰退期间的模式是否相同？

D4.2 【比较不同国家的利率变动】前往圣路易斯联邦储备银行（FRED）的网站（fred.stlouisfed.org），并将从 1957 年 1 月到最近一个月的下列数据系列下载到同一图表：（1）20 年期美国国债利率（GS20）；（2）20 年期英国政府证券（INTGSBGBM193N）的利率。在哪些时期，长期英国政府债券的利率高于长期美国政府债券的利率？自 1995 年以来，两种利率之间的关系是什么？

D4.3 【从债券收益率中寻找预期通货膨胀数据】前往圣路易斯联邦储备银行（FRED）的网站（fred.stlouisfed.org），查找 10 年期国债不变期限利率（GS10）的最新值和五年前的同期值及 10 年期通货膨胀指数化证券——恒定期限（FII10）。用这些数据解释两个时期之间预期通货膨胀的情况。

附录 可贷资金模型与国际资本市场

学习目标

4.A 用可贷资金模型确定国际资本市场的利率。

这一章我们从债券需求和供给的角度分析了债券市场。一个等价的分析方法聚焦于可贷资金。在该方法中，借款人是买方，因为借款人购买资金的使用权。贷款人是卖方，因为贷款人提供借入的资金。虽然两种方法是等价的，但是当考察美国与国外金融市场的资金流动时，可贷资金分析法更有用。表 4A－1 总结了债券市场的两种方法。

表 4A－1 分析债券市场的两种方法

	债券的需求和供给分析法	可贷资金的需求和供给分析法
商品是什么？	债券	资金的使用权
买方是谁？	购买债券的投资者（贷款人）	筹集资金的企业（借款人）
卖方是谁？	发行债券的企业（借款人）	供给资金的投资者（贷款人）
价格是什么？	债券价格	利率

可贷资金的需求和供给

图 4A－1 说明债券的需求曲线等价于可贷资金的供给曲线。在图中，我们再次考虑面值为 1 000 美元的 1 年期贴现债券的情形。在图（a）中，我们展示债券的需求曲线，该曲线与我们在图 4－1 中所展示的曲线相同（但我们将其标注为 B^d 而不是需求），债券价格位于纵轴，债券量位于横轴。在图（b）中，我们展示可贷资金的供给曲线，利率位于纵轴，可贷资金量位于横轴。假定图（a）中初始债券价格是 970 美元，对应于债券需求曲线上的点 A。在该价格下，债券的利率等于（1 000－970）/970＝0.031 或 3.1％，我们把这一利率在可贷资金的供给曲线上表示为点 A。现在假定债券价格下降到 950 美元，我们在债券需求曲线上表示为点 B。在这一较低的价格下，债券有一个较高的利率，等于（1 000－950）/950＝0.053或 5.3％，我们把该利率在可贷资金的供给曲线上表示为点 B。从购买债券的投资者的角度看——债券市场分析法——较低的价格增加债券需求量。等价地，从为借款人提供可贷资金的投资者的角度看——可贷资金分析法——较高的利率增加可贷资金供给量。

图 4A－2 说明债券的供给曲线等价于可贷资金的需求曲线。我们在图（a）中展示债券的供给曲线。我们在图（b）中展示可贷资金的需求曲线。再次假设图（a）中初始的债券价格是 970 美元，对应于债券供给曲线上的点 C。我们知道在该价格下债券的利率为 3.1％，我们在可贷资金的需求曲线上表示为点 C。现在，假设债券价格降至 950 美元，我们在债券供给曲线上表示为点 D。在这一较低的价格下，债券会有较高的利率 5.3％，我们在可贷资金的需求曲线上表示为点 D。从出售债券的企业的角度看——债券市场分析

法——较低的价格减少债券供给量。等价地，从向贷款人需求可贷资金的企业的角度看——可贷资金分析法——较高的利率减少可贷资金需求量。

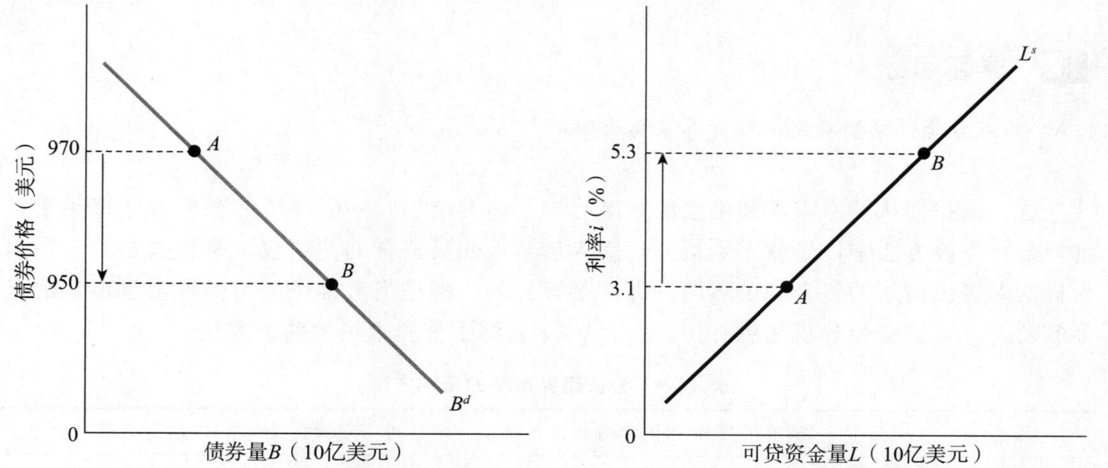

（a）债券市场分析法　　（b）可贷资金分析法

图 4A-1　债券需求和可贷资金供给

在图（a）中，在所有其他条件相同的情况下，债券需求曲线 B^d 展示贷款人的债券需求量与债券价格的负向关系。

在图（b）中，在所有其他条件相同的情况下，可贷资金供给曲线 L^s 展示贷款人提供可贷资金量与利率的正向关系。

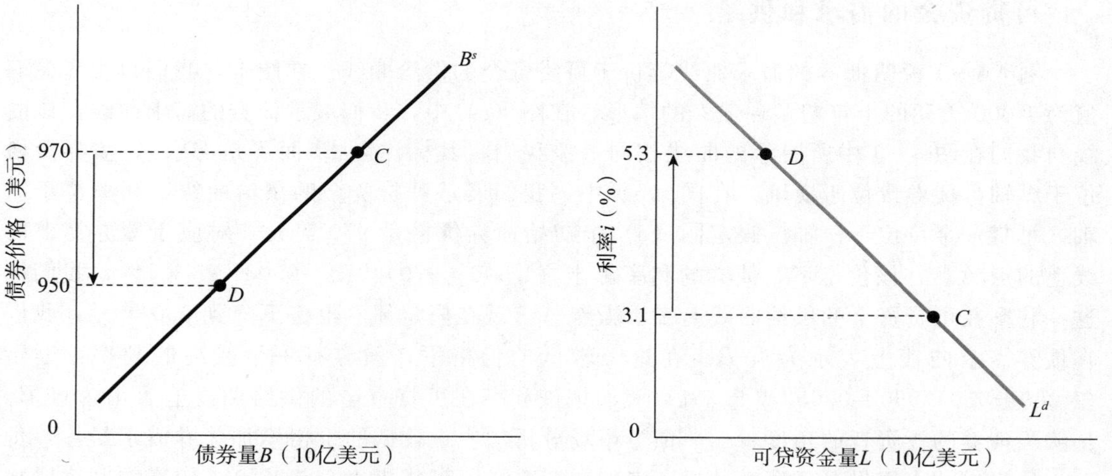

（a）债券市场分析法　　（b）可贷资金分析法

图 4A-2　债券供给和可贷资金需求

在图（a）中，在所有其他条件相同的情况下，债券供给曲线 B^s 展示借款人的债券供给量与债券价格的正向关系。

在图（b）中，在所有其他条件相同的情况下，可贷资金需求曲线 L^d 展示借款人需求可贷资金量与利率的负向关系。

可贷资金视角的债券市场均衡

图 4A-3 用可贷资金分析法展示债券市场均衡。均衡出现于可贷资金需求量等于可贷

资金供给量的时候。在图中，我们假定交易的资金由一种面值为 1 000 美元的 1 年期贴现债券表示。均衡利率是 4.2%，该利率是面值为 1 000 美元、价格为 960 美元的 1 年期贴现债券的利率。注意，这一分析给出与图 4－1 相同的利率，这提醒我们，债券的需求和供给模型与可贷资金的需求和供给模型是等价的方法。

注意，我们列举的引起债券需求曲线移动的所有因素也会引起可贷资金供给曲线移动。类似地，我们列举的引起债券供给曲线移动的所有因素也会引起可贷资金需求曲线移动。

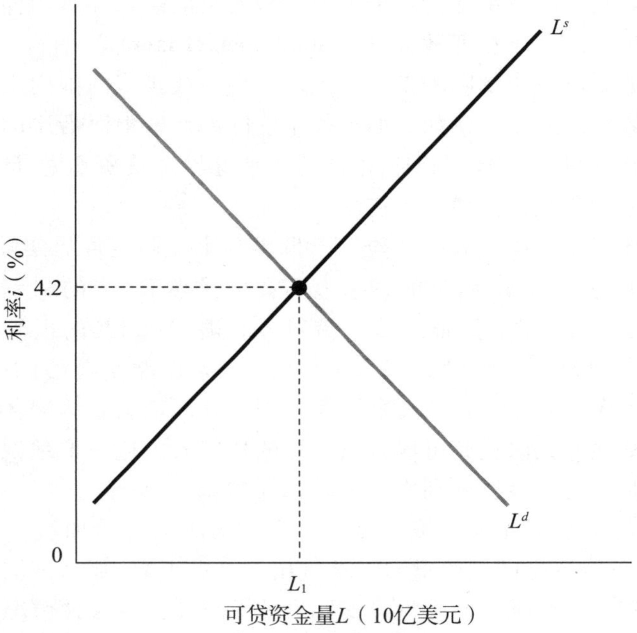

图 4A－3 可贷资金市场的均衡

在均衡利率处，贷款人供给的可贷资金量等于借款人需求的可贷资金量。在任何低于均衡水平的利率处有对可贷资金的超额需求。在任何高于均衡水平的利率处有对可贷资金的超额供给。贷款人和借款人的行为将利率推至 4.2%。

国际资本市场和利率

我们尚未直接考虑外国部门如何影响本国利率和本国经济中的可得资金量。事实上，如果本国的预期收益率高于其他国家，那么外国的家庭、企业和政府就想贷款给美国的借款人。类似地，如果美国之外的机会更有利，那么美国市场的可贷资金会被投资于海外。可贷资金分析法为分析美国和外国债券市场之间的互动提供了很好的框架。为保持问题简单，我们假定利率是预期实际利率——名义利率减去预期通货膨胀率。

封闭经济（closed economy）中的家庭、企业和政府并不从事国际性借贷。在现实中，几乎所有的经济都是**开放经济（open economy）**。在开放经济中，金融资本（或可贷资金）是在国际范围内流动的。借贷发生在国际资本市场上，国际资本市场是家庭、企业和政府跨越国境借贷的资本市场。世界实际利率 r_W 是在国际资本市场中决定的利率。开放经济中供给的可贷资金量可以被用于为国内外经济中的项目融资。小型开放经济（如荷兰和比利时等）的可贷资金供给和需求决策对世界实际利率水平没有很大的影响。然而，大型开放经济（像德国和美国那样的经济体）的借款人和贷款人的行为变化确实影响世界实际利率水平。下面两小节考察每种情形中的利率决定。

小型开放经济

到目前为止，我们一直隐含地假定我们在分析一个封闭经济。在此类经济中，均衡国内利率是由该国可贷资金的需求曲线和供给曲线相交决定的，我们忽视了世界利率。在开放经济中，世界实际利率不是由任何一个国家可贷资金的需求和供给曲线决定的，而是在国际资本市场上决定的。就**小型开放经济（small open economy）**而言，可贷资金的供给量或需求量太小，不能影响世界实际利率。因此，小型开放经济的国内实际利率等于由国际资本市场决定的世界实际利率。例如，如果位于法国南部地中海沿岸的小国摩纳哥的国内财富大幅增长，那么其可贷资金的相应增加只会对世界可贷资金总量产生微不足道的影响，进而对世界利率的影响也是微不足道的。

为什么小型开放经济的国内利率必须等于世界利率？假定世界实际利率是4%，但摩纳哥的国内实际利率是3%。摩纳哥的贷款人不会接受小于4%的利率，因为贷款人很容易买到利率为4%的外国债券。因此，国内借款人必须支付4%的世界实际利率，否则他们无法借到资金。类似地，如果世界实际利率是4%，但摩纳哥的国内实际利率是5%，那么摩纳哥的借款人会以4%的世界利率借款。因此，国内贷款人将不得不按4%的世界利率贷出资金，否则他们无法找到可以贷出资金的任何人。这一推理说明了为什么小型开放经济的国内实际利率与世界实际利率必须是相同的。

图4A－4显示的是小型开放经济的可贷资金的需求和供给曲线。如果世界实际利率（r_W）是3%，国内可贷资金的供给量和需求量相等（点E），那么该国在国际资本市场上既不贷出也不借入资金。相反，假定世界实际利率是5%。在这种情况下，国内供给的可贷资金量（点C）大于国内需求的可贷资金量（点B）。为什么会出现可贷资金的超额供给？这些资金是按5%的世界实际利率在国际资本市场上贷出的。由于该国很小，其必须贷出的资金量相对于世界市场很小，因此，该国的贷款人很容易在其他国家找到借款人。

现在假定世界实际利率是1%。如图4A－4所示，现在国内需求的可贷资金量（点A）超过国内供给的可贷资金量（点D）。如何满足这一资金的超额需求？通过在国际资本市场上借款。由于该国是小国，其想借入的资金量相对于世界市场来说是很小的，因此，该国的借款人很容易在其他国家找到贷款人。

我们可以总结如下：小型开放经济体的实际利率与国际资本市场的利率是相同的。如果国内供给的可贷资金量超过国内需求的可贷资金量，那么该国将部分可贷资金投资国外。如果在该利率下国内需求的可贷资金量超过国内供给的可贷资金量，那么该国用国外资金来为其部分国内借款需求融资。

大型开放经济

很多国家（如美国、日本和德国）的可贷资金需求和供给的变动足够大以至于确实会影响世界实际利率——国际资本市场上的利率。此类国家被视为**大型开放经济（large**

open economy），即大到足以影响世界实际利率的经济体。

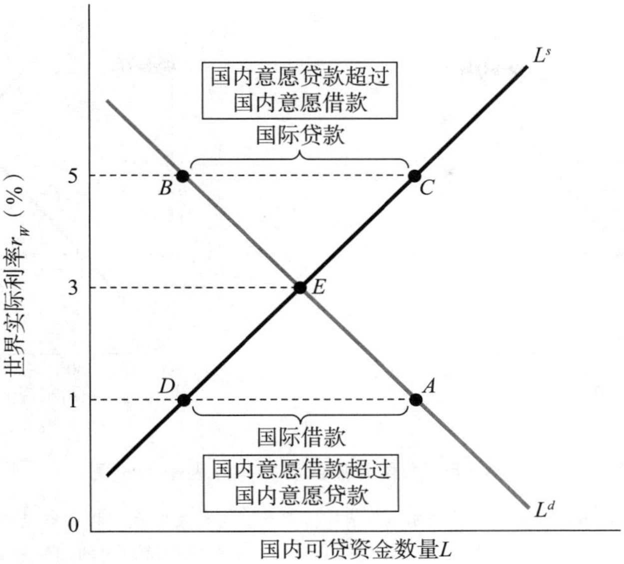

图 4A－4　小型开放经济实际利率的决定

小型开放经济的国内实际利率是世界实际利率（r_W），在这个例子中是 3%。

如果世界实际利率为 5%，国内供应的可贷资金量（点 C）大于国内需求的可贷资金量（点 B）。在这种情况下，该国向国际资本市场提供资金。

如果世界实际利率为 1%，国内供应的可贷资金量（点 D）小于国内需求的可贷资金量（点 A）。在这种情况下，该国在国际资本市场上借入资金。

就大型开放经济而言，我们不能假定国内实际利率等于世界实际利率。回忆一下，在封闭经济中，均衡利率使可贷资金的供给量和需求量相等。假定我们将世界视为两个大型开放经济——美国经济和世界其他经济。那么国际资本市场的实际利率使美国意愿的国际贷款（借款）等于世界其他经济意愿的国际借款（贷款）。

图 4A－5 说明大型开放经济的利率是如何决定的。图（a）呈现一幅美国的可贷资金图，图（b）呈现一幅世界其他经济的可贷资金图。在图（a）中，如果世界实际利率是 3%，美国需求和供给的可贷资金量均为 3 000 亿美元。但我们在图（b）中可以看到，在 3%的利率下，世界其他经济的可贷资金需求量是 8 000 亿美元，而可贷资金供给量仅为 7 000亿美元。这就告诉我们外国借款人希望从国际资本市场上借入的资金超过可得资金 1 000亿美元。因此，外国的借款人就有动机向美国的贷款人提供大于 3%的利率。

利率会上升到美国的可贷资金的超额供给等于世界其他经济的可贷资金的超额需求。图 4A－5 表明，当实际利率升至 4%使得美国可贷资金的超额供给和世界其他经济可贷资金的超额需求都等于 500 亿美元时，就实现了供求相等。换言之，在 4%的实际利率下，美国意愿的国际贷款等于世界其他经济意愿的国际借款。因此，当美国和世界其他经济的实际利率等于 4%时，国际资本市场处于均衡状态。

重要的是要注意，导致大型开放经济的资金需求和资金供给变动的因素不仅会影响该国的利率，而且也会影响世界的实际利率。

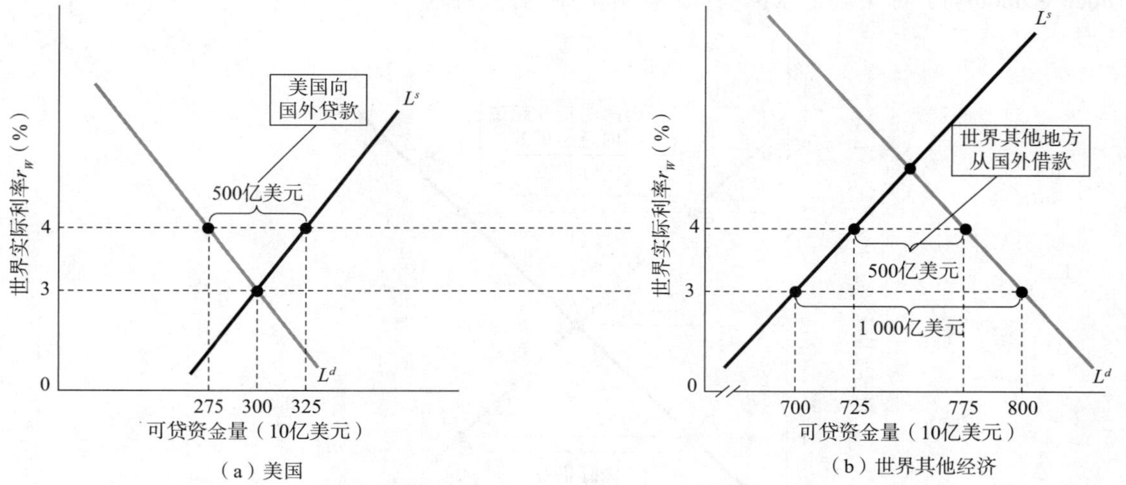

图 4A－5　大型开放经济中实际利率的决定

大型开放经济的储蓄和投资的变动会影响世界实际利率。世界实际利率将调整以使得意愿的国际贷款和意愿的国际借款相等。在 4%的世界实际利率下，图（a）中美国经济意愿的国际贷款等于图（b）中世界其他经济意愿的国际借款。

联系实际 4A－1

全球“储蓄过剩”会导致美国的住房市场繁荣吗？

我们在第 1 章看到，2007—2009 年的金融危机是由住房价格“泡沫”的破灭引发的。造成泡沫的一个原因是发放给信用记录不良的借款人的抵押贷款的增加，而这些人在 21 世纪头 10 年之前是没有资格获得抵押贷款的。一些经济学家认为，抵押贷款的异常低利率也在 21 世纪头 10 年中期的房价快速上涨中发挥了作用。低利率会增加房屋需求量，特别是使投机未来房价上涨的投机者更容易购买多套房屋。

如何解释 21 世纪头 10 年的低利率？为了推动美国经济从 2001 年的衰退中复苏，美联储降低了利率，直到 2004 年中期一直维持在非常低的水平。一些经济学家认为，联储坚持低利率政策的时间过长，从而助推了住房繁荣。美联储前主席本·伯南克（Ben Bernanke）并不认同这一观点，他认为是全球因素而不是联储政策应该为 21 世纪头 10 年的低利率负主要责任。在接近住房泡沫鼎盛时期的 2005 年，伯南克辩称：“全球储蓄供给的显著增长——全球储蓄过剩——……可以解释……当今世界相对低水平的长期利率。”伯南克认为，储蓄过剩部分是由于像日本那样的国家的高储蓄率，这些国家的人口老龄化提高了其为退休所做的储蓄准备。此外，全球储蓄水平上升是由于自 20 世纪 90 年代末开始，诸如中国和韩国之类的发展中国家提高了储蓄率。

我们可以用大型开放经济的可贷资金模型来说明伯南克的论点。我们从世界实际利率等于 3%的均衡开始。在下页图（a）中，在 3%的利率下，美国是从国外借款 2 000 亿美元。如果美国借款 2 000 亿美元，那么世界其他经济一定贷款 2 000 亿美元，如下页图（b）所示。世界其他经济的储蓄增加——伯南克的储蓄过剩——在下页图（b）中将导致可贷资金的供给曲线向右移动。随着世界其他经济的贷款人愿意贷出的可贷资金量超过美国借款人愿意借入的可贷资金量，世界实际利率开始下降。不断下降的利率提高了美国的资金需求量，降低了世界其他经济的资金供给量。世界实际利率降至1%，在这一利率水平下，美国从国外借入的资金量——4 000亿美元——再次等于世界其他经济愿意贷出的资金量，国际资本市场回到均衡状态。

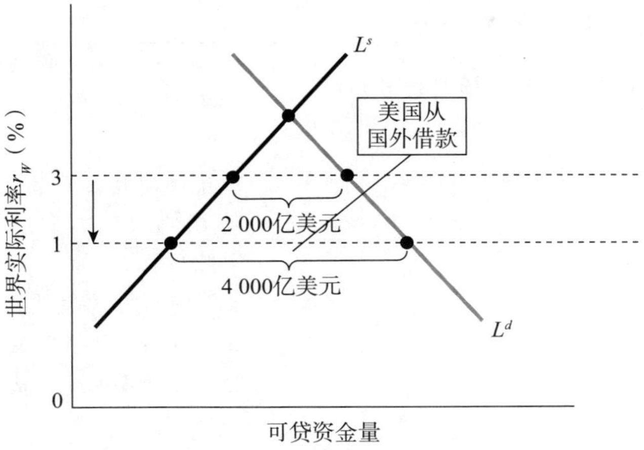

（a）美国

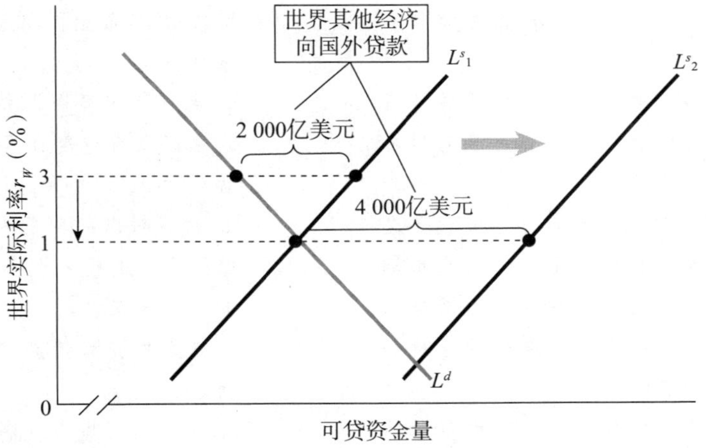

（b）世界其他经济

部分经济学家，尤其是斯坦福大学的约翰·泰勒（John Taylor），质疑全球储蓄在21世纪头10年显著上升的论点。泰勒认为，是联储政策而不是全球储蓄过剩助长了美国的房地产泡沫。

资料来源：Ben S. Bernanke, "The Global Saving Glut and the U. S. Current Account Deficit," Homer Jones Lecture, April 14, 2005 (available at www.federalreserve.gov/boarddocs/speeches/2005/20050414/default.htm); and John B. Taylor, *Getting Off Track*, Stanford, CA: Hoover Institution Press, 2009.

见附录末的问题和应用4A.8。

重要术语和问题

重要术语

封闭经济　开放经济　大型开放经济　小型开放经济

4.A 可贷资金模型与国际资本市场

用可贷资金模型确定国际资本市场的利率。

复习题

4A.1 通过对每种分析法分别解释下列各项来比较债券市场分析法和可贷资金分析法。

a. 商品是什么。

b. 买方是谁。

c. 卖方是谁。

d. 价格是什么。

4A.2 在可贷资金模型中，为什么需求曲线向下倾斜？为什么供给曲线向上倾斜？

4A.3 经济学家何时最可能用债券市场分析法分析利率变动？经济学家何时最可能用可贷资金分析法？

问题和应用

4A.4 美国联邦政府一直在积累巨额预算赤字。

a. 保持所有其他因素不变，用可贷资金分析法说明美国的预算赤字对世界实际利率的影响。

b. 现在假定家庭认为赤字会通过不久的将来的较高税收来融资，家庭预期到要支付这些较高的税收从而提高了储蓄。简要说明你在 a 部分的分析会受到怎样的影响。

4A.5 假定在大型开放经济中，国内供给的可贷资金量初始等于国内需求的资金量。再假设营业税上升抑制投资。说明这一变化如何影响可贷资金量和世界实际利率。现在该经济是国际借款还是国际贷款？

4A.6 在一个大型开放经济中，下列事件会如何影响均衡利率？

a. 一场自然灾害对房屋、桥梁和高速公路造成广泛的破坏，导致修复受损的基础设施的投资支出上升。

b. 家庭和企业预期政府未来会对企业增税。

c. 电视正在直播世界杯足球赛，很多人在家里看球赛而不是购物，进而消费减少。

d. 政府推出一种新的储蓄税，该税种基于人们的投资截至每年 12 月 31 日的价值来征税。

4A.7 下列事件会如何影响美国的可贷资金需求？

a. 很多美国城市提高营业税来结束预算赤字。

b. 手提电脑的广泛使用有助于降低商业成本。

c. 政府取消房屋所有人对抵押贷款支付的利息的税收减免。

4A.8 【联系实际 4A－1】联储前主席本·伯南克认为，美国在 21 世纪头 10 年中期的低利率是由于全球储蓄过剩而不是联储的政策。在接受彭博电视台的阿尔伯特·亨特（Albert Hunt）的采访中，自 1987 年 8 月到 2006 年 1 月一直担任联储主席的艾伦·格林斯潘（Alan Greenspan）也做出类似的论断。格林斯潘称："低长期利率的根源是全球储蓄过剩，因为中国、俄罗斯和其他新兴市场经济体从出口中赚到的钱超过投资需求。"

a. 用两幅可贷资金图说明格林斯潘关于全球储蓄过剩导致美国低利率的论断。一幅图应说明美国的情形，另一幅图应说明世界其他经济的情形。

b. 为什么关于低利率原因的争论会与格林斯潘有关系？

资料来源：Rich Miller and Josh Zumbrun, "Greenspan Takes Issue with Yellen on Fed's Role in House Bubble," Bloomberg. com, March 27, 2010.

数据练习

D4A. 1 【分析储蓄和投资】登录圣路易斯联邦储备银行（FRED）的网站（fred. stlouisfed. org）查找政府总储蓄（GGSAVE）的最新值和四年前同一季度的值。

a. 经济的储蓄总额包括私人储蓄总额和政府储蓄总额。政府储蓄总额代表什么？

b. 使用你找到的值来解释政府预算在这两个季度中是平衡、盈余还是赤字。政府储蓄从第一期到最近一期是增加、减少还是保持不变？

c. 绘图说明均衡的可贷资金市场。假设私人储蓄总额保持不变且给定你在 b 部分的答案，说明对可贷资金市场的影响。解释经济投资水平会发生什么变化。

第5章

利率的风险结构和期限结构

学习目标

学完本章之后，你应该能够：

5.1　解释为什么到期期限相同的债券会有不同的利率；

5.2　解释为什么到期期限不同的债券会有不同的利率。

开篇案例

利率的优势和弊端

2016年中期，你购买3个月期的国债只能获得0.25%的利率，但购买30年期的国债可以获得2.6%的更高利率。债券市场以更高的利率奖励你将资金贷款给财政部30年而不仅仅是3个月是有道理的。但在过去的40年里，很多时候3个月期国债和30年期国债利率之间的差距远高于2016年。在少数其他几个时期里，差距实际上是负的：你可以在3个月期国债上获得比30年期国债更高的利率。但是为什么投资者会接受这笔交易——贷款30年的收益少于贷款3个月？

2016年中期，你可以从阿弗莱克保险公司发行的2024年到期的公司债券上获得2.5%的利率，但是你可以从加州半导体公司AMD发行的同一年到期的公司债券上获得10.2%的利率。如果你能在相同到期日的另一只债券上获得四倍的利率，为什么要购买利率只有2.5%的债券？正如我们将在本章中看到的那样，一些公司必须为其债券提供更高利率的一个原因是公司有高违约风险——或者说未能偿还债券的利息和本金。违约风险较低的公司可以提供利率较低的债券。投资者在判断债券的违约风险时通常依赖于私人债券评级机构。但发行债券的公司为评级机构的评级付费。这一事实是否表明评级机构有利益冲突且评级不可靠？

为什么经济中有那么多不同的利率？这个问题的答案对若干个群体都很重要。首先，储户可能正在考虑是否购买短期国债、长期国债或特定公司发行的公司债券，或者只是将其资金存入银行存单（CD）。其次，企业的管理者会跟踪利率，因为他们考虑通过出售债券来借入资金需要支付多少钱。像阿弗莱克这样可以低利率借款的公司的经理人可以为实物资本项目或研发工作提供资金，而对像AMD那样不得不以高得多的利率借款的公司来说成本太高。同样，联邦、州和地方政府的决策者都知道他们为借入资金支付的利率会对他们的预算产生重大影响。最后，确定哪些利率受其行动影响最大及利率可能增加或减少的程度对美联储的政策制定者来说是利害攸关的。

理解不同期限的债券利率之间的关系——如短期国债和长期国债——以及不同公司发行的债券利率之间的关系，是理解金融体系如何运作以及货币政策如何影响经济的几把钥匙之一。本章探究经济中许多不同利率之间的关系。

资料来源：Federal Reserve Bank of St. Louis and Financial Industry Regulatory Authority.

重要议题和问题

议题：一些经济学家和政策制定者认为债券评级机构有利益冲突，因为其收入来自要评级的债券发行企业。

问题：政府应该更严格地监管债券评级机构吗？

到目前为止，我们一直假定只有一种类型的债券和一种利率且该债券的市场决定了利率，从而简化了对债券市场的讨论。这一简化是很有意义的，使得我们可以分析影响所有债券的需求和供给的因素。在这一章里，我们通过分析为什么不同的债券有不同的利率以及什么导致利率随时间而变化来更深入地研究债券市场。

我们先考察利率的风险结构，利率的风险结构解释了期限相同的不同债券的收益率差异。随后我们考察利率的期限结构，利率的期限结构解释了为什么债券的收益率随到期时间不同而不同。经济学家用这两种分析来预测个别债券收益率的未来变动以及更广泛的利率变动。

5.1　利率的风险结构

为什么期限相同的债券（如30年期的所有债券）会有不同的利率或到期收益率？

答案是，期限相同的债券可能在投资者认为重要的其他特征上有所不同，如风险、流动性、信息成本和税收。特征更可取的债券利率较低，因为投资者愿意接受这类债券较低的预期收益。类似地，特征不可取的债券利率较高，因为投资者对这类债券要求较高的预期收益。经济学家用**利率的风险结构（risk structure of interest rate）**这一术语来描述特征不同但期限相同的债券的利率之间的关系。

违约风险

不同债券在**违约风险（default risk）**方面有所不同。违约风险有时也叫**信用风险（credit risk）**，是指债券发行人未来无法偿还利息和本金的风险。要理解违约风险的影响，我们用本章开头关于阿弗莱克和AMD的例子来说明。如果两家公司都发行期限相同的债券，但投资者认为AMD的违约风险高，那么AMD债券的利率将比阿弗莱克债券高。

度量违约风险

美国国债被视为没有违约风险，因为美国政府保证会偿还所有利息和本金。进而投资者用美国国债作为基准来确定债券的违约风险。当然，像所有其他债券一样，美国国债也有利率风险。

债券的违约风险溢价（default risk premium）是债券的利率与期限相同的国债的利率之间的差额。我们可以把违约风险溢价视为投资者投资于有一定的违约风险的债券所要求的额外收益。例如，如果你愿意购买利率为3%的30年期的国债，然而，由于IBM债券有一定的违约风险，只有当其利率为5%时你才愿意购买IBM发行的30年期债券，那么IBM债券的违约风险溢价为5%－3%＝2%。

投资者认为债券发行人无法偿付债券的可能性越大，其要求的违约风险溢价也越高。获取关于债券发行人的信誉或者说偿还能力的信息的成本可能很高。因此，很多投资者依靠信用评级机构为他们提供关于发行债券的公司和政府的信誉的信息，如穆迪投资者服务公司、标准普尔公司或惠誉评级。**债券评级（bond rating）**是一个单一统计量，概括了一家评级机构对债券发行人偿付债券的潜在能力的看法。

表5-1显示三大信用评级机构的评级。评级越高，违约风险越低。（虽然评级机构计算市值的方法不同，但它们都将违约风险最低的债券评为三A。）获得最高的四个评级之一的债券被视为"投资级"，意思是它们有低到中等水平的违约风险。获得较低评级之一的债券（如B）被称为"非投资级"、"投机的"、"高收益的"或"垃圾债券"。这类债券的违约风险高。评级机构会公开发布评级信息并在发行人信誉变化时更新评级。例如，由于油价不断下跌，标准普尔在2016年降低了世界最大的非国有石油公司埃克森-美孚的债券评级。

注意，评级机构只是在提供看法。金融市场的投资者可能不同意这些观点。2011年，当标准普尔将长期美国政府债务的评级从AAA降至AA＋时，意见分歧明显，因为标准普尔认为如果联邦政府继续产生巨额预算赤字，那么政府继续偿付利息和本金的能力会受到影响。然而，在标准普尔下调评级后，大多数投资者似乎并不担心美国国债的违约风险。

表5-1　解释债券评级

	穆迪投资者服务	标准普尔	惠誉评级	评级的含义
投资级债券	Aaa	AAA	AAA	最高的信用质量
	Aa	AA	AA	非常高的信用质量
	A	A	A	高的信用质量
	Baa	BBB	BBB	好的信用质量
非投资级债券	Ba	BB	BB	投机
	B	B	B	高度投机
	Caa	CCC	CCC	显著的违约风险
	Ca	CC	CC	非常高水平的违约风险
	C	C	C	特别高水平的违约风险
	—	D	D	违约

注："评级的含义"列中的条目与惠誉评级使用的条目略有不同。其他两个评级机构也有类似的描述。对于从Aa到Caa的每个等级，穆迪投资者服务添加数字修饰符1、2或3。等级Aa1高于等级Aa2，等级Aa2高于等级Aa3。同样，标准普尔和惠誉评级也会增加一个加号（＋）或减号（－）。评级AA＋高于评级AA，评级AA高于评级AA－。

资料来源：Moody's Investors Service, Rating Symbols and Definitions, May 2016; Fitch Ratings, Definitions of Ratings and Other Forms of Opinion, December 2014; and Standard & Poor's, Standard and Poor's Ratings Definitions, February 1, 2016.

违约风险和违约风险溢价的变化

违约风险变化如何影响债券的利率？评级机构认为一家企业的债券偿付能力下降时就会给债券一个较低的评级。如果投资者认同较低的评级，那么在任何给定价格下对债券的需求量都会较少，于是债券需求曲线左移。正如我们在第 4 章看到的那样，如果需求曲线向左移动，那么债券价格会下降，债券收益率会上升。例如，Bon-Ton 百货商店发行的债券最初的利率为 8%。但截至 2016 年 6 月，穆迪和标准普尔都给予该债券非投资级或“垃圾级”评级，因为它们认为 Bon-Ton 很可能无法履行其债券计划于 2021 年到期的剩余偿付。因此，该债券的需求下降，价格从 1 000 美元下跌至 440 美元。在如此低的价格下，债券的到期收益率为 29%。投资者需要大量的额外收益来补偿债券的高风险。换句话说，债券的违约风险溢价飙升。

投资者可以判断一大类债券的违约风险已经上升了。例如，在经济衰退期间，公司债券的违约风险通常会上升，这会引起“择优而栖”。择优而栖是投资者减少对高风险债券的需求，增加对低风险债券的需求。图 5-1 说明了这一过程。图 5-1（a）显示的是 Baa 评级的公司债券市场。通常而言，在经济衰退期间，随着公司利润的下降，投资者会担心企业很可能无法履行债券的偿付。结果是，Baa 评级公司债券的需求曲线向左移动，导致均衡价格从 P_1^C 下降到 P_2^C。图 5-1（b）显示投资者对违约风险上升的担忧引起美国国债的需求曲线向右移动。均衡价格从 P_1^T 上涨到 P_2^T。因为公司债券价格在下跌，所以公司债券的到期收益率在上升。因为国债价格在上涨，所以国债的到期收益率在下降。因此，违约风险溢价在上升。

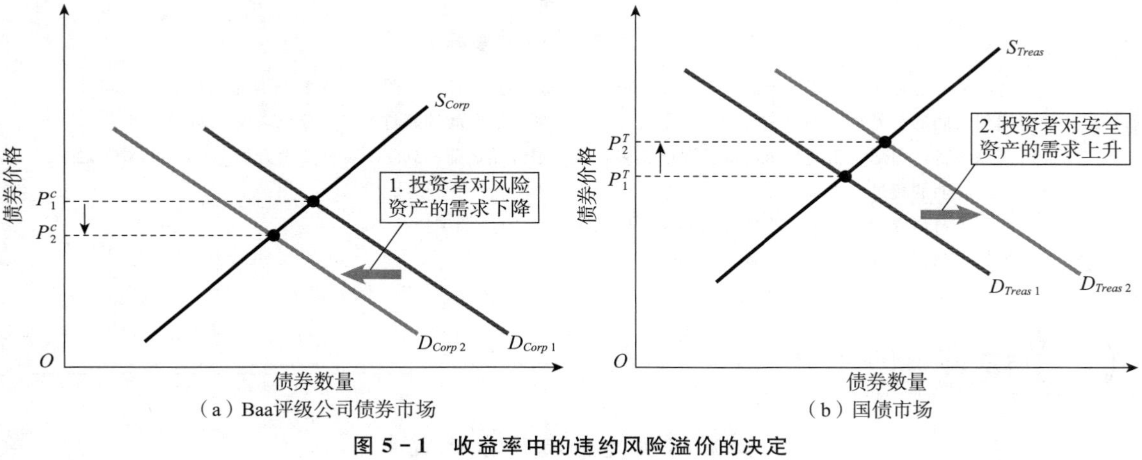

图 5-1　收益率中的违约风险溢价的决定

通过比较与价格 P_1^T 和 P_1^C 对应的收益率，我们可以看到初始的违约风险溢价。由于较安全的美国国债的价格高于风险较大的公司债券的价格，我们知道，公司债券的收益率一定高于国债的收益率以补偿投资者承担的风险。随着公司债券违约风险的上升，在图（a）中，公司债券的需求曲线向左移动，从 D_{Corp1} 移动到 D_{Corp2}。在图（b）中，国债的需求曲线向右移动，从 D_{Treas1} 移动到 D_{Treas2}。公司债券价格从 P_1^C 下跌到 P_2^C，国债价格从 P_1^T 上涨到 P_2^T，于是，国债相对于公司债券的收益率下降。进而，违约风险溢价上升。

图 5-2 显示 1999 年至 2016 年 Baa 评级的公司债券的平均利率与国债利率的差额。两个阴影区域显示 2001 年和 2007—2009 年的经济衰退。对 2001 年的经济衰退，该图显示一个相当典型的模式，违约风险溢价从衰退前的 2 个百分点上升到衰退期间的 3 个百分点

以上。对 2007—2009 年的经济衰退，该图显示违约风险溢价的增幅要大得多。公司债券和国债利率之间的差距从经济衰退开始前的不到 2 个百分点上升到 2008 年秋金融危机最严重时的 6 个百分点以上，然后在秋季回落至 3 个百分点以下。如图 5－1 预测的，风险溢价的增加是由于公司债券利率上升和国债利率下降：Baa 评级公司债券的平均利率从 2007 年中期的不到 6.5％上升到 2008 年 10 月的近 9.5％，国债利率从 2007 年中期的 5.0％降至 2008 年底的不足 3.0％。

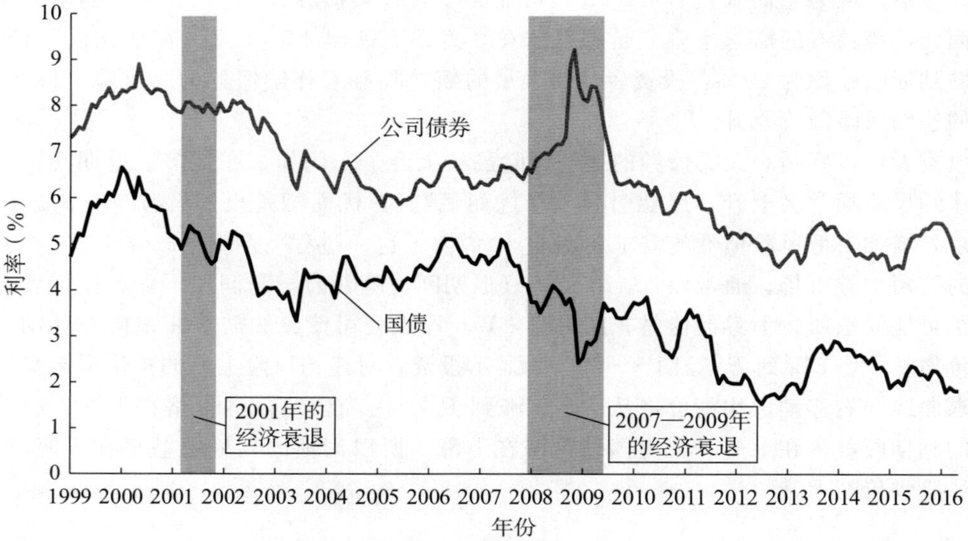

图 5－2　经济衰退期间违约溢价上升

违约溢价通常在经济衰退期间上升。就 2001 年的经济衰退而言，图形展现相当典型的模式，公司债券与国债之间的利差从衰退之前的大约 2 个百分点上升到衰退期间的超过 3 个百分点。就 2007—2009 年的经济衰退而言，图形说明违约风险溢价要高得多，从衰退开始之前不到 2 个百分点上升到 2008 年秋季金融危机顶峰时期的超过 6 个百分点。

注：公司债券利率是 Baa 级债券的利率。国债利率是 10 年期国债利率。

资料来源：Federal Reserve Bank of St. Louis.

解决问题 5－1

政治不确定性与债券收益率

2016 年夏天，随着英国投票退出欧盟（European Union，EU），一些投资者担心由于关键成员之一离开，欧盟的经济不稳定可能会上升。《华尔街日报》的一篇文章指出，特别是，投资者已经变得更关注葡萄牙和希腊政府发行的债券相对于德国、法国和荷兰政府发行的债券的违约风险。假设一名学生读到这篇文章并辩称："投资者变得更担心葡萄牙和希腊政府可能违约。因此，这些债券变得不那么令人满意了，从而收益率下降，而德国、法国和荷兰发行的债券收益率已经上升。"

分析该学生的论点。使用一个显示德国政府发行的债券市场的图形和另一个显示葡萄牙政府发行的债券市场的图形来说明你的答案。

资料来源：John Sindreu, "Global Safety Dash Highlights Eurozone Cracks," *Wall Street Journal*, June 15, 2016.

解决问题

第一步　复习本章的内容。这个问题与债券市场中违约风险的影响有关，因此，你可能需要复习“违约风险”这一小节。

第二步　分析学生关于债券收益率变动的论证是否正确。学生的论点不正确。很容易犯学生的错误推理，即一种更理想的债券（此例中的德国政府债券）应该比不太理想的债券（此例中的葡萄牙政府债券）有更高的利率。然而，应用本章和第 4 章的分析，我们知道：(1) 德国政府债券需求的增加将提高其价格并降低其收益率；(2) 葡萄牙政府债券需求的减少将降低其价格并提高其收益率。因此，就投资者对这些债券违约风险认知变化的影响而言，学生的分析是不正确的。

第三步　使用类似于图 5－1 的图形来说明你的答案。下图（a）给出葡萄牙政府债券的市场。由于投资者认为葡萄牙政府对这些债券违约的可能性增加，需求曲线将从 D_{Port1} 左移到 D_{Port2}。债券价格将从 P_1^P 下跌至 P_2^P。由于债券价格和债券收益率走势相反，所以葡萄牙政府债券的收益率将会上升。下图（b）显示的是德国政府债券的市场。随着投资者从高风险债券转向低风险债券的择优而栖，需求曲线将从 D_{Ger1} 右移到 D_{Ger2}。债券价格将从 P_1^G 上升至 P_2^G。由于债券价格和债券收益率走势相反，德国政府债券收益率将下降。

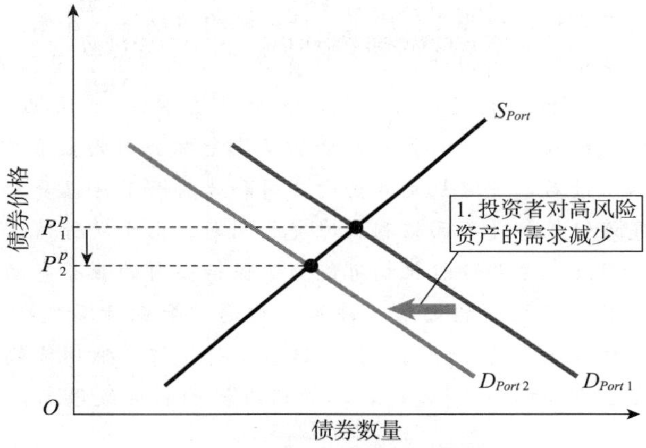

（a）葡萄牙政府债券市场

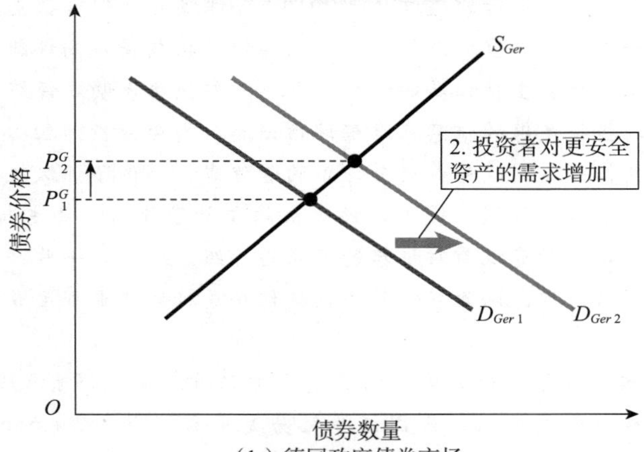

（b）德国政府债券市场

见本章末的问题和应用 1.10。

联系实际 5-1

信用评级机构有利益冲突吗?

19 世纪的铁路公司是美国第一批大量发行债券的企业。约翰·穆迪（John Moody）于 1909 年发布了《穆迪的铁路投资分析》，开始了现代债券评级业务。而标准普尔公司的前身于 1916 年开始发布评级。惠誉评级于 1924 年开始发布评级。到了 20 世纪初，钢铁、石油、化工和汽车等行业的公司通过发行债券筹集资金，评级机构扩展到不仅仅评估铁路债券。到 20 世纪 20 年代，除非至少一家评级机构对其评级，否则公司难以出售债券。

到 20 世纪 70 年代，评级机构因两个重要原因而面临困难。首先，第二次世界大战后的繁荣意味着债券发行的违约率相对很少，因此对评级机构提供的服务感兴趣的投资者人数很少。其次，评级机构无法再利用其商业模式获利。评级机构主要依赖于订阅向投资者出售评级信息。20 世纪 70 年代廉价复印的发展破坏了这种模式，因为一个投资者可以购买订阅，然后向非订阅者出售或提供副本。

从 20 世纪 70 年代末开始，一些变化改变了评级机构的命运。首先，在经济衰退和高通货膨胀时期，债券违约数量增加了，因此，更多投资者愿意为有关公司信誉的信息付费。其次，评级机构介入评估外国公司和政府发行的债券，这两种债券从 20 世纪 70 年代开始增加。再次，政府开始将债券评级纳入对银行、共同基金和其他金融公司的监管中。例如，许多共同基金只能持有高评级债券。最后，评级机构开始向公司和政府而不是投资者收取服务费用。

最后一个变化引发评级机构是否面临利益冲突的问题。由于发行债券的公司可以选择雇用哪些机构对债券评级，因此，这些评级机构可能为了保持公司的业务有动机提供高于真实情况的评级。在发行人同意雇用评级机构之前，评级机构通常会向债券发行人提供“预览评级”。在 21 世纪头 10 年中期的房地产繁荣时期，投资银行发行了许多抵押贷款支持债券和其他复杂的证券。当住房市场在 2006 年开始崩盘时，尽管评级机构的评级很高，但其中许多证券价值暴跌。

在 2006 年和 2007 年期间发行的超过 90%的 AAA 评级的抵押贷款支持证券后来违约或最终获得垃圾级评级。一些经济学家和政策制定者认为评级机构提供高评级主要是为了确保公司继续雇用它们。许多抵押贷款支持证券的结构复杂。一些报告表明，评级机构的分析师不愿意要求这些证券的发行人提供足够的信息来准确评估证券，因为分析师担心这样做可能会冒犯发行人。一些投资者，包括一些州政府养老金计划的管理者，起诉了评级机构，理由是它们没有履行责任向投资者提供准确的评级。最终，评级机构支付了罚款，并支付了总额为 19 亿美元的其他款项来弥补它们在金融危机前对证券的不正当评级。然而，一些经济学家和政策制定者对这些机构的批评不那么严重，认为它们无法预测住房危机的严重程度或危机对抵押贷款支持证券价值的影响程度。

2010 年，国会通过了《华尔街改革和消费者保护法案》或《多德-弗兰克法案》，其中包含影响对信用评级机构监管的条款。美国证券交易委员会（Securities and Exchange Commission，SEC）设立了一个新的信用评级办公室来监督这些机构。该法案对评级机构的利益冲突设置了新的限制，授权投资者可以起诉那些未能收集足够的信息来正确评估证券的评级机构，并授权 SEC 可以取消那些经常提供不准确评级的机构的注册。该法案的批评者认为它们在限制评级机构的利益冲突方面做得还不够。美国证券交易委员会负责执行法规的官员对评级机构的改变不足并表现出“未能吸取金融危机的教训”表示担忧。

但在评估债券的违约风险时，投资者仍然严重依赖这些机构，并且这些机构在 2016 年获得了创纪录的利润。除非出现另一场金融危机，否则评级机构的运作方式似乎不会发生重大变化。

资料来源：Timothy W. Martin, “What Crisis? Big Ratings Firms Stronger Than Ever,” *Wall Street Journal*, March 11, 2016; Anusha Shrivastava, “Bond Sales? Don't Quote Us, Request Credit Firms,” *Wall Street Journal*, July 21, 2010; David Segal, “Debt Raters Avoid Overhaul After Crisis,” *New York Times*, December 8, 2009; and Richard Sylla, “An Historical Primer on the Business of Credit Rating,” in Richard M. Levich et al., eds., *Ratings, Rating Agencies, and the Global Financial System*, Boston: Kluwer Academic Publishers, 2002.

见本章末的问题和应用 1.11 和 1.12。

流动性和信息成本

除了违约风险的差别之外，流动性和信息成本的差别也会导致利率的差异。由于投资者关心流动性，在其他方面相同的情况下，相对于流动性不足或非流动的投资，投资者愿意对流动性较高的投资接受较低的利率。因此，投资者希望对非流动的资产获得较高的收益来补偿其牺牲的流动性。

类似地，投资者关心获取债券信息的成本。花费时间和金钱来获取债券信息降低了债券的预期收益率。毫不奇怪，如果两种资产在其他方面都相同，那么投资者更喜欢持有信息成本较低的那一种。因此，与信息获取成本较高的债券相比，投资者对信息获取成本较低的资产会接受较低的预期收益率。

债券的流动性上升或债券的信息获取成本下降都会增加债券需求。在债券市场图形中，需求曲线会向右移动，债券价格上升，债券利率下降。类似地，如果债券的流动性下降或债券的信息获取成本上升都会减少债券需求。在 2007—2009 年的金融危机期间，由于房主对包含在债券中的很多抵押贷款违约，很多投资者变得不愿意购买抵押贷款支持债券。更糟糕的是，投资者开始意识到，他们没有完全理解这些债券，而且难以找到关于债券中包含的抵押贷款的类型的信息。我们可以在一幅债券市场图中通过向左移动需求曲线来说明这一情形，这会降低债券价格并提高债券利率。

税收待遇

投资者是以债券的息票支付的形式获得利息收入的。投资者在纳税时必须将这些息票计入收入。然而，各种息票的纳税额有所不同，具体取决于债券的发行人。税负也根据投资者居住地的不同而不同。投资者关心的是投资的税后收益——也就是说，纳税后留给投资者的收益。例如，考虑两只债券，每只债券的面值均为 1 000 美元、息票率均为 6%，意味着他们每年支付 60 美元的利息。假设对福特发行的第一只债券，投资者必须对收到的息票支付 40%的税。对美国财政部发行的第二只债券，投资者只需要对收到的息票支付 25%的税。因此，纳税后，投资者从福特债券 60 美元的息票中只获得 36 美元，而从国债中获得 45 美元。如果投资者对每只债券都支付了 1 000 美元，忽略这一年的任何资本利得或损失，那么投资者从国债中能获得 4.5%的税后收益（45/1 000=0.045 或 4.5%），但从福特债券中只获得 3.6%的税后收益（36/1 000=0.36 或 3.6%）。如果投资者认为两种债券的风险、流动性和信息成本相同，那么显然投资者更喜欢国债较高的税后收益。表 5-2 总结了这些计算。

表 5-2　税负如何影响两种债券的税后收益率

债券发行人	面值（美元）	息票率（%）	税率（%）	税后利息（美元）	税后收益率
福特	1 000	6	40	36	36/1 000=0.036 或 3.6%
美国财政部	1 000	6	25	45	45/1 000=0.045 或 4.5%

债券的税收待遇有何不同

我们可以考虑三类债券：公司债券、美国国债和**市政债券（municipal bond）**，市政债券是州和地方政府发行的债券。联邦、州和地方政府均可对公司债券的利息征税。联邦政府可以对国债的息票征税，但州和地方政府不能。通常，联邦、州和地方政府均不能对市政债券的息票征税。公司债券的税收情况稍微有些复杂，因为有八个州没有州所得税。一些地方政府也没有所得税，或者说它们对工资和薪金所得征税，对投资所得不征税。表 5-3 概括了三类债券的税收情况。

表 5-3　债券息票支付的税收待遇

债券类型	是否被州和地方政府征税	是否被联邦政府征税
公司债券	被大部分州和部分城市征税	是
国债	否	是
市政债券	否	否

债券投资者从拥有债券中可以获得两种类型的所得：（1）来自息票的利息所得；（2）来自债券价格变化的资本利得（或损失）。利息所得与工资和薪金所得税税率相同。2016 年，资本利得的税率低于利息所得。同时，只有当资本利得已经实现时（即投资者卖出债券的价格高于买入债券的价格）才会征税。未实现的资本利得不纳税。例如，如果你用 800 美元买了一只债券，债券上涨到 900 美元，如果你卖掉债券，那么你就有了应纳税的已实现的资本利得。如果你不卖债券，那么你就有了未实现的资本利得，该利得未被征税。推迟缴纳资本利得税是有好处的，因为你将来纳税的时间越晚，税的现值越低。虽然市政债券的利息所得免征所得税，但已实现的资本利得要纳税。

税收变化对利率的影响

我们已经看到，投资者关心的是他们从债券中获得的税后收益，而且债券的税率随债券类型的不同而不同。因此，所得税税率的变动会影响利率。

图 5-3 说明联邦所得税率的变动如何影响市政债券和国债的利率。我们假定初始的联邦所得税税率是 35%。图（a）显示市政债券市场，图（b）显示国债市场。图（a）中的均衡价格 P_1^M 高于图（b）中的均衡价格 P_1^T，这是常见的市政债券利率低于国债利率的情形。现在假定联邦所得税税率升至 45%。这一较高的税率使得享有免税地位的市政债券

对投资者更有吸引力，与此同时，这会降低国债的税后收益。在图（a）中，市政债券的需求曲线从 D_{Muni1} 向右移至 D_{Muni2}，将价格从 P_1^M 抬高至 P_2^M 并降低了利率。在图（b）中，国债的需求曲线从 D_{Treas1} 向左移至 D_{Treas2}，将价格从 P_1^T 压低至 P_2^T 并提高了利率。如果我们假定除了息票的税收待遇外，投资者视两种债券具有相同的属性，那么在税率上升后，债券的利率应该调整到投资者从两种债券上获得相同的税后收益。从这一分析中我们可以得到所得税税率上升一般会提高国债的利率并降低市政债券的利率的结论。

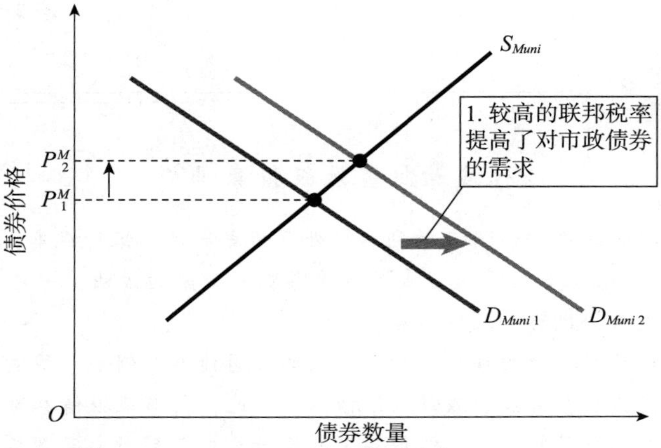

（a）市政债券市场

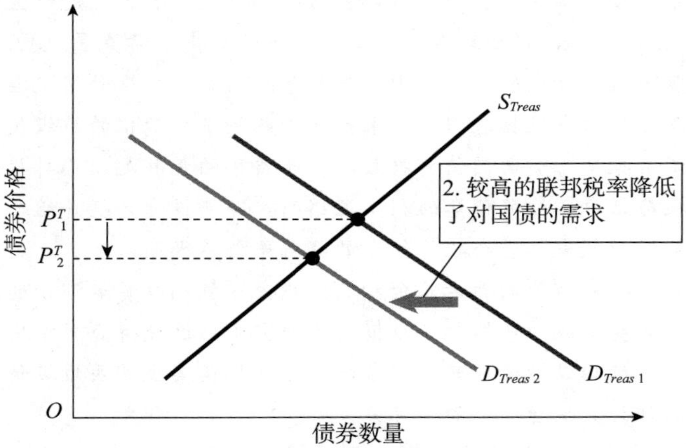

（b）国债市场

图 5－3　税收变动对债券价格的影响

如果联邦所得税税率上升，那么免税的市政债务对投资者更有吸引力，国债的吸引力下降。在图（a）中，市政债券的需求曲线从 D_{Muni1} 向右移至 D_{Muni2}，将价格从 P_1^M 推高至 P_2^M 并降低利率。在图（b）中，国债的需求曲线从 D_{Treas1} 向左移至 D_{Treas2}，将价格从 P_1^T 压低至 P_2^T 并提高利率。

表 5－4 总结了利率的风险结构的决定因素。

表 5－4　利率的风险结构

债券的……上升	导致其收益……	因为……
违约风险	上升	投资者必须因承担额外的风险而获得补偿

续表

债券的……上升	导致其收益……	因为……
流动性	下降	投资者在出售债券时的成本较低
信息成本	上升	投资者必须花费更多的资源来评估债券
税收义务	上升	投资者关心税后收益且必须因支持较高的税收而获得补偿

联系实际 5－2

你应该投资垃圾债券吗?

如我们在第4章所看到的，2016年的利率仍处于历史低位，银行存单、国债和其他安全资产的利率仍远低于1%。因此，许多投资者寻找获得更高利率的方法。一些个人投资者受到相对较高利率的吸引，进入高风险的垃圾债券市场。

垃圾债券是评级机构所给予的评级低于投资级的公司债券（例如，穆迪评级为Ba或以下）的俗称。公司曾经只能出售获得投资级评级的债券。因此，所有垃圾债券都是“堕落的天使”，华尔街对那些在发行时获得了投资级评级但后来在发行公司遇到财务问题后被降级的债券如此称呼。在德雷克塞尔·伯纳姆·兰伯特（Drexel Burnham Lambert）投资银行的债券销售员迈克尔·米尔肯（Michael Milken）发现经济学家W. 布拉多克·希克曼（W. Bradock Hickman）在其《公司债券质量与投资者经验》一书中发表的学术研究后，这种情况在20世纪70年代后期发生了变化。希克曼用历史数据表明，如果投资者购买了分散化的垃圾债券组合，那么投资者将获得远高于投资者投资于美国国债的收益率。收益率的差异足以弥补投资垃圾债券而不是国债的额外风险。换句话说，垃圾债券的利率足够高，即使投资者投资组合中的某些债券可能违约并导致这些债券遭受损失，整个投资组合的收益率仍然很高。

米尔肯将希克曼的研究作为向养老基金和共同基金等机构投资者演示的基础，鼓动他们投资于垃圾债券。米尔肯非常成功地增加了垃圾债券的需求，这使得公司首次能够发行低于投资级的新债券。虽然一些机构投资者被其章程或政府监管机构禁止购买垃圾债券，但其他机构投资者开始将垃圾债券作为其投资组合的一部分。

在2007—2009年金融危机之后的几年里，一些个人投资者开始投资垃圾债券，或者购买个人债券，或者更常见的是购买投资于垃圾债券的共同基金。他们这样做是因为垃圾债券的平均利率远高于投资级债券的平均利率或美国国债的利率。例如，2016年10月，垃圾债券的平均利率为5.9%，而投资级债券的平均收益率为2.9%，10年期国债的收益率为1.7%。

但是你是否应该把垃圾债券视为好的投资？在金融危机结束时，垃圾债券的平均利率大于13%。但随着对垃圾债券需求的增加，其收益率下降。因此，许多财务顾问开始怀疑投资者是否获得了足够高的收益率来补偿他们承担这些债券的高违约风险。正如《华尔街日报》的一篇文章所说的那样：“要完成收益率目标的投资者很可能受到垃圾债券的诱惑。但他们不应该认为这样很容易赚钱。”

只有时间才能证明许多个人投资者对垃圾债券的热情是否会为他们带来收益。许多财务顾问对此表示怀疑，因为他们质疑个人投资者是否完全理解他们在从事这些投资时所承担的风险。

资料来源：Richard Barley, "Why Investors Should Handle High-Yield Bonds with Care," *Wall Street Journal*, April 18, 2016; W. Braddock Hickman, *Corporate Bond Quality and Investor Experience*, Princeton, NJ: Princeton University Press, 1958; and Federal Reserve Bank of St. Louis.

见本章末的问题和应用 1.15。

5.2　利率的期限结构

我们已经看到为什么期限相同的债券会有不同的利率。现在，我们考虑**利率的期限结构（term structure of interest rate）**，利率的期限结构是其他方面相似但期限不同的债券的利率之间的关系。期限结构理论试图回答这个问题：为什么违约风险、流动性、信息成本和税收特征相同的债券只因期限不同而有不同的利率？对国债保持这些特征不变是最简单的。因此，分析期限结构的一种常用方法是考察国债收益率曲线，国债收益率曲线是某一天期限不同的国债的利率之间的关系。（回忆一下，期限等于或小于 1 年的国债是短期国债，期限为 2 年到 10 年的国债是中期国债，期限大于 10 年的国债是长期国债。为简单起见，我们通常把所有这些证券统称为国债。）

图 5-4 显示了两天的国债收益率曲线：2007—2009 年金融危机开始前的 2007 年 6 月 15 日及 2016 年 6 月 16 日。我们可以注意到关于这两条收益率曲线的几个重要观点。2016 年所有期限的利率或收益率都远低于 2007 年。例如，2007 年 6 月 15 日，3 个月期国债的收益率为 4.56%，而在 2016 年 6 月 16 日的收益率仅为 0.27%。

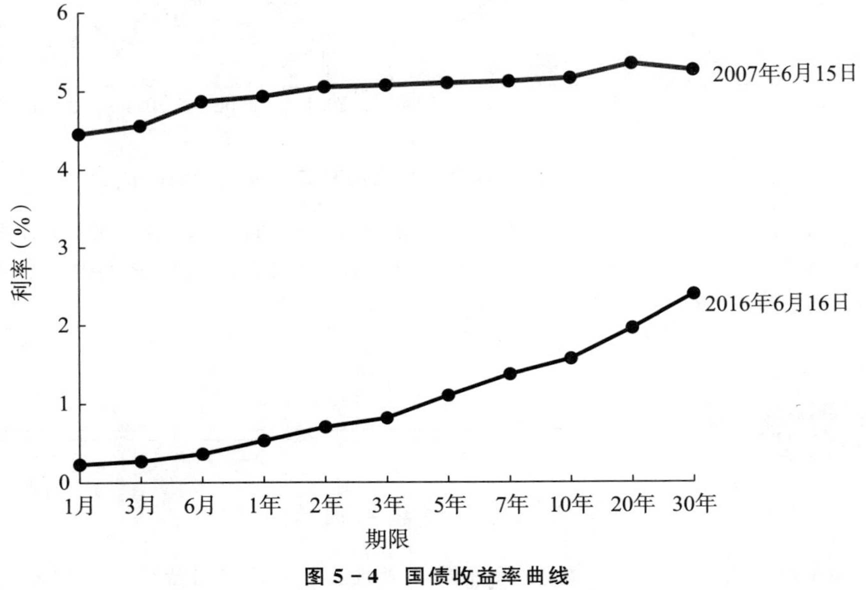

图 5-4　国债收益率曲线

2007 年 6 月 15 日的收益率曲线几乎是水平的，2016 年 6 月 16 日的收益率曲线向上倾斜。国债收益率曲线的形状提供了投资者对未来短期利率预期的信息。

资料来源：U.S. Department of the Treasury, *Daily Treasury Yield Curve Rates*.

2016 年非常低的收益率主要是由美联储在 2007—2009 年严重衰退之后的几年内保持低利率来帮助经济复苏的行动造成的。其次，在这两天，长期债券的收益率高于短期债券的收益率，但在 2016 年两种债券的差异远大于 2007 年。

这种长期利率高于短期利率的模式是很常见的。图 5－5 通过展示 1976 年以来 3 个月期国债的利率（灰线）通常低于 10 年期国债的利率（黑线）来说明这一模式。当短期利率低于长期利率时，我们就有一条向上倾斜的收益率曲线。但仔细检查图 5－5 可以发现，有些时期 3 个月期国债的利率高于 10 年期国债的利率。这些时期收益率曲线向下倾斜。由于向下倾斜的收益率曲线很少出现，所以它们也叫作倒挂的收益率曲线。图 5－5 还说明了关于债券市场的另一个重要事实：不同期限的债券的利率往往一起变动。例如，注意到在 20 世纪 70 年代末 3 个月期国债和 10 年期国债的利率都上升了，并在 20 世纪 80 年代初达到顶峰，此后同时下降。如果我们画出其他期限的债券，如 2 年期国债和 30 年期国债，那么我们会看到相同的模式。在图 5－5 中，3 个月期国债的利率与 10 年期国债的利率之间的差额在衰退期间是最大的，此时美联储将短期利率压至很低的水平。

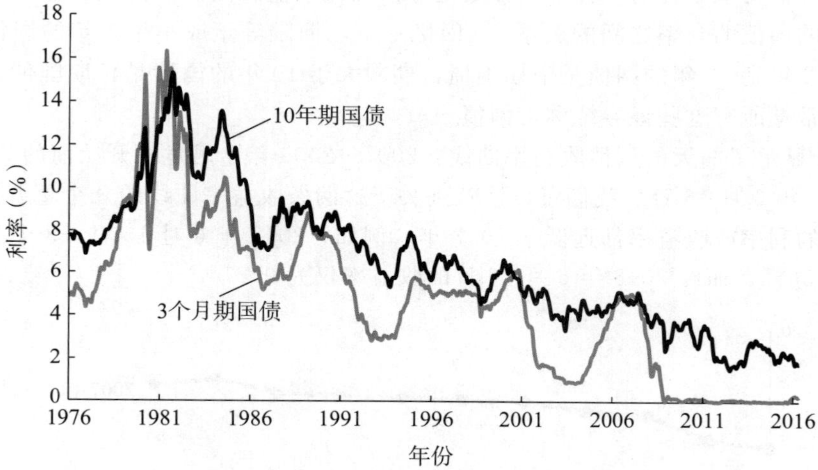

图 5－5　3 个月期国债和 10 年期国债的利率（1976—2016 年）

该图表明，自 1976 年以来的大部分时间里，3 个月期国债的利率（由灰线表示）一直低于 10 年期国债的利率（由黑线表示）。但在少数几个时期，3 个月期国债的利率曾高于 10 年期国债的利率。

资料来源：Federal Reserve Bank of St. Louis.

联系实际 5－3

你有没有把钱投入国债？

负实际利率经常发生。例如，在 2008 年第三季度，3 个月期国债的名义利率为 1.49％，而通货膨胀率为 5.23％，因此，实际利率为 1.49％－5.23％＝－3.74％。但名义利率能否为负？你很可能认为“不能”，因为负名义利率意味着，贷款人实际上在向借款人支付利息来换取借款人向贷款人的借钱。贷款人会做什么？

在 20 世纪 30 年代的大萧条期间和 2007—2009 年的金融危机期间及之后，许多投资者很乐意在短期内向美国财政部支付利息以换取财政部借款。换句话说，这些投资者愿意支付高于国债面值的价格，接受他们购买的国债的负利率。在这两种情况下，当几乎所有其他投资看起来风险都很大时，投资者一直在寻找避险天堂。持有现金需要支付安全保管费用。由于其他短期投资（如银行存单或货币市场共同基金份额）的利率也非常低，投资者暂时将资金存入无违约风险的国债损失相对较少。

自 2012 年以来，法国和德国都出售了负利率的短期政府债券。2016 年春季发生的极端事件是，10 年期日本政府债券和 10 年期德国政府债券的利率都变为负数。换句话说，投资者愿意向日本和德国政府付钱保管资金 10 年。这种不太可能的结果部分来自日本银行和欧洲中央银行（European Central Bank，ECB）的行动。为了帮助加快非常缓慢的经济增长，中央银行已经从向商业银行的存款支付利息转为向银行收取利息。这一变化促使银行寻找其他地方投资资金，包括政府债券。还有人担心英国退出欧盟可能会导致经济问题，这导致投资者追逐安全性，抬高 AAA 评级的德国政府债券的价格。我们将在第 15 章讨论导致负利率的中央银行政策。

几十年来，政府债务负利率似乎是大萧条时期的历史奇观。它们的再次出现表明，即使在 2007—2009 年的危机结束 7 年多之后，世界金融体系仍难以从危机中复苏。

资料来源：Leslie Shaffer，"Why JGB Yields Won't Keep Falling Deeper into Negative Yield，" cnbc. com，April 3，2016；Mike Bird，"German 10-Year Government Bond Yields Dip Below Zero as Brexit Fears Hit Market，" *Wall Street Journal*，June 14，2016；Deborah Lynn Blumberg，"Some Treasury Bill Rates Negative Again Friday，" *Wall Street Journal*，November 20，2009；and Daniel Kruger and Cordell Eddings，"Treasury Bills Trade at Negative Rates as Haven Demand Surges，" Bloomberg. com，December 9，2008.

见本章末的问题和应用 2.9。

解释期限结构

我们对图 5－4 和图 5－5 的讨论表明，对期限结构的任何解释都应该能解释三个重要事实：

（1）长期债券的利率通常高于短期债券的利率。

（2）短期债券的利率偶尔高于长期债券的利率。

（3）所有到期日的债券的利率往往是一起上涨和下跌的。

经济学家有三种理论来解释这些事实：预期理论、分割市场理论，以及流动性溢价理论或称期限优先理论。如我们将要看到的那样，虽然预期理论最好地刻画了债券市场的运作逻辑，但是把其他两种理论成分结合起来的流动性溢价理论为大多数经济学家所接受。在评价这些理论时，要遵循两条标准。第一是逻辑一致：理论提出的债券市场模型是否与我们所知的投资者行为一致？第二是预测能力：理论对收益率曲线实际数据的解释能力如何？下面我们依次考察每一种理论。

期限结构的预期理论

预期理论是理解期限结构的基础。**预期理论（expectations theory）**的观点是，长期债券的利率是在长期债券的有效期内投资者预期的短期债券利率的平均值。该理论假设债券市场投资者的首要目标是从债券投资中获得最高的预期收益。就给定的持有期而言，该理论假设投资者不关心他们投资的债券的期限。也就是说，如果一位投资者打算投资债券市场 10 年，那么该投资者会追求最高收益，不关心获得的收益是通过在期初购买 10 年期债券并一直持有至到期，还是通过先购买 5 年期债券并持有到期后再购买第二只 5 年期债券。

因此，预期理论的两个关键假设是：

（1）投资者有相同的投资目标。

（2）就给定的持有期而言，投资者把不同期限的债券视为彼此的完美替代品。也就是说，对投资者来说，持有一只 10 年期债券 10 年与先持有一只 5 年期债券 5 年再持有另一只 5 年期债券 5 年是相同的。

这两个假设都不完全准确，因此，虽然预期理论对期限结构有重要的洞察力，但还不是一个完整的解释。但在继续进入对利率期限结构更完整的解释之前，理解预期理论是必不可少的，因此，我们思考一个关于预期理论的原理的例子。

预期理论应用的一个简单例子

假定你打算将 1 000 美元投资 2 年，且正在考虑采取两种策略之一：

（1）买入并持有策略。在该策略下你购买一只 2 年期债券并持有至到期。我们假定你购买的是一只 2 年期贴现债券。这一简化让我们可以免于处理息票支付问题，但即使我们添加这种复杂性，结论也不会改变。2 年期债券的利率是 i_{2t}，下标 2 是指债券的期限，下标 t 是指时期，现在是时间 t。两年之后，1 000 美元的投资会增长到 1 000$(1+i_{2t})(1+i_{2t})$，这不过是应用了第 3 章的复合公式。

（2）展期策略。在该策略下你现在购买一只 1 年期债券并持有至 1 年后到期。那时，你再购买第二只 1 年期债券并持有至第二年末到期。注意，在该策略下你无法确定一年后 1 年期债券的利率是多少。你必须依靠你拥有的债券市场的所有信息来形成对一年后 1 年期债券利率的预期。1 年期债券现在的利率是 i_{1t}，预期一年后（$t+1$ 期）1 年期债券的利率是 i^e_{1t+1}。因此，如果你遵循这一策略，那么你预计两年后你的 1 000 美元投资会增长到 1 000$(1+i_{1t})(1+i^e_{1t+1})$。

在预期理论假设下，两种投资策略的收益一定相同。要明白其中的原因，回忆一下第 3 章，证券价格会因金融套利而调整到使得投资者从持有类似证券中获得相同的收益率。根据预期理论，投资者会把持有一只 2 年期债券两年或持有两只 1 年期债券各一年视为类似的。因此，套利会导致两种策略的收益率相同。于是，你的 1 000 美元在任何一种策略下都会增长到相同的数量，我们可以写为：

$$1\,000(1+i_{2t})(1+i_{2t})=1\,000(1+i_{1t})(1+i^e_{1t+1})$$

展开括号中的表达式并简化可得：

$$2i_{2t}+i^2_{2t}=i_{1t}+i^e_{1t+1}+(i_{1t})(i^e_{1t+1})$$

注意方程式左边的 i^2_{2t} 和方程式右边的 $(i_{1t})(i^e_{1t+1})$ 可能是很小的数，因为这两项均为两个利率的乘积，于是我们还可以进一步简化该式。例如，如果 2 年期债券的利率是 3%，那么 $i^2_{2t}=0.03\times0.03=0.000\,9$，这是一个非常小的数，我们可以忽略这一项而并不显著影响结果。如果我们忽略 i_{2t}^2 和 $(i_{1t})(i_{1t+1}^e)$ 并在方程式两边除以 2，那么我们会得到：

$$i_{2t}=\frac{i_{1t}+i_{1t+1}^e}{2}$$

该方程式告诉我们，2 年期债券的利率是现在的 1 年期债券的利率和预期一年后的 1 年期债券的利率的平均值。例如，如果现在的 1 年期债券的利率是 2%，预期一年后的 1 年期债券的利率是 4%，那么现在的 2 年期债券的利率应为 3%[=(2%+4%)/2]。

买入并持有策略与展期策略之间的等同性对任意时期数都应该成立。例如，10 年期债券的利率应等于 10 年内的 10 个 1 年期债券利率的平均值。因此，我们可以一般地说，n 年期债券的利率（n 可以是任意年数）等于：

$$i_{nt}=\frac{i_{1t}+i_{1t+1}^e+i_{1t+2}^e+i_{1t+3}^e+\cdots+i_{1t+(n-1)}^e}{n}$$

用预期理论解释期限结构

如果预期理论是正确的，那么期限结构就为我们提供了债券投资者预期将来的短期利率的信息。例如，如果 1 年期债券的利率是 2%，2 年期债券的利率是 3%，那么投资者一定预期一年后的 1 年期债券的利率是 4%。否则，两个 1 年期债券的利率的平均值不会等于 2 年期债券的利率。

图 5－6 显示三种可能的收益率曲线。我们可以应用预期理论来解释其斜率。图（a）显示一条向上倾斜的收益率曲线，1 年期债券的利率等于 2%，2 年期债券的利率等于 3%，3 年期债券的利率等于 4%。2 年期利率是当前的 1 年期利率和预期一年后的 1 年期利率的平均值：

$$3\%=\frac{2\%+\text{预期一年后的 1 年期利率}}{2}$$

因此，预期一年后的 1 年期利率等于 2×3%－2%=4%。

类似地，我们可以计算预期两年后的 1 年期利率，利用我们刚才计算的预期一年后的 1 年期利率：

$$4\%=\frac{2\%+4\%+\text{预期两年后的 1 年期利率}}{3}$$

因此，预期两年后的 1 年期利率等于 3×4%－(2%+4%)=6%。

我们可以总结出 3 年期债券的利率高于 2 年期债券的利率及 2 年期债券的利率高于 1 年期债券的利率的原因是，投资者预期 1 年期债券利率会从 2%上升到 4%再上升到 6%。更一般地，根据预期理论，上倾的收益率曲线是投资者预期未来的短期利率高于当前的短期利率的结果。

图 5－6（b）显示一条平坦的收益率曲线，2 年期和 3 年期债券与 1 年期债券的利率相同。根据预期理论，我们可以推断投资者一定是预期 1 年期债券的利率会保持在 2%不变。更一般地，根据预期理论，平坦的收益率曲线是投资者预期未来的短期利率等于当前的短期利率的结果。

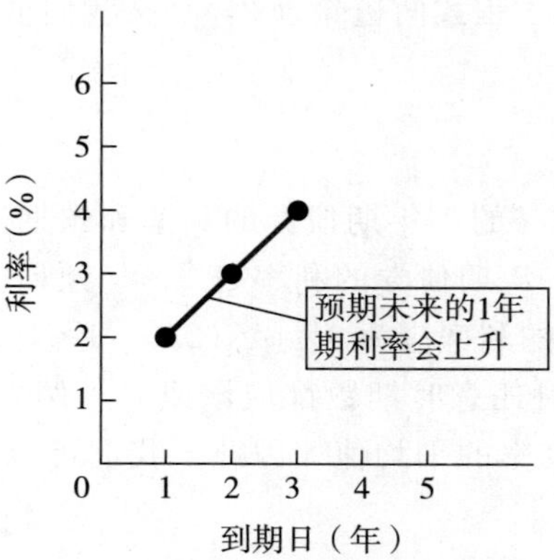

（a）向上倾斜的收益率曲线

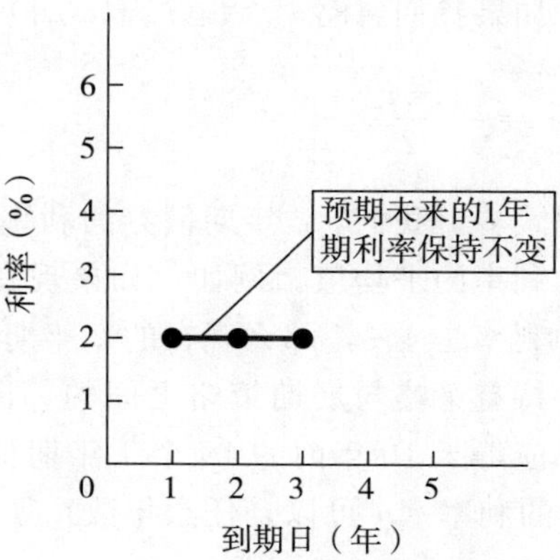

（b）平坦的收益率曲线

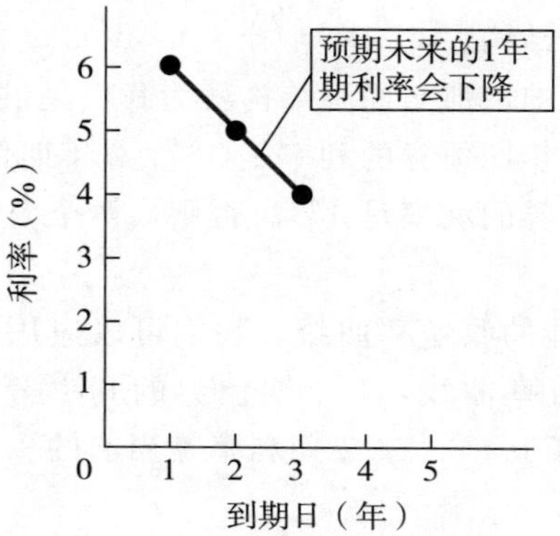

（c）向下倾斜的收益率曲线

图 5-6　用收益率曲线预测利率：预期理论

根据预期理论，收益率曲线的斜率表明预期未来的短期利率相对于当前水平（a）上升、（b）保持不变或者（c）下降。

最后，图 5-6（c）显示一条向下倾斜的收益率曲线，1 年期债券的利率是 6%，2 年期债券的利率是 5%，3 年期债券的利率是 4%。我们可以应用与向上倾斜的收益率曲线的情形中相同的算法来计算预期一年后和两年后的 1 年期债券的利率。计算结果表明，预期一年后的 1 年期债券的利率是 4%，预期两年后的 1 年期债券的利率是 2%。

我们可以总结出 3 年期债券的利率低于 2 年期债券的利率及 2 年期债券的利率低于 1 年期债券的利率的原因是投资者预期 1 年期债券的利率会从 6%下降到 4%，再到 2%。更一般地，根据预期理论，下倾的收益率曲线是投资者预期未来的短期利率低于当前的短期利率的结果。

预期理论的缺点

预期理论对收益率曲线的斜率给出内在一致的解释。预期理论解释了为什么我们会看到向上倾斜、向下倾斜和平坦的收益率曲线。预期理论也解释了为什么短期和长期利率往往同时涨跌，如图 5-5 所示。自 20 世纪 40 年代以来，美国利率的变动一直是持续性的：利率上升或下降往往持续相当长的一段时间。因此，如果现在短期利率上升，那么投资者会预期未来的短期利率也是高的，根据预期理论，这也会导致长期利率上升。

但预期理论在解释我们前面列举的关于期限结构的第一个重要事实时表现不佳：长期债券的利率通常高于短期债券的利率。换言之，收益率曲线通常是向上倾斜的。预期理论将向上倾斜的收益率曲线解释为投资者预期未来的短期利率会高于当前的短期利率。然而，如果收益率曲线通常是向上倾斜的，那么投资者一定是在大多数时间里预期短期利率上升。这一解释似乎不太可能，因为在任意特定时间内，短期利率升降的可能性相当。我们的结论是预期理论忽视了关于债券市场投资者行为的某些重要的东西。

解决问题 5-2

你能从期限结构中赚到钱吗?

术语套息交易（interest carry trade）是指以较低的短期利率借钱并将该笔资金按较高的长期利率投资。

a. 你会把套息交易策略应用于你的个人投资吗？说明该策略对个人投资者的困难之处（提示：想想你借钱的方式）。

b. 如果你是养老基金或保险公司那样的机构投资者的投资顾问，那么你会建议该投资者用套息交易策略吗？说明该策略对机构投资者的困难之处。

c. 如果收益率曲线是倒挂的或者说向下倾斜的，那么机构投资者还能找到可能的套息交易策略吗？简要说明一下。

解决问题

第一步　复习本章的内容。这个问题涉及理解收益率曲线，所以你也许需要复习“期限结构的预期理论”这一小节。

第二步　通过解释个人投资者从事套息交易是否有利可图来回答 a 部分。收益率曲线通常向上倾斜，于是短期利率通常低于长期利率。因此，短期借款和长期投资似乎是一种可行的投资策略。然而，普通投资者难以使用这一策略，因为收益率曲线中使用的短期利率——例如国债利率——远低于一般投资者借钱的利率。大多数小投资者不得不从银行取得个人贷款、用其持有的证券作为抵押品向经纪人借款，或者用信用卡借款。这类借款的利率均远高于国债利率。因此，如果你是普通投资者，那么你借钱的利率与投资于国债或其他长期债券的利率之间的差距可能很小甚至是负数。

第三步　考虑机构投资者的情况并回答 b 部分。与个人投资者不同，养老基金和保险公司等机构投资者可以按较低的短期利率借钱，并以较高的长期利率投资，因为这些投资者违约风险较低，贷方可以轻松获取关于他们的信息。然而，在实施这一策略时，机构投资者面临的风险是，当他们续借短期贷款时，他们的利率可能已经上升。例如，如果养老基金以 1%的利率借入 1 000 万美元，以 3%的利率投资 10 年期美国国债，那么可能有在 6 个月末短期利率上涨到 1%以上的风险，从而减少养老基金的利润。事实上，如果预期理论是正确的，那么在长期投资期内预期短期利率的平均值应该大致等于长期投资的利率，这会消除套息交易的任何潜在利润。此外，如果利率上升速度超过预期，长期投资的价格会下降，投资者将遭受资本损失。

第四步　通过解释如果收益率曲线反转，套息交易是否仍然可行来回答 c 部分。如果收益率曲线反转，长期利率低于短期利率，那么机构投资者可以借入长期资金并以较高的短期利率投资。在这种情况下，投资者将面临再投资风险（reinvestment risk），即在短期投资到期后新的短期投资的利率已经下降的风险。例如，一家保险公司通过发行5%的长期债券借入1 000万美元，并以7%的利率投资于6个月期国债，可能会发现，当国债到期时，新的国债利率已经降到4%。事实上，预期理论再一次预测，长期贷款期限内预期的短期利率的平均值应大致等于长期贷款利率，这会消除任何潜在的利差交易带来的利润。

我们的结论是，预期理论意味着套息交易策略通常并不是一条致富之道。

见本章末的问题和应用2.10和2.11。

期限结构的分割市场理论

分割市场理论（segmented market theory）通过提出两个相关的观察解决了预期理论的缺点：

（1）债券市场的投资者并不是都有相同的目标。

（2）投资者并不是把不同期限的债券视为彼此完美的替代品。

这两个观察意味着不同期限债券的市场是相互分离的或者说是分割的。因此，一种特定期限的债券的利率仅由这个期限的债券的需求和供给来决定。分割市场理论认识到不是所有投资者都是相同的。例如，大企业通常有大量的现金，并想从中赚取利息，但它们也希望现金是随时可用的。如果你正在为这样一家企业管理这笔资金，那么为了保证资金随时可用，你很可能会把资金配置到短期国债上，而不是配置到企业的钱会被占用若干年的长期国债或中期国债上。类似地，也有只购买短期国债、商业票据和其他短期资产的货币市场共同基金，且根据监管规则不允许其购买长期国债或中期国债。

但在市场的另一端，一些购买中期国债和长期国债的投资者可能几乎不购买短期国债。例如，出售要求公司在投保人死亡时给予赔付的人寿保单的保险公司。公司的精算师能可靠地估计出在任何特定年份公司可能的赔付额。保险公司根据这些估计值购买按计划到期的债券，该计划提供保单赔付所需的资金。如果你在一家保险公司管理资金，那么你就不愿意把20年后才需要用于保险赔付的钱现在投资到短期国债上。投资20年后到期的债券是比投资短期国债更好的投资策略。

纯粹形式的分割市场理论认为，参与一种期限的债券市场的投资者不参与其他期限的债券市场。因此，影响短期国债或其他短期债券需求的因素不影响中期国债或其他长期债券的需求。

此外，分割市场理论还认为，投资者不是把不同期限的债券视为彼此完美的替代品，因为长期债券有两个缺点：（1）长期债券的利率风险比短期债券大；（2）长期债券的流动性不如短期债券。由于这些缺点，投资者需要长期债券比短期债券提供更高的利率来获得补偿。支持分割市场理论的经济学家还认为，希望持有短期债券的投资者（如公司的资金经理）的数量多于希望持有长期债券的投资者（如保险公司）。其结果是相对于长期债券而言，短期债券的价格被推高，收益率被压低。

因而，分割市场理论为收益率曲线为什么通常向上倾斜提供了一种看似合理的解释：短期债券市场中有更多的投资者，导致其价格较高、利率较低，而长期债券市场中的投资者较少，导致其价格较低、利率较高。此外，购买长期债券的投资者要求较高的利率来补偿额外的利率风险和长期债券较低的流动性。因此，分割市场理论在解释期限结构的第一个重要事实方面表现不错。

然而，分割市场理论也有一个严重的缺陷：对期限结构的其他两个重要事实并没有给出一个好的解释。从分割市场理论中很难理解为什么短期利率有时候会高于长期利率。换言之，该理论没有告诉我们为什么收益率曲线偶尔会向下倾斜。如果不同期限的债券市场确实是分割的（也就是说彼此完全独立），那么很难理解关于期限结构的第三个重要事实：所有期限的利率往往是同时上涨和下跌的。

流动性溢价理论

预期理论和分割市场理论均未提供期限结构的完整解释。本质上，它们的缺点源于两种理论均采取极端的立场。在预期理论下，投资者把不同期限的债券视为彼此完美的替代品，而在分割市场理论下，投资者把不同期限的债券视为完全不可相互替代。期限结构的**流动性溢价理论（liquidity premium theory）**［或**期限优先理论（preferred habitat theory）**］把其他两种理论的洞见结合起来而又避免其极端假定，从而提供了一种更完整的解释。

流动性溢价理论认为，投资者把不同期限的债券视为替代品——但不是完美替代品。像分割市场理论一样，流动性溢价理论假定投资者更喜欢期限较短的债券，而不是期限较长的债券。因此，如果长期债券提供的收益率与一系列短期债券相同，那么投资者就不会购买长期债券。然而，不同于分割市场理论，假如投资者能在长期债券上获得足够高的收益率，那么投资者就愿意用长期债券替代短期债券。使投资者愿意购买长期债券而不是一系列类似的短期债券，投资者要求的额外利率叫**期限溢价（term premium）**。因此，流动性溢价理论认为长期债券的利率是在长期债券的有效期内投资者预期的短期债券利率的平均值加上随债券期限增加而上升的期限溢价。

例如，假定 1 年期债券当前的利率是 2%，预期一年后的 1 年期债券的利率是 4%。购买利率为 3%的 2 年期债券会使得投资者刚好一样满意吗？2 年期债券提供的利率与预期两只 1 年期债券的平均利率相同。但由于投资者更喜欢购买 1 年期债券，所以他们必须获得更高的利率（比如 3.25%）作为购买不太喜欢的 2 年期债券的激励。如果 2 年期债券仅提供 3%的利率，那么投资者会改为购买两只 1 年期债券。让投资者把 2 年期债券视为与 1 年期债券不相上下所需的额外的 0.25%就是期限溢价。

债券的期限越长，债券的期限溢价就越大。因此，5 年期债券比 2 年期债券的期限溢价大，20 年期债券的期限溢价比 10 年期债券大。因而，事实上，流动性溢价理论是把一个期限溢价增加到将长期债券利率与短期债券利率联系起来的预期理论的方程上。例如，如果i_{2t}^{TP}是 2 年期债券的期限溢价，那么 2 年期债券的利率是：

$$i_{2t}=\frac{i_{1t}+i_{1t+1}^{e}}{2}+i_{2t}^{TP}$$

更一般地，n 年期债券的利率等于：

$$i_{nt}=\frac{i_{1t}+i_{1t+1}^{e}+i_{1t+2}^{e}+i_{1t+3}^{e}+\cdots+i_{1t+(n-1)}^{e}}{n}+i_{nt}^{TP}$$

解决问题 5-3

用流动性溢价理论计算预期利率

用下表中不同期限的国债的数据回答问题：

1 年	2 年	3 年
1.25%	2.00%	2.50%

假定流动性溢价理论是正确的。如果 2 年期国债的期限溢价是 0.20%，3 年期国债的期限溢价是 0.40%，那么投资者预期的从当时起两年后的 1 年期国债利率是多少？

解决问题

第一步　复习本章的内容。这个问题是关于用流动性溢价理论来计算预期利率的，因此，你也许需要复习“流动性溢价理论”这一小节。

第二步　利用将长期债券利率与短期债券利率联系起来的流动性溢价方程式计算投资者预期的一年后的 1 年期国债利率。根据流动性溢价理论，2 年期债券的利率应等于当前的 1 年期债券的利率与预期一年后的 1 年期债券的利率的平均值再加上期限溢价。该问题告诉我们 2 年期国债的期限溢价是 0.20%，于是我们可以计算预期一年后的 1 年期债券的利率：

$$i_{2t}=2.00\%=\frac{1.25\%+i^{e}_{1t+1}}{2}+0.20\%$$

$$i^{e}_{1t+1}=2.35\%$$

第三步　利用第二步得到的结论计算投资者预期的两年后的 1 年期国债利率。

$$i_{3t}=2.50\%=\frac{1.25\%+2.35\%+i^{e}_{1t+2}}{3}+0.40\%$$

$$i^{e}_{1t+2}=2.70\%$$

见本章末的问题和应用 2.12。

表 5-5　总结了三种利率期限结构理论的关键方面。

表 5-5　利率期限结构的理论

理论	假设	预言	理论解释
预期	投资者有相同的投资目标，对给定的持有期，投资者把不同期限的债券视为彼此的完美替代品	长期债券的利率等于在该持有期内预期的一年期债券的利率的平均值	解释了收益率曲线的斜率及为什么短期和长期债券的利率同时变动。缺点：未解释为什么收益率曲线通常上倾
分割市场	债券市场投资者不是都有相同的目标，投资者不把不同期限的债券视为彼此的完美替代品	不同期限债券的利率是在彼此分离的市场上分别决定的	解释了为什么收益率曲线通常向上倾斜。缺点：未解释为什么收益率曲线偶尔下倾或为什么不同期限债券的利率同时变动

续表

理论	假设	预言	理论解释
流动性溢价	投资者把不同期限的债券视为彼此的替代品，但不是完美替代品	n 年期债券的利率等于这 n 年里预期的 n 只 1 年期债券利率的平均值再加上期限溢价	解释了期限结构的所有三个重要事实

期限结构能预测经济衰退吗？

投资者、企业管理者和政策制定者可以利用利率期限结构中包含的信息来预测经济变量。在预期理论和流动性溢价理论下，收益率曲线的斜率说明债券市场参与者预期的未来的短期利率。此外，如果预期实际利率的波动很小，那么收益率曲线包含对未来的通货膨胀率的预期。要明白为什么，假定你想知道金融市场对五年后的通货膨胀率的预测。如果预期实际利率保持不变，你可以将向上倾斜的收益率曲线解读为预期通货膨胀会上升，导致投资者预期未来更高的名义利率。要对未来的通货膨胀提供一个精确的预测，你还需要估计长期债券的期限溢价。美联储和其他很多金融市场参与者利用收益率曲线来预测未来的通货膨胀。

经济学家和市场参与者也考虑用收益率曲线的斜率来预测衰退的可能性。经济学家已经开始关注期限价差（term spread），期限价差是 10 年期国债收益率与 3 个月期国债收益率之间的差额。圣路易斯联邦储备银行的戴维・C. 惠洛克（David C. Wheelock）和位于奥马哈的内布拉斯加大学的马克・E. 沃哈尔（Mark E. Wohar）发现，从 1953 年开始，期限价差在每一次经济衰退前都显著收窄。也就是说，10 年期国债的收益率相对于 3 个月期国债收益率显著下降。惠洛克和沃哈尔仔细考察了在短期利率高于长期利率的收益率曲线反转之后发生了什么。除了仅有的一次例外之外，每次当 3 个月期国债收益率高于 10 年期国债的收益率时，随后在一年之内发生经济衰退。这些结论表明收益率曲线的斜率是预测经济衰退的一个有用的工具。[①]

我们可以通过检查几条实际的收益率曲线来了解为什么收益率曲线可用于预测衰退。图 5－7 显示了三条收益率曲线：一条略微向下倾斜，一条稍微向上倾斜，一条陡峭向上倾斜。如果我们应用流动性溢价理论，那么从 2007 年到 2016 年的三个特定日期的三条收益率曲线反映了金融市场对经济的预期。

2007 年 2 月的收益率曲线稍有反转，短期利率高于长期利率。在 2006 年和 2007 年，联储想维持相对较高的短期利率来应对由持续上涨的石油价格和房地产繁荣的延续效应导致的不断上升的通货膨胀率。然而，市场参与者可能已经预期到始于 2007 年 12 月的经济衰退了。如我们在第 4 章所见，在衰退期间，由于联储为了刺激经济而采取降低利率的行动，利率通常下跌，短期利率往往比长期利率跌幅更大。在这种情形中，期限结构的流动性溢价理论预言，长期利率应该是低于短期利率的，进而使得收益率曲线反转。

① David C. Wheelock and Mark E. Wohar, "Can the Term Spread Predict Output Growth and Recessions? A Survey of the Literature," *Federal Reserve Bank of St. Louis Review*, Vol. 91, No. 5, September/October 2009, pp. 419－440.

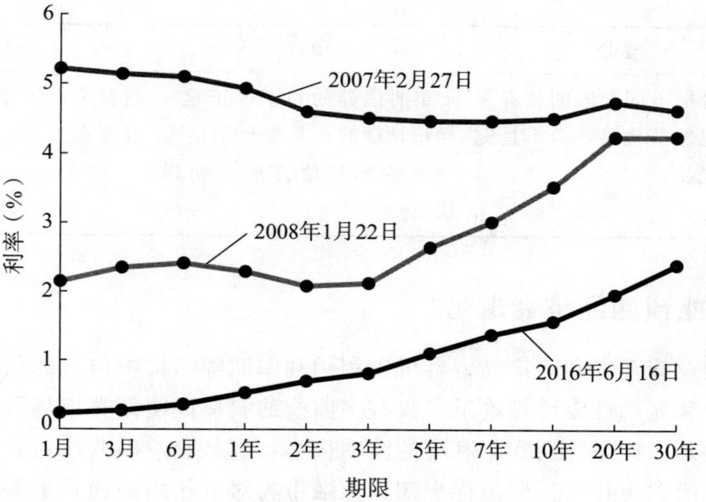

图 5－7　解释收益率曲线

期限结构模型，例如流动性溢价理论，帮助分析师用国债收益率曲线的数据来预测经济的未来走势。因为投资者预计衰退可能导致未来的短期利率低于目前的短期利率，所以 2007 年 2 月的收益率曲线反转。2008 年 1 月的收益率曲线是流动性溢价理论下正常收益率曲线的特征。2016 年 6 月收益率曲线显示异常低的利率反映投资者对美国和世界经济增长放缓的预期将导致美联储和外国央行无限期地将短期利率保持在低位以及央行根据（我们将在第 15 章讨论的）量化宽松政策购买长期债券的影响。

资料来源：U. S. Department of the Treasury.

2008 年 1 月的收益率曲线向上倾斜是流动性溢价理论下正常的收益率曲线的特征。经济到那时已经陷入衰退两个月。然而，投资者预计，随着未来经济活动的增加，信贷需求将增加，导致利率上升。换句话说，投资者预计未来的短期利率将高于当前的水平。因此，收益率曲线向上倾斜。

最下面的收益率曲线来自 2016 年 6 月（也显示在图 5－4 中）。美联储到那时已经采取政策行动将短期利率推至极低水平。许多投资者相信，美国和世界经济增长缓慢将导致美联储和外国央行无限期地把短期利率维持在低位。此外，中央银行根据量化宽松政策直接购买长期债券，我们将在第 15 章进一步予以讨论。这些因素使收益率曲线比正常经济时期更平坦。

回答重要问题

我们在本章开始的时候提出如下问题：

“政府应该更严格地监管信用评级机构吗？”

像我们在本书中将要遇到的其他政策问题一样，这个问题没有确切的答案。我们在本章中已经看到，投资者经常依靠信用评级机构来获得关于债券的违约风险的重要信息。在 2007—2009 年的金融危机期间，很多债券——尤其是抵押贷款支持证券——的违约风险最终被证明比信用评级机构预言的要高得多。一些经济学家和国会议员认为，评级机构对那些债券给出夸大的评级，因为由发行债券的企业给评级机构付费会给评级机构带来利益冲突。但其他经济学家认为，在刚给出评级的时候评级可能是准确的，但由于房地产崩盘及其所导致的金融危机超乎预料的严重性，这些债券的信誉大幅下降。尽管金融危机后对评级机构的监管有所加强，但依然是发行债券的公司和政府继续向评级机构付费。目前，在没有另一场金融危机的情况下，监管上似乎不太可能发生重大变化。

重要术语和问题

重要术语

债券评级	流动性溢价理论（或期限优先理论）	分割市场理论
违约风险（或信用风险）	市政债券	期限溢价
预期理论	利率的风险结构	利率的期限结构

5.1　利率的风险结构

解释为什么期限相同的债券会有不同的利率。

复习题

1.1　简要说明为什么期限相同的债券的利率通常不同。

1.2　债券评级如何与债券发行人的信誉相关？

1.3　低流动性债券的利率相对于高流动性债券的利率怎么样？信息成本高的债券的利率相对于信息成本低的债券的利率怎么样？

1.4　投资者从债券中能获得哪两种收入？对每种收入如何征税？

1.5　比较下列债券的息票的税收待遇：休斯敦市发行的债券、苹果公司发行的债券及美国财政部发行的债券。

问题和应用

1.6　为什么债券评级机构会降低对公司债券的评级？画一幅债券的需求和供给图形来说明评级下调对债券的影响。给出评级下调前后债券的需求和供给曲线及均衡价格。

1.7　根据穆迪，“Aaa 评级的债务被判定为质量最高、信用风险最小。”

a. 穆迪提到的“债务”指的是什么？

b. 穆迪所说的“信用风险”的意思是什么？

资料来源：Moody's Investors Service, *Moody's Rating Symbols and Definitions*, May 2016, p. 5.

1.8　【开篇案例】本章开篇案例中提到的阿弗莱克债券被穆迪评为 A－，而 AMD 债券被评为 CCC。

a. 这些评级是否有助于解释本章开篇案例中提到的公司债券收益率的差异？简要解释一下。

b. 就在 AMD 债券的收益率超过 10% 的时候，《华尔街日报》的一篇文章指出 AMD“正在努力降低虚拟现实的成本，同时推出一系列价格为 199 美元的新系列图形硬件，价格比同类产品低一半甚至更多。”如果 AMD 成功地通过销售新的虚拟现实硬件而获得巨额利润，对其债券收益率可能会产生什么影响？用 AMD 债券市场的图形来说明你的答案。

资料来源：Don Clark, “AMD Prices 3-D Tech to Spur Virtual Reality Market,” *Wall Street Journal*, May 31, 2016.

1.9　根据《华尔街日报》的一篇文章，2016 年由玩具连锁店 Toys “R” Us 发行的债券将于2018年到期并有10%的息票，其交易价格为“面值的31%”。为什么投资者会以面值的31%的价格卖出这些债券，而不是把债券持有两年直至债券到期时获得面值的100%？该债券可能已经收到以下哪个评级：AAA、BBB或CCC？简要解释一下。

资料来源：Matt Wirz and Matt Jarzemsky, “Toys ‘R’ Us Poses a Test for Junk-Bond Markets,” *Wall Street Journal*, February 21, 2016.

1.10 【解决问题5-1】2016年，《经济学人》杂志关于中国债券市场的一篇文章指出：“AAA评级的公司债券与政府债券的收益率之间的利差在今年1月跌至不足0.4个百分点的历史低点。”就投资者对公司债券违约风险的预期而言，利差下降的含义是什么？用一个说明公司债券市场的图形和另一个说明中国政府债券市场的图形来描述中国债券市场的情况。

资料来源：“Risky Returns,” *Economist*, May 7, 2016.

1.11 【联系实际5-1】根据《华尔街日报》的一篇文章，2016年5月，“社会金融公司，即SoFi，在新债券交易上首次获得穆迪公司给予的最高信用评级。”

a. 穆迪最高的信用评级是什么？该评级为投资者提供了什么信息？

b. 穆迪是如何通过给SoFi这样的债券评级来赚取收入的？投资者应该关注穆迪如何从评级债券中获得收入吗？简要解释一下。

资料来源：Telis Demos and Peter Rudegeair, “Online Lender SoFi’s Bond Deal Receives Highest Moody’s Rating,” *Wall Street Journal*, May 21, 2016.

1.12 【联系实际5-1】根据2016年《华尔街日报》发表的一篇文章，“穆迪投资者服务公司已经同意支付1.3亿美元来终止一起引发危机时期不当行为的著名诉讼。”文章还指出：“该行业的商业模式仍未改变。”

a. 该行业的商业模式是什么？

b. 在2007—2009年金融危机期间，该行业的商业模式与评级机构被指控的不当行为之间是否有关联？简要解释一下。

c. 为什么行业的商业模式仍未改变？

资料来源：Timothy W. Martin, “Moody’s to Pay Calpers $130 Million to Settle Lawsuit,” *Wall Street Journal*, March 9, 2016

1.13 从2009年开始，国会授权州和城市可以发行建设道路、桥梁和学校的“建设美国债券”。然而，与普通的市政债券不同，建设美国债券的息票是应纳税的。你预计这些债券的利率会高于还是低于可比的市政债券的利率？简要解释一下。

1.14 《纽约时报》的一篇文章的标题是，“西班牙债券收益率飙升”。

a. 我们能否从标题中看出对西班牙政府债券的需求是在增加还是减少？简要解释一下。

b. 我们能否从标题中看出西班牙政府债券的价格是在上涨还是下跌？简要解释一下。

c. 文章指出，西班牙正在“吞下十年雄心勃勃且经常不加控制的基础设施和服务支出的苦果”。这一看法与该文章的标题有什么关系？

资料来源：Raphael Minder and Liz Alderman, “Spanish Bond Yields Soar,” *New York Times*, July 23, 2012.

1.15 【联系实际5-2】根据2016年《经济学人》杂志发表的一篇关于欧洲垃圾债券市场的文章，“垃圾债券发行人支付的息差（超过政府借款利率的利息溢价）自去年3月以来已经上涨了近3.5个百分点。”

a. 你如何知道新发行的债券是不是垃圾债券？

b. 为什么政府债券和垃圾债券之间的利差一直在上升？

c. 与购买政府发行的债券相比，这种利差增加会使垃圾债券成为更好或更差的投资吗？简要解释一下。

资料来源："The Crazy World of Credit," *Economist*, January 30, 2016.

1.16 假设在持有收益率不变的情况下，投资者对持有联邦政府发行的债券还是州和地方政府发行的债券感到无关紧要。（也就是说，他们认为债券在违约风险、信息成本和流动性方面是相同的。）假设州政府已经发行了息票为 75 美元的永续债券，联邦政府也发行了息票为 75 美元的永续债券。如果州和联邦的永续债券都有 8%的税后收益率，那么税前收益率是多少？（假设相关的联邦所得税税率为 39.6%。）

5.2 利率的期限结构

解释为什么期限不同的债券会有不同的利率。

复习题

2.1 在他的回忆录中，联邦储备委员会前主席伯南克评论说："在形成较长期的利率时，市场参与者会考虑他们对短期利率演变的预期。"解释他的意思。

资料来源：Ben S. Bernanke, *The Courage to Act: A Memoir of a Crisis and Its Aftermath*, New York: W. W. Norton, & Company, 2015, p. 75.

2.2 国债收益率曲线如何说明利率的期限结构？

2.3 关于期限结构的三个关键事实是什么？

2.4 简要描述三种期限结构理论。

问题和应用

2.5 【开篇案例】本章开篇案例中指出，在 2016 年中，你可以通过购买 3 个月期国债赚取 0.25%的利率或通过购买 30 年期国债获得 2.6%的利率。简要解释一下当投资者购买 30 年期国债能获得 10 倍的利率时，财政部如何能找到 3 个月期国债的买家。

2.6 假定你想投资三年以获得最高的可能收益。你有三个选项：(a) 将三只 1 年期债券展期，第一年支付 8%的利率，第二年支付 11%的利率，第三年支付 7%的利率；(b) 先购买一只利率为 10%的 2 年期债券，再把该债券到期后获得的金额投资于利率为 7%的 1 年期债券；(c) 购买一只利率为 8%的 3 年期债券。假定按年计算复利、无息票支付、没有买卖债券的成本，你会选择哪个选项？

2.7 假定你在 2018 年 1 月 1 日有 1 000 美元投资于债券市场。你可以购买利率为 4%的 1 年期债券，利率为 5%的 2 年期债券，利率为 5.5%的 3 年期债券，利率为 6%的 4 年期债券。你预期未来的 1 年期债券的利率在 2019 年 1 月 1 日为 6.5%，在 2020 年 1 月 1 日为 7%，在 2021 年 1 月 1 日为 9%。你想将你的投资一直持有至 2022 年 1 月 1 日。下列哪一个投资选择到 2022 年能为你提供最高的收益：(a) 2018 年 1 月 1 日购买一只 4 年期债券；(b) 2018 年 1 月 1 日购买一只 3 年期债券，2021 年 1 月 1 日购买一只 1 年期债券；(c) 2018 年 1 月 1 日购买一只 2 年期债券，2020 年 1 月 1 日购买一只 1 年期债券，2021 年 1 月 1 日再购买另一只 1 年期债券；(d) 2018 年1 月 1 日购买一只 1 年期债券，然后在2019年、2020年和2021年的第一天各购买一只1年期债券？

2.8 假定1年期国债当前的利率是3%，投资者预期1年期国债利率在未来三年分别是2%、3%和2%。利用预期理论计算2年期、3年期和4年期国债当前的利率。

2.9 【联系实际5-3】2016年春季，cnbc.com上的一篇文章指出："基准10年期日本国债（日本政府债券）的收益率已转为负值，这实质上意味着债券持有人正在为向日本政府提供贷款的权利付出代价。"债券持有人为什么要为借钱给日本政府而付费？难道不应该是借钱的日本政府向债券持有人付钱吗？

资料来源：Leslie Shaffer，"Why JGB Yields Won't Keep Falling Deeper into Negative Yield," cnbc.com，April 3，2016

2.10 【解决问题5-2】《华尔街日报》援引一位匿名的亿万富翁投资者的话："有过不以失败告终的套息交易吗？"什么是套息交易？为什么套息交易会以失败告终？

资料来源：Robert Frank，"Where Billionaires Are Putting Their Money," *Wall Street Journal*，September 15，2010.

2.11 【解决问题5-2】美国短期国债利率通常比美国中期国债和长期国债的利率低得多。如果联邦政府想降低借款支付的利率，为什么财政部不停止出售中期国债和长期国债只出售短期国债？

2.12 【解决问题5-3】用表中的国债数据回答问题：

1年	2年	3年
0.75%	1.25%	2.00%

假定流动性溢价理论是正确的，如果2年期国债的期限溢价是0.10%，3年期国债的期限溢价是0.25%，那么这一天投资者预期两年后的1年期国债的利率是多少？假设三种证券都是不付息票的贴现债券。

2.13 2016年，当10年期德国政府债券的利率变为负数时，《华尔街日报》的一篇文章指出，10年期债券的利率部分取决于投资者对未来短期利率的预期。文章还指出，"投资者似乎并没有改变他们对……未来的（短期）利率的看法。"如果文章是正确的，那么预期理论能解释为什么10年期德国政府债券的利率下跌吗？流动性溢价理论能解释吗？简要说明一下。

资料来源：Jon Sindreu，"Are German Bonds Riding a Bubble?" *Wall Street Journal*，June 14，2016.

2.14 以下引自《华尔街日报》的一篇文章，描述了美国国债市场当天发生的事件："美国国债价格涨跌互现，曲线短端上升，较长期的国债价格下跌。"在一张图中绘制两条国债收益率曲线：一条曲线显示当天的情况（如文中所述），一条曲线显示前一天的情况。将一条曲线标记为"今天"，将另一条曲线标记为"前一天"。一定要标记收益率曲线图的两个轴。

资料来源：*Wall Street Journal*，February 22，2008.

2.15 2016年，《华尔街日报》的一篇文章认为，"10年期国债收益率的最新下跌导致收益率曲线趋于平缓……这令人不安。"

a. 文章中的"收益率曲线变平"意思是什么？

b. 为什么收益率曲线的扁平化会令人不安？

资料来源：Justin Lahart，"The Yield Curve's Message for the Fed," *Wall Street Journal*，June 9，2016.

数据练习

D5.1 【收益率曲线与衰退】登录圣路易斯联邦储备银行（FRED）网站（fred. stouisfed. org），在同一个图中下载从 1957 年 1 月到现在的 3 个月国债（TB3MS）和 10 年期国债（GS10）的数据系列。访问美国国家经济研究局（nber. org）的网站，查找商业周期高峰和低谷的日期（商业周期高峰和低谷之间的时间段）。收益率曲线在哪些月份是反转的？哪些反转时期在随后一年内发生经济衰退？

D5.2 【用收益率曲线预测】登录 www. treasury. gov 并找到 “Daily Treasury Yield Curve Rates”（每日国债收益率曲线利率）页面。简要描述收益率曲线的当前形状。你能用收益率曲线得出债券市场投资者对未来经济的预期的结论吗？

D5.3 【高等级债券与垃圾债券的利差】登录圣路易斯联邦储备银行（FRED）网站（fred. stlouisfed. org），从 1997 年 1 月至今，下载美国银行美林公司美国公司 AAA 有效收益率（BAMLC0A1CAAAEY）和美国银行美林公司美国高收益 CCC 及以下的有效收益率（BAMLH0A3HYCEY）的数据系列。描述在此期间高等级公司债券和垃圾债券收益率之间的差异是如何变化的。

第6章 股票市场、信息与金融市场效率

学习目标

学完本章之后，你应该能够：

6.1　描述股票市场的基本运行机制；

6.2　说明股票价格是如何决定的；

6.3　说明理性预期假设与有效市场假说的联系；

6.4　讨论现实中的金融市场效率；

6.5　描述行为金融学的基本概念。

开篇案例

你愿意投资股市吗？

每个人似乎都喜欢苹果公司。从 iPod 到 iPhone，从 iPad 到 Apple Watch，该公司已经发布了一款又一款热门产品。但投资苹果有多好？假设你的祖父母在 2000 年给了你 1 000 股苹果的股票。如果你在 2016 年 6 月之前持有股票，那么你的投资会发生什么？如下表所示，2016 年你的 1 000 股股票的美元价值将比 2000 年高出 23 倍。但该表还显示，你的投资价值像溜溜球一样上下波动。但苹果只是一只股票。如果你的股票市场投资分散在一组股票中会怎么样？

日期	苹果股票的每股价格（美元）	1 000 股苹果股票的价值（美元）
2000 年 4 月	4.08	4 080
2000 年 12 月	0.98	980
2005 年 2 月	5.90	5 900
2007 年 11 月	23.96	23 960
2009 年 2 月	11.74	11 740
2015 年 5 月	127.67	127 670
2016 年 6 月	95.33	95 330

道琼斯工业平均指数（通常被称为“道琼斯指数”）是衡量美国股市表现的最著名的指标，是30家大型企业的股票价格的平均值。如果你在2000年投资道琼斯指数，到2003年初你的投资将下降超过25%。但是，好消息来了！从2003年初到2007年秋季，你的投资将增加75%以上……然后在2007年秋季到2009年春季之间下降超过50%……在2009年底之前反弹近50%。因此，你对道琼斯指数的投资就像你对苹果的投资一样不稳定。

显然，购买股票不适合谨慎的投资者。但什么能解释股票价格的波动性？更重要的是，股票市场在金融体系和经济中发挥什么作用？虽然股市一直波动很大，但股价在过去15年的波动特别大。2007—2009年金融危机期间的股价暴跌使许多投资者感到不安，其中一些投资者将股票市场中的所有储蓄都取出来，并发誓永远不会再回来。

股票价格波动是否对经济的生产和就业至关重要？还是它们主要与投资者有关？你是否应该避开股票市场并将储蓄投入波动较小的投资中？我们将在本章探讨这些问题。

重要议题和问题

议题：股票价格波动剧烈。

问题：股市波动性影响更广泛的经济吗？

股票市场是大企业的一个重要的资金来源。股票市场也是数百万个人投资者为购买大件商品和退休而储蓄的场所。储蓄者有时候购买个股，但更多的时候他们的股市投资是采取共同基金或养老基金的形式。我们在这一章讨论股票市场并考察股票价格的决定因素。

6.1 股票和股票市场

如我们在第1章所见，投资者通过购买一家公司的股票而成为该公司的部分所有者。作为所有者的股票持有人，有时也叫股东，拥有对企业的利润及其净资产的法定要求权，净资产是企业的资产价值与其负债价值之间的差额。由于企业的股票所有权代表对企业的部分所有权，股票有时候也叫作股权。债券代表的是债务而不是股权。大多数企业会发行数百万股股票。例如，截至2016年，苹果公司已经发行了50多亿股股票，因此，大多数股东只拥有所投资企业的非常小的一部分。

作为一家企业的唯一所有者的个体业主以及作为合伙人共同拥有一家企业的人通常对企业的债务负有无限责任。如果企业破产，那么债权人可以对所有者的个人资产提出要求。持有**公司（corporation）**制企业股票的投资者受到有限责任的保护。**有限责任（limited liability）**是保护公司所有者的损失不会超过其在公司的投资额的法律条款。如果你曾购买了价值10 000美元的共和航空公司的股票，那么这就是你在该公司2016年破产时会遭受的最大损失。从法律的角度来看，公司是与其所有者相分离的法“人”。如果没有有限责任的保护，那么很多投资者就不会投资于那些重大决策是由企业的经理而不是股东做出的企业。

普通股和优先股

目前主要有两类股票：普通股和优先股。两类股票虽然都代表公司的部分所有权，但也有一些重要区别。公司是由董事会经营管理的，董事会任命公司的高层管理人员，如首席执行官（chief executive officer，CEO）、首席运营官（chief operating officer，COO）和首席财务官（chief financial officer，CFO）。普通股股东可以选举董事会成员，但优先股股东在选举中没有投票资格。

公司是通过支付**股息（dividend）**将其部分利润分配给股东的，股息通常是按季度支付的。优先股股东收到公司在发行股票时已确定的固定股息。普通股股东收到随公司盈利能力变动而波动的股息。遭遇亏损的公司可能会决定中止支付股息，但如果公司确实支付股息，那么在向普通股股东发放任何股息之前，公司必须首先支付承诺给优先股股东的股息。如果公司宣布破产，那么首先要偿付购买公司债券或向公司发放贷款的债权人（投资者和金融机构），然后偿付优先股股东。如果还有剩余的钱，那么公司才能偿付普通股股东。

一家企业的普通股和优先股的总市场价值叫作企业的市值。例如，2016 年底，苹果公司股票的总价值——进而苹果的市值——约为 6 280 亿美元，是美国最大的公司。

如何以及在哪里买卖股票？

虽然美国有超过 500 万家公司，但只有大约 5 100 家是在美国股票市场上出售股票的**上市公司（publicly traded company）**。其余的公司，连同数百万家个体企业和合伙制企业都是私人企业（private firm），即它们不发行在股票市场上买卖的股票。

正如“汽车市场”是指买卖汽车的场所那样，“股票市场”是指买卖股票的场所。就股票而言，因为股票的电子交易已经变得日益重要，所以“场所”既包括物理场所，也包括虚拟场所。此外，当很多人想到美国股票市场时，他们想到的是位于纽约华尔街的纽约股票交易所（New York Stock Exchange，NYSE）的大楼。纽约股票交易所是一个在交易场地面对面买卖股票的**股票交易所（stock exchange）**的例子。交易发生在每个营业日上午 9:30 到下午 4:00 这段时间。很多美国大公司，如 IBM、麦当劳和沃尔玛，都是在纽约股票交易所的主板上市。近年来，虽然一些交易仍然在交易所的场地内完成，但纽约股票交易所的很多交易是通过电子方式完成的。纳斯达克（NASDAQ）股票市场的交易是完全电子化的，纳斯达克的名称来自全国证券交易商协会。纳斯达克市场是一个**场外市场（over-the-counter market）**的例子，证券交易商在场外市场通过电脑联结起来买卖股票。场外市场的交易商努力匹配收到的来自投资者买卖股票的指令。证券交易商维持其交易的股票的一定存货来平衡买卖指令。

请牢记一级市场和二级市场的区别。就像在债券市场上一样，股票市场上大多数的买卖都是现有的股票而不是企业新发行的股票。因此，股票和债券的二级市场要比一级市场大得多。

传统上，个人投资者是通过在股票经纪人处开设账户来购买股票的，如美林证券（现已成为美国银行的一部分）。经纪人为投资者买卖股票并收取佣金作为自己的报酬。现在很多投资者买卖个别股票都是通过在线经纪公司，如 E* TRADE 或 TD Ameritrade。在线经纪人通常比传统经纪人收取更低的佣金，但他们通常不提供传统经纪人所提供的投资建议和其他服务。很多投资者更喜欢购买股票共同基金，而不是个股。由于像富达国际投资公司的麦哲伦基金那样的股票共同基金在投资组合中持有很多股票，所以它们为投资者提供了分散化的好处。

5 100 家美国上市公司仅占全世界股票交易所上市公司的约 10%。图 6-1 展示了按上市股票总市值排名的全球 10 大股票市场。虽然纽约股票交易所仍然是全世界最大的股票市场，但外国股票市场的规模一直在快速增长。像索尼、丰田和诺基亚那样的外国大企业的股份是以美国存托凭证（American Depository Receipt）的形式间接地在纽约股票交易所上市交易的，美国存托凭证是保存在外国的股份收据。一些共同基金，如先锋（Vanguard）全球股票基金，也投资于外国企业的股票。通过在外国的一家当地经纪公司开设一个账户，购买在外国的股票交易所上市的个股也是可能的。虽然曾经只有富人才能直接投资于外国股票市场，但现在互联网已经使得一般投资者研究外国企业和建立外国经纪账户变得非常容易。

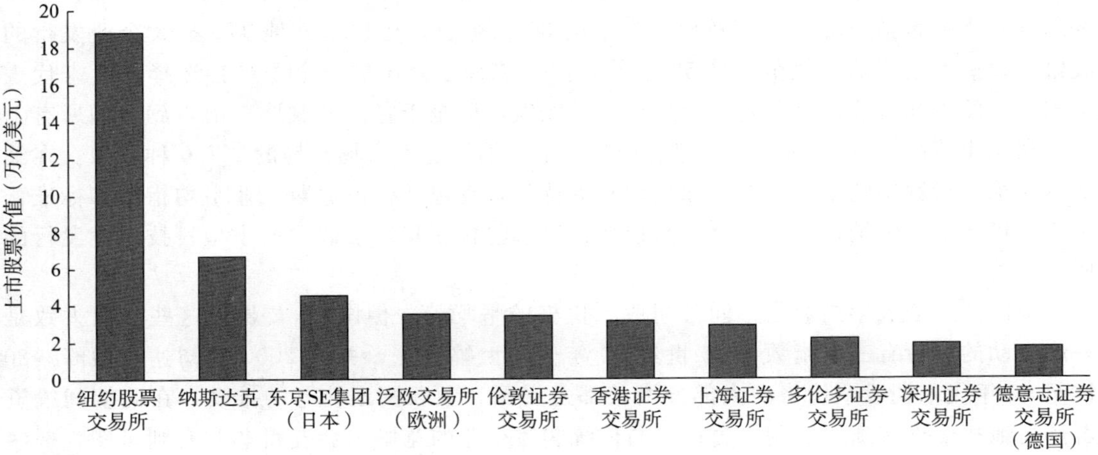

图 6-1　世界股票交易所（2015 年）

纽约股票交易所仍然是全世界最大的股票交易所，但其他交易所的规模一直在增长。交易所是按在交易所交易的股份总市值排名的。

注：虽然各交易所独立运作，但纽约股票交易所拥有泛欧交易所。

资料来源：www.world-exchange.org.

度量股票市场的表现

如果我们想度量通货膨胀，那么不能只看一种商品的价格。因为这么做会有误导性，比方说，当其他很多商品价格在上涨的时候汽油价格却在下降。当政府度量通货膨胀时，劳工统计局的雇员先要计算消费者价格指数（consumer price index，CPI），CPI 是很多商品和服务的平均价格。类似的，当我们想度量股票市场的表现时，我们不能只跟踪任何一家公司的股票价格，即使是像苹果、沃尔玛和通用汽车那样既庞大又重要的公司也不行。

我们用**股票市场指数（stock market index）**度量股票市场的整体表现，股票市场指数是股票价格的平均值，就像 CPI 是商品和服务价格的平均值一样。牢记像 CPI 或股市指数那样的指数值的两个要点：

(1) 这些数字不是用美元或任何其他单位来衡量的。我们把叫作基期的特定时期的指数值设为 100。因为设计的指数旨在表现变量随时间推移的变化，所以选为基准年的年份并不重要。

(2) 指数值本身没有意义：指数值的变化非常重要。例如，2016 年 6 月的 CPI 值为 240。没有人对这个值本身很感兴趣，但对 CPI 从 2015 年 6 月的 237 上涨到 240 这一事实感兴趣，因为它告诉我们的是该年的通货膨胀率为$\left(\frac{240-237}{237}\right)\times 100\%=1.3\%$。类似地，某一天的股票市场指数值不如指数值从前一天、上个月或前一年到现在的变化有意义。

最受广泛关注的股票指数是出现在《华尔街日报》网站首页的三个指数：道琼斯工业平均指数（Dow Jones Industrial Average，DJIA）、标准普尔 500 指数（S&P500）和纳斯达克综合指数（NASDAQ Composite）。虽然道琼斯工业平均指数只是 30 家大企业的股票价格的平均值，包括可口可乐、微软和迪士尼，却是很多个人投资者最熟悉的指数。标准普尔 500 指数包括道琼斯工业平均指数中的 30 家企业，还包括其他 470 家大企业发行的股票，每一家公司的市值至少是 50 亿美元。标准普尔公司的一个委员会选择企业来代表美国经济的不同行业。这些企业的规模非常庞大，以至于它们的股票市值占到美国所有上市公司总市值的 80%。纳斯达克综合指数包括在纳斯达克市场交易的 2 750 种股票。在纳斯达克综合指数中的某些企业，如微软和英特尔，也包括在道琼斯工业平均指数和标准普尔 500 指数中，但纳斯达克综合指数包括很多未包含在其他指数中的小型科技企业发行的股票。

虽然这三个股票指数是不同公司股票价格的平均值，但图 6－2 显示这些指数大致是一起变动的。所有三个指数在 20 世纪 90 年代末大幅上涨，并在 2000 年初达到顶峰。20 世纪 90 年代末期股票价格的大部分增长都是受到“互联网泡沫”的推动，在此期间投资者热情地相信许多新兴的网络公司在与传统实体企业的竞争中会变得非常有利可图。一些互联网公司，如亚马逊，确实取得成功并变得有利可图，但其他网站，如 Pets. com、eToys. com 和 Webvan. com 则没有成功。由于纳斯达克综合指数比其他两个指数包含更多的网络股票，所以它在 2000 年初飙升到一个特别高的峰值。由于投资者确信许多网络公司不会盈利，所有三个指数都急剧下跌，但纳斯达克综合指数跌幅最大。2001 年的经济衰退也导致股价普遍下跌。

道琼斯工业平均指数和标准普尔 500 指数从互联网泡沫的破灭中复苏，在 2007 年秋季创下新的历史高点。金融危机和 2007 年 12 月开始的经济衰退导致三大指数大幅下滑，直至 2009 年春季三个指数才开始恢复。在华尔街行话中，股票价格从之前的低点上涨超过 20%叫作牛市，而股票价格从之前的高点下跌超过 20%叫作熊市。因此，在图中所涵盖的时期内，美国股市经历了三个牛市和两个熊市。

股票市场的表现对经济有影响吗？

图 6－2 显示股市经历了大幅波动。这些波动会影响拥有股票的投资者的个人财务状况，但波动是否会通过引起就业和生产波动而影响整体经济？股票价格的上涨和下跌会影响家庭和企业的支出，从而影响经济。股价上涨会带来支出增加，支出增加又会带来生产和就业增加。股价下跌会导致支出减少，支出减少又会导致生产和就业减少。大多数经济衰退之前都出现股价下跌，这使得股票价格成为经济衰退的领先指标。然而，并不是每次

经济衰退之前都会出现股价下跌，而且并不是每次股价下跌都伴随着经济衰退。因此，股价下跌不是经济衰退的可靠预测因素。

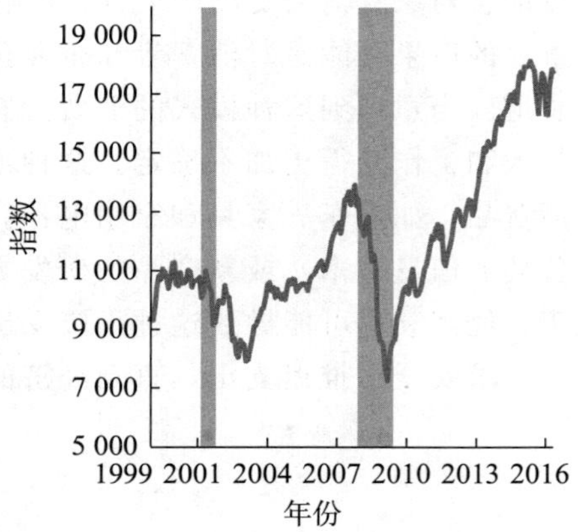

(a) 道琼斯工业平均指数

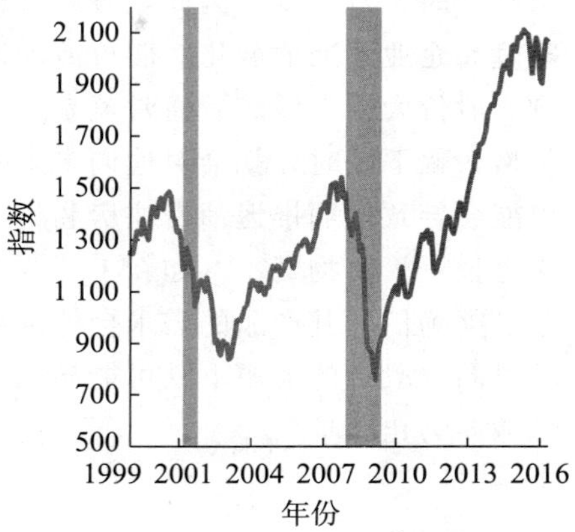

(b) 标准普尔500指数

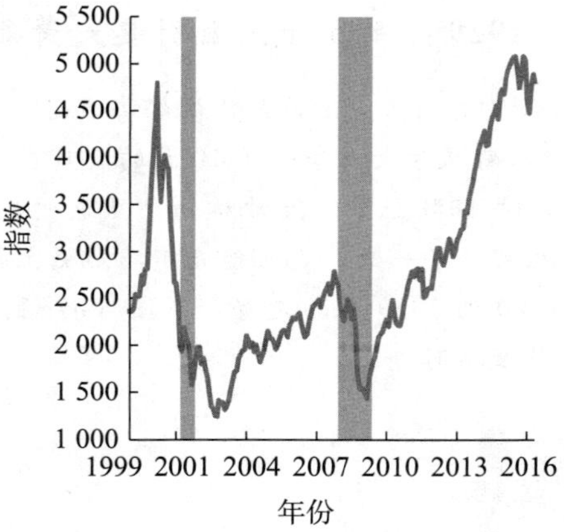

(c) 纳斯达克综合指数

图 6－2　股票市场的波动（1999 年 1 月—2016 年 5 月）

投资者可以通过股票市场指数（即股票价格的平均值）来跟踪美国股市的表现。最受关注的指数是道琼斯工业平均指数、标准普尔 500 指数和纳斯达克综合指数。图中显示所有三个指数都遵循大致相似的模式，但纳斯达克指数在 2000 年初达到一个特别高且在随后超过 15 年再没有达到的峰值。阴影区域代表经济陷入衰退的年份。

股票价格变化对支出的影响主要通过三个渠道发生：

（1）**企业股权融资成本的变化。**大公司利用股票市场作为业务扩张的重要资金来源。通过股票销售来为支出融资叫作股权融资。较高的股票价格使公司更容易通过发行新股来为实际的实物投资（如工厂和机械）或研发投资提供资金。较低的股票价格使公司更难以为此类支出融资。

（2）**家庭财富的变化。**股票构成家庭财富的重要组成部分。当股票价格上涨时，家庭财富也会上升，当股票价格下跌时，家庭财富也会下降。例如，从 1995 年到 2000 年间股票价格的上涨使财富增加了 9 万亿美元，而从 2000 年到 2002 年间股票价格的下跌则摧毁了 7 万亿美元的财富。同样，2007 年秋季和 2009 年春季之间的股价下跌也摧毁了 8.5 万亿美元的财富。家庭在财富增加时花费更多，在财富减少时花费更少。因此，股票价格波动会对家庭消费支出产生重大影响。

(3) 家庭和企业预期的变化。股价波动最重要的后果可能是对消费者和企业预期的影响。股价大幅下跌之后通常就是经济衰退。当意识到这种模式的消费者看到股票价格大幅下跌时，就会对他们未来的收入和工作变得更加不确定。这种不确定性可能会导致他们推迟消费住房和耐用消费品，如汽车、家具和家用电器。在企业决定投资于实物资本（如新工厂、办公楼或信息技术）或新产品的研发之前，企业必须确信对其产品的需求会持续数年。经济衰退可能导致这种投资支出变得无利可图。股价的大幅下跌可能导致公司力求安全并推迟支出，直到经济的不确定性减弱为止。

联系实际 6-1

1929 年的股市崩盘引起大萧条?

20 世纪 30 年代的大萧条是美国历史上最严重的经济衰退。虽然生产和就业在 1929 年 8 月就开始下降，但当时大多数人都认为大萧条始于 10 月的股市崩盘。10 月 28 日星期一，纽约股票交易所的股票价格下跌超过 10%。第二天被称为“黑色星期二”，被一位经济学家描述为“纽约股票市场历史上最具破坏性的一天，也可能是市场历史上最具破坏性的一天。”下图（a）显示标准普尔 500 指数从 1920 到 1939 年的走势。下图（b）显示同期实际 GDP 的变动情况。（阴影区域代表大萧条的经济衰退时期。）

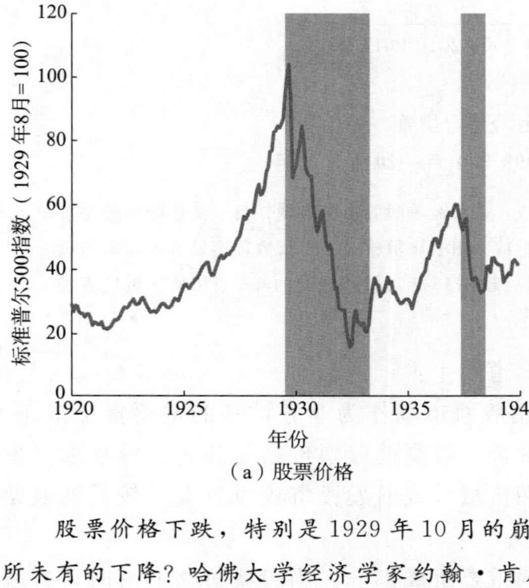

（a）股票价格

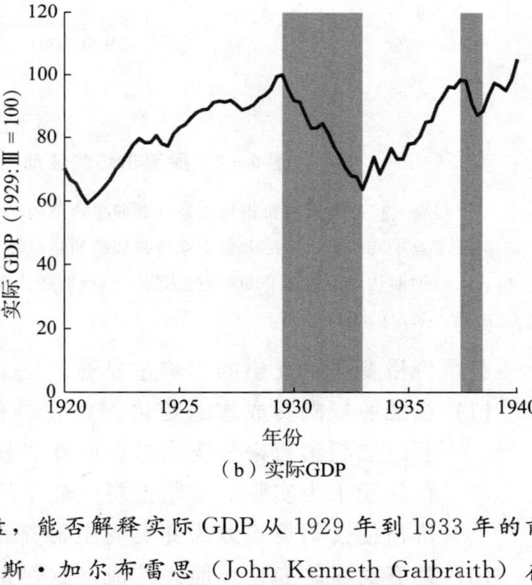

（b）实际GDP

股票价格下跌，特别是 1929 年 10 月的崩盘，能否解释实际 GDP 从 1929 年到 1933 年的前所未有的下降？哈佛大学经济学家约翰·肯尼斯·加尔布雷思（John Kenneth Galbraith）在 1955 年出版的一本畅销书《1929 年的大崩盘》一书中指出，通过摧毁财富和减少来自资本利得的收入，股市崩盘减少了消费支出，特别是耐用消费品上的支出。股市崩盘也降低了家庭和企业对未来经济繁荣的信心，进一步降低了支出。结果是，这场崩溃加剧了 8 月开始的经济衰退的严重程度，将原本正常的经济衰退转变为大萧条。

后来的经济学家质疑加尔布雷思的分析。自 1929 年以来，股市经历了相当大的下跌而没有引发另一次萧条。例如，标准普尔 500 指数在 1987 年 10 月 19 日下跌 20%以上——这是有史以来最大的单日跌幅，几乎是 1929 年 10 月 29 日跌幅的两倍。然而在接下来的几个月里，美国经济甚至没有遭受经济衰退，更不用说萧条了。芝加哥大学的诺贝尔奖获得者米尔顿·弗里德曼（Milton Friedman）和国家经济研究局的安娜·施瓦茨（Anna Schwartz）提出一个非常有影响力的论点，即始于 1930 年秋季的美国银行体系崩溃而不是股市崩盘可以解释大萧条的严重程度。（我们在第 12 章会再次回到这个论点。）

不过，一些经济学家确实认为股市崩盘在大萧条的严重程度中发挥了重要作用。加州大学伯克利分校的经济学家，美国总统巴拉克·奥巴马领导下的经济顾问委员会前主席克里斯蒂娜·罗默（Christina Romer）认为，1929 年的崩溃比后来的崩溃更加严重和持久，如 1987 年的崩溃。1929 年 12 月，股价已经从峰值下跌了 32%。这种下跌提高了消费者对未来收入的不确定性，这使他们大大减少了对汽车、家具和家用电器等耐用消费品的支出。此外，由于消费者贷款合同的结构与现在不同，消费者更不愿意借钱购买耐用品。正如加州大学伯克利分校的玛莎·奥尔尼（Martha Olney）所表明的那样，如果 20 世纪 20 年代的消费者错过一笔付款，那么贷款人可以收回汽车或其他耐用品，无须向消费者补偿任何自有资金。即使你已经偿还 600 美元汽车贷款中的 500 美元，但是如果你错过还款，也会损失全部金额。在股市崩溃和 1930 年 1 月之间，汽车销售额下降了近 25%。罗默认为，消费者对耐用品消费的下降是理解为什么实际 GDP 在大萧条初期下降得如此之快的关键。

关于 1929 年股市崩盘对大萧条的影响有多大的分歧反映了经济学家对金融体系与生产和就业的实体经济相互作用方式更广泛的意见分歧。我们在第 12 章讨论金融危机时再回到这些问题。

资料来源：John Kenneth Galbraith, *The Great Crash, 1929*, Boston: Houghton-Mifflin, 1955; Milton Friedman and Anna J. Schwartz, *A Monetary History of the United States, 1867—1960*, Princeton: Princeton University Press, 1963; Christina D. Romer, "The Great Crash and the Onset of the Great Depression," *Quarterly Journal of Economics*, Vol. 105, No. 3, August 1990, pp. 597 - 624; and Martha Olney, *Buy Now, Pay Later: Advertising, Credit, and Consumer Durables in the 1920s*, Chapel Hill, NC: University of North Carolina Press, 1991. 股票市场图形的数据摘自 Robert J. Shiller, "Stock Market Data Used in 'Irrational Exuberance,' Princeton University Press, 2000, 2005, 2015, updated," 并根据 1929 年 8 月为 100 调整了值；实际 GDP 数据来自 Robert J. Gordon, ed., *The American Business Cycle, Continuity and Change*, Chicago: University of Chicago Press, 1986, Appendix B, as downloaded from nber.org, "Tables from 'The American Business Cycle,' " posted February 2008 并根据 1929 年三季度为 100 将 GNP 调整为 GDP。

见本章末的问题和应用 1.8。

6.2　股票价格是如何决定的?

我们已经看到股票指数是波动起伏的，但什么决定构成这些指数的个别股票的价格？我们在第 3 章讨论过关于金融市场的一个重要事实：金融资产价格等于从拥有资产中会收到的支付的现值。我们曾将这一法则应用于债券价格，但正如我们在下面几节中将会看到的那样，这一法则也适用于股票。

投资股票一年

个人投资者购买股票并不是为了控制他们所买股票的公司，投资者是把控制权交给由董事会监督的经理。相反，投资者将购买股票视为希望从中获得高收益率的金融投资。假定你打算投资微软股票一年。在这一年里，你预期会收到一份股息，而且年末你可以按当时的市场价格卖掉股票。企业每季度发放一次股息，但为简单起见，我们假定企业在年末发放一笔股息。注意，普通股的股息不像债券的息票那样是固定的。企业在遭受未预期到的损失时会将股息削减到低于投资者预期的股息。假定你预期微软会支付 0.60 美元的股息且微软的股票价格在年末为每股 32 美元。对投资者而言，股票价值等于这两笔美元额的现值，即从拥有股票中得到的现金流（cash flow）。

我们在第 3 章曾看到债券市场投资者在计算债券的现值时是如何用利率来贴现未来支付的。类似地，你需要用贴现率来计算股票的现金流的现值。不能用银行存单的利率来贴现现金流，用一个与投资微软股票的风险相当的替代性投资的期望收益率来贴现才说得通。从投资者的角度看，经济学家将这一收益率叫作**股权必要收益率（required return on equities）**，r_E。从企业的角度看，这是它们为吸引投资者需要支付的收益率，因此也叫作股权资本成本（equity cost of capital）。股权必要收益率和股权资本成本是同一个收益率——只是从投资者和企业不同的视角来看的。

我们可以把股权必要收益率想象为无风险利率与风险溢价之和，无风险利率通常用短期国债的收益率来度量，风险溢价反映投资股票的风险比投资短期国债的风险更高。包含在股权必要收益率中的风险溢价叫作股权溢价（equity premium），因为它是为了让投资者投资股票而不是短期国债必须获得的额外收益。个别股票的股权溢价，如微软股票，有两个组成部分：一个组成部分代表系统性风险（systematic risk），系统性风险源于影响所有股票的股票市场整体价格波动，如股票价格在 2007—2009 年金融危机期间的下降；另一个组成部分是非系统性（unsystematic）或异质性（idiosyncratic）风险，非系统性风险来自特定股票本身的价格波动，而这种波动并不是由股票市场整体波动引起的。非系统性风险的一个例子是微软的股票价格因一个新版本的 Windows 销量不佳而下降。

假设在考虑这些因素后，你愿意投资微软股票所要求的收益率是 10%。在此例中，对你而言，两笔美元金额（预期股息和预期年末股价）的现值是：

$$\frac{0.60}{1+0.10}+\frac{32}{1+0.10}=29.64(\text{美元})$$

如果当前一股微软股票价格低于 29.64 美元，你应该买入股票，因为股票价格低于你从拥有股票中会收到的钱的现值。如果价格高于 29.64 美元，你就不应该买入该股票。

从投资者整体而不是单个投资者的角度看，我们预期现在的股票价格 P_t 等于预期年末支付的股息 D_{t+1}^e 和预期年末的股票价格 P_{t+1}^e 用市场的股权必要收益率 r_E 贴现后的现值之和：

$$P_t = \frac{D_{t+1}^e}{(1+r_E)} + \frac{P_{t+1}^e}{(1+r_E)}$$

注意，我们用上标 e 表示投资者并不是确定地知道企业能支付的股息和年末的股价。

投资股票一年的收益率

对一年的持有期，债券投资的收益率等于债券的当期收益率加上债券的资本利得率。我们可以用类似的方法计算股票投资的收益率。正如息票除以当前价格是债券的当期收益率那样，预期年股息除以当前价格是股票的**股息收益率**（**dividend yield**）。股票的资本利得率等于该年的股票价格变化除以年初价格。因此，投资股票的预期收益率等于股息收益率加上预期资本利得率：

$$收益率 = \frac{预期年股息}{初始价格} + \frac{预期价格变化}{初始价格}$$

或

$$R = \frac{D_{t+1}^e}{P_t} + \frac{(P_{t+1}^e - P_t)}{P_t}$$

在年末，你可以用实际收到的股息替换预期股息，用年末实际的股票价格替换预期价格来计算你的实际收益率。例如，假设你以 30 美元的价格购买了微软的股票，微软支付了 0.60 美元的股息，而今年底微软的价格为 33 美元。你今年的收益率为：

$$(0.60/30)+(33-30)/30=0.02+0.10=0.12 \text{ 或 } 12\%$$

联系实际 6－2

政府应该如何对你的股票投资征税？

如果你投资股票，你会获得投资的股息和资本利得，你必须在纳税申报表中将其作为收入报告。经济学家和政策制定者讨论了对股息和资本利得征税的最佳方式。公司利润须缴纳企业所得税，且公司在将部分利润作为股息分配给股东之前支付。因为股东必须就他们收到的股息支付个人所得税，结果是对股息双重征税。

这种双重征税有三个重要影响：首先，因为在公司层面和个人层面都对股息征税，投资者从购买股票中获得的收益减少了，这就降低了人们以股票投资的形式储蓄的激励，提高了企业筹集资金的成本。其次，由于企业向股东分配的利润是二次征税，企业有动力留存而不是分配利润。（公司留存而不是作为股息分配的利润叫作留存收益。）如果公司被引导从事的投资的收益低于股东在获得股息时自己投资的收益，年末留存收益就可能效率低下。最后，因为公司可以从利润中扣除它们对贷款和债券支付的利息，股息的双重征税使公司有动机承担可能过高的债务水平而不是发行股票。

一些经济学家建议通过整合企业和个人所得税来取消对股息的双重征税。根据这一计划，出于税收目的，公司会将所有利润分配给股东，甚至公司不作为股息分配的利润。个人将负责支付所有应缴纳的公司利润税。例如，2016 年，苹果公司支付的年度股息为 2.28 美元，但这一数额仅占苹果公司利润的 20%左右。如果你持有 1 000 股苹果公司的股票，那么你不仅要对 2 280 美元的股息支付税款，还要对你在苹果公司的 9 120 美元的留存收益纳税。该计划将取消企业所得税，从而结束双重征税带来的问题。但该计划需要大规模修订现行税制，并未得到政策制定者的大力支持。

只有当投资者出售资产并实现收益时，才会对资本利得征税。一些经济学家认为，对资本利得征税导致锁定效应（lock-in effect），因为投资者可能不愿意出售有大量资本利得的股票。由于投资者必须在没有调整通货膨胀的情况下对其名义收益纳税，这种情况会增加。例如，假设你以 100 美元的价格购买苹果公司股票，持有 10 年，然后以 200 美元的价格卖出。如果在此期间通货膨胀率平均为每年 3%，由于价格上涨，200 美元能购买的商品和服务的数量与购买股票时的 150 美元相同。然而，这是对你 100 美元的名义收益而不是 50 美元的实际收益征税。必须对名义收益纳税是投资者有时候避免出售他们拥有多年的股票的另一个原因。如果许多投资者被锁定在他们当前的投资组合中，那么这些投资组合中的价格将与没有资本利得税时的价格不同，这可能会向投资者和公司发出误导性信号。

2003 年，国会将股息税和投资者持有至少一年的股票和其他资产的资本利得税从 35%降至 15%。2013 年，国会将高收入纳税人的股息和资本利得税税率提高到 20%。此外，一些纳税人需要额外支付 3.8%的资本利得税和股息税，将最高税率提高到 23.8%。由于这些税率仍然低于 39.6%的最高个人税率，因此，股息双重征税和资本利得税导致的一些低效率已经减轻。然而，一些政策制定者批评较低的股息税率会对税后收入分布产生不利影响。收入分布最高的家庭通过股息和资本利得赚取收入的四分之三。因此，股息和资本利得的低税率可以降低高收入家庭相对于低收入家庭支付的税率，因为它们更多地依赖以较高税率征税的工资收入。

2017 年初，美国总统唐纳德·特朗普提议降低股息和资本利得税税率来提高金融市场效率，促进经济增长。效率与公平之间的权衡是经济政策中反复出现的问题。政策制定者必须经常在提高经济效率的需要（能够提高收入和增长）与更平等地分配收入的愿望之间做出平衡。

资料来源：Donna Borak and Henry Williams, "Where Clinton and Trump Stand on Wall Street," *Wall Street Journal*, October 25, 2016; and Laura Saunders, "Taxes Under Trump," *Wall Street Journal*, December 2, 2016.

见本章末的问题和应用 2.10。

股票的内在价值

现在考虑投资者打算投资股票两年的情形。我们把在投资一年的情形中所用的逻辑应用于投资两年的情形：股票价格应该等于投资者预期在两年中获得的股息支付的现值之和加上预期两年末的股票价格的现值：

$$P_t = \frac{D_{t+1}^e}{(1+r_E)} + \frac{D_{t+2}^e}{(1+r_E)^2} + \frac{P_{t+2}^e}{(1+r_E)^2}$$

我们可以继续考虑投资多年的情形，这会得到类似的公式，最后的预期价格项被推至越来越远的未来。最终，如我们在讨论债券时所发现的，一股股票的价格应该反映在很多时期内从拥有股票中收到的所有付款的现值。事实上，经济学家将一股股票的内在价值视为等于预期直至无限的未来会收到的所有股息的现值：

$$P_t = \frac{D_{t+1}^e}{(1+r_E)} + \frac{D_{t+2}^e}{(1+r_E)^2} + \frac{D_{t+3}^e}{(1+r_E)^3} + \cdots$$

其中，省略号（…）表明股息支付会一直持续下去。由于我们在考察一个无限的股息支付流，所以方程式中不再有最终的价格项 P^e。

那些不付股息的公司会怎么样（如 Facebook 和伯克希尔·哈撒韦公司）？伯克希尔·哈撒韦公司由沃伦·巴菲特（Warren Buffet）经营，他可能是近几十年来最知名、最成功的投资者。假设投资者预期最终会支付股息，我们可以使用同样的公式来计算公司的内在价值。在这种情况下，一些初始预期股息项将为零，我们将从预期公司开始支付股息的那一年开始插入正数。投资者不会购买一家预期不会支付股息的公司的股票，因为在这种情况下，投资者永远不会期望获得他们在公司利润中所占的份额。

戈登增长模型

因为上面给出的一股股票的内在价值公式要求预测无数的股息，所以对想评估股票价格的投资者不是很有帮助。幸运的是，麻省理工学院经济学家迈伦·J. 戈登（Myron J. Gordon）在 1959 年提出一种估计股票内在价值的简便方法。戈登考察的是投资者预期一家企业的股息会以一个恒定的速率 g 增长的情形，比如恒定的速率是 5%。在这种情况下，上述方程式中每一个股息项都会比前一年收到的股息多 5%。利用预期股息会以一个恒定的速率增长这一假定，戈登提出一个展现当前股票价格、当期股息、预期股息增长率和股权必要收益率之间关系的方程式。该方程式叫作**戈登增长模型（Gordon growth model）**［或**股利折现模型（dividend-discount model）**］：

$$P_t = D_t \times \frac{(1+g)}{(r_E - g)}$$

假设微软公司当期支付每股 0.60 美元的年股息。预期股息会以每年 7%的不变速率增长，投资者投资微软股票要求的收益率是 10%。那么一股微软股票当前的价格应为：

$$0.60 \times \frac{(1+0.07)}{(0.10-0.07)} = 21.40(\text{美元})$$

关于戈登增长模型有几点需要注意：

(1) 模型假设股息增长率不变。这个假设可能是不现实的，因为投资者可能会认为股息会以不均匀的模式增长。例如，微软的利润及其支付的股息也许在推出一个新版 Windows 系统之后的那些年份比随后的年份增长得更快。不管怎样，假设不变的股息增长在分析股票价格时是有用的近似。

(2) 要使用该模型，股票的必要收益率必须大于股息增长率。这是一个合理的条件，因为如果企业的股息以快于股权必要收益率的速率增长，那么该企业最终会变得比整个经济还大，当然，这是不可能的。

(3) 投资者对企业未来的盈利能力进而未来股息的预期在决定股票价格时至关重要。

解决问题 6-1

应用戈登增长模型

戈登增长模型是计算股票价格的很有用的工具。应用模型回答下述两个问题：

a. 如果通用电气（GE）当前每股支付 0.40 美元的年股息，其股息预期会以每年 7% 的速率增长，投资者购买通用电气股票所要求的收益率是 10%，计算通用电气股票的每股价格。

b. 2016 年 6 月，IBM 的股票价格为每股 155 美元。当时，IBM 支付每股 5.60 美元的年股息。如果投资者购买 IBM 股票要求的收益率是 0.10，那么投资者预期的 IBM 的股息增长率一定是多少？

解决问题

第一步　复习本章内容。这个问题是关于应用戈登增长模型计算股票价格的，因此，你也许需要回顾一下“戈登增长模型”这一小节。

第二步　通过将戈登增长模型的公式应用于 a 部分所给的数字来计算通用电气的股票价格。戈登增长模型的公式是：

$$P_t = D_t \times \frac{(1+g)}{(r_E - g)}$$

代入问题中所给的数字，使得我们可以计算通用电气的股票价格：

$$0.40 \times \frac{(1+0.07)}{(0.10-0.07)} = 14.27(\text{美元})$$

第三步　通过将戈登增长模型的公式应用于 b 部分所给的数字来计算预期的 IBM 的股息增长率。在这个问题中，我们知道的是股票价格，但不知道预期股息增长率。要计算预期的股息增长率，我们需要先将所给的数字代入戈登增长模型再求解 g：

$$155 = 5.60 \times \frac{(1+g)}{(0.10-g)}$$

$$155 \times (0.10-g) = 5.60 \times (1+g)$$

$$15.50 - 155g = 5.60 + 5.60g$$

$$g = \frac{9.90}{160.60} = 0.062 \text{ 或 } 6.2\%$$

我们的计算表明投资者一定是在预期 IBM 的股息增长率为每年 6.2%。

见本章末的问题和应用 2.11。

6.3　理性预期和有效市场

戈登增长模型表明投资者对企业未来盈利能力的预期在决定股票价格中发挥着至关重

要的作用。事实上，因为很多交易都要求参与者预测未来，所以预期在整个经济中都发挥着重要作用。例如，如果你正考虑取得一笔住房抵押贷款，你同意对贷款在 30 年内每年支付 6%的固定利率，那么你就需要预测：

- 你的未来收入：你负担得起住房抵押贷款的还款吗？
- 未来的通货膨胀率：贷款的实际利率是多少？
- 房子附近的未来发展情况：城市会延长公交或地铁线使得到市区更方便吗？

适应性预期和理性预期的比较

经济学家已经投入大量时间来研究人们是如何形成预期的。早期的研究关注的是对历史信息的利用。例如，一些经济学家假定投资者对一家企业的股票价格的预期只取决于股票的历史价格。这种方法叫作**适应性预期（adaptive expectation）**。某些股票分析师使用一种叫作技术分析（technical analysis）的适应性预期。这些分析师认为，股票价格历史上的特定模式可能会重现，因而可以被用于预测未来的价格。

现在，大多数经济学家不赞同适应性预期的分析，因为该方法假设人们忽视对预测有用的信息。例如，20 世纪 70 年代末，通货膨胀率从 1976 年直到 1980 年逐年上升。如果只根据历史值预测通货膨胀，那么所有人的预期通货膨胀都会低于实际的通货膨胀水平。通货膨胀率从 1980 年到 1983 年逐年下降。在这一时期，如果只根据过去值来预测通货膨胀，那么所有人的预期通货膨胀都会高于实际的通货膨胀。通过考虑额外的信息，如美联储的政策、石油价格波动或影响通货膨胀的其他因素，而不是只依赖于通货膨胀的过去值，会使得某些人做出更准确的预测。

卡内基梅隆大学的约翰·穆斯（John Muth）于 1961 年提出一种他称之为理性预期的新的分析方法。在**理性预期（rational expectation）**下，人们利用所有可得信息来做预测。穆斯认为，没有利用所有可得信息的人就不是在理性地行动。也就是说，这个人没有尽他或她的最大努力来实现准确预测的目的。例如，在预测一家企业的股票价格时，投资者不仅会利用股票过去的价格，而且会利用任何有助于预测企业未来盈利能力的其他信息，如企业的管理质量、企业可能在开发的新产品等。如果股票市场中有足够多的投资者和交易者有理性预期，那么股票的市场价格应该等于对预期未来股息的现值的最佳估计，如我们之前所见，这就是股票的内在价值。因此，如果市场参与者有理性预期，那么他们可以假定他们观察到的股票价格就是股票的内在价值。

对经济学家而言，如果人们具备理性预期，那么他们的预期就是利用他们可以得到的所有信息对价格的最优预测（最佳估计）。虽然我们是将理性预期应用于股票，但是这一概念适用于所有的金融证券。如果股票市场的投资者有理性预期，那么对股票的未来价值的预期应等于最优（最佳估计）价格预测。当然，我们说投资者有理性预期并不是说他们可以预测未来。换言之，虽然最优预测是最优的，但可能是错误的。

为了更准确地说明这个概念，假设今天收盘时股票市场上对明天收盘时的苹果股票价格的最优预测是P_{t+1}^e。如果P_{t+1}是明天收盘时苹果股票的实际价格，那么我们基本上不可能看到$P_{t+1}^e=P_{t+1}$。为什么？因为投资者和交易者明天可能会收到关于苹果公司的新信息，而这些新信息会改变他们之前对苹果股票内在价值的看法——也许上个月 iPhone 的销售额低于之前的预测。因此，可能会有预测误差（forecast error），预测误差是预测的苹果股票价格与实际的苹果股票价格之间的差额。但没有人能提前准确地预知该误差的大小，因为误差是由预测时尚未收到的新信息引起的。如果预测时已经得到该信息，那么理性预期告诉我们该信息已经被纳入对股价的预测中。因此，预测误差是不可预测的。对此更正式的表述是：

$$P_{t+1} - P_{t+1}^{e} = \text{不可预测的误差}_{t+1}$$

因此，我们在做预测时可以非常肯定，预测最终会低于或高于被预测变量的实际值。但我们无法判断误差会有多大，甚至无法判断误差是正的（我们的预测太低）还是负的（我们的预测太高）。

有效市场假说

无论何时人们在做预测时，约翰·穆斯最早提出的理性预期概念都适用。理性预期在金融市场的应用就是**有效市场假说（efficient markets hypothesis）**。就股票市场而言，有效市场假说声称，如果投资者和交易者在形成关于未来股息支付的预期时利用了所有可得信息，那么均衡股票价格就等于市场对股票内在价值的最优预测——给定可得信息下的最佳预测。我们如何确定市场是否像有效市场假说预言的那样运作且均衡价格等于内在价值？

一个有效市场假说的例子

思考一个例子。假定现在是星期一早上的10:14，微软股票的价格是每股32.10美元，公司目前支付每股0.50美元的年股息，预期股息会以每年7%的速率增长。微软在10:15发布新的销售信息称其最新版本的Windows系统的销售量远高于预期，且公司预期较高的销售量会持续下去。这个消息促使你和其他投资者将你们对微软的年股息增长率的预测从7%向上修正到8%。在这一较高的增长率下假设有10%的R_E，微软未来股息的现值从32.10美元上升到48.60美元。于是，这一新信息促使你和其他投资者买入微软股票。这一增加的需求将导致微软的股票价格持续上涨直至48.60美元，这是该股票新的内在价值。当一只股票的市场价格高于或低于关于该股票内在价值的最优预测时，有理性预期的投资者可以通过买卖股票来获利。知情交易者的自利行为以这种方式促使可得信息被纳入市场价格。

有效市场假说要求所有交易者和投资者都有理性预期吗？实际上并非如此。如我们在第3章所见，买入并再次出售证券以图从瞬间的价格变化中获利的过程叫作**金融套利（financial arbitrage）**。金融套利获得的利润叫作套利利润（arbitrage profit）。在竞相购买可能获得套利利润的证券时，交易者会把价格推至不再能获得套利利润的水平。只要有一些有理性预期的交易者，新信息提供的套利利润就会激励这些交易者将股票价格推至内在价值。例如，在刚才讨论过的例子中，关于微软的新信息一旦成为可得信息，交易者就可以获得每股16.50美元的套利利润，或者说是旧的内在价值与新的内在价值的差额。即使少数几个消息灵通的交易者的竞争也足以迅速将价格推高到新的内在价值。

虽然根据有效市场假说，一股股票的价格是基于所有可得信息的，但微软股票的例子说明股票价格每天、每小时和每分钟都会变化。股票价格随着影响内在价值的消息变得可得而不断变化。注意，影响投资者持有一只股票或其他金融资产的意愿的任何事情都会影响该股票的内在价值。因此，我们可以说，如果新信息导致投资者对风险、流动性、信息成本或股票收益的税收待遇的看法发生变化，股票价格就会变化。

“内幕信息”怎么样？

有效市场假说认为公开可得信息已经被纳入股票价格中。但对非公开可得的信息会怎么样？例如，假定一家制药企业的经理们获悉一种重要的新型治疗癌症的药物出人意料地获得了政府的批准，但这一信息还没有公开发布。或者假定美国劳工统计局的经济学家整理数据后发现失业比投资者之前的预期要高得多，因此，对汽车的需求以及福特和通用的利润会低于预期，但这一信息还没有公开发布。关于一只证券的非公开可得的相关信息叫作**内幕信息（inside information）**。有个版本的有效市场假说认为即使内幕信息也会很快被纳入股票价格中，一些经济学家支持这种观点。然而，很多研究已经表明，基于内幕信息的交易有可能获得高于平均水平的收益率。例如，制药企业的经理们可以买入本公司的股票，并从药物获得批准的信息发布后的股票价格上涨中获利。

但是有一个重要规定：利用内部信息的交易——即内部人交易（insider trading）——是非法的。根据由证券交易委员会（SEC）执行的《美国证券法》，公司雇员不能基于非公开可得信息来买卖本公司的股票和债券。他们也不能向其他那些会利用信息来买卖本公司股票和债券的人提供信息。2012 年，20 多人被判定向帆船（Galleon）对冲基金经理提供有关英特尔公司的内幕消息，一位前英特尔高管位列其中。该对冲基金经理因利用内幕信息交易股票非法获得 7 500 万美元而被判入狱 11 年。联邦检察官称这是历史上最大的内幕交易案。

股票价格是可预测的吗？

有效市场假说的一个重要含义是股票价格不是可预测的。要明白为什么，假定现在是下午 4:00，今天的股票交易已经收盘，苹果股票的收盘价是 95 美元，你正试图预测苹果股票明天的收盘价。你的最优预测是什么？有效市场假说认为是 95 美元。换句话说，对明天的股票价格的最优预测就是今天的股票价格。为什么？因为今天的价格已经反映了当前可得的所有相关信息。虽然苹果股票价格明天收盘时不可能真的是 95 美元，但你今天还没有让你可以预测明天是高于还是可能低于这个价格的信息。

股票价格是遵循**随机游走（random walk）**的，而不是可预测的，这意味着在任意给定的一天其上涨和下跌的可能性相同。我们确实能看到股票价格连涨几天的现象，但这并不违背股票价格服从随机游走的思想。当我们抛一枚硬币的时候，正面和反面出现的可能性相同，但我们还是可能会连续几次抛出正面或反面。

有效市场和投资策略

理解有效市场假说有助于投资者制定资产组合配置策略，也有助于投资者制定交易策略以及评估财务分析的价值。我们在下面几节逐一考察这些策略。

资产组合配置

只要所有投资者都有相同的信息，那么有效市场假说就预言，市场上的买卖会消除高于平均水平的利润的机会。换言之，你也许确信苹果公司会从销售 iPhone 中获得丰厚的利润，但如果其他每个投资者也拥有这一信息，那么投资苹果股票不可能为你提供高于投资另一只股票的收益，因为高的预期利润已经反映在苹果股票的价格中了。因此，只买一只股票而让你的储蓄冒险不是一个好策略。相反，你应该持有一个分散化的资产组合。这样，可能对一只股票价格产生不利影响的消息会被可能对另一只股票价格产生有利影响的消息所抵消。如果 iPhone 的销售量令人失望，苹果股票价格就会下跌，但是如果麦当劳的一种新素食汉堡的销量高于预期，麦当劳的股票价格就会上涨。由于你无法提前知道会发生什么，所以持有由股票和其他资产构成的分散化投资组合是合理的。

交易

如果价格反映了所有可得信息，那么时不时地买卖个股并不是有利可图的策略。投资者不应该反复地把资金从一只股票转到另一只股票，或者说搅动投资组合，尤其是每笔买卖还要向经纪人支付佣金。最好是在一段长的时间内买入并持有分散化的投资组合。

金融分析师和推荐股票

像那些受雇于摩根士丹利和高盛之类的华尔街企业的金融分析师可以分为两大类：依靠过去的股票价格模式来预测未来的股票价格的技术分析师以及依靠预测企业的未来利润来预测未来的股票价格的基本面分析师。我们曾提到过，技术分析依靠适应性预期。经济学家认为，对预测股票价格来说技术分析不可能是成功的策略，因为技术分析忽视了除过去的股票价格外的所有可得信息。

基本面分析看似与理性预期方法更为一致，因为基本面分析利用了所有的可得信息。然而，对预测股票价格来说基本面分析是成功的策略吗？很多金融分析师认为是，因为他们利用基本面分析来建议客户买入哪一只股票。他们在有线电视的新闻节目中推荐股票时或在接受财经网站的采访时使用基本面分析。但有效市场假说意味着金融分析师推荐的股票不可能战胜市场。尽管分析师也许非常擅长鉴别哪家公司有最好的管理、最激动人心的新产品和最大的未来获利能力，但投资者和交易者也知道这些已经反映到股票价格中的信息。

虽然看似矛盾，但分析师和投资者预计未来盈利能力强的公司作为投资来说可能并不比他们预计未来盈利能力弱的公司好。如果投资者投资于任何一家公司的股票都要求 10% 的收益率，那么盈利能力强的公司发行的股票价格将远高于盈利能力弱的公司发行的股票。事实上，我们知道盈利能力强的公司的股票价格必须足够高，而盈利能力弱的公司的股票价格必须足够低，从而使得投资者在任何投资上都能获得 10% 的投资收益。情况与债券市场相同。如果两只债券在风险、流动性、信息成本和税收待遇方面在投资者看来是相同的，那么寻求最佳投资的投资者之间的竞争将确保两只债券有相等的到期收益率。如果一只债券的票息为 60 美元而另一只债券的票息为 50 美元，那么息票高的债券也会有足够高的价格以便与票息低的债券有相同的到期收益率。

因此，有效市场假说意味着盈利能力强的公司的股票相对于盈利能力弱的公司的股票不会是更好的投资。

许多人在第一次遇到有效市场假说时认为其难以置信。他们认为："当然，华尔街的金融公司雇用的那些非常聪明、非常勤奋的男女显然都必须能够'击败市场'。否则，为什么给他们支付那么高的工资？"但是，许多研究表明，共同基金经理和其他专业投资者无法持续获得比股票长期平均收益更好的收益。事实上，大多数表现得还非常差。换句话说，购买像先锋 500 指数基金这样的指数基金可能会使投资者获得的收益率高于他或她通过任何其他投资策略所获得的收益率。指数基金购买一组股票——例如，标准普尔 500 股票指数中的所有股票——并且不会根据有关这些公司的消息来试图买卖各个公司的股票。积极管理基金试图通过频繁买卖个股来赚取高收益。没有积极管理基金的经理能够始终如一地获得高于类似先锋 500 指数基金的收益。

事实上，最近的一项研究发现，在一个五年期里，在 2 862 只积极管理的股票基金中只有 2 只根据收益率排名前 25%的基金能够为投资者提供始终如一的高收益率。即使经理们通过抛硬币而不是认真评估公司未来可能的盈利能力来选择股票，我们预计也会有更多的基金获得这样的高收益率。换句话说，在这五年中，大多数基金经理即使随机地选择股票也至少可以做得一样好。普林斯顿大学的经济学家伯顿·马尔基尔（Burton Malkiel）在《漫步华尔街》一书中让有效市场假说广为人知，该书已售出超过 100 万册。马尔基尔对有效市场假说做出如下惊人的观察："在报纸的财经版面上投掷飞镖的蒙着眼睛的猴子可以选择一个与专家精心挑选的投资组合一样好的投资组合。"

许多投资者已经接受了有效市场假说传递的信息，即从长远看，获得高于股票市场整体收益的收益是不太可能的。因此，许多个人投资者，甚至一些机构投资者，如养老基金，一直将投资集中在追踪标准普尔 500 指数或其他市场基准的指数共同基金上，而不是投资于其经理人试图通过挑选个股击败市场的主动管理型共同基金。指数基金有时被称为被动基金，因为它们的经理只是被动地购买指数中的股票而不是主动选择股票。在截至 2016 年 8 月 31 日的三年中，约 1.3 万亿美元被投入被动共同基金，而积极管理基金的投入则减少2 500 亿美元。如《华尔街日报》的一篇文章所说："投资者正在放弃选股。"①

联系实际 6－3

如果股价无法预测，为什么还要投资股市？

很多人难以接受无法打败市场。因此，他们可能会遵循某种投资策略，如购买高收益（或垃圾）债券，认为债券的风险低于股票，因为与股票的股息不同，债券的息票是固定的。但正如我们在第 5 章所看到的那样，随着新发行债券的利率上升和下降，债券价格可能会波动很大，而且垃圾债券还有巨大的违约风险。

其他一些人被引诱让"承诺"获得高于平均水平收益的资金管理者来帮助其投资。不幸的是，这些管理者要么通过高风险投资，要么通过直接欺诈来获取高收益。一种常见的欺诈类型是庞氏骗局，在该骗局下，欺诈者实际上并没有把吸收的资金用于投资。相反，欺诈者使用新投资者的钱来偿还旧投资者。2008 年，联邦调查人员确定，曾经是华尔街受人尊敬的资金经理的伯纳德·麦道夫（Bernard Madoff）几十年来一直在经营庞氏骗局，在此期间，他已经骗取了投资者数十亿美元。

2007—2009 年的金融危机导致许多小投资者不再信任股市。道琼斯工业平均指数从 2007 年 10 月的 14 000 点以上跌至 2009 年 3 月的约 6 500 点，跌幅近 54%。标准普尔 500 指数和纳斯达克综合指数也出现类似的下跌。在此期间，家庭持有的共同基金的价值下降了近 2 万亿美元。

① Anne Tergesen and Jason Zweig, "The Dying Business of Picking Stocks," *Wall Street Journal*, October 17, 2016.

经济研究表明，投资者参与股票市场的意愿受到他们一生中所经历的收益的影响。例如，一些经历过美国历史上最糟糕的熊市的投资者甚至在几十年后也不愿投资股市，那次熊市发生在1929年至1932年，当时道琼斯指数下跌了89%。市场不是公平竞技场的印象可能进一步降低个人投资者参与股票市场的热情。2007—2009年金融危机结束后开展的一项民意调查显示，有24%的受访者对当地银行几乎没有信心，与此同时，有67%的人对华尔街几乎没有信心。

作为一个年轻的投资者，你应该远离股市吗？答案是，如果你这样做，你可能无法实现长期投资目标。正如我们在第4章所看到的那样，股票市场投资的长期年均收益率远远高于短期国债或银行存单（CD）投资的年收益率。假设你从22岁起每月节省100美元用于投资。下表显示如果你通过购买银行存单、美国短期国债和股票来储蓄，到45岁和67岁的正常退休年龄时累积的金额。表格前两行的结果是未对通货膨胀做出修正的名义收益率。假设年均通货膨胀率为2.5%，最后一行显示的是以你22岁时的美元购买力来衡量所积累的金额。①

从22岁开始每月投资100美元的结果　　单位：美元

	银行存单（按1.5%）	短期国债（按2.5%）	股票（按10.0%）
45岁	33 076	37 429	107 543
67岁	77 253	99 985	1 057 086
67岁，经通货膨胀调整	25 430	32 913	347 966

没有人能准确预测未来几十年这些投资的收益是多少，但我们根据过去的收益选择合理的估计。银行存单是一种谨慎的投资者信任的非常安全的投资，但第一行显示，在45岁时，与你承担稍多的风险投资短期国债或者承担大量的风险投资股票相比，你的积累会少得多，投资股票可能是通过购买分散化的股票共同基金，如先锋500指数基金。你的时间跨度越长，投资之间的差距就越大。到67岁的退休年龄时，投资股票让你获得的金额是你从银行存单中累积的金额的13倍多——347 966美元对25 430美元。该表再次显示我们在第4章中讨论过的风险和收益之间的权衡。正如我们在那里指出的那样，大多数经济学家认为离退休还有几十年的年轻储蓄者可以承担比接近退休的储蓄者更多的风险。②

美国金融体系未来面临的一个重要问题是，经历过近年来股票市场高波动性的年轻投资者是否比年长投资者参与股票市场的意愿有所下降。如果个人投资者的股票市场交易份额相对于共同基金、养老基金和对冲基金等机构投资者的交易份额持续萎缩，其对市场效率的可能后果在经济学家中是有争议的。

注：表中的计算假设初始存款为100美元，并且年利率是按月复利计算的。

资料来源：McKinsey Global Institute, *Diminishing Returns: Why Investors May Need to Lower Their Expectations*, May 2016; Ulrike Malmendier and Stefan Nagel, "Depression Babies: Do Macroeconomic Experiences Af-

① 随着时间的推移，定期投资优于偶尔投资大笔资金。例如，每月投资可以让你利用美元成本平均（dollar cost averaging）的好处。美元成本平均使得你在价格低时自动购买较多的股票，在价格高时自动购买较少的股票。这种方法可降低你的大部分购买行为发生在股票价格高涨时的可能性，进而使你不易受到后期价格下跌的影响。

② 我们应该指出的是，一些经济学家认为在2016年相对于公司的盈利能力而言股票价格特别高。也就是说，许多公司的市盈率（一股股票的价格与公司的每股收益或利润的比率）都处于历史高位。当市盈率特别高时，股票投资的收益率在接下来的几年中往往会较低。例如，麦肯锡咨询集团的一项研究预测，未来20年投资美国股市的实际年均收益率约为5.25%而非我们在上表最后一行假设的7.5%。它的结论是，如果其预测是准确的："个人需要为退休储蓄更多、延迟退休或减少退休后的消费。"

fect Risk-Taking?" *Quarterly Journal of Economics*, Vol. 126, No. 1, February 2011, pp. 373-416; Luigi Guiso, Paola Sapienza, and Luigi Zingales, "Trusting the Stock Market," *Journal of Finance*, Vol. 63, No. 6, December 2008, pp. 2557-2600; and Zogby Interactive, "Voter Confidence in Big Banks, Corporations, and Wall Street Even Lower Than That of Government," zogby. com, February 18, 2010.

见本章末的问题和应用3.9。

解决问题6-2

你应该听从投资分析师的建议吗?

金融分析师通常建议投资者买入他们认为价格会快速上涨的股票，卖出他们认为价格会下跌或上涨缓慢的股票。下面摘自《彭博新闻》上的一篇文章，描述了股票市场分析师在一年内成功预测价格的情况：

在分析师中获得最多"卖出"建议的公司JDS Uniphase的股票今年比拥有最多"买入"建议的微软公司是更赚钱的投资。

文章指出："投资者称JDS Uniphase是华尔街分析师根据过去的事件而不是盈利前景和潜在的股票增值提出建议的一个例子。"简要解释一下你是否同意文中提到的这些"投资者"的分析。

解决问题

第一步　复习本章的内容。这个问题是关于我们能否指望金融分析师成功预测股票价格的，因此，你也许需要复习"股票价格是可预测的吗?"这一小节。

第二步　利用你对有效市场假说的理解来解决问题。从有效市场假说的观点来看，在这一年内，JDS Uniphase的股票价格比微软的股票价格上涨得更多并不奇怪。虽然微软公司也许比JDS Uniphase公司拥有更好的管理人员和更强的盈利能力，但其股票价格在年初时也相应地较高。年初的时候，我们知道，根据金融套利，投资者一定预期从投资任何一家公司的股票中能获得类似的收益。哪家公司最终会证明是更好的投资就取决于这一年中的事件，而这些事件是投资者在年初时不能预见的。随着这些事件的逐渐显现，这些无法预见的事件对JDS Uniphase公司更有利，因此，从事后来看，JDS Uniphase公司是更好的投资。

文章中提到的"投资者"的分析从有效市场的观点来看是不正确的。要点并不在于分析是"基于过去的事件而不是基于盈余前景和潜在的股票增值"。即使分析师将其预测基于企业的盈余前景，他们也不会更成功，因为关于企业盈余前景的所有可得信息都已经包括在企业的股票价格中了。

资料来源：Scott Lanman, "Analyst Ratings Based on Past Missing Marks," Bloomberg. com, September 23, 2003.

见本章末的问题和应用3.11。

6.4　金融市场的实际效率

很多经济学家认为，大多数金融市场中的资产价格波动都是与有效市场假说一致的。

芝加哥大学的尤金·法玛（Eugene Fama）和其他一些经济学家的经验研究支持有效市场假说关于股价变化不可预测的结论。

其他一些分析师——尤其是积极交易者和提供投资建议的人——对股票市场是不是有效市场持较为怀疑的态度。他们指出金融市场的理论行为与导致这些分析师质疑有效市场假说合理性的金融市场实际行为之间有三大差异：

（1）一些分析师认为，市场中的定价偏差让投资者可以获得高于平均水平的收益率。根据有效市场假说，这些高于平均收益率的机会不应该存在——或者至少不应该经常存在或存在很长时间。

（2）这些分析师也提出利用可得信息可以预测某些价格变化的证据。根据有效市场假说，投资者不能利用公开可得信息预测未来的价格变化。

（3）这些分析师还认为，股票价格变化有时候看起来比股票的内在价值变化更大。根据有效市场假说，证券价格应该反映内在价值。

定价偏差

有效市场假说认为，投资者不能通过买卖个股或几组股票经常性地获得高于平均水平的收益率。然而，一些分析师认为他们已经找到可以带来高于平均收益率的股票交易策略。从有效市场假说的角度看，这些交易策略是偏差（anomaly），或者说与假说不一致的结果。分析师和经济学家经常讨论的两个偏差是小公司效应（small firm effect）和一月效应（January effect）。

小公司效应是指从长期来看投资小公司比投资大公司能带来更高的收益率这一现象。在1926—2015年，投资小公司股票能赚到12%的年均收益率，而投资大公司股票仅能赚到10%的年均收益率。一月效应是指在某些年份股票收益率在一月异常高的现象。

定价偏差意味着有效市场假说有瑕疵吗？经济学家的看法各不相同，但很多经济学家出于几个原因怀疑这些定价偏差是否真的与有效市场假说不一致：

• **数据挖掘**。总是可以寻找数据并构建能获得高于平均收益率的交易策略——只要我们提前考虑过！考虑到一些无聊的交易策略，如引入“NFC效应”的交易策略，这一点就是显而易见的。1978年，《体育新闻》的专栏作家伦纳德·科佩特（Leonard Koppett）注意到，在过去11年的每一年里，股票市场在一支来自全国橄榄球联合会（National Football Conference，NFC）的球队赢得超级碗时上涨，在一支来自美国橄榄球联合会的球队获胜时则下跌。科佩特的交易系统在首次发布之后的11年中正确预测了股票市场的上涨或下跌。当然，这种效应代表了无关事件之间的偶然相关性。NFC效应作为股市表现的预测指标近年来表现不佳。例如，2008年NFC的纽约巨人队赢得超级碗，但道琼斯指数下跌超过35%，而2009年美国橄榄球联合会的匹兹堡钢人队赢得超级碗，但道琼斯指数上涨了15%。更严重的是，即使数据挖掘能够发现可以获得高于平均水平的收益率的交易策略，一旦该策略广为人知，就不可能继续获得高收益率。因此，毫不奇怪，一月效应在20世纪80年代获得大量宣传后就基本消失了。

• **风险、流动性和信息成本**。有效市场假说不是说所有股票投资都应该有相同的预期收益率，而是说对风险、流动性和信息成本的差异调整之后所有股票投资都应该有相同的预期收益率。虽然投资小公司股票比投资大公司股票有更高的年均收益率，但投资小公司股票也要承担明显更高的风险。此外，很多小公司股票市场的流动性很低，而且比大公司股票市场的信息成本高。因此，一些经济学家认为，投资小公司股票的高收益实际上不过是对投资者承担较高的风险、较低的流动性和较高的信息成本的补偿。

- **交易成本和税收**。图书和网络上流行的某些股票交易策略非常复杂，并要求在一年内买卖很多个股或几组股票。当要计算这些交易策略的收益率时，推广这些交易策略的作者很少考虑买卖股票所需的所有成本。每次买入或卖出股票时投资者都必须支付佣金，该成本应该从投资者利用交易策略获得的收益中扣除。此外，当投资者以高于买入价格的价格卖出股票时，还要对资本利得纳税。在计算收益率的时候，还应该考虑缴纳的税收。如果把交易成本和税收考虑进来，那么本来利用很多交易策略能获得的高于平均水平的收益率就消失了。

均值回复

有效市场假说认为，因为只有新信息才能改变价格和收益率，所以投资者不能利用现时可得信息来预测股票价格变化。因此，有效市场假说与均值回复现象不一致。均值回复指的是最近一直获得高收益的股票未来会有低收益以及最近一直获得低收益的股票未来会有高收益的趋势。如果这一模式足够普遍，那么投资者买入最近收益率一直较低的股票或卖出最近收益率一直较高的股票就能在他或她的投资组合上赚到高于平均水平的收益率。

相反，某些投资者声称，他们通过实施一种叫作动量投资的几乎与均值回复相反的交易策略能获得高于平均水平的收益率。动量投资所基于的思想是，股价波动有持久性，从而价格正在上涨的股票更有可能上涨而不是下跌，价格正在下跌的股票更有可能下跌而不是上涨。因此，如果你遵循华尔街谚语："趋势是你的朋友"，那么股价上涨就是买入的建议，股票下跌就是卖出的建议。

虽然经济学家对均值回复和动量投资的看法各不相同，但认真的研究表明，实际上，基于任何一种思想的交易策略在长期内要获得高于平均水平的收益率都是困难的，尤其是当考虑到交易成本和税收时。

过度波动

有效市场假说告诉我们，一项资产的价格等于市场对其内在价值的最佳估计。因此，实际市场价格的波动不应该大于内在价值的波动。耶鲁大学的罗伯特·希勒估计了包括在标准普尔 500 指数中的股票几十年间的内在价值。他得出结论是，这些股票价格的实际波动远大于内在价值的波动。经济学家对希勒的结论在技术上的准确性是有争议的，因为对股票内在价值的估计和其他一些问题有分歧。然而，很多经济学家认为，希勒的分析确实对有效市场假说是否适用于股票市场提出质疑。理论上，希勒的结论可以被用于获得高于平均水平的收益率，例如，在股票价格高于内在价值时卖出股票，而在股票价格低于内在价值时买入股票。但在实践中，利用这一交易策略的尝试并不能始终获得高于平均水平的收益率。

我们可以概括如下：经验研究的证据通常可以证实股票价格反映了可得信息，在考虑风险、交易成本和税收后，没有发现哪种交易策略能始终获得高于正常水平的收益率。然而，考察股票价格中的定价偏差、均值回复和过度波动现象引起了对股票价格波动是否只反映内在价值波动的争论。

联系实际 6-4

2007—2009 年的金融危机否定了有效市场假说吗?

主要股价指数在 2007—2009 年的金融危机期间均出现大幅下挫。从 2007 年 10 月到 2009 年 3 月，道琼斯工业平均指数下跌 54%，标准普尔 500 指数下跌 57%，纳斯达克综合指数下跌 56%。有效市场假说认为这些价格下跌应该反映这些股票内在价值的下降。包含在这些指数中的企业的内在价值有可能真的下降超过 50%吗？毕竟，这些企业并没有受到危机的破坏。除少数几个例外，这些企业依然存在，其工厂、办公大楼、研发人员和其他资产基本上没有受到影响。

然而，股票价格下跌也许与投资者对未来的股息增长率和投资股票承担的风险程度的预期的大幅改变是一致的。当投资者认为某一类投资的风险变得更高时，他们就会提高对此类投资要求的预期收益率。因此，投资者有可能在金融危机期间提高了股权必要收益率 r_E 并降低了预期股息增长率 g。戈登增长模型指出，r_E 上升和 g 下降会导致股票价格下跌。因此，有效市场假说的支持者会认为，股票价格大幅下跌是由投资者对股票风险上升和未来的股息增长率下降这些新信息的反应引起的。然而，怀疑有效市场假说的经济学家认为，投资者可以得到的新信息并不足以解释股票价格下跌的幅度。

见本章末的问题和应用 4.6。

6.5 行为金融学

在过去的 25 年中，一些经济学家认为，即使有效市场假说是正确的，即能够获得高于平均水平的收益率的交易策略极为罕见，更好地理解投资者如何决策也是有好处的。行为经济学研究人们似乎没有做出经济上理性的选择的情形。**行为金融学（behavioral finance）**领域应用行为经济学概念来理解人们在金融市场中是如何做决策的。

当经济学家说消费者、企业或投资者在“理性地”行动时，经济学家的意思是其在给定可得信息的情况下采取适合于实现目标的行动。然而，在很多情况下从这个意义上看人们似乎并不是在理性行动。为什么人们不是理性地行动？最明显的原因是他们也许并没有意识到其行动与目标不一致。例如，有证据表明人们经常对未来的行为抱有不切实际的幻想。虽然一些人立志减肥，但他们还是会决定今天吃巧克力蛋糕，因为他们打算将来再遵从更健康的饮食习惯。不幸的是，如果他们继续每天吃蛋糕，那么他们永远不会实现减肥目标。类似地，一些人长期吸烟，因为他们打算将来某个时间再戒烟。但那个时间永远没有到来，他们最终遭受吸烟的长期健康影响。在这两种情形下，人们的当前行为与长期目标不一致。

一些公司注意到，参加自愿退休储蓄计划［401(k) 计划］的员工人数少于预期。虽然这些员工的长期目标是储蓄足以享受舒适的退休生活的钱，但他们在短期内会花掉他们应该节省下来实现目标的钱。然而，如果公司自动将员工纳入这些退休计划，并给予他们如果愿意就可以退出计划的选择权，大多数员工都会留在计划中。对于一个完全理性的员工来说，是否通过 401(k) 计划来储蓄的决定，应该不受是加入计划还是退出雇主已经为雇员加入的计划这两者所涉及的少量文书工作的影响。然而，在实践中，自动将员工纳入退休计划意味着，若要放弃计划，员工就必须面对他们过度支出的短期行为与舒适的退休生活这一长期目标之间的矛盾。大多数员工会选择留在计划中而不是选择短期行为与长期目标的矛盾。

行为金融学也有助于解释流行于一些投资者中的技术分析，这些投资者试图根据历史价格模式来预测未来的股票价格。研究表明，当显示由随机选择的数字产生的股票价格图形时，许多人认为他们从中发现了持久的模式，但实际上这并不存在。这些研究的结果可以解释为什么即使股价实际上服从有效市场假说所隐含的随机游走，一些投资者还是认为他们从历史股价的图形中发现了有用的模式。此外，许多投资者对其预测股价的能力表现出过度自信。造成这种过度自信的原因是事后的偏见，当问及他们过去的投资有多成功时，人们常常记得他们购买的股票价格上涨，而忘记了一些价格下跌的股票。结果是许多个人投资者实际上获得的收益低于他们认为的收益。一些投资者认为，他们获胜的股票选择是他们出众的洞察力的结果，他们输掉的股票选择是运气不好的结果。正如一位研究人员所说的那样："赢了是我的；输了是运气不好。"

投资者还表现出不愿意出售失败的投资来承认自己的错误。行为经济学家将这种不情愿称为损失厌恶（loss aversion）。一旦卖出价格已经下跌的股票，那么就相当于承认投资股票是一个错误。只要投资者继续持有已亏损的股票，投资者就可以期待最终价格能够恢复，输家能变成赢家，即使股价继续下跌的可能性与上涨一样大。研究表明，投资者更可能出售价格已上涨的股票——从而"锁定"他们的收益——而不是出售价格下跌的股票。从税收的角度看，这种方法与有效策略是相悖的，因为只有在出售股票时才会征收资本利得税。因此，推迟到将来再出售这些股票才是合适的，而出售价格已经下跌的股票马上就能获得税收优惠。

噪声交易和泡沫

行为金融学研究发现，很多投资者对自己执行一种投资战略的能力表现出过度自信。过度自信的一个后果是噪声交易（noise trading），即投资者对好消息或坏消息做出过度反应。噪声交易可以来源于投资者对她或他理解一条消息的重要性的能力的夸张看法。例如，噪声交易者可能拼命卖出发展前景遭到《华尔街日报》或《财富》杂志不利描述的企业的股票。当然，报纸、杂志或网络信息都很容易获得，有效市场假说认为早在噪声交易者读到文章时股价已经反映了该信息。然而，噪声交易者的卖出压力会让股票价格的下跌幅度超过内在价值的跌幅。

难道更老练的交易者不能赚噪声交易者的钱吗？这么做会有困难，因为由噪声交易者带来的价格波动上升会提高市场的风险。在噪声交易者做出过度反应之后，相信有效市场假说的投资者就无法确定价格需要多长时间才能返回内在价值。

噪声交易也会带来羊群行为（herd behavior）。在羊群行为下，相对而言不老练的交易者会模仿其他投资者的行为而不是尽量根据内在价值来交易。互相模仿的投资者会助长投机性**泡沫（bubble）**。当泡沫出现时，资产价格会上涨到内在价值之上。泡沫一旦形成，即使投资者知道资产价格高于内在价值，投资者还是会购买资产，但不是为了持有而是为了马上卖出赚钱。在泡沫状态下，博傻理论（greater fool theory）开始起作用：只要随后有更大的傻瓜以更高的价格购买资产，那么购买价值高估资产的投资者就不是傻瓜。在 20 世纪 90 年代末的互联网泡沫期间，一些投资者知道 Pets. com 和其他互联网企业永远也不可能实现盈利，但他们还是购买这些股票，因为他们预期能以更高的价格卖出股票。在某个时点随着大量投资者最终开始担心价格高于内在价值太多并开始出售股票，泡沫就破灭了。如图 6-2（c）纳斯达克综合指数显示的，互联网泡沫一旦破灭，纳斯达克综合指数中的股票价格随之急速下跌。

行为金融学对有效市场假说的挑战有多大？

如果很多金融市场参与者都是噪声交易者并表现出羊群行为且资产价格泡沫很常见，那么有效市场假说还是分析这些市场的最好方法吗？尤其是在金融危机期间及之后股票价格经历大幅震荡之后，更多的经济学家开始质疑有效市场假说的准确性。对金融市场投资者所表现出的理性预期程度提出质疑的行为金融学研究强化了怀疑论。如我们之前所指出的那样，在发生泡沫期间，更老练的投资者也难以迫使股票价格返回内在价值。虽然股价已经远远超过其基本价值（在许多情况下是零），但在股价达到峰值之前的一两年下注互联网股票会下跌的一些投资者却损失惨重。

虽然现在较少经济学家认为投资者可以根据资产价格变化来持续判断内在价值，但许多经济学家仍然认为，从长远来看，投资者不可能指望通过采取交易策略来获得高于平均水平的利润。正在进行中的行为金融学研究试图调和投资者的实际行为和经济学家传统上所认为的盛行于金融市场的理性行为。

回答重要问题

我们在本章开始的时候提出如下问题：

“股市波动性影响更广泛的经济吗？”

股票市场在金融体系中发挥着重要的作用，为发行股票的公司提供资金来源，并为投资者提供获得高于其他许多投资的收益的方法。但我们已经看到股票价格波动非常剧烈。这种波动性可以通过以下几种方式影响经济：股票价格上涨会增加消费者的财富，进而增加支出，而股票价格下跌会产生相反的效应。股票价格上涨还能增加公司可筹集的资金，进而增加公司在实物资本上的支出，而股票价格下跌会有相反的效应。最后，股票价格的上涨和下跌会影响家庭和企业对未来经济增长的预期，进而影响它们的支出。大多数经济学家并不认为这些影响通常很大，因为从历史上看，股票价格大幅上涨和下降似乎并没有对实际 GDP 或就业产生太大的影响。不过，一些经济学家认为，1929 年的股市崩盘加剧了大萧条的严重性。

重要术语和问题

重要术语

适应性预期
行为金融学
泡沫
公司
股息
股息收益率
有效市场假说
金融套利
戈登增长模型（或股利折现模型）
内幕信息
有限责任
场外市场
上市公司
随机游走
理性预期
股权必要收益率，r_E
股票交易所
股票市场指数

6.1 股票和股票市场

理解股票市场的基本运作机制。

复习题

1.1 为什么股票被称为“股权”？债券也是股权吗？

1.2 股息在什么方面类似于债券的息票？股息在什么方面不同于债券的息票？

1.3 股票交易所与场外市场的区别是什么？三大最重要的股票市场指数是什么？

1.4 股票价格波动如何影响经济？

问题和应用

1.5 一名学生做出以下观察：“道琼斯工业平均指数目前为17 500，而标准普尔500指数为2 000。因此，道琼斯工业平均指数中的股票价格是标准普尔500指数中的股票价格的八倍多。”简要说明你是否同意该学生的推理。

1.6 一名学生评论说：“昨天在纽约股票交易所卖出135 000 000股通用电气股票，平均价格为每股25美元。这意味着通用电气刚收到投资者的34亿多美元。”简要解释一下你是否同意该学生的分析。

1.7 在《华尔街日报》的一篇专栏文章中，经济学家伯顿·马尔基尔（Burton Malkiel）指出：“优先股是一种混合证券，介于债券和普通股之间。”

a. 在什么意义上优先股和债券类似？在什么方面优先股和普通股类似？

b. 许多公司发行优先股，其条款允许公司在五年后原价回购。公司什么时候可能回购它们的优先股？回购可能会给投资者带来损失吗？

资料来源：Burton G. Malkiel, “The ‘Preferred’ Path to Higher Returns,” *Wall Street Journal*, June 20, 2016.

1.8 【联系实际6-1】麻省理工学院的经济学家彼得·特明（Peter Temin）辩称：“如果1929年的股市崩盘是对经济独立的重大冲击，那么1987年的崩盘也应该是灾难性的。”

a. 特明所说的“对经济独立的重大冲击”的意思是什么？

b. 为什么他认为1987年股市崩盘后经济发生的事情是反对1929年崩盘对经济造成重大冲击的证据？

c. 克里斯蒂娜·罗默（Christina Romer）如何反驳特明的论点？

资料来源：Peter Temin，*Lessons from the Great Depression*，Cambridge，MA：MIT University Press，1989，p. 44.

6.2 股票价格是如何决定的？

解释股票价格是如何决定的。

复习题

2.1 金融资产价格与投资者预期从持有资产中会收到的支付的关系是什么？

2.2 股权必要收益率与股权资本成本的关系是什么？

2.3 用文字和符号写出持有一年的股票投资收益率的两个组成部分。

2.4 一股股票的内在价值是什么？

2.5 写出戈登增长模型的公式。戈登增长模型所做的重要假设是什么？

问题和应用

2.6 假设高盛公司的股票价格目前是每股142美元。你预期该企业年末会支付每股1.40美元的股息，你预期那个时候股票可以以每股160美元的价格售出。如果你投资该股票要求8%的收益率，你应该买吗？简要解释一下。

2.7 年初你以120美元的价格买了一股IBM的股票。如果你在这一年间收到2.50美元的股息，且年末IBM的股票以130美元的价格售出，那么你从投资该股票中获得的收益率是多少？

2.8 预期一家公司每年会支付每股20美元的股息直至永远。如果投资者对投资该股票要求10%的收益率，那么股票价格是多少？

2.9 一位朋友开办了一家软件销售企业。软件非常畅销，企业迅速成长到足以发行股票。你朋友的企业承诺在未来的50年里每年支付每股5美元的股息，到那个时候你朋友打算关闭企业。该企业的股票当前以每股75美元的价格销售。如果你相信该公司真的会像承诺的那样支付股息，且你对这项投资要求10%的收益率，那么你应该购买该股票吗？简要解释一下。

2.10 【联系实际6-2】《华尔街日报》的一篇专栏提出了这样一个问题：“资本利得与收入非常不同，是否应该按不同的税率来征税？”

a. 什么是资本利得？

b. 对资本利得的征税在哪些方面不同于薪金和工资所得？

c. 对资本利得的征税不同于其他收入的经济理由是什么？

资料来源：Scott Sumner and Leonard E. Burman，“Is It Fair to Tax Capital Gains at Lower Rates Than Earned Income?” *Wall Street Journal*，March 1，2015.

2.11 【解决问题6-1】假定可口可乐公司当前正支付每股1.75美元的股息，预期股息会以每年5%的速率增长，投资者购买可口可乐公司股票要求的收益率是8%。计算可口可乐股票的每股价格。

2.12 《经济学人》2016年的一篇文章指出，自2000年以来，英国投资者购买英国政府债券获得的收益高于购买英国公司发行的股票。文章的结论是：“本世纪的股权风险溢价为负值。”

a. 简要说明作者如何得出这个结论。

确保你的答案包括对股权风险溢价的解释。

b. 为什么英国的股权风险溢价在此期间为负值?

资料来源：Buttonwood, "Stocks for the Long Run?" *Economist*, January 13, 2016.

6.3　理性预期和有效市场

解释理性预期假设和有效市场假说之间的联系。

复习题

3.1　适应性预期与理性预期的区别是什么?

3.2　理性预期与有效市场假说的关系是什么?

3.3　根据有效市场假说，股票价格是可预测的吗?什么是随机游走?

问题和应用

3.4　《经济学人》的一篇文章指出，根据有效市场假说："因为最近利润表现良好或者因为股票价格图形中的特定模式来购买谷歌股票不太可能带来超额收益。"

a. 这篇文章中的"超额收益"的意思是什么?

b. 为什么因最近的利润表现良好而购买谷歌股票不太可能让投资者获得超额收益?

c. 为什么基于过去股票价格的特定模式来购买谷歌股票不太可能使投资者获得超额收益?

资料来源：Buttonwood, "What's Wrong with Finance," *Economist*, May 1, 2015.

3.5　2016年《华尔街日报》的一篇文章指出，苹果公司的股票价格在"对iPhone销售量放缓的担忧出现"之前一年就开始下滑了。在撰写文章时，作者声称："iPhone萧条现在早就反映到价格中了"。

a. 为什么苹果的股票价格只因为投资者预计未来iPhone的销售量可能放缓就开始下跌?为什么投资者不等到销售量确实放缓之后再卖出股票?简要解释一下。

b. 作者把iPhone的销售量下滑描述为"反映到价格中了"的意思是什么?如果iPhone的销售额如投资者预期的那样继续下降，那么这种下降是否会导致苹果的股价进一步下跌?简要解释一下。

资料来源：Dan Gallagher, "Apple Has Upside as Investors Worry," *Wall Street Journal*, April 24, 2016.

3.6　下面的内容摘自cnbc.com上的一篇文章：

> 在通常情况下，当经济扩张时，股价会上涨。但某天在制造业生产指数达到三年来的新高时，股价却下跌了。引述一位股票市场分析师的解释是："这是好消息，但不是新消息。"

a. 分析师所说的"新消息"是什么意思?

b. 为什么公告对股票价格的影响取决于它是不是"新消息"?

资料来源：Kate Gibson, "Stocks Decline with Oil; Traders Worry About ECB," cnbc.com, September 2, 2014.

3.7　《华尔街日报》的一篇文章包含以下内容："诺福克南方公司周四公布第一季度利润突然增长25%。"该文章还指出，诺福克南方公司的股票上涨3.5%。

a. 企业的利润与其股票价格之间是什

么关系？

b. 如果诺福克南方公司的利润增加并不令人意外，那么公告对股价的影响是否会有所不同？简要解释一下。

资料来源：Anne Steele，"Norfolk Southern Reports Surprise Jump in Profit，" *Wall Street Journal*，April 21，2016.

3.8 假设 Facebook 的利润增长速度预计是亚马逊的两倍。对你来说哪家公司的股票是更好的投资？简要解释一下。

3.9 【联系实际 6-3】《华尔街日报》的一篇文章提到关于伯顿·马尔基尔的一句话："即使在指数基金存在之前，现已退休的普林斯顿大学教授也认为它们的表现可能超过积极管理基金。"

a. 指数基金与积极管理基金的区别是什么？

b. 为什么我们会预料投资者从购买指数基金获得的收益高于购买积极管理基金的收益？

c. 从长远来看，指数基金提供的收益高于积极管理基金这一事实是否表明管理指数基金的人对股票市场的了解程度高于积极管理基金的人？简要解释一下。

资料来源：Silvia Ascarelli，"Burton Malkiel Is Still an Indexing Fan，but a 'Smart Beta' Skeptic，" *Wall Street Journal*，May 8，2016.

3.10 财经作家迈克尔·刘易斯（Michael Lewis）曾引用基金经理迈克尔·波里（Michael Burry）的话说："我也立即接受了没有哪个学院能教会如何成为一个伟大投资者。如果有可能，会是全世界最受欢迎的学院，会有无法想象的高学费。因此，这一定是不可能的。"你同意波里的推理吗？简要解释一下。

资料来源：Michael Lewis，*The Big Short：Inside the Doomsday Machine*，New York：W. W. Norton，2010，p. 35.

3.11 【解决问题 6-2】《华尔街日报》的一篇文章写道："基金业务发生了翻天覆地的变化，投资者越来越多地选择追踪市场的产品，而不是依靠基金经理挑选好股票。"

a. 文中提到的"追踪市场的产品"是什么意思？

b. 投资者是否应该通过寻找能选择高绩效个股的知识渊博的经理而不是通过投资"追踪市场的产品"来获得更高的收益？简要解释一下。

资料来源：Kirsten Grind，"Investors Pour into Vanguard，Eschewing Stock Pickers，" *Wall Street Journal*，August 20，2014.

3.12 【开篇案例】在 2000 年购买股票并持有到 2010 年的许多投资者发现他们在这 10 年间的实际投资收益为负。如果投资者获得负的实际收益，那么为什么投资者这些年会投资股票？

6.4 金融市场的实际效率

讨论金融市场的实际效率。

复习题

4.1 投资者会如何利用定价偏差来获得高于平均水平的收益率？

4.2 投资者会如何利用均值回复或过度波动来获得高于平均水平的收益率？

4.3 为什么有效市场假说的支持者不承认金融市场的理论与实际行为之间的差异真的使得假说无效？

问题和应用

4.4 美联储的政策委员会每年在华盛顿特区举行八次会议。在每次会议结束后，该委员会都会公布关于货币政策的公告。根据《华尔街日报》的一篇文章，可以追溯到1994年，使用以下策略可以获得高于平均水平的投资收益：“在美联储政策公布前一天，买入标准普尔500指数中的股票。一周之后卖掉它们，并在接下来的一周再次购买。”在这篇文章发表后，你还指望遵循这一策略有利可图吗？简要解释一下。

资料来源：Justin Lahart，“Making Money with the Fed：Don't Get Mad，Get Even，” *Wall Street Journal*，July 2，2014.

4.5 《华尔街日报》的一篇文章描述了一项投资策略，即11月初在伦敦证券交易所购买股票，4月底卖出，然后在接下来的11月初再次购买。根据一位投资分析师的说法，利用这种“万圣节效应”投资策略将获得高于平均水平的收益。文章指出，分析师的“结果不包括交易成本和税收”。

a. 文章所指的是什么交易成本？

b. 排除交易成本和税收对结果有影响吗？简要解释一下。

资料来源：Corrie Driebusch and Aaron Kuril-off，“Sell Stocks in May? Tempting but Not Very Smart，” *Wall Street Journal*，May 1，2016.

4.6 【联系实际6-4】《经济学人》的专栏作家认为，有效市场假说已经“受到一系列打击”，因为“在20世纪90年代末，没有利润且几乎没有任何收益的网络公司被估价为数十亿美元，而在2006年，投资者普遍低估了将美国次级抵押贷款组合捆绑在一起的风险。”

a. 解释这位专栏作家讨论的事件如何与有效市场假说不一致。

b. 即使有效市场假说是正确的，这些事件是否可能发生？

资料来源：Buttonwood，“The Grand Illusion，” *Economist*，March 5，2009.

4.7 采取“动量交易”策略的共同基金在华尔街被称为“momos”。共同基金经理如何使用动量交易策略？基金经理为什么希望获得高于平均水平的收益率？

4.8 查尔斯·道（Charles Dow）原来是《华尔街日报》的编辑。他是“道氏理论”的创始人，该理论认为，像Heartland Express这样的交通运输股票的价格可以预测像埃克森-美孚那样的工业股票价格的变化。

a. 《华尔街日报》的一篇文章将道氏理论称为“技术分析之父”。为什么将道氏理论视为技术分析而非基本分析？

b. 每当投资者看到交通运输股票下跌就卖出工业股票，并且每当投资者看到交通运输股票上涨时就买入工业股票，这样投资者能否在其股票投资上获得高于平均水平的收益率？简要解释一下。

资料来源：Spencer Jakab，“Keep on Trucking Despite Dow Theory，” *Wall Street Journal*，July 16，2012.

6.5 行为金融学

解释行为金融学的基本概念。

复习题

5.1 行为金融学与行为经济学的关系是什么？

5.2 经济学家所说的投资者理性行为的意思是什么？

5.3 羊群行为如何造成金融市场中的泡沫？

问题和应用

5.4 根据《纽约时报》的一篇文章，“数百万业余投资者继续积极买卖证券”。

a. 为什么定期购买和出售证券对普通投资者来说不是一个好策略？相反，投资者可以选择哪种替代策略？

b. 行为金融学的哪些见解可以解释为什么一些投资者坚持试图通过挑选个股来打败市场？

资料来源：Gary Belsky, “Why We Think We're Better Investors Than We Are,” *New York Times*, March 25, 2016.

5.5 联储前主席艾伦·格林斯潘曾辩称在泡沫破灭之前识别泡沫是很困难的。什么是泡沫？为什么泡沫难以识别？

5.6 英国经济学家约翰·梅纳德·凯恩斯曾写道，投资者在决定投资什么时通常并不依赖于计算期望值：

大多数决定做此事者，大概只是受一时血气之冲动——一种油然自发的驱策。不管企业发起缘起做得如何坦白诚恳，假使说企业之发起，真是因为缘起上所举理由，则只是自欺欺人而已。企业之依赖精确较量未来利益之得失者，仅较南极探险之依赖精确较量未来利益之得失者，略胜一筹。

如果投资者在做投资时确实依赖于“一时血气之冲动”而非期望值，那么有效市场假说还正确吗？简要解释一下。

资料来源：John Maynard Keynes, *The General Theory of Employment, Interest, and Money*, London: Macmillan, 1936, p. 162.

5.7 《经济学人》中的一篇文章指出：“如果其他人通过购买科技股或通过在房地产市场交易来赚钱，那么对一个不甘于落后的人就会产生巨大的参与诱惑。”

a. 经济学家将这种行为叫作什么？

b. 什么能解释这种行为？这种行为是否与有效市场假说的假设一致？简要解释一下。

资料来源：Buttonwood, “What's Wrong with Finance,” *Economist*, May 1, 2015.

5.8 《经济学人》杂志的一篇文章指出，虽然中国的经济增长速度正在放缓，但中国的“股票价值却翻了一倍多”。文章指出，与大型机构投资者购买绝大多数股票的发达国家不同，中国 90% 的股票购买是由个人投资者完成的。文章将这些投资者对股票的需求描述为“狂热”。文章将个人投资者的股票购买描述为狂热的意思是什么？个人投资者是否比机构投资者更有可能表现出这种行为？简要解释一下。

资料来源：“A Crazy Casino,” *Economist*, May 26, 2015.

数据练习

D6.1 【股票市场和经济衰退】登录 macrotrends 网站（macrotrends.net），然后点击标准普尔 500——90 年的历史图。描述在经济衰退之前、期间和之后股票价格如何变动。衰退期间的模式是否相同？简要解释一下。

D6.2 【探究股利】登录 wsj.com，查找下列公司的每股股息：

a. Microsoft。

b. Apple。

c. Coca-Cola。

d. Facebook。

要查找每股股息，请在主页的搜索框中输入公司名称。哪家公司支付最高的股息？哪家公司的股息收益率最高？哪家公司不支付股息？为什么公司会不支付股息？为什么投资者会购买不支付股息的公司的股票？

第7章

衍生品和衍生品市场

学习目标

学完本章之后，你应该能够：

7.1　说明衍生品是什么，并区分用衍生品对冲和用衍生品投机；

7.2　定义远期合约并解释其在金融体系中的作用；

7.3　说明如何用期货合约对冲和投机；

7.4　区别看涨期权和看跌期权，并说明如何使用；

7.5　定义互换并解释如何用互换减少风险。

开篇案例

你也可以买卖原油……但是你应该吗？

在金融市场上最好的赚钱方法是什么？如我们在第6章中看到的那样，大多数经济学家建议通过定期购买追踪股票市场指数（例如标准普尔500指数）的共同基金的份额。即使是专业的财务管理者，也难以通过频繁买卖个股来击败市场指数。尽管如此，有些人还是利用广泛使用的软件来开展“即日交易”或者只是短暂持有股票（有时只有几分钟）后就买入和卖出股票。通常，这些投资者试图赚取短期利润。相比之下，购买共同基金的储蓄者通常会寻求在长期内缓慢地积累财富。

近年来，石油价格一直巨幅波动，每桶石油的价格在2008年达到最高点145美元，在2009年跌至34美元，在2011年回升至100美元以上，并在2016年初跌破30美元，但随后又再次上涨至50美元以上。在这些日期之间还有许多较小的价格变动。一些个人投资者认为，他们对导致这些价格波动的原因有足够的洞察力，可以通过买卖石油获利。实际上，这些投资者已经成为石油的日内交易者。股票的日内交易者通常直接买卖公司股票。石油的日内交易者实际上并不是在买卖石油，而是在使用衍生证券或简称衍生品来下注石油价格是上涨还是下跌。衍生品之所以得名在于它们是基于基础资产或者说是从基础资产衍生而来的。这些资产可以是商品，如石油或小麦，也可以是金融资产，如股票或债券。

经济学家使用投机者一词来指代买卖衍生品的投资者，他们希望从基础商品或金融资产的价格变化中获利。尽管一些从事石油衍生品日内交易的个人投资者能够获利，但从长远来看，大多数人会蒙受损失。然而，除了投机之外，衍生品还有更为重要的用途：它们使个人和企业可以对冲或降低其面临的价格波动风险。例如，航空公司等使用石油（或石油产品）的企业以及钻井公司等生产石油的企业，都可以使用石油衍生品来对冲石油价格波动。

尽管许多美国企业使用衍生品已有数十年之久，但在2007—2009年金融危机期间及之后，衍生品一直是引起广泛争议的主题。家乡位于内布拉斯加州奥马哈的沃伦·巴菲特可能是世界上最成功的金融投资者。2016年，《福布斯》杂志估计他的财富为650亿美元，使他成为全球第三大富翁。巴菲特的许多精明的投资为他赢得了“奥马哈先知”的绰号，因此，投资者会仔细阅读他给伯克希尔·哈撒韦公司股东的年度信函。巴菲特在2002年的信函中谴责金融衍生工具是“定时炸弹，无论是对交易双方还是对经济体系来说都是定时炸弹”。他总结说，“衍生工具是大规模杀伤性金融武器，有着虽然现在潜伏但是未来致命的危险。”尽管巴菲特发出警告，但2002—2007年，金融衍生品的市场规模激增。正如巴菲特警告的那样，当2007年金融危机爆发时，金融衍生品发挥了重要作用。

如我们将会看到的，巴菲特的批评并不是针对使用衍生证券的基本思想，而是针对在金融危机爆发前的几年中所使用的一些更奇异的衍生证券。实际上，衍生品在经济中发挥着重要作用，衍生品市场为投资者和企业提供了其他方式无法获得的风险分担、流动性和信息服务。

资料来源：Ben Eisen, Nicole Friedman, and Saumya Vaishampayan, “The New Oil Traders: Moms and Millennials,” *Wall Street Journal*, May 26, 2016; “The New Danger from Derivatives,” bloomberg. com, March 7, 2016; Warren Buffet, “Chairman's Letter,” in *Berkshire Hathaway, Inc. 2002 Annual Report*, February 21, 2003; and “The World's Billionaires,” forbes. com.

重要议题和问题

议题：在2007—2009年的金融危机期间及之后，一些投资者、经济学家和政策制定者认为金融衍生品加剧了危机的严重性。

问题：金融衍生品是“金融大规模杀伤性武器”吗？

衍生证券（derivative security）［或**衍生品（derivative）**］是经济价值取决于基础资产价值的金融证券。我们在本章中将重点介绍最重要的衍生品：远期合约、期货合约、期权合约和互换合约。要理解投资者为何将衍生品纳入投资组合以及企业为何使用衍生品对冲风险，我们就要描述衍生品有利于交易双方的情形、每种衍生品的权利和义务以及投资者和企业在买卖衍生品中所用的策略。我们讨论如何交易衍生品及在2007—2009年金融危机后的金融改革如何影响衍生品交易。

7.1 衍生品、对冲和投机

金融衍生品（financial derivative）是其经济价值取决于基础金融资产（如股票、债券或一单位外币）的金融证券。商品衍生品（commodity derivative）的经济价值取决于基础商品，如小麦、原油或黄金。大多数衍生品旨在让投资者和企业可以从基础资产的价格变动中获利。衍生品的一种重要用途是**对冲（hedge）**或降低风险。例如，考虑负责生产纯果乐（Tropicana）橙汁的管理人员的情况。假设管理者担心橙子价格将来可能上涨，从而会降低出售橙汁的利润。纯果乐可以通过使用若橙子价格上涨则价值增加的衍生品来对冲这种风险。这样，如果橙子价格确实上涨了，那么纯果乐在购买价格更高的橙子时的损失会被衍生品价值的增加所抵消。如果橙子价格下跌，那么纯果乐将从购买橙子的成本降低中获利，但在衍生品价值上会遭受损失。

在此例中，你可能看不到使用衍生工具给纯果乐带来净收益，因为在使用衍生工具时，公司似乎有时会盈利，而在其他时候似乎会亏损。但是，回顾第4章，经济学家用资产收益的不确定性程度来衡量金融投资的风险。同样，生产橙汁的主要风险是橙子价格会波动，进而引起纯果乐从出售橙汁中所获利润的波动。由于衍生品能减少橙汁利润的不确定性，因此，纯果乐认为它们是有价值的。换句话说，虽然使用衍生品会减少橙子价格下跌对纯果乐的好处，但也会减少橙子价格上涨造成的损失，因此，纯果乐受益于风险的净减少。

类似地，假设你买了价值20 000美元的10年期国债，并打算明年出售来支付房屋的首付。你知道，若利率上升，则国债的市场价格会下跌。你可以通过达成在利率上升时会获利的衍生品交易来对冲这种风险。如果利率下降而不是上升，那么你将从国债价格的上涨中受益，但你会在衍生品交易中蒙受损失。然而，同样，因为你获得风险的净减少，所以你愿意接受这种取舍。

实际上，衍生品可以作为针对基础资产价格变化的一种保险。保险在经济体系中起着重要的作用：如果有针对某项经济活动的保险，那么会有更多的该活动发生。例如，如果没有火灾保险，那么许多人就不敢拥有自己的房屋，因为在发生火灾时他们将蒙受巨大的未保险损失。住房需求减少将导致住宅建设减少。火灾保险增加了住宅建设的数量。同样，如果投资者不能对冲金融投资的风险，那么他们的投资就会较少，这又会减少金融体系中的资金流动。企业和家庭获得资金的渠道会减少，进而减缓经济增长。

投资者也可以用衍生品来**投机（speculate）**，或者说对资产价格波动下注。例如，假设你与橙子企业的唯一联系就是每天早晨吃早餐时喝一杯橙汁。但是，你对橙子作物报告和长期天气预报的仔细研究让你确信橙子价格将来会上涨。价值随橙子价格上涨而增加的衍生品使你有机会从对橙子市场的深刻洞察中获利。当然，如果你的见解是错误的，并且橙子价格下跌，那么你会输掉赌注。

一些投资者和政策制定者认为，“投机”和“投机者”对金融市场没有好处。但是，事实上，投机者通过发挥两种有用的作用来帮助衍生品市场运转：首先，对冲者（套期保值者）可以将风险转移给投机者。像其他市场一样，衍生品市场一定有交易双方。如果对冲者向投机者出售衍生证券，那么投机者通过购买证券接受了对冲者的风险转移。其次，对衍生品市场的研究显示投机者提供了必不可少的流动性。也就是说，如果没有投机者，就不会有市场有效运转所需的足够数量的买方和卖方。像其他证券一样，除非有一个很容易出售证券的市场，否则投资者就不愿意持有衍生证券。

在下面几节中，我们考察最重要的衍生品类型及其在金融市场运行中所发挥的作用。

7.2 远期合约

企业、家庭和投资者经常制订会受未来价格变化影响的计划。例如，一位农场主也许会种植几个月内不会收割的小麦。农场主的盈亏将取决于小麦收割时的价格。一家银行也许会发放一笔利率为5%的四年期汽车贷款，只要银行对存款支付的利率维持在2%或以下，这笔贷款就有利可图。如果存款利率上升到4%，那么银行在贷款上就会亏钱，因为这将不能抵消与发放贷款有关的所有成本。

远期合约（forward contract）让企业和投资者有机会对冲取决于未来价格的交易上的风险。远期合约让远期交易（forward transaction）成为可能，远期交易是现在达成但未来结算的交易。远期合约通常是一份当前达成在将来某个特定日期按预定价格交换给定数量的商品（如小麦、原油或黄金）或金融资产（如短期国债）的协议。远期合约先出现在农产品市场上。农产品供给取决于天气，从而经常会出现大幅波动。此外，农产品需求通常是价格不敏感的。回忆一下你的经济学原理课程，当需求价格弹性为零时，供给波动会导致均衡价格大幅波动。

例如，假设你是一位农场主，你在五月播种，并预期会产出10 000蒲式耳小麦。你立刻可以出售现有小麦的价格叫作**现货价格（spot price）**或即期价格。假设五月的现货价格是每蒲式耳5.00美元。你担心在八月收获小麦时现货价格已经下跌到5.00美元之下，从而你在小麦上会收获不足50 000美元。当通用磨坊购买小麦来制作小麦制品和其他早餐谷物食品时会有相反的担心：通用磨坊的经理担心小麦价格到八月已经上涨到5.00美元之上，进而提高生产谷物的成本。你和通用磨坊的经理可以通过达成一份远期合约来对冲小麦价格的不利变动，你承诺在一个叫作**结算日（settlement date）**的未来某一天以每蒲式耳5.00美元的价格向通用磨坊出售10 000蒲式耳小麦，结算日是必须履行约定的交割的日期。合约双方现在已经锁定将来在结算日收入或付出的价格。

远期合约虽然能实现风险分担，但是有很大的缺点。这是因为远期合约通常包含对一项交易的特定买方和卖方专用的条款，所以合约很难出售，原因是另一个买方不得不接受相同的条款。因此，远期合约往往是非流动的。此外，远期合约还受到违约风险的影响，因为买方或卖方也许没有能力或没有意愿履行合约。例如，在前面的例子中，通用磨坊也许在签署合约不久后就宣布破产，没有能力付给你所需的款项。在这种情形中，违约风险通常叫作**交易对手风险（counterparty risk）**。交易对手是在交易中另一方的个人或企业。因此，从卖方角度看，买方是交易对手；从买方角度看，卖方是交易对手。交易对手风险是买方不履行他或她对卖方的义务或者卖方不履行他或她对买方的义务的风险。因为有交易对手风险，所以远期合约的买方和卖方在分析潜在的交易伙伴的信用状况时会招致信息成本。

7.3 期货合约

期货合约（futures contract）首先出现在商品市场中，在保留远期合约的风险分担的好处的同时提高流动性并降低交易对手风险和信息成本。期货合约与远期合约的若干不同之处是：

(1) 期货合约在交易所交易，如芝加哥交易所（Chicago Board of Trade，CBOT）和纽约商品交易所（New York Mercantile Exchange，NYMEX）。

(2) 期货合约通常规定要交割的标的资产的数量，但不固定要交割资产的结算日的价格。相反，价格随合约在交易所的买卖而连续变化。

(3) 期货合约在要交割的标的资产数量和可用合约的结算日方面是标准化的。

因为期货合约是根据合约交易所在的交易所的规则来标准化的，所以期货合约缺乏远期合约的某些灵活性。例如，小麦远期合约的买方和卖方可以选择他们需要的任何结算日，但CBOT仅提供每年五个结算日的小麦期货合约。但很多投资者和企业还是喜欢期货合约，因为它们有较少的交易对手风险和较低的信息成本，同时还有更好的流动性。交易对手风险减少的原因在于交易所充当匹配买方和卖方的清算所（或者叫清算公司），是交易所而不是买方和卖方充当每笔交易的交易对手。例如，在CBOT购买期货合约的人把CBOT作为交易对手，这可以极大地减少违约风险。把交易所作为交易对手还可以降低信息成本，因为期货合约的买方和卖方无须投入资源来确定交易伙伴的信用状况。最后，风险和信息成本的减少连同合约条款的标准化一起提高了投资者买卖期货合约的意愿。很多期货合约市场的流动性很高，有大量的买方和卖方。

用商品期货对冲

假定你想用期货合约对冲小麦价格下跌。你在五月种植小麦，当时小麦现货价格是每蒲式耳5.00美元，这是你当时可以出售小麦的价格。你担心在八月收获小麦时价格已经下跌。CBOT不提供结算日在八月的期货合约，但提供一种结算日在九月的小麦期货合约。假定合约的期货价格（futures price）是5.50美元。期货价格比当前的现货价格高0.50美元，因为期货合约的买方和卖方一定是预期九月的现货价格会高于五月的现货价格。买方和卖方也许是根据政府的农作物报告和长期的天气预报之类的信息来形成小麦价格会上涨的预期。

CBOT的每份小麦期货合约都标准化为5 000蒲式耳，因此，要对冲价格下跌，你应该卖出两份小麦期货合约，因为你预期会收获10 000蒲式耳小麦。要出售合约，你要用到一位能在CBOT为你执行交易的注册期货经纪人。通过卖出小麦期货合约，你就在期货市场上取得**空头头寸（short position）**。如果他或她承诺出售或交割标的资产，那么这个人就有一个空头头寸。如果一位通用磨坊的经理由于担心未来的小麦价格上涨而买入该合约，那么他就在期货市场上取得**多头头寸（long position）**，意味着他现在已经拥有买入或接收标的资产的权利和义务。一般而言，空头头寸持有人会受益于标的资产价格下跌，多头头寸持有人会受益于标的资产价格上涨。需要注意的是，你在小麦现货市场上是多头，因为你拥有打算在收获之后出售的小麦，而通用磨坊的经理在小麦现货市场上是空头，因为他打算买入小麦来制作早餐谷物食品。我们可以把这个要点总结如下：

> 对冲表现为在期货市场上取得空头头寸来抵消现货市场上的多头头寸或在期货市场上取得多头头寸来抵消现货市场上的空头头寸。

随着与预测未来结算日的小麦现货价格有关的新信息不断出现，小麦期货合约中的价格在每天的交易过程中不断变化。随着交割时间的临近，期货价格越来越接近于现货价格，最终在结算日等于现货价格。为什么在结算日现货价格必须等于期货价格？因为若两个价格有差异，则可能有套利利润。例如，如果在期货合约结算日的小麦现货价格是5.00美元，但期货价格是5.50美元，那么投资者可以在现货市场上买入小麦，同时卖出期货合约。期货合约的买方将不得不按照5.50美元的价格接受交割，这会让投资者在每一蒲式耳小麦上赚到0.50美元的无风险利润。现实中，卖出额外的期货合约的投资者会将期货价格压低到等于现货价格。只有这时套利利润才被消除。

继续我们的例子，假定当你在八月份收获小麦时，期货价格已经降到每蒲式耳5.25美元，而现货价格是4.75美元。期货价格高于现货价格，因为期货市场的交易者预期在期货合约到期的八九月间小麦的现货价格会上涨。为简单起见，假设你在同一天收获和出售小麦。为了履行你的期货市场义务，你可以采取交割结算或平仓结算。因为你打算在八月收获之后马上出售小麦，所以你会用平仓结算，于是，你不是实际交割小麦，而是通过买入两份期货合约关闭在CBOT的头寸，从而抵消你在五月卖出的两份合约。你是以55 000（=5.50×10 000)美元的价格卖出合约。通过以52 500（=5.25×10 000）美元的价格买回合约，你在期货市场赚到2 500美元。你在现货市场以47 500美元的价格卖出你的小麦，从而比你在五月的现货价格下会收到的减少2 500美元。由于这笔2 500美元的损失被你在期货市场上的2 500美元的利润所抵消，你已经成功地对冲了小麦市场上的价格下跌风险。

注意，通用磨坊的经理是在反向的头寸上。在结清其在期货市场的头寸时，他会以每蒲式耳5.25美元的期货价格出售两份合约，从而遭受2 500美元的损失——因为他在五月购买合约时的期货价格是每蒲式耳5.50美元。但他在现货市场上购买小麦会比他本来按照每蒲式耳5.00美元的五月现货价格少花2 500美元。如果小麦的现货价格是上涨而不是下跌，那么你在你的期货市场头寸上会亏损，但在现货市场上会赚钱，而通用磨坊的经理在期货市场上会赚钱，但在现货市场上会亏损。

我们可以将期货合约买方和卖方的盈亏概括如下：

买方的盈利(或亏损)＝结算时的现货价格－购买时的期货价格

卖方的盈利(或亏损)＝购买时的期货价格－结算时的现货价格

注意，期货市场是零和博弈，这意味着，若卖方盈利，则买方一定遭受恰好等量的亏损，若卖方亏损，则买方将会获得恰好等量的盈利。（为了确保你理解这一点，复习一下农场主和通用磨坊的例子来核实一下一方的盈利即为另一方的损失。）表7－1总结了这个利用商品期货合约对冲价格波动风险的例子。

表7－1　用商品期货合约对冲

	种小麦的农场主	通用磨坊的经理
担心……	小麦价格下跌	小麦价格上涨
通过……对冲风险	卖出期货合约	买入期货合约
在期货市场的头寸是……	空头	多头
在现货市场的头寸是……	多头	空头

续表

	种小麦的农场主	通用磨坊的经理
如果小麦价格上涨……	在期货市场亏损，但在现货市场盈利	在期货市场盈利，但在现货市场亏损
如果小麦价格下跌……	在期货市场盈利，但在现货市场亏损	在期货市场亏损，但在现货市场盈利

正如我们之前所指出的那样，乍一看好像用期货合约对冲并没有什么用处，因为买方和卖方会预期在期货头寸上发生亏损的时候与出现盈利的时候基本相当。事实上，既然买卖期货合约有成本，那么在我们例子中的你和通用磨坊经理看起来好像还让自己的境况变得更差了。但请记住，使用期货合约可以减小收益率的方差，这就减少了风险。投资者和企业愿意为减少风险付费，这就是为什么他们会用期货合约对冲的原因。

用商品期货投机

我们已经给出（农场主和通用磨坊）一个业务与小麦市场有关的企业想利用期货来降低其商业运作中的风险的例子。与小麦市场无关的投资者可以利用小麦期货来对小麦价格投机。例如，假定现在是五月，在仔细研究与预测未来小麦供求有关的所有信息之后，你的结论是，九月的小麦价格会是每蒲式耳 6.25 美元。如果九月小麦期货价格是每蒲式耳 5.50 美元，那么你购买期货合约一定会获利。尽管你实际上并不想在九月接受小麦交割，但通过在五月与九月的结算日之间的某一时点出售小麦期货来结清你的头寸，你一定会获利。如果你确信小麦的现货价格在九月会低于当前的期货价格，那么你可以卖出小麦期货，并在结算日或结算日前以较低的价格买回期货。

然而，需要注意的是，因为你在现货市场上没有抵消性头寸，所以小麦价格的不利变动会导致你遭受损失。例如，如果你买了小麦期货，但小麦价格出现下跌而不是上涨，那么你将不得不承受亏损的代价来结清你的头寸。类似地，如果你卖出小麦期货且小麦价格出现上涨，那么你还是不得不承受亏损的代价来结清你的头寸。

正如我们在本章开始时所强调的那样，投机者通过提高必要的流动性在期货市场中发挥着重要作用。如果没有投机者，大多数的期货市场就不会有足够多的买方和卖方来参与，进而减少对冲者（套期保值者）可以得到的风险分担。

联系实际 7-1

你认为你能在石油市场中击败精明的钱吗？

投机者往往会被价格波动大的证券或商品所吸引。毕竟，如果价格变化不大，那么就很难下注价格变化来赚钱！如本章开篇案例所述，在过去的 15 年中，石油价格一直波动剧烈。下页图显示西得克萨斯中质原油的每桶价格，该原油是在得克萨斯州和俄克拉荷马州南部生产的，并被作为美国石油价格的基准。该图显示，每桶石油价格在过去 11 年中大幅波动。

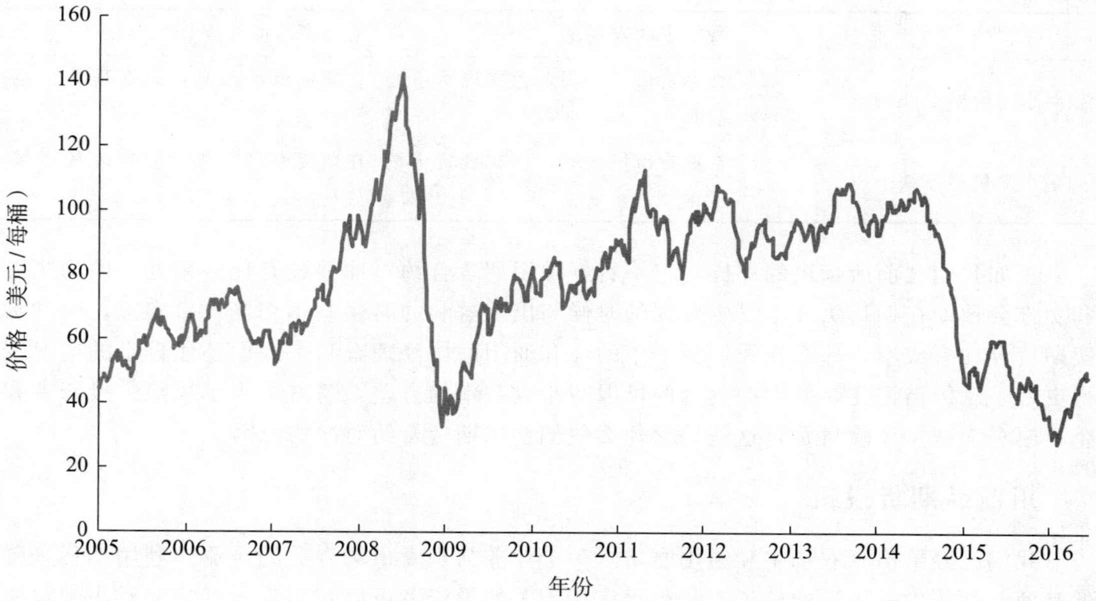

与其他价格一样，石油价格的变化是由需求和供给的变化决定的。很多因素影响石油需求，包括世界经济增长率、消费者购买电动或混合动力汽车的数量及天然气或太阳能电池板等替代品的价格。影响供应的因素包括与开采石油相关的技术变化，例如，美国的页岩油“压裂”技术，以及可能扰乱伊拉克、尼日利亚或利比亚等国生产的政治动荡。

正如我们在第 6 章看到的那样，投资股票市场的资金经理和其他华尔街专业人士会仔细监控有关公司的消息。根据有效市场假说，该消息立即反映在股票价格中。如果苹果宣布 iPhone 的销售出乎意料得强劲，那么苹果的股价会在宣布之后的几秒钟内上涨。华尔街的专业人士也密切关注商品市场的变动，以便他们能在消息引起商品价值变化时迅速采取行动买卖衍生品。因此，要想买卖石油衍生品赚钱，你既需要仔细关注有关石油行业的新闻，又要比华尔街专业人士更好地了解该新闻可能会如何影响油价。实际上你不可能指望比华尔街专业人士对新闻的反应更快，因此，要想通过投机石油价格赚钱，你需要深入了解石油市场的运作方式。

显然，越来越多的人相信他们可以击败华尔街的专业人士，因为个人投资者的交易量在 2016 年首次占芝加哥商品交易所石油期货每日交易量的 10%以上。通常，仅允许高收入投资者直接交易期货合约，但是许多小投资者可以买卖与石油期货合约相关的金融证券。

例如，有一则新闻报道讲述了一个女人在全职照顾两个孩子的同时还通过买卖此类证券在石油市场开展投机活动。根据这篇文章，当她“读到加拿大艾伯塔的一个产油区发生野火时，她坐在家里的沙发上喝着一杯热巧克力，抱着她的笔记本电脑，并购买了与原油相关的一项投资。”四天后当她卖掉投资时，在这笔交易上赚了约 400 美元。

许多个人投资者从这些轶事中获得信心，但问题是：类似的短期投资有可能赚钱吗？这似乎不可能，因为几乎没有哪个个人投资者能通过买卖股票或买卖衍生品持续获利。尽管缺乏可靠的统计数据，但通常的估计是，考虑到买卖的交易成本和任何交易所得的税收后，只有不到 5%的积极交易股票或衍生品的人能实现投资的收支平衡，能赚钱的就更少了。

芝加哥商业交易所为考虑交易期货合约的个人提供以下建议："你交易的资金应是可自由支配的，与你为上大学、退休或紧急情况留出的任何积蓄分开。换句话说，问问自己是否有能力承受亏损期货账户中暴露于风险的全部资金。"也就是：风险自负！

资料来源：Ben Eisen，Nicole Friedman，and Saumya Vaishampayan，"The New Oil Traders：Moms and Millennials，" *Wall Street Journal*，May 26，2016；Peter Hans，"The Long and Short of Crude Oil，" forbes. com，May 12，2016；and Chicago Mercantile Exchange，*A Trader's Guide to Futures*，September 19，2011.

见本章末的问题和应用 3.10。

用金融期货对冲和投机

期货合约最早出现在 19 世纪的商品市场，如小麦市场和石油市场。尽管金融期货交易直到 1972 年才开始，但今天交易的大多数期货都是金融期货。广泛交易的金融期货合约包括短期国债、中期国债和长期国债的合约；股指合约，如标准普尔 500 指数和道琼斯工业平均指数；货币合约，如美元、日元、欧元和英镑。金融期货合约受商品期货交易委员会（Commodity Futures Trading Commission，CFTC）批准的交易规则的约束。CFTC 监视交易者在期货交易上可能的价格操纵以及交易的执行。

用金融期货对冲风险的过程非常类似于用商品期货对冲风险的过程。考虑下面利用金融期货对冲利率风险的例子。假定你持有国债，但担心暴露于因市场利率上升而引起的国债价格下跌风险。需要注意的是，本质上你的情形与前面例子中的小麦农场主是相同的：(1) 你想对冲价格下跌；(2) 你在现货市场上是多头——你拥有国债。因此，要对冲价格下跌风险，你应该通过出售国债的期货合约来实现在期货市场上是空头。正如你所担心的那样，如果市场利率上升，那么你的国债价格会下降，但期货价格也会下跌。你可以通过买入期货合约来抵消你之前的卖出，从而结清期货头寸。由于合约的买入价格低于卖出价格，所以你的盈利可以抵消国债价格下跌带来的损失。

谁想成为这笔交易的另一方？也就是说，谁愿意购买你想出售的期货合约？例如，考虑一个预期 6 个月后会收到养老金缴款的公司的养老金经理。经理想用缴款投资国债，但担心那时的国债利率下降，从而降低他希望在投资上能获得的收益率。担心国债的利率下跌与担心其价格上涨是一回事儿，因此，养老金经理像我们前面例子中的通用磨坊经理一样。养老金经理在国债的现货市场是空头，于是，要对冲价格上涨的风险，经理需要通过购买国债期货合约成为期货市场上的多头。如果国债利率下降、价格上升，那么经理可以通过出售期货合约来抵消之前买入的合约，从而结清他的国债期货头寸。由于合约的卖出价格高于买入价格，所以他能从中获利，盈利可以抵消当他购买国债时会收到的低收益。表 7 - 2 总结了用金融期货的对冲。

认为自己对可能的未来利率路径拥有超凡洞察力的投资者可以利用期货市场来投机。例如，如果你确信将来国债的利率会低于当前的国债期货价格所隐含的利率，那么你可以通过购买国债期货来获利。如果你判断正确，未来的利率果然低于预期，那么期货价格会上涨，你可以通过出售国债的期货合约来获利了结你的头寸。如果你想投机，认为未来的利率会高于预期，那么你可以出售国债期货合约。

表 7－2　用金融期货对冲利率风险

	持有国债的投资者	打算六个月后购买国债的养老金经理
担心……	国债的价格下跌（利率上升）	国债的价格上涨（利率下降）
通过……对冲风险	卖出期货合约	买入期货合约
在期货市场的头寸是……	空头	多头
在现货市场的头寸是……	多头	空头
如果国债的价格上涨（利率下降）……	在期货市场亏损，但在现货市场盈利	在期货市场盈利，但在现货市场亏损
如果国债的价格下跌（利率上升）……	在期货市场盈利，但在现货市场亏损	在期货市场亏损，但在现货市场盈利

联系实际 7－2

如何关注期货市场：读懂金融期货报价

关注期货市场可以帮助你了解金融市场的变动情况。你可以从哪里获得信息？《华尔街日报》在线报告每个交易日的期货合约信息。你还可以在 CME 集团的网站（www.cmegroup.com）上找到数据，CME 集团是由芝加哥交易所（CBOT）和芝加哥商业交易所（CME）合并而成的。

下表是美国国债利率期货的“报价”示例。该报价是在 CBOT 交易的 10 年期美国国债期货 2016 年 6 月 28 日的收盘情况。该报价是面值为 100 000 美元、支付 6%的息票的国债的标准化合约。第一列说明合同交割的月份和年份。第一行的合约交割日为 2016 年 9 月。接下来的五列显示价格信息：收盘价，即当天最后一笔交易的价格；与前一天相比的价格变化；开盘价，即当天第一笔交易的价格；当天的最高价；以及当天的最低价。注意，这些价格是按每 100 美元面值来报价的。例如，第一行中合约的收盘价是每 100 美元面值为 133.250 美元。在 100 000 美元的合约中有 1 000 个 100 美元面值。因此，该合约的价格为 133.250×1 000＝133 250（美元）。因为价格高于 100 000 美元的面值，所以我们知道合约的到期收益率一定低于 6%的息票率。

10 年期美国国债利率期货

月份	收盘价	与前一日收盘价的变化	开盘价	最高价	最低价	交易量	未平仓合约
2016 年 9 月	133.250	0.266	133.031	133.922	132.984	1 306 807	2 753 697
2016 年 12 月	132.406	0.359	132.156	132.406	132.156	58	174

交易量这一列告诉你当天交易的合约数量。在这个例子中，交易了 1 306 807 张 2016 年 9 月的合约。未平仓合约报告尚未完成的合约数量，即尚未结算的合约数量。2016 年 9 月的未平仓合约数为 2 753 697 张。

你可以从这些报价中获取有用的信息。利率期货合约告诉你市场参与者对未来利率的预期。请注意，2016 年 12 月的期货价格略低于 2016 年 9 月的期货价格，这告诉你期货市场投资者预期长期美国国债利率会小幅上涨。

尽管此处未显示，但你还可以找到长期国债、短期国债和外币的利率期货报价。金融期货清单还为你提供股指期货报价，如标准普尔500指数的期货合约。投资者用股指期货来预测整体股票市场走势。

资料来源：*Wall Street Journal*, July 2, 2016; and Chicago Board of Trade.

见本章末的问题和应用3.13。

解决问题7-1

低利率下如何对冲国债投资？

在2007—2009年的金融危机之后，美国短期、中期和长期国债以及许多公司和市政债券的利率都降至非常低的水平。尽管收益率很低，但2016年许多投资者仍然在购买债券，《福布斯》网站（Forbes.com）援引一位投资分析师的话："我们正在进入债券熊市。"

a. 债券熊市的意思是什么？

b. 什么会导致债券的熊市？

c. 你如何对冲债券投资风险？

解决问题

第一步　复习本章的内容。这个问题是关于对冲债券投资风险的，因此，你需要复习"用金融期货对冲和投机"这一小节。

第二步　通过解释债券熊市是什么来回答a部分的问题。如我们在讨论股票市场时所看到的那样，熊市是指市场价格比之前的高点下降了至少20%。

第三步　通过解释什么会导致债券的熊市来回答b部分。债券的熊市可能是由于投资者认为通货膨胀率将来会上升。费雪效应告诉我们，较高的预期通货膨胀率会导致较高的名义利率。较高的名义利率意味着较低的债券价格。

第四步　通过解释如何对冲债券投资风险来回答c部分。我们已经看到，投资者可以利用期货市场来对冲债券投资风险。因为在这种情况下，你会担心利率上升和债券价格下跌，所以对你来说恰当的对冲是出售期货合约，如那些在CBOT交易的国债期货合约。通过持有债券，你成为债券现货市场的多头，因此，对你来说恰当的对冲是通过出售期货合约成为债券期货市场上的空头。作为个人投资者，你可以通过注册期货经纪人卖出合约，经纪人会向CBOT下达卖出订单。许多股票经纪人也是期货经纪人。一些经纪人是所谓的全能经纪人，他们提供交易建议、提供研究支持并执行交易。其他经纪人是折扣经纪人，他们对执行交易收取较低的佣金，但通常不提供交易建议。个人投资者有时候会通过购买投资于衍生品合约的共同基金的份额而不是自己买卖合约来对冲债券投资风险。

资料来源：Kenneth Rapoza, "How to Avoid the Coming 25 Year Bond Bear Market," forbes.com, December 14, 2015.

见本章末的问题和应用3.11。

期货市场交易

如我们所看到的那样，期货合约的买方和卖方是与交易所打交道的，而不是像在远期合约的情形中那样彼此直接打交道。为了降低违约风险，交易所要求买卖双方都要向保证金账户提交一笔叫作**保证金要求（margin requirement）**的初始存款。例如，在CBOT，美国中期国债的期货合约被标准化为100 000美元面值的票据，或者说，相当于100个1 000美元面值的票据。CBOT要求这些合约的买方和卖方在保证金账户中为每份合约存入至少1 100美元。

在每个交易日结束时，交易所执行叫作**盯市（marking to market）**的每日结算，结算是根据合约的收盘价将资金从买方的账户转移到卖方的账户或者反过来。例如，假定你以100的价格买入一份中期国债的期货合约。根据联系实际7－2可知，这个价格意味着你为该合约支付了100 000美元。假定你在你的保证金账户中只存入CBOT要求的最低的1 100美元，卖方也在他或她的账户中存入了相同的金额。第二天，当市场交易结束时，你的合约价格上涨到101，也许是因为新信息导致交易者认为利率将来会低于（进而中期国债价格会高于）他们之前的预期。由于你的合约价值已经上升1 000美元，交易所会将1 000美元从卖方的账户转到你的账户。卖方的账户余额降到100美元。这个金额低于维持保证金（maintenance margin），维持保证金有时候小于初始保证金，但就中期国债的期货合约而言，维持保证金也是1 100美元。卖方会收到补充保证金通知（margin call），补充保证金通知是交易所要求卖方在他或她的账户中增加足够多的资金以便达到1 100美元的维持保证金。因为有保证金要求和盯市制度，交易者很少对期货合约违约，这也限制了交易所的损失敞口。

表7－3概括了期货合约的买方和卖方的业务活动。

表7－3　期货合约的买方和卖方

期货合约的买方	期货合约的卖方
有义务在结算日买入标的资产	有义务在结算日交割标的资产
如果买方打算买入标的资产并希望为价格上涨投保，那么可用买入期货合约进行对冲	如果卖方拥有标的资产并希望为价格下跌投保，那么可用卖出期货合约进行对冲
如果买方认为标的资产价格会上涨，那么可用买入期货合约来投机	如果卖方认为标的资产价格会下跌，那么可用卖出期货合约来投机

7.4 期权

期权（option）是另一种衍生品合约。像期货合约一样，期权合约让投资者和企业可以对冲风险或投机。期权的买方有权以规定的价格在规定的时期内买入或卖出标的资产。**看涨期权（call option）**给予买方在期权的到期日之前的任何时间以**协议价格（strike price）**［或**行权价格（exercise price）**］买入标的资产的权利。例如，如果你买入一份协议价格为110美元且到期日为7月的苹果股票的看涨期权，那么你有权在7月份的到期日（通常是当月的第三个星期五）之前的任何时间以110美元的价格买入一股苹果股票。

看跌期权（put option）给予买方在期权的到期日之前的任何时间以协议价格卖出标的资产的权利。例如，如果你买入一份协议价格为110美元且到期日为7月的苹果股票的看跌期权，那么你有权在7月的到期日之前的任何时间以110美元的价格卖出一股苹果股票。需要注意的是，此处描述的期权是美式期权（American option），投资者可在到期日之前的任何时间行权。投资者只能在到期日行使欧式期权（European option）。期权合约的价格也叫作期权费（option premium）。

就期货合约而言，买方和卖方有对称的权利和义务。也就是说，卖方必须交割标的资产，买方必须在交割日按期货价格接受交割（不过，如我们所看到的，结算通常出现在交割发生之前）。相比之下，就期权合约而言，买方有权利，而叫作期权授权方（option writer）的卖方有义务。例如，如果你买一只看涨期权并行使你买入标的资产的权利，那么看涨期权的卖方别无选择，只能履行卖出资产的义务。然而，作为看涨期权的买方，你没有义务通过买入标的资产来行权，反而会选择让期权到期作废。类似地，如果你买入一只看跌期权并行使你卖出标的资产的权利，那么看跌期权的卖方别无选择，只能履行买入资产的义务。

期权既在场外市场交易，也在交易所交易，如芝加哥期权交易所（CBOE）和纽约股票交易所（NYSE）。在交易所交易的期权叫作上市期权（listed option）。在美国交易的期权合约包括股票期权，可以是个股、股票指数、股指期货合约的期权；利率期货（如美国中期国债的期货合约）期权；货币和货币期货（如日元、欧元、加元和英镑的期货合约）的期权。期货合约和期权合约的一个重要区别是，当你购买一份期货合约时，因为合约是盯市的，所以资金每天都在转手。但就期权合约而言，只有当期权被行权时，资金才会转手。

为什么你会买入或卖出期权？

假定苹果股票的现价为每股100美元，但你认为在来年的某个时点价格会涨到120美元。你可以购买苹果股票，并在价格像你预期的那样上涨时获利。但这一策略有两个潜在的不利之处：直接购买股票需要一笔可观的投资，而且，如果苹果的股价在下跌而不是上涨，那么你又会面临可能相当大的损失。作为一种备选方案，你可以购买一份看涨期权，该期权让你可以按照比如110美元的协议价格购买苹果股票。买期权的价格会比买标的股票的价格低得多。此外，如果苹果的股票价格从未上涨到110美元之上，那么你可以让期权过期作废，你的损失仅限于期权价格。

如果苹果股票的售价为每股100美元，而且你确信其价格会下跌，那么你可以参与卖空（short sale）。就卖空而言，你现在向你的经纪人借入股票并将其卖出，并打算在股票价格下跌后将其买回——并偿还你的经纪人。然而，如果苹果股票价格是上涨而不是下跌，那么你会因为不得不以高于你的卖出价格买回股票（这叫作轧平空头）而亏损。如果苹果的股价飙升，你在轧平你的空头时会面临巨大的损失。相反，如果你买一只协议价格为每股90美元的看跌期权，你会从苹果股票价格下跌中获利，而当股价上涨时，你可以让期权过期，并把你的损失限制为期权价格。

图 7－1 用图形说明购买苹果股票期权的潜在盈亏。我们假定期权的买方为期权支付一个价格，但在买入或卖出标的股票时不会招致任何成本。我们假定买看涨期权和看跌期权的价格均为每份 10 美元。虽然期权的买方可以在任何时间行使期权，但为简单起见，我们聚焦于拥有期权的收益如何随到期日股价的变化而变化。[①] 在图 7－1（a）中，我们用图形说明买入协议价格为 110 美元的看涨期权的收益。当到期日的苹果股票价格在 0 和 110 美元之间时，期权的拥有者不会行权，并会遭受等于 10 美元的期权价格的损失。随着苹果的股票价格涨到每股 110 美元以上，期权的拥有者从行权中会获得正的金额。例如，如果价格是 115 美元，期权拥有者可以执行期权，以 110 美元的协议价格从期权出售者手中买入一股苹果股票，再以 115 美元的价格在市场上卖出股票并获利 5 美元。由于期权拥有者为期权支付了 10 美元，他或她有 5 美元的净损失。如果苹果股票价格是 120 美元，期权拥有者会盈亏相抵。对高于 120 美元的股票价格，期权拥有者可获得利润。例如，如果苹果的股票价格是 150 美元，那么期权拥有者执行期权，以 110 美元的价格买入一股股票，再以 150 美元的价格在市场上卖出股票并获得 30[＝(150－110)－10]美元的利润。苹果的股价涨得越高，看涨期权买方的利润就越大。

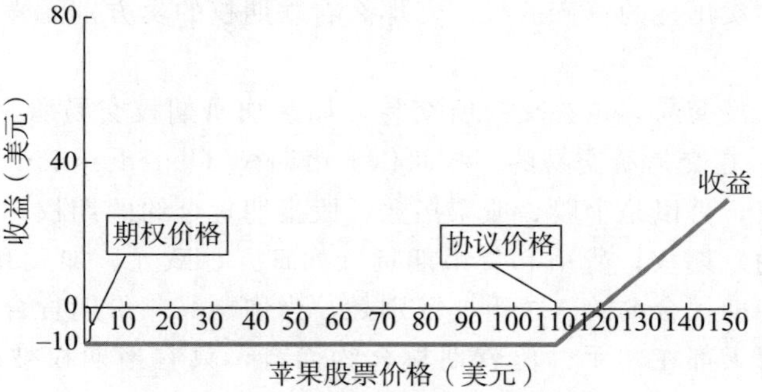

（a）购买看涨期权的收益

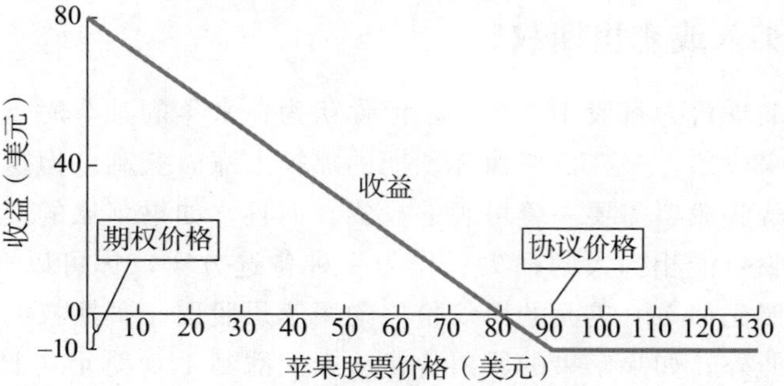

（b）购买看跌期权的收益

图 7－1　拥有苹果股票期权的收益

在图（a）中，我们说明了买入协议价格为 110 美元的看涨期权的收益。当苹果股票价格为 0～110 美元时，期权拥有者不会执行期权，并会遭受等于 10 美元的期权价格的损失。随着苹果股票价格涨到每股 110 美元以上，期权拥有者从执行期权中会获得正的金额。对高于 120 美元的价格，期权拥有者获得利润。

在图（b）中，我们说明了买入协议价格为 90 美元的看跌期权的收益。当苹果股票价格为 0 时，看跌期权拥有者获得最大收益。随着苹果股票价格的上涨，拥有看跌期权的收益下降。在价格为 80 美元时，看跌期权拥有者得失相当。在价格高于 90 美元的协议价格的情况下，看跌期权拥有者不会执行期权并会遭受等于 10 美元期权价格的损失。

① 我们还可以将图 7－1 视为说明苹果股票在到期前达到最高价格的情形——图（a），或最低价格的情形——图（b）。

在图 7-1（b）中，我们用图形说明买入协议价格为 90 美元的看跌期权的收益。当苹果股票价格为 0 时，看跌期权拥有者获得最大收益。[①] 期权拥有者会以 0 的价格买入一股苹果股票，执行期权，并将股票以 90 美元的价格卖给看跌期权的卖方。扣除 10 美元的期权价格，期权买方剩下 80 美元的利润。随着苹果股票价格上涨，拥有看跌期权的收益下降。在价格为 80 美元时，看跌期权拥有者刚好得失相当，因为期权所有者会以 80 美元的价格从市场上买入一股股票，并将其以 90 美元的协议价格出售给期权卖方后获利 10 美元，这刚好抵消 10 美元的期权价格。对高于协议价格 90 美元的股票价格来说，看跌期权拥有者不会行使期权，并会遭受等于 10 美元期权价格的损失。

表 7-4 总结了基本的看涨期权和看跌期权的关键特征。

表 7-4　基本的看涨期权和看跌期权的关键特征

	看涨期权	看跌期权
买方	有权在到期日或之前按协议价格购买标的资产	有权在到期日或之前按协议价格出售标的资产
卖方	若买方行权则有义务按协议价格出售标的资产	若买方行权则有义务按协议价格购买标的资产
谁会买？	想下注标的资产价格会上涨的投资者	想下注标的资产价格会下跌的投资者
谁会卖？	想下注标的资产价格不上涨的投资者	想下注标的资产价格不下跌的投资者

期权定价和“金融工程师”的兴起

期权的价格叫作**期权费（option premium）**。若期权被行权，则期权卖方会亏损。例如，假定你卖出一份以 50 美元的协议价格购买微软股票的看涨期权。若该看涨期权的买方行权，则我们知道微软股票的市场价格一定高于 50 美元。在这种情况下，你有义务以低于当前价格的价格出售微软股票，因此，买方的盈利就是你的亏损。因而，毫不奇怪，期权费的高低会反映期权会被行权的概率，同样的道理，汽车的保险费会反映交通事故的风险。

我们可以认为期权费有两部分：期权的内在价值及其时间价值。期权的内在价值（intrinsic value）等于期权买方立即行权的收益。例如，当微软股票的市场价格是 55 美元时，如果一份微软股票的看涨期权的协议价格是 50 美元，那么该期权有 5 美元的内在价值，因为买方可以立即行权，以 50 美元的价格从卖方买入一股微软股票，然后在市场上以 50 美元的价格转售股票。有正的内在价值的期权被说成是实值的（in the money）。如果标的资产的市场价格大于协议价格，那么看涨期权是实值的；如果标的资产的市场价格小于协议价格，那么看跌期权是实值的。

如果标的资产的市场价格：

① 当然，实际上，只有在企业破产时股票价格才会为 0。在这种情况下，股票的交易会停止。一个更现实的情形是股价很低，但仍有股票交易。

- 低于协议价格，看涨期权是虚值的（out of the money 或者 underwater）。
- 高于协议价格，看跌期权是虚值的。
- 等于协议价格，看涨期权或看跌期权是平值的（at the money）。

需要注意的是，由于买方不是必须执行期权，所以期权的内在价值永远不会小于零。

除内在价值外，期权费还有时间价值（time value），时间价值是由距离到期日的时间长度和股票价格过去的易变程度决定的。到期日越远，期权内在价值上升的可能性越大。例如，假定微软股票看涨期权的协议价格是 50 美元，当前的市场价格是 45 美元。如果期权明天到期，那么微软股票的市场价格涨到 50 美元之上的可能性很小。但是，如果期权 6 个月后才到期，那么可能性就要大得多了。我们可以得出结论：在所有其他因素相同的情况下，期权到期日越长，期权费越高。类似地，如果标的资产价格的波动率很小，那么期权内在价值因股价大幅波动而显著上升的可能性很小。但是，如果标的资产价格的波动率很大，可能性就要大得多了。因此，在所有其他因素相同的情况下，标的资产价格的波动率越大，期权费越高。

计算期权的内在价值很简单，但准确确定期权到期前的时间或标的资产价格的波动率如何影响期权费则要困难得多。事实上，困难是如此之大以至于期权在很多年都交易清淡——投资者很少买卖期权——因为华尔街企业和其他职业投资者不知道如何对其定价。当时的芝加哥大学经济学家费希尔·布莱克（Fischer Black）和迈伦·斯科尔斯（Myron Scholes）1973 年在《政治经济杂志》上发表一篇利用复杂的数学来求解最优期权定价公式的学术论文后，突破发生了。布莱克-斯科尔斯公式的出现恰好与芝加哥期权交易所的成立同时发生，并带来期权交易的爆炸性增长。

布莱克-斯科尔斯公式的重要性远不止于此，因为该公式向华尔街企业展示了复杂的数学建模让这些企业可以对复杂的金融证券定价。结果是，华尔街企业雇用了很多拥有经济学、金融学和数学高学位的人来建立企业可以用于定价和评估新证券的数学模型。这些人便成为“火箭科学家”或“金融工程师”。

联系实际 7-3

如何关注期权市场：读懂期权报价

像期货一样，期权投资通常最好由经验丰富的投资者来决定，但关注期权报价可以帮助你了解投资者预期的商品和金融资产期货价格的变化。新闻报纸和期权合约的网上报价包含很多与期货报价相同的指标。但根据基础资产是直接索偿（例如，债券或股票）还是期货合约（例如，股指期货合约），期权的报价方式有一些差异。

下页表显示的报价是 2016 年 7 月 1 日谷歌网站上给出的对苹果股票期权合约的报价（其他很多网站上也有报价）。报价提供有关行权价为 100.00 美元的看跌期权和看涨期权的信息。在前一天，苹果股票的收盘价为 95.60 美元。实际上，苹果股票有很多行权价格各不相同的看跌期权和看涨期权。这里我们只列出四个。第一列给出期权的到期日。第二列给出执行价格。接下来的三列提供有关看涨期权的信息，最后三列提供有关看跌期权的信息。

苹果（AAPL）的看涨和看跌期权标的股票价格：95.60

到期日	执行价格	看涨期权			看跌期权		
		收盘价	交易量	未平仓合约	收盘价	交易量	未平仓合约
(1)	(2)	(3)	(4)	(5)	(6)	(7)	(8)
8 月	100.00	1.26	2 590	37 734	5.72	743	9 407
10 月	100.00	2.80	528	33 996	7.15	97	12 349
1 月	100.00	4.64	1 122	150 526	9.35	398	52 623
4 月	100.00	6.20	37	641	11.00	19	148

两个价格列都给出了合约前一天交易的收盘价格。例如，第一行中列出的 8 月看涨期权合约的收盘价格为 1.26 美元。股票的上市期权合约的标的为 100 股股票。因此，如果你购买了 8 月看涨期权合约，那么需要支付：1.26×100＝126（美元）。“交易量”列提供有关当天交易了多少张合约的信息，“未平仓交易”列提供有关还有效（即尚未行使）的合约数量的信息。注意，看跌期权的价格比到期日相同的看涨期权的价格高。这些较高的价格反映这样一个事实，因为行权价格高于标的价格，看跌期权都是实值，而看涨期权都是虚值。还要注意的是，对看涨期权和看跌期权而言，到期日越远，期权价格就越高。

资料来源：google. com/finance，July 1，2016.

见本章末的问题和应用 4.8。

解决问题 7－2

解释 Amazon. com 的期权报价

用下表关于亚马逊（Amazon. com）股票的看涨期权和看跌期权的信息回答问题。在你的答案中，除了期权和股票价格外，忽略与买卖期权或标的股票有关的任何成本。

亚马逊（AMZN）					标的股票价格：752.68		
到期日	协议价格	看涨期权			看跌期权		
		收盘价	交易量	未平仓数	收盘价	交易量	未平仓数
8 月	700.00	52.65	101	2 375	26.43	70	1 341
10 月	700.00	64.03	12	519	37.97	10	409
1 月	700.00	81.67	26	2 443	54.82	16	1 200
6 月	700.00	100.95	0	41	77.40	2	92

a. 为什么看涨期权的售价比看跌期权高？

b. 为什么到期日在 6 月的看涨期权的售价比到期日在 10 月的看涨期权高？

c. 假定你买了到期日在 6 月的看涨期权。简要说明你是否会立即行使期权。

d. 假定你按报价买了10月的看涨期权，并在亚马逊股票价格为800美元时行使了期权。你的盈利或亏损是多少？（记住，每份期权合约是买卖100股股票。）

e. 假定你按报价买了6月到期的看跌期权，而且亚马逊股票价格保持在752.68美元。你的盈利或亏损是多少？

解决问题

第一步　复习本章的内容。这个问题是关于解释期权报价的，因此，你需要复习“期权定价和‘金融工程师’的兴起”这一小节及联系实际7－3。

第二步　通过解释为什么看涨期权的售价高于看跌期权来回答a部分的问题。我们注意到700美元的协议价格小于752.68美元的标的股票价格。因此，看涨期权都是实值的，因为如果你执行一份看涨期权，那么你可以向看涨期权的卖方按照每股700美元的价格买入100股亚马逊股票，然后在市场上以每股752.68美元的价格卖出股票，进而每股获得52.68（＝752.68－700.00）美元的利润。看跌期权都是虚值，因为当你可以在市场上以每股752.68美元的价格卖出一股股票时，你就不会想行使你的权利向看跌期权的卖方以每股700美元的价格卖出一股亚马逊股票。因此，看跌期权的内在价值为零且其价格都低于看涨期权的价格。

第三步　通过解释为什么6月的看涨期权的售价高于10月的看涨期权来回答b部分的问题。期权价格等于期权的内在价值加上其时间价值，时间价值代表影响期权被执行的可能性的所有其他因素。距到期日越远，期权的内在价值增加的可能性越大，期权价格就越高。因此，因为两种看涨期权的协议价格相同，所以6月的看涨期权的价格高于10月的看涨期权。

第四步　通过解释你是否会立即执行6月的看涨期权来回答c部分的问题。如果你购买了6月的看涨期权，那么你可以向看涨期权的卖方以每股700美元的价格买入亚马逊股票，然后在市场上以每股752.68美元的价格卖出股票，进而会有每股52.68美元的盈利。但看涨期权的价格是100.95美元，所以你不会买入看涨期权后立刻行权。只有当你预期在看涨期权到期日之前亚马逊的股价会涨到足够高的水平以至于看涨期权的内在价值大于100.95美元时，你才会买看涨期权。

第五步　通过计算当亚马逊的股票价格为800美元时你从购买10月的看涨期权并行权中获得的盈亏来回答d部分的问题。如果你执行协议价格为700美元的10月的看涨期权，当亚马逊的股票价格为800美元时，你会获利（100美元减64.03美元的期权价格），盈利为35.97美元。期权合约有100股股票，于是，你的总盈利等于35.97×100＝3 597.00（美元）。

第六步　通过计算如果亚马逊的股票价格保持在752.68美元你购买6月的看跌期权的盈亏来回答e部分的问题。如果亚马逊股票价格仍为752.68美元，那么6月的看跌期权仍为虚值。因此，你不会行权，反而要遭受等于每股77.40美元的期权价格的损失。你的总亏损是77.40×100＝7 740.00（美元）。

见本章末的问题和应用4.8。

用期权管理风险

企业、银行和个人投资者都可以用期权和期货来对冲源于商品或股票价格、利率和外汇汇率波动的风险。期权相对于期货的不利之处是成本更高。但期权的重要优势是，即使价格变动方向与被对冲的方向相反，购买期权的投资者也不会遭受损失。例如，我们之前看到，如果你拥有国债，并希望对冲价格下跌，那么你可以卖出国债的期货。但如果国债的价格上涨会怎么样？在这种情况下，你在你持有的国债上得利，但在你的期货头寸上受损。你已经对冲了你的风险，因此无法从国债价格上涨中获利。

你可以通过买入国债的看跌期权，而不是卖出国债期货来对冲风险。如果国债价格下跌，那么你可以行使你的看跌期权并以协议价格卖出国债，从而最小化你的损失。如果国债价格上涨，你可以让你的看跌期权到期作废，从而保留价格上涨的大部分好处。因为期权合约在预防不利结果的同时还能得到盈利的有利结果，所以比期货合约更像保险。期权的这种保险性质正是期权价格叫作期权费（option premium）的原因。[保单买方向保险公司的付款叫作保费（premium）。]

在选择用期权对冲还是用期货对冲时，企业或投资者必须权衡期权通常较高的成本和期权提供的附加保险作用。作为期权的买方，你承担的风险要少于使用期货合约所承担的风险，因为你会招致的最大损失就是期权费。然而，需要注意的是，期权卖方在他或她的损失上是没有上限的。例如，如果国债价格跌到极低的水平，那么即使协议价格远高于当前的市场价格，看跌期权的卖方仍然有义务按照协议价格买入。

很多对冲者买的不是标的资产的期权，而是该资产的期货合约的期权。例如，在前面的例子中，不是通过买入国债的看跌期权来对冲国债价格下跌的，你可以买入国债期货的看跌期权。买卖期货期权比买卖标的资产的期权有诸多好处。中期和长期国债的期货合约是交易所交易证券，从而比中期和长期国债的流动性更好，而中期和长期国债通常必须通过交易商交易。同样，在交易所的整个交易日，投资者都很容易得到期货合约的价格，而投资者很难在当天市场交易结束之前找到关于中期和长期国债价格的信息。

联系实际 7－4

你预期股市的波动率是多少？

你可能会因为股票价格的波动性而不愿意投资股票市场。毕竟，资产价格波动幅度越大，对作为投资者的你来说风险就越大。但是，有什么方法可以度量投资者预期的未来波动性吗？这种度量可以为你提供一种比较股票投资和其他金融资产投资的方法。

一种构建这种度量指标的方法是使用期权价格。目前任教于范德比尔特大学的罗伯特·E. 惠利（Robert E. Whaley）于 1993 年指出，股票市场指数（如 S&P 500）的期权价格隐含着投资者对未来市场波动性的预期的度量指标。其对波动率的度量是隐含的而非显性的，因为期权价格包括期权的内在价值及影响投资者行权可能性的包括波动性在内的其他因素。惠利提出一种方法可以分离出期权价格中对应于投资者对波动率的预测的部分。

芝加哥期权交易所（CBOE）使用标准普尔 500 指数的看跌期权和看涨期权的价格，构建了叫作 VIX 的市场波动率指数来度量未来 30 天美国股市的预期波动率。许多人将 VIX 称为“恐惧指标”，因为当投资者预期股价波动加剧时，他们会增加对期权的需求，进而推高价格并提高 VIX 的值。下页图给出了 VIX 从 2004 年 1 月到 2016 年 6 月的变化：

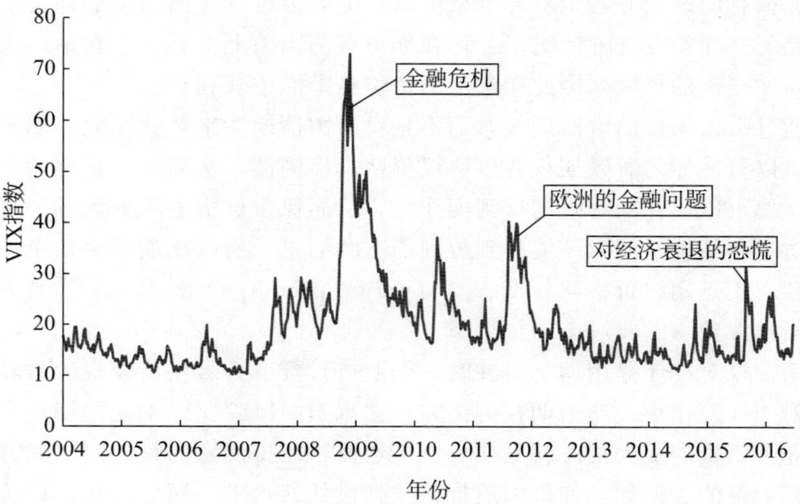

在 2007 年中期之前，VIX 的值通常在 10 和 20 之间，这意味着投资者预期标准普尔 500 指数在未来 30 天内将以每年 10%到 20%的速度上升或下降。然后，随着 2007 年金融危机的爆发，VIX 开始上升，在雷曼兄弟投资银行破产后，VIX 在 2008 年 10 月和 11 月达到创纪录的 80。VIX 上升是由于投资者在面对预期波动率上升而试图对冲股票市场投资时抬高了期权价格导致的。直到 2009 年 12 月 VIX 才跌破 20。在 2010 年 5 月和 2011 年秋季，VIX 再次大幅上涨，因为市场又经历了一段动荡期，这一次与对欧洲金融问题可能会溢出到美国市场引发的担忧有关。由于投资者担心全球增长放缓可能会导致经济衰退，以及英国 2016 年 6 月举行的全民公决投票退出欧盟的“英国脱欧”引发的金融市场不确定性上升，VIX 在 2015 年和 2016 年也多次飙升。

CBOE 从 2004 年 3 月开始交易 VIX 的期货，从 2006 年 2 月开始交易 VIX 的期权。想要对冲市场波动性上升的投资者会买入 VIX 期货。同样，想要押注市场波动性上升的投机者也会买入 VIX 期货。想要押注市场波动性下降的投机者会卖出 VIX 期货。

VIX 指数提供了一种方便的工具，可用于衡量投资者预期市场的波动率有多大，也可用于对冲该波动率。

资料来源：Robert E. Whaley，“Understanding the VIX，” *Journal of Portfolio Management*，” Vol. 35，No. 3，Spring 2009，pp. 98－105；Robert E. Whaley，“Derivatives on Market Volatility：Hedging Tools Long Overdue，” *Journal of Derivatives*，Vol. 1，Fall 1993，pp. 71－84；Saumya Vaishampayan，“Fear Flashes in Options Market；VIX Nearly Doubles，” *Wall Street Journal*，August 21，2015；and Federal Reserve Bank of St. Louis.

见本章末的问题和应用 4.12。

7.5 互换

虽然期货和期权合约的标准化可以提升合约的流动性，但也意味着这些合约无法被调整以满足投资者和企业的特殊需要。这一问题刺激了互换合约或互换的发展。**互换**

(swap) 是两个或多个交易对手之间在未来某一时期内交换或互换几组现金流的协议。从这个意义上说，互换类似于期货合约，但作为各方间的私下协议，互换的条款很灵活。

利率互换

考虑一份基本的或称“普通的”**利率互换（interest-rate swap）**合约，在合约中交易双方同意在指定的时期内互换基于固定的名义本金（notional principal）的利息支付。名义本金用作计算的基础，而不是在交易双方之间实际转移的金额。例如，假定富国银行与IBM达成一份有效期为5年并基于1 000万美元名义本金的互换。IBM同意在5年内按每年6%的利率向富国银行支付基于1 000万美元本金的利息。作为回报，富国银行同意向IBM支付可变或浮动利率。利率互换中的浮动利率通常是基于国际银行间相互贷款的利率。该利率就是伦敦银行间同业拆借利率（London Interbank Offered Rate，LIBOR）。假设在商定的互换条款下，浮动利率等于LIBOR加4%。图7-2概括了互换交易中的付款。

如果第一笔付款基于3%的LIBOR，那么IBM应该付给富国银行600 000（=10 000 000×0.06）美元，富国银行应该付给IBM 700 000[=10 000 000×(0.03+0.04)]美元。取两笔付款的差额，则富国银行需要付给IBM公司100 000美元。交易双方一般只交换净付款。

企业和金融机构参与利率互换的重要原因有五个。第一，互换可以将利率风险转移给更愿意承担风险的一方。在我们的例子中，IBM在互换之后会暴露于更大的利率风险中，但因期待获得收益而愿意承担风险。在第一笔付款中，IBM收入的利息相对于向富国银行支付的利息多了100 000美元。第二，一家有很多浮动利率资产的银行，如可调整利率抵押贷款，也许想与一家有很多固定利率抵押贷款的银行达成一份利率互换。银行和其他企业通常有充分的获取浮动利率或固定利率资产的商业理由。互换使其可以在保留这些资产的同时改变其收到的固定和浮动付款的组合。第三，正如已经指出的那样，因为可以通过定制来满足各方的需要，所以互换比期货或期权更灵活。第四，互换还比交易所交易提供更高的隐秘性且几乎不受政府监管的约束。第五，互换可以签署很长的时间，甚至可以长达20年。因此，互换可以比金融期货和期权提供更长期的对冲，而期货和期权通常在一年或一年以内结算或到期。

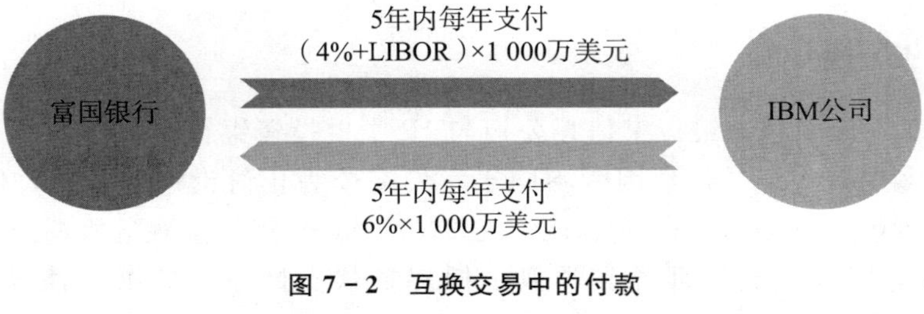

图 7-2　互换交易中的付款

富国银行与IBM达成一份有效期5年并基于1 000万美元名义本金的互换。IBM同意在5年内按6%的年利率向富国银行支付1 000万美元本金的利息。作为回报，富国银行同意向IBM支付浮动利率。在这个例子中，IBM应付给富国银行600 000（=10 000 000×0.06）美元，富国银行应付给IBM公司700 000[=10 000 000×(0.03+0.04)]美元。取两笔付款的差额，富国银行向IBM支付100 000美元。双方通常只交换净付款。

然而，不同于期货和交易所交易的期权，就互换而言，交易各方必须确信交易伙伴的信誉。这一问题导致互换市场的主体是很容易确定信誉的大型企业和金融机构。此外，像远期合约一样，互换的流动性不如期货和期权。事实上，互换很少被转售。

2010 年通过的《多德-弗兰克法案》加强了对互换的监管。每年签订超过 80 亿美元互换合约的金融企业现在必须在商品期货交易委员会（Commodities Futures Trading Commission，CFTC）注册为“互换交易商”。互换交易商必须通过中央清算所开展互换交易。这些交易的数据是公开可用的，像交易期货合约一样，交易商必须在清算所存入等于互换合约价值的一定比例的资金。

货币互换和信用互换

在利率互换中，交易各方交换的是固定利率和浮动利率债务上的付款。在**货币互换（currency swap）**中，交易各方同意交换用不同货币计价的本金。例如，一家法国企业可能有欧元并希望将其交换为美元。一家美国企业也许有美元并愿意将其交换为欧元。

基本的货币互换有三个步骤。首先，双方交换两种货币的本金。（注意其与利率互换的区别，在利率互换中双方交易的是相同的货币且通常只交换净利息，不交换本金。）其次，双方在协议有效期内交换定期的利息支付。最后，互换结束时双方再次交换本金。

企业和金融机构为什么会参与货币互换？一个原因是，企业也许在本币借款上有比较优势。于是，它们可以与国外交易对手交换借款所得以便获得投资项目所需的外国货币。与各自以所需货币直接借款相比，在这种方式下双方也许都能更便宜地借款。

在**信用互换（credit swap）**中，与基本的利率互换的情形一样，交换的是利率支付，目的是降低违约风险，或称信用风险，而不是利率风险。例如，蒙大拿州的一家对开采铜矿的企业发放很多贷款的银行也许会与堪萨斯州的一家对种植小麦的农场主发放很多贷款的银行达成信用互换。蒙大拿州的银行担心如果铜的价格下跌，那么该行业中的一些借款人也许会对贷款违约，而堪萨斯州的银行担心如果小麦价格下跌，那么该行业中的一些借款人也许会对贷款违约。银行可以通过交换一些此类贷款的付款流来降低风险。蒙大拿州的银行通过给采矿企业发放较少的贷款而给农场主发放较多的贷款来分散化贷款组合这一备选方案也许难以实现，因为很多银行擅长给那些与其有长期合作关系的企业发放贷款。堪萨斯州的银行在分散化投资组合时也会遇到类似的困难。

信用违约互换

20 世纪 90 年代中期，银行家信托公司与 JP 摩根投资银行一起开发出了信用违约互换。这个名称多少有些误导性，因为不同于我们迄今为止讨论过的互换，**信用违约互换（credit default swap）**实际上是一种保险。在 2007—2009 年的金融危机期间，信用违约互换最普遍地与抵押贷款支持证券和类似于抵押贷款支持证券的抵押债务债券（collateralized debt obligation，CDO）联合使用。抵押贷款支持证券上的信用违约互换的发行方通过承诺在证券违约时向买方付款来交换买方的付款。例如，买方可能会购买面值为 1 000 美元的抵押贷款支持证券上的信用违约互换，每年向信用违约互换的卖方付款 20 美元。如果抵押贷款支持证券的发行人未能履行预定的本金或利息还款，债券发生违约，其价值将大幅下降。如果债券价格跌至 300 美元，信用违约互换的买方将从卖方那里获得

700美元。

到2005年，一些投资者已经确信包含在抵押贷款支持证券和抵押债务债券中的很多次级抵押贷款可能会违约，并决定购买基于这些证券的信用违约互换进行投机。这些投资者是在投机而不是投保，因为他们中大部分并不拥有购买的信用违约互换所基于的标的抵押贷款支持证券。美国最大的保险公司美国国际集团（AIG）发行了大量抵押贷款支持证券的信用违约互换。以后见之明观之，相对于实际风险而言，AIG只向买方收取了相对很少的钱。AIG发行的信用违约互换的数量让该企业极易受到美国房地产市场下跌的影响，因为房地产市场下跌会导致对AIG承保的抵押贷款支持证券背后的抵押贷款违约。AIG似乎低估了正在承担的风险程度，显然是因为依靠标准普尔和穆迪给很多这类证券所授予的高评级。像评级机构一样，AIG用于估计风险的内部模型也没有考虑全国性住房价格下跌的影响。

到2008年9月，AIG发行的信用违约互换所基于的证券的价值已经出现大幅下跌。但AIG与信用违约互换的买方之间在这一点上有一些分歧，因为当时标的证券交易不再活跃，因而很难确定其真实价格。买方坚持要求AIG提供抵押品，从而买方可以抵消AIG造成的交易对手风险，并确保收到他们认为因标的证券价格下跌所应该得到的付款。AIG因缺乏足够的抵押品而被推到破产的边缘。财政部和联邦储备判断，如果AIG破产并对债务义务违约，包括向信用违约互换持有人付款的义务，金融体系就会遭受严重破坏。因此，联邦储备借给AIG 850亿美元以交换联邦政府接收该公司80%的所有权。然而，AIG的损失又上升了，并最终从联邦政府获得1 850亿美元的资金。通过出售分支机构及其持有的一些金融资产价格的反弹，AIG最终得以偿还从联邦政府收到的全部资金。到2012年末的时候，财政部已经卖掉了其持有的AIG股票，并获利超过220亿美元。

除AIG之外的企业发行的信用违约互换的数量在2005—2006年也增加了，甚至发生在房地产市场价格已经开始下跌的时候。在房地产繁荣的最后一个月，发行的次级抵押贷款的数量开始少于对抵押贷款支持证券和CDO的需求。一些商业银行、投资银行和其他金融企业决定通过卖出基于它们的信用违约互换来押注这些证券的价格会上涨。它们的理由是：这些证券的价格将保持在高位，因此，它们无须对信用违约互换的买方做任何支付。它们会因为收到买方的付款而获利。不幸的是，对这些企业来说，标的证券价值出现暴跌，它们对信用违约互换的买方负有巨额付款义务。

金融界的很多人以及经济学家和政策制定者，都对发行在外的信用违约互换的数量表示担心。因为信用违约互换是在场外交易而不是在交易所交易，所以没有关于它们的可靠的统计数据。出售的信用违约互换不仅有基于证券的，也有基于公司的。很可能有基于同一证券或公司的多种信用违约互换同时被出售。因此，证券的违约或公司的破产会给出售这些证券或公司的信用违约互换的多家企业带来巨额损失。AIG及其他企业和投资者在信用违约互换上遭受的沉重损失造成金融危机进一步恶化，并导致政策制定者考虑对这些衍生品进行监管。①

① 一个对信用违约互换在金融危机期间情况的趣味十足的说明来自Michael Lewis，*The Big Short：Inside the Doomsday Machine*，New York：W. W. Norton &Company，2010。（需要注意的是，该书再现了与投资者有关的有大量污言秽语的对话。）一个关于抵押债务债券（CDO）的精彩信息来源是一篇哈佛大学的本科高年级论文：Anna Katherine Barnett-Hart，"The Story of the CDO Market Meltdown，" Harvard College，March 19，2009。

联系实际 7-5

衍生品是“金融大规模杀伤性武器”吗？

我们已经看到，衍生品在金融体系中可以发挥重要的作用，尤其是在方便风险分担方面。但是，如本章开篇案例所指出的那样，亿万富豪投资者沃伦·巴菲特却视其为“金融大规模杀伤性武器”。需要注意的是，巴菲特所指的并不是我们在本章所关注的期货合约和交易所交易期权这类衍生品。相反，他指的是不在交易所交易的衍生品。这些衍生品包括远期合约、非上市的期权合约及信用违约互换。

巴菲特揭示了这些衍生品的三大问题：

(1) 这些衍生品交易清淡——也就是说，它们不是经常被买卖——这使得很难确定它们的价值。缺少市场价值使得难以评估买方或卖方的财务状况是否健康。此外，这些衍生品的交易商盯住市场所用的价格是模型预测的价格而不是并不存在的实际市场价格。这种方式意味着交易商向买方或卖方的账户增加资金——受益于价格变化的任何一方——并从另一方的账户中扣除资金。从衍生品价值上升中获利的一方可以将获利作为盈利计入其财务报表。巴菲特认为，由于用于估计价格变化的模型也许是不准确的，因此，增加的盈利也可能是不准确的。

(2) 很多这类衍生品不受严格的政府监管的约束，因此，企业不会预留准备金以便抵消潜在的损失。AIG 就遭遇了这个问题：当该企业必须向其信用违约互换的买方提供抵押品时，该公司却没有充足的资金，须要向联邦储备和财政部借款。

(3) 这类衍生品不在交易所交易，从而有巨大的交易对手风险。回忆一下，对交易所交易的衍生品而言，交易所提供清算所服务并作为买方和卖方的交易对手。通过充当双方的交易对手，交易所显著降低了违约风险。在金融危机期间，对交易对手风险的担忧导致某些衍生品市场交易枯竭，因为潜在的买方担心违约风险。在雷曼兄弟于 2008 年 10 月宣布破产并对很多合约违约后，这个问题变得尤为严重。

很多经济学家和政策制定者都对巴菲特的担忧表示赞同。作为对金融危机的反应，国会于 2010 年通过《华尔街改革和消费者保护法》，也叫作《多德-弗兰克法案》。根据该法案，很多衍生品现在必须在交易所买卖。经济学家对此的争议是交易对手风险下降和透明度上升的好处能否抵消标准化这些衍生品合约带来的灵活性损失。

资料来源：沃伦·巴菲特关于衍生品的评论的最好来源为：“Chairman's Letter,” in Berkshire Hathaway's *Annual Report* for the years 2002—2010.

见本章末的问题和应用 5.8 和 5.9。

回答重要问题

我们在本章开始的时候提出如下问题：

“金融衍生品是‘金融大规模杀伤性武器’吗？”

我们已经看到，期货和交易所交易期权在金融体系中发挥着重要作用并提供重要的风险分担服务。沃伦·巴菲特认为，一些不在交易所交易的衍生品对金融危机的爆发责无旁贷。虽然不是所有的金融衍生品都是金融大规模杀伤性武器，但政策制定者已经制定了新的监管法律，旨在确保一些衍生品的使用不会动摇金融体系。

重要术语和问题

重要术语

看涨期权	期货合约	看跌期权	交易对手风险	对冲
结算日	信用违约互换	利率互换	空头	信用互换
多头	投机	货币互换	保证金要求	现货价格
衍生证券（衍生品）	盯市	协议价格（执行价格）		期权
远期合约	期权费	互换		

7.1 衍生品、对冲和投机

说明什么是衍生品并区别用衍生品对冲和用衍生品投机。

复习题

1.1 为什么投资者买卖衍生品而不是标的资产？

1.2 对冲和投机的区别是什么？

问题和应用

1.3 如果买卖衍生品合约的人都是对冲者，那么衍生品市场会更好吗？简要解释一下。

1.4 在下列情形中，价格波动给你带来的风险是什么？若要衍生证券帮你对冲这一风险，则该如何操作？

a. 你是种植玉米的农场主。

b. 你是玉米面包的生产商。

c. 你正在购买长期国债来为孩子将来的大学学费储蓄。

7.2 远期合约

定义远期合约并说明其在金融体系中的作用。

复习题

2.1 远期合约在金融体系中提供什么服务？

2.2 为什么远期合约有交易对手风险？

问题和应用

2.3 假设你是一位富有的投资者。尽管你与石油行业没有任何联系，但是通过研究石油市场的需求和供应的决定因素，你确信石油价格将来会大幅下跌。你如何使用远期合约从你的预测中获利？

2.4 假设油价下跌了50%。石油远期合约的哪一方有违约的动机？简要说明。

7.3 期货合约

说明如何用期货合约对冲和投机。

复习题

3.1 远期合约与期货合约的关键区别是什么？商品期货与金融期货的区别是什么？举出两个例子。

3.2 简要说明为什么一家公司可能会在石油期货市场上取得多头头寸。简要说明为什么一家公司可能会在石油期货市场中取得空头头寸。

3.3 举一个用商品期货投机和用金融期货投机的例子。

问题和应用

3.4 为什么期货市场起源于农业市场？农场主会买入还是卖出期货合约？农场主这样做想得到什么？通用磨坊会买入还是卖出小麦的期货合约？公司这样做想得到什么？

3.5 根据《华尔街日报》上的一篇文章，加拿大那些进口以美元计价商品的企业“买入保证其可以按固定的价格将加拿大元兑换为美元的期货合约……”你同意期货合约可以固定标的资产的价格吗？

资料来源：Phred Dvorak and Andy Georgiades, “Strong Loonie Sets off a Retail Tiff,” *Wall Street Journal*, May 19, 2010.

3.6 《华尔街日报》上有关英国石油期货市场的一篇文章指出，在该文章发表之日，“多头头寸数量下降了6%”。

a. 期货市场上的多头头寸是什么？

b. 该文章还指出：“投机性的石油投资者削减了对原油价格的上涨押注。”所谓“上涨押注”是什么意思？这些投资者如何减少赌注？

资料来源：Georgi Kantchev, “Speculative Investors Cut Bullish Crude Oil Price Bets,” *Wall Street Journal*, May 9, 2016.

3.7 《华尔街日报》上的一篇文章指出：“美国石油生产商……正在使用对冲来锁定价格。”

a. 石油生产商会担心价格上涨还是下跌？简要说明。

b. 石油生产商如何使用对冲锁定价格？

资料来源：Timothy Puko and Erin Ailworth, “Oil Producers Lock In Once-Snubbed Prices,” *Wall Street Journal*, April 24, 2016.

3.8 《华尔街日报》2016年的一篇文章指出：“在数十年花费数十亿美元来对冲燃油成本上涨之后，包括一些世界上最大的航空公司在内的更多的航空公司被低油价打击之后开始退出了。”

a. 航空公司如何对冲燃油成本上涨？

b. 为什么低油价会导致航空公司被“打击”？

c. 航空公司2016年被燃油对冲交易打击的事实是否意味着对冲燃油成本是一个坏主意？简要说明。

资料来源：Susan Carey, “Airlines Pull Back on Hedging Fuel Costs,” *Wall Street Journal*, March 20, 2016.

3.9 假设你是一位生产小麦的农场主，回答下述问题：

a. 现在是9月，你打算收割50 000蒲式耳的小麦并准备在11月出售。小麦当前的现货市场价格是每蒲式耳2.50美元，现在的12月小麦期货价格是每蒲式耳2.75美元。你应该买入还是卖出小麦期货？如果每份小麦期货合约是5 000蒲式耳，你会买入或卖出多少合约？在买入或卖出期货合约时你会支出或收入多少？

b. 现在是 11 月，你按每蒲式耳 2.60 美元的现货价格出售了 5 000 蒲式耳的小麦。如果期货价格是 2.85 美元，你结清你在期货市场的头寸，你在期货市场头寸上的盈亏是多少？你完全对冲了小麦市场价格波动的风险吗？给出一个数据化的解释。

3.10 【联系实际 7-1】《华尔街日报》的一篇文章援引一位在社交网站 LinkedIn 工作的年轻投资者的解释说，在交易与原油期货价格相关的证券亏损之后，他将“坚持投资他了解的行业，如科技”。

资料来源：Ben Eisen, Nicole Friedman, and Saumya Vaishampayan, “The New Oil Traders: Moms and Millennials,” *Wall Street Journal*, May 26, 2016.

3.11 【解决问题 7-1】假设你是一位拥有 10 000 美元美国国债的投资者。

a. 你会更担心市场利率上升还是下降？简要说明。

b. 你会如何对冲在 a 部分中识别出来的风险？

3.12 根据《经济学人》杂志上的一篇文章：1958 年，美国生产洋葱的农场主指责投机者应为他们的农作物价格的波动负责，并游说一位来自密歇根州名叫吉拉德·福特（Gerald Ford）的国会议员禁止洋葱期货交易。在得到这位未来总统的支持后，他们成功了。洋葱期货自那时以后就被禁止了。

禁止交易洋葱期货合约有可能降低洋葱价格的波动性吗？全体生产洋葱的农场主会因为禁令而境况变得更好了吗？

资料来源：“Over the Counter, Out of Sight,” *Economist*, November 12, 2009.

3.13 【联系实际 7-2】考虑下面假设的芝加哥交易所的 10 年期国债期货报价。一张国债期货合约＝100 000 美元面值的 10 年期 6%的利率的国债。

月份	收盘价	变动	开盘价	最高价	最低价	交易量	未平仓合约数
2018 年 12 月	130.500	0.301	130.266	130.752	130.266	564 322	2 380 328
2019 年 3 月	129.250	0.301	129.000	129.500	128.950	4 325	118 728

a. 如果今天你买了两份 2018 年 12 月到期的合约，你要付多少钱？

b. 期货合约的“未平仓合约数”是什么意思？2019 年 3 月到期的合约的“未平仓合约数”是多少？

c. 如果你是预期利率会下降的投机者，你会购买还是出售这些期货合约？简要解释。

d. 假定你卖出 12 月的期货合约，一天后，芝加哥交易所通知你已经将资金贷记到你的保证金账户。利率在这一天发生了什么变化？简要解释。

7.4 期权

区别看涨期权和看跌期权并解释如何使用期权。

复习题

4.1 看涨期权与看跌期权的区别是什么？期权卖方发挥的作用是什么？

4.2 期权的买方和卖方的权利和义务与期货的买方和卖方的权利和义务有何不同？

4.3 期权费是什么？期权的内在价值是什么？除内在价值外，哪些其他因素会影响期权费？

4.4 投资者如何用期权管理风险？

问题和应用

4.5 marketwatch. com 的专栏作家提供以下建议："如果我要对冲苹果股票，我会用……90 天期看跌期权，就像我过去所做的那样。"

a. 专栏作家所说的"对冲苹果股票"是什么意思？

b. 简要说明你会如何使用看跌期权合约对冲苹果股票。

资料来源：Cody Willard, "What Happens When Apple Gets to ＄1 000 per Share?" marketwatch. com, February 24, 2015.

4.6 《纽约时报》上的一篇文章描述了联邦检察官如何指控一名资金经理骗走他的朋友、家人和其他投资者 4 000 万美元。文章称资金经理在"激进的看跌期权交易"中损失了委托给他的所有资金。

a. 看跌的金融投资与看涨的金融投资有什么区别？

b. 为了开展这些看跌交易，资金经理是购买看跌期权还是购买看涨期权？简要说明。

资料来源：Matthew Goldstein and Alexandra Stevenson, "Andrew Caspersen, Charged in ＄40 Million Fraud, Had Gambling Addiction, Lawyer Says," *New York Times*, June 14, 2016.

4.7 《纽约时报》上一篇名为《投资者的"投资组合保险"对抗市场下跌》的文章指出："例如，你可以购买单只股票或整个指数的看跌期权。"

a. 购买看跌期权如何为股票价格下跌提供保险？

b. 如果你担心股票价格可能下跌，简要比较买入看跌期权与卖出股票的利弊。

资料来源：John F. Wasik, "For Investors, 'Portfolio Insurance' Against Market Declines," *New York Times*, November 11, 2015.

4.8 【联系实际 7-3 和解决问题 7-2】利用以下关于 Facebook 的看涨期权和看跌期权的信息来回答问题。

a. 6 月到期的行权价为 100.00 美元的看涨期权的内在价值是多少？

b. 1 月到期的行权价为 100.00 美元的看跌期权的内在价值是多少？

c. 简要解释为什么行权价格为 110 美元的看涨期权的卖出价格低于行权价格为 100 美元的看涨期权（对所有到期日），而行权价格为 110 美元的看跌期权的卖出价格高于行权价格为 100 美元的看跌期权（对于所有到期日）。

d. 假设你以 110 美元的执行价格买入 6 月的看涨期权。如果你在 Facebook 的股票价格为 125 美元时行权，那么你的盈亏会是多少？（记住，每份期权合约是买卖 100 股股票。）

e. 假设你以报出的价格购买行权价格为 110 美元的 6 月的看跌期权，而 Facebook 的股票价格仍为 114.19 美元。你的盈亏是多少？

Facebook		标的股票价格：114.19					
到期日	协议价格	看涨期权			看跌期权		
		价格	交易量	未平仓数	价格	交易量	未平仓数
8月	100.00	15.10	40	1 632	1.00	247	3 483
12月	100.00	18.80	0	646	3.89	77	1 841
1月	100.00	19.19	2 510	29 807	4.58	184	20 086

续表

到期日	协议价格	看涨期权			看跌期权		
		价格	交易量	未平仓数	价格	交易量	未平仓数
6 月	100.00	22.58	102	217	7.60	0	295
8 月	110.00	7.25	344	3 260	3.14	586	6 918
12 月	110.00	11.50	7	3 393	7.09	7	4 995
1 月	110.00	12.60	1 351	2 013	7.85	664	11 074
6 月	110.00	16.37	23	329	11.30	4	682

4.9 《华尔街日报》上的一篇文章提到："当波动率低时，期权价格便宜。"简要说明这个说法背后的理由。

资料来源：Ben Levisohn, "How to Rock at Lower Volume," *Wall Street Journal*, August 31, 2012.

4.10 根据《华尔街日报》的一篇文章，期权交易者预计 Facebook 股票价格会大幅变化。他们同时购买执行价格接近于股票当前市场价格的看涨期权和看跌期权。文章将这种策略描述为"取决于（价格）变动大小而不是变动方向。"简要说明这个投资策略的原理。

资料来源：Saumya Vaishampayan, "Options Traders Betting on Big Move for Facebook Shares," *Wall Street Journal*, April 27, 2016

4.11 假定道琼斯工业平均指数高于 20 000 点的水平。如果道指跌到 17 000 点，谁获利最大：曾购买看涨期权的投资者、曾出售看涨期权的投资者、曾购买看跌期权的投资者还是曾出售看跌期权的投资者？谁受损最大？

4.12 【联系实际 7－4】CBOE 网站引用一家投资咨询公司 CEO 的话说："VIX 指数是一种度量投资者情绪的重要和流行的工具……"简要解释从何种意义说 VIX 指数是对投资者情绪的度量？

资料来源：www.cboe.com/micro/vix/introduction.aspx.

7.5　互换

定义互换并说明如何用互换来降低风险。

复习题

5.1 互换合约在哪些方面不同于期货合约？

5.2 信用互换在哪些方面不同于利率互换？

5.3 信用违约互换与本章讨论的其他互换合约有何不同？信用违约互换在 2007—2009 年的金融危机中造成哪些困难？

问题和应用

5.4 假定你管理一家发放过很多固定利率贷款的银行。你担心通货膨胀会上升，贷款价值会下降。

a. 为什么通货膨胀上升会导致你的固定利率贷款价值下降？

b. 你如何用互换来降低你的风险？

5.5 《华尔街日报》的专栏文章指出："许多监管机构、政界人士和学者都将信用违约合约视为保险合同。"简要解释这一观点背后的理由。

资料来源：Stuart M. Turnbull and Lee M. Wakeman, "Why Markets Need 'Naked' Credit Default Swaps," *Wall Street Journal*, September 11，2012.

5.6 在英国选民于2016年6月23日投票决定退出欧盟之后，《华尔街日报》上的一篇文章指出："美国银行和花旗集团的债务的信用违约互换较前一天上涨了25%。"美国银行和花旗集团（也是一家银行）发行的债券的信用违约互换价格上涨对债券有何含义？这些债券的收益率可能会发生什么变化？

资料来源：John Carney，"Bank Credit Default Swaps Surge on Brexit Fears，" *Wall Street Journal*，June 24，2016.

5.7 【开篇案例】2016年，美联储提出了一项新规则，该规则将限制一家大银行暴露于另一家大银行发生交易对手违约的风险。同时，政府机构的报告指出，尽管自金融危机以来信用违约互换的使用下降了75%以上，但银行通过买卖信用违约互换仍然可能暴露于巨大的交易对手风险。《华尔街日报》上有关改变金融衍生品交易法规的提案的文章包含以下内容：

SEC和商品期货交易委员会都在寻求更大的权力来监管场外市场，并希望新的力量可以帮助它们降低场外交易可能给整个系统造成的风险。

a. 银行为什么会购买信用违约互换？

b. 信用违约互换的买方有哪些交易对手风险？

资料来源：Katy Burne，"U.S. Watchdog Warns on Banks' Counterparty Exposures，" *Wall Street Journal*，March 8，2016.

5.8 【联系实际7-5】在给伯克希尔·哈撒韦公司股东的一封年度公开信中，沃伦·巴菲特写道，衍生品交易比股票和债券交易有更多的交易对手风险，因为"正常的股票交易是在几天内完成的，一方得到现金，另一方得到证券。因此，交易对手风险迅速消失……"

a. 什么是交易对手风险？

b. 为什么衍生品交易比股票和债券交易的交易对手风险更大？

资料来源：Warren Buffett，"Chairman's Letter，" *Berkshire Hathaway Inc. 2008 Annual Report*，February 27，2009.

5.9 【联系实际7-5】在给伯克希尔·哈撒韦公司股东的一封年度公开信中，沃伦·巴菲特写道："即使经验丰富的投资者和分析师在分析那些深度介入衍生品合约的企业的财务状况时也会遇到严重问题。"为什么投资者分析大量买卖衍生品的企业的财务状况时会遇到困难？企业买卖什么类型的衍生品有关系吗？

资料来源：Warren Buffet，"Chairman's Letter，" *Berkshire Hathaway Inc. 2008 Annual Report*，February 27，2009.

数据练习

D7.1 【比较单个股票的波动率和整个市场的波动率】除了基于标准普尔500指数的VIX指数外，还有一些个别股票的VIX指数。访问圣路易斯联邦储备银行（FRED）的网站（fred.stlouisfed.org），下载并在同一图表上绘制从2010年6月至今的VIX指数（VIXCLS）和苹果股票的VIX指数（VXAPLCLS）的数据序列。这两个系列中哪个波动更大？你会预期在经济衰退期间这两个系列之间的关系发生变化吗？简要说明。

D7.2 【期权和市场预期】登录finance.yahoo.com，并在搜索框中输入"Facebook options"。查找Facebook的看涨期权和看跌期权的数据。查找行权价格在Facebook收盘价5美元以内的看涨期权和看跌期权。看跌期权还是看涨期权的交易量和未平仓量更大？根据市场对Facebook股价上涨或下跌的预期来解释这些数据。

第8章 外汇市场

学习目标

学完本章之后，你应该能够：

8.1 说明外汇市场如何运作；

8.2 用购买力平价理论来说明长期内汇率是如何决定的；

8.3 用需求和供给模型来说明短期内汇率是如何决定的。

开篇案例

谁是马里奥·德拉吉？为什么宝洁公司要关注她？

要想经商获利，你就需要关心很多事情，包括要收取的价格，如何控制成本，如何管理与员工及供应商的关系，如何营销产品以及如何管理社会形象。如果你的产品出口海外、销售进口产品或进口某些投入品，那么你还需要考虑另一个重要问题：汇率。汇率是用另一种货币衡量的一种货币的价值。

在当今的全球经济中，许多大公司在几个国家/地区生产产品，并在其他国家/地区销售。考虑一家总部位于俄亥俄州辛辛那提的大型消费品厂商宝洁（P&G）公司。在该公司销售的众多产品中就包括吉列剃须刀片。其在俄罗斯销售的刀片是在德国制造的。近期，俄罗斯卢布相对于德国使用的货币欧元价值下跌，这意味着购买欧元需要更多的卢布。同时，欧元相对于美元的价值下跌。于是，在俄罗斯销售吉列剃须刀片的卢布成本上升，而宝洁公司可以选择是从俄罗斯市场中获得较小的利润还是提高刀片的卢布价格，进而让竞争对手抢去一些销售量。另外，当宝洁公司美国总部在财务报表上报告从全球业务中获得的利润时，德国制造厂产生的欧元利润将转换为更少的美元。难怪《华尔街日报》上的一篇文章说该公司正面临“外汇逆风”。

什么可以解释美元与其他货币之间的汇率波动？一个关键因素是，在过去的25年中，跨境金融投资显著增加，投资者对各国之间的利率差异变得更加敏感。因此，当2016年欧洲央行行长马里奥·德拉吉（Mario Draghi）领导的欧洲央行决定将利率降至极低的水平以刺激家庭和企业的支出时，投资者对此做出了强烈反应。这些低利率，其中某些政府债券的利率实际上为负，导致许多投资者出售欧洲的金融资产，转而购买其他国家的金融资产，尤其是美国的金融资产。因为投资者出售欧元并购买其他货币，所以欧元相对于包括美元在内的其他货币价值下降。同时，投资者开始担心在俄罗斯等新兴国家投资的违约风险上升。于是，投资者卖出这些国家的货币，压低其相对于欧元和美元的价值。因此，马里奥·德拉吉和欧洲央行的政策正在影响世界各地的经济。

正如我们在本章中将会看到的那样，除投资者行动外的其他因素也有助于确定汇率，特别是从长期来看更是如此。但是，在现代国际金融体系中，欧洲中央银行、美联储和其他国家的中央银行不能忽视其政策如何影响其他国家的经济以及其他国家的金融和经济发展如何影响其经济。

资料来源：Sharon Terlep, "P&G Posts Higher Profit, but Sales Volume Declines Across Most Businesses," *Wall Street Journal*, April 26, 2016; Paul Ziobro, Josh Mitchell, and Theo Francis, "Strong Dollar Squeezes U. S. Firms," *Wall Street Journal*, January 27, 2015; and Tom Fairless, "Mario Draghi to Face Tough Questions After ECB Meeting," *Wall Street Journal*, April 20, 2016.

重要议题和问题

议题：近年来美元与其他货币的汇率波动剧烈。

问题：为什么以其他货币衡量的美元价值没有保持稳定？

在本章中我们将分析汇率是如何决定的及汇率随时间推移而变化的原因。汇率围绕长期趋势做短期波动。理解汇率变化就会明白为什么美国的经济发展及美国的利率变动会影响国际金融市场和更广泛的全球经济。

8.1 汇率和外汇市场

当今，很多商品和金融资产市场都是全球化的，商品和服务的进出口规模大幅增长。2016 年，外国消费者、企业和政府购买了约 13%的美国生产的商品和服务，而美国消费的约 16%的商品和服务是外国生产的。这些百分比数字高达 20 世纪 60 年代的两到三倍。当美国的个人或企业进口或出口商品或者在其他国家投资时，需要将美元转换为外国货币。**名义汇率（nominal exchange rate）**，通常简称为汇率（exchange rate），是用另一国货币表示的一国货币的价格。例如，1 美元在 2016 年 10 月可以购买 104 日元或者 19 墨西哥比索。

美元与外国货币的汇率的波动会影响美国消费者为外国进口商品支付的价格。例如，假如索尼的 PlayStation 4 游戏机在东京的售价为 30 000 日元，且日元与美元的汇率为 100 日元=1 美元。那么，PlayStation 4 的美元价格是 300 美元[=30 000 日元/(100 日元/美元)]。如果汇率变为 80 日元=1 美元，即使 PlayStation 4 在东京的日元价格保持不变，PlayStation 4 的美元价格也会上涨到 375 美元[=30 000 日元/(80 日元/美元)]。在这个例子中，因为购买一美元需要的日元减少，所以日元相对于美元的价值增加。

一国货币相对于另一国货币的价值上升叫作**升值（appreciation）**。当日元对美元升值时，日本企业在美国销售商品和服务会变得更困难。同样，日元对美元的升值使得美国企业在日本出售商品和服务更容易。例如，当汇率为 100 日元=1 美元时，费城的价格为 1

美元的好时（Hershey）公司糖果的日元价格为 100 日元。但是如果日元升值到 80 日元＝1 美元，那么糖果的日元价格仅为 80 日元。当我们说日元对美元已经升值时，这就等价于说美元对日元已经**贬值**（**depreciation**）——价值下降。

联系实际 8－1

脱欧、汇率和英国企业的盈利能力

英国自 1973 年以来一直是欧盟（EU）的成员，这个由 28 个国家组成的组织通过消除大多数贸易壁垒并允许工人和公司基本不受限制地在各国之间流动已经实现经济一体化。当大多数欧盟成员国从 2001 年开始使用欧元作为共同货币时，英国决定继续使用英镑。2016 年 6 月，英国举行全民公决，多数人投票决定退出欧盟。这次投票以“英国脱欧”而闻名。

在投票之前，许多投资者认为英国退出欧盟将产生两个重要后果：(1) 伦敦作为金融中心的重要性会下降；(2) 英国经济会受到伤害，因为英国公司在向欧盟国家出口时很可能必须支付关税。大多数政治分析人士曾预测大多数人会投票决定留在欧盟。因此，实际的投票结果令许多投资者感到震惊，如下图所示，当金融市场在公投后的早晨开盘时，英镑对美元的价值下跌了近 8%：从 1.48 美元＝1 英镑下降跌到 1.36 美元＝1 英镑。

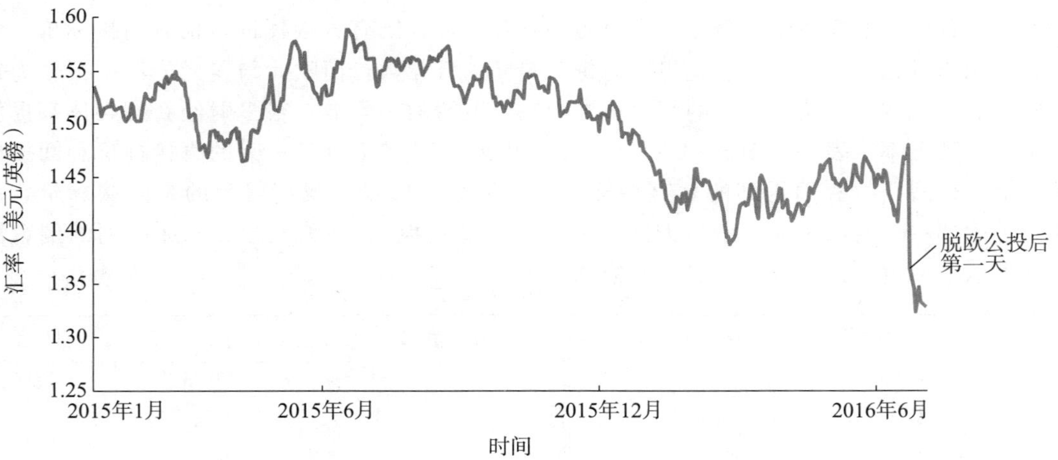

抛开英国离开欧盟的其他后果，英镑贬值对英国公司而言是好消息还是坏消息？答案是，贬值总体上有利于英国出口商，但会损害与外国进口品竞争或供应商在英国以外的公司。赢家之一是布朗普顿自行车（Brompton Bicycle），该公司在伦敦的一家工厂生产流行的折叠自行车。该公司 80%的自行车出口到其他国家。由于汇率下降，在美国以美元出售的每辆自行车将美元兑换成英镑后会带来更高的收益。同样，劳斯莱斯（Rolls-Royce）在英国制造大部分用于出口的飞机发动机。公司管理者估计，美元/英镑汇率每下降 1 美分，公司年利润的增加相当于 200 万美元。脱欧公投后的几天，汇率下跌了 16 美分，因此，如果下跌得以维持，那么劳斯莱斯的利润将增加 3 200 万美元。

相反，Air and Grace 制鞋公司却受到英镑价值下跌的伤害。该公司在英国设计和销售鞋子，但在使用欧元作为货币的葡萄牙的一家工厂生产鞋子。因为英镑对欧元的价值下降了，所以 Air and Grace 进口的鞋子的成本在换算成英镑后就增加了。引用该公司的创始人的话是："有两种选择——让企业承担利润下降的代价或通过提高零售价格将其转嫁给消费者。"她表示她的公司正在承担更高的成本，但怀疑能否长期这样做。

英国脱欧公投后的英镑价值下跌再次表明汇率经常在决定企业的获利能力方面发挥重要的作用。

资料来源：William Wilkes and Costas Paris, "Pound's Plunge Benefits Some Businesses, Punishes Others," *Wall Street Journal*, July 3, 2016; Suzanne Bearne and Helen Lock, "Opportunity or Disaster? Small Firms Describe the Impact of the Brexit Vote," guardian. com, July 3, 2016; and Mike Bird, "Pound Falls to Fresh Low as Brexit Fears Return," *Wall Street Journal*, July 5, 2016.

见本章末的问题和应用 1.7。

每单位日元的美元数还是每单位美元的日元数？

每个汇率都有两种表示方法：（1）每单位本币的外币单位数，或（2）每单位外币的本币单位数。例如，我们可以把美元与日元的汇率表示为 100 日元＝1 美元或 0.01 美元＝1 日元。两种表示形式在数学上是等价的，一个是另一个的倒数。银行或其他金融机构的职业货币交易员通常将汇率定价或"报价"为每单位外国货币的本币数量，这些报价叫作直接标价。间接标价则将汇率表示为每单位本国货币的外币数量。

在实践中，财经新闻在报告汇率时遵循某些惯例，既有直接标价，也有间接标价。例如，美元与日元的汇率几乎总是报告为每一美元的日元数，而欧元与美元的汇率报告为每一欧元的美元数，英镑与美元的汇率报告为每一英镑的美元数。很多财经新闻媒体都提供货币"交叉汇率"表，如图 8－1 所示，该图提供 2016 年 7 月某一天的直接标价和间接标价。沿着行阅读，我们得到的是直接标价，而沿着列阅读，我们得到的是间接标价。例如，美国那一行的第三项显示当天的汇率是 1 英镑兑换 1.30 美元。美元那一列的倒数第三项显示汇率也可以表示为 1 美元兑换 0.77 英镑。

	美元	欧元	英镑	瑞士法郎	比索	日元	加元
加拿大	1.30	1.44	1.69	1.33	0.07	0.01	…
日本	101.74	112.68	132.49	104.16	5.41	…	78.37
墨西哥	18.82	20.84	24.51	19.27	…	0.19	14.50
瑞士	0.98	1.08	1.27	…	0.52	0.01	0.75
英国	**0.77**	0.85	…	0.79	0.04	0.01	0.59
欧元区	0.90	…	1.18	0.92	0.05	0.01	0.70
美国	…	1.11	**1.30**	1.02	0.05	0.01	0.77

图 8－1 外汇交叉汇率

外汇汇率既可以表示为每单位外币的美元数，也可以表示为每单位美元的外币数。沿着行阅读，我们看到直接标价，而沿着列向下读，我们看到间接标价。例如，美国这一行的第三项显示当天的汇率为 1.30 美元/英镑。美元列的第五项显示汇率也可以表示为 1 美元兑换 0.77 英镑。

资料来源："Key Cross Currency Rates," *Wall Street Journal*, July 6, 2016.

图 8-2 显示了自 2004 年以来美元与其他三种货币日元、加元及欧元汇率的波动情况。为了保持一致，在每种情形中，纵轴都表示购买一单位的外币需要的美元数。以这种方法展示图形时，更大的汇率值表示美元贬值和其他货币升值，因为购买一单位外国货币需要更多美元。这些图形显示美元相对于这些货币的价值波动很大。在第 8.2 节，我们将探究导致汇率波动的因素。

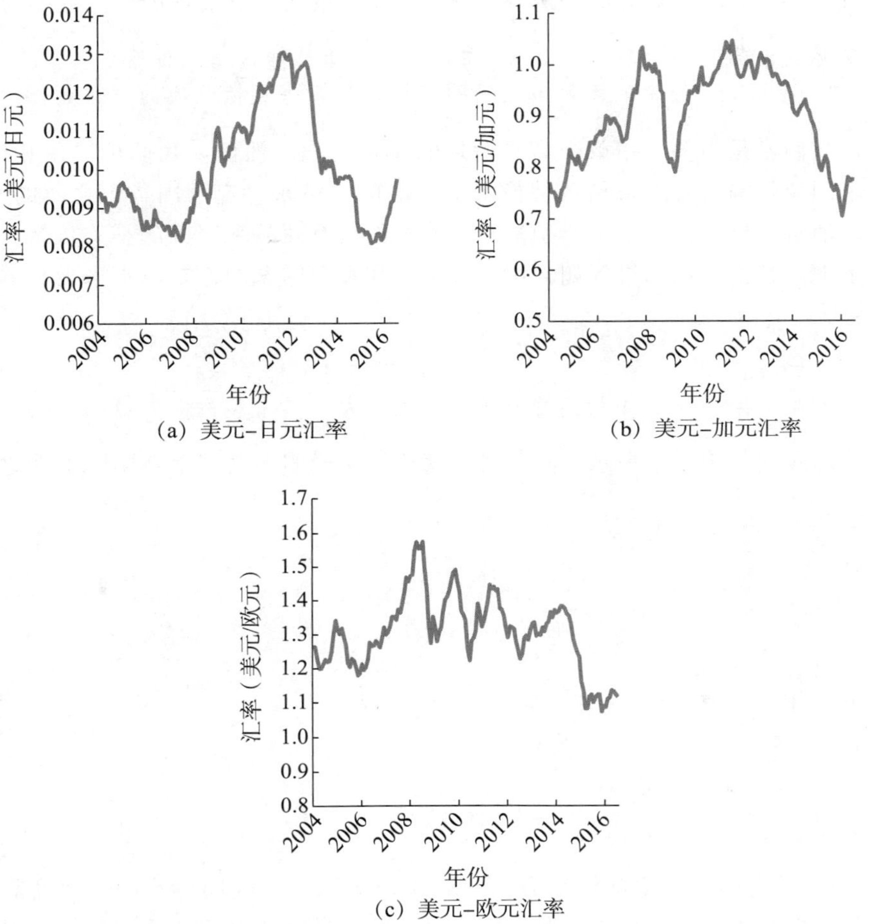

(a) 美元-日元汇率　　(b) 美元-加元汇率

(c) 美元-欧元汇率

图 8-2　汇率的波动（2004—2016 年）

三个图形分别显示美元与日元、加拿大元及欧元的汇率的波动。由于我们在纵轴上把汇率度量为每单位外币的美元数，所以汇率上升代表美元贬值和其他货币升值。

资料来源：Federal Reserve Bank of St. Louis.

名义汇率与实际汇率的比较

名义汇率告诉你 1 美元能兑换多少日元、加元或欧元，但并没有告诉你 1 美元能购买多少另一个国家的商品和服务。当我们对两国货币的相对购买力感兴趣的时候，我们使用**实际汇率（real exchange rate）**，实际汇率度量一国的商品和服务可交换为另一国的商品和服务的比率。为了简单起见，我们利用一种特定产品来思考实际汇率：麦当劳的巨无霸汉堡。假设我们想知道，当给定巨无霸在英美两国的价格时，购买一个巨无霸汉堡分别需要多少美元和多少英镑。假设巨无霸汉堡在纽约的售价为 4.50 美元，在伦敦的售价为 5.00 英镑，且美元和英镑的名义汇率为 1.25 美元＝1 英镑。我们可以通过乘以名义汇率把伦敦的巨无霸汉堡的英镑价格转化为美元价格：5.00 英镑×1.25 美元/英镑＝6.25 美元。因此，一个美国的巨无霸汉堡在伦敦只能交换 4.50 美元/6.25 美元＝0.72 个巨无霸汉堡。

我们可以将刚才的计算总结为用巨无霸汉堡衡量的美元和英镑的实际汇率的表达式：

$$\text{实际巨无霸汉堡汇率}=\frac{\text{纽约的巨无霸汉堡的美元价格}}{\text{伦敦的巨无霸汉堡的英镑价格}\times\text{每英镑兑换的美元数(名义汇率)}}$$

当然，我们不是很关心用单个商品衡量的实际汇率。然而，我们可以用相同的方法，通过用每个国家的消费者价格指数替换特定产品的价格来确定两国货币之间的实际汇率。回忆一下，消费者价格指数表示典型消费者购买的所有商品和服务的平均价格，并表示该国的价格水平。替换后我们得到如下用名义汇率和每个国家的价格水平来衡量的实际汇率的表达式：

$$\text{美元和英镑的实际汇率}=\frac{\text{美国的消费者价格指数}}{\text{英国的消费者价格指数}\times\text{每英镑兑换的美元数(名义汇率)}}$$

重新整理各项并用符号表示，我们可以写出一个说明名义汇率和实际汇率之间关系的更一般的方程式：

$$e=E\times\left(\frac{P^{\text{本国}}}{P^{\text{外国}}}\right)$$

其中：

E＝名义汇率，表示为每单位本币的外币数

e＝实际汇率

$P^{\text{本国}}$＝本国的物价水平

$P^{\text{外国}}$＝外国的物价水平

例如，若英镑与美元的实际汇率为 2，则这个值表示一个美国生产的一般商品或服务可交换两个英国生产的一般商品或服务。换言之，平均来说，美国的商品和服务相对于英国的商品和服务更昂贵。若实际汇率小于 1，则美国的商品和服务比英国的商品和服务便宜。

外汇市场

个人消费者或投资者可以用汇率把一种货币转换为另一种货币。如果你要去国外出差或度假，那么你就必须把美元兑换为当地货币，可以是加拿大元、日元、欧元或英镑。如果美元价值相对于这些货币上升，那么你在旅行期间就可以购买更多的其他货币，让你得以享用更昂贵的餐饮或带回更多的纪念品。同样，如果你想购买外国的股票或债券，那么你就必须把美元转换为合适的货币。同样，如果美元升值，那么你就能买到更多的加拿大、日本或英国的股票或债券。

像其他价格一样，汇率是在需求和供给的互动中决定的。货币在全球各地的**外汇市场**

(**foreign-exchange market**)交易。北美、欧洲和亚洲的大型商业银行的交易员完成大部分的外汇买卖。像纳斯达克股票市场一样,外汇市场是由通过计算机连接在一起的外汇交易商组成的场外市场而不是实际场所。因为大型商业银行愿意随时买卖主要货币,所以被称为做市商。大部分小银行和企业不是直接进入外汇市场,而是向大型商业银行支付一笔费用来完成外汇交易。交易员通常买卖的是以货币计价的银行存款而不是货币本身。例如,通过把美国银行在巴黎一家银行账户中的欧元与德意志银行在东京一家银行账户中的日元相交换,美国银行的货币交易员可以把欧元兑换为日元。大部分外汇交易发生在位于伦敦、纽约和东京及二级中心香港、新加坡和苏黎世的商业银行之间。

在美国以外的银行的美元存款叫作欧洲美元,买卖欧洲美元的市场被称为欧洲美元市场。最初,欧洲美元仅指在欧洲银行的美元存款。但该术语现在指的是在美国以外的任何银行的美元存款。20 世纪 50 年代发展起来的欧洲美元市场有两个主要目的:首先,在 20 世纪 40 年代末和 20 世纪 50 年代初,大多数西欧国家都实行资本管制,即对投资者或金融企业自由地将一种货币兑换为另一种货币的能力加以限制。规避这些资本管制的一种方法是,欧洲银行向客户提供美元存款,不同于欧洲货币,美元存款可以自由交易。其次,从 20 世纪 40 年代后期开始,美国和苏联陷入冷战。尽管有政治敌对,但苏联仍然需要获得美元才能支付以美元计价的包括石油在内的商品。苏联政府认为,把钱存到美国银行有风险,因为如果冷战升温,美国政府会夺取资金。相反,苏联人能够说服欧洲银行让它们持有美元存款。如今,美国银行有时候会发现,在外国银行中持有美元存款可以更好地满足跨国公司的需求。实际上,在国外筹集的欧洲美元已经成为美国银行的重要资金来源。

外汇市场的日交易量高达数万亿美元,是世界上最大的金融市场。除商业银行外,外汇市场的主要参与者还包括投资组合经理和中央银行,如美联储。参与者全天交易美元、日元、英镑和欧元等货币。最繁忙的交易时间是美国东海岸时间上午,此时伦敦和纽约金融市场都开盘了,但交易总是在某个地方发生。纽约的一个货币交易员可能会在半夜接到电话,获悉的消息导致他或她买卖美元或其他货币。

8.2 长期汇率

我们已经看到,汇率可能会发生很大的波动。现在我们开始解释为什么汇率会波动。我们首先考察长期内汇率是如何决定的。

一价定律和购买力平价理论

我们从一个叫作**一价定律(law of one price)**的基础经济思想出发来分析汇率在至少持续若干年的长期内是由什么决定的,一价定律声称相同的产品在任何地方都应该有相同的价格。要理解为什么一价定律应该成立,思考下面的例子:假设一部 iPhone 在休斯敦的商店的售价为 399 美元,而在波士顿的商店的售价是 299 美元。利用 eBay 或 Craigslist 或者把 iPhone 运给那些能在休斯敦当地的跳蚤市场出售手机的熟人,住在波士顿的任何人都可以按 299 美元的价格购买 iPhone,并在休斯敦再按 399 美元的价格出售。如我们在第 3 章所看到的那样,当类似证券有不同的收益率时,套利机会的存在会引起证券价格变动到类似证券有相同的收益率为止。同样，iPhone 在休斯敦和波士顿两地的价差创造了套利利润，通过在波士顿购买便宜的 iPhone 并在休斯敦转售就可以赚到套利利润。如果波士顿的 299 美元的 iPhone 在数量上没有上限，那么套利过程会一直持续到在休斯敦转售的 iPhone 的供给增加把那里的价格压低到 299 美元为止。

一价定律不但对国内贸易的商品成立，而且对国际贸易的商品也成立。在国际贸易背景下，一价定律是**购买力平价理论（theory of purchasing power parity，PPP 理论）**的基础。该理论认为，汇率的变动会使得不同货币的购买力相等。换言之，从长期来看，汇率水平应使得用等量的任何国家的货币都可以购买到相同数量的商品和服务。

思考一个简单的例子：如果你在纽约用 1.50 美元或者在伦敦用 1 英镑都能买到 2 升的瓶装胡椒博士，那么购买力平价理论就认为美元与英镑的汇率应该是 1.50 美元＝1 英镑。如果汇率不等于由购买力平价理论给出的值，那么就有套利利润。假定你可以在纽约用 1.50 美元或在伦敦用 1 英镑买到一瓶瓶装胡椒博士，但美元和英镑的汇率是 1 美元＝1 英镑。你可以先把 1 000 万美元换成 1 000 万英镑，然后在伦敦购买 1 000 万瓶的瓶装胡椒博士，接着运到纽约，在纽约你可以卖到 1 500 万美元。结果是产生 500 万美元（减去所有的运输成本）的套利利润。如果美元-英镑汇率没有反映很多产品的购买力平价（不仅是瓶装胡椒博士），那么你就可以对很多商品重复这一过程并变得极其富有。但实际上，随着你和其他人试图将美元兑换为英镑来赚取套利利润，对英镑的需求上升，进而引起用美元衡量的英镑价值上升到 1.50 美元＝1 英镑的购买力平价汇率为止。一旦汇率反映两种货币的购买力，那么套利的机会消失。在购买力平价汇率水平上，美国的一瓶胡椒博士交换伦敦的一瓶胡椒博士，从而实际汇率等于 1。

我们刚才所用的推理表明，从长期来看，名义汇率会调整到使得不同货币的购买力相等。也就是说，从长期看实际汇率应等于 1。（参阅第 8.1 节，当实际汇率等于 1 时，美国的商品和服务可以交换等量的英国的商品和服务。）该理论之所以成立，是因为如果其不成立，则有机会获得套利利润。从长远来看，通过在外汇市场上买卖货币，追求获利机会的人会引起名义汇率调整到使得实际汇率等于 1，购买力平价理论成立。尽管这种逻辑看似令人信服，但实际上是有缺陷的，我们将在下一节予以讨论。

购买力平价对长期内的汇率变动给出重要预测：如果一国的通货膨胀率高于另一国，那么高通货膨胀国家的货币相对于低通货膨胀国家的货币就会贬值。要理解为什么，我们再来看一下实际汇率的表达式：

$$e = E \times \left(\frac{P^{\text{本国}}}{P^{\text{外国}}}\right)$$

我们可以应用一个方便的数学法则：变量相乘的方程式近似等于变量的百分比变化相加的方程式。类似地，我们可以用两个变量的百分比变化相减来近似两个变量相除。另外，价格水平的百分比变化与通货膨胀率的百分比变化是一样的。

若用 $\pi^{\text{本国}}$ 表示本国的通货膨胀率，$\pi^{\text{外国}}$ 表示外国的通货膨胀率，则有：

$$e\text{ 的百分比变化} = E\text{ 的百分比变化} + \pi^{\text{本国}} - \pi^{\text{外国}}$$

如果购买力平价理论是正确的，那么从长期来看实际汇率 e 等于 1。如果实际汇率恒定为 1，那么其百分比变化为 0，我们可以把前面的表达式重写为：

E 的百分比变化 $=\pi^{外国}-\pi^{本国}$

最后这个方程式告诉我们，名义汇率的百分比变化等于外国通货膨胀率与本国通货膨胀率之差。例如，如果英国的通货膨胀率高于美国的通货膨胀率，那么我们会预期随着时间的推移兑换 1 英镑所需的美元数越来越少，也就是说，名义汇率会升值。实际上，PPP 理论的这个预测是正确的。在过去的几十年里，美元的价值相对于通货膨胀率更高的国家（如墨西哥）的货币已经上升，相对于通货膨胀率更低的国家（如日本）的货币已经下降。

购买力平价理论是一个完整的汇率理论吗？

尽管购买力平价理论通常可以正确地预测汇率在长期内的变动，但对短期内的汇率变动的预测记录要差得多。三个现实的复杂因素使购买力平价理论不是一个完整的汇率理论：

（1）并不是所有产品都能跨国贸易。当商品跨国贸易时，只要汇率不反映其 PPP 值，就能赚取套利利润。但大多数国家生产的一半以上的商品和服务都不是跨国贸易的。当商品不是跨国贸易时，套利就不会推动其价格趋同。例如，假设汇率为 1 美元＝1 欧元，但在芝加哥洗牙的价格是柏林的两倍。在这种情况下，没有办法购买价格较低的德国服务并在美国转售，芝加哥的人也不会为此目的而飞往柏林。由于很多商品和服务都不是跨国贸易的，因此，汇率不会准确反映货币的相对购买力。

（2）产品是差异化的。我们预期相同的产品在世界各地会以相同的价格出售。然而，如果两种产品相似而不相同，那么其价格就会不同。因此，虽然石油、小麦、铝和其他一些商品本质上都是相同的，但汽车、电视机、服装和其他很多商品都是差异化的，于是，我们不会预期它们在世界各地会有相同的价格。换言之，一价定律对差异化产品并不成立。

（3）政府施加贸易壁垒。大多数国家的政府都会对进口商品施加关税和配额。**关税（tariff）**是政府对进口征收的一种税收。**配额（quota）**是政府对可以进口的商品数量施加的一种限制。关税和配额的影响都是把一种商品的国内价格提高到国际价格之上。例如，美国政府对糖的进口数量规定配额。因此，美国糖的价格通常是其他大多数国家糖的价格的 2～3 倍。由于配额的存在，没有合法的途径买入低价的外国糖并在美国再次出售。因此，一价定律对于受关税和配额限制的商品不成立。

解决问题 8-1

世界各地的巨无霸汉堡应该有相同的价格吗？

《经济学家》杂志记录了麦当劳的巨无霸汉堡在世界各国的价格。下表显示巨无霸汉堡在美国和其他六个国家的价格，以及该国货币与美元的汇率。

国家	本国的巨无霸价格	汇率（每一美元的外币数）
美国	4.93 美元	—
日本	370 日元	118.65
墨西哥	49 比索	17.44
英国	2.89 英镑	0.68
中国	17.60 元	6.56
俄罗斯	114 卢布	74.68
挪威	46.8 克朗	8.97

资料来源："The Economist Big Mac Index," *Economist*, January 7, 2016.

a. 解释表中的数字是否与购买力平价理论一致。

b. 解释 a 部分的结论是否意味着巨无霸汉堡市场上存在套利利润。

解决问题

第一步　复习本章的内容。这个问题是关于购买力平价理论的，因此，你需要复习“一价定律和购买力平价理论”这一小节以及“购买力平价理论是一个完整的汇率理论吗？”这一小节。

第二步　通过确定购买力平价理论是否适用于巨无霸汉堡来回答 a 部分的问题。如果购买力平价对巨无霸汉堡成立，那么当我们用汇率将各国的本币价格转换为美元价格时，巨无霸汉堡的美元价格在每个国家都应该是相同的，即 4.93 美元。例如，巨无霸汉堡在日本的价格是 370 日元，因此，我们可以通过除以每一美元的日元数而将这一价格转换为美元：370 日元/(118.65 日元/美元)＝3.12 美元。我们可以用这个方法来构造下表：

国家	本币价格	美元价格（美元）
日本	370 日元	3.12
墨西哥	49 比索	2.81
英国	2.89 英镑	4.25
中国	17.60 元	2.68
俄罗斯	114 卢布	1.53
挪威	46.8 克朗	5.22

该表显示，虽然巨无霸汉堡在英国和挪威的美元价格非常接近于美国的价格，但巨无霸汉堡在其他四个国家的美元价格明显不同于美国的价格。因此，我们的结论是一价定律，进而购买力平价理论对巨无霸汉堡不成立。

第三步　通过解释巨无霸汉堡市场是否存在套利利润来回答 b 部分的问题。我们预期一价定律是成立的，因为若不成立，则会有套利利润。然而，不可能通过在北京购买低价的巨无霸汉堡并将其运往西雅图，或者通过在莫斯科低价购买巨无霸汉堡并将其运往伦敦来获得套利利润。巨无霸汉堡在送达目的地时会是冰冷的且无法食用。正如我们在这一节讨论的那样，购买力平价理论未能提供一个对汇率的完整解释的原因之一是，很多商品，如巨无霸汉堡，是不能跨国贸易的。

见本章末的问题和应用 2.7。

8.3　短期汇率波动的需求和供给模型

如我们在图 8－2 中所看到的，汇率是剧烈波动的。事实上，汇率仅在一天内就波动几个百分点也不稀奇。由于货币的购买力在几天内只会变化一点点，所以汇率短期波动的幅度再一次表明购买力平价理论不能对汇率提供一个完整的解释。

汇率的需求和供给模型

经济学家使用需求和供给模型来分析市场价格是如何决定的。由于汇率是用本币衡量的外币价格，所以我们也可以使用需求和供给来分析短期内影响汇率的最重要的因素。我们在这里考虑的是一个短的时期，而且分析的是年通货膨胀率低的高收入国家的货币，如美国、加拿大、日本和西欧各国，因此，假设价格水平不变是合理的。我们已经看到，引起名义汇率相对于实际汇率发生变化的唯一因素是两国的价格水平。因此，通过假定价格水平不变，我们的模型可以同时确定均衡的名义汇率和均衡的实际汇率。

对美元的需求反映了美国之外的家庭和企业对美国的商品和美国的金融资产的需求。例如，一家打算进口苹果公司的 iPad 的日本电子商店要为商品付款就必须把日元兑换为美元。美元的需求量取决于汇率似乎是合乎逻辑的。汇率越低，把外币转换为美元就越便宜，美元的需求量就越大。例如，相对于汇率为 100 日元＝1 美元，汇率为 80 日元＝1 美元的社会对美元的需求更大。在图 8－3 中，我们在纵轴上标示汇率。在这个例子中，汇率是每一美元的日元数，但我们也可以用它表示任意两种货币的汇率。我们在横轴上度量被兑换为日元的美元数量。美元兑换日元的需求曲线是向下倾斜的，因为随着汇率的下降及美国商品和金融资产的日元价格会相对不再昂贵，对美元的需求量会上升。

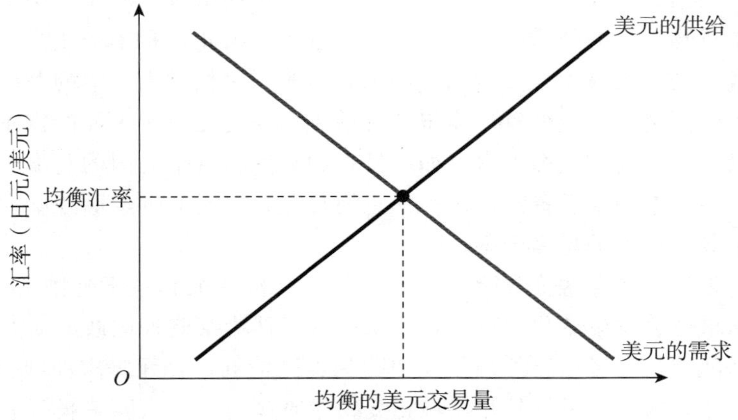

图 8－3　外汇的需求和供给

汇率越低，把外币转换为美元就越便宜，美元的需求量就越大。因此，美元兑换日元的需求曲线是向下倾斜的。汇率越高，家庭或企业兑换美元就会收到越多的日元，美元的供给量就越大。美元兑换日元的供给曲线是向上倾斜的，因为美元的供给量会随汇率的上升而上升。

美元兑换日元的供给是由拥有美元的家庭和企业将美元兑换为日元的意愿决定的。美国的家庭和企业为了购买日本的商品和日本的金融资产需要把美元兑换为日元。美元的供给量取决于汇率看来是合乎逻辑的。美国的家庭或企业从每一美元中收到的日元越多，日本的商品和日本的金融资产的美元价格就越便宜。因此，汇率越高，家庭和企业兑换美元时收到的日元就越多，美元的供给量就越大。在图 8－3 中，美元兑换日元的供给曲线是向上倾斜的，因为随着汇率的上升，美元的供给量上升。

外汇需求和供给的变动

在保持除汇率外所有影响家庭和企业对美元的需求或供给意愿的因素不变的情况下，我们可以画出需求曲线和供给曲线。汇率变化会引起沿需求曲线或供给曲线的移动，即美元需求量或供给量的变化，但并不会引起需求曲线或供给曲线的移动。其他因素的变化会引起需求曲线或供给曲线的移动。

能提高日本家庭和企业购买美国商品或美国资产的意愿的任何因素都会导致美元的需求曲线右移。例如，图 8－4（a）用图形说明日本消费者增加对美国厂商销售的平板电脑的需求的影响。随着日本零售商增加对这类电脑的订单，它们一定会提高用日元兑换美元的需求。图形显示美元的需求曲线向右移动，导致均衡汇率从 80 日元＝1 美元上升到 85 日元＝1 美元，均衡的美元交易量从美元$_1$提高到了美元$_2$。图 8－4（b）用图形说明美国消费者增加对索尼电视的需求的影响。随着美国零售商增加对这些电视机的订单，它们必须供给更多的美元来交换日元。图形显示美元兑换日元的供给曲线向右移动，导致均衡汇率从 80 日元＝1 美元降低到 75 日元＝1 美元，均衡的美元交易量从美元$_1$提高到美元$_2$。

直到 20 世纪 60 年代，汇率的短期变化主要是由刚才讨论的因素驱动的：为进口和出口提供资金的外币需求和供给的变化。也就是说，即使在短期内，货物贸易也比跨国金融证券流动更重要。相对很少的美国投资者买卖欧洲或日本股票和债券，相对很少的欧洲或日本投资者买卖美国的股票和债券。但是，如今，从短期来看，源于金融交易的外币的需求和供给比源于货物贸易的外币的需求和供给更重要。因此，利率变化是导致货币的需求曲线和供给曲线移动的关键因素。例如，如果美国的利率相对于日本的利率上升，那么随着外国投资者为购买美国的金融资产而将其货币兑换为美元，对美元的需求会增加。需求曲线向右移动会导致更高的均衡汇率。如果日本的利率相对于美国的利率上升，那么随着美国投资者为购买日本的金融资产而用美元兑换日元，美元的供给曲线会向右移动。供给曲线向右移动会导致更低的均衡汇率。

类似地，如果美国的金融证券除了利率之外的其他特征相对于外国的证券发生变化，那么对美元的需求也会发生变化。例如，如果投资者认为某些外国政府对其债券违约的可能性上升，那么随着投资者出售外国债券和购买美国债券，美元需求曲线会向右移动。类似地，如果投资者认为外国债券的流动性正变得越来越高，那么随着投资者用美元兑换外币来购买外国债券，美元的供给曲线会向右移动。

最后，一些金融市场参与者分析了影响货币需求和供给的因素，并使用他们的分析来投机未来的汇率走势。例如，如果投资者判断欧元的价值未来会增加，那么他们会供给美元来换取欧元。结果是美元的供给曲线向右移动，导致美元对欧元汇率下降。同样，如果外国投资者认为美元价值将来会上升，那么他们会增加外币兑换美元的需求。

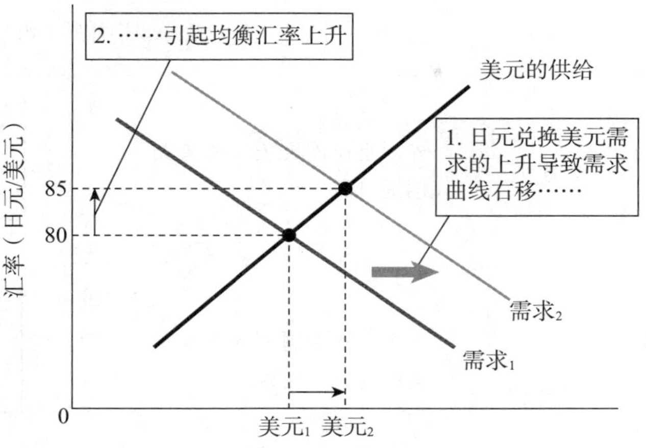

（a）美元需求增加的影响

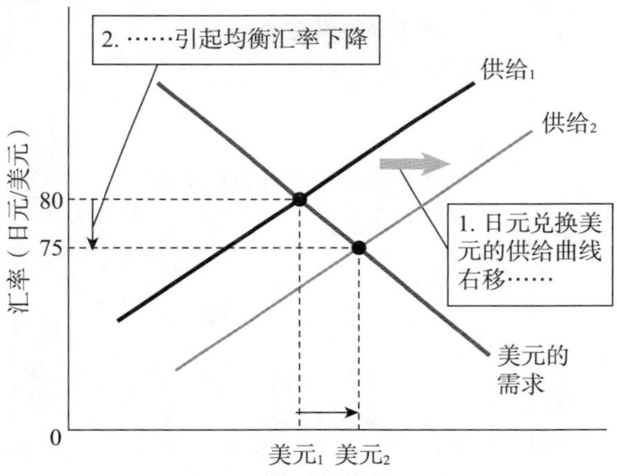

（b）美元供给增加的影响

图 8-4　美元需求和供给变化的影响

图（a）说明了日元兑换美元需求增加的影响。美元的需求曲线右移，导致均衡汇率从 80 日元=1 美元提高到 85 日元=1 美元，均衡的美元交易量从美元$_1$提高到美元$_2$。图（b）说明了美元兑换日元供给增加的影响。美元兑换日元的供给曲线右移，导致均衡汇率从 80 日元=1 美元降低到 75 日元=1 美元，均衡的美元交易量从美元$_1$提高到美元$_2$。

表 8-1 总结了影响外币兑换美元的需求和供给的因素。

利率与汇率之间的关系非常重要，以至于许多经济学家认为，在解释汇率在短期内的变动时，最好将重点完全转移到金融投资者和不同国家利率变化的影响上。我们将在下一小节讨论利率平价条件。

表 8-1　影响美元兑换外币的需求和供给的因素

所有其他因素相同，……增加	导致……	因为……	对外汇市场均衡的影响的图形
外国对美国商品的需求	美元需求增加	外国企业需要美元购买美国进口品	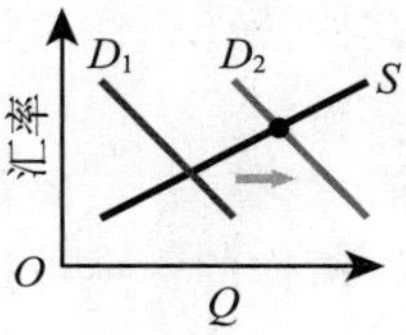
美国利率相对于外国利率	美元需求增加	外国投资者需要美元购买美国的金融证券	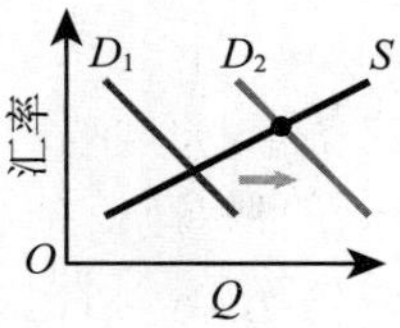
美国金融证券的合意特征	美元需求增加	外国投资者需要美元购买美国的金融证券	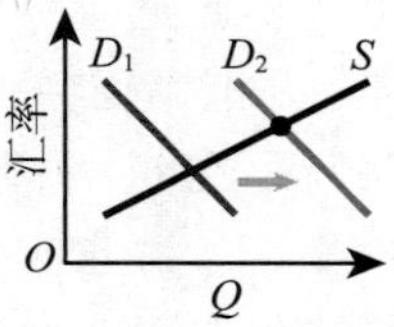
美国对外国商品的需求	美元供给增加	美国企业需要外币购买外国的出口品	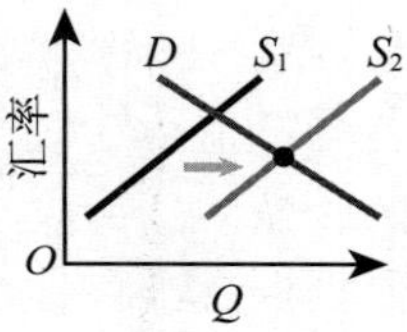
外国利率相对于美国利率	美元供给增加	美国投资者需要外币购买外国的金融证券	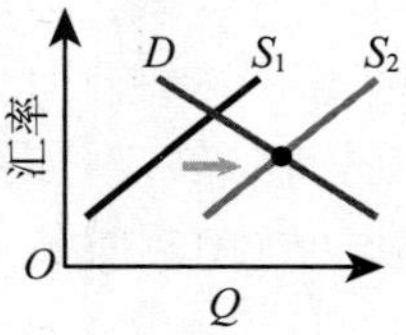
外国金融证券的合意特征	美元供给增加	美国投资者需要外币购买外国的金融证券	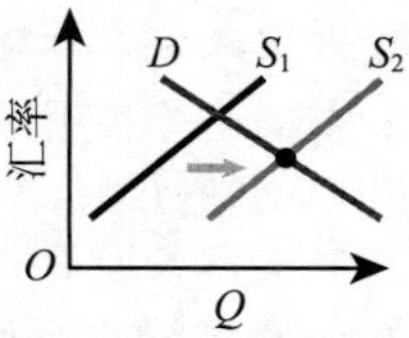

利率平价条件

在任意的一天，外汇市场上超过95%的外汇需求都来自投资者购买外国资产的愿望而不是家庭和企业购买外国商品和服务的愿望。以金融投资为目的的巨额外汇需求反映了近几十年来国际资本流动上升的重要性。很多国家的政策制定者取消了曾阻碍跨越国境的金融投资的规章制度。互联网让一国的投资者可以轻松获取关于其他国家企业的信息。互联网也让投资者更容易与金融企业（尤其是经纪企业）建立联系来代其投资外国企业。我们在这一节考察国际资本流动对汇率决定的含义。

假定你打算在一年期政府债券上投资 10 000 美元。再假定当前一年期美国国债的利率是 1%，而当前一年期日本政府债券的利率是 3%。为了使例子简化，假定你认为这两种债券除了利率之外是相同的。也就是说，你认为它们有相同的违约风险、流动性、信息成本和其他特征。你应该购买哪种债券？答案似乎很明显：3%大于 1%，因此，你应该购买日本政府债券。但要牢记的是，要购买日本政府债券，你必须先把你的美元兑换为日元，从而承担一些**汇率风险（exchange-rate risk）**，即投资者和企业因汇率波动而遭受损失的风险。在你的资金被投资于日本债券期间，日元的价值相对于美元可能会下跌。

继续上面的例子，如果你购买美国政府债券，那么一年后你会拥有 10 100 美元（=10 000 美元×1.01）。假定汇率是 100 日元=1 美元。于是，如果你决定购买日本政府债券，那么你必须把 10 000 美元兑换为 1 000 000 日元（=10 000 美元×100 日元/美元）。一年末你在日本政府债券上的投资会给你带来 1 030 000 日元（=1 000 000 日元×1.03）。如果汇率仍为 100 日元=1 美元，那么你可以把日元换回美元并拥有 10 300 美元[=1 030 000 日元/(100 日元/美元)]。因此，投资日本显然更好。但是若日元价值在这一年下降 4%，汇率变为 104 日元=1 美元，又会怎么样？（需要注意的是，这等价于美元价值上升 4%）在这种情况下，你投资日本债券获得的 1 030 000 日元只能兑换为 9 903.85 美元，这意味着投资美国债券更好。

正如我们在第 3 章首次讨论的那样，经济学家假设金融市场没有套利利润。这一假设与美国债券有 3%的利率、日本债券有 5%的利率，投资者大体上预期日元贬值 4%（或等价地，美元升值 4%）是一致的吗？不一致，因为投资者预期投资美国会比投资日本获得高得多的收益。这一收益差异会诱使投资者购买美国政府债券，导致其价格上升，利率下降、诱使投资者出售日本政府债券，导致其价格下降、利率上升。美国债券利率必须下降多少、日本债券利率必须上升多少才能消除获得套利利润的可能性？必须足以使得两国利率之间的差异等于预期日元与美元汇率的变化。

例如，假设日本债券的利率上升到 5%，而预期日元价值相对于美元下跌 4%。于是，你要么购买美国政府债券获得 10 100 美元，要么购买日本政府债券获得几乎等量的美元：1 050 000 日元/(104 日元/美元)=10 096.15 美元。[①]

利率平价条件（interest-rate parity condition）认为不同国家的类似债券的利率差异反映了对未来的汇率变化的预期。我们可以一般化将这一条件表述为：

本国债券的利率=外国债券的利率−预期的本币升值

例如，如果德国政府债券的利率是 8%，而等价的美国政府债券的利率是 6%，那么一定是预期美元对欧元会升值 2%。利率平价条件背后的经济推理与在给定国家内相似证券有相同的收益率的结论背后的经济推理是相同的：如果该结果不成立，那么投资者可以获取套利利润。利率平价条件将该结果扩展到全球投资：如果拥有外国资产的预期收益率（包括汇率的预期变化）与拥有国内资产的收益率不同，那么投资者可以套利，因为这种

① 注意，这个等式是一个近似值，可以从以下事实中看出：在上一个示例中，投资日本债券赚取的金额不完全等于投资美国债券赚取的 10 100 美元。在该示例中（一般而言），仅当预期的汇率变化稍微小于两种利率之间的差额时，两种投资的收益才相等。因此，课本中的讨论所陈述的结论仅是大致正确的。准确说明结论需要更多的数学知识，从而使要点更加难以理解。就我们的目的而言，本书所述结论是足够接近的近似值。

或那种资产相对于其预期收益被低估。

利率平价条件是否总是成立？也就是说，我们能确信不同国家类似债券的利率差异始终反映对未来汇率变化的预期吗？实际上，我们无法确信，原因有以下几个：

（1）**违约风险和流动性的差异。**不同国家的债券之间总有一些对投资者重要的差异。例如，美国投资者会考虑到虽然德国或日本的政府债券的违约风险低，但还是高于美国政府债券。类似地，从美国投资者的角度看，美国政府债券的流动性比外国政府债券更强。因此，我们看到的不同国家债券的利率之间的差异是因债券属性的差异而补偿投资者。特别是在国际金融市场动荡时期，如2007—2009年的金融危机期间及英国脱欧公投之后所发生的，当美国和外国投资者都因违约风险非常低而偏爱美国国债而不是外国债券时，就会发生择优而栖。这种偏好会压低美国国债相对于外国债券的利率。

（2）**交易成本。**一般而言，购买外国金融资产的成本（即交易成本）高于本国金融资产。例如，与国内经纪公司或国内在线经纪人对购买国内公司债券收取的佣金相比，外国经纪公司会对购买外国企业的债券收取更高的佣金。

（3）**汇率风险。**正如我们已经说过的那样，利率平价条件没有考虑投资外国资产的汇率风险。如果你在美国能从一年期国债上得到4%或预期可从一年期德国政府债券上得到4%的收益，那么在德国政府债券上的投资有更大的风险，因为美元对欧元的价值升值幅度可能超出预期。经济学家有时候会在利率平价方程式中包含货币溢价来考虑投资外国资产的额外风险：

本国债券的利率＝外国债券的利率－预期的本币升值－货币溢价

例如，假设一年期美国国债的利率为1%，一年期德国国债的利率为3%，美元兑欧元的汇率预期升值率为1%，美国投资者要求欧元计价的一年期投资相对于美元计价的一年期投资的预期收益率高1%，以使这两项投资有相同的吸引力。于是，我们会有利率平价：1%＝3%－1%－1%。

解决问题 8－2

你能从投资墨西哥债券中赚到钱吗？

假设你阅读了如下的投资建议：“获得高于平均收益率的一种策略是，在美国以2%的利率借钱，并将其在墨西哥以4%的利率投入可比投资（有相同水平的违约风险、流动性和信息成本）。”你会遵循这种策略吗？

解决问题

第一步　复习本章的内容。这个问题是关于解释国家间的利率差异的，所以你需要复习“利率平价条件”这一小节。

第二步　通过解释汇率的预期变化与各国间的利率差异之间的关系，使用利率平价条件来回答该问题。如果利率平价条件成立，那么美国债券的利率与相似的墨西哥债券的利率之间2个百分点的差距意味着投资者一定是预期美元对比索的价值会升值2%（＝4%－2%）。从而美国投资和墨西哥投资的预期收益率相同。如果作为美国投资者的你以2%的利率在美国借钱并以4%的利率投资于墨西哥债券，那么，若美元升值2%，你不会获得任何收益，因为你的墨西哥投资的真实收益率是2%而不是4%。此外，你还要承担汇率风险，因为美元可能升值超过2%。

见本章末的问题和应用3.10。

我们在上一节中看到，我们可以用外汇的需求和供给模型来分析当一个国家的利率上升或下降时的汇率变化。许多经济学家更喜欢使用利率平价分析法，因为该方法直接关注金融投资者的行为。但两种方法对利率变化如何影响汇率的问题得出了类似的答案。例如，假设当前一年期美国国债的利率为2%，可比的法国一年期政府债券的利率为4%，而美元对欧元有望升值2%。如果美联储采取的政策行动导致国债利率从2%升至3%，我们预计对美元的需求会增加，因为欧洲的投资者试图将欧元兑换为美元以便按新的更高的利率投资于美国国债。美元需求的增加会导致汇率上升。在新的均衡下，购买美元需要更多的欧元。

美国利率上升导致汇率上升的结果与利率平价条件一致。如果预期从现在起一年后欧元和美元之间的汇率保持不变，那么现在汇率上升意味着升值率会下降。在此示例中，美国利率提高1%，法国利率保持不变，这意味着美元的预期升值率将从2%降至1%：3%=4%-1%。

联系实际8-2

什么能解释美元汇率波动？

以下是《华尔街日报》在2016年夏季三周内出现的一些头条新闻：

"美联储会议纪要上美元汇率下滑"；

"英镑抛售使英镑兑美元跌至31年来低点"；

"在英国脱欧困境中美元升值"；

"美元因耶伦对经济的评论而上涨"；

"美元因美联储软化加息前景而下跌"。

这些表明大多数企业、消费者和政府的政策制定者知道：美元与其他货币之间的汇率不稳定并值得被关注。

衡量一种货币相对于其他货币的一般价值的一种方法是计算贸易加权汇率，该汇率是类似于消费者价格指数的一个指数。就像消费者价格指数根据产品在家庭预算中所占的份额来加权单个价格一样，美元的贸易加权汇率根据该国与美国贸易的份额加权每个单独的汇率。计算指数时将1997年1月的指数值定为100。下页图显示了1994—2016年贸易加权美元汇率的变动。

如图所示，美元价值在20世纪90年代后期的上升是由外国投资者对美国的股票和债券的强劲需求推动的，特别是美国国债。一些东亚国家的货币危机，包括韩国、泰国、马来西亚和印度尼西亚，导致这些国家货币的价值急剧下降。结果是许多外国投资者选择择优而栖，购买美元计价的资产，特别是美国国债，因为国债似乎是安全的投资。此外，一些外国投资者希望

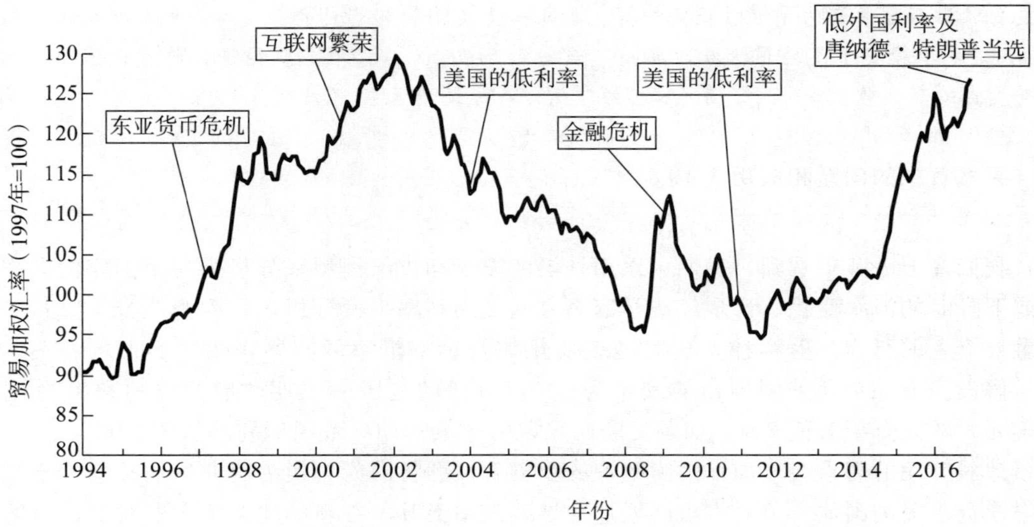

参与互联网（如 dot-com）股票的繁荣。外国投资者需求的增加提高了美元的价值。

随着美联储在 2001 年的经济衰退期间及之后开始降低联邦基金利率的目标，美元价值下降了。在 2007—2009 年的金融危机期间，许多投资者担心除美国国债以外几乎所有证券的违约风险都上升了。结果是又一次的择优而栖，增加了对美元的需求，提高了美元汇率。

随着美联储为应对金融危机而积极降息，美元价值在接下来的几年中一直在下跌，除了 2010 年的短暂时期之外，当时投资者担心希腊和其他几个欧洲国家政府可能会有债券违约风险。到 2012 年底，投资者开始预计美联储会开始提高联邦基金利率目标，同时欧洲中央银行开始采取积极措施降低利率。结果是美元价值大幅上升，并随唐纳德·特朗普在 2016 年 11 月的总统大选中当选而得以延续，因为特朗普当选导致投资者预期美国会有更高的经济增长率和更高的利率。

展望未来，随着美元汇率对国际金融市场的供求关系做出反应，与前面类似的头条新闻可能会继续出现。

资料来源：Chelsey Dulaney, "Dollar Slips on Fed Minutes," *Wall Street Journal*, July 6, 2016; Mike Bird, "Sterling Selloff Sends Pound Plunging to 31 Year Low Against the Dollar," *Wall Street Journal*, July 5, 2016; Ira Iosebashvili, "Dollar Holds Gains as Yellen Comments on Economy," *Wall Street Journal*, June 21, 2016; and Ira Iosebashvili, "Dollar Falls as Fed Soften Outlook for Interest Rate Increases," *Wall Street Journal*, June 15, 2016.

见本章末的问题和应用 3.11。

外汇远期合约和期货合约

我们在第 7 章中看到衍生品在美国金融体系中发挥着重要作用。我们可以简要考察一下其在外汇市场中的作用。在外汇市场中，现货市场交易涉及立即（两天的结算期）以当前汇率开展货币或银行存款的交换。在远期交易中，交易者今天达成在特定的未来日期按照叫作远期汇率的汇率来交换货币或银行存款的远期合约。

期货合约在几个方面不同于远期合约。虽然远期合约是在交易者之间达成的在任意的未来日期交换任意数量的货币的私人协议，但期货合约在交易所交易，如芝加哥商品交易所（CME），交换的货币数量及交换发生的结算日期都是标准化的。远期合约中的远期汇率是在合约达成时就固定下来的，而期货合约的期货汇率是随着合约在交易所的买卖而连续变化的。

交易对手风险是指合约一方违约且无法购买或出售基础资产的风险。期货合约的交易对手风险比远期合约低，因为交易所（而不是买卖双方）是每笔交易的对手方。例如，在芝加哥交易所（CBOT）购买期货合约的某个人是把 CBOT 作为交易对手，这可以降低违约风险。对许多金融资产而言，交易对手风险减少意味着期货合约交易要多于远期合约。但这种结果对外汇不成立，因为大部分交易是在大型银行之间开展的，大银行的交易员通常相信交易伙伴不会对远期合约违约。因为银行喜欢远期合约的灵活性，所以外汇远期合约的交易量至少比期货合约的交易量大 10 倍。表 8-2 总结了外汇远期合约和期货合约的主要区别。

外汇市场也有看涨期权和看跌期权。如我们在第 7 章所看到的那样，看涨期权给予买方在期权到期日之前的任何时候均可按预定价格（协议价格）购买标的资产的权利。看跌期权赋予买方按行权价格出售标的资产的权利。

表 8-2　外汇的远期合约与期货合约的主要区别

	远期合约	期货合约
如何交易合约	场外市场；一般是银行之间	期货交易所，如 CME
远期汇率	在合约达成时固定	随合约交易而连续变化
合约条款	灵活；由买卖双方协商解决	由交易所予以固定
结算日期	灵活；由买卖双方协商解决	由交易所予以固定
对手风险	潜在风险很大，但因为通常是在大型金融机构之间开展交易而有所减少	没有；由交易所承担

汇率风险、对冲和投机

美国公司在外国销售商品和服务时要承担汇率风险。假设你是总部位于俄亥俄州的奥维尔的果酱、果冻和其他食品制造商斯马克公司（Smucker's）的员工。假设在汇率为 1.50 美元=1 英镑的时候，斯马克向英格兰的一家连锁超市出售了价值 30 万美元的果酱和果冻。斯马克同意今天就运送果酱和果冻，但是（通常是这样）这家英国公司有 90 天的时间支付斯马克的款项。斯马克同意这家英国公司可以用英镑付款，因此，斯马克会在 90 天后收到 200 000 英镑［=300 000 美元/1.50(美元/英镑)］的付款。斯马克面临汇率风险，因为如果在英国连锁超市付款之前英镑兑美元的价值下跌，那么斯马克的收入将少于 300 000 美元。例如，如果汇率在 90 天后为 1.25 美元=1 英镑，那么斯马克收到的 200 000英镑仅能兑换为 250 000 美元［=200 000 英镑×1.25(美元/英镑)］。

作为在斯马克的工作的一部分，你负责减小公司的汇率风险敞口。你可以通过签订远期合约来对冲或降低汇率风险，或者更有可能是付费委托银行来完成远期交易。在远期合约下，斯马克今天同意以当前的远期汇率卖出 90 天后收到的 200 000 英镑。如果当前的远期汇率与 1.50 美元=1 英镑的即期汇率相同，那么斯马克将完全对冲汇率风险，成本是银行收取的手续费。远期汇率反映远期市场的交易员对 90 天后美元和英镑的即期汇率的预期，因此，远期汇率可能不等于当前的即期汇率。不过，在通常情况下，当前的即期汇率和 90 天后的远期汇率接近，因此，斯马克可以对冲面临的大部分汇率风险。

斯马克正在对冲英镑兑美元汇率下跌的风险。现在，假设你为英国服装制造商博柏利工作。作为工作的一部分，你需要对冲如下交易的汇率风险：

博柏利向美国百货连锁店梅西百货（Macy's）出售了价值 200 万英镑的男装外套。当前的汇率为 1.50 美元＝1 英镑，博柏利同意 90 天后付款 350 万美元［＝200 万英镑×1.50(美元/英镑)］。博柏利面临英镑兑美元汇率在未来 90 天内升值的风险，这会减少 90 天后从梅西百货公司收到的 350 万美元付款可以兑换的英镑数。为了对冲这种风险，你可以安排今天按照当前的远期汇率购买英镑。注意，这与斯马克采用的策略相反：为了对冲英镑贬值，斯马克在远期市场上卖出英镑；为了对冲英镑升值，博柏利在远期市场上买入英镑。

对冲者利用衍生品市场来降低风险，而投机者利用衍生品市场对货币的未来价值押注。例如，如果投资者确信欧元的未来价值会低于当前外汇市场上其他人对欧元未来价值的看法，那么投资者可以在远期市场上出售欧元。如果欧元价格确实下跌了，那么未来欧元的现货价格将会下降，这让投资者可以获利了结远期合约。同样，如果投资者认为欧元的未来价值会高于当前外汇市场上其他人对欧元未来价值的判断，那么投资者可以通过在远期市场上购买欧元来获利。当然，无论是哪种情况，如果欧元价值与投资者预期的方向相反，那么投资者会在他或她的远期头寸上遭受损失。

企业和投资者还可以用期权合约对冲或投机。例如，担心某种货币的价值下跌幅度会超过预期（如前例中的斯马克）的企业可以通过购买该货币的看跌期权来对冲这种风险。这样，如果货币的价值跌至行权价格之下，那么公司可以行使期权并以（高于市场的）行权价格出售它。类似地，担心某种货币的价格涨幅会超过预期（如前例中的博柏利）可以通过购买该货币的看涨期权来对冲这种风险。如果货币的价值升至行权价格之上，那么公司可以行使期权并以（低于市场价格）行权价格购买它。

期权合约对对冲者的好处是，如果价格变动方向与被对冲的方向相反，那么对冲者可以放弃行使期权，并从有利的价格变动中获利。例如，假设斯马克决定购买英镑看跌期权而不是在远期市场上卖出英镑。斯马克仍然可以防止英镑贬值，因为可以行使看跌期权，并以高于市场价格的价格出售英镑。但是，如果英镑价值上涨，那么斯马克可以让看跌期权到期作废，并受益于英国连锁超市 90 天后支付的 200 000 英镑能兑换更多的美元。尽管期权在这方面似乎比远期合同更具优势，但期权价格（期权费）高于远期合约产生的费用。

认为货币的价值可能会比预期的上涨更多的投机者会购买看涨期权，而认为货币的价值可能会比预期的下跌更多的投机者会购买看跌期权。如果货币价值的变动方向与投机者希望的方向相反，那么有期权合约的投机者不必行使期权。因此，期权合约的优势是投机者的损失限于他或她为期权支付的费用。但是用期权合约投机的劣势是期权价格高于远期合约。

联系实际8-3

投机者能压低一种货币的价值吗？

外汇市场的参与者可以分为两类：(1) 对冲者，如我们的例子中的斯马克和博柏利，其动机是希望降低汇率风险；(2) 投机者，他们希望从汇率变动中获利。货币投机者像股票、债券和其他金融资产的交易者一样，通常是买卖一个国家的货币，希望在短时间内获利。如我们所见，投机者通过在金融市场提供流动性发挥作用。为了对冲汇率风险，企业需要足够多的愿意在对冲交易中充当另一方的交易对手。没有投机者，包括外汇市场在内的许多金融市场的流动性将大大降低。

但是，一些政策制定者认为，投机者有时会把汇率压低到人为的低水平，进而造成外汇市场不稳定。例如，2010年爆发了关于对冲基金经理是否合谋通过压低欧元价格来赚取数十亿美元的争议。对冲基金与共同基金的相似之处在于它们从投资者那里接受资金并将其投资于资产组合。对冲基金与共同基金的不同之处在于它们通常从事相对高风险的投资，它们的投资者少于100人，都是养老基金之类的机构或富裕的个人。根据《华尔街日报》的一篇文章，四位对冲基金经理在纽约市开会讨论使用衍生品打赌欧元价值下降是否有利可图。出席会议的是乔治·索罗斯（George Soros）管理的基金的代表，索罗斯因20世纪90年代初押注英镑价值下跌并赚到10亿美元而声名远播。

在会议召开时，欧元和美元的汇率已经从去年12月的1.51美元兑换1欧元下降为1.35美元兑换1欧元。一些对冲基金经理确信明年欧元的价值可能会一直下降到与美元持平，即1美元=1欧元。对冲基金可以通过在远期市场上出售欧元、出售欧元期货合约或购买欧元看跌期权从下跌中获利。对冲基金的这些投资需要用现金的仅占投资价值的大约5%，其余的95%通过借款获得。如此之高的杠杆率（即在投资中使用借入的资金）会放大实际现金投资的收益率。由于欧元价值如此大幅下跌的收益可能是巨大的，因此一些观察家称其为“职业交易”，意思是仅仅这一次投资（若真的有收益！）就能让对冲基金经理名利双收。

虽然美国和欧洲的一些政府官员批评对冲基金，但许多经济学家却不相信基金经理的行为会对欧元价值产生重大影响。在全球外汇市场上买卖的欧元的总价值每天超过1.2万亿美元。出席纽约会议的四位对冲基金经理对欧元的长期赌注仅为数十亿美元。不管怎么说，在接下来的两年中，欧元兑美元汇率从未跌破1.19美元=1欧元，因此，投机下注欧元会贬值到平价的所有人都输了。

欧元和美元等主要货币之间的汇率取决于少数投机者可能无法影响的因素，无论他们拥有多少资源都是如此。

资料来源：Benoit Faucon and Katie Martin, “Pressures Drive Iran's Currency to New Low,” *Wall Street Journal*, October 1, 2012; Susan Pulliam, Kate Kelly, and Carrick Mollenkamp, “Hedge Funds Try ‘Career Trade’ Against Euro,” *Wall Street Journal*, February 26, 2010; and Michael Casey, “Justice Regulators Fall for Conspiracy Theories,” *Wall Street Journal*, March 3, 2010.

见本章末的问题和应用3.14。

回答重要问题

我们在本章开始的时候提出如下问题：

“为什么以其他货币衡量的美元价值没有保持稳定?”

我们已经看到，美元与其他货币之间的汇率在短期内取决于美国相对于外国的利率水平及美国国债的“安全港”特征。多年来，中央银行已采取行动来提高和降低利率。此外，由于东亚货币危机、2007—2009 年的金融危机、欧洲债务危机和英国脱欧，国际金融市场也发生了动荡，这导致投资者出售其他证券来购买美国国债。这些事态发展导致美元的需求和供应出现波动，进而导致美元与其他货币之间的汇率发生波动。

重要术语和问题

重要术语

升值	利率平价条件	实际汇率	贬值	一价定律
关税	汇率风险	名义汇率	购买力平价（PPP）理论	外汇市场
配额				

8.1 汇率和外汇市场

解释外汇市场如何运作。

复习题

1.1 名义汇率与实际汇率有什么区别？当报纸文章使用短语“汇率”时，该文章通常是指名义汇率还是实际汇率？

1.2 汇率的直接报价与间接报价有什么区别？如果日元与美元的汇率从 80 日元＝1 美元变为 90 日元＝1 美元，那么日元对美元是升值还是贬值了？美元对日元是升值还是贬值了？

1.3 假设欧元相对于美元价值下降。对欧洲向美国的出口可能的影响是什么？对美国向欧洲的出口可能的影响是什么？

1.4 将外汇市场描述为“场外交易市场”是什么意思？

问题和应用

1.5 一位学生提出如下看法：

目前购买 1 美元需要 100 日元，这表明美国一定比日本富裕得多。但购买 1 英镑需要超过 1 美元，这表明英国一定是一个比美国更富有的国家。

简要说明你是否同意这位学生的推理。

1.6 一位学生提出如下看法：

本月，欧元兑美元大幅贬值。对于参观巴黎迪士尼乐园来说，这是个好消息，对于参观佛罗里达州奥兰多的华特·迪士尼乐园来说，这是一个坏消息。

简要说明你是否同意这位学生的观点。

1.7 【联系实际 8-1】如果英镑和美元的汇率从 1.45 英镑＝1 美元变为 1.30 英镑＝1 美元，那么这对于像布朗普顿自行车这样的英国公司来说是个好消息吗？对美国消费者来说这是个好消息吗？对于出口到英国的美国公司来说这是个好消息吗？对英国消费者来说这是个好消息吗？

1.8 假设苹果 iPhone 在美国的售价为 400 美元，在英国的售价为 130 英镑，在日本的售价为 70 000 日元。如果汇率为 1.50 美元＝1 英镑和 100 日元＝1 美元，美元与日元以及美元与英镑之间的实际汇率是多少？

1.9 英国《金融时报》网站的一篇文章将欧洲美元描述为“某种程度上逃脱美国体系的美元”。简要解释作者的意思。

资料来源：Izabella Kaminska, “All About the Eurodollars,” ft. com, September 5, 2014.

8.2 长期汇率

用购买力平价理论解释汇率在长期内是如何决定的。

复习题

2.1 一价定律与购买力平价理论是什么关系？

2.2 购买力平价理论是一种长期还是短期的汇率决定理论？

2.3 根据购买力平价理论，如果日本的通货膨胀率低于加拿大的通货膨胀率，那么日元与加元的汇率在长期内会发生什么变化？

问题和应用

2.4 根据一项对专业外汇交易员的调查，购买力平价理论被视为“学术术语”。为什么外汇交易员在日常的货币交易中会认为购买力平价理论没有用处？

资料来源：Cheung, Yin-Wong, and Menzie David Chinn, “Currency Traders and Exchange Rate Dynamics: A Survey of the U. S. Market,” *Journal of International Money and Finance*, Vol. 20, No. 4, August 2001, pp. 439 - 471.

2.5 纽约大学的经济学家威廉·伊斯特利(William Easterly)在《华尔街日报》上写道：“在2010年左右，……巴西的本币被高估，以至于从里约热内卢到曼哈顿旅游的游客租用集装箱带回便宜的商品。”当他写到巴西的本币被高估时，伊斯特利的意思是什么？他是如何判断的？

资料来源：William Easterly, “Making Sense of Meltdowns,” *Wall Street Journal*, July 6, 2016.

2.6《纽约时报》的专栏讨论了国际货币基金组织(IMF)对世界总产值或GDP增长率的估计。该专栏指出，在将每个国家/地区的产出价值(以该国家/地区货币表示)相加后，IMF可以使用该国家/地区的货币和美元之间的当期汇率将每个总值转换为美元。但是该专栏进一步指出，该方法存在一个重大问题：“国际货币基金组织对此问题的解决方案是使用包含购买力平价或PPP的公式来根据货币的相对价值及其购买力做出调整。”通过使用当前汇率将每个国家的产出转换为美元来计算世界GDP的问题是什么？为什么使用对每个国家/地区货币的购买力做出调整的汇率是更好的方法？

资料来源：Danny Hakim, “The World's EconomySoared Last Year (or Plunged),” *New York Times*, February 8, 2016.

2.7【解决问题8-1】《经济学人》杂志追踪了麦当劳的巨无霸汉堡在世界各国的价格。下表显示了巨无霸在美国和其他五个国家/地区的价格及每个国家/地区的货币和美元的汇率。

国家	巨无霸汉堡的本币价格	汇率（每一美元的外币数）
美国	4.93 美元	—
巴西	13.5 雷亚尔	4.02
以色列	16.9 谢克尔	3.94
韩国	4 300 韩元	1 198
瑞士	6.5 瑞士法郎	1.01
委内瑞拉	132 玻利瓦尔	198.7

a. 说明表中的统计数据是否与购买力

平价理论一致。

b. 如果购买力平价理论让我们可以在短期内准确确定汇率，那么巴西雷亚尔和以色列谢克尔之间的汇率是多少？

资料来源："The Economist Big Mac Index," *Economist*, January 7, 2016.

3.8 根据购买力平价理论，如果下列情况发生，美元相对于墨西哥比索的价值会发生什么变化？

a. 在接下来的10年里，美国的年均通货膨胀率为3%，墨西哥的年均通货膨胀率为8%。

b. 美国对很多进口商品施加关税和配额。

c. 美国进入一段通货紧缩时期，而墨西哥遭遇通货膨胀。

8.3 短期汇率波动的需求和供给模型

用供求模型解释汇率在短期内是如何决定的。

复习题

3.1 再看看图8-3并回答下列问题：

a. 为什么外汇的需求曲线是向下倾斜的？

b. 为什么外汇的供给曲线是向上倾斜的？

c. 列出三个想用美元兑换日元的团体。

d. 列出三个想用日元兑换美元的团体。

3.2 利率平价条件如何解释不同国家类似债券的利率差异？利率平价不完全成立的主要原因是什么？

3.3 外汇市场上的即期交易和远期交易有什么区别？外汇远期合约和外汇期货合约的主要区别是什么？为什么外汇市场上对远期合约的使用比期货合约更广泛？

3.4 如何使用远期合约、期货合约和期权合约对冲汇率风险？投资者如何使用远期合约、期货合约和期权合约来投机货币的未来价值？

问题和应用

3.5 画出美元交换日元的需求和供给图形来说明以下每种情况：

a. 苹果公司的iPhone和iPad在日本的销量猛增。

b. 一年期日本政府债券的利率相对于一年期美国国债的利率上升。

c. 日本政府存在巨额预算赤字，投资者认为政府会对债券违约。

3.6 《华尔街日报》的一篇文章中有如下看法："利率下降往往会抬高债券价格……但会打压货币。"

a. 为什么利率下降会提高债券价格？

b. 为什么利率下降会"压制货币"？

资料来源：James Glynn and James Ramage, "Aussie Dollar Parity Talk Resumes," *Wall Street Journal*, July 1, 2014.

3.7 假定日元和美元当前的汇率是100日元＝1美元，日本的一年期债券的利率是4%，美国类似债券的利率是3%。根据利率平价条件，投资者预期一年后日元与美元的汇率是多少？

3.8 【开篇案例】《纽约时报》的一篇文章指出，强势的日元"正在对曾经是最重要的（日本的）机器出口造成严重打击"。但文章还指出，"日元升值有利于日本迅速增长的老年人口"。

a. "强势的日元"意味着兑换一美元需要更多还是更少的美元？

b. 强势的日元如何伤害日本的出口？

c. 强势的日元会如何帮助日本的老年人？

资料来源：Martin Fackler, "Strong Yen Is

Dividing Generations in Japan," *New York Times*, July 31, 2012.

3.9　假定当前的汇率是 1.5 欧元＝1 英镑，但预期一年后会是 1.35 欧元＝1 英镑。如果德国一年期政府债券当前的利率是 4%，那么利率平价条件预示着英国一年期政府债券的利率会是多少？假定两种债券在风险、流动性、税收或信息成本方面没有差异。

3.10【解决问题 8－2】以一种低利率的货币借款并以另一种高利率的货币贷款有时候被称为"套息交易"。《纽约时报》的一篇文章指出："中国一直处于这种所谓的套息交易的最前沿，从事套息交易的公司和国家会借入美元，然后将借款所得投资于以当地货币计价的高收益资产。"

a. 文章中的"以当地货币计价的高收益资产"是什么意思？

b. 投资者遵循这一策略是否一定会获利？简要说明。

c. 从事这种套利交易的投资者可能会导致人民币兑换美元升值还是贬值？简要说明。

资料来源：Landon Thomas, Jr., "A Big Bet That China's Currency Will Devalue Further," *New York Times*, September 23, 2015.

3.11【联系实际 8－2】《纽约时报》上的一篇文章讨论了英国脱欧对金融市场的影响，即英国在 2016 年的公投中投票退出欧盟："投资者抛售了很多看起来有风险的东西——英镑、欧元和世界各地股票交易所的上市股票。他们将资金转而投入极少数确定的东西，美国国债。"该文章将这一过程描述为"逃向安全资产"。

a. 什么是"逃向安全资产"？

b. 逃向安全资产会如何影响英镑与美元的汇率？用显示美元兑换英镑的市场供需图形说明你的答案。

资料来源：Peter S. Goodman, "Taking Refuge in Dollar Could Expose World Economy to New Perils," *New York Times*, July 1, 2016.

3.12　假设美国铝业（Alcoa）公司向一家英国公司出售了价值 200 万美元的铝。假设当前的汇率为 1.50 美元＝1 英镑且这家英国公司将在 90 天后向美国铝业公司支付 1 333 333.33 英镑，请回答以下问题。

a. 美国铝业在此次交易中面临什么汇率风险？

b. 美国铝业可以通过哪些替代方式来对冲汇率风险？在你的答案中提供一个具体的示例。

3.13　假设美国的哈利伯顿（Halliburton）公司以 2.5 亿日元的价格从日本小松公司购买了建筑设备。设备将交付给美国，并在一年后付款。当前的汇率为 100 日元＝1 美元。一年期美国国债的当前利率为 6%，一年期日本政府债券的利率为 4%。

a. 如果哈里伯顿今天用美元兑换日元，并将日元在日本投资一年，那么为了在一年后有 2.5 亿日元，今天需要兑换多少美元？

b. 如果哈利伯顿签订一份远期合约，同意一年后按 98 日元＝1 美元的汇率购买 2.5 亿日元，那么，若哈利伯顿打算按 6% 的美国利率投资，则今天需要多少美元？

c. 如果哈利伯顿今天以 6% 的美国利率投资，没有签订任何其他类型的合约，那么该公司是否知道今天需要多少美元才能履行一年后的设备合同？简要说明。

d. a 到 c 描述的哪种方法可以对冲汇率风险？哪种方法不行？哈里伯顿可能更喜欢哪种方法？

e. 为了使 a 和 b 中的结果等价，b 中的远期汇率必须是多少？

3.14 【联系实际 8-3】假设你确信加元的价值将相对于美元上升。根据这种信念，你可以采取哪些步骤来获利？

数据练习

D8.1 【汇率变动】登录圣路易斯联邦储备银行（FRED）网站（fred.stlouisfed.org），并从 FRED 下载美元和欧元汇率（EXUSEU）的最新值及一年前同一个月份的值。

a. 使用这些值计算出欧元价值的百分比变化。

b. 说明美元相对于欧元是升值还是贬值。

D8.2 【汇率变动】登录圣路易斯联邦储备银行（FRED）网站（fred.stlouisfed.org），下载并绘制从 2001 年到现在的美元-欧元汇率（EXUSEU），美元-日元汇率（EXJPUS）和美元-加元汇率（EXCAUS）。根据你的图表回答以下问题。

a. 欧元在哪一年达到最高值？

b. 在 2007—2009 年的金融危机期间，日元对美元是升值还是贬值？简要说明。

c. 在此期间，美元对哪种货币的贬值幅度最大？

D8.3 【汇率变动】登录圣路易斯联邦储备银行（FRED）网站（fred.stlouisfed.org），下载从 1973 年到现在的美元对主要货币的贸易加权汇率（TWEXMMTH）的每月数据。

a. 美元汇率的长期趋势是什么？抛开其他因素，简要解释在此期间的汇率变化对美国净出口的影响。

b. 美元的兑换价值在过去一年中的趋势如何？抛开其他因素，简要解释汇率在过去一年中的变动对美国净出口的影响。

D8.4 【检验购买力平价理论】登录圣路易斯联邦储备银行（FRED）的网站（fred.stlouisfed.org），并从 FRED 下载日本/美国外汇汇率（DEXJPUS）、中国/美国外汇汇率（DEXCHUS）和墨西哥/美国外汇汇率（DEXMXUS）的最新值。

a. 请说明汇率是以每单位外币的美元数还是以每单位美元的外币数来报价的。

b. 用该数据报告日元与美元的汇率。

c. 假设巨无霸在日本的售价为 300 日元，在中国的售价为 14 元，在墨西哥的售价为 34 比索。巨无霸在每个国家的美元价格是多少？

d. 假设没有运输成本，为了获得最高的利润，请说明你想在哪个国家购买巨无霸，在哪个国家/地区出售同一个巨无霸。

D8.5 【利率和汇率】登录圣路易斯联邦储备银行（FRED）网站（fred.stlouisfed.org），下载并绘制从 1990 年至今的美国 3 个月期国债（TB3MS）利率与日本政府证券（INTGSBJPM193N）利率之间的差额。再下载日元-美元汇率（EXJPUS）的数据。描述这两个系列之间的关系。

第9章

交易成本、不对称信息和金融体系的结构

学习目标

学完本章之后，你应该能够：

9.1　评价经济学家认为经济绩效取决于金融体系的原因；

9.2　分析交易成本、逆向选择和道德风险给金融体系造成的问题；

9.3　用经济分析解释美国金融体系的结构。

开篇案例

金融科技或众筹能为你的创业公司提供资金吗?

对新业务的好想法是相当多的：一些例子是，在服务欠佳的地区开设咖啡店、开发智能手机或平板电脑的新应用程序及创建一个创新性的网站来为货币和银行课程的学生提供教学辅导。寻找资金来真正开展新业务却要困难得多。如果你像许多开办小企业的企业家一样，那么你可能不得不依靠自己的积蓄或家人和朋友的贷款来筹集资金。你可能很难从银行借到钱，除非你有好的抵押品，如房屋，如果你拖欠贷款，银行可以没收抵押品。

不过，最近，一些企业家已经转向金融科技（fintech）公司来寻找创业资金。fintech 是 financial technology 的缩写，是指应用技术以创新方式提供金融服务的公司。为了获得资金来启动你的业务，你可以求助于 Kabbage、Lending-Club 或 Social Finance（SoFi）等金融科技公司。这些公司专门向难以从银行借款的个人和小企业提供贷款。与银行不同，这些金融科技公司用个人投资者和其他金融公司提供的资金来为其贷款融资。

通常，在决定是否发放贷款时，银行依赖于某些标准数据，如你在目前的岗位上工作了多长时间、在现在的公寓或房子中住了多长时间及你的 FICO 信用评分，FICO 信用评分取决于你欠了多少钱、有多少张信用卡以及是否按时还款等因素。相比之下，金融科技公司在评估你的信誉时经常使用复杂的软件来分析许多不同的数据。例如，ZestFinance 会查看诸如表单填写方式之类的数据。ZestFinance 的分析表明，全部使用大写字母填写表格的人更可能无法偿还贷款。SoFi 认为，在衡量信誉度时应该更加重视借款人的教育，该公司的数据分析显示，尽管许多年轻的大学毕业生没有长时间的信用记录，但他们仍然很有可能按时还贷。

你也可以从众筹网站获得融资，在那里你可以从大量人群中筹集少量资金。2012 年，国会通过《快速启动我们的创业企业法案》(Jumpstart Our Business Startups Act, JOBS Act) 来帮助小企业更容易获得资金。直到 2016 年，根据联邦法规，只有富裕的投资者才能投资尚未正式首次公开募股的公司股权。2016 年 5 月，修订后的法规生效后，收入或资产净值低于 100 000 美元的投资者可以通过在线众筹网站购买初创企业高达 2 000 美元的股权，收入或资产净值超过 100 000 美元的投资者可以投入更多。以这种方式为你的企业提供资金的复杂之处在于，每个投资者都将成为你的公司的所有者，并有权获得有关公司的详细信息。

总而言之，如果你是企业家，金融科技和众筹都是好消息。但是，如果你是小投资者，它们一定是好消息吗？传统上，小投资者更喜欢将储蓄存入银行或共同基金以避免金融市场的信息不对称问题。信息不对称是指经济交易的一方拥有比另一方更多的信息的情况。就众筹而言，筹集资金的初创公司比小投资者更了解自己成功的可能性。投资者在收集足够多的信息来区分可能成功的公司和不成功的公司时，经常面临很高的交易成本。结果是，传统上小投资者倾向于将储蓄存入银行或购买共同基金份额而不是直接投资于公司。正如一位政府监管人员就众筹警告投资者所说的那样："这些公司是新兴的或接近全新的并且有投机性的。你对任何一家公司的投入都不要超过你能承受的损失。"

如果你是小投资者，那么你可能正在寻找能比银行存单或货币市场共同基金获得更高收益的方法。众筹网站可能为你提供一种获得高收益的方法，也可能为你带来重大损失。

资料来源：Margaret Collins and Charles Stein, "The Vanguard Cyborg Takeover," bloomberg. com, March 24, 2016; Telis Demos and Deepa Seetharaman, "Facebook Isn't So Good at Judging Your Credit After All," *Wall Street Journal*, February 24, 2016; and Ruth Simon, "New Rules Give Startups Access to Main Street Investors," *Wall Street Journal*, May 11, 2016.

重要议题和问题

议题：对很多公司来说，获取业务扩张所需的资金都是一项重大的挑战。

问题：为什么企业更依靠贷款和债券而不是股票作为外部融资来源？

我们在前面的章节中学习了金融市场，包括债券、股票、衍生品和外汇市场。现在，我们开始分析金融体系的另一组成部分：金融中介。在本章中，我们将从考察金融市场和金融中介机构的具体内容中退一步来思考更宽泛的问题，即决定金融体系结构的因素。我们考察导致家庭、非金融企业和金融企业做出选择并形成当前的金融结构的经济因素。

9.1 金融体系与经济绩效

如你在经济学原理课程中学到的那样，有很多因素可以决定一个国家的经济是否可以为其居民提供高水平的生活及高水平的生活是否会随着时间的推移而提高。这些因素包括：(1) 该国的企业积累机械、计算机和其他有形资本的能力；(2) 企业采用最新技术的能力；(3) 该国政府提供保护财产权和执行合同的法律框架的能力。

除了这些因素外，很多经济学家认为，要为一国实现生活水平提高所需的强劲经济增长奠定基础，发展强大的金融体系至关重要。美国就是一个很好的例子。纽约大学的经济学家理查德·西拉 (Richard Sylla) 认为，美国财政部长亚历山大·汉密尔顿 (Alexander

Hamilton）在 18 世纪 90 年代乔治·华盛顿（George Washington）执政初期所做的一系列决定帮助美国发展了现代金融体系。在美国独立战争期间，美国大陆会议和州政府都发行了债券，最终停止了付款。新的联邦政府承担起还清这些债券的责任，其中一些由欧洲人持有，从而树立了美国的信誉。因此，美国和欧洲的投资者都对他们将来可以购买违约风险低的债券深信不疑。随着债券市场的扩大，州和联邦政府及私人企业通过出售债券筹集资金变得更加容易。

国会还在 1791 年设立了美利坚银行，并任命其为中央银行（但我们在第 13 章会看到该银行最终陷入政治困境）。该银行是作为一家将股票出售给公众的私人公司来设立的。该银行在多个州设有分支机构，这使得更多的企业有机会获得贷款，并激励州政府建立其他私人银行。

纽约、波士顿和费城建立了股票和债券市场。最初，在这些金融市场中交易的证券主要是美利坚银行发行的股票和政府债券。但是，这些金融市场一旦被组织起来就可以为其他公司提供筹集资金的途径，为投资者提供通过购买公司的部分所有权来参与经济增长的渠道。

西拉认为，现代金融体系的早期发展有助于解释 19 世纪头 10 年美国经济的快速增长，因为金融体系为资金从储蓄者流向创立和扩大企业的企业家提供了一种途径。在 19 世纪头 10 年，美国的增长速度明显高于其他像美国一样也经历过大量欧洲移民的国家，如澳大利亚、新西兰、加拿大和拉丁美洲国家。①

如今，一国金融体系的发达程度与该国的经济绩效之间的联系仍然很强。世界银行是一个肩负着促进经济发展使命的国际组织。该组织用于评估一国金融发展状况的一个衡量指标是银行和金融市场向家庭和企业发放的信贷总量占 GDP 的百分比。实际人均国内生产总值是经济学家衡量一个国家为其居民提供高水平生活成功与否的最佳指标。图 9-1 的横轴为金融发展指标，纵轴为人均实际 GDP。该图显示，尽管金融发展与经济绩效之间的关系并不精确，但在大多数情况下，金融发展有限的经济体的人均实际 GDP 也较低，如伊拉克，而金融发展水平高的经济体也有高的人均实际 GDP，如美国和日本等。中国和越南等人均实际 GDP 低于其金融发展水平所预期的经济体，才刚刚开始经济的现代化。高水平的金融发展帮助这些经济体的公司获得扩张所需的资金，因此这些经济体的人均实际 GDP 可能会上升。

拥有发达的金融体系并不是某些国家在经济上比其他国家更成功的唯一原因，但是许多经济学家认为，缺乏发达的金融体系会使一个国家很难获得高水平生活。在本章中，我们将深入研究金融体系如何实现繁荣，并思考不对称信息和交易成本在金融体系结构中的作用。在本章的最后，我们重点介绍有关美国金融体系的一些主要事实。

---

① Richard Sylla, "Financial Foundations: Public Credit, the National Bank, and Securities Markets," in Douglas A. Irwin and Richard Sylla, eds., *Founding Choices: American Economic Policy in the 1790s*, Chicago: University of Chicago Press, 2011.

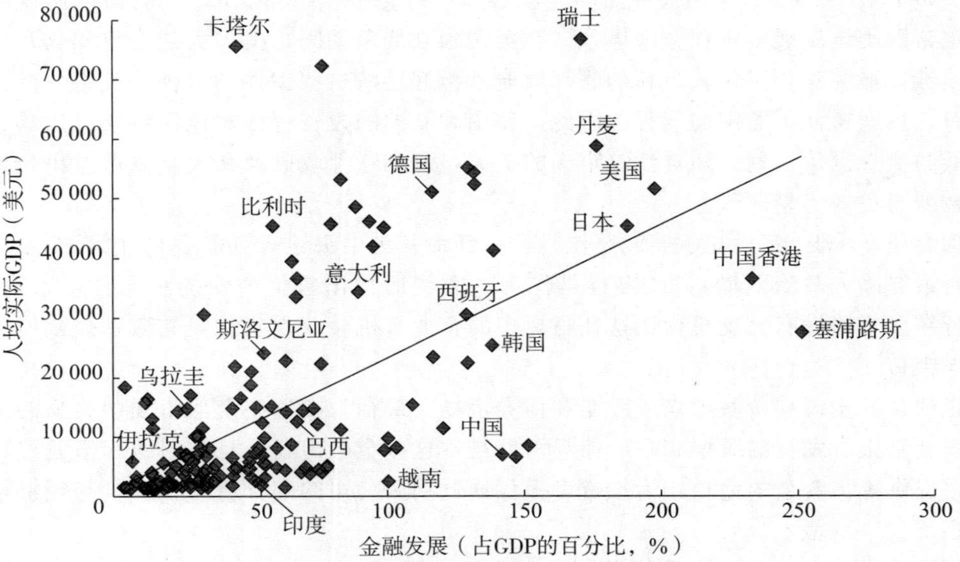

图 9－1　金融发展与人均实际 GDP 的关系

世界银行用银行和金融市场向家庭和企业发放的信贷总量占 GDP 的百分比来衡量金融发展。尽管这种关系并不精确，但是金融发展水平较高的国家往往有较高的人均实际 GDP 水平，即它们更有能力为居民提供更高的生活水平。

注：2014 年的数据。

资料来源：The World Bank，*World Development Indicators*.

9.2　交易成本、逆向选择和道德风险

有些人有资金可供出借，有些人愿意借入资金。把他们联系起来是金融体系的一个主要作用。把储蓄者和借款人联系起来达成一笔造福双方的交易（放贷）看起来是一个简单的任务。但是，如我们在前面几章中所看到的那样，金融体系可能很复杂。为什么它如此复杂？通过思考一些使得储蓄者难以找到他们愿意贷出资金的借款人以及借款人难以找到愿意发放贷款的储蓄者的障碍因素，我们可以开始回答这一问题。

小投资者面临的问题

假设你已经省下 500 美元，并想将其用于投资。你应该投资股票吗？股票经纪人会告诉你，你必须支付的佣金相对于你的购买规模而言会很大，因为你投资的是少量资金。如果你尝试通过购买几只不同股票的少数几股来实现分散化，那么这一成本将会特别高。你是否应该转向债券市场购买比如微软发行的债券？不幸的是，由于该债券的面值为 1 000 美元，你的钱甚至买一张债券都不够。

由于在金融市场上没有机会，你便寻找另一种投资资金的方法。方便的是，你室友的堂兄需要 500 美元才能为 Apple iPhone 开发新的应用程序。如果你借给他 500 美元一年，他愿意付给你 10％的利息。但是你不知道他实际上是否擅长编写应用程序。如果他的应用

程序失败，你怀疑他不会还钱。也许你应该寻找其他借款人，看看他们会用你的钱做什么。于是你会发现另一个问题：你在法学院读书的朋友告诉你，拟订一份合同来详细说明贷款条款以及如果借款人不还钱你将拥有哪些权利，这可能要花费300美元，这会超过你必须投资的资金的一半。听到这个消息后，你决定不再投资500美元了。这一结果不仅对你来说是个坏消息，对应用程序开发人员来说也是如此，他们在尝试向其他个人投资者筹集资金时可能会面临同样的困难。

你在投资500美元时遇到的困难展示了**交易成本（transaction cost）**的概念，即直接开展金融交易的成本，如购买股票或债券，或者发放贷款。在此示例中，交易成本包括你与借款人签订合同时必须支付的法律费用以及你努力确定可获利的投资所花费的时间。这个例子还说明了**信息成本（information cost）**的概念，即储蓄者确定借款人的信誉和监视借款人如何使用所获资金的成本。由于有交易成本和信息成本，所以储户的投资收益率较低，借款人也必须为借入的资金支付更多费用。如我们刚才所见，这些成本有时候可能意味着资金永远不会借出或借用。尽管交易成本和信息成本降低了金融系统的效率，但也为能找到降低这些成本的方法的个人和企业创造了获利机会。

金融中介如何降低交易成本?

高昂的交易成本使个人储蓄者不太可能直接向借款人放贷。出于同样的原因，需要借钱或出售公司部分所有权来筹集资金的中小企业不太可能找到愿意投资的个人。因此，小投资者和中小企业都转向金融中介机构（如商业银行和共同基金）来满足其融资需求。例如，许多小投资者购买共同基金的份额，如Schwab总股票市场指数基金，该基金投资2 000多家美国公司发行的股票。虽然只有500美元可供投资的投资者会发现很难在不产生大量交易成本的情况下购买分散化的投资组合，但共同基金能以较低的交易成本提供分散化的投资。同样，投资者可以从商业银行购买存单。商业银行之后可以用这些资金向家庭和企业借款人发放贷款。

银行、共同基金和其他金融中介机构如何能在充分降低交易成本以满足储户和借款人的需求的同时还能盈利？金融中介机构利用**规模经济（economies of scale）**的好处，规模经济是指因生产的商品或服务的数量增加而导致平均成本下降。例如，美国国债交易员对购买价值100万美元债券的投资者的收费并不比他们对购买价值10 000美元的债券的收费高很多。通过购买债券共同基金的价值500美元的份额，该基金购买了价值数百万美元的债券，个人投资者可以利用规模经济的好处。

金融中介机构还可以通过其他方式利用规模经济的好处。例如，由于银行提供许多贷款，所以依赖于标准化的法律合同，因而其拟定合同的成本被分散在许多贷款上。同样，银行信贷员将时间投入评估和处理贷款上，通过这种专业化他们能够有效地处理贷款，减少所需时间，进而减少每笔贷款的成本。金融中介机构还可以利用技术提供金融服务，如ATM网络提供的服务。金融中介机构也日益依赖复杂的软件来评估贷款申请人的信誉。

为了理解金融中介机构如何帮助降低信息成本，我们需要更严格地思考信息成本的性质。这是我们在下一节要做的。

逆向选择和道德风险问题

储蓄者主要考虑的是借款人的财务状况。储蓄者不会借给不太可能还钱的借款人。不幸的是，对于储户而言，财务状况欠佳的借款人有动机掩盖这一事实。例如，向投资者出售债券的公司可能知道其销售额正在迅速下降，并且已经接近破产，但债券的买方可能不了解这个信息。**不对称信息（asymmetric information）**描述的是经济交易中的一方比另一方拥有更好的信息的情形。在金融交易中，通常借方比贷方拥有更多的信息。

经济学家区分了由不对称信息引起的两个问题：

（1）**逆向选择（adverse selection）**是投资者在投资前要将低风险借款人与高风险借款人加以区别时遇到的问题。

（2）**道德风险（moral hazard）**是投资者在验证借款人是否按计划使用资金时遇到的问题。

投资者有时候会认为因信息不对称而产生的成本如此之高以至于投资者只会向风险明显较低的借款人提供贷款，如联邦政府。但是，更一般的情况是有不对称信息问题的实用解决方案，其中，金融市场或金融中介降低了做出投资决策所需的信息成本。

逆向选择

加州大学伯克利分校的乔治·阿克洛夫（George Akerlof）是第一位分析逆向选择问题的经济学家。他分析的是二手车市场。他因对信息经济学的研究而被授予 2001 年诺贝尔经济学奖。阿克洛夫指出，二手车的卖方总是比潜在的买方拥有更多有关汽车真实状况的信息。买方可能没有意识到他正在考虑购买的汽车是“柠檬”（次品车），例如，由于没有定期更换机油而保养不善的汽车。潜在的买方愿意为二手车支付的价格会反映买方缺乏有关汽车真实状况的完全信息。

思考一个简单的例子：假设二手车市场仅由个人买卖双方组成，也就是说没有二手车经销商。假设你在 2014 年产斯巴鲁 WRX 的二手车市场上，而你和其他买家愿意花 20 000 美元购买一辆性能良好且保养不错的汽车，你对次品车只会支付 12 000 美元。不幸的是，你无法从优质汽车中分辨出次品车，但你阅读的一份网络报告表明大约 75%的二手 2014 年产斯巴鲁保养良好，而其他 25%是次品车。回顾第 4 章，计算投资的期望收益是通过将每个事件发生的概率乘以每个事件的值，再加总起来。在这个例子中，我们可以算出你从可供出售的汽车中随机选择一辆 2014 年产斯巴鲁汽车给你带来的期望价值：

$$\text{期望价值} = \text{车是好车的概率} \times \text{好车的价值} + \text{车是次品车的概率} \times \text{次品车的价值}$$

$$\text{期望价值} = 0.75 \times 20\,000 + 0.25 \times 12\,000 = 18\,000(\text{美元})$$

愿意为 2014 年产斯巴鲁付出等于 18 000 美元的期望价值的价格对你来说似乎是合理的。不幸的是，你可能会遇到一个大问题：从你的角度来看，鉴于你不知道出售的任何一辆特定汽车是好车还是次品车，因此，18 000 美元的出价似乎是合理的。但是卖家确实知道自己是在卖好车还是次品车。对好车的卖方而言，18 000 美元的出价要比汽车的真实价值低2 000 美元，卖方会不愿意出售。但是，对次品车的卖方来说，18 000 美元的出价比汽车价值高出 6 000 美元，卖方会乐于出售。由于次品车的卖方比买方更了解自己出售的汽车，因此，二手车市场遭遇逆向选择：要出售的大多数二手车都会是次品车。换句话说，由于信息不对称，二手车市场逆向选择了要出售的汽车。还要注意的是逆向选择问题减少了在市场上买卖的二手车总量，因为要出售的好车很少。根据阿克洛夫对二手车市场中的逆向选择的分析，我们的结论是信息问题会降低市场的经济效率。

与仅由个人买卖双方组成的市场相比，实际二手车市场在某些方面会降低逆向选择的程度但不会消除。为了减小逆向选择的成本，汽车经销商充当买卖双方的中介。为了保持在买家中的声誉，与可能在一生中最多只卖几辆二手车的个人卖家相比，汽车经销商不愿意利用有关二手车质量的私人信息。因此，经销商以接近真实价值的价格出售柠檬和优质汽车。另外，政府法规要求汽车经销商向消费者披露有关汽车的信息。

金融市场的"柠檬问题"

逆向选择问题如何影响股票和债券市场将资金从储户导向投资者的能力？首先，考虑股票市场。举一个简单的例子，类似于我们刚刚提到的汽车市场的例子。假设有好的盈利的企业和差的目前无盈利的企业或柠檬企业。这些企业知道自己是好企业还是柠檬企业，但根据现有信息，潜在投资者无法分辨出差异。如我们在第6章所看到的那样，一股股票的基本价值应等于投资者预期在无限期的未来会收到的所有股息的现值。假设给定你对未来将要派发的股息的预期，那么你认为一家优质企业发行的股票的价值为每股50美元，而一家柠檬企业发行的股票的价值仅为每股5美元（基于对企业最终将会盈利的预期）。通过阅读《华尔街日报》和其他财经网站，你确信90%的上市公司是好企业，而10%是柠檬企业，但是你缺乏确定任何特定企业是好企业还是柠檬企业的信息。

你可以利用这些假设来计算在所有上市公司中随机选择一家公司发行的股票对你的期望价值：

$$期望价值=0.90\times50+0.10\times5=45.50(美元)$$

因此，你愿意为一股股票支付45.50美元，但是对一家好企业来说，这个价格低于股票的基本价值。以这样的低价格出售股票意味着以低于真实价值的价格出售企业的部分所有权（由股份所代表的所有权）。因此，好企业不愿意以此价格出售股票。不过，柠檬企业会非常愿意以此价格出售股票，因为这个价格远高于其股票的真实价值。由于柠檬企业比投资者更了解自己企业的真实价值，因此，像二手车市场一样，股票市场也遭遇逆向选择。

股票市场的逆向选择的后果之一是，许多中小企业不能够或不愿意发行股票。这些企业将无法找到愿意购买股票的投资者，因为投资者害怕买到柠檬企业的股票，或者这些企业会不愿意以远低于基本价值的价格出售股票。因此，美国只有约5 100家企业是公开交易的，即能够在股票市场上出售股票。这些企业非常大，投资者从华尔街分析师的报告和财经记者的文章等来源中可以轻松地找到有关其财务状况的信息。这些信息有助于投资者克服逆向选择问题。

债券市场也有逆向选择。正如当投资者不确定企业是好企业还是柠檬企业时，他们不愿购买企业的股票，同样也不愿通过购买债券借钱给企业。由于向柠檬企业提供贷款的风险大于向好企业放贷的风险，因此，如果投资者掌握每家企业财务状况的完全信息，那么他们就会愿意以低利率借钱给好企业，以高利率向柠檬企业放贷。但由于信息不对称，投资者通常不愿按高利率发放任何贷款。投资者通常认为，随着债券利率的上升，愿意支付高利率的企业中柠檬企业的比例会更大。毕竟，一家面临破产的企业的管理人员可能愿意支付很高的利率借入资金来为高风险投资提供资金。如果投资失败，管理者的状况不会比以前更糟糕：企业仍将面临破产。但是，相对于将其资金投入低风险投资来说，购买债券的投资者的状况将要差得多。换句话说，随着利率上升，潜在借款人的信誉可能会恶化，从而使逆向选择问题更严重。由于投资者意识到这个问题，他们可能会减少愿意提供的贷款数量而不是将利率提高到资金需求量和供给量相等的水平。这种限制放贷被称为**信贷配给（credit rationing）**。当贷方配给信贷时，无论是好企业还是柠檬企业都会很难借到资金。

综上所述，在二手车市场中，逆向选择导致劣质汽车将优质汽车赶出市场。在股票市场中，逆向选择使得除了最大的公司以外的任何企业都难以出售股票。在债券市场中，逆向选择导致信贷配给。

逆向选择对经济代价高昂。当投资者难以获得有关好企业的信息时，这些企业筹集资金的成本就会增加。这种情况迫使许多企业的增长主要依靠投入内部资金，即公司赚取的利润或向企业所有者筹集的资金。自 1945 年以来，美国企业所需的三分之二以上的资金是从内部筹集而来的。逆向选择问题最可能限制处于充满活力的新兴经济部门（如软件部门和生物技术部门）的年轻企业的增长机会，因为就这些企业而言，投资者区分好企业和柠檬企业特别困难。

减轻逆向选择的努力

金融市场参与者和政府已经采取措施来努力减轻金融市场中的逆向选择问题。在 1929 年 10 月股市大跌后，许多在纽约股票交易所出售股票的公司显然都没有向投资者披露有关公司财务状况的重要信息或有意就公司的真实情况误导投资者。作为回应，国会于 1934 年成立证券交易委员会（SEC）来规范股票和债券市场。SEC 要求上市公司在财务报表中报告业绩，如显示企业的资产、负债和股东权益（公司资产的价值与其负债的价值之差）价值的资产负债表，以及显示企业的收入、成本和利润的损益（利润）表。公司必须使用标准会计方法来准备这些报表。此外，公司必须披露重要信息（material information），即一旦获悉就可能影响公司股价的信息。

SEC 要求的信息披露可以减少逆向选择的信息成本，但因四个重要原因而不能消除这些成本：

（1）一些好企业可能还太年轻以至于没有太多的信息可供潜在的投资者评估。

（2）柠檬企业会尽量以最好的方式提供信息以使投资者高估其证券。

（3）对如何报告损益表和资产负债表上的一些项目的看法存在合理的分歧。例如，在 2007—2009 年的金融危机期间，许多银行和其他金融企业的资产负债表上的资产变得流动性不足，如贷款和抵押贷款支持证券。这些资产市场“冻结”，意思是几乎没有或完全没有买卖发生。在此情况下，投资者很难通过阅读这些企业的资产负债表来发现那些资产的真实价格。

（4）对信息是否重要的解释可能很棘手。例如，一些投资者批评苹果公司在首席执行官史蒂夫·乔布斯（Steve Jobs）去世前几年没有充分披露其健康问题的严重程度。尽管苹果公司的代表认为乔布斯的健康问题是私事，但一些投资者认为苹果公司应充分披露这些问题，因为它们会影响公司未来的盈利能力，进而影响股价。

私人企业试图通过收集公司信息并将其出售给投资者来降低逆向选择的成本。只要收集信息的公司做得很好，购买信息的储户就可以更好地判断借款人的素质，从而提高贷款效率。尽管投资者要为信息付费，但如果信息能让他们获得更高的收益，他们仍然可以从中受益。穆迪投资者服务公司、标准普尔公司、价值线公司和邓白氏公司（Dun & Bradstreet）等专门从各种来源收集信息，包括公司的损益表、资产负债表、与公司管理层的访谈以及对公司办公室或工厂的检查。然后，这些公司将这些信息出售给订户，包括个人投资者、图书馆和金融中介机构。其中一些出版物可以从网上得到。

私人信息收集企业有助于最小化逆向选择的成本，但它们无法消除逆向选择的成本。尽管只有订阅者为收集的信息付费，但其他用户无须付费即可受益。无须付费即可获取信息的人是搭便车者（free rider）。也就是说，他们获得的收益与为信息付费的人相同，但不会产生成本。可以很容易地复印和分发私人信息收集公司准备的报告或扫描并将其发布到互联网上，因此，每个付费订阅者都有许多搭便车者。实际上，因为私人信息收集公司最终免费向许多投资者提供了服务，所以它们收集的信息无法像它们不必面对搭便车问题时收集得那样多。正如我们在第 5 章中看到的那样，在债券评级中关于债券发行企业的信用状况的信息，搭便车问题迫使穆迪和标准普尔将商业模式从向投资者收费转变为向发债公司收费。

抵押品和净值如何减轻逆向选择问题？

不论是直接来自政府监管还是间接源自私人信息收集公司的努力，信息披露都只是减少但没有消除逆向选择。因此，贷方经常依靠旨在帮助减少逆向选择问题的金融合约。如果一家公司的所有者仅将很少的自有资金投入自己的公司中，那么如果对债券违约或不偿还贷款，他们就不会损失太多。为了让企业利用其不对称信息优势的成本更高，贷款人通常要求借款人抵押部分资产作为**抵押品（collateral）**，如果借款人违约，那么贷款人会索取抵押品。例如，拥有仓库的公司在发行债券时必须将仓库作为抵押品。如果企业没有履行债券的息票付款，那么投资者可以扣押并出售仓库以弥补债券上的损失。只有非常大的知名企业才能出售信用债券（debenture），即无特定抵押品而发行的债券，如微软和通用电气。

净值（net worth），即企业的资产价值与负债价值的差额，向贷方提供与抵押品相同的保证。当企业的净值高时，若将借入资金用于高风险投资，企业的管理者遭受的损失较多。相反，低净值企业的管理者遭受的损失较少。因此，投资者经常通过将贷款限于高净值企业来降低逆向选择的可能性。

然而，最终，逆向选择成本使得很多企业难以在金融市场上筹集资金。除了高昂的交易成本外，这些成本也是为什么很多企业在需要外部融资时求助银行和其他金融中介的一个原因。

金融中介如何减轻逆向选择问题？

金融中介机构，特别是银行，专门收集有关借款人的违约风险的信息。银行从长期的经验中知道借款人（家庭和企业）的哪些特征可能是违约风险的理想预测指标。银行依赖的某些信息是任何金融机构都可以得到的。该信息包括信用报告和 FICO 信用评分，是由以前叫作 Fair Isaac 现在叫作 FICO 的公司编写的。但是个别银行也可以获取一般不可得的关于特定借款人的信息。银行根据有关借款人的私人信息评估信用风险的能力叫作**关系银行业务（relationship banking）**。例如，一家当地的银行可能在很多年里一直向当地的汽车经销商发放贷款，因此，该银行已经收集了其他潜在贷款人很难获取的关于经销商信誉的信息。

银行从存款人那里筹集资金，并利用其有关借款人信誉的出色信息将存款提供给代表低风险的借款人。因为银行比个人储户更能区分优质借款人和柠檬借款人，所以银行可以通过收取比付给存款人更高的利率来赚取利润。存款人愿意接受较低的利率，因为他们知道交易成本和信息问题使他们难以将资金直接借给借款人。

银行可以从其拥有的关于借款人的私人信息中获利，因为在关系银行业务下，它们持有自己发放的很多贷款。因此，投资者很难通过提供类似的贷款来获利。银行可以从收集有关当地企业和家庭的信息中获利，因为其他投资者很难与它们竞争这项贷款业务。银行从关系银行业务中获得的信息优势使它们能够降低逆向选择的成本，并有助于解释银行在向企业提供外部融资中所发挥的重要作用。

联系实际 9-1

证券化会加剧逆向选择问题吗?

2007—2009 年的金融危机凸显了证券化在经济中发挥的重要作用。证券化是把贷款（如抵押贷款）打包为可以在金融市场上出售的证券。一些经济学家认为证券化在过去 20 年的增加导致逆向选择的增加。如我们所见，在关系银行业务中，银行有动力获取有关潜在借款人的信息，并利用该信息向家庭和企业发放贷款。在关系银行业务下，银行获利的基础是向存款人支付的利率与从贷款中获得的利率之间的差额，且大多数贷款都被持有至到期。

证券化将银行的重心从关系银行业务转变为发起和分销的业务模式。在这种模式下，银行仍然会发放贷款，但不是将贷款持有至到期，而是把贷款证券化或把贷款出售给其他金融企业或政府机构来证券化。无论哪种情况，银行都只是持有贷款很短一段时间而不是持有至到期。在发起和分销模式下，银行的利润来源是发起贷款所收取的费用以及处理借款人的月供并转交给证券持有人所收取的费用。

一些经济学家和政策制定者认为，发起和分销模式弱化了银行区分优质借款人和柠檬借款人的动机。换句话说，该模式弱化了银行减少逆向选择的动机。一笔贷款一旦被证券化，如果借款人违约，那么证券的所有者而不是发起贷款的银行会承担大部分损失。此外，一些经济学家认为，银行会利用自身的信息优势卖掉风险高的贷款，同时在自己的投资组合中保留风险低的贷款。购买证券化贷款的投资者可能难以评估其证券背后的贷款风险。穆迪和标准普尔等评级机构为证券提供评级，但与发起贷款的银行相比，评级机构对证券背后的贷款风险大小也只有较少的信息。证券化为金融体系带来一些好处：证券化可以提高风险分担，可以增加贷款市场的流动性，可以降低借款人支付的贷款利率，还可以让投资者分散化其投资组合。证券化的缺点是会无意中加剧逆向选择问题。

卡内基梅隆大学的安蒂耶·贝恩特（Antje Berndt）和凯斯西储大学的阿努拉格·古普塔（Anurag Gupta）研究了发起和分销模式对逆向选择的影响。他们考察了从 2000 年初到 2004 年底这段时间内银行向公司提供的贷款。他们发现，银行贷款最终被证券化的公司在贷款被出售后的三年内的利润明显低于银行贷款没有被出售的公司或没向银行借钱的公司。贝恩特和古普塔的结果表明，要么银行在发放原本打算予以证券化的贷款时不太谨慎，要么银行更可能卖掉发放给盈利性低的公司的贷款。

在2010年通过的《华尔街改革和消费者保护法》或《多德-弗兰克法案》中，国会讨论了证券化加剧金融体系的逆向选择的可能性。该法案最初包含一项风险自留规定，该规定要求出售含有高风险抵押贷款的抵押支持证券的银行和其他金融企业至少要自留所发行的全部证券的5%。但是，最终联邦监管机构判断该法规可能会大大减少抵押贷款，因此，取消了这一要求。2016年12月监管机构开始要求债务担保证券（collateralized loan obligation，CLO）的卖方自留至少5%的证券，CLO是一种将高风险商业贷款证券化的工具。经济学家和政策制定者对风险自留法规是否解决证券化贷款中逆向选择问题的有效手段的争论仍在继续。

资料来源：Antje Berndt and Anurag Gupta，"Moral Hazard and Adverse Selection in the Originate-to-Distribute Model of Bank Credit，" *Journal of Monetary Economics*，July 2009，Vol. 56，No. 5，pp. 725 - 743；Floyd Norris，"Banks Again Avoid Having Any Skin in the Game，" *New York Times*，October 23，2014；and Carol J. Clouse，"Managers Untangle New Risk Retention Regulations for CLOs，" institutionalinvestor. com，July 9，2015.

见本章末的问题和应用2.12。

解决问题9-1

为什么银行对家庭和小企业实行信贷配给？

2016年，一位商业经济学家预测，旨在提高银行体系稳定性的政府法规也会增加银行放贷的成本。放贷成本上升会导致一些"家庭和公司实际上被从信贷市场中挤出去"。

a. 如果银行遭遇更高的放贷成本，为什么不是收取更高的利率来补偿更高的成本？

b. 难以获得银行贷款的公司为什么不通过出售债券筹集资金？

资料来源：Richard Barwell，"The Big Question in Banking Regulation，" *Wall Street Journal*，March 15，2016.

解决问题

第一步　复习本章的内容。这个问题是关于逆向选择和信贷配给的，因此，你需要复习"逆向选择"这一小节。

第二步　通过解释提高贷款利率如何加剧银行的逆向选择问题回答a部分的问题。我们已经看到，贷款人不愿意提高向借款人收取的利率，因为高利率会吸引信誉欠佳的借款人。也就是说，更高的利率会加剧逆向选择。尽管银行专门收集有关借款人的信息，但与借款人相比，它们对借款人的真实财务状况仍然知之甚少。一家濒临宣布破产的小企业会把银行贷款视为财务生命线，与财务状况更好的借款人相比，它们关心的不再是支付高利率。因此，如果银行在放贷时遭遇更高的成本，那么它们会决定通过拒绝放贷给某些借款人而不是提高利率来实施信贷配给。这是在"解决问题9-1"开始的时候商业经济学家预料到的结果。

第三步　通过讨论为什么无法获得银行贷款的企业不通过出售债券筹集资金来回答b部分的问题。如本节所述，逆向选择问题使得除了很大的公司外的所有其他公司都难以通过出售债券来筹集资金。

见本章末的问题和应用2.13。

道德风险

即使在贷款人已经收集关于借款人是优质借款人还是柠檬借款人的信息之后，贷款人的信息问题还是没有结束。在贷款人向看似不错的借款人发放贷款之后，还存在借款人不像预定的那样使用资金的可能性。当借款人有动机隐藏信息或有动机以违背贷款人利益的方式行动时，这种叫作道德风险（moral hazard）的情形更可能发生。道德风险源于信息不对称：借款人比贷款人更了解实际上是如何使用借入资金的。

股票市场的道德风险

如果你买了一家企业的股票，那么你就希望该企业的管理层能最大化利润以便你的投资价值上升。不幸的是，对个人投资者来说，监控企业的管理人员是否确实在最大化利润是极为困难的，这就引起一个明显的道德风险问题。在你购买微软公司最近发行的股票时，你无法判断企业会把你的资金精明地用在新版 Windows 系统的研发上，还是会将其浪费在新的经理休息室的黄金水龙头上。研发上的投资可能会提高微软公司的利润和你的收益，但黄金水龙头却不能。

大型上市公司的组织结构导致所有权与控制权的分离。也就是说，法律上股东是公司的所有者，但实际上公司是由高级管理人员经营管理的，包括首席执行官（chief executive officer，CEO）、首席运营官（chief operating officer，COO）和首席财务官（chief financial officer，CFO）。在大多数大公司中，高级管理人员仅持有很小比例的公司股票，通常少于 5%。虽然股东希望经理人员经营公司以便最大化股东投资的价值，但经理人有其他目标。一些高级管理人员被指控为“帝国建设者”，他们感兴趣的是通过扩张和收购其他公司来使公司规模尽可能大，即使公司规模较小时会盈利更高。其他高级管理者似乎更关心使用商务舱并在昂贵的度假胜地举行会议而不是更关心公司的利润。经济学家将经理追求不同于股东的目标的可能性叫作**委托-代理问题（principal-agent problem）**。作为公司所有者的股东是委托人，而受雇完成所有者愿望的高层管理人员是代理人。

经理们甚至有动机低报公司的利润，以便他们可以减少应付给股东的股息并保留资金的使用权。由于美国证券交易委员会要求管理人员发布根据公认会计原则编制的财务报表，因此低报的问题在一定程度上得以减轻。联邦法律已将虚报或窃取股东的利润列为联邦罪行，可处以巨额罚款或监禁，或两者并罚。美国证券交易委员会对误报公司真实财务状况的高管人员提起诉讼的连续不断的案例表明，罚款和监禁条款并不能完全起到威慑作用。

投资者选举董事会代表他们控制公司。不幸的是，董事会不能完全解决股票投资中的道德风险问题。首先，董事会通常很少开会，一般每年仅召开四次会议，并且通常依靠高层管理人员提供给他们的信息。即使上进心强且持怀疑态度的董事会也不能像高级管理人员那样了解公司。因此，董事会成员通常很难决定经理人的行为是否符合股东的最大利益。董事会不能将盈利能力作为衡量高级管理人员绩效的唯一标准，因为除管理人员的努力外，其他因素也决定了公司的盈利能力。例如，经济衰退可能会导致企业蒙受经理们无可避免的损失。其次，董事会并不总是独立于高层管理人员。实际上，在某些公司中，公司的首席执行官还担任董事会主席。此外，即使股东选举董事，许多股东也很少关注这些选举，而 CEO 有时可以成功地推举对他们有利的候选人。一些董事会包括作为公司供应商的其他公司的首席执行官。这些董事会成员可能不愿与 CEO 意见不一致，因为担心他或她会通过取消合同来报复。近年来，养老金等机构投资者在董事会选举中的作用日益提高有助于减轻道德风险问题。例如，加利福尼亚州公共雇员退休系统（California Public Employee's Retirement System，CalPERS）的公司治理总监致力于确保养老基金投资于尊重股东利益的公司。但是，大多数经济学家认为，公司的董事会可以减少但不能消除道德风险问题。

一些董事会尝试用激励合同来降低道德风险以便高层管理人员的目标与股东的目标更好地保持一致。在某些激励合同中，经理人薪酬的一部分与公司的业绩挂钩。例如，仅当公司达到某些利润目标时，首席执行官才能获得他或她的全额报酬。其他激励合同为高级管理人员提供期权合同。期权允许经理人在授予期权之日以高于市场价格的价格购买公司股票。期权激励经理人提高公司的利润，这会提高公司股票的价格并使期权更有价值。尽管激励合同可以减少道德风险，但有时候会导致经理做出不符合股东最大利益的决策而加剧道德风险。例如，如果高层管理人员的薪酬与公司利润挂钩，那么他们可能会采纳提高公司短期利润的高风险投资，但会损害公司的长期前景。

一些经济学家认为，在金融危机爆发之前的几年中，某些金融公司的高层管理人员做出比其他情况下的风险更高的投资，因为他们的部分薪酬取决于公司的短期利润。当董事会向高级管理人员提供股票期权时，也会出现类似的问题。在 21 世纪头 10 年，几家公司的高层管理人员被发现回溯他们的股票期权合同。经理们没有让合同反映期权授予日的公司股票价格，而是操纵合同以便看似早在公司股价低得多的时候就已经被授予了期权。因此，即使公司的股票价格从实际授予日起并未增加，经理人仍可以从这些期权中赚取可观的收益。美国证券交易委员会将回溯认定为欺诈行为，因此，这么做的几名高管被定罪并入狱。

债券市场的道德风险

债券市场的道德风险低于股票市场。当你购买一股股票时，你要依靠公司的最高管理层来最大化利润。你和董事会都很难验证他们是否在这样做。但是，当你购买债券时，你只需要公司的最高管理者支付票息，并在债券到期时支付最后的本金。经理们是否在最大化利润与你无关。换句话说，作为债券持有人的投资者监视公司管理层的成本要比作为股东的投资者低得多。

尽管与购买股票相比，投资者在购买债券时遭遇的道德风险略低，但购买债券并不能完全避免这个问题。由于债券让公司可以保留超过固定的债券应付款之外的全部利润，因此，为赚取该利润，公司的经理人有动机承担超过符合债券投资者最大利益的风险。例如，假设你和其他投资者购买了由一家成功为 iPhone 编写应用程序的软件公司发行的债券。你期望公司将这笔资金用来开发新的应用程序。而公司管理层决定将资金用于风险更大的事业——开发一款新的智能手机与 iPhone 竞争。很可能的情况是新手机无法成功与 iPhone 竞争，公司将被迫破产并无法支付向你承诺的款项。

投资者努力减少债券市场的道德风险的一种主要方法是把限制性条款写入债券合约。**限制性条款（restrictive covenant）**要么对借款人收到的资金的用途加以限制，要么要求当借款人的资产净值下降到低于某一水平时借款人要还清债券。第一类限制性条款的例子是，不允许公司使用发行债券筹集的资金来购买仓库或工厂建筑物。第二类限制性条款的目的是防止公司的经理人承担太多的风险。经理们知道，如果他们因高风险投资而蒙受损失，那么公司的净资产会下降到低于触发条款的水平。必须在债券到期前数年就还清债券对公司来说会有困难，并会导致董事会质疑管理人员的能力。

尽管限制性契约可以降低风险，但它们的缺点是使债券更复杂，并可能提高投资者在二级市场上出售债券的难度。监控公司是否确实遵守限制性条款的成本进一步阻碍了债券的可交易性和流动性。而且限制性条款无法细致到足以保护贷款人免受借款人从事的所有可能的风险活动的影响。

金融中介如何减轻道德风险问题?

正如金融中介机构在减轻金融体系中的逆向选择程度时发挥着重要作用一样，它们在减轻道德风险方面也发挥着重要作用。商业银行专注于监控借款人，并已开发出有效的方法来确保其贷出的资金确实被用于预定的目的。例如，当你取得贷款来购买汽车时，银行在付款时通常会给你一张开给汽车经销商而不是你的支票。同样，如果一家比萨店的店主取得一笔贷款来扩大建筑物，则银行很可能会分阶段释放资金，要求所有者提供证明工程的每个阶段均已完成的证据。银行贷款通常包含限制性条款。例如，如果你借钱购买一辆新车，那么银行会要求你购买最低限度的针对盗窃或碰撞损坏的保险，并且保险单上通常会写明，在发生事故后从保险公司收到的支票上要出现银行的名称和你的姓名。如果你取得一笔抵押贷款来购买房屋，那么你必须为房屋投保，并且必须先还清抵押贷款才能出售房屋。

在某些国家，银行在向公司提供资金时还有另外的克服道德风险的方法。例如，在德国，像德意志银行那样的银行可以购买公司的股票，并将其雇员安排到公司的董事会。这种方法让银行更易于获取信息，更易于监视经理的行为。但美国的联邦法规禁止银行购买非金融企业的股票（即开展股权投资）。

其他金融中介机构也在不断发展以填补银行对非金融公司开展股权投资的法律禁令所留下的金融体系空白。诸如 Kleiner Perkins Caufield & Byers或 Andreessen Horowitz 的**风险投资公司（venture capital firm）**从投资者那里筹集资金，并投资于小型初创公司，通常是高科技行业。近年来，风险投资公司从机构投资者那里筹集了大量资金，如养老基金和大学捐赠基金。风险投资公司通常会在一家初创公司中拥有大量股权，经常将自己的员工安排在董事会，甚至由他们担任经理。这些方法可以减少委托-代理问题，因为风险投资公司更有能力密切监视其投资的公司的经理。公司的经理可能会注意大投资者的意愿，因为大投资者出售在公司的股份会使其难以向新投资者筹集资金。此外，风险投资公司在对非上市公司投资时避免了搭便车问题，因为其他投资者无法复制风险投资公司的投资策略。

风险投资公司以年轻企业为目标。而黑石集团、凯雷集团或 KKR 等**私募股权公司（private equity firm）**［或**企业重组公司（corporate restructuring firm）**］通常投资于成熟企业。通常，它们将目标锁定在经理似乎没有最大化利润的公司。通过在董事会中任职，它们可以监控高层管理人员，并试图使他们遵循新政策。在某些情况下，它们会获得公司的控股权并替换高层管理人员。芝加哥大学的史蒂文·戴维斯（Steven Davis）及其同事的研究表明，当私募股权公司控制一家公司时，通过关闭公司生产率低的机构（工厂或商店）并把员工重新分配到公司生产率高的机构，以及开设新的机构，通常可以显著提高公司的生产率。[①]通常，在被收购公司的业绩得到改善之后，私募股权公司会出售公司，并从所收购公司的股票增值中获利。私募股权公司帮助建立了公司控制权市场，该市场又提供了一种解雇无法完成股东意愿的高层管理人员的手段，进而减轻了金融体系中的道德风险问题。

联系实际 9-2

通过众筹网站的投资安全吗?

如我们在本章开篇案例中所看到的那样，2016 年开始实施联邦的《JOBS 法案》使初创公司更容易使用众筹。如果你每年的收入或资产净值少于 100 000 美元，那么可以利用众筹网站，如 Indiegogo 或 NextSeed，每年将最多 2 000 美元（但不超过你的收入或资产净值的 5%）投资到初创公司的股权。如果你的收入或资产净值超过 100 000 美元，那么你每年可以投资高达收入或资产净值的 10%。但你应该投资吗？众筹能否克服传统上使许多小投资者无法直接投资于公司的交易成本和信息不对称问题？

如我们之前所看到的那样，在众筹出现之前，如果你想向一家初创公司投资 10 000 美元，那么找到合适的公司并确保你的投资受到法律保护可能会招致大量交易成本。众筹网站充当金融中介机构，可以通过识别公司并确保对投资者的资金的使用符合联邦证券法规来为投资者降低交易成本。

然而，尚不清楚众筹网站能否克服信息不对称问题。这些网站通常会筛选要求获得许可以便在其网站上吸引投资者的公司。但是在众筹网站上筹集资金的公司的业绩记录好坏参半。此外，与风险投资公司不同，这些网站通常不会自己投资于在其网站上筹集资金的初创公司。因此，众筹网站无法像风险投资公司那样通过密切监视创业公司的经理来减少委托-代理问题。一项减少这种道德风险问题的建议是，让这些网站雇用独立的分析师，他们可以为投资者提供关于在网站上申请资金的公司的更多信息。但与评估该企业的分析师相比，申请融资的企业的所有者仍然拥有关于企业前景的更多信息。

众筹网站让投资者放心的一种方法是，就被投资企业破产的可能性为投资者的资金提供保险。2016 年，美国最大的保险公司美国国际集团开始向众筹网站提供此类保险。

一些经济学家和政策制定者担心，由于投资者购买的股权不像上市公司的股票那样交易，因此投资缺乏流动性。需要快速出售其股权投资的投资者可能会遇到困难。为了解决这个问题，一些经济学家和政策制定者敦促 SEC 允许在众筹网站上购买的股票进入二级市场。截至 2016 年，SEC 拒绝这样做，但引述的 SEC 专员的话揭示了其中的难处："这些证券缺乏公平、流动和透明的二级市场是一个需要有效解决的长期存在的问题。"

若能克服这些问题，则众筹可能会成为初创公司的重要资金来源，并成为小投资者参与这些公司成长的一种方式。

资料来源：Leslie Scism, "AIG to Sell Crowdfunding Insurance, Looking to Make Money Off Investors' Worries," *Wall Street Journal*, May 24, 2016; Louise Lee, "The Missing Piece That Could Hold Back Equity Crowdfunding," *Wall*

---

① Steven J. Davis, et al., "Private Equity, Jobs, and Productivity," *American Economic Review*, Vol. 104, No. 12, December 2014, pp. 3956 - 3990.

Street Journal, May 1, 2016. "Many Scrappy Returns," *Economist*, November 19, 2011; and Jenna Wortham, "Success of Crowdfunding Puts Pressure on Entrepreneurs," *New York Times*, September 17, 2012.

见本章末的问题和应用 2.15。

9.3 关于美国金融体系结构的结论

我们已经看到交易成本和信息成本严重阻碍从储蓄者流到借款人的资金流动。我们还看到金融系统如何演化以减少交易成本和信息成本的影响。但是，如果没有交易成本和信息不对称问题，那么金融系统会是什么样？为了理解金融系统会有何不同，我们回顾有关美国金融结构的一些关键事实。

图 9－2 显示 2010—2015 年中小企业最重要的外部资金来源。这些公司依靠各种类型的贷款和贸易信贷。贸易信贷是指一家企业在交付另一家企业订购的货物时同意以后（通常是 30～90 天后）接受付款的一种常见的情形。例如，一家家庭装修商店可能会收到一批割草机，但有 60 天的时间向制造商付款。图 9－2 显示抵押贷款是迄今为止这些公司最重要的外部资金来源，其次是银行的非抵押贷款。

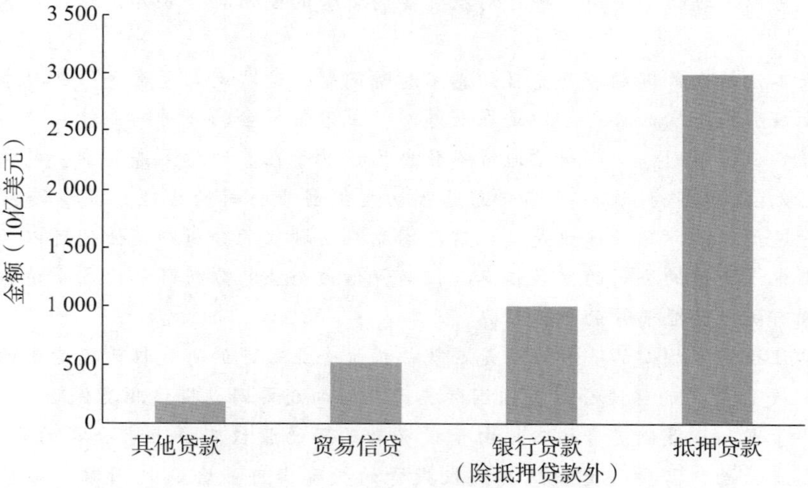

图 9－2　中小企业的外部融资来源

中小企业依靠贷款（尤其是抵押贷款）和贸易信贷作为主要的外部融资来源。

注：数据是非金融、非公司企业 2010—2015 年的年平均总额。

资料来源：Board of Governors of the Federal Reserve System, *Flow of Funds Accounts of the United States*, June 9, 2016.

图 9－3 显示公司的外部资金来源。在美国，公司销售额占全部企业销售额的 80%以上，因此其资金来源尤为重要。图 9－3（a）以 2010—2015 年的年末未偿还平均值来显示公司外部资金来源。图 9－3（a）显示存量值，即这些变量在某个时间点的总值。因为它们是存量值，所以反映公司如何满足当前的融资需求以及过去如何满足这些需求。例如，

公司未偿还债券的总价值包括一些可能在过去几十年中发行的债券。图 9－3（b）显示了这些类别的资金的净变化。例如，新发行的债券净额等于公司在该年内发行的新债券的价值减去该年内到期并已偿还的债券的价值之差。新股发行净额等于发行的新股价值减去公司向投资者回购的股票价值的差额。图 9－3（b）中的值也是 2010—2015 年的年平均值。图 9－3（a）显示公司发行的股票的价值远大于债券或贷款的价值，而图 9－3（b）显示在这些年中，债券和贷款是比股票重要得多的公司外部融资来源。实际上，近年来公司确实从投资者那里回购的股票要远多于发行的股票。

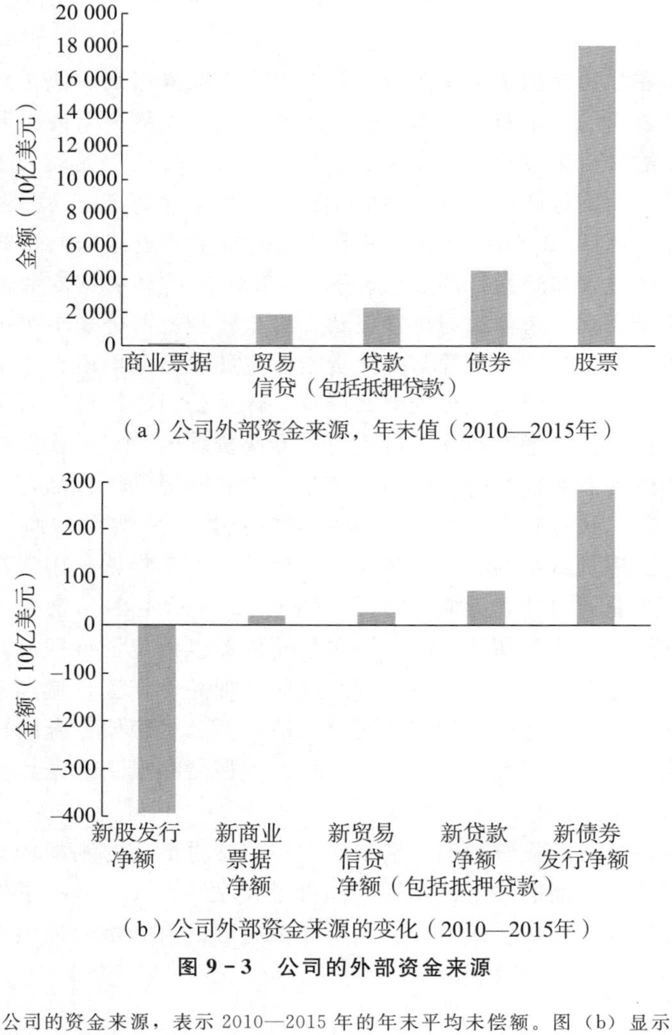

图 9－3　公司的外部资金来源

图（a）显示公司的资金来源，表示 2010—2015 年的年末平均未偿额。图（b）显示这些类别的净变化。图（a）表明公司发行的股票的价值远大于债券或贷款的价值，图（b）表明在此期间债券和贷款是比股票重要得多的外部融资来源。

注：这是非农业、非金融公司制企业的数据。

资料来源：Board of Governors of the Federal Reserve System, *Flow of Funds Accounts of the United States*, June 9, 2016.

我们可以用第 9.2 节对交易成本和信息成本的讨论及图 9－2 和图 9－3 中的统计数据

来讨论金融体系的三大主要特征：

(1) **金融中介机构的贷款是中小企业最重要的外部资金来源。**正如我们已经指出的那样，小企业通常不得不从内部来满足大部分融资需求，这些资金来自所有者的个人资金或企业的利润。图 9－2 显示，到目前为止，贷款是小企业最重要的外部资金来源。小企业不能直接从储户借款的原因是储蓄者在尝试直接向企业贷款时会遇到交易成本过高的情况。小企业不能出售债券或股票的原因是信息不对称带来逆向选择和道德风险问题。由于金融中介机构（尤其是商业银行）可以降低交易成本和信息成本，因此，它们能够提供一种使资金从储蓄者流向小企业的渠道。

(2) **股票市场在公司外部资金来源中的重要性低于债券市场。**股市每天发生的事情通常是财经新闻的头条新闻。《华尔街日报》网站上有一个突出显示的专栏来显示每个主要的股市指数每分钟发生的事情。然而，股票市场的大多数交易都是买卖现有股票，而不是新股发行。新股票的交易量相对于现有股票的交易量非常小。如前所述，图 9－3（b）显示了一个惊人的事实：近年来，公司实际上从投资者那里回购的股票多于发行的股票。图 9－3（b）还显示贷款和债券是公司最重要的外部信贷类别。为什么与出售股票（股权）相比，公司更可能通过出售债券和取得贷款（债务合同）从外部筹集资金？正如我们前面所讨论的那样，债务合约的道德风险问题不像股权合约那么严重。怀疑公司高层管理人员是否会真正实现利润最大化的投资者对经理人员履行债券或贷款的固定付款义务仍有信心。

(3) **债务合约通常需要抵押品或限制性条款。**除非能提供抵押品，否则家庭很难从银行借钱。家庭从银行获得的大部分大额贷款都用所购买的商品作为抵押品。例如，住房抵押贷款用购置的房屋作为抵押品，汽车贷款是用汽车作为抵押品。如前所述，企业通常处于类似的情况。图 9－2 显示中小企业通过抵押贷款筹集的资金要远远多于其他商业贷款。许多公司债券也指定了抵押品，如果公司未能按要求偿还债券，债券持有人可以拥有这些抵押品。贷款和债券通常都包含限制性条款，这些条款规定公司如何使用借入的资金。尽管债务合同比股权合同遇到的道德风险要小，但仍有一定的潜在风险。抵押品和限制性条款的目的是减少债务合同中的道德风险。

储蓄者希望获得最高的投资利率，借款人则希望支付最低的利率。交易成本和信息成本破坏储蓄者和借款人之间的关系，降低了储蓄者收取的利率，提高了借款人必须支付的利率。通过减少交易成本和信息成本，金融中介机构可以为储蓄者提供更高的利率，为借款人提供更低的利率，还能赚取利润。

联系实际 9－3

公司正在发行更多债券，你应该购买吗？

由于经济从 2007—2009 年的衰退中复苏非常缓慢，因此美联储采取了行动，导致美国国债的利率跌至创纪录的低水平。结果是，寻求更高收益率的投资者增加了对公司债券的需求，使得这些债券的利率也创下历史新低。下图是由美国银行美林公司编制的投资级公司债券利率指数。该图显示在 2007—2009 年经济衰退结束后利率急剧下降。

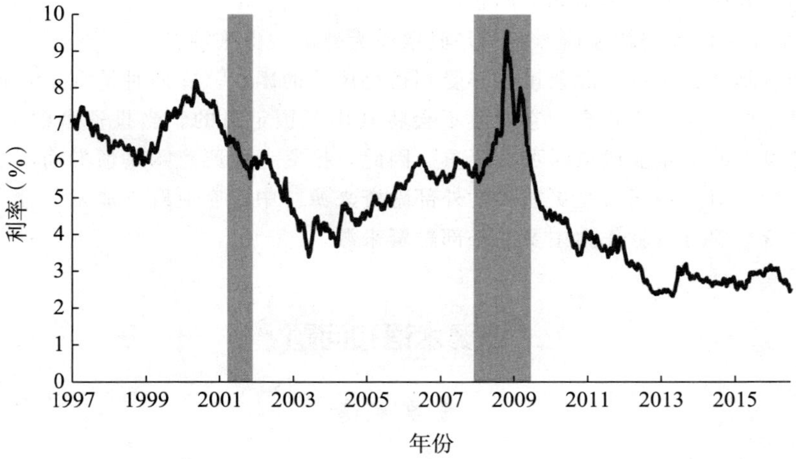

公司在 2016 年发行了创纪录数量的投资级公司债券。在过去的几年中，一些最近未发行长期债券的公司，如通用和苹果等，决定发行债券来利用低利率的好处。引用穆迪投资者服务公司一位分析师的话："没有哪个财务主管或首席财务官（CFO）想成为有长期廉价资金而弃之不用的财务主管或首席财务官。"

显然，公司很乐意以如此低的利率出售债券，但作为投资者的你是否应该购买债券？2016 年 10 月，投资级公司债券的平均利率仅为 2.8%，仅高于预期通货膨胀率约 1 个百分点。尽管该利率高于 10 年期国债 1.8%的利率，但其差额相当于很小的违约风险溢价。新发行的公司债券主要是信用债券，这意味着发行公司没有提供任何特定抵押品。如果发行公司违约，那么债券持有人可能要承担重大损失。尽管在发行债券时评级机构给予发行公司投资级评级，但在债券到期前这么长的时间里发行公司的财务状况还是有可能恶化的。

此外，长期债券还存在很大的利率风险。如果公司债券的利率恢复到 5%至 6%的历史正常水平，那么 2016 年购买债券的投资者会遭受重大损失。因此，尽管对公司而言 2016 年是发行长期债券廉价筹集资金的好年头，但你的明智做法是在投资之前谨慎行事。

资料来源：Min Zeng, "After Record Week, How Much Lower Can Bond Yields Go?" *Wall Street Journal*, June 12, 2016; Ben Eisen and Sam Goldfarb, "Bond Trading Hits Record Level," *Wall Street Journal*, April 1, 2016; Vipal Monga, "Companies Feast on Cheap Money," *Wall Street Journal*, October 8, 2012; and Federal Reserve Bank of St. Louis.

见本章末的问题和应用 3.7。

银行和其他金融公司正在通过加快从储蓄者到借款人的资金流动来不断寻找获利方法。如我们在本章开篇案例中看到的那样，近年来，一些金融科技公司开始使用复杂的软件来启动匹配小储蓄者和小企业的网站。储蓄者收取的利率高于银行存款利率，企业支付的利率则低于银行贷款利率。这些新的金融科技网站是否有潜力取代通过银行的大量资金流动仍然有待观察。如我们在上一节看到的那样，一个关键的问题是，储户是否考虑把这些网站用作安全的投资方式。

回答重要问题

我们在本章开始的时候提出如下问题：

“为什么企业更依赖贷款和债券而不是股票作为外部融资来源?”

我们已经看到债券市场和股票市场都受到道德风险的困扰。在两种情况下，投资者都不得不担心，一旦企业获得投资资金，它们就不会将其用于预定目的。当投资者购买企业债券时，道德风险问题没有购买企业股票时那么严重。因此，投资者更愿意购买债券而不是股票，这可以解释为什么债券对企业而言是更重要的外部融资来源。中小企业既不能发行债券，也不能发行股票，必须依靠银行贷款作为主要的外部融资来源。

重要术语和问题

重要术语

逆向选择	道德风险	限制性条款	不对称信息	净值
交易成本	抵押品	委托-代理问题	风险投资公司	信贷配给
规模经济	私募股权公司（企业重组公司）		信息成本	关系银行业务

9.1 金融体系与经济绩效

评价经济学家认为经济绩效取决于金融体系的原因。

复习题

1.1 简要说明为什么没有强大金融体系的国家可能难以实现高速经济增长率。

1.2 世界银行的数据告诉我们一个国家的金融发展水平与其实际人均 GDP 之间的关系是什么？

问题和应用

1.3 《华尔街日报》2016 年的一篇文章指出，中国的银行一直遭遇企业借款人拖欠贷款及难以吸引足够的存款来为新贷款筹集资金的问题。这些问题有可能影响未来的中国经济增长吗？简要说明。

资料来源：Anjani Trivedi, “Why China's Big Banks Aren't Looking So Large,” *Wall Street Journal*, May 3, 2016.

1.4 纽约大学的经济学家理查德·西拉认为，财政部长亚历山大·汉密尔顿在 18 世纪 90 年代“奠定了使美国成为 19 世纪最成功的新兴市场及随后一些人称之为美国世纪的经济巨人的金融基础”。

a. 西拉所说的“金融基础”是什么意思？

b. 为什么这些金融基础对美国经济在 19 世纪和 20 世纪的快速增长非常重要？

资料来源：Richard Sylla, “Financial Foundations: Public Credit, the National Bank, and Securities Markets,” in Douglas A. Irwin and Richard Sylla, eds., *Founding Choices: American Economic Policy in the 1790s*, Chicago: University of Chicago Press, 2011, p. 86.

1.5 位于图 9－1 线上方的国家就其金融发展水平而言有较高的人均实际 GDP，位于线下方的国家就其金融发展水平而言有较低的人均实际 GDP。保持影响一国经济增长率的所有其他因素不变，你预期是线上国家还是线下国家未来的增长率更高？简要说明。

9.2　交易成本、逆向选择和道德风险

分析交易成本、逆向选择和道德风险给金融体系造成的问题。

复习题

2.1　为什么只有少量钱可供投资的储蓄者很少直接向个人或企业放贷？

2.2　为什么金融中介机构对金融体系很重要？

2.3　道德风险与逆向选择有什么区别？解释"柠檬问题"。柠檬问题如何导致许多公司向银行而不是个人投资者借款？

2.4　为什么要成立证券交易委员会（SEC）？SEC 对美国金融体系中的信息不对称程度有何影响？

2.5　委托-代理问题与道德风险概念有什么关系？

2.6　风险投资公司和私募股权公司有什么区别？它们在金融系统中发挥什么作用？这些公司的业务活动与众筹有何不同？

问题和应用

2.7　金融中介机构如何减少发放贷款中的交易成本？如果我们生活在一个所有人都极为诚实的世界中，那么金融中介机构在发放贷款时面临的交易成本与小额储蓄者在放贷时面临的交易成本的差异会消失吗？简要说明。

2.8　几十年前，许多银行记录都是用手工记录在分类账中的。在该体系下保存银行记录是否存在规模经济？如果将所有记录都保存在计算机上会如何影响银行业的规模经济？

2.9　《纽约时报》的一篇文章为租房者提供建议，它指出"房东总是比你了解得更多"。

a. 你是否同意这种说法？如果是这样，房东知道哪些潜在的房客不知道的事？

b. 如果该说法正确，那么对租赁公寓市场有什么影响？

c. 出租公寓市场和二手车市场在哪些方面相似？在哪些方面不同？

资料来源：Marc Santora, "How to Be a Brainy Renter," *New York Times*, June 4, 2010.

2.10　《经济学人》杂志的一篇文章指出："保险公司经常怀疑购买保险的人就是最可能获赔的人。"

a. 经济学家怎么称呼这篇文章中描述的问题？

b. 如果保险公司的怀疑是正确的，那么对保险市场的后果是什么？

资料来源："The Money Talks," *Economist*, December 5, 2008.

2.11　【开篇案例】《华尔街日报》2016 年的一篇文章指出："股权众筹有望成为小企业重要的新资金来源。"

a. 什么是股权众筹？2016 年发生了什么事使其成为小企业的主要资金来源？

b. 为什么众筹可能是小企业更重要的资金来源而不是大企业？

资料来源：Louise Lee, "The Missing Piece That Could Hold Back Equity Crowdfunding," *Wall Street Journal*, May 1, 2016.

2.12　【联系实际 9-1】商业房地产贷款是使用公寓楼、办公楼或其他商业房地产作为抵押品的抵押贷款。《纽约时报》上一篇讨论商业房地产贷款证券化的文章指出：

在之前十年的中期，商业抵押贷款支持证券的热潮为承销商提供了大量资金，使银行能够从不良贷款的发放和服务中赚取费用，使房地产业主能够提取大量现金。投资者是失败者。

a. 什么是证券化？

b. 为什么银行会发放不良的商业房地产贷款？如果这些贷款违约，银行不会亏损吗？

c. 投资者为什么要购买包含不良商业房地产贷款的证券？这些证券的利率是否高到足以补偿投资者在这些证券上承担的额外风险？简要说明。

资料来源：Floyd Norris, "Commercial Mortgages Show How Bad It Got," *New York Times*, July 5, 2012.

2.13 【解决问题 9-1】一位读者在《纽约时报》的一个建议专栏中抱怨他的保险公司在他提出两项索赔后取消了他的房主保单。咨询专栏作家观察到："很多人都有类似于此人的经历……几笔小额索赔……然后不续签。"这些保险公司通过取消这些人的保单试图避免什么问题？保险公司为什么不提高他们向这些人收取的年保费而是取消保单？

资料来源：David Segal, "Spurned by an Insurer After Filing Small Claims," *New York Times*, April 25, 2015.

2.14 互联网文件共享网站 Box 公司的创始人之一亚伦·列维（Aaron Levie）解释了该公司在从投资者那里筹集资金时遇到的困难："投资者很难投资一家创办人行动像 40 岁、实际上 19 岁、看起来像 12 岁的公司。他们认为我们会用这笔钱去迪士尼乐园。"经济学家对列维遇到的问题的称呼是什么？小型初创公司相对于大型成熟公司来说问题可能更大吗？简要说明。

资料来源：Monica Langley, "Rich, but Not Silicon Valley Rich for Founders of Box," *Wall Street Journal*, April 23, 2015.

2.15 【联系实际 9-2】最大的金融科技公司之一的 LendingClub 试图匹配贷方和借方。与其他一些金融科技公司不同，LendingClub 将其发放的一些贷款证券化并出售给投资者。根据《华尔街日报》的一篇文章，它这样做是为了在其贷款中"增加投资者的数量"。2016 年，在 LendingClub 的董事会获悉某些证券的贷款日期被伪造后，其首席执行官被解雇了。

a. 在 LendingClub 之类的网站上投资资金时，你会面临什么道德风险问题？

b. 如果网站将其提供的某些贷款证券化，此问题会增加还是减少？简要说明。

资料来源：Peter Rudegeair and Annamaria Andriotis, "Inside the Final Days of LendingClub CEO Renaud Laplanche," *Wall Street Journal*, May 16, 2016.

9.3 关于美国金融体系结构的结论

利用经济分析来解释美国金融体系的结构。

复习题

3.1 中小企业最重要的资金来源是什么？中小企业最重要的外部资金来源是什么？

3.2 公司最重要的债务融资方法是什么？

3.3 列举金融体系的三大主要特征，并对每个特征给出简要解释。

问题和应用

3.4　考虑收入保险的可能性。在收入保险下，如果一个人失去工作或升职没有达到预期，那么他会在保险保护下得到补偿。为什么保险公司不提供这类收入保险？

3.5　《经济学人》杂志的一篇文章指出："从保险角度看，患者在接受治疗时有时必须支付的共付额是浪费；完全保险会让人们更好。"从这个意义上说，贷款协议中的限制性条款是否也是一种浪费？如果是这样，为什么保险公司使用共付额？为什么贷方使用限制性条款？

资料来源："Oliver Hart and Bengt Holmstrom Win the Nobel Prize for Economic Sciences," *Economist*, October 10, 2016.

3.6　描述金融体系中使企业更严重依赖内部资金而不是外部资金的一些信息问题。这些信息问题是否意味着企业在扩张上的支出少于经济上最优的数量？简要说明。

3.7　【联系实际 9-3】《华尔街日报》2016年的一篇文章将前35年称为"史上最大的债券牛市"。

a. 文章所说的"债券牛市"是什么意思？"联系实际 9-3"中的图表是否表示在所示时间段内存在债券牛市？简要说明。

b. 文章还指出："债券本来就是安全、愚蠢的投资。"投资债券安全吗？债券投资者面临哪些风险？

资料来源：James MacKintosh, "35-Year-Old Bond Bull Is on Its Last Legs," *Wall Street Journal*, July 13, 2016.

3.8　《华尔街日报》的专栏作家布雷特·阿伦兹（Brett Arends）表示，"根据经验，金融产品越复杂，交易就越糟糕"。你同意他的说法吗？为什么对投资者而言更复杂的金融产品相对于更简单的产品可能会是更糟糕的交易？

资料来源：Brett Arends, "Four Lessons from the Goldman Case," *Wall Street Journal*, May 2, 2010.

数据练习

D9.1　【比较交易费用】在线经纪人通常对每笔交易收取交易费。这意味着购买5 000美元股票需要支付的费用与购买100美元股票相同。登录以下在线经纪商并比较其交易费用：TD Ameritrade、E-TRADE和ScottTrade。哪个交易费用最高？如果你有200美元要投资，且股票市场在一年内的预期收益率是5%，交易成本是否会影响你购买股票的决定？（记住，在购买交易中和出售交易中你都需要支付交易费用。）

D9.2　【经济衰退和家庭的资产净值】登录圣路易斯联邦储备银行（FRED）的网站（fred.stlouisfed.org），下载并绘制从1952年第一季度到最近的季度可用的家庭净资产数据系列（TNWBSHNO）。登录国家经济研究局的网站（nber.org），并找到经济周期的高峰和低谷的日期（经济周期的高峰和低谷之间的时期是衰退）。

a. 什么是家庭净资产？

b. 描述常见的经济衰退之前、之中和之后的家庭净资产变化。

c. 为什么在2007—2009年的经济衰退期间家庭净资产下降那么多？家庭净值下降如何影响2007—2009年经济衰退的严重程度？

D9.3　【经济衰退和家庭的资产净值】登录圣路易斯联邦储备银行（FRED）的网站（fred.stlouisfed.org），下载并绘制从1952年第一季度到最近一个季度可用的非金融公司净值（TNWM-

VBSNNCB）数据序列。登录国家经济研究局的网站（nber.org），并找到经济周期的高峰和低谷的日期（经济周期的高峰和低谷之间的时期是衰退）。

a. 什么是非金融公司？举两个例子。什么是公司净值？

b. 描述公司净值在典型的衰退之前、之中和之后如何变化。

c. 为什么公司净值在2007—2009年的经济衰退期间下降那么多？公司净值下降如何影响2007—2009年经济衰退的严重程度？

第10章 银行经济学

学习目标

学完本章之后，你应该能够：

10.1　评述银行的资产负债表；

10.2　描述商业银行的基本业务；

10.3　说明银行如何管理风险；

10.4　说明美国商业银行业的发展趋势。

开篇案例

小企业涌向手中鸟银行

手中鸟银行是宾夕法尼亚州阿米什县的一家小型银行。阿米什人是一个宗教派别，其成员避免使用现代技术，如汽车和智能手机。银行的许多客户驾着轻便的马车到马路旁的免下车窗口，存入相对较少的金额，并要求获得相对较少的贷款。尽管开展的交易规模很小，但手中鸟银行在2016年仍在蓬勃发展，而许多大银行却在艰难挣扎。大银行的挣扎根源于基础银行业务问题，该业务就是吸收存款并用资金向家庭和企业发放贷款。银行贷款利率与它们支付的存款利率之间的差额（即利差）越大，银行的利润就越多。当美联储采取措施降低利率时，结果通常是提高银行利润。美联储政策对短期利率的影响最大，因此银行支付的存款利率通常比银行向家庭和企业贷款收取的利率下降得更多，这会增加银行的利差和利润。但是，如我们在前几章所看到的那样，2016年的情况有所不同，因为债券和贷款的长期利率也降至历史最低水平，因此，银行的利润受到挤压。如一位投资分析师所说："目前对银行来说真的很艰难。我不关心你的管理水平如何。"

在大型竞争对手受到打击的情况下，手中鸟银行如何保持繁荣？如果你是手中鸟镇一家小企业的老板，那么你肯定知道答案。与其他社区银行一样，手中鸟银行也致力于向小企业提供贷款。社区银行从事关系银行业务，这像我们在第9章看到的，涉及银行收集有关借款人的私人信息以评估信贷风险。许多大银行认为评估小企业贷款风险所涉及的交易成本使此类贷款无利可图。正如德保罗大学的金融学教授里贝尔·科尔（Rebel Cole）所说的那样，大银行"基本上已经放弃了小企业市场。”手中鸟银行首席贷款官指出，他所在地区的大银行通常对贷款额少于 100 万美元不感兴趣。结果是小企业涌向他的银行。

手中鸟银行在向该地区农场和其他小企业的阿米什人所有者提供贷款方面有些优势。一个优势是，出于宗教原因，所有者不太可能转向我们上一章讨论过的新金融科技网站，也不太可能依靠信用卡或其他短期信用来源。如我们将在第 10.4 节中讨论的那样，银行业在某些方面存在明显的规模经济，这会导致该行业迅速整合，目前最大的 10 家银行拥有超过一半的存款。但是在某些银行服务领域，如给小企业的贷款，规模经济似乎受到更大的限制，使得像手中鸟银行这样的银行得以蓬勃发展。

资料来源：Ryan Tracy, “A Local Bank in Amish Country Flourishes Amid Dearth of Small Lenders,” *Wall Street Journal*, March 29, 2015; “Nice Gig: Lessons from One of America’s Youngest Lenders,” *Economist*, August 22, 2015; Ruth Simon, “Big Banks Cut Back on Loans to Small Business,” *Wall Street Journal*, November 26, 2015; and Emily Glazer and Peter Rudegeair, “Wells Fargo’s Quarterly Earnings Slip,” *Wall Street Journal*, July 15, 2016.

重要议题和问题

议题：在过去的 35 年里，美国金融体系经历过两个银行倒闭数量急剧增加的时期。

问题：银行业的风险特别大吗？如果是这样，那么银行面临哪些类型的风险？

我们在第 9 章看到，银行对金融体系的有效运作非常重要。在本章中我们将更深入地研究银行如何开展业务及如何获得利润。然后，我们思考银行在管理风险中面临的问题。近年来，银行面临其他金融机构以及能以很低的成本为储蓄者和借款人提供类似服务的金融科技公司的竞争。在本章结尾我们描述银行为应对日益激烈的竞争而采取的一些措施。

10.1 商业银行业务基础：银行资产负债表

商业银行业务是一种商业活动。银行提供服务来满足市场需求，并就该服务向客户收费来赚取利润。商业银行主要的业务活动是接受储蓄者的存款，并向家庭和企业发放贷款。我们通过考察银行的资金来源（主要是存款）和资金运用（主要是贷款）开始讨论银行业务。银行的资金来源和资金运用都反映在其**资产负债表（balance sheet）**上，该表是列示个人或企业的资产和负债以便说明个人或企业在特定日期的财务状况的报表。**资产（asset）**是个人或企业拥有的有价值的东西。**负债（liability）**是个人或企业欠下的东西。表 10－1 将 2016 年 7 月美国所有银行的数据合并到美国整个商业银行体系的合并资产负债表中。通常，资产负债表显示每个账目的美元价值。为了便于解释，我们已经把美元值转换为百分比。表 10－1 显示基于如下会计等式的资产负债表的典型布局：

资产＝负债＋所有者权益

股东权益是企业的资产价值与其负债价值之间的差额。股东权益表示在关闭企业、卖掉资产并还清负债后留给企业的所有者的美元金额。上市公司的所有者是股东。股东权益也称企业的净值或净资产。银行业的股东权益通常叫作**银行资本（bank capital）**。银行资本是股东通过购买银行股票缴纳的资金加上银行累积的留存利润。上面的会计等式告诉我们，企业的资产负债表的左侧必须始终与右侧相等。我们可以把银行的负债及其资本视为资金来源，把银行的资产视为资金运用。

表 10－1　美国商业银行合并的资产负债表（2016 年 7 月）

资产（资金运用）			负债＋银行资本（资金来源）		
	占总资产的百分比（%）			占总负债加上资本的百分比（%）	
准备金及其他现金资产		10.6	存款		74.8
证券		22.0	支票存款	12.1	
美国政府	4.4		非交易存款	62.7	
抵押贷款支持证券	12.5		小额定期存款（小于 100 000 美元的 CD）加储蓄存款	56.2	
州和地方政府及其他证券	5.1				
贷款		58.8			
工商业	12.3		大额定期存款（大于 100 000 美元的 CD）	6.5	
房地产（含抵押贷款）	29.1				
消费者	9.7		借款		8.2
银行间	1.2		从美国的银行	0.5	
其他贷款	6.5		其他借款	7.7	
交易资产		1.1	其他负债		4.3
其他资产		7.5	银行资本（股东权益）		12.7

注：数据是截至 2016 年 7 月 13 日美国国内所有特许商业银行的数据。

资料来源：Federal Reserve Statistical Release H. 8, July 22, 2016.

银行负债

最重要的银行负债是银行从储蓄者那里获取的资金。银行利用资金来投资（如购买债券）或向家庭和企业发放贷款。相对于以其他方式持有资金，银行存款为家庭和企业提供一定的优势。例如，与持有现金相比，存款有更好的防盗安全性，并且还可能支付利息。与国债等金融资产相比，存款有更高的流动性。可以开支票的存款提供了一种方便的付款方式。银行提供各种存款账户，因为储户有不同的需求。下面我们回顾存款账户的主要类型。

支票存款

银行为储蓄者提供**支票存款（checkable deposit）**，即存款人可以开支票的账户。支票存款也叫作交易存款（transaction deposit）。支票存款有多种类型，部分是由银行业监管决定的，部分是由银行经理为满足家庭和企业的需求而量身定做支票账户的意愿决定的。活期存款和 NOW 账户是最重要的支票存款类型。活期存款（demand deposit）是银行不支付利息的支票存款。NOW（negotiable order of withdrawal）账户是支付利息的支票账户。企业通常持有大量的活期存款余额，部分原因是美国的银行业法规不允许它们持有 NOW 账户，而且还因为活期存款是一种能以极低的交易成本使用的高流动性资产。

银行必须按要求支付所有支票存款。换句话说，银行必须立即将存款人的支票换成现金，但前提是存款人至少要有该支票金额的存款。最后，请注意，支票存款是银行的负债，因为银行有义务按要求将资金支付给存款人。但支票存款是家庭和企业的资产，因为即使银行实际持有这些资金，家庭和企业仍然拥有这些资金。一个会计注释：同一支票账户可以同时是家庭或公司的资产和银行的负债，理解这个思想很重要。理解这一点将使你更容易理解本章稍后的一些讨论。

非交易存款

储蓄者在日常交易中只使用部分存款。银行为那些愿意牺牲即时使用资金来换取较高的利息支付的储蓄者提供非交易存款（nontransaction deposit）。最重要的非交易存款类型是储蓄账户、货币市场存款账户（money market deposit account，MMDA）和定期存款（time deposit）或存单（CD）。对曾经通称存折账户（passbook account）的储蓄账户来说，存款人在取款前必须给银行 30 天的提示期。但在现实中，银行通常放弃这一要求，因此，大部分存款人预期能即时使用储蓄账户的资金。因为支付利息但存款人每个月只能对这些账户开出三张支票，所以 MMDA 是储蓄账户和支票账户的混合物。

不同于储蓄存款，CD 有明确规定的一般从几个月到几年不等的期限。对提前取钱的储蓄者，银行的惩罚是要求储蓄者放弃部分累计利息。CD 的流动性低于储蓄账户，但给存款人支付较高的利率。10 万美元以下的 CD 叫小额定期存款，10 万美元及以上的 CD 叫大额定期存单，两者有重要的区别。价值 10 万美元或以上的 CD 是可转让的，意味着投资者在存单到期前可以在二级市场上买卖。

可供储蓄的资金不太多的家庭通常更喜欢支票存款和小额定期存款，因为这些存款受到**联邦存款保险（federal deposit insurance）**的保护，每家银行每个存款人的保险上限是 25 万美元。因为有保险，所以即使银行破产，你也不会失去任何资金，而且你通常可以利用 ATM 或直接取现随时使用资金。存款保险让银行在获取小额储蓄者的资金时比其他金融中介更有优势，例如，货币市场共同基金份额就没有这种政府保险。

借款

相对于从存款人那里吸引资金可得到的资金来源而言，银行通常有更多的放贷机会。为了利用这些机会，银行通过借款筹集资金。如果银行为借入资金支付的利率低于通过将资金借给家庭和企业赚取的利率，那么就可以从这种借款中获利。借款包括联邦基金市场的短期贷款、银行的外国分支机构或其他子公司或分支机构的贷款、回购协议以及联邦储备系统的贴现贷款。联邦基金市场是银行向其他银行提供短期贷款（通常只是隔夜）的市场。尽管该名称显示涉及政府资金，但实际上，联邦基金市场的贷款是银行的自有资金。这些银行间贷款的利率叫作联邦基金利率。

在回购协议（也叫作 repos 或 RP）下，银行卖出证券，如短期国债，并同意一般是在第二天回购证券。银行以标的证券为抵押品利用回购协议从工商企业或其他银行借入资金。购买证券的企业或另一家银行赚取利息但没有任何明显的流动性损失。回购协议通常在大银行或公司之间进行，因此，交易对手风险或者说交易的另一方对义务违约的风险曾被认为非常小。但是，在 2007—2009 年的金融危机期间，很明显，即使是一家大公司也可能很快被迫破产，从而使回购交易的对手方蒙受重大损失或延误资金使用，或者两者兼而有之。例如，雷曼兄弟投资银行的回购协议交易对手的担忧促使该公司破产，进而恶化了金融危机。

联系实际 10-1

支票账户的兴起、衰落和（部分）兴起

1960 年，不付息的普通活期存款占商业银行负债的一半以上。下图显示从 1973 年 1 月到 2016 年 6 月这段时期的支票存款占全部银行负债的比例。尽管这些年来总体上有一些波动，但直到金融危机爆发前，支票存款占银行负债的比例一直在下降。2008 年达到略高于银行负债的低点 6%。然后，金融危机袭来，家庭和公司开始将更多资金投入支票存款，因此，到 2016 年支票存款已升至银行负债的 13%以上。

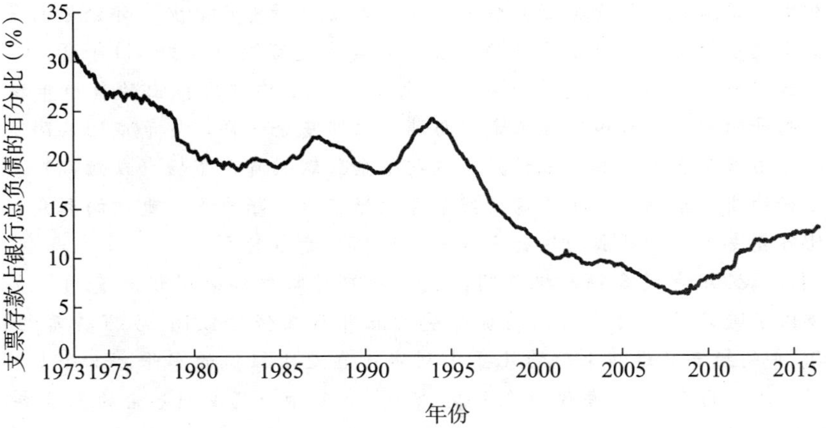

资料来源：Federal Reserve Bank of St. Louis; and Board of Governors of the Federal Reserve System.

在金融危机之前，支票账户的受欢迎程度长期下降，这似乎令人感到困惑，因为在某些方面，这些账户随着时间的推移变得越来越有吸引力。在 20 世纪 60 年代和 70 年代，可用的唯一支票存款是不支付任何利息的活期存款。付息的 NOW 账户是由 1980 年生效的新银行法规批准的。此外，由于当时还没有 ATM，要从支票账户中提取资金，你需要去银行排队，并填写提款单。银行通常仅在周一到周五的上午 10 点至下午 3 点的“银行营业时间”内开门。如果商店或餐馆拒绝接受支票（很多就是这样的），那么消费者将无法花费他们账户中的资金。如今，即使消费者在不接受支票的商店购物时，借记卡也让消费者可以使用支票账户的资金。

在金融危机之前，对许多家庭和公司而言，支票账户所提供的改进服务被提供更高利率的替代资产所抵消。下页图显示家庭和公司在 2016 年 7 月持有的各种短期金融资产。尽管近年来支票存款的流行度上升，但储蓄账户和小额定期存款（不到 10 万美元的 CD）的价值接近支票存款价值的五倍多。

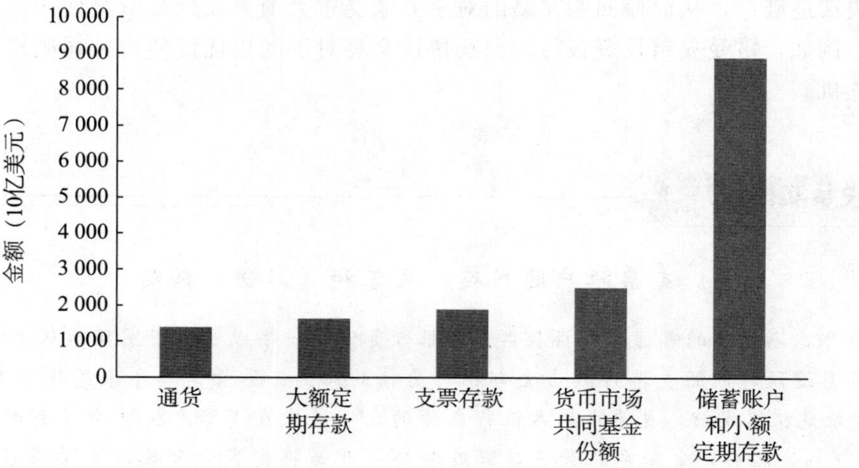

资料来源：Federal Reserve Bank of St. Louis; and Board of Governors of the Federal Reserve System.

与过去相比，家庭拥有的支票账户余额相对于其他金融资产更少，部分原因是随着时间的推移，家庭变得越来越富有。有了更多的财富，家庭就更有能力负担CD等资产，在这些资产上，资金要被锁定一段时间，但能获得更高的利率。1971年首次推出的货币市场共同基金也很受欢迎，如先锋的Prime货币市场基金。与其他共同基金一样，货币市场共同基金也向投资者出售份额，并用这些资金购买金融资产。这些基金仅购买货币市场（或短期）资产，如短期国债和公司发行的商业票据。货币市场共同基金比银行存款账户支付更高的利息，而且允许受到一定限制的签发支票，于是成为银行支票账户可怕的竞争对手。

然而，2007—2009年的金融危机表明，支票账户对家庭和公司仍然有用。支票账户为家庭和小公司提供了避风港，因为它们的资金受到联邦存款保险最高25万美元的保护。此外，在2007—2009年的经济衰退结束后的几年中利率一直处于极低的水平。三个月CD的利率在2007年底约为5%，而在2016年仅为0.15%。同样，货币市场共同基金的收益率在2007年约为5%，而在2016年仅为0.20%。因此，许多家庭将其资金从CD和货币市场共同基金转移到支票账户，以便利用其更高的流动性而又不会放弃太多的利息。

见本章末的问题和应用1.5。

银行资产

银行用存款人的资金、借来的资金，购买银行新股票的股东的资金以及留存的经营利润来获取银行资产（bank asset）。银行经理建立的资产组合既反映银行客户对贷款的需求，也反映银行自身平衡收益与风险、流动性和信息成本的需要。以下是最重要的银行资产。

准备金和其他现金资产

银行持有的流动性最高的资产是**准备金（reserve）**，包括**库存现金（vault cash）**——银行（包括ATM中）手头的现金或在其他银行的存款——及银行在联邦储备系统的存款。根据国会的授权，美联储规定银行必须持有一定百分比的活期存款和NOW账户（而非MMDA）作为**法定准备金（required reserve）**。银行持有的超过法定部分之外的准备金叫作**超额准备金**(**excess reserve**)。银行长期以来一直在抱怨美联储对银行的准备金存款不支付利息相当于征税，因为银行没有获得本来可用于发放贷款或购买证券的法定准备金的利息。在金融危机期间的 2008 年 10 月，国会授权美联储对银行的法定和超额准备金存款支付利息。利率很低（截至 2016 年 12 月为 0.75%），当然，银行的库存现金没有利息。在 2007—2009 年金融危机之前，超额准备金已降至非常低的水平，但因为这些准备金可以为银行提供重要的流动性来源，因此，在金融危机期间，银行的超额准备金持有量猛增。在金融危机结束后的几年里，银行继续持有大量超额准备金，因为除了可以从美联储获得准备金余额的利息外，许多银行仍然对发放贷款持谨慎态度，它们认为，除非向信誉最高的借款人放贷，否则它们在大部分的消费者和企业贷款上获得的低利率不足以弥补贷款的违约风险。

另一项重要的现金资产是银行就未收回的资金对其他银行的索取权，这叫作托收中的款项（cash items in the process of collection）。假设住在西雅图的姨妈蒂莉（Tilly）给你寄来一张 100 美元的生日支票。蒂莉姨妈依据她在西雅图的银行的支票账户开出支票。如果你将支票存入你在纳什维尔的银行，那么支票就成为托收中的款项。你的银行最终会从西雅图的银行收回资金，并且托收中的款项会转变为银行资产负债表上的准备金。

小银行通常会在其他银行保有存款以便获得外汇交易、支票托收或其他服务。在过去的 50 年中，由于金融系统已经为小银行提供了获得这些服务的其他方式，这种代理银行业务的重要性已经降低。

证券

有价证券（marketable security）是银行在金融市场上交易的流动资产。允许银行持有美国财政部和其他政府机构发行的证券、首次发行时获得投资级评级的公司债券以及一些数量有限的州和地方政府发行的市政债券。由于流动性高，银行持有的美国国债有时候也叫作二级准备金（secondary reserve）。在美国，商业银行不能将支票存款投资于公司债券（但可以用其他资金购买）或非金融公司的普通股。在过去的 15 年中，银行增加了抵押贷款支持证券的持有量。2016 年，抵押贷款支持证券约占银行持有证券的 57%。在 2007—2009 年的金融危机期间，许多抵押贷款支持证券的价值急剧下降，导致许多银行蒙受巨大损失及一些银行的破产。

贷款

到目前为止，最大的银行资产类别是贷款。相对于有价证券而言，贷款缺乏流动性，并承担更大的违约风险和更高的信息成本。因此，银行从贷款中获得的利率高于从有价证券中获得的利率。表 10-1 表明大部分的银行贷款分为三类：

(1) 给企业的贷款，叫作工商业贷款。

(2) 消费者贷款，发放给家庭的主要用于购买汽车、家具和其他物品。

(3) 房地产贷款，包括抵押贷款和以房地产为抵押物的所有其他贷款。用于购买房屋的抵押贷款被称为住宅抵押贷款，而用于购买商店、办公室、工厂和其他商业建筑物的抵押贷款被称为商业抵押贷款。

图 10-1 显示，自 20 世纪 70 年代初以来，银行发放的贷款类型发生了显著变化。房地产贷款大幅增长，从 1973 年不到银行贷款的三分之一增长到 2016 年的 57%。工商业贷款是 1973 年最大的贷款类别，已从超过银行贷款的 40%下降至目前的 24%。自金融危机

以来，住房需求的持续缓慢增长导致工商业贷款相对于房地产贷款有所增加，但尚不足以扭转长期趋势。

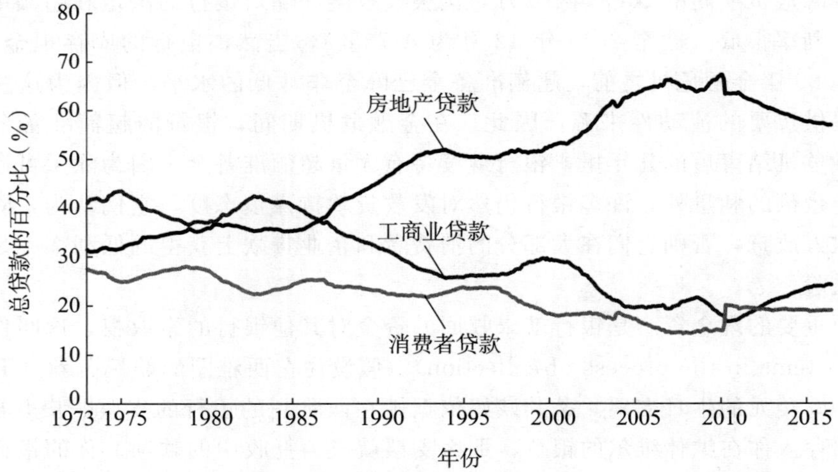

图 10-1　银行贷款构成的变化（1973—2016 年）

自 20 世纪 70 年代初以来，银行发放的贷款类型发生了巨大变化。房地产贷款从 1973 年不到银行贷款的三分之一增长到 2016 年的 57%。工商业（C&I）贷款从占银行贷款总额的 40%多下降至 24%。消费者贷款从占贷款总额的 27%以上降至约 19%。

注：这些值是美国国内特许银行的工商业贷款、消费者贷款和房地产贷款总额所占份额。贷款总额不包括银行间同业拆借或其他贷款。

资料来源：Federal Reserve Statistical Release H. 8，July 29，2016.

企业取得工商业贷款的目的是为长期投资（如购买机器和设备）提供资金或者满足短期需求（如为存货提供资金）。从 20 世纪 70 年代后期开始，一些以前使用工商业贷款的公司开始通过发行垃圾债券来满足其长期资金需求，垃圾债券是从债券评级机构获得低于投资级评级的债券。在 20 世纪 70 年代末期出现新发行的垃圾债券市场之后，许多公司发现这些债券的利率低于它们从银行获得工商业贷款应支付的利率。当 20 世纪 80 年代商业票据市场发展起来时，一些使用银行短期工商业贷款的公司开始发行商业票据。

工商业贷款重要性的下降从根本上改变了商业银行的性质。传统上，认为商业银行业务包括吸收资金作为支票存款并将其借给企业并不算太夸张。工商业贷款通常是低风险贷款，银行可以将其视为利润基础。银行主要向那些通过长期合作关系已经收集过私人信息的企业提供工商业贷款。此外，这些贷款通常有很好的抵押品。这两个因素都减少了企业拖欠贷款的可能性。银行在发放贷款时通常不会面临太多竞争，这使得利率相对较高。由于对工商业贷款的需求下降，银行被迫转向风险更高的资金使用方式，尤其是住宅和商业房地产贷款。从 2006 年开始的房地产泡沫的破裂表明，用房地产贷款代替工商业贷款增加了一个典型银行的贷款组合的风险。

其他资产

其他资产包括银行的有形资产，如计算机设备和建筑物。该类别还包括从拖欠贷款的借款人那里获得的抵押品。在房地产泡沫破裂之后，由于借款人和开发商对抵押贷款违约，很多银行最终拥有大量房屋和住宅用地。

银行资本

银行资本，亦称股东权益或银行净值（bank net worth），是银行的资产价值与其负债价值之间的差额。2016年，整个美国银行体系的银行资本约为银行资产的14.5%。银行资本等于银行股东通过购买银行股票而缴纳的资金加上累计的留存利润。随着银行资产或负债价值的变化，银行资本的价值也会变化。例如，在2007—2009年的金融危机期间，许多银行目睹其拥有的贷款和证券价值下降。银行资产价值下降导致其资本价值下降。

解决问题 10-1

编制银行资产负债表

以下科目来自美国银行的实际资产负债表：

现金（包括托收中的款项）	121
不付息存款	275
在联邦储备的存款	190
商业贷款	253
长期债券（银行发行的）	439
房地产贷款	460
商业票据和其他短期借款	70
消费者贷款	187
证券	311
付息存款	717
建筑物和设备	16
其他资产	685
其他负债	491

注：单位是10亿美元。

a. 使用科目构建类似于表10-1的资产负债表，资产在资产负债表的左侧，负债和银行资本在右侧。

b. 银行的资本占资产的百分比是多少？

解决问题

第一步 复习本章的内容。这个问题是关于银行资产负债表的，因此，你需要复习“商业银行业务基础：银行资产负债表”这一节。

第二步 通过使用科目构建银行的资产负债表来回答a部分的问题，请记住银行资本等于资产价值减去负债价值。

单位：10 亿美元

资产		负债和银行资本	
现金（包括托收中的款项）	121	不付息存款	275
在联邦储备的存款	190	付息存款	717
商业贷款	253	商业票据和其他短期借款	70
房地产贷款	460	长期债券（银行发行的）	439
消费者贷款	187	其他负债	491
证券	311	总负债	1 992
建筑物和设备	16	银行资本	231
其他资产	685		
总资产	2 223	总负债＋银行资本	2 223

第三步　通过计算银行的资本占资产的百分比回答 b 部分的问题。

总资产＝22 230 亿美元

银行资本＝2 310 亿美元

$$银行资本占资产的百分比=\frac{2\ 310}{22\ 230}=0.104 \text{ 或 } 10.4\%$$

见本章末的问题和应用 1.7。

10.2　商业银行的基本业务

在本节中，我们研究银行如何通过匹配储蓄者和借款人来获利。当存款人将钱存入支票账户而银行用这笔钱发放贷款时，银行就把储蓄者的金融资产（存款）转变为借款人的负债（贷款）。像其他企业一样，银行也接受投入，为其增加价值，并交付产出。

为了进一步分析银行运营的基础知识，我们将使用一种叫作 **T 账户（T-account）** 的会计工具，该工具显示由特定交易导致的资产负债表项目的变化。举一个简单的例子，假设你用 100 美元现金在富国银行开一个支票账户。结果是，富国银行获得 100 美元的库存现金，该现金被列示为资产，并且根据银行业法规，也计为准备金的一部分。由于你可以随时前往富国银行的分支机构或 ATM 提取存款，因此，富国银行将你的 100 美元列示为支票存款形式的负债。我们可以用 T 账户来说明富国银行资产负债表的变化，结果是：

富国银行

资产		负债	
库存现金	＋100 美元	支票存款	＋100 美元

注意，富国银行的资产负债表上的库存现金和支票存款比此处显示的 100 美元要多得多。T 账户仅显示这些项目的变动量，而不显示其水平量。

你存入富国银行的 100 美元会怎么样？通过回答这个问题，我们可以明白银行如何赚钱。假设富国银行在收到你的 100 美元存款之前没有超额准备金，并且银行法规要求银行持有支票存款的 10%作为准备金。因此，100 美元中的 10 美元是法定准备金，另外的 90 美元是超额准备金。为了说明法定准备金与超额准备金的差异，我们将富国银行作为准备金持有的金额改写如下：

富国银行

资产		负债	
法定准备金	+10 美元	支票存款	+100 美元
超额准备金	+90 美元		

银行以现金形式保留的准备金不支付利息，以在美联储的存款形式保留的准备金则按很低的利率支付利息。此外，支票存款会给银行带来费用：银行必须向存款人支付利息且要支付维护支票账户的成本，包括记账、运营网站和为 ATM 提供服务。因此，银行通常会希望将超额准备金用于发放贷款或购买证券来产生收入。假设富国银行用其超额准备金购买价值 30 美元的短期国债，并发放价值 60 美元的贷款。为简单起见，此示例中的单位非常小（数千美元会更现实）。我们可以用如下的 T 账户来说明这些交易：

富国银行

资产		负债	
准备金	+10 美元	支票存款	+100 美元
证券	+30 美元		
贷款	+60 美元		

富国银行已经用你的 100 美元存款向美国财政部及其发放贷款的个人或企业提供了资金。通过使用你的存款，银行获得生息资产。如果富国银行在这些资产上赚取的利息大于银行为你的存款支付的利息加上为你的存款提供服务的其他费用，那么富国银行就会在这些交易上获利。银行在资产上收入的平均利率与在负债上付出的平均利率之间的差额叫作银行的利差（spread）。

为了取得成功，银行必须开展审慎的贷款和投资才能获得足够高的利率来支付成本并获利。这个计划听起来很简单，但在过去的十年中银行赚钱并不容易。正如我们所看到的那样，许多银行购买了抵押贷款支持证券，其价值在房地产泡沫破裂后急剧下降。此外，许多银行，特别是社区银行，向商业房地产开发商提供了大量贷款。2007—2009 年经济衰退的严重性意味着有多于正常水平的借款人拖欠贷款，迫使银行承担这些投资的损失。

而且，如我们在开篇案例中指出的那样，债券和贷款的利率在金融危机后降至历史最低水平并持续多年。结果是银行发现利差受到挤压，难以从贷款中获利。这一事实有助于解释虽然在美联储的准备金存款的利率很低，但银行还是愿意以在美联储的存款形式保有大量的超额准备金。

银行资本和银行利润

与其他任何企业一样，银行的利润也是收入与成本的差额。银行的收入主要来自证券和贷款的利息及各种收费，包括信用卡和借记卡、服务存款账户、提供财务建议和财富管理服务，证券化贷款的发起和代收还款、执行外汇交易。银行的成本包括支付给存款人的利息，支付给贷款或其他债务的利息及提供服务的成本。银行的**净利息收益率（net interest margin）**是银行从证券和贷款中收入的利息与其向存款和债务付出的利息的差额除以盈利性资产的总价值。①

如果我们从收取的费用中减去银行提供服务的成本，将结果除以银行的总资产，再加上银行的净利息收益率，那么就可以得到银行每一美元资产赚取的总利润的表达式，我们称之为**资产收益率（return on asset，ROA）**。ROA 通常用税后利润或者银行纳税后的剩余利润来衡量：

$$\text{ROA}=\frac{\text{税后利润}}{\text{银行资产}}$$

银行的股东拥有银行的资本，代表他们在公司的投资或权益的价值。自然，与银行总资产的收益率相比，股东对银行经理在其投资上所能赚到的利润更感兴趣。因此，股东通常不是根据 ROA 而是根据**股权收益率（return on equity，ROE）**来评判银行经理，ROE 是每美元股权或银行资本的税后利润：

$$\text{ROE}=\frac{\text{税后利润}}{\text{银行资本}}$$

ROA 和 ROE 是通过银行的资产与资本的比率联系起来的：

$$\text{ROE}=\text{ROA}\times\frac{\text{银行资产}}{\text{银行资本}}$$

2016 年 7 月，美国商业银行的总资产为 13.7 万亿美元，银行资本为 1.7 万亿美元，这意味着整个银行体系的资产与资本之比为 8.1。如果一家银行的 ROA 为 2%且资产与资本的比率为 8.1，那么其 ROE 为16.2%（=2%×8.1）。但是，如果银行的资产与资本的比率为 15，那么其 ROE 为 30%。一些金融企业在 21 世纪头 10 年中期的资产与资本的比率高达 35。对这些企业而言，中等的 2%的 ROA 将转化为高达 70%的 ROE！我们可以得出以下重要结论：银行和其他金融企业的经理有动机保持高的资产与资本比率。

资产与资本的比率是一个银行杠杆指标，其倒数（资本与资产的比率）叫作银行的杠杆。**杠杆（leverage）**是衡量投资者在投资时承担多少债务的指标。资产与资本的比率是一个**银行杠杆（bank leverage）**指标，因为银行是通过比如接受存款承担债务来获取资金积累资产的。高的资产与资本比率（高杠杆）是一把双刃剑：杠杆可以将相对小的 ROA 放大为大的 ROE，但发生亏损时也会这样。例如，假设一家银行损失 3%的资产。在资产与资本的比率为 8.1 的情况下，结果是可控的－24.3%的 ROE。但是如果银行的资产与资本的比率为 35，结果将是－105%的 ROE。换言之，银行资产相对小的损失会摧毁全部银行资本。我们可以得出结论，高杠杆率会通过放大由 ROE 衡量的利润波动来增加金融企业面临的风险程度。

道德风险会以两种方式导致银行产生高杠杆。首先，银行经理通常是至少部分地根据

① 盈利性资产不包括银行无法从中获得收益的资产（如库存现金）。

其为股东提供高 ROE 的能力来获得报酬的。如我们所见，高风险投资通常有更高的预期收益率。因此，为了提高股权收益率，银行经理会从事高风险投资，例如，为风险较高的商业房地产开发提供贷款，或者像在 2007—2009 年金融危机爆发前的几年里那样购买风险较高的证券。尤其是，如果经理自己不持有大量银行股票，那么他们就会有动机比股东更愿意承担更多的风险。其次，联邦存款保险通过弱化存款人不得不监视银行经理行为的激励而增加了道德风险。账户余额低于存款保险上限的存款人在银行因经理承担过多风险而倒闭时不会遭受损失。因此，银行经理不必担心杠杆率提高会导致许多储户提取资金。

为应对银行过度杠杆化的风险，被称为资本要求的政府法规对商业银行相对于资本而言可获得的资产价值予以限制。在美国和全球范围内不断扩大的资本要求是各国政府对 2007—2009 年金融危机的重要监管回应。我们将在第 12 章讨论新资本要求。

10.3 管理银行风险

银行除了面临资本相对于资产不足的风险外，还面临其他几类风险。我们在这一节考察银行如何处理如下三类风险：流动性风险、信用风险和利率风险。

管理流动性风险

流动性风险（liquidity risk）是银行无法通过以合理的成本出售资产或筹集资金来满足现金需要的可能性。例如，大量的存款提取会迫使银行出售流动性相对较低的证券，并可能在出售证券时遭受损失。银行在管理流动性风险时面临的挑战是，在不牺牲太多盈利能力的情况下减小风险敞口。例如，银行可以通过持有更少的贷款和证券及更多的准备金来最小化流动性风险。但是，这种策略会降低银行的盈利能力，因为银行的库存现金没有利息，在美联储的准备金存款也只有很低的利率。因此，尽管在金融危机后的几年里的低利率环境导致许多银行持有大量的超额准备金，但银行更常见的是通过资产管理和流动性管理策略来降低流动性风险。

银行可以通过在联邦基金市场贷出资金（通常是隔夜）来实施资产管理。一般而言，通过在联邦基金市场向其他银行提供贷款，银行可以获得的利率高于将资金存在美联储的利率，但这种常见情况在金融危机后的几年中并非如此。第二种选择是使用逆回购协议，即银行在买入企业或另一家银行拥有的国债的同时，同意在以后的某个日期将其卖回，通常是在第二天早晨。（在回购协议下，银行卖出国债并同意在以后的某个日期再买回来。）逆回购协议实际上是银行向企业或另一家银行提供的以国债为抵押品的短期贷款。大多数银行同时使用联邦基金市场的贷款和逆回购协议。由于这些交易期限很短，因此资金可用于满足存款提取。

银行也可以通过增加负债（借款）而不是增加准备金来应付存款提取的激增。负债管理涉及为获得满足存款提取所需资金而确定最佳借款组合。银行可以在联邦基金市场上向其他银行借款、用回购协议向企业或其他银行借款或者通过取得贴现贷款向联储借款。

管理信用风险

信用风险（credit risk）是借款人拖欠贷款的风险。信用风险的一个来源是不对称信息，这通常会导致我们在第 9 章讨论的逆向选择和道德风险问题。由于借款人比银行更了解自己的财务状况和真实的资金使用计划，因此，银行会发现自己无意中把钱借给了信用风险不良的借款人或者打算将借入的资金用于预定目的以外的借款人。下面我们简要考察银行可用于管理信用风险的不同方法。

分散化

投资者（无论是个人还是金融企业）都可以通过分散化来减小风险敞口，分散化是我们在第 5 章讨论过的概念。如果银行向一个借款人、一个地区的借款人或一个行业的借款人提供过多的贷款，那么这些贷款会带来更大的风险敞口。例如，在 2014 年 6 月开始并持续到 2016 年 1 月的油价下跌之后，将大部分贷款提供给得克萨斯州的石油勘探和钻井公司的银行很可能在这些贷款上遭受了严重的损失。通过在借款人、区域和行业上分散化，银行可以降低信用风险。

信用风险分析

在开展**信用风险分析（credit-risk analysis）**时，银行信贷员会筛选贷款申请人以消除潜在的不良风险，并获得一批信誉良好的借款人。个人借款人通常必须向信贷员提供有关就业、收入和净资产的信息。企业借款人提供有关当期和预计利润及净值的信息。银行经常使用信用评分系统从统计意义上预测借款人是否可能违约。例如，经常更换工作的人比工作经历更稳定的人更容易违约。信贷员会在发放贷款前收集信息，还会在贷款期限内监控借款人。在 2007—2009 年的金融危机之后，许多银行收紧贷款程序以降低贷款（尤其是抵押贷款）的信用风险。尽管这种收紧措施有助于银行降低所面临的风险，但这使一些家庭和小企业很难获得贷款。

联系实际 10－2

FICO：一个数字能预测你的财务生活和你的浪漫生活吗？

你为购买汽车或住房的贷款所支付的利率，或者你是否获得贷款，几乎完全取决于一个三位数的数字——你的 FICO 信用评分。FICO 是 Fair Isaac Corporation 的缩写，公司是由工程师威廉·费尔（William Fair）和数学家厄尔·艾萨克（Earl Isaac）于 1956 年创办的。在公司成立之初，还没有全国性的银行，并且信用卡还不普及。因此，大多数家庭和小企业都依靠银行贷款来获得信贷。银行信贷员在发放贷款时通常在很大程度上依靠主观判断。由于信息不对称，拥有不良信用的有时会得到贷款，而拥有良好信用的有时会被拒绝。

费尔和艾萨克意识到，计算机技术的进步使得可以利用关于借款人的信用记录的信息来更准确地预测借款人是否会按时还款。如今，该公司产生了多个信用评分，但使用最广泛的 FICO 信用评分是一个范围从 300 到 850 的三位数的数字，得分越高表明信用记录越好。你的 FICO 信用评分是基于费尔和艾萨克从三大信用报告机构收集的信息得出的：Equifax、Experian 和 TransUnion。每个机构都会为使用信用卡、申请贷款或开设银行账户的所有人编写一份信用报告。几乎每个成年人都有一份信用报告，但有些大学生可能没有。你的信用报告包括你欠的贷款是多少、你拥有的信用卡数量及其余额是多少、你按时支付账单的可靠程度如何、你住在什么地方及你的工作单位是什么。（你可以访问美国联邦贸易委员会的网站获得免费的信用报告副本：consumer. ftc. gov/articles/0155-free-credit-reports。）

多年来，消费者通常并不知道自己的 FICO 信用评分，因为 FICO 信用评分不包含在向公众提供的信用报告版本中。从 2002 年开始，你可以通过获取信用报告的副本来找出 FICO 信用评分。自 2015 年以来，许多贷款人会免费为你提供 FICO 信用评分。虽然费尔和艾萨克并未公开其在计算分数中所用的精确计算方法，但他们确实解释了他们如何权衡从信用报告中获得的各种信息。下图显示了这些权重。确定 FICO 信用评分最重要的因素，其权重为 35%，是你是否有按时支付账单的历史记录。下一个最重要的因素，是你目前在你的贷款和信用卡上的欠款是多少。

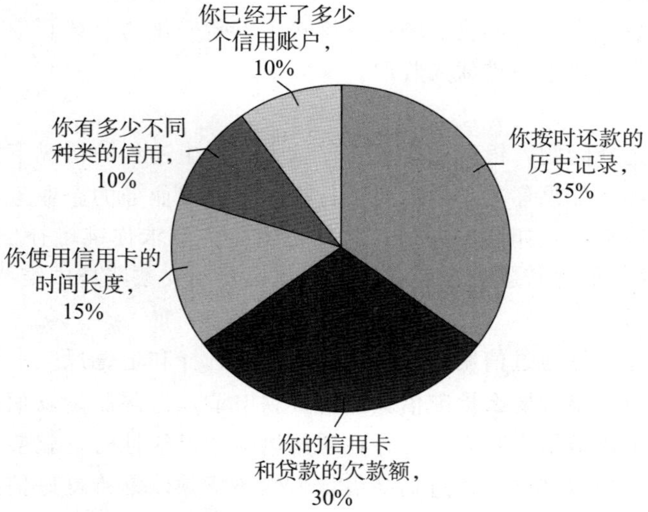

大多数人的 FICO 信用评分在 600 和 750 之间。通常，你需要 740 以上的分数才有资格获得银行提供的汽车贷款或抵押贷款的最佳利率。当评分低于 620 时，你可能很难从银行获得抵押贷款，部分原因是，政府担保企业房利美（Fannie Mae）和房地美（Freddie Mac）通常不购买银行向评分较低的借款人发放的抵押贷款。自 2007—2009 年的金融危机以来，房利美和房地美已购买了几乎所有证券化的抵押贷款，这使得大多数银行都遵循它们的要求。

信用评分的使用已扩展到银行和信用卡公司之外。保险公司在决定是否愿意为某些申请人提供保单并确定保费时也会使用信用分数。一些雇主使用信用评分来决定是否提供工作机会，而一些房东使用信用评分来确定他们将公寓出租给谁。美联储的研究人员甚至发现，在恋爱关系开始时，拥有相似信用评分的夫妇比拥有非常不同信用评分的夫妇在一起的可能性更大。他们得出的结论显然是“信用分数揭示了一个人的关系技巧和承诺水平。”时间将证明这项研究是否会在初次约会时引发新的话题！

一些新的金融科技公司，如社会金融公司（SoFi），已经开发了在线匹配借款人和贷款人的网站，它们对信用评分的用处持怀疑态度。这些公司认为，信用评分太在乎过去了——关注人们过去所做的事情，而不是他们将来可能做的事情。例如，在制定贷款决策时，SoFi 着重研究借款人在支付账单后剩下的收入、他们的工作经历及他们的受教育程度。

尽管有这些开发替代性信誉度指标的尝试，但到目前为止，FICO 信用评分仍被用于评估 90%的信用申请。因此，无论好坏，在你计划购买汽车或房屋时，你的信用评分可能很重要。

资料来源：Peter Rudegeair，"Silicon Valley：We Don't Trust FICO Scores，" *Wall Street Journal*，January 11，2016；Annamaria Andriotis，"Your FICO Credit Score：Actually，There Are Many，" *Wall Street Journal*，June 26，2015；and Jane Dokko，Geng Li，and Jessica Hayes，"Credit Scores and Committed Relationships，" Finance and Economics Discussion Series 2015-081. Washington：Board of Governors of the Federal Reserve System，August 2015.

见本章末的问题和应用 3.7。

从历史上看，企业贷款利率是基于**最优惠利率（prime rate）**的，该利率是银行对预期违约风险最低的借款人（所谓的高质量借款人）的六个月期限的贷款所收取的利率。其他贷款的利率高于最优惠利率，具体视信用风险而定。风险高的贷款的利率也高。但是，如今，银行向大多数大中型企业收取的利率反映了不断变化的市场利率而不是公布的最优惠利率，后者通常只向较小的借款人收取。

抵押品

为了减轻逆向选择问题，银行通常要求借款人在发生违约的情况下提供抵押品或抵押给银行的资产。例如，如果你是一位需要银行贷款来开展业务的企业家，那么银行可能会要求你抵押你的一些资产，如你的住房。此外，银行会要求你维持补偿性余额（compensating balance），这是取得贷款的企业必须在贷款银行的支票账户中维持的必需最低金额。

信用配给

在某些情况下，银行通过信用配给来最小化逆向选择和道德风险的成本。在**信用配给（credit rationing）**中，银行要么批准借款人的贷款申请，但限制贷款额度，要么只是拒绝以当前利率将任何金额借给借款人。当存在道德风险的可能性时，就会出现第一种类型的信用配给。限制银行贷款规模可通过提高借款人偿还贷款以维持良好信用等级的可能性来降低道德风险的成本。银行出于同样的原因对其发行的万事达卡和维萨卡设置信用额度。在你的信用卡的信用额度为 2 500 美元的情况下，你很可能会偿还银行，以便将来可以再次借款。如果银行愿意为你提供 250 万美元的信用额度，你就会想花比你的偿还能力更多的钱。因此，将借款人的贷款金额限制在小于借款人在当前的利率水平下所要求的金额，对银行来说既是合理的又是利润最大化的。

当借款人因几乎没有或完全没有抵押品提供给银行而出现逆向选择问题时就会发生第二种类型的信用配给。如果银行试图提高其收取的利率来补偿此类借款人较高的违约风险会怎么样？如果银行无法可靠地区分这一群体中的低风险借款人和高风险借款人，那么银行就要遭遇低风险借款人因高利率而退出贷款群体的风险，仅留下高风险借款人。因此，将利率保持在较低水平并完全拒绝向某些借款人提供贷款符合银行的最佳利益。

监控和限制性契约

为了减少道德风险的成本，银行会监控借款人以确保他们不将借入的资金用于从事未经授权的风险活动。银行会跟踪留意借款人是否在遵守限制性契约或贷款协议中禁止借款人从事某些业务活动的明确规定。明确禁止借钱购置新设备的企业将资金用于支付工资或为存货提供资金。

长期业务关系

如我们在开篇案例中所述，银行根据关于借款人的私人信息来评估信用风险的能力叫作关系银行业务。银行收集关于借款人的前景的信息或监视借款人的业务活动的最佳方法之一是通过长期业务关系来收集。通过长期观察借款人（支票账户活动和贷款还款情况），银行可以减少信息收集和监控成本，从而极大地减轻信息不对称。借款人也能从与银行的长期关系中受益。因为银行免于成本高昂的信息收集任务，所以客户能以较低的利率或较少的限制获得信贷。

管理利率风险

如果市场利率变化导致银行的利润或资本发生波动，那么银行就面临**利率风险（interest-rate risk）**。市场利率变化对银行资产和负债价值的影响类似于利率变化对债券价格的影响。也就是说，市场利率上升会降低银行资产和负债的现值，而市场利率下降会提高银行资产和负债的现值。利率变化对银行利润的影响部分取决于银行的资产和负债为可变利率或固定利率的程度。可变利率资产或负债的利率每年至少变化一次，而固定利率资产或负债的利率每年变化少于一次。

表 10－2 展示假设的波尔克城国民银行的资产负债表。该表列示固定利率和可变利率资产与负债。若利率上升，则波尔克城要为其 2.1 亿美元的可变利率债务（如短期存单）支付出更多的利息，而仅在 1.5 亿美元的可变利率资产（如可调整利率抵押贷款）上收入更多的利息。因此，其利润会下降，这意味着波尔克城面临利率风险。

20 世纪 80 年代市场利率波动性的大幅上升给那些用短期可变利率存款资金发放固定利率贷款的银行和储贷协会造成重大损失。由于我们将在下一节解释的一些原因，市场利率提高也降低了银行资产相对于负债的价值，进而减少了资本，并加剧了 20 世纪 80 年代末银行和储贷协会的倒闭。

表 10－2　假设的波尔克城国民银行的资产负债表　　单位：百万美元

波尔克城国民银行			
资产		负债加银行资本	
固定利率资产	350	固定利率负债	250
准备金		支票存款	
长期有价证券		储蓄存款	
长期贷款		长期存单	
可变利率资产	150	可变利率负债	210
可调整利率抵押贷款		短期存单	
短期证券		联邦基金	
		银行资本	40
总资产	500	总负债加银行资本	500

度量利率风险：缺口分析和久期分析

银行经理使用缺口分析和久期分析来衡量银行对利率风险的脆弱程度。**缺口分析（gap analysis）**着眼于银行的可变利率资产的美元价值与其可变利率负债的美元价值之间的差额或缺口。大多数银行有负的缺口，因为它们的负债（主要是存款）比资产（主要是贷款和证券）更可能是可变利率的。例如，从表 10－2 中可以看到，波尔克城国民银行的缺口等于 15 000－21 000＝－6 000(万美元)。为了简化分析，假设波尔克城国民银行的所有可变利率资产和可变利率负债的利率在一年中都增加 2 个百分点。然后，波尔克城国民银行的资产的收入将增加 0.02×1.5＝300(万美元)，但负债的支出将增加 0.02×21 000＝420(万美元)，因此，其利润将减少 120 万美元。我们还可以将市场利率变化乘以波尔克城国民银行的缺口来直接计算利润减少量：0.02×(－6 000)＝－120(万美元)。这种简单的缺口分析传递出如何计算银行利润对市场利率变化的脆弱性的基本思想。实际上，银行经理会把不同资产和负债的利率变化可能有所不同这一事实考虑进来后构建更复杂的分析。

利率变动除了影响银行利润外，还可以通过改变银行资产和负债的价值来影响银行的资本。我们知道，对给定的利率变化，金融资产的期限越长，资产价格的变化就越大。20 世纪 30 年代国家经济研究局的经济学家弗雷德里克·麦考利（Frederick Macaulay）提出久期的概念，就金融资产价格对利率变化的敏感性而言，久期是比期限更精确的指标。[①] 特定的银行资产或银行负债的久期越长，资产或负债的价值因市场利率变化而变化得越大。**久期分析（duration analysis）**度量银行资本对市场利率变化的敏感度。银行的久期缺口是银行资产的平均久期与银行负债的平均久期之间的差额。若银行的久期为正，则银行资产的久期大于银行负债的久期。在这种情况下，市场利率上升会使得银行资产价值比银行负债价值下降更多，从而减少银行资本。银行通常有正的久期缺口，因为其资产（主要是贷款和证券）的期限比负债（主要是存款）的期限长。

表 10－3 总结了缺口和期限分析，并说明了市场利率下降通常对银行来说是个好消息，因为会增加银行利润和银行资本的价值，而市场利率上升对银行来说是个坏消息，因为会减少银行利润和银行资本的价值。许多银行在 2007—2009 年金融危机之后遇到的困难是，虽然利率下降最初会通过降低银行支付的存款利率来增加银行利润，但持续的低利率最终会减少银行在贷款上的收入。结果是，银行存款与贷款的利差下降，利润减少。

表 10－3　缺口和久期分析

大多数银行有……	因此，市场利率上升会……	市场利率下降会……
(1) 负的缺口，	减少银行利润，	增加银行利润
(2) 正的久期缺口，	减少银行资本，	增加银行资本

① 从数学上说，下面是更准确的久期定义：久期是金融资产的付款期限的加权和，其中权重等于付款的现值除以资产的现值。如果我们用 PV_t 表示 t 时刻付款的现值，那么 T 期后到期的资产的市场价值 MV 为：$MV=\sum_{t=1}^{T} PV_t$，资产的久期为：$d=\sum_{t=1}^{T} t\left(\frac{PV_t}{MV}\right)$。

减少利率风险

银行经理可以利用多种策略来减少他们面临的利率风险。缺口为负的银行可以提供更多的可调整利率或浮动利率（floating-rate）贷款。这样，如果市场利率上升且银行必须为存款支付更高的利率，那么它们的贷款也将获得更高的利率。对银行而言，不幸的是，许多贷款客户不愿意选择可调整利率贷款，因为尽管这种贷款减少了银行面临的利率风险，但增加了借款人面临的利率风险。例如，如果你用可调整利率抵押贷款（adjustable-rate mortgage，ARM）买房，那么，当市场利率下降时，你的每月付款会减少，而当市场利率上升时，你的每月付款会增加。许多借款人不想承担这种利率风险，因此绝大多数住宅抵押贷款均采用固定利率发放。同样，可调整利率汽车贷款也很少见。对银行来说，幸运的是，作为我们已经讨论过的证券化过程的一部分，银行可以出售许多长期贷款。此外，发放给企业的很多银行贷款都是利率风险不是很大的短期可变利率贷款。

如我们在第 7 章看到的那样，银行可以使用利率互换协议，即银行同意将固定利率贷款的付款交换或互换为一家企业或另一家金融企业的可变利率贷款的付款。互换让银行在满足贷款客户对固定利率贷款的需求的同时，还可以减小利率风险敞口。银行还可以用期货合约和期权合约来对冲利率风险。假设波尔克城国民银行用可变利率存单（CD）的资金向当地的汽车零部件工厂提供长期固定利率贷款。如果利率上升，那么波尔克城将不得不支付较高的 CD 利率或将资金流失到另一家银行，但不会收到固定利率贷款利息的增加。为了减少或对冲这种利率风险，波尔克城国民银行可以卖出国债期货合约。如果市场利率上升，那么国债期货合约的价值将下降，这将使波尔克城国民银行在买回期货合约来清算头寸时获得利润。这笔利润可以抵消其不得不为银行存单支付的额外利息。波尔克城国民银行也可以利用国债看跌期权合约来开展类似的对冲。（参见第 7 章关于期货和期权合约更完整讨论。）

10.4 美国商业银行业的趋势

这些年来，美国的商业银行业发生了翻天覆地的变化。在本节中，我们将简要概述银行业的历史，并探讨过去 20 年的重要发展，包括 2007—2009 年金融危机的影响。

美国银行业的早期历史

在美国大部分历史上，绝大多数银行都是小型银行，通常在有限的地理区域内开展业务。在国家建立初期，国会在第一任美国财政部长亚历山大·汉密尔顿的敦促下成立了美国银行。该银行从事一些与现代中央银行相同的活动，并在全国设有分支机构。当该银行最初 20 年的特许权于 1811 年到期时，政治上的反对阻止了特许权的续期，该银行便不复存在。该银行的反对者认为，该银行的行为有减少向农民和小企业主贷款的作用，而且国会在建立该银行时已经超越宪法授权。1812 年战争期间的财务问题导致国会在 1816 年特许成立了第二美国银行。但这次由总统安德鲁·杰克逊（Andrew Jackson）领导的政治上的反对再次导致该银行的特许权在 1836 年未得到续签。

在这两次建立有全国性分支机构的中央银行的早期尝试失败后，几十年来，州银行是唯一的银行类型。想创办银行的企业家必须从州政府那里获得特许权（允许银行运营的法律文件）。1863 年的《国家银行法》（National Banking Act）使企业家有可能从隶属于美国财政部的通货监察长办公室获得联邦银行特许。联邦特许银行被称为**国家银行（national bank）**。美国目前有**双重银行体系（dual banking system）**，州政府或联邦政府都可以特许银行。1863 年和 1864 年的《国家银行法》也禁止银行使用存款购买非金融公司的所有权。这种禁令一直持续到现在，而在其他一些国家则不存在这种禁令，尤其是德国和日本。

银行恐慌、联邦储备和联邦存款保险公司

我们已经看到，银行可能会因为储户集体决定提取超过银行即时拥有的资金而遭遇流动性风险。在当前的银行体系中，这种风险相对较低，因为银行存款（包括企业所拥有的存款）享有最高每家银行每笔存款 250 000 美元的保险额度，这就减轻了存款人对银行倒闭时会损失本金的担忧。此外，美联储通过向遭遇暂时流动性问题困扰的银行提供贴现贷款来发挥最后贷款人的作用。但是，在 19 世纪的大多数时间里和 20 世纪初，既没有联邦存款保险，也没有美联储。结果是，银行时而会遭遇银行挤兑（bank run），即大量储户判断银行有倒闭危险，并同时要求退还存款。如果少数银行遭遇挤兑，那么它们可以通过从其他银行借款来满足储户的资金需求。但如果许多银行同时遭遇挤兑，结果就是银行恐慌（bank panic），这常常导致银行无法退还储户的钱而不得不暂时关门大吉。随着家庭和企业的存款和信贷渠道被中断，银行恐慌通常会带来经济衰退。1907 年的一场特别严重的银行恐慌终于使国会确信国家需要一家能够充当最后贷款人的中央银行。国会于 1913 年 12 月通过《联邦储备法》（Federal Reserve Act），联邦储备系统于 1914 年开始运作。

尽管联邦储备系统的建立暂时终结了银行恐慌，但 20 世纪 30 年代初的大萧条再次导致银行恐慌发生。国会的反应是建立联邦存款保险系统，并由成立于 1934 年的联邦存款保险公司（FDIC）来负责运营。所有国家银行都必须加入该系统，州银行可以选择加入该系统。如今，全部储户的约 99%受到全额保险，因此，如果对银行的财务状况有疑问，大多数储户几乎没有动机取钱并导致银行倒闭。FDIC 通常以如下两种方式之一处理银行倒闭：关闭银行并还清储户，或者购买并接管银行控制权的同时再寻找另一家愿意购买破产银行的银行。若 FDIC 关闭银行，则会用银行的资产立即还清被保险的存款人。若资金不足，则 FDIC 用其保险准备金来弥补差额，保险准备金来自投保银行向 FDIC 缴纳的款项。在联邦存款保险公司补偿被保险的存款人之后，所有剩余资金都会支付给未被保险的存款人。

FDIC 更喜欢让破产银行开门营业而不是将其关门歇业。为了保持银行营业，FDIC 会迅速找到另一家愿意接管破产银行的银行——通常是在 FDIC 接管破产银行之前。为进入新的地理区域或接触破产银行的存贷款客户，另一家银行也许愿意接管破产银行。如果 FDIC 不得不购买并接管破产银行的控制权，那么 FDIC 通常会在过渡期间产生费用。通常，FDIC 会努力找到一家收购银行来承接破产银行的所有存款。在这种情况下，FDIC 通过以低利率提供贷款或购买破产银行的投资组合中的问题贷款来补贴收购银行。如图 10－2 所示，在 2007—2009 年的金融危机期间，银行倒闭的数量有暂时的急剧增加，但倒闭并未达到 20 世纪 80 年代后期储蓄和贷款协会危机期间的高位。（我们将在第 12 章讨论储蓄和贷

款协会危机。）金融危机后许多破产倒闭的都是大型金融机构，这需要 FDIC 的大量支出。

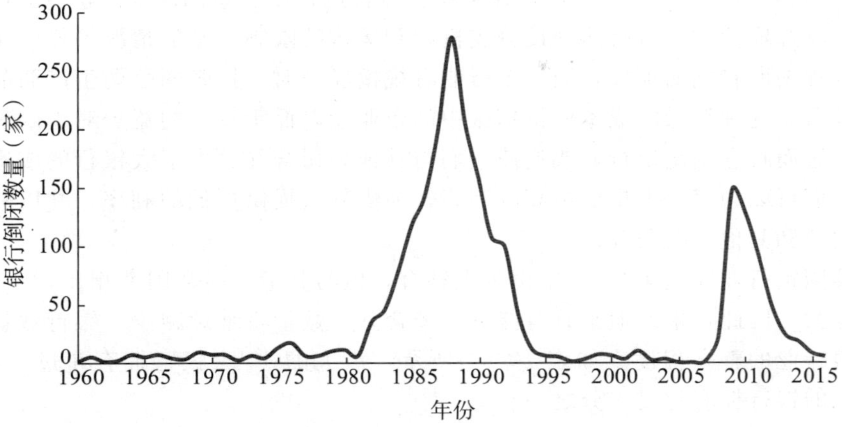

图 10－2 美国的商业银行倒闭（1960—2016 年）

从 1960 年到 20 世纪 80 年代中期的储蓄和贷款协会危机之前，美国的银行倒闭数量一直处于较低水平。到 20 世纪 90 年代中期，银行倒闭数量已经恢复到较低水平，并一直持续到 2007 年金融危机爆发。金融危机导致银行倒闭数量急剧上升，但只是暂时的。

资料来源：Federal Reserve Bank of St. Louis.

法律变革、规模经济和全国性银行业务的兴起

历史上，一系列的联邦法律限制了银行在多个州开展业务的能力。其中最新的一项是国会于 1927 年通过的《麦克法登法案》（McFadden Act）。此外，大多数州都是单元银行业州（unit banking state），意味着这些州有禁止银行开设多个分行的法规。圣路易斯联邦储备银行的戴维·惠洛克（David Wheelock）的研究表明，1900 年美国的 12 427 家商业银行中只有 87 家拥有分支机构。相比之下，多年来，大多数其他国家的银行相对很少，每家银行都在全国范围内设有分支机构。

美国有许多受地域限制的小型银行的制度是政治观念的结果，这些观点认为，银行的权力应通过保持其较小的规模而受到限制，并且银行收到的存款应该仅用于为当地贷款提供资金。但是大多数经济学家认为美国的制度效率低下，因为它未能充分利用银行业的规模经济。规模经济（economics of scale）是指因提供的商品或服务的数量增加而导致的平均成本下降。较大的银行能在大量交易中分摊固定成本，例如，信贷员的薪水、计算机系统和软件的成本及银行大楼的运营成本。将银行限制在一个较小的区域内也是效率低下的，因为把贷款集中在一个地区会使银行面临更大的信用风险。如果一家银行位于伊利诺伊州中部的一个小镇，那里大多数当地企业都依赖农业生产，那么干旱就会导致一波贷款违约潮，从而使该银行蒙受巨大的损失，甚至可能倒闭。

随着时间的流逝，对银行规模和地理范围的限制被逐步取消。自 20 世纪 70 年代中期后，大多数州都取消了州内设立分支机构的限制。1994 年国会通过《里格尔-尼尔州际银行业和分支机构效率法案》，该法案允许逐步取消对州际银行业的限制。1998 年，北卡罗来纳州的国立银行（NationsBank）与加利福尼亚的美国银行（Bank of America）合并，创建了第一家在两个海岸都设有分支机构的银行。

这些法规变化带来美国银行业的快速整合。1984 年，美国约有 14 200 家商业银行，而 2016 年，只有约 5 000 家。这种合并是在企业彼此自由竞争的规模经济巨大的行业中可以预料的，就像取消对银行跨州开设分支机构和运营的限制以来的情况一样。正如你在经济学原理课程中所看到的那样，当一个行业有规模经济时，扩张的公司生产商品或服务的平均成本较低。这种较低的成本使得扩张中的企业能以低于较小的竞争对手的价格销售商品或服务，进而将它们赶出行业或迫使它们与其他公司合并。由于大银行的成本低于小银行，因此它们可以为存款人提供更高的利率，为借款人提供更低的利率，并以较低的价格提供投资建议和其他金融服务。

即使美国银行业在过去 25 年中出现大整合，但与其他大多数国家相比，5 000 家银行仍然数量庞大。因此，银行似乎有可能进一步合并，数量将继续减少。银行数量的减少低估了美国银行业的整合程度。如表 10 - 4 所示，最大的 10 家银行拥有超过一半的存款，而排名前三的银行拥有超过三分之一。

在 2010 年，随着国会颁布金融法规的变更，众议院和参议院的一些议员建议限制银行规模。他们认为，当银行规模太大时，银行将获得市场支配力，使其能给储户支付较低的利率，并对贷款收取较高的利率。此外，一些经济学家和政策制定者担心大银行“大而不能倒”，意思是大银行倒闭会导致金融混乱以至于美联储、联邦存款保险公司和美国财政部会被迫采取措施阻止其破产，而不管这些银行的管理多么糟糕。正如我们将在第 12 章讨论的那样，虽然 2010 年的《多德-弗兰克法案》没有具体限制银行规模，但确实限制了 FDIC 和其他联邦监管机构可用于挽救有破产风险的大银行的方法。关于银行规模是否应受到监管限制的争论仍在继续。

表 10 - 4　美国 10 家最大的银行（2015 年）

银行	占全部存款的比例（%）
美国银行	12.1
摩根大通	11.5
富国银行	11.3
花旗集团	4.8
美国合众银行	2.9
第一资本	2.6
PNC	2.4
TD 银行	2.1
纽约梅隆银行	1.8
太阳信托银行	1.5
前 10 大银行总计	53.0

资料来源：联邦存款保险公司，数据截至 2015 年 6 月 30 日。

联系实际 10 - 3

创办一家小企业？去拜访一下你的社区银行家

我们在开篇案例中看到，就在许多大银行苦苦挣扎的时候，小型的手中鸟银行却在蓬勃发展。小银行之所以被称为社区银行，是因为它们在特定的地理区域或社区内接受大部分存款，并将大部分贷款提供给家庭和企业。曾经，美国的大多数银行都是社区银行，因为各州限制银行可以开设的分支机构的数量，而且联邦法律禁止银行在多个州经营。

正如我们刚才讨论过的那样，银行有可以带来显著的规模经济的巨大的固定成本。因此，大型的地区性或全国性银行能以比社区银行更低的成本提供许多银行服务。毫不奇怪，许多社区银行消失了，它们通常是被区域性或全国性银行的分支机构所取代的。但是，较大的银行可能无法提供与社区银行相同的服务。例如，许多大银行削减了小企业贷款，宁愿专注至少 100 万美元的贷款，对于银行来说，其处理成本与 10 万美元或更少的小额贷款大致相同。从金融危机之前的最高峰开始，最大的银行对小企业的贷款下降了约 40%。

大银行减少对小企业的贷款的原因之一是，小企业贷款比抵押贷款或信用卡余额更加难以证券化。因此，一些大银行迫使小企业借款人依靠银行发行的利率更高的信用卡而不是传统银行贷款。一些小企业已经转向在线贷款人，如 Kabbage Inc.，但通常这些贷款人收取的利率也远高于银行贷款利率。

社区银行通过在发放贷款时采用更灵活的标准来吸引小企业借款人。大多数大银行使用的标准化贷款审批软件经常要求申请贷款的小企业提供 10 年的财务数据，这对于小型创业公司是不可能的。尽管社区银行比大银行收取更高的企业贷款利率，但该利率仍低于信用卡或大多数在线贷款的利率。此外，在允许借款人不受严厉处罚的情况下拖欠贷款或透支信贷额度方面，社区银行通常更灵活。

但社区银行也有问题。自国会于 2010 年通过《多德-弗兰克法案》以来，所有银行都面临更多的监管，这增加了银行的成本。银行必须向 FDIC 提交显示详细业务活动的账户的季度财务决算报表，这对小银行来说是特别重的负担，因为这需要银行工作人员投入大量的时间。实际上，这些法规是另一项较大的固定成本，必须分摊到社区银行提供的少量服务上。许多社区银行还列举了参与联邦小企业管理局的计划所带来的沉重监管负担，该计划确保向小企业提供一些贷款。这些监管成本使得企业家更难创办新的社区银行。例如，手中鸟银行于 2013 年开业时，成为自 2010 年以来在美国开设的第一家新银行。在金融危机和《多德-弗兰克法案》通过之前，每年平均开设 100 家新银行。2017 年初，总统唐纳德·特朗普和国会议员正在考虑放宽《多德-弗兰克法案》对小型银行的监管要求。

当前，社区银行为寻求小企业贷款的企业家提供了比大银行明显的好处。但它们很小的规模使其在将来很容易受到大银行以开发成本更低的方式来提供 10 万美元或更少的企业贷款的影响以及金融科技网站（如果这些网站开始提供低利率贷款）的威胁。

资料来源：Michael Rapoport, "Small Banks Are in Good Shape, So Why Aren't They Doing Better?" *Wall Street Journal*, May 31, 2016; Ruth Simon, "Big Banks Cut Back on Loans to Small Business," *Wall Street Journal*, November 26, 2016; Robert G. Wilmers, "Shrinking Support for Small Businesses," *Wall Street Journal*, June 28, 2016; and Llewellyn Hinkes-Jones, "Community Banks Continue to Stabilize in 2015," bloomberg. com, March 7, 2016.

见本章末的问题和应用 4.9。

拓展银行业务边界

银行的业务活动在过去 50 年中发生了巨大的变化。在 1960 年和 2017 年间，银行（1）提高了从定期存款和可转让存单中筹集的资金量；（2）增加了使用回购协议的借款；

(3) 降低了对工商业（C&I）贷款和消费者贷款的依赖；(4) 提高了对房地产贷款的依赖；(5) 扩展到非传统借贷业务及收入来自收费而非利息的业务。

表外业务

银行越来越多地依靠表外业务来产生手续费收入（fee income）。传统的银行业务（如接受存款和发放贷款）会影响银行的资产负债表，因为存款在资产负债表上显示为负债，而贷款显示为资产。**表外业务（off-balance-sheet activity）**不会影响银行的资产负债表，因为它们不会增加银行的资产或负债。例如，当银行为客户买卖外汇时，银行向客户收取服务费，但外汇并未出现在银行的资产负债表上。银行还向高收入家庭（净值超过 100 万美元的家庭）收取私人银行（private banking）服务费。银行特别依靠以下四个表外业务来赚取手续费收入：

(1) 备用信用证。我们已经看到，在 20 世纪 70 年代和 20 世纪 80 年代，银行将部分商业贷款业务输送给了商业票据市场。随着商业票据市场的出现，大多数买方坚持要求卖方提供备用信用证。在**备用信用证（standby letter of credit）**下，银行承诺将资金借给借款人（商业票据的卖方）以便在必要的时候还清其到期的商业票据。银行通常收取相当于商业票据价值 0.5%的费用。如今，不仅公司，而且州和地方政府通常也需要备用信用证才能出售商业票据。使用备用信用证实质上是将信用的授予分为两个部分：①通过信息收集的信用风险分析；②实际贷款。银行可以高效地提供信用风险分析，而金融市场可以更廉价地提供实际贷款。与常规贷款不同，备用信用证不会出现在银行资产负债表上。

(2) 贷款承诺。在**贷款承诺（loan commitment）**中，银行同意在规定的时间内向借款人提供一定数量的资金。然后，借款人有权选择是否以及何时获得贷款。银行对贷款承诺收费。费用通常分为两部分：签署承诺时的预付费（upfront fee）及贷款未使用部分的不使用费（nonusage fee）。对实际发放的贷款，收取的利率是基准贷款利率的加成。因为贷款利率随基准利率变化而变化，所以贷款承诺是提前固定基准利率之上的加价，而不是固定贷款利率。此外，如果借款人的财务状况恶化到规定水平以下，那么银行的贷款承诺也将终止。

(3) 贷款销售。我们已经看到，贷款证券化已经成为美国金融体系的一个重要发展。在证券化下，银行不是在自己的投资组合中持有贷款，而是将打包的贷款转化为通过金融市场直接卖给投资者的证券。自 20 世纪 80 年代以来，作为证券化趋势的一部分，美国的银行贷款销售市场从几乎一无所有增长到一个庞大的规模。**贷款销售（loan sale）**是一种银行同意将标的银行贷款的预期未来收益出售给第三方的金融合约。贷款销售也称为二次贷款参与（secondary loan participation）。正式而言，贷款合同是在无追索权（without recourse）的条件下出售的，这意味着银行对所售贷款价值不提供担保，也不提供保险。大型银行主要向本国和外国银行以及其他金融机构出售贷款。最初，银行只出售信息收集和监控成本低的短期优质贷款。但随后银行越来越多地出售质量较低、期限较长的贷款。通过出售贷款，银行不是拿自己的资本而是拿自己的声誉在冒险。贷款表现不佳的银行不太可能在该市场上继续保持成功。

(4) 交易业务。银行通过在数十亿美元的期货、期权和利率互换市场中交易来赚取费用。这些市场中的银行交易主要与对冲银行自己的贷款和证券投资组合或对冲为银行客户提供的服务有关。但是，银行有时会通过买卖在这些市场中投机，以期能从价格变化中获利。投机当然会带来赔钱的风险。负责交易的银行雇员通常根据他们赚取的利润得到补偿。因此，委托-代理问题就会出现，这些员工承担的风险要比银行的最高管理者或其股东所希望的要高得多，以期获得更高的利润和更高的报酬。在 2007—2009 年的金融危机期间，国会议员开始担心证券交易的损失使某些银行的财务状况恶化。当国会在 2010 年通过《多德-弗兰克法案》时，其中就包括一项根据前美国联邦储备委员会主席保罗·沃尔克的提议制定的条款，沃克尔当时是总统奥巴马的经济复苏咨询委员会主任。根据“沃尔克规则”，银行不得不放弃使用自有资金的交易或称自营交易（proprietary trading）。银行和监管机构都面临不确定性，因为它们试图区分（依法仍然允许的）银行代表客户的交易与（不再允许的）自营交易。

银行从表外业务中产生手续费收入，但也承担额外的风险。为了评估在表外活动中的风险敞口，银行开发了复杂的计算机模型。一个叫作在险价值法［value-at-risk（VAR）approach］的流行模型用统计模型来估计投资组合的价值在特定时段内可能承受的最大损失，因此有“在险价值”之称。虽然这些模型对银行评估风险有帮助，但事实证明，它们在保护银行免受 2007—2009 年金融危机期间的重大损失方面并非万无一失，主要是因为它们没有充分考虑交易资产中的信用风险。

电子银行业务和移动银行业务

廉价计算机处理技术的发展和互联网的兴起，彻底改变了很多银行交易的处理方式。电子银行业务的第一个重要发展是 ATM 的普及，ATM 首次使存款人可以在正常银行营业时间之外频繁使用资金。储户现在不必在上午 10 点至下午 3 点之间到达银行，而是只要愿意在凌晨 2 点取款也可以。ATM 对银行很有吸引力，因为 ATM 一旦被安装，其运行和维护成本就远低于付给银行出纳员的成本。此外，在限制分支银行业务的州，ATM 尤其吸引人，因为 ATM 在法律上不被视为分支机构，从而让银行可以将业务扩展到它们无法开设分支机构的地区。

到 20 世纪 90 年代中期，虚拟银行（virtual bank）开始出现。这些银行没有实体银行建筑物，而是在线执行所有银行业务。客户可以开立账户、以电子方式支付账单、直接存入薪水，所有这些都无需纸张。第一资本（Capital One）金融公司旗下的一家在线银行 ING Direct 在美国拥有 750 万以上的存款人。到 21 世纪头 10 年中期，大多数传统银行也开始提供移动银行服务，储户可以用智能手机轻松地支付部分或全部账单，不再需要纸质支票，通常也无须付费。借款人还可以用银行移动应用程序来申请贷款，而大部分审批流程都以电子方式处理。银行已经开始以电子方式来清算绝大多数的支票。就在几年前，如果你把另一家银行账户签发的支票存入银行，那么你的银行（或为银行提供支票清算服务的美联储）为了收到付款就不得不把支票实际寄给另一家银行。如今，你的银行很可能会通过将支票的电子图像发送给另一家银行来清算支票。

电子银行在银行业中起着越来越重要的作用，但是，实体银行的分支机构仍在被继续建立，并且用支票账户支付的大部分付款仍然使用纸质支票。但是，以电子方式提供银行服务的趋势似乎已很明显。

金融危机、TARP 和政府部分接管银行

银行在 2007—2009 年金融危机期间发放的许多高风险抵押贷款已证券化并转售给投资者。银行将其中一些证券作为投资持有，并且如图 10－1 所示，银行也变得依赖于提供房地产贷款。随着金融危机的发展，首先是住宅房地产抵押贷款，其次是商业房地产抵押贷款，都遭遇违约率上升，引起基于这两种抵押贷款的证券的价值下降。到 2008 年中，最大的 20 个大城市地区的房价下跌了 15%以上，并且所有抵押贷款的 6%以上以及次级抵押贷款的 25%都至少逾期 30 天。抵押贷款支持证券的市场冻结了，这意味着这些证券的买卖在很大程度上停止了，这使得确定其市场价格非常困难。这些证券开始被称为“有毒资产”。

评估银行的资产负债表变得困难，因为投资者和银行本身都不确定这些有毒资产的真实市场价值。因此，很难确定银行资本的真实价值，甚至银行是否仍然有正的净资产。从 2007 年 8 月开始，银行通过收紧消费者和商业贷款的信贷标准来应对不断恶化的资产负债表。随之而来的信贷紧缩（credit crunch）导致从 2007 年 12 月开始的经济衰退，原因是家庭和企业为支出融资的难度增加。

为了解决银行面临的问题，国会于 2008 年 10 月通过了**不良资产救助计划（Troubled Asset Relief Program，TARP）**。TARP 为美国财政部和美联储提供 7 000 亿美元的资金来帮助恢复抵押贷款支持证券和其他有毒资产的市场，从而为资产负债表上拥有数万亿美元这些资产的金融企业提供救济。不幸的是，人们没有找到恢复这些资产市场的好方法，因此一些资金被用来向银行“注资”。在被称为“资本购买计划”（Capital Purchase Program，CPP）的方案下，财政部购买了数百家银行的股票，从而增加了银行的资本，就像发行新股票一样。参与银行被要求向财政部支付相当于股票价值 5%的年度股息并发行认股权证，使得财政部可以购买相当于财政部原始投资价值 15%的额外股份。尽管财政部购买股票相当于对数百家银行的部分政府接管，但财政部并未试图参与任何一家银行的管理决策。表 10－5 列出在 CPP 下的十大财政部投资。

表 10－5　TARP / CPP 下获得财政部投资最大的 10 家银行

银行	财政部投资金额（10 亿美元）
摩根大通	25
花旗集团	25
富国银行	25
美国银行	10
高盛公司	10
摩根士丹利	10
PNC 金融服务集团	8
美国合众银行	7
太阳信托银行	5
第一资本	4

资料来源：美国财政部。

一些经济学家和政策制定者批评 TARP / CPP 是对银行或华尔街的“救助”。一些经济学家认为，财政部向曾发放不良贷款和投资于风险资产的银行提供资金是鼓励糟糕的商业决策，进而提高金融体系中的道德风险程度。人们还担心接受财政部投资的银行经理会感到压力，以至于他们会根据政治因素而不是商业因素来做出贷款和投资决策。然而，财政部和美联储的官员担心银行倒闭的激增会让美国经济陷入另一场大萧条，并认为鉴于金融危机的严重性，该计划是合理的。随着经济和银行体系开始复苏，许多银行回购了财政部的股票投资，对该计划的批评减少了。在 2008 年 10 月 1 日到 2009 年 9 月 30 日的这段时间里，财政部向 CPP 投资了 2 450 亿美元。到 2016 年中期，已偿还或以利息或股息的形式收到 2 750 亿美元，使该计划获利 300 亿美元。

回答关键问题

我们在本章开始的时候提出如下问题：

“银行业的风险特别大吗？如果是这样，那么银行面临哪些类型的风险？”

在市场体制中，各种类型的企业都会面临风险，许多企业会倒闭。经济学家和政策制定者特别担心银行面临的风险和倒闭的可能性，因为它们在金融体系中起着至关重要的作用。我们在本章中已经看到，商业银行的基本业务（向存款人短期借钱，并向家庭和企业长期贷款）使其承担多种风险，流动性风险、信用风险和利率风险。

重要术语和问题

重要术语

资产	联邦存款保险	最优惠利率	资产负债表
缺口分析	法定准备金	银行资本	利率风险
准备金	银行杠杆	杠杆	资产收益率（ROA）
支票存款	负债	股权收益率（ROE）	信用配给
流动性风险	备用信用证	信用风险	贷款承诺
T-账户	信用风险分析	贷款销售	不良资产救助计划（TARP）
双重银行体系	国家银行	库存现金	久期分析
净利息收益率	超额准备金	表外业务	

10.1 商业银行业务基础：银行资产负债表

评述银行资产负债表。

复习题

1.1 写下资产负债表所基于的关键会计公式。最重要的银行资产是什么？最重要的银行负债是什么？

1.2 根据本章：“我们可以将银行负债视为资金来源，将资产视为资金运用。”简要解释此话的含义。

1.3 银行发放的贷款类型随着时间的推移是如何变化的？

问题和应用

1.4 如果允许商业银行购买其发放贷款的企业的大量股票，那么这种变革会提高还是降低金融体系中的道德风险程度？简要解释。

1.5 【联系实际10-1】1960年的联邦法规禁止银行给支票账户支付利息。如今，法律上允许银行对支票账户支付利息，但支票账户的价值已经从1960年超过商业银行负债的50%收缩到现在的13%。由于现在的支票账户支付利息，难道它们不应该变得更受家庭欢迎而不是不受欢迎吗？简要解释。

1.6 《华尔街日报》2016年的一篇文章讨论了美联储的新法规提案，这些新法规将影响银行的“长期贷款，如飞机、运输和项目融资等”。

a. 这种长期贷款对从事贷款的银行来说是资产还是负债？它对借入资金的公司而言是资产还是负债？简要说明。

b. 该文章还提到2014年实施的一项要求，即大型银行必须持有更多的“高流动性资产”。举一个银行资产负债表上的高流动性资产的例子。

资料来源：Donna Borak，“Regulators to Call for Banks to Have Year's Worth of Liquidity，” *Wall Street Journal*，April 25，2016.

1.7 【解决问题10-1】下列科目来自Rivendell国民银行（RNB）的资产负债表（单位：百万美元）：

美国短期国债	20
活期存款	40
抵押贷款支持证券	30

续表

来自其他银行的贷款	5
工商业贷款	50
贴现贷款	5
NOW账户	40
储蓄账户	10
在联储的存款准备金	8
托收中的款项	5
市政债券	5
银行建筑物	4

a. 利用这些科目编制一个类似于表10-1的资产负债表，资产在资产负债表的左边，负债和银行资本在右边。

b. RNB的资本占资产的百分比是多少？

1.8 国会曾考虑让联邦政府为小银行设立一只“贷款基金”。美国财政部会把资金贷给银行。银行给小企业贷放的资金越多，财政部向银行收取的贷款利率越低。一位国会议员被要求评论该法案是否会对小企业有所帮助。下面是他的回应的一部分：

正挣扎于减记商业房地产资产的银行的资本受到打击，这就给了替代资本非常优惠的条件。因此，这涉及资产负债表的左侧。

a. 财政部的贷款会算作银行资本的一部分吗？

b. 银行的资本是在银行资产负债表的左侧吗？

资料来源：Robb Mandelbaum，“Can Government Help Small Businesses?” *New York Times*，July 29，2010.

10.2 商业银行的基本业务

描述商业银行的基本业务。

复习题

2.1 用T账户说明你在支票账户中存入50美元通货对美国银行的资产负债表的影响。

2.2 银行的资产收益率（ROA）与股权收

益率（ROE）有什么区别？它们有什么关系？

2.3　将银行描述为“高杠杆”的意思是什么？为什么银行管理者希望银行是高杠杆的？为什么银行的股东希望银行降低杠杆率？

问题和应用

2.4　假定美洲银行向 PNC 银行出售了 1 000 万美元的短期国债。用 T 账户说明这笔交易对每一家银行的资产负债表的影响。

2.5　假定莉娜（Lena）在阳光信托银行有一个账户，她给乔斯（José）开出一张 100 美元的支票，乔斯在国民城市银行有一个账户。利用 T 账户说明在支票清算之后每家银行的资产负债表会受到怎样的影响。

2.6　假定昆纳维尔国民银行有 3 400 万美元的支票存款，联邦银行有 4 700 万美元的支票存款，支票存款的法定准备金率是 10%。如果昆纳维尔国民银行有 400 万美元的准备金，联邦银行有 500 万美元的准备金，每家银行各有多少超额准备金？现在假定昆纳维尔国民银行的一位客户给一位房地产经纪人开出一张 100 万美元的支票，房地产经纪人将支票存入联邦银行。在支票清算后，每家银行各有多少超额准备金？

2.7　假定银行资产的价值是 400 亿美元，负债的价值是 360 亿美元。如果银行的 ROA 为 2%，那么其 ROE 是多少？

2.8　假定第一国民银行有 2 亿美元的资产和 2 000 万美元的股权资本。

a. 如果第一国民银行的 ROA 为 2%，其 ROE 是多少？

b. 假定第一国民银行的股权资本下降到了 1 000 万美元，而其资产和 ROA 不变。现在第一国民银行的 ROE 是多少？

2.9　《华尔街日报》2016 年的一篇文章指出，在解释花旗银行的低股价时：“投资者……只须考虑该银行的股本收益率。第二季度它仅为 7%。”

资料来源：John Carney, “From BofA to Wells Fargo, Here's a Breakdown of Bank Stress Test Results,” *Wall Street Journal*, June 23, 2016.

2.10　根据《华尔街日报》上的一篇文章，摩根大通 2016 年的杠杆率为 6.2%。银行的股权收益率（ROE）为 9%。计算银行的 ROA。

资料来源：Stephen Grocer, “Citigroup, Wells Fargo Report Earnings—Recap,” *Wall Street Journal*, July 15, 2016.

2.11　假设你正在考虑投资一家 ROE 高于大多数其他银行的银行。你了解到该银行有 3 亿美元的资本和 50 亿美元的资产。你会成为这家银行的投资者吗？简要说明。

10.3　管理银行风险

说明银行如何管理风险。

复习题

3.1　讨论银行管理流动性风险、信用风险和利率风险所采取的方法。

3.2　什么是信用报告？什么是信用评分？

3.3　缺口分析与久期分析的区别是什么？缺口分析的目的是什么？久期分析的目的是什么？

问题和应用

3.4 在1933年之前没有联邦存款保险。银行在那些年里面临的流动性风险可能比现在更大还是更小？简要解释。

3.5 法定准备金要求的存在使银行更容易应付银行挤兑吗？简要解释。

3.6 简要说明你是否同意下列表述：

a. “预期未来利率上升的银行会希望持有更多的利率敏感性资产和更少的利率敏感性负债。”

b. “预期未来利率下降的银行会希望其资产的存续期大于负债的存续期——正的存续期缺口。”

c. “如果银行经理预计未来利率会下降，则经理应提高银行负债的久期。”

3.7 【联系实际10-2】根据《华尔街日报》的一个观点专栏：“以前的谷歌员工成立了在线贷款人Upstart，该机构根据借款人的平均绩点、SAT分数、就读大学甚至是专业来提供贷款。”这种信用评分方法与费尔和艾萨克使用的方法有何不同？Upstart是否有可能针对的是特定类型的借款人？简要说明。

资料来源：Andy Kessler, “My Tour of FICO Scores, Fido Loans, Whatever,” *Wall Street Journal*, November 15, 2015.

3.8 一位国会女议员提出一项禁止银行采取信贷配给的法案。该法案要求给每位申请人发放贷款，无论申请人不偿还贷款的风险有多高。她为法案辩护的说法是：

在该法案中没有任何内容可以阻止银行对贷款收取任何利率。它们只需要向所有申请者都提供贷款。如果银行很聪明，那么它们会把利率设定为使得在考虑申请人拖欠贷款的可能性后每笔贷款的预期收益是相同的。

评价女议员的论点，并描述该法案对银行体系可能的影响。

3.9 以下科目（单位为百万美元）来自Rivendell国家银行（RNB）的资产负债表：

美国短期国债	20
活期存款	40
抵押贷款支持证券	30
来自其他银行的贷款	5
工商业贷款	50
贴现贷款	5
NOW账户	40
储蓄账户	10
在联储的存款准备金	8
托收中的款项	5
市政债券	5
银行建筑物	4

如果RNB资产的平均久期为五年，负债的平均久期为三年，那么RNB的久期缺口是多少？

10.4 美国商业银行业的趋势

说明美国商业银行业的趋势。

复习题

4.1 为什么说美国拥有双重银行体系？

4.2 为什么要建立FDIC？

4.3 为什么美国的全国性银行业务比其他国家出现得相对要晚？

4.4 列举四种表外业务并简要说明其含义。

4.5 电子银行业务的重要发展是什么？

4.6 创建TARP的时间和原因是什么？

问题和应用

4.7　评价下面的表述：

美国有超过 5 000 家银行，而加拿大只有少数几家。因此，美国银行业一定比加拿大的竞争程度更高。

4.8　FDIC 网站上的存款保险历史指出："有些人时不时会认为，存款保险导致银行倒闭的情况太少了，破坏了市场纪律，……这相当于联邦政府对银行的补贴。"

a. 将存款保险描述为破坏"市场纪律"是什么意思？从这个角度看，为什么存款保险会导致太少的银行倒闭？

b. 从什么意义上说存款保险可以被视为对银行的联邦补贴？

c. 既然存款保险有这些潜在的弊端，为什么经济学家和国会议员会压倒性地支持它？

资料来源：FDIC Bureau of Research and Statistics, "A Brief History of Deposit Insurance in the United States," fdic. gov/bank/historical/brief/brhist. pdf.

4.9　【联系实际 10-3】《华尔街日报》上的一篇文章说："洛杉矶一家秘鲁餐馆的老板乔治·罗德里格斯（Jorge Rodriguez）说，当他寻求融资以重塑和扩大业务时，富国银行（他作为该银行的客户已有数年之久）拒绝了他……。罗德里格斯先生说：'它甚至不认为我是一个可行的客户。'"为什么像富国银行这样的大银行会削减对小企业的贷款？在另一篇文章中，新罕布什尔州一家建筑公司的业主说："我们想要一家能与我们齐心协力共渡难关的银行。"为什么小银行比大银行更有可能向建筑公司的所有者提供信贷？

资料来源：Ruth Simon, "Big Banks Cut Back on Loans to Small Business," *Wall Street Journal*, November 26, 2015; and Saabira Chaudhuri, "New Hampshire Businessman Files to Set Up Rare New Bank," *Wall Street Journal*, December 15, 2014.

4.10　在不良资产救助计划下执行的资本购买计划代表联邦政府提高银行资本的尝试。为什么联邦政府会认为增加银行资本是重要的？银行资本不足会有哪些后果？

4.11　引用一位银行高管的说法："TARP 不仅成功地稳定了银行业，还成功地稳定了许多其他行业。"为什么稳定银行业可以稳定其他行业？

资料来源：Jeffrey Sparshott, "Bank CEO: History Will Be Kind to TARP," *Wall Street Journal*, August 15, 2012.

数据练习

D10.1　【银行的净利息收益率的变动】登录圣路易斯联邦储备银行（FRED）的网站（fred. stlouisfed. org），下载并绘制从 1984 年到最近一个季度所有美国银行的净利息收益率（USNIM）的数据系列。访问国家经济研究局（nber. org）的网站，找到经济周期高峰和低谷的日期。（商业周期高峰和低谷之间的时期是衰退。）

a. 描述净利息收益率在衰退之前、之中和之后如何变化。

b. 净利息收益率是否有长期趋势？对银行盈利能力有什么影响？

D10.2　【不良贷款与经济衰退】登录圣路易斯联邦储备银行（FRED）的网站（fred. stlouisfed. org），下载并绘制从 1988 年 1 月至最近可用季度的不良贷款总额（NPTLTL）的数据系列。访问国家经济研究局（nber. org）的网站，找到经济周期高峰和低谷的日期。（经济周期高峰和低谷之间的时期是经济衰退。）

a. 描述不良贷款在衰退之前、之中和之后如何变化。在你的数据中的三个衰退时期的模式是否相同？简要说明。

b. 不良贷款是否有长期趋势？对银行盈利能力有什么影响？

D10.3 【银行数量的长期趋势】登录圣路易斯联邦储备银行（FRED）的网站（fred. stlouisfed. org），下载并绘制1988年至最近一个季度的银行数据系列（FREQ）。访问国家经济研究局（nber. org）的网站，找到经济周期的高峰和低谷的日期。（经济周期高峰和低谷之间的时期是经济衰退。）

a. 描述这些年来美国银行数量的趋势。简要讨论造成这一趋势的因素。

b. 你的数据是否表明经济衰退对美国的银行数量有重大影响？简要说明。

第11章

超越商业银行：影子银行和非银行金融机构

学习目标

学完本章之后，你应该能够：

11.1　说明投资银行如何运作；

11.2　区别共同基金和对冲基金并描述其在金融体系中的作用；

11.3　说明养老基金和保险公司在金融体系中的作用；

11.4　说明影子银行体系与系统风险之间的联系。

开篇案例

银行何时不是银行？当银行是影子银行时！

何为对冲基金？商业银行和投资银行有什么区别？在2007—2009年金融危机爆发之初，大多数美国人甚至许多国会议员都无法回答这些问题。大多数人也不熟悉抵押贷款支持证券（MBS）、抵押债务债券（CDO）、信用违约互换（credit default swap，CDS）以及新金融证券"字母汤"中的其他原料。在金融危机期间，随着经济学家、政策制定者和公众逐渐意识到商业银行在将资金从储蓄者转移到借款人方面不再发挥主导作用，这些术语变得众所周知。相反，各种各样的"非银行"金融机构，包括共同基金、对冲基金和投资银行，正在获取以前存放在银行的资金。然后，它们使用这些资金来提供银行以前提供的信贷。这些非银行机构在使用新开发的金融证券，即使是华尔街的资深人士也常常不完全了解。

正值金融危机爆发之际，在2007年堪萨斯城联邦储备银行（Federal Reserve Bank of Kansas City）召开的一次会议上，太平洋投资管理公司（Pacific Investment Management Company，PIMCO）的董事总经理保罗·麦卡利（Paul McCulley）创造了"影子银行体系"一词来形容非银行金融企业的新角色。一年后，这个词汇在蒂莫西·盖特纳（Timothy Geithner）于纽约经济俱乐部的演讲中被使用后才广为人知。盖特纳当时是纽约联邦储备银行行长，后来成为奥巴马政府的财政部长。他引用的美联储的一项研究表明，到2008年，影子银行体系的规模已比商业银行体系大50%以上。

随着金融危机的恶化，两家大型投资银行（贝尔斯登和雷曼兄弟）及一家保险公司［美国国际集团（AIG）]处于风暴的中心。尽管许多商业银行也陷入危机，但2007—2009年是美国历史上第一次起源于商业银行体系之外的重大金融危机。非银行的问题使应对危机更加困难，因为美国的政策制定和监管结构是基于商业银行的，这是最重要的金融公司的假设。特别是，1914年美国建立了联邦储备体系来规范商业银行体系并使用贴现贷款帮助遭受短期流动性问题困扰的银行。同样，联邦存款保险公司（FDIC）成立于1934年，目的是为商业银行的存款提供保险。正如我们将在本章中看到的那样，联邦存款保险公司不对影子银行的短期借款提供保险，而且影子银行通常在遇到流动性问题时没有资格从美联储获得贷款。因此，在美联储和联邦存款保险公司成立前折磨商业银行体系的一些不稳定因素，也会折磨影子银行体系。

虽然影子银行的规模仍然较大，但部分因为金融危机，影子银行体系的规模相对于商业银行体系已经有所减小。在金融危机之后，国会于2010年通过《华尔街改革和消费者保护法》或《多德-弗兰克法案》，并建立联邦稳定监督委员会，这在一定程度上加强了联邦政府对影子银行体系的监管。但一些政策制定者和经济学家认为影子银行依然是金融体系不稳定的根源。

资料来源：Stanley Fischer, "The Importance of the Nonbank Financial Sector," Speech at the Debt and Financial Stability——Regulatory Challenges conference, the Bundesbank and the German Ministry of Finance, Frankfurt, Germany March 27, 2015; Zoltan Pozsar, et al., "The Shadow Banking System," Federal Reserve Bank of New York Staff Report No. 458, July 2010, Revised February 2012; Timothy F. Geithner, "Reducing Systemic Risk in a Dynamic Financial System," talk at The Economic Club of New York, June 9, 2008; and Paul McCulley, "Discussion," Federal Reserve Bank of Kansas City, Housing, *Housing Finance, and Monetary Policy*, 2007, p. 485.

重要议题和问题

议题：如今在商业银行体系之外有大量资金从贷款人流向借款人。

问题：影子银行体系是否对美国金融体系的稳定构成威胁？

在本章中，我们将描述组成影子银行体系的不同类型的企业，探讨该系统为何得以发展，并讨论其是否对金融稳定构成威胁。

11.1 投资银行业务

当多数人想到“华尔街”或“华尔街企业”的时候，他们想到的是投资银行。高盛、美林和摩根大通等公司都是在商业新闻中耳熟能详的名字。在21世纪头10年，它们的一些员工赚到了惊人的薪水和奖金，这激发很多大学生投身华尔街。在本节中，我们讨论投资银行业务的基础知识及其随着时间的变化。

何为投资银行？

商业银行业务的基础是接受存款和发放贷款。相反，**投资银行业务（investment banking）**主要涉及以下业务：

（1）为发行新证券提供建议；

（2）承销新证券；

（3）为兼并和收购提供建议和融资；

（4）金融工程，包括风险管理；

（5）研究；

（6）自营交易和做市。

前三项业务是投资银行业务的核心。后三项业务是近期出现的。现在我们简要考察每一项业务。

为发行新证券提供建议

微软擅长生产软件，金宝汤（Campbell）擅长生产汤，可口可乐擅长生产汽水。但是，这些公司都不擅长了解金融市场的来龙去脉。企业通常会向投资银行寻求有关如何通过发行股票或债券或者借贷来筹集资金的建议。投资银行拥有关于投资者当前购买不同类型证券的意愿及投资者可能接受的价格的信息。公司自己收集这一信息会很困难，但如果它们想以低成本筹集资金，这一信息又是至关重要的。

承销新证券

投资银行家赚取收入的一种方式是承销企业公开发行的新股票或债券。在**承销业务（underwriting）**中，投资银行通常会向发行公司保证价格，再以更高的价格在金融市场上或直接向投资者出售证券，并赚取叫作价差（spread）的差额部分。平均而言，投资银行赚取**首次公开募股（initial public offering，IPO）**筹集的资金总额的6%至8%，IPO是公司首次向公众出售股票。投资银行通常会从二次发行（secondary offering）[或增发（seasoned offering）]中赚取筹资额的2%到4%，二次发行是以前出售过证券的公司的证券销售。债券发行费用通常很低：投资级债券为0.375%，非投资级（即垃圾级）债券为1%至2%。

作为对价差的回报，投资银行承诺尽其"最大努力"转售承销的证券。在少数情况下，投资银行直接购买证券，从而承担本金风险，即投资银行误判市场状况，并不得不以低于向发行方保证的价格出售证券。投资银行还同意为证券建立二级市场。这样做可以为IPO价格提供"支撑"。但支撑只是暂时的。一旦投资银行在IPO中停止购买股票，那么随着投资者在二级市场上买卖股票，股票价格可能会下跌。例如，在2016年中期，2015年上市公司的平均股价比其IPO价格下降了15%。

虽然一家投资银行只能承销相对小规模的股票或债券发行，但是叫作**辛迪加（syndicate）**的投资银行集团可以承销大规模的证券发行。33家银行参与了2012年Facebook的IPO承销，为该公司筹集到184亿美元。在辛迪加销售中，牵头的投资银行充当经理，并保留部分价差，其余价差分配给将债券发行给公众的银团成员和经纪公司。一旦一家公司选择了承销证券的投资银行，那么该投资银行就会进入研究该公司价值的尽职调查过程。然后该投资银行准备一份招股说明书，这是美国证券交易委员会（SEC）在允许企业向公众出售证券之前所要求的。招股说明书应该包含与潜在投资者决定购买该公司的股票或债券有关的所有信息，包括公司的盈利能力和净资产以及公司面临的风险，如未决诉讼。然后，投资银行展开"路演"，由银行的代表拜访可能有兴趣购买证券的机构投资者，如共同基金、养老基金和大学捐赠基金。最后，投资银行为股票设定价格，该价格是投资银行估计的会使得要出售的证券数量与投资者需求的数量相等的价格。

承销可以降低贷款人与借款人之间的信息成本，因为投资银行是以自己的声誉为所承销的企业担保的。投资者通常有信心，因为承销投资银行在尽职调查过程中已经收集了有关发行公司的足够信息，所以投资者可以购买公司的证券而不会招致过多的风险。在

2007—2009 年的金融危机期间，当投资银行承销的抵押贷款支持证券最终被证明是非常糟糕的投资时，投资者信心发生了动摇。

为兼并和收购提供建议和融资

大公司经常通过收购或与其他公司合并来实现扩张。小公司会认为最快的扩张方式是被另一家公司收购。例如，热门视频游戏《我的世界》的开发商瑞典公司 Mojang AB 同意被微软以 25 亿美元的价格收购。该公司的创始人认为该公司规模已经太大，无法有效管理。在收购时，《我的世界》的原创者马库斯·佩尔松（Markus Persson）告诉游戏迷："谢谢你们将《我的世界》变成现在这个样子，但是游戏玩家太多了，我无法对这么多人负责。"①

投资银行在并购（M&A）中非常活跃。它们为买主（"买方授权"）和卖主（"卖方授权"）提供建议。通常，投资银行会主动就潜在的购买、出售或合并与公司联系。在为希望被收购的公司提供建议时，投资银行会试图找到愿意支付远高于其市场价值（即已发行股票的总价值）的收购公司。在典型的收购中，收购公司会向被收购公司支付高于市场价值25%至 30%的溢价。投资银行可以估计公司的价值、领导谈判并准备收购要约。投资银行向被收购公司的董事会提供公平意见，表明提议的报价是公平的。收购公司可能需要通过发行股票或债券或借款来筹集资金。作为建议过程的一部分，投资银行会协助安排此项融资。为并购提供咨询服务对投资银行尤其有利，因为与承销和大多数其他投资银行业务不同，投资银行无须投资自有资金。为并购提供建议的唯一重大成本是参与交易的银行家的薪水以及在诉讼中将使用的准备金。

除了为并购提供建议外，投资银行还为公司提供资本结构方面的建议，资本结构是公司用于筹集资金的股票和债券的组合。由于公司债券很低的利率在金融危机之后已经持续了很多年，一些投资银行建议客户公司发行债券并用资金回购公司的股票，特别是在公司股票价格低的时候。投资银行也可以为公司应支付股利的多少提供建议。

金融工程，包括风险管理

投资银行在设计新证券中发挥着重要作用，这一过程叫作金融工程。金融工程通常涉及利用由拥有经济学、金融学和数学高级学位的人开发的复杂数学模型来开发新的金融证券或投资策略。这些人被称为"火箭科学家"或"宽客"。我们在第 7 章中讨论的许多衍生证券都是金融工程的结果。如我们所见，企业可以使用衍生工具对冲或降低风险。例如，一家航空公司可以用石油期货合约来降低因油价大幅上涨而导致航空公司利润下降的风险。正如大多数公司都缺乏金融市场的专门知识来确定通过出售股票和债券来筹集资金的最佳方法一样，大多数公司也需要关于如何利用衍生品合约来对冲风险的最佳建议。投资银行以收费为回报，通过为公司构建风险管理策略来提供此类建议。

一些政策制定者和经济学家在 2007—2009 年的金融危机期间及之后批评投资银行，因为他们认为投资银行创造了一些过于复杂且风险水平难以估量的证券，特别是那些基于抵押贷款的证券。大多数新证券都不太适合对冲风险。很明显，商业银行和投资银行的许多高级管理人员并没有充分理解他们正在购买、出售和向客户推荐的新创建的衍生品，包括抵押债务债券（CDO）和信用违约互换（CDS）合同。这些管理者极大地低估了这些衍

① Shira Ovide and Evelyn M. Rusli, "Microsoft Gets 'Minecraft' —Not the Founders," *Wall Street Journal*, September 15, 2014.

生品在住房价格下跌且房主开始对抵押贷款违约时的价格下跌风险。投资银行的经理们经常依靠穆迪、标准普尔和惠誉等评级机构给予证券高评级。事实证明，评级机构的分析师也不了解其中的一些证券，因此未能准确地估计风险。

研究

投资银行开展几种类型的研究。投资银行将企业（如苹果公司或通用电气）和行业（如汽车或石油行业）指派给研究分析师。这些分析师收集有关公司的公开信息，有时还会调研公司并采访公司的经理。投资银行使用一些研究资料为客户确定并购或收购目标，并通过金融媒体将一些研究资料公开为“研究报告”。研究分析师通常会为投资者提供买入、卖出或持有特定股票的建议。近年来，一些分析师对他们推荐的股票使用（在投资组合中）增持（overweight）这一术语，对不推荐的股票则使用减持（underweight）。大型投资银行的高级分析师的意见会对市场产生重大影响。例如，某位高级分析师的研究报告出人意料地对某家公司持负面态度会导致该公司的股票价格下跌。

一些分析师专门提供有关金融市场当前状态的意见，有时在市场交易时间实时提供。这些意见可以为投资银行的交易席位的交易员买卖证券提供有用的信息。分析师还从事经济研究，撰写有关经济趋势的报告，并提供宏观经济变量的预测，如国内生产总值、通货膨胀率、就业率和各种利率。拥有加州大学伯克利分校经济学博士学位并担任高盛公司的经济研究负责人多年的威廉·达德利（William Dudley）于 2017 年担任纽约联邦储备银行行长。

自营交易和做市

三项核心的投资银行业务是：（1）为新证券发行提供建议；（2）承销新证券；（3）为并购提供建议和融资。传统上，证券、商业房地产或其他资产的投资只是大多数投资银行业务的很小的一部分。但是，自 20 世纪 90 年代开始，为银行自己的账户而不是为客户来买卖证券和其他资产的自营交易成为投资银行业务的重要部分，也是许多投资银行重要的利润来源。如下所述，国会对自营交易的限制降低了其对投资银行的重要性。

自营交易使银行面临利率风险、信用风险和融资风险。如果投资银行持有长期证券，如美国国债或许多抵押贷款支持证券，那么投资银行面临的风险是市场利率上升导致其持有的长期证券价格下跌。在金融危机期间，很明显投资银行也因自营交易而面临大量信用风险。信用风险是借款人拖欠贷款的风险。抵押贷款支持证券（尤其是包含次级抵押贷款或 Alt-A 抵押贷款的抵押贷款支持证券）的信用风险远高于投资银行或信用评级机构的预期。在 21 世纪头 10 年中期，投资银行发行了数千亿美元的抵押贷款支持证券。它们在承销过程中保留了其中一些证券，因为它们认为这会是很好的投资。从 2007 年开始，其中的许多证券的市场价格开始下跌，到 2008 年，这些证券的市场出现冻结，使其难以出售。结果是一些投资银行遭受了重大损失。

投资银行在金融危机期间面临的问题变得更加严重，因为它们是通过借入短期资金（有时候只是隔夜的）来为购买长期证券提供资金。融资风险是指利用短期借款来开展长期投资的投资者无法续借短期借款的风险。如果向投资银行提供短期贷款的贷款人（通常是其他金融企业）要求偿还贷款而不是将其续期或允许贷款展期，那么投资银行就不得不出售其长期证券来偿还贷款。在金融危机期间，投资银行投资的许多长期证券的价值下降，使其无力偿还从贷方获得的短期贷款。使用借入资金也会提高杠杆。我们将在下一节中进一步讨论融资风险和杠杆。

为了降低自营交易的风险，当国会于2010年通过《多德-弗兰克法案》时，该法案就包含了严格限制自营交易的“沃尔克规则”。作为回应，大多数银行停止了自营交易，但继续以做市商的身份买卖证券。**做市商（market maker）**是一家买卖证券的公司，通常买卖不在交易所交易的证券，并维持证券存货来充当买卖双方之间的中介。投资银行从做市中获利，而做市获得的是购买证券的价格与出售证券的价格之间的价差。尽管价差通常很小（有时为负，在这种情况下银行将蒙受损失），但也可能很大。例如，2016年10月，高盛在一只垃圾债券上赚取了1亿美元的利润，当时该债券的价格在银行购买该债券与出售该债券之间的这段时间里大幅上涨。这种收益引出一个问题，即自营交易（监管机构现已不再允许）与做市（监管机构继续允许）之间是否有显著差异。引用哈佛法学院的哈尔·斯科特（Hal Scott）教授的话就是：“没有人能够区分做市和自营交易。”[①]

投资银行业务的“回购协议融资”、杠杆和融资风险

我们可以进一步思考投资银行面临的融资风险。商业银行主要依靠存款为投资提供资金。用存款为投资筹集资金叫作零售融资（retail funding）。投资银行并不接受存款，因此必须以其他方式来为投资提供资金。资金来源之一是投资银行的资本，包括股东的资金加上银行历年来留存的利润。资金的另一个来源是短期借款，主要是从其他金融公司的借款。这类融资叫作批发融资（wholesale funding）。在20世纪90年代之前，大多数投资银行都是合伙制组织的，它们开展的自营交易或做市活动相对较少，而是专注于承销和为并购提供建议的传统投资银行业务。投资银行主要用合伙人的资本或股权为这些活动提供资金。然而，在20世纪90年代和21世纪头10年，大多数大型投资银行从合伙制企业转变为上市公司，而自营交易成为更重要的利润来源。

投资银行用批发融资为证券投资和对公司的直接贷款（包括对商业房地产开发商的抵押贷款）提供资金。用借款而不是用资本或股权为投资提供资金会提高银行杠杆。在投资中杠杆是一把双刃剑：增加投资的盈利，也增加投资的亏损。回想一下，银行资产与资本之比是衡量银行杠杆率的指标。由于银行的股权收益率（ROE）等于其资产收益率（ROA）乘以银行杠杆率，因此，在给定ROA的情况下，银行杠杆率越大，ROE越大。但是，不管ROA是正的还是负的，这种关系都成立，这意味着杠杆可以将小的负ROA变成大的负ROE。

Q&A 解决问题 11-1

杠杆的危险

假设一家投资银行准备购买1 000万美元的长期抵押贷款支持证券。考虑银行为投资筹集资金的三种可能的方式：

(1) 银行完全用股权为投资筹集资金。

---

① Justin Baer, “How One Goldman Sachs Trader Made More Than \$100 Million,” *Wall Street Journal*, October 19, 2016.

（2）银行借入 750 万美元并用 250 万美元的股权为投资筹集资金。

（3）银行借入 950 万美元并用 50 万美元的股权为投资筹集资金。

a. 计算这三种为投资筹集资金的方式的银行杠杆。

b. 对每种为投资筹集资金的方法，计算银行收到的股权投资收益率，假定：

i. 抵押贷款支持证券的价值在购买后的一年内上升 5%。

ii. 抵押贷款支持证券的价值在购买后的一年内下降 5%。

为简单起见，忽略银行从证券中收到的利息、银行为购买证券的借款所支付的利息及银行必须支付的任何税款。

解决问题

第一步　复习本章的内容。这个问题与杠杆和风险的相互作用有关，因此，你需要复习“投资银行业务的‘回购协议融资’、杠杆和融资风险”这一小节。

第二步　通过计算每种为投资筹集资金方法的杠杆来回答 a 部分的问题。本节中定义的杠杆等于资产的价值除以资本（或股权）的价值。在这个例子中，资产价值恒定为 1 000 万美元，但是银行在三种不同的为投资筹集资金的方式下投入不同数量的自有资金（不同数量的资本或股权）。若银行用融资方法（1），则使用自有资金 1 000 万美元；若用融资方法（2），则使用自有资金 250 万美元；若用融资方法（3），则使用自有资金 50 万美元。因此，每种方法的杠杆如下：

（1）$\frac{10\ 000\ 000}{10\ 000\ 000}=1$

（2）$\frac{10\ 000\ 000}{2\ 500\ 000}=4$

（3）$\frac{10\ 000\ 000}{500\ 000}=20$

第三步　通过计算在为投资筹集资金的三种方法下银行的股权收益率来回答问题 b 的第一部分。银行在每种情况下都会从抵押贷款支持证券价格上涨中得到 50 万美元的收益。由于银行在三种融资方法下投资的股权数量不相等，所以银行的收益率也不同：

（1）$\frac{500\ 000}{10\ 000\ 000}=0.05$ 或 5%

（2）$\frac{500\ 000}{2\ 500\ 000}=0.20$ 或 20%

（3）$\frac{500\ 000}{500\ 000}=1.00$ 或 100%

第四步　通过计算三种为投资筹集资金的方法下的收益率来回答问题 b 的第二部分。在这个例子中，银行从抵押贷款支持证券的价格下跌中遭受了 50 万美元的损失。因此，银行的收益率是：

（1）$\frac{-500\ 000}{10\ 000\ 000}=-0.05$ 或 −5%

（2）$\frac{-500\ 000}{2\ 500\ 000}=-0.20$ 或 −20%

（3）$\frac{500\ 000}{500\ 000}=-1.00$ 或 −100%

这些结果表明，银行投资的杠杆越高（即银行对借款而不是对投入自有资本或股权的依赖程度越大），潜在的利润就越大，潜在的损失也越大。如我们将会看到的那样，即使这个问题中最高的杠杆（20）也远低于大型投资银行在2007—2009年金融危机之前的杠杆！

见本章末的问题和应用1.7。

正如我们在第10章所看到的那样，联邦银行法规限制商业银行的杠杆。但是，这些法规不适用于投资银行。结果是，在21世纪头10年，随着投资银行增加用借入资金融资的投资，其杠杆率大大超过大型商业银行。图11-1（a）显示在2007年金融危机开始的时候，五家大型商业银行和五家大型投资银行的杠杆。作为整体的投资银行的杠杆率比商业银行高得多。如我们将在下一节中讨论的那样，到2008年底，高盛公司和摩根士丹利是仅有的几个保持独立的大型投资银行。如图11-1（b）所示，在金融危机期间和之后，高盛公司和摩根士丹利将其杠杆降低到与商业银行更一致的水平。这一降低杠杆的过程叫作去杠杆（deleveraging）。

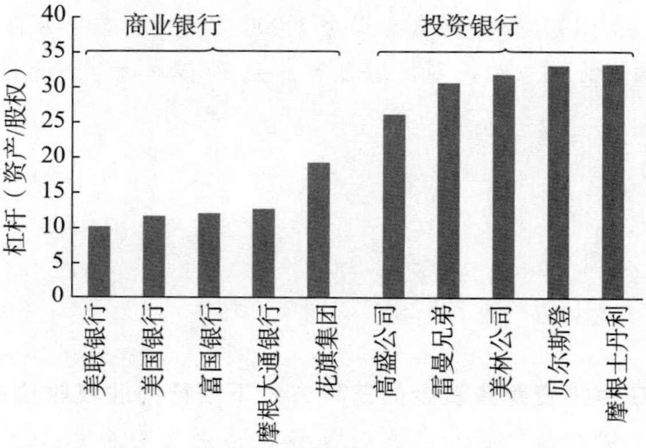

(a) 大型商业银行和投资银行的杠杆（2007年）

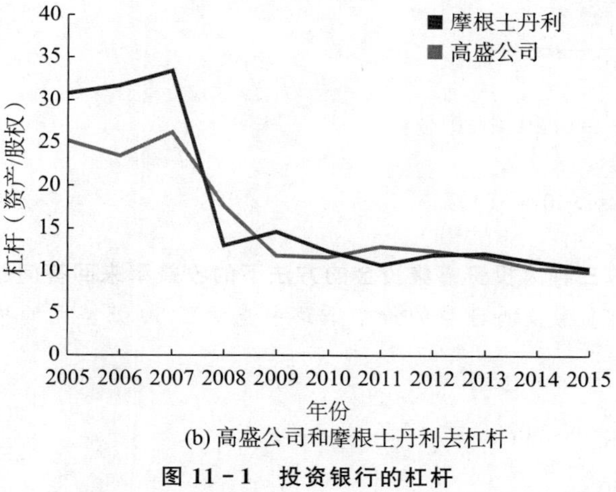

(b) 高盛公司和摩根士丹利去杠杆

图11-1　投资银行的杠杆

图（a）显示在2007年金融危机爆发之初，大型投资银行的杠杆高于大型商业银行。

图（b）显示，在金融危机期间和之后，高盛公司和摩根士丹利的杠杆下降或称去杠杆化。

资料来源：公司年报和年资产负债表。

除了高杠杆外，投资银行还因为融资方式而容易遭受融资风险。投资银行依赖批发融资，这些资金主要是通过发行商业票据或使用回购协议借入的。回购协议是用抵押品支持的短期贷款。例如，一家投资银行可以通过将短期国债卖给另一家银行或养老基金来借入资金，与此同时，投资银行同意在第二天或几天之内以稍高的价格买回短期国债。出售和回购短期国债的价格之间的差额是贷款利息。到 21 世纪头 10 年中期，投资银行已开始严重依赖这种"回购协议融资"[①]。

商业票据和回购协议融资都是短期贷款。如果投资银行用募集的资金投资抵押贷款支持证券或发放长期贷款，那么就会面临期限错配，因为负债（商业票据或回购协议）的期限短于资产的期限。如我们在第 10 章中所看到的那样，当商业银行用短期存款来发放长期贷款时经常会面临期限错配问题。期限错配使商业银行容易遭受挤兑，许多存款人想同时撤回资金，但不能这样做，因为银行已将大部分资金投资于流动性差的贷款。1934 年国会建立联邦存款保险后，银行挤兑在美国变得罕见。

然而，商业银行可得到的零售融资与投资银行所依赖的批发融资之间存在重要的区别。购买投资银行发行的商业票据或与其开展回购融资的贷款人并没有联邦担保。如果投资银行倒闭，那么除非贷款有价值不会下降的资产为抵押，否则贷款人会蒙受巨大的损失。这种交易对手风险，即金融交易另一方无法履行义务的风险，在 2007—2009 年的金融危机中发挥了重要作用。由于投资银行在抵押贷款支持证券上遭受损失，当贷款人拒绝购买银行的商业票据或与它们签订回购融资协议时，他们承担的融资风险变得显而易见。几家大型投资银行，特别是贝尔斯登和雷曼兄弟，由于使用短期借款为流动性差的长期资产提供融资，因此遭遇到严重的财务困难。正如摩根大通的董事长兼首席执行官杰米·戴蒙（Jamie Dimon）所说："有一项不可违反的财务戒条：不要借短贷长，尤其是对流动性差的长期资产。"[②] 不幸的是，在金融危机爆发之前的几年中，许多投资银行违反了这一戒条。

联系实际 11－1

道德风险使投资银行偏离正轨吗?

直到 20 世纪 80 年代初，所有大型投资银行都是合伙制企业。银行用于运营的资金主要来自合伙人自己在公司的股权。若投资银行盈利，则由合伙人一起分享利润，若投资银行亏损，则由合伙人一起分担损失。财经作家罗杰·洛文斯坦（Roger Lowenstein）描述了所罗门兄弟投资银行在 20 世纪 70 年代后期的情况，因为合伙人担心一项投资进展不佳：

> 公司的资本账户过去常常是写在一本小册子里，放在一个叫作艾伦·芬（Allan Fine）的合伙人的办公室外面，每天下午合伙人都会紧张地悄悄走到芬的办公室看看损失了多少。

---

① 雷曼兄弟投资银行于 2008 年破产。法院指定的破产审查员于 2010 年发布的一份报告显示，该投资银行将其部分回购协议作为出售而不是贷款来核算，通常这样做是为了减少资产负债表上报告的资产和债务，从而降低该投资银行呈现在投资者面前的杠杆程度。

② Jamie Dimon, "Letter to Shareholders," March 10, 2008, in JPMorgan Chase's Annual Report, 2007, p. 12.

1981 年，通过从合伙制到公司制的转变，所罗门兄弟成为第一家“上市”的大型投资银行。到 2007—2009 年的金融危机的时候，所有大型投资银行都已成为上市公司。正如我们在第 9 章所看到的那样，因为虽然股东拥有企业，但高级管理人员实际控制企业，所以在公司制下所有权和控制权是分离的。其中的道德风险会带来委托-代理问题，因为高级管理人员也许会采取不符合股东最大利益的行动。

减少道德风险的一种方法是股东监控高级管理人员的行为。投资银行从 21 世纪头 10 年初开始不太重视传统业务，如承销和为并购提供咨询，并开始交易复杂的金融证券，如 CDO 和 CDS，股东和董事会经常不理解这些业务及其风险，进而无法有效地监控公司的经理。一些评论家和政策制定者认为，其结果是，通过提高杠杆率和购买最终被证明是高风险的抵押贷款支持证券，投资银行在房地产繁荣时期承担了太多的风险。它们之所以这样做，是因为高层管理人员不用承担如果银行仍然是合伙制企业时所要承担的巨额亏损后果。曾在所罗门兄弟公司担任债券销售员数年后又成为财经作家的迈克尔·刘易斯（Michael Lewis）指出：

> 没有哪家由其雇员拥有的投资银行会把杠杆率提高到 35 比 1 或购买和持有 500 亿美元的中间层 CDO。我不相信会有哪家合伙制企业会寻求与评级机构博弈……或者允许将中间层 CDO 出售给其客户。对短期利益的追求不符合长期利益。

其他评论家对这一论断表示怀疑。很多投资银行的高级经理在金融危机中也遭受了重大损失，这表明道德风险问题也许并没有那么严重。在两个杠杆率最高的投资银行贝尔斯登和雷曼兄弟中，大多数经理人都拥有大量公司股票。由于这些公司的股票在金融危机期间几乎失去了全部价值，因此，许多公司经理的个人财富也大幅缩水。雷曼兄弟破产时的董事长兼首席执行官理查德·富尔德（Richard Fuld）因雷曼兄弟股票价值下跌而蒙受约 9.3 亿美元的损失。

关于为什么投资银行在金融危机之前的几年里会变得更加杠杆化并承担更多风险的争论可能还会继续下去。

资料来源：Michael Lewis，“The End，” Portfolio，December 2008；Roger Lowenstein，*When Genius Failed：The Rise and Fall of Long-Term Capital Management*，New York：Random House，2000，p. 4；and Aaron Lucchetti，“Lehman，Bear Executives Cashed Out Big，” *Wall Street Journal*，November 22，2009.

见本章末的问题和应用 1.8。

投资银行业

在 20 世纪 30 年代的大萧条之前，联邦政府允许金融公司从事商业银行和投资银行业务。大萧条期间发生了股价暴跌和 9 000 多家银行倒闭的金融恐慌。作为旨在重组金融体系的一系列法律的一部分，国会于 1933 年通过的《格拉斯-斯蒂格尔法案》从法律上将投资银行业务与商业银行业务分开。国会认为投资银行业务先天地比商业银行业务风险更大。结果是，既从事商业银行业务又从事投资银行业务的银行必须拆分为独立的公司。商业银行也不得提供其他金融服务，如人寿保险、投资建议或经纪服务。国会为什么要采取这一行动？1929 年 10 月的股市大跌导致承销业务蒙受了巨大损失，因为投资银行被迫以低于其向发行公司保证的价格出售证券。《格拉斯-斯蒂格尔法案》还包含有关联邦存款保险制度的规定（此后随着联邦存款保险公司的成立而永久化）。国会中的多数人认为，如果联邦政府要为存款提供保险，那么就不应该允许银行用存款从事其认为风险高的投资银行业务。

在《格拉斯-斯蒂格尔法案》通过后，许多大型银行都认为商业银行业务比投资银行业务更有利可图，于是将其投资银行业务剥离为独立的公司。例如，当时的商业银行 JP 摩根剥离了投资银行摩根士丹利，波士顿第一国民银行剥离了第一波士顿公司，后者成为一家独立的投资银行。

随着已经过去数十年以及 20 世纪 30 年代初期银行业的混乱状况从记忆中消失，经济学家和政策制定者开始重新考虑《格拉斯-斯蒂格尔法案》的合理性。原则上，该法案旨在保护在商业银行中有存款的人免受银行从事高风险投资活动的影响。然而，实际上，一些经济学家认为，该法案保护了投资银行业免受竞争，因为商业银行无法再提供投资银行服务。这些经济学家认为，竞争的减少使投资银行能比商业银行获得更大的利润。结果是，与允许商业银行竞争相比，企业被迫为承销和其他投资银行服务支付更多费用。

到 20 世纪 90 年代，国会的情绪逐渐转向废除《格拉斯-斯蒂格尔法案》。最后，在 1999 年，《格拉姆-里奇-布莱利法案》（又称《金融服务现代化法案》）替代了《格拉斯-斯蒂格尔法案》。《格拉姆-里奇-布莱利法案》授权新的金融控股公司，允许证券和保险公司拥有商业银行。该法案还允许商业银行参与证券、保险和房地产业务。在 2007—2009 年的金融危机期间，一些经济学家和政策制定者认为，废除《格拉斯-斯蒂格尔法案》是一个错误。他们认为，就像在 20 世纪 30 年代一样，高风险的投资银行业务已经损害了商业银行，并使政府保险的存款处于危险之中。

在 1999 年废除了《格拉斯-斯蒂格尔法案》之后，投资银行业发生了重大变化。被称为“华尔街投资银行领导集团”的最大的投资银行有两种类型：一些投资银行，如摩根大通、花旗集团和瑞士信贷，是从事广泛的商业银行业务的大型金融公司的一部分。另一些投资银行，如高盛、摩根士丹利、雷曼兄弟、贝尔斯登和美林，是不从事重要的商业银行业务的独立投资银行。大型商业银行，如美国银行、瑞银、美联银行和德意志银行，也有投资银行分支机构。最后，被称为“精品店”的小型或区域性投资银行，如黑石集团、派珀贾夫瑞、拉扎德、雷蒙德·詹姆斯和佩雷拉·温伯格，在该行业中也发挥着重要作用。

联系实际 11-2

国会应该重启《格拉斯-斯蒂格尔法案》吗？

如我们刚刚讨论的那样，到 20 世纪 90 年代，大多数经济学家都支持废除《格拉斯-斯蒂格尔法案》，认为将商业银行业务与投资银行业务相分离可以减少投资银行服务市场的竞争，并减少银行业的范围经济机会。当企业能以比单独生产时更低的成本提供多种商品或服务时，就存在范围经济。例如，银行在服务器时间、软件和员工方面的一些成本可以被分散在商业银行服务和投资银行服务上，从而能以较低的价格提供这两种服务。

尽管《格拉姆-里奇-布莱利法案》在国会获得多数通过，但在金融危机之后，一些政策制定者敦促恢复商业银行与投资银行业务的分离。在 2016 年总统大选期间，民主党的平台敦促通过“现代版本的《格拉斯-斯蒂格尔法案》”，共和党的平台则表示：“我们支持恢复那部禁止商业银行从事高风险投资的 1933 年的《格拉斯-斯蒂格尔法案》。”然而，这两个平台都未提供有关应该恢复《格拉斯-斯蒂格尔法案》哪些方面的详细信息。

参议员伊丽莎白·沃伦（Elizabeth Warren）、约翰·麦凯恩（John McCain）、玛丽亚·坎特威尔（Maria Cantwell）和安格斯·金（Angus King）在几年前提出更详细的提案，当时他们提出《21世纪格拉斯-斯蒂格尔法案》。未成为法律的这一法案禁止商业银行参与投资银行业务和提供其他一些服务，如保险、互换和大多数衍生工具。该法案的目的是将商业银行限制在尽可能接近传统的银行业务活动中，即吸收存款和向家庭和企业提供常规贷款。

政策制定者在恢复《格拉斯-斯蒂格尔法案》时有两个主要目标：（1）降低金融体系中的风险；（2）减小银行规模。第一个目标与20世纪30年代的《格拉斯-斯蒂格尔法案》的支持者的目标相似：避免将低成本的受政府保险的存款用于高风险的金融投资，从而降低金融系统中的风险。从这个角度来看，联邦存款保险公司对银行存款的保险产生了道德风险问题。储户不担心用其提供的资金所从事的投资的风险，因为在高达250 000美元的存款保险限额下，他们不会遭受资金损失。因此，储户不要求银行提供足够高的存款收益来补偿用他们的资金所从事的投资的风险。由于投资银行业务是由低成本的政府保险存款提供资金的，因此，银行从联邦政府那里获得了隐性补贴。

第二个目标的动机是认为大银行对金融体系的稳定性构成威胁，利用其市场力量来减少金融体系中的竞争，并通过给国会议员的竞选捐款和政治游说对政府政策产生重大影响。恢复执行的《格拉斯-斯蒂格尔法案》通过限定不同的金融业务（如商业银行业务、证券承销业务、保险销售及交易商或经纪商服务）将其分为单独的公司来缩小银行规模。

怀疑是否需要恢复《格拉斯-斯蒂格尔法案》的政策制定者和经济学家认为，通过对允许银行开展的投资类型的直接监管或者通过采取一些减轻投资损失对金融系统的影响的方法（如要求银行持有更多资本）可以更好地实现这两个目标。自金融危机以来，政府已经制定了此类法规。怀疑是否需要恢复《格拉斯-斯蒂格尔法案》的经济学家和政策制定者还指出，其问题通常被认为在金融危机期间造成最大困难的金融公司，要么只是作为投资银行运营，如贝尔斯登和雷曼兄弟，要么没有从事任何投资银行业务，如大型抵押贷款公司华盛顿互助银行。结合商业和投资银行业务的大型银行并不是金融危机的中心。此外，在危机期间，摩根大通收购贝尔斯登和美国银行收购美林证券的能力有助于稳定金融系统。如果当时有《格拉斯-斯蒂格尔法案》的限制，那么就没有哪笔购买会被允许。

几乎所有的政策制定者和经济学家都同意的一个结论是，非常大的金融公司的倒闭会导致金融危机或加剧已经发生的危机。我们将在第12章进一步讨论这一点。在知道大型金融公司破产会引起的问题后，监管机构就有干预的动机以防止此类金融公司破产。这种大而不能倒的政策的结果是，金融系统中的道德风险增加了，因为如果大公司的经理们预期联邦政府会拯救其免于破产，那么就会实施风险非常大的投资。将商业银行业务与投资银行业务分开是缩小银行规模的一种方法，从而可能减少大而不能倒的问题。在金融危机之后，联邦监管机构对这一问题采取了不同的方法。与其拆分大型银行，这会削弱大型银行从规模经济和范围经济中获得的较低成本，不如让监管机构有权接管一家倒闭的银行，并以不会破坏金融系统的方式逐步处置其资产。我们将在第12章进一步讨论这种方法。

关于《格拉斯-斯蒂格尔法案》的重新辩论表明大银行对金融系统的效率性和稳定性的影响仍然是经济学家和政策制定者的重要问题。

资料来源：Andrew Ross Sorkin, "One Thing Both Parties Want: To Break Up the Banks Again," *New York Times*, July 25, 2016; "Bernie Sanderss Obsession with Glass-Steagall Is Misplaced," *Economist*, February 18, 2016; 2016 Democratic Party Platform, July 21, 2016, demconvention.com/wp-content/uploads/2016/07/Democratic-Party-

Platform-7. 21. 16-no-lines. pdf；and Republican Platform 2016，prod-static-ngop-pbl. s3. amazonaws. com/media/documents/DRAFT _ 12 _ FINAL [1] -ben _ 1468872234. pdf.

见本章末的问题和应用 1. 9 和 1. 10。

投资银行都到哪里去了？

2007—2009 年的金融危机对投资银行业产生了深远的影响。因为证券价格暴跌，持有大量抵押贷款支持证券的公司遭受严重损失。独立的投资银行难以渡过危机，部分原因是它们依靠从机构投资者和其他金融公司的短期借款来为长期投资提供资金。随着危机的加剧，短期借款变得困难，这些公司被迫以低价出售资产。此外，由于它们不是商业银行，不能通过从美联储那里获得贴现贷款来解决暂时的流动性问题。2008 年 3 月，贝尔斯登濒临破产，并以极低的价格将自己出售给摩根大通。2008 年 9 月，雷曼兄弟申请破产。此后不久，美林证券将自己出售给美国银行。10 月，剩下的仅有的两家大型独立投资银行，高盛公司和摩根士丹利，向美联储申请允许它们成为由美联储监管并有资格通过其银行子公司获得贴现贷款的金融控股公司（financial holding company）。作为金融控股公司，高盛公司和摩根士丹利都可以向美联储借款。在国会于 2008 年 10 月通过不良资产救助计划（TARP）之后，它们有资格得到美国财政部购买股票的资金注入。

一些评论家将金融危机对投资银行的影响称为“华尔街的终结”，因为大型独立投资银行长期以来一直被视为股票和债券市场上最重要的金融公司。表 11 - 1 列出 11 家大型投资银行的命运。尽管行业结构发生变化，但投资银行业务（承销、为并购提供咨询等）在金融控股公司的子公司、商业银行的分支机构及精品投资银行中继续存在。

表 11 - 1　大型投资银行的命运

年份	投资银行	该银行的命运
1988	第一波士顿（First Boston）	被瑞士信贷收购
1997	所罗门兄弟（Salomon Brothers）	被旅行者收购
2000	Donaldson，Lufkin，& Jenrette	被瑞士信贷收购
	JP 摩根（JPMorgan）	被大通银行收购
	普惠公司（PaineWebber）	被瑞银集团收购
2007	爱德华证券（A. G. Edwards）	被美联银行收购
2008	贝尔斯登（Bear Stearns）	被摩根大通收购
	高盛公司（Goldman Sachs）	变成金融控股公司
	雷曼兄弟（Lehman Brothers）	破产
	美林证券（Merrill Lynch）	被美国银行收购
	摩根士丹利（Morgan Stanley）	变成金融控股公司

注：瑞士信贷（Credit Suisse）是一家总部位于瑞士苏黎世的银行；旅行者（Travellers）是一家总部位于康涅狄格州哈特福德的保险公司；瑞银集团（原瑞士联合银行）是一家总部位于瑞士苏黎世的银行；大通银行是大通曼哈顿银行，总部位于纽约市，现名为摩根大通银行；美联银行（Wachovia）是一家总部位于北卡罗来纳州夏洛特的银行，后来与富国银行合并。

资料来源：Tabular adaptation of p. 80（“The End of the Line”）from Dave Kansas，*The Wall Street Guide to the End of the Wall Street as We Know It*，New York：Collins Business，2009.

联系实际 11-3

你想成为投资银行家吗?

在过去的25年中，投资银行家一直是世界上报酬最丰厚的职业之一。高盛、摩根士丹利和摩根大通等投资银行的高管已经获得数千万美元的薪水和奖金。这笔工资一直是有争议的。一些政治评论员认为，承销和为并购提供咨询所带来的经济贡献不值得这些高管获得的报酬。一些评论家感叹，高额报酬正在吸引美国太多的“最优秀和最聪明”的人才进入投资银行业务，远离工业、科学及法律、医学和教学等他们认为会有更高生产率追求的专业领域。在金融危机期间，对投资银行最高管理者的批评增加了，一些政策制定者和经济学家认为，投资银行通过推销高风险的抵押贷款支持证券助长了危机。如我们所见，在金融危机之后，没有一家大型投资银行能作为仅从事投资银行业务的独立公司幸存下来。

但是投资银行业务仍在继续。商业银行的投资银行部门在承销和提供并购建议方面仍然非常活跃。许多精品和区域性投资银行继续蓬勃发展，尽管高盛公司在2016年通过接受小额存款和提供个人贷款而在传统在线商业银行业务中迈出有限的步伐，但高盛公司和摩根士丹利的运作基本上与危机前一样。高盛公司2007年盈利176亿美元，在危机最严重的2008年亏损13亿美元，但在2009年又恢复到198亿美元的利润，直到2016年一直保持盈利。高盛公司的首席执行官劳埃德·布兰克费恩（Lloyd Blankfein）2015年的薪水和奖金为2 300万美元（实际上远低于他在金融危机之前的2007年的6 860万美元），该公司2015年36 800名员工的平均薪水和奖金为344 511美元，尽管薪酬比2009年的498 000美元有所下降。高盛公司的薪酬接近投行雇员的平均薪酬。任何在投资银行（或其他大型金融公司）中担任高层管理人员的人都必须应对因金融危机引起的关于报酬的联邦法规。例如，2016年联邦监管机构提议，银行向高级管理人员支付的奖金中至少有一半应该递延四年，而奖金在七年内应该受“退钱机制”的约束。（在退钱机制下，如果发现经理做出的决定最终损害了公司的利益，那么最高管理者必须向他或她的公司偿还部分他或她的报酬。）但是，显然，从事投资银行业务可以提供远远高于平均水平的报酬。

对投资银行职业感兴趣的人从哪里起步？由投资银行聘用的刚刚毕业的大学毕业生有时会从事所谓的“后台”工作，为公司的运营提供文书或技术支持。投资银行正式的入门级员工通常被称为分析师。这些职位通常要求每周工作80小时或更长时间。分析师的日常职责包括研究行业和公司，向银行客户演示、收集和分析数据，帮助开展IPO的尽职调查流程，起草财务文件及参与并购的“交易团队”。投资银行通常对分析师采取“非升即走”的方法：2～3年后，投资银行要么将分析师提升为经理，要么要求他或她离开公司。拥有MBA学位而不仅仅是大学本科学历的新员工有时会被直接雇用为经理。投资银行职位晋升中较高的职位依次被称为副总裁、董事和董事总经理。

国会在2010年颁布的《多德-弗兰克法案》中的新金融法规正在改变投资银行的就业组合。特别是，对银行用自有资金交易证券的程度加以限制的“沃尔克规则”导致投资银行交易部门的就业人数减少。包括高盛公司在内的一些投资银行通过增加自己的私募股权业务来应对，在这种业务下，它们筹集资金购买表现不佳的公司、改善公司管理，然后出售这些公司——投资银行希望这是可观的利润。但是，投资银行业务是从这里发展而来的，它很可能会吸引在金融界寻找工作的大学毕业生。

资料来源：Donna Borak，Andrew Ackerman，and Christina Rexrode，“New Rules Curbing Wall Street Pay Proposed，” *Wall Street Journal*，April 22，2016；Justin Baer and Peter Rudegeair，“Goldman Shows the Big Problem for Banks：Revenue，” *Wall Street Journal*，April 19，2016；Liz Hoffman，“Goldman Sachs Raising Private-Equity Fund of ＄5 Billion to ＄8 Billion，” *Wall Street Journal*，July 21，2016；Liz Hoffman，“Goldman Sachs，Morgan Stanley Take a Tough Assignment：Reinventing Themselves，” *Wall Street Journal*，August 28，2016；and Goldman Sachs Group，2015 Annual Report.

见本章末的问题和应用 1.11。

11.2 投资机构：共同基金、对冲基金和金融公司

投资银行并不是唯一重要的非银行金融公司。**投资机构（investment institution）**是筹集资金投资于贷款和证券的金融公司。最重要的投资机构是共同基金、对冲基金和金融公司。尤其是共同基金和对冲基金在金融体系中发挥着越来越重要的作用。

共同基金

共同基金（mutual fund）是让储蓄者可以购买由股票、债券、抵押贷款和货币市场证券等构成的金融资产组合的份额的金融中介机构。共同基金为储蓄者提供减少交易成本的好处。储蓄者无须自己购买许多股票、债券或其他金融资产（每个都有其交易成本），而是可以通过一次性购买基金来买入这些资产一定比例的份额。共同基金通过提供分散化的资产组合来提供风险分担的好处及流动性的好处，因为储户很容易出售份额。此外，管理基金的公司（如富达或先锋）专门收集不同投资的信息。

美国的共同基金业可以追溯到 1924 年 3 月由马萨诸塞州金融服务公司管理的马萨诸塞州投资者信托基金的创建。该基金的市场营销强调共同基金有助于实现分散化的退休储蓄组合。1924 年下半年，道富投资公司成立。1925 年，普特南管理公司成立了法人投资基金。这三家投资管理者仍然是共同基金行业的主要参与者。

共同基金的类型

共同基金可以是封闭式基金或开放式基金。在封闭式共同基金中，共同基金公司发行固定数量的不可赎回的份额，投资者随后可在场外市场交易份额，就像股票交易一样。份额的价格随基金中资产的市场价值［通常称为资产净值（net asset value，NAV）］的波动而波动。由于基金管理质量或份额流动性的差异，基金份额会相对于基金的标的资产的市场价值以折价或溢价出售。更常见的是开放式共同基金，对这种基金发行的份额，投资者可在每天市场收盘后以与资产净值挂钩的价格赎回。

在过去的 20 年中，交易所交易基金（exchange-traded fund，ETF）变得流行起来。ETF 持有投资者可以像股票一样全天连续交易的金融资产的投资组合。实际上，ETF 是因为 1987 年 10 月 19 日的股价急剧下跌（有时称“黑色星期一”）而开始流行起来。许多投资者感到沮丧的是，直到股市下午 4 点收盘之前，他们才能出售自己的开放式共同基金。尽管封闭式基金可以全天交易，但 ETF 相对于封闭式基金的优势是 ETF 的市场价格

非常接近基金中资产的价格。与封闭式基金不同，ETF 不是积极管理的，这意味着它们持有基金经理不会去改变的固定的资产组合。（但一些主动管理的 ETF 已开始出现。）购买超过一定数量的 ETF 份额的大型机构投资者有权用份额兑换基金中的资产。例如，先锋大盘股 ETF 包含 751 只股票。如果标的股票的价格高于 ETF 的价格，机构投资者可以通过用 ETF 兑换标的股票来获得套利利润。同样，如果 ETF 的价格高于标的资产的价格，那么没有机构投资者会购买 ETF。由于套利使 ETF 的价格非常接近标的资产价格，因此小投资者可以将其作为购买多样化资产组合的廉价方法。

很多共同基金被称为无费用基金（no-load fund），因为它们不向买方收取佣金。共同基金公司通过收取管理费（通常约为基金资产价值的 0.5%）从无费用基金中赚取收入。另一种叫作收费基金（load fund）的基金向买方收取买卖份额的佣金。

投资股票或债券的基金是最大的共同基金类别。领先的共同基金公司，如富达、先锋和普信，提供许多股票和债券基金。一些基金持有种类繁多的股票或债券，另一些则专门研究特定行业或部门发行的证券，还有一些作为指数基金（index fund）投资于固定市场的一篮子证券，如标准普尔 500 指数中的股票。共同基金公司还提供专注于外国公司的股票和债券的基金，这些为小投资者参与外国金融市场提供了便利的途径。

货币市场共同基金

近年来，持有高质量的短期资产（如短期国债、可转让存单和商业票据）的**货币市场共同基金（money market mutual fund）**迅速发展。一些叫作优选货币市场基金的基金主要投资于公司商业票据。其他基金主要投资于政府证券，如短期国债。大多数货币市场共同基金允许储户在他们的账户上签发高于指定金额（如 500 美元）的支票。货币市场共同基金已成为小储蓄者替代商业银行的支票和储蓄账户的一种非常流行的方法，后者通常支付较低的利率。

从 20 世纪 80 年代开始，在为大企业提供短期信贷业务方面，优选货币市场共同基金开始成功地与商业银行竞争。公司不是从银行取得贷款，而是向基金卖出商业票据。公司在票据上支付的利率低于银行借贷的利率，但高于货币市场共同基金投资于短期国债所获得的利率。通过购买商业票据而不是短期国债，这些基金承担了更多的信用风险，但由于期限较短（通常少于 90 天）且商业票据获得评级机构的高评级，因此风险得以最小化。21 世纪头 10 年，包括投资银行在内的许多金融公司也开始依靠出售商业票据来满足短期信贷需求。如我们所见，一些投资银行有依赖商业票据为长期投资融资的风险。

2007—2009 年的金融危机表明，市场参与者低估了由于越来越多地使用商业票据而引起的两种风险来源。首先，使用商业票据为运营提供资金的公司面临着融资风险，即当现有商业票据到期后它们可能难以出售新的商业票据。融资风险会让公司争先恐后地寻找替代性信贷来源。其次，货币市场共同基金和其他商业票据的购买者面临这样的可能性，即与短期国债相比，它们收取的略高的利率不能充分补偿它们承担的信用风险。

由于货币市场共同基金的标的资产既是短期的，根据假定又是高质量的，因此基金保持其资产净值（NAV）稳定在每份 1 美元。导致基金份额的资产净值跌破 1 美元的日常小幅价格下跌会被基金吸收，因为基金经理知道他们会在很短一段时期之后的投资到期时收到投资的面值。因此，与其他类型的共同基金不同，直到金融危机之前，购买者不必担心本金的损失，或者大多数投资者是这样的。

让大多数投资者感到震惊的是，储备管理公司在 2008 年 9 月宣布其旗下的名为储备优选基金的知名货币市场共同基金在雷曼兄弟宣布破产并拖欠商业票据时损失惨重以至于不得不“跌破面值”。跌破面值意味着储备基金会让基金的资产净值降至 0.97 美元，这将导致基金投资者的本金损失 3%。此外，储备基金宣布将延迟允许投资者赎回份额或签发支票。一家知名基金的投资者遭受本金损失并无法赎回份额这一事实引起大量资金从其他货币市场共同基金中撤出。这些提款导致美国财政部宣布将暂时保证所持有的货币市场共同基金免受损失，从而确保其他基金不会被迫破产。

尽管美国财政部的担保放慢了从货币市场共同基金的提款，但这些基金大幅减少了购买商业票据。由于基金占商业票据市场如此大的比例，且由于许多公司已经严重依赖出售商业票据来为其运营提供资金，因此，这对金融体系的不利影响非常严重。美联储自 20 世纪 30 年代大萧条以来首次于 2008 年 10 月通过直接购买商业票据来介入以稳定市场。美联储的行动有助于恢复资金流向依赖商业票据的公司。我们将在第 11.4 节中讨论影响货币市场共同基金的最新监管变化。

对冲基金

对冲基金（hedge fund）类似于共同基金，因为它们使用从储蓄者那里收集而来的资金从事投资。但共同基金与对冲基金有一些差异。对冲基金通常是由 99 名或更少的投资者组成的合伙企业，所有人都是富有的个人或机构投资者，如养老基金或大学捐赠基金。由于对冲基金由相对少的富有的投资者和机构投资者组成，所以基本上不受监管。不受监管使对冲基金可以从事共同基金不能开展的高风险投资。

对冲基金经常做空它们认为可能会下跌的证券，意思是它们从交易商那里借入证券并在市场上出售，并计划在价格下跌后购回。早期对冲基金的典型策略是将证券的空头头寸与多头头寸（如购买该证券的期货合约）配对，以使该基金可以从证券价格的上涨或下跌中受益。因为这种策略类似于我们在第 7 章中讨论的常规对冲策略，所以这些早期基金获得了“对冲基金”的名称。但现代对冲基金通常从事投机而不是对冲的投资，因此它们的名称不再是对其策略的准确描述。尽管很难获得对冲基金的可靠统计数据，但 2016 年在美国运营的对冲基金多达 10 000 只，管理着超过 3 万亿美元的资产。

对冲基金一直饱受争议，主要有以下四个原因：

(1) 共同基金经理通常会收取管理基金的费用，对冲基金经理也会从基金获得的利润中分得一部分。典型的对冲基金向投资者收取的费用是基金资产价值的 2%加基金赚取的利润的 20%。（这些费用有时被称为“附带利益”，基金经理对这些费用按资本利得税税率而非普通所得税税率纳税，但在 2017 年，总统唐纳德·特朗普正在考虑一项将附带利益作为普通收入纳税的提案。）

(2) 在对冲基金的投资通常缺乏流动性，通常在 1～3 年内不允许投资者提取资金。即便如此，通常投资者只能获得很短的时间窗口赎回投资。

(3) 在某些情况下，大型对冲基金在遭受重大损失后会给金融系统带来潜在风险。最著名的是，创始人包括诺贝尔经济学奖获得者迈伦·斯科尔斯和罗伯特·默顿的对冲基金长期资本管理公司（Long-Term Capital Management，LTCM）在 1998 年开展的投机性投资：若高风险债务的利率相对于低风险债务的利率下降，则投资会获利。对LTCM来说不幸的是，高风险债务和低风险债务的利差不是缩小了而是扩大了，导致LTCM被迫破产。尽管LTCM在投资中仅使用了40亿美元的自有资金，但通过借贷和使用衍生品合约，其持有的证券的总价值超过1.1万亿美元。美联储担心，如果LTCM宣布破产并对其贷款和衍生品合约违约，那么该对冲基金的很多交易对手将蒙受损失，而这些损失将损害金融体系的稳定性。因此，纽约联邦储备银行在1998年9月组织了一项救助计划，其中16家金融公司同意投资LTCM来稳定该公司以便以不会破坏金融市场稳定的方式将其投资出售或“解散”。一些经济学家认为，美联储支持LTCM的行动会使其他投资经理承担更大的风险，因为他们认为美联储也会干预以挽救其公司免于破产。不过，其他经济学家不认为美联储在LTCM救助计划中的行动会对其他金融公司的行动产生重大影响。

(4) 对冲基金因大量使用卖空而受到批评。卖空会通过增加出售证券的数量而导致证券价格下跌。在金融危机期间，大型投资银行的领导人声称对冲基金的卖空行为将其股票价格推低至人为的低水平，从而加剧其财务问题。2010年，德国政府开始担心，针对某些欧洲政府发行的债券和某些德国金融公司的股票的投机活动正在破坏欧洲的金融市场。5月，德国政府禁止“裸”卖空，即在不先借入证券的情况下卖出证券空头。

尽管有这些批评，但许多经济学家认为对冲基金在金融体系中起着重要作用。由于对冲基金能够动员大量资金并在购买证券时杠杆化使用这些资金，所以能迅速迫使价格变化，纠正市场效率低下。

联系实际 11-4

如果可以的话你会投资对冲基金吗?

许多人对共同基金投资所获得的收益不足感到失望。对这些人来说，对冲基金代表了投资的希望之地吗？潜在的对冲基金投资者面临两个问题。首先，普通投资者不能参与对冲基金。要购买对冲基金，你必须是美国证券交易委员会（SEC）定义的“合格投资者”。在2016年秋季，要成为一名合格的投资者，你需要至少有100万美元的净资产（不包括房屋价值），或者在投资前的两年中每年至少有20万美元的收入并预期在投资年度中有相同的收入。这些要求排除了大多数投资者，但如果你是合格投资者，那么，与购买共同基金份额相比，购买对冲基金是否会给你带来更高的收益？例如，投资于标准普尔500指数中的股票的先锋500指数基金是在大多数投资者的能力范围内的，因为它的最低投资额仅为3 000美元，并对投资者没有收入要求。

对冲基金的收益率是否高于先锋500指数基金和类似的共同基金？这个问题的答案还不是很清楚，因为与共同基金不同，大多数对冲基金不必向美国证券交易委员会提供其投资者获得的收益的详细报告。尽管每年都有一些基金获得很高的收益率，并在金融媒体上广为宣传，但对冲基金收益的估计表明其近年来整体表现不佳。为《华尔街日报》开展的一项分析表明，从2009年第二季度（当股市开始从金融危机中恢复过来）到2016年第二季度，在28个季度中有

22 个季度对冲基金的收益低于基本的股票和债券的投资组合。即使几年内获得丰厚收益的基金，在其他年份也常常遭受重大损失。例如，约翰·保尔森（John Paulson）管理的对冲基金大量投资于若房价下跌则价值增加的证券。当房价在 2007 年和 2008 年确实下跌时，这些基金获得了 150 亿美元的利润。保尔森仅在 2007 年的收费就超过 40 亿美元，这是有史以来个人在美国金融市场上获得的单年最高收益。如果你是合格的投资者，那么你当然会抓住机会投资保尔森的基金，对吗？实际上，保尔森在 2011 年投资了那些损失惨重的证券，当时美国经济的复苏速度比他预期的要慢。结果是他最大的基金损失了 35%，另一只基金损失了 50%以上，导致许多大型投资者赎回他们的份额。对冲基金经常遭受巨额亏损和巨额收益的原因之一是，与共同基金相比，对冲基金的杠杆作用往往更大。

对冲基金除了获得不稳定的收益外，还有其他一些弊端。正如我们已经指出的那样，对冲基金经理收取的费用远远高于共同基金经理收取的费用。例如，先锋 500 指数基金收取资产价值的 0.16%作为管理费，并将基金的所有利润返还给投资者，而对冲基金经理（如约翰·保尔森）通常收取基金资产价值的 2%加上基金赚取的任何利润的 20%，有些基金经理甚至收取更多！由于管理费用如此之高，对冲基金必须进行非常有利可图的投资才能使投资者获得高于平均水平的收益。与共同基金不同，对冲基金的投资通常缺乏流动性，因为投资者只能在特定时间撤回资金。对冲基金也常常投资于比共同基金投资的资产流动性更低的资产。由于这些非流动性资产不经常被买卖，因此投资者难以确定其市场价格，因此难以确定基金投资的真实价值。

2010 年的《多德-弗兰克法案》首次要求大型对冲基金在 SEC 注册，但与共同基金不同，对冲基金无须详细披露其资产持有情况。对冲基金经理认为，充分披露会让其他经理复制其投资策略。缺乏充分披露使得投资者很难像共同基金一样容易地评估对冲基金。在极端情况下，缺乏披露可以帮助掩盖欺诈行为。2008 年，伯纳德·麦道夫（Bernard Madoff）运作了数十年之久的基金竟然是利用新投资者的钱来偿还以前的投资者而不是用钱来购买证券。投资者在欺诈中损失了数十亿美元，麦道夫被判处超过 150 年的监禁。

下表总结了共同基金相对于对冲基金的利弊。

共同基金		对冲基金	
优点	缺点	优点	缺点
1. 管理费低	1. 不允许采取某些投资策略	1. 允许采用复杂的投资策略	1. 管理费高
2. 充分披露持有的证券	2. 收益可能较低	2. 收益可能较高	2. 有限披露持有的证券
3. 份额流动性高			3. 基金投资的流动性低
4. 风险较低			4. 风险较高

该表显示，对冲基金的主要优势在于可以使用复杂的投资策略来获得高收益。但是，金融市场的一个重要思想是风险与收益之间的权衡。即使对冲基金的投资者获得了高于平均水平的投资收益率（目前尚不清楚），他们承担的风险也比分散化共同基金的投资者高得多。因此，即使你有资格投资对冲基金，你也要在操作之前仔细考虑该基金的过往绩效、费用和投资策略。

资料来源：Rob Copeland and Timothy W. Martin, "Hedge Fund Star: We Are 'Under Assault,'" *Wall Street Journal*, May 12, 2016; Rob Copeland, "Wasted Opportunity: Hedge Funds Falter," *Wall Street Journal*, January 1,

2016; Julie Creswell and Azam Ahmed, "Large Hedge Funds Fared Well in 2011," *New York Times*, March 29, 2012; and Securities and Exchange Commission, *Investor Bulletin*: *Hedge Funds*.

见本章末的问题和应用 2.9。

金融公司

金融公司（finance company）是通过出售商业票据和其他证券来筹集资金，并利用这些资金向家庭和企业提供小额贷款的非银行金融中介机构。一些投资银行通过短期贷款或循环信贷额度向金融公司提供资金。在发放贷款之前，金融公司会收集有关借款人违约风险的信息。但是，由于金融公司不像商业银行那样接受存款，因此，除了向潜在借款人披露信息和防止欺诈之外，联邦和州政府通常认为几乎不需要监管。与其他受监管程度更高的机构所能提供的标准贷款相比，较低的监管程度使金融公司能够更紧密地提供满足借款人需求的量身定制的贷款。

金融公司的三种主要类型是消费者金融公司、商业金融公司和销售金融公司。

消费者金融公司提供贷款使消费者能够购买汽车、家具和家电，资助房屋装修，并为家庭债务再融资。与优质银行客户相比，金融公司客户的违约风险更高，因此通常要收取更高的利率。

商业金融公司从事保理业务（factoring），即以折扣价格购买小公司的应收账款。应收账款是指公司以信贷方式出售的商品或服务被欠的款项。例如，总部位于纽约市的商业金融公司 CIT 可能以 90 000 美元的价格从 Axle 轮胎公司购买 100 000 美元的短期应收账款。CIT 实际上向 Axle 借出了 90 000 美元，并在 CIT 收取应收账款时获得 10 000 美元的收益。Axle 轮胎公司愿意将其应收账款出售给 CIT，因为需要现金来支付存货和人工成本，而且如果等待所有客户支付账单，可能会出现现金流问题。商业金融公司的另一项活动是购买昂贵的设备，如飞机或大型推土机，然后在固定的时间内将设备租赁给公司。

销售金融公司隶属于百货商店以及制造或销售高价商品的公司。例如，梅西百货公司和杰西潘尼公司发行可以为消费者在这些商店购买商品融资的信用卡。便利的信贷获取是商店营销的一部分。

许多经济学家认为，金融公司在金融体系中占有重要的地位，因为它们在监控抵押品价值方面比商业银行更具优势，使它们成为耐用品、存货和商业设备贷款的合乎逻辑的参与者。不过，其他经济学家指出，与商业银行相比，金融公司承担的风险更大，并且依赖于贷款人可能不续借的短期融资。这些特征会使金融公司在严重衰退或金融危机中容易遭受破产的影响。

11.3 契约型储蓄机构：养老基金和保险公司

养老基金和保险公司似乎不太像商业银行，但它们也是接受个人付款并用这些付款从事投资的金融中介机构。养老基金和保险公司之所以被称为**契约型储蓄机构（contractual saving institution）**，是因为无论是保险单还是养老基金协议，个人向养老基金和保险公司支付的款项都是契约的结果。

养老基金

对很多人来说，为退休储蓄是他们最重要的储蓄形式。人们可以通过两种方式积累退休储蓄：通过雇主赞助的**养老基金（pension fund）**或通过个人储蓄账户。由于退休是可预测的，因此养老基金可以将工人和公司的缴款投资于长期资产，如股票、债券和抵押贷款，以在工人退休期间支付退休金。2016 年美国的私人养老基金以及州和地方政府养老基金有超过 12 万亿美元的资产，是资本市场上最大的机构参与者。图 11-2 显示 2016 年第一季度私人和公共养老基金的投资。养老基金总资产等于美国所有家庭资产的 17%。养老基金的上市股票持股量等于美国所有家庭持股量的 39%。

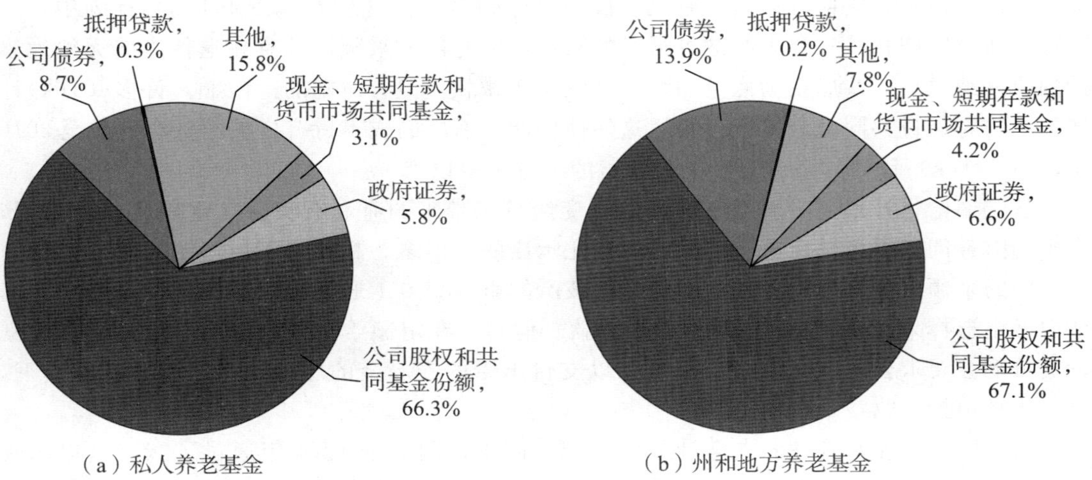

图 11-2　养老基金的资产（2016 年）

私人养老基金以及州和地方养老基金都将其投资集中在股票、债券和其他资本市场证券上。

资料来源：Board of Governors of the Federal Reserve System, *Financial Accounts of the United States: Flow of Funds, Balance Sheets, and Integrated Macroeconomic Accounts, First Quarter 2016*, June 9, 2016.

当你在有养老基金的公司工作时，只有在归属期，你才能获得养老金福利。归属期是指为了在退休后获得养老金你必须工作的年数。所需的归属期因养老金计划而异。雇员可能更喜欢通过雇主提供的养老金计划而不是通过储蓄账户来储蓄，原因有三点。首先，与雇员相比，养老基金能以更低的交易成本更有效地管理财务投资组合。其次，养老基金能提供诸如年金之类的福利，而个人储蓄者自己去获得是昂贵的。最后，养老金的特殊税收待遇可以使养老金福利比现金工资对员工更有价值。①

养老金计划之间的主要区别在于是否有定额的缴款或定额的给付。在定额给付计划（defined benefit plan）中，雇主根据每个雇员的收入和服务年限向雇员承诺一笔特定的给

① 你对养老基金的缴款在纳税时可以从当前收入中扣除，你的雇主的等额缴款也可以为你的雇主抵扣税收。此外，你无须为养老基金的投资收益纳税。你的税款会延迟到你从养老基金中获得养老金的时候。你还可以选择将养老基金给付金转移到个人退休账户（IRA）或其他有利的分配计划中，这可以减少你从养老金计划中一次性支付的应缴税款。

付额。给付有可能随通货膨胀而增加。如果养老金计划中的资金超过承诺的金额，那么剩余金额仍由雇主负责运营计划。如果养老金计划中的资金不足以支付承诺的给付，那么该计划的资金不足，雇主应对差额负责。

在定额缴款计划（defined contribution plan）中，雇主将雇员的缴款放入由雇员选择的投资中，如共同基金。员工拥有计划中资金的价值。如果员工的投资盈利性高，那么该员工退休时的收入会很高。如果员工的投资盈利性低，那么员工退休期间的收入会很低。尽管定额给付计划曾经更为普遍，但如今大多数退休计划都是定额缴款计划。值得注意的例外是针对公职人员的计划，如教师、消防员和警务人员，以及针对工会中的私营部门工人的计划。

大多数私人雇主的定额缴款计划是 401(k) 计划。该计划以《国内税收服务法》中所描述的章节命名，它使许多员工有机会成为自己的养老金管理人。在 401(k) 计划中，员工可以通过定期扣减工资来缴纳可抵税的缴款，但有年度限额，并且在退休之前无须为累计的收入纳税。一些雇主为雇员的缴款提供等额缴款，但有一定的上限额。许多401(k)计划的参与者通过共同基金进行投资，这使他们能以适度的成本持有广泛的资产。截至 2016 年，对 401(k) 计划的缴款等于个人储蓄的三分之一以上。

从定额给付计划到定额缴款计划的转变给员工带来的有利有弊。在定额给付计划下，雇主的财务问题会导致雇员获得的养老金比承诺的少得多。相比之下，员工通常对401(k)计划中的余额有明确的所有权，不受雇主破产的影响。员工通常也有机会从一系列共同基金中做出选择来投资其 401(k) 计划的缴款。但是，在定额给付计划下，雇主承担着不良投资可能会要求公司转移一些当前收入以支付承诺的养老金的风险。在定额缴款计划下，员工将承担投资收益不佳的风险。

为了应对企业在管理养老金计划中遇到的困难，国会于 1974 年通过了《雇员退休收入保障法》（Employee Retirement Income Security Act，ERISA）。这项有里程碑意义的立法旨在为养老金归属和筹资制定国家标准，限制养老金计划参与某些类型的高风险投资，并制定信息报告和披露的标准。如果一家公司因破产或其他原因而无法履行其在定额给付计划下的筹资义务，那么由该法案授权设立的养老金给付担保公司（Pension Benefit Guaranty Corporation，PBGC 或 Penny Benny）为养老金给付提供一定限额内的保险。2016 年，一名 65 岁的受益人的限额为每年 60 136 美元。PBGC 向公司收取养老金负债的保费，PBGC 还拥有美国财政部提供的隐性信用额度。目前，定额给付私人养老金的资金不足，大大超过 PBGC 的储备。这一事实使一些经济学家担心养老保险危机即将到来。

州和地方政府养老金的资金不足已经成为一个更大的问题。2016 年，这些养老金计划的资金不足，总额约为 1 万亿美元。PBGC 不为这些养老金付款提供保险，通常是定额给付计划。底特律和其他一些城市的人口减少，导致收入和税收减少，难以兑现在繁荣时期对员工的养老金承诺。此外，低利率降低了许多州和地方养老金计划的投资收益。结果是许多城市和州政府以及许多学区为了履行其养老金义务不得不大幅提高税收或削减其他支出。与公共雇员工会的谈判在某些情况下带来未来养老金给付的减少或雇员缴款的增加，但是目前退休人员的给付有时受到州宪法的保护，并很少减少，除非当地政府像底特律在 2013 年那样宣布破产。地方政府看起来很可能在未来很长的时间里都要与公共养老金计划资金不足的问题做斗争。

保险公司

保险公司（insurance company）是专门从事签约保护投保人免受与特定事件（如车祸或房屋火灾）相关的财务损失风险的金融中介机构。保险公司向投保人收取保费来获得资金，并用这些资金开展投资。例如，你需要支付 1 000 美元的年度保费才能获得向受益人支付 100 万美元的人寿保险单。保险公司会用你的保费及其他购买保单的人的保费向正在改建或扩张的酒店连锁店提供贷款。投保人支付保费来换取保险公司承担在被保险事件发生时向投保人付款的风险。保险公司将投保人的保费投资于股票、债券、抵押贷款和对公司的直接贷款（被称为私募）。

保险行业分为两大部分：人寿保险公司出售保单来保护家庭免于因被保险人的残疾、退休或死亡而导致的收入损失。财产和意外伤害保险公司出售保单来保护家庭和公司免于疾病、盗窃、火灾、事故或自然灾害的风险。保险公司通常不会从保单本身获利，因为它们支付的理赔额多于收取的保费。相反，它们的利润来自保费的投资。2016 年第一季度人寿保险公司持有大约 6.4 万亿美元的资产，财产和意外伤害保险公司持有大约 1.6 万亿美元的资产。图 11－3 显示，财产和意外伤害保险公司的资产组合与人寿保险公司不同。人寿保险公司投资的资金免于征税，但财产和意外伤害保险公司不享受此项免税。这种税收差异反映在它们的资产组合中：财产和意外伤害保险公司对市政债券的投资更多，因为市政债券的利息不用纳税，而人寿保险公司对支付较高利率的公司债券的投资更多。

保险公司的盈利能力在很大程度上取决于其降低在提供保险中所承担的风险的能力。保险公司的盈利能力的主要风险来自逆向选择和道德风险。保险公司有几种降低在提供保险中承担的风险的方法，我们将在以下各节中予以讨论。

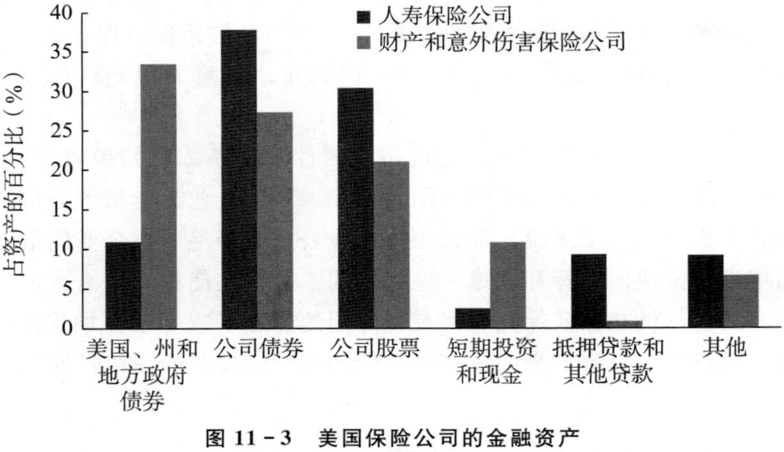

图 11－3　美国保险公司的金融资产

人寿保险公司比财产和意外伤害保险公司有更大的资产组合。财产和意外伤害保险公司持有更多的市政债券，因为市政债券的利息是免税的，人寿保险公司则持有更多的公司债券，因为公司债券有较高的利率。

资料来源：Board of Governors of the Federal Reserve System, *Financial Accounts of the United States: Flow of Funds, Balance Sheets, and Integrated Macroeconomic Accounts, First Quarter 2016*, June 9, 2016.

风险共担

保险公司可以利用大数定律来准确预测向投保人赔付的时间和金额。大数定律这个统计概念指出，尽管很难预测一个人的死亡、疾病或伤害风险，但通常可以预测大量人此类事件的平均发生率。通过发行足够多的保单，保险公司可以利用风险共担和分散化投资来估计潜在索赔所需的准备金或积累的资金的规模。被称为精算师的统计学家编写概率表来帮助估计在人群中发生某一事件的风险。保险公司用这些估计值来确定保费。

通过筛选和基于风险的保费减轻逆向选择

保险公司受困于逆向选择问题。最渴望购买保险的人正是需要保险赔付的概率最高的人。重病患者想购买大型人寿保单，受纵火困扰地区的人们想要大型火灾保单。为了减少逆向选择问题，保险公司的经理收集信息来排除不良的保险风险。如果你申请汽车保险，那么必须提供有关你的驾驶记录的信息，包括超速罚单和事故的记录。

保险公司还通过收取基于风险的保费来减少逆向选择，基于风险的保费是指保费基于个人提出索赔的概率。例如，保险公司对发生多次交通事故和超速罚单的驾驶员收取的汽车保单的保费要比驾驶记录无瑕疵的驾驶员要高。同样，老年人的人寿保单的保费要比年轻人高。

通过免赔额、共同保险和限制性条款减轻道德风险

道德风险也是保险公司面临的一个问题，因为投保人一旦拥有保险后就会改变行为。例如，在某公司购买了仓库的火灾保单之后，该公司就缺乏动力花钱修理仓库中损坏的喷淋头系统。保险公司降低被保险事件发生的可能性的一种方法是让一些投保人的资金也处于风险中。保险公司通过要求免赔额（自付额）来达到这样的目的，免赔额是指保险公司规定的不予赔付的索赔额。例如，你的汽车保险的500美元的免赔额意味着，如果你发生交通事故，对你的汽车造成2 000美元的损害，那么保险公司只给你赔付1 500美元。为了给保单持有人进一步压低成本的动力，保险公司可以提供共同保险作为选项来换取较低的保费。这一选项要求保单持有人在满足免赔额之后再支付一定比例的索赔费用。例如，如果你有一份免赔额为200美元且共同保险要求为20%的健康保险保单，那么对1 000美元的索赔，你要支付360［＝200＋(0.20×800)］美元，保险公司则代你支付剩下的640美元。

为了应对道德风险，保险公司有时还使用限制性契约条款，如果要赔付后续的索赔，那么限制性条款会限制被保险人的冒险活动。例如，如果企业未能按照合同要求安装和维护烟雾报警器、灭火器或洒水系统，那么火灾保险公司会拒绝赔付企业的索赔。

保险公司用来减少逆向选择和道德风险问题的工具旨在使保单持有人的利益与保险公司的利益保持一致。这就在保证保险公司有利可图的前提下减少了提供保险的成本。保险公司之间的竞争导致这些节省下来的成本以较低的保费的形式回馈给投保人。

11.4 风险、监管和影子银行体系

我们已经看到，在2007—2009年金融危机之前的几年中，非银行金融机构，如投资银行、对冲基金和货币市场共同基金，已经成为将资金从贷款人转移给借款人的越来越重要的手段。这些非银行金融机构被称为影子银行体系，因为它们在商业银行体系之外匹配储蓄者和借款人。理论上，影子银行是通过降低借款人的成本并提高储蓄者的收益而赢得

商业银行的业务。在金融危机前夕，影子银行体系的规模大于商业银行体系的规模。[①]融资渠道的这种变化对金融体系和经济有什么重要性（如果有）？影子银行体系的发展是否在金融危机中发挥了作用？

系统风险和影子银行体系

在市场体制下，公司通常是如其所愿地自由经营，但要遵守有关欺诈、种族和其他歧视等方面的法律。但是，我们在第 10 章中看到，追溯到美国早期，人们对银行的金融力量的担心导致政府以多种方式对银行加以监管，包括限制银行分支机构的数量和禁止州际银行业务。尽管其中一些规定到 20 世纪 90 年代已被废除，但与大多数其他公司（包括大多数金融公司）相比，银行仍然受到更严格的监管。

在 20 世纪 30 年代，股票价格的急剧下跌和广泛的银行倒闭导致联邦政府制定了新的金融法规。为了帮助稳定银行体系，国会建立了联邦存款保险公司（FDIC），该公司为商业银行的存款提供保险。为了帮助减少金融市场中的信息问题，国会成立了证券交易委员会（SEC），该委员会负责规范股票和债券市场。

在没有存款保险的情况下，银行经理有动机避免从事那些会让储户感到害怕并危及银行偿付能力的风险投资。存款人有动机监视银行如何投资他们的存款以避免银行倒闭时造成损失。尽管银行倒闭会给银行所有者和储户带来损失，但在市场体制下总是存在损失的可能性。此外，正如国会所意识到的那样，建立存款保险制度增加了道德风险，因为减少了银行经理不得不避免风险投资的激励，并减少了存款人不得不监视银行经理行为的激励。那么，国会为什么还要成立联邦存款保险公司？其主要目的不是为了保护储户免于在银行倒闭时损失资金。相反，国会的目的是制止银行恐慌。国会旨在降低因个别银行倒闭而导致存款人从其他银行提取资金的可能性，这一过程被称为“传染”。存款保险基本上消除了银行的挤兑现象，因为在银行倒闭的情况下，储户不再需要担心支票和储蓄账户中的资金损失。因此，从本质上讲，在建立存款保险时，相对于个别存款人的风险而言，国会更关心的是整个金融体系的**系统风险（systemic risk）**。

存款保险稳定了银行体系，维持着通过银行的从存款人到借款人的资金流动，特别是依赖银行贷款的企业。但是影子银行体系中没有相当于存款保险的东西。在影子银行体系中，短期贷款采取回购协议、购买商业票据以及购买货币市场共同基金份额等形式，而不是采用银行存款的形式。或者使用我们之前介绍的术语，影子银行的投资依靠批发资金，而商业银行依靠零售资金。在金融危机期间，财政部临时向货币市场共同基金份额的拥有者保证其已经拥有的份额本金不受损失，但该计划于 2009 年 9 月结束。除此之外，当给影子银行发放贷款的投资者和企业遭受损失时，政府不予补偿。因此，虽然商业银行的挤兑在很大程度上已经成为过去，但影子银行的挤兑绝对不是。在金融危机期间，影子银行体系遭受的系统风险与商业银行体系在国会于 1934 年建立 FDIC 之前的几年中所经历的系统风险的类型相同。

---

① 在开篇案例中引用的蒂莫西·盖特纳的讲话中指出，2007 年投资银行和对冲基金持有的资产价值加上资产支持商业票据和回购协议的价值大于商业银行持有的贷款、证券及所有其他资产的价值。

监管和影子银行体系

从历史上看，商业银行体系一直是大多数公司获得信贷的主要来源，并时不时处于不稳定时期。因此，联邦政府多年来对商业银行可以持有的资产类型及其杠杆程度加以监管。影子银行企业，如投资银行和对冲基金，不受这些规定的约束。对许多非银行机构可以持有的资产和杠杆程度不予限制的理由主要有两个：首先，政策制定者认为这些公司对金融体系的重要性不如商业银行以及监管机构不相信这些公司的破产会损害金融体系。其次，这些公司主要与其他金融公司、机构投资者或富有的私人投资者打交道，而不是与涉世不深、经验不足的私人投资者打交道。政策制定者认为，由于投资银行和对冲基金是与见多识广、经验丰富的投资者打交道，因此这些投资者可以照顾好自己的利益，而无须联邦法规。

国会于 1934 年授予 SEC 广泛的权力来规范股票和债券市场。随着期货合约交易的增长，国会于 1974 年成立商品期货交易委员会（CFTC）来规范期货市场。但是，随着时间的流逝，金融创新带来复杂金融证券的发展，这些证券不在交易所交易，因此不受 SEC 和 CFTC 的监管。到金融危机爆发之时，在影子银行体系中交易的像信用违约互换之类的证券价值已达数万亿美元，而 SEC 或 CFTC 的监督却很少。金融危机表明，这种交易有大量的交易对手风险，尤其是在抵押贷款支持证券方面。正如我们在第 7 章中看到的那样，当衍生品在交易所交易时，交易所充当交易对手，这就降低了买卖双方的违约风险。随着 2010 年《多德-弗兰克法案》的通过，国会颁布了法规变更，将更多的衍生品交易引入交易所。

随着时间的流逝，因为影子银行体系中的一些公司变得高度杠杆化，所以交易对手风险也增加了。在高杠杆下，小的损失会被放大，进而违约的可能性提高。

影子银行体系的脆弱性

我们可以将影子银行体系的脆弱性概括如下：影子银行体系中的许多公司的运作方式与商业银行类似，它们都是通过发行商业票据或订立回购协议来短期借款，并提供长期贷款。但是，由于多种原因，它们比商业银行更易遭受重大损失和可能的失败。首先，与银行的存款人不同，向投资银行和对冲基金提供短期贷款的投资者并没有针对本金损失的联邦保险。缺失联邦保险可能会使投资银行和对冲基金像商业银行在 20 世纪 30 年代初期那样容易遭受挤兑。其次，由于影子银行在很大程度上不受监管，因此与商业银行相比，影子银行可以投资于风险更大的资产，并且杠杆率更高。最后，影子银行在金融危机中被证明是脆弱的，因为在 21 世纪头 10 年初期和中期，许多影子银行所做的投资会随美国住房价格下跌而迅速失去价值。当房价开始下跌时，许多影子银行遭受了惨重的损失，有的则被迫倒闭。由于这些公司在金融体系中的重要性日渐提高，其结果便是自大萧条以来最严重的金融危机。

影子银行体系如今仍然易受挤兑的影响吗?

在金融危机期间以及紧接其后，一些经济学家和政策制定者呼吁对影子银行制定广泛的新法规。最终，《多德-弗兰克法案》包含了有限的对影子银行的附加监管。一些衍生品交易必须进入交易所，并且首次要求大型对冲基金要在 SEC 注册。此外，联邦监管机构有权接管可能倒闭的大型金融公司（而不仅仅是大型商业银行），并要求具有系统重要性的金融机构（SIFI）持有更多资本。已经成为银行控股公司的从事影子银行业务的公司，如投资银行高盛和摩根士丹利，还必须提交解决方案，或称生前遗嘱（living will），根据美联储的说法，“必须描述公司在发生重大财务困境或倒闭时快速有序解决问题的策略。”这样做的目的是，生前遗嘱能更好地告知投资者公司经理在公司倒闭时将采取的行动，并有助于限制这种倒闭所带来的传染。

此外，SEC 的新规定要求从 2016 年开始，出售给机构投资者的优选货币市场基金必须从传统的每份 1 美元的价格转换为由基金持有资产的实际市场价格确定的浮动价格。以份额的净资产价值（NAV）为基础的份额价格使得对这些货币市场共同基金的定价与投资公司传统上给股票和债券共同基金定价的方式保持一致。这些基金还能够向赎回基金的散户和机构投资者收取费用，并在基金的最具流动性的资产的价值降至一定水平以下时限制提款。一些经济学家担心，这些变化将导致机构投资者退出主要投资于短期公司债务（如商业票据）的优选基金，并转向主要投资于联邦政府债务（如短期国债）的货币市场共同基金，这些基金将不受新规定的约束。这种转变会使一些公司更难通过出售商业票据来借款。

从根本上讲，《多德-弗兰克法案》和其他法规没有改变金融危机所揭示的影子银行的基本问题：一些影子银行是以短期借款来开展（通常是杠杆化的）长期投资的。由于向影子银行提供短期贷款的贷款人没有获得与商业银行存款相同的联邦保险，因此，影子银行现在与金融危机时一样，极易遭受挤兑。一些经济学家和政策制定者主张将联邦保险扩展到广泛的短期贷款，这样就可以像 FDIC 的建立终结商业银行体系的挤兑那样来终结影子银行体系的挤兑。其他经济学家对此提议表示怀疑，因为他们认为，对其他类型的短期贷款提供保险会大大增加道德风险问题，因为放贷者监督借款人的动机会减弱。此外，如果影子银行在金融危机期间拖欠短期借款，那么联邦政府就要承担可能的巨额付款责任。

一些经济学家和政策制定者更为乐观的看法是，商业银行挤兑与影子银行挤兑之间有重要区别。在 FDIC 成立之前，很多在商业银行有存款的人监控银行经理如何用他们的存款开展投资的能力有限。他们的存款也没有任何具体的抵押品作为担保。在这种情况下，任何有关银行的坏消息都可能引发挤兑，并通过传染机制引发恐慌。相反，给影子银行提供贷款的贷方在许多情况下都是其他金融公司、机构投资者和富有的投资者。这些贷方更有能力监控影子银行经理所做的投资的质量，并且对其贷款通常要求特定的抵押品，如回购协议通常由国债来担保。按照这种观点，在金融危机期间导致雷曼兄弟倒闭及贝尔斯登和 AIG 几乎倒闭的影子银行挤兑是历史上罕见事件的结果——基于住宅抵押贷款这一单一类型的金融资产的金融证券的广泛使用。按照这种观点，金融公司、机构投资者和富有的投资者再次严重误判金融资产风险的可能性很小。如果这一论点是正确的，那么让影子银行免于严格监管的最初理由（影子银行主要与资深投资者打交道）仍然成立。

回答重要问题

我们在本章开始的时候提出如下问题：

“影子银行体系是否会对美国金融体系的稳定构成威胁？”

影子银行体系显然在2007—2009年的金融危机中发挥了重要的作用。许多影子银行，特别是投资银行和对冲基金，过分依赖短期借款来为长期投资提供资金，杠杆率很高，持有在房价下跌时会贬值的证券。当房价从2006年开始确实下跌时，这些公司遭受了惨重损失，有的被迫破产。由于影子银行对金融系统的重要性，其结果是金融危机。

影子银行是否仍然对金融体系的稳定构成威胁？因为影子银行可以比商业银行更有效地填补金融体系中的空缺，所以影子银行的运作方式与金融危机之前一样。特别是，影子银行继续借用短期资金，这些短期资金与商业银行的存款不同，没有联邦保险，并将这些资金用于长期投资。因此，影子银行仍然容易遭受类似于金融危机期间的挤兑。

重要术语和问题

重要术语

契约型储蓄机构	保险公司	共同基金	金融公司
投资银行业务	养老基金	投资机构	辛迪加
对冲基金	做市商	系统风险	首次公开募股（IPO）
货币市场共同基金	承销		

11.1 投资银行业务

说明投资银行如何运作。

复习题

1.1 投资银行与商业银行的主要区别是什么？

1.2 零售融资与批发融资的区别是什么？商业银行主要依靠哪种类型的融资？投资银行主要依靠哪种类型的融资？

1.3 什么是杠杆？在2007—2009年的金融危机之前是商业银行还是投资银行的杠杆率更高？简要说明原因。大型独立投资银行在金融危机期间变成了什么？

问题和应用

1.4 对英国投资银行家西格蒙德·沃伯格（Siegmund Warburg）的传记的一个评论指出，沃伯格认为：

> 投资银行业务不应该是关于赌博的，而应该是关于……建立在客户关系上的金融中介，不应该是投机交易。沃伯格一直对从投资公司自有资金中获得利润感到不安，宁愿从咨询和承销费中获得收入。

a. 什么是承销？从什么意义上说从事承销业务的投资银行是金融中介机构？

b. 用自有资金购买证券的投资银行是金融中介机构吗？简要说明。

资料来源："Taking the Long View," *Economist*, June 24, 2010.

1.5 《华尔街日报》上的一篇文章描述了以下金融交易："私募股权公司KKR & Co.将Walgreens Boots Alliance Inc.的1 500万股出售给了花旗集团。花旗银行支付了每股80美元，并以80.10美元的价格将股票重新分配给客户，目标是赚到150万美元。"

a. 什么是私募股权公司？

b. 花旗集团在这笔交易中开展的是何种投资银行业务？

c. 花旗集团一定会从这笔交易中获利吗？简要说明。

资料来源：Corrie Driebusch，"Big Banks Ladle On the Risk，" *Wall Street Journal*，May 25，2016.

1.6 在谈到对冲基金长期资本管理公司在1998年的倒闭时，《纽约时报》的一篇文章指出：

从仅有50亿美元的资本开始，该基金就能获得1 250亿美元的额外资金。利用这种杠杆作用，公司的交易头寸估计有1.25万亿美元的潜在价值。

a. 什么是杠杆？摘录中的什么信息表明长期资本管理公司是高度杠杆化的？

b. 长期资本管理公司的高杠杆率给公司带来什么风险？给金融系统造成什么风险？

资料来源：Anna Bernasek，"Hedge Funds Heft Raises Increasing Concern About Their Risks，" *New York Times*，July 5，2005.

1.7 【解决问题11－1】假设你打算用200 000美元购买一栋房屋。在以下每种情况下，计算此投资的杠杆率：

a. 用现金支付全部的200 000美元。

b. 支付20%的首付。

c. 支付10%的首付。

d. 支付5%的首付。

现在，假设房屋价格到年底涨到220 000美元。计算上述每种情况下的投资收益率。在计算时，请忽略你为抵押贷款所付的利息及从拥有房屋中获得的全部住房服务的价值。

1.8 【联系实际11－1】投资银行的合伙人将公司转变为上市公司的激励是什么？如果成为上市公司会增加投资银行业务的风险，那么上市投资银行如何成功地向投资者出售股票？

1.9 【联系实际11－2】《纽约时报》的一篇文章指出，"《格拉斯-斯蒂格尔法案》……迫使投资银行与商业银行分离"和"《格拉斯-斯蒂格尔法案》旨在保护把钱存在银行进行保管的普通人"。国会将投资银行业务与商业银行业务相分离的主要目标是保护普通人的银行存款吗？简要说明。

资料来源：Andrew Ross Sorkin，"One Thing Both Parties Want：To Break Up the Banks Again，" *New York Times*，July 25，2016.

1.10 【联系实际11－2】《华尔街日报》的社论认为："没有证据表明1999年废除《格拉斯-斯蒂格尔法案》与2007—2009年的金融危机有什么关系。"简要讨论废除《格拉斯-斯蒂格尔法案》是否在金融危机中起作用。即使废除《格拉斯-斯蒂格尔法案》在金融危机中没有起到任何作用，废除该法案是个坏主意的其他原因是什么？简要说明。

资料来源："Glass-Steagall-Trump-Clinton Act，" *Wall Street Journal*，July 28，2016.

1.11 【联系实际11－3】许多投资银行实行"非升即走"政策，即新员工在几年内要么被解雇要么被晋升。很多大型律师事务所和会计师事务所也采用类似的政策，大学对其常任轨教职员工也是如此。但是，大多数公司不采用这种策略。在典型的公司中，经过短暂的试用期后，大多数员工会继续无限期地为公司工作，对晋升没有预定的时间。投资银行及其他公司采用"非升即走"政策有哪些利弊？这对员工有利吗？如果对员工没有好处，那么投资银行如何才能找到愿意为它们工作的人？

11.2 投资机构：共同基金、对冲基金和金融公司

区别共同基金和对冲基金并描述其在金融体系中的作用。

复习题

2.1 投资机构在哪些方面类似于商业银行？它们在哪些方面有所不同？

2.2 共同基金与对冲基金的主要区别是什么？

2.3 金融公司如何与商业银行竞争？

问题和应用

2.4 既然小额储蓄者通常能从货币市场共同基金中获得比银行储蓄账户更高的利率，那么银行如何吸引小额储蓄者？

2.5 布鲁金斯学会的戴维·韦塞尔（David Wessel）在2008年9月16日描述了一只叫作储备首选基金的货币市场共同基金的情况：

下午4时15分，该基金发布了新闻稿。基金投资组合中的雷曼兄弟的商业票据毫无价值，基金的份额价值不足1美元，只有97美分：跌破面值。这一消息引发一场波及3.4万亿美元的货币市场共同基金行业的挤兑。

a. 什么是“雷曼兄弟的商业票据”？为什么基金投资组合中的雷曼兄弟票据毫无价值？

b. “跌破面值”是什么意思？为什么这对金融系统很重要？

c. 什么是“挤兑”？为什么一只货币市场共同基金跌破面值会引发对其他货币市场共同基金的挤兑？

资料来源：David Wessel, *In Fed We Trust*, New York: Crown Business, 2009, p. 207.

2.6 2016年，一些行业分析师认为，汽车销量已达到顶峰，并可能开始下降。《华尔街日报》的一篇文章引述了摩根大通的首席执行官杰米·戴蒙（Jamie Dimon）的话，他担心汽车金融公司面临“因次级抵押贷款增加及借款人使用更长的还款期而带来更高的违约率”的可能性。但文章还引用了最大的汽车金融公司之一的盟友金融公司的首席执行官的话：“我们完全了解我们发放的贷款……没有什么难言之隐。”

a. 什么是汽车金融公司？

b. 汽车经销商向制造商购买汽车及客户向经销商购买汽车的融资由金融公司而不是银行来提供对汽车经销商有什么好处？客户能得到什么好处？

c. 盟友金融公司的首席执行官说公司“完全了解我们发放的贷款”是什么意思？考虑到2016年汽车市场的情况，杰米·戴蒙为什么会担心汽车金融公司提供的贷款类型？

资料来源：Emily Glazer and Annamaria Andriotis, "J. P. Morgan Chief James Dimon Sounds Alarm on Car Loans," *Wall Street Journal*, June 2, 2016.

2.7 《华尔街日报》的一篇文章指出：“对冲基金通常收取的费用要高于其他基金经理。”

a. 什么是对冲基金？

b. 对冲基金通常收取哪些费用？这些费用与共同基金通常收取的费用相比如何？

c. 对冲基金使用而共同基金不使用的哪些策略在某些情况下可以让对冲基金获得高收益？有证据表明对冲基金比使用更常规策略的共同基金能持续产生更高的收益吗？简要说明。

资料来源：Timothy W. Martin and Rob Copeland, "Investors Pull Cash from Hedge Funds as Returns Lag Market," *Wall Street Journal*, March 30, 2016.

2.8 在描述对冲基金的工作时，金融记者塞巴斯蒂安·马拉比（Sebastian Mallaby）观察到：

研究显示，相对于过度炒作的"增长"股票，低调的"价值"股票被低估了。这种定价错误意味着提供给坚实的主力公司的资本的成本太高了，而提供给浮夸的竞争对手的资本的成本太低了……。对冲基金的职能是纠正这种效率低下的问题。

a. 解释此摘录中的前两句话是什么意思：这两类公司的相对价格与其融资成本有什么联系？谁在向这些公司"提供"资本？

b. 对冲基金如何纠正这种低效率？

资料来源：Sebastian Mallaby, *More Money Than God: Hedge Funds and the Making of a New Elite*, New York: The Penguin Press, 2010, pp. 8-9.

2.9 【联系实际 11-4】证券交易委员会（SEC）的一份出版物指出，要参与对冲基金，"你通常必须是合格投资者"。

a. 什么是合格投资者？

b. 该出版物还指出，对冲基金经常使用杠杆，并且"利用杠杆会将原本保守的投资转变为极具风险的投资"。简要解释这句话的含义。

资料来源：Securities and Exchange Commission, *Investor Bulletin: Hedge Funds*.

11.3 契约型储蓄机构：养老基金和保险公司

解释养老基金和保险公司在金融体系中所发挥的作用。

复习题

3.1 契约型储蓄机构在哪些方面类似于商业银行？它们在哪些方面有所不同？

3.2 定额供款养老金计划和定额给付养老金计划有什么区别？雇员利用401(k)计划为退休储蓄能得到什么好处？

3.3 保险公司以何种方式成为金融中介？人寿保险公司与财产和意外伤害保险公司有什么区别？

问题和应用

3.4 假设作为一家大公司的雇员，你可以在定额给付养老金计划和定额缴费养老金计划之间做出选择。从你的角度来看，每种计划的优缺点是什么？从你的雇主的角度来看，优缺点是什么？

3.5 《纽约时报》2016 年的专栏文章指出："大约在 20 年前……雇主开始用401(k)等'定额缴款'计划代替传统的养老金计划。"

a. 什么是"传统养老金计划"，它们与401(k)计划有何不同？

b. 简要说明为什么与传统的养老金计划相比，雇主和雇员更希望使用401(k)计划。是否有何理由使 401(k)计划对这两个群体都不那么理想？

资料来源：Steven Rattner, "Pension Holders Need a New Retirement Plan, Not Stock Tips," *New York Times*, June 21, 2016.

3.6 在 401(k)退休计划下，雇主和雇员均会供款，然后通常将其投入共同基金。《华尔街日报》描述这些计划的一个专栏指出："归属期是在获得公司向你的401(k) 计划所付款项之前必须为公司工作的时间。（相反，你自己的付款立即归属于你。）"为什么401(k)计划对雇主的供款有归属期？相较于没有归属期的系统，归属期对员工有什么好处吗？简要说明。

资料来源："What Is a 401(k)?" *Wall Street Journal*.

3.7 2016 年，公共养老基金投资的长期收益降至多年以来的最低水平，并且由于长期利率仍然较低，预计还会进一步下降。《华尔街日报》援引一位行业观察家的话说："如果投资收益率仍然很低，许多州和地方政府可能面临艰难的选择。"简要解释这些选择是什么。

资料来源：Timothy W. Martin, "Why Pensions Last Defense Is Eroding," *Wall Street Journal*, July 25, 2016.

3.8 假设俄亥俄州的保险公司不愿意为低收入社区的公司提供火灾保险，原因是这些社区的纵火火灾很普遍。假设俄亥俄州立法机关通过一项法律，规定保险公司必须向该州的每家企业提供火灾保险，并不能在制定保险费时考虑纵火火灾的普遍性。对俄亥俄州的火灾保险市场可能的影响是什么？

3.9 据《华尔街日报》的一篇文章说："人寿保险公司通过将客户的保费投资于直到索赔到期的债券来赚取大部分利润。"保险公司永远不知道它们未来支出的确切数额。那么，为什么它们持有大量长期的、在它们需要向投保人付款时难以迅速出售的相对缺乏流动性的资产（如公司债券）？

资料来源：Leslie Scism, "Low Rates Are Tormenting Insurers-and Their Customers," *Wall Street Journal*, March 20, 2016.

3.10 私人医疗保险公司出售使投保人可以支付保费来换取保险公司支付部分或全部投保人的医疗费用的保单。《经济学人》杂志的一篇文章指出："健康保险是一种不同寻常的产品的原因在于它可以保证一揽子服务，这些服务总是在改善并且价格越来越昂贵。"

a. 医疗保险保单保证哪些服务？

b. 为什么医疗服务一直在改善并且价格越来越昂贵这一事实会给提供医疗保单的公司带来困难？

资料来源："You Didnt Pay for It," *Economist*, October 15, 2012.

11.4 风险、监管和影子银行体系

解释影子银行体系与系统风险之间的联系。

复习题

4.1 影子银行体系与商业银行体系在哪些方面有所不同？

4.2 为什么对商业银行的挤兑变得罕见，而在金融危机期间多家影子银行却遭遇挤兑？

4.3 什么是系统风险？

问题和应用

4.4 在 2007—2009 年的金融危机期间，美国财政部实施了货币市场共同基金担保计划，该计划为投资者现有的货币市场共同基金份额的损失提供保险保障。（该计划于 2009 年 9 月结束。）在解释该计划时，财政部声明指出："保持对货币市场共同基金行业的信心对于保护全球金融体系的完整性和稳定性至关重要。"为什么货币市场共同基金业如此重要？如果货币市场共同基金有问题，那么储户难道不能只把钱存入银行吗？

资料来源：U.S. Department of the Treasury, "Treasury Announces Expiration of Guarantee Program for Money Market Funds," September 18, 2009.

4.5 如本章所述，2016 年的新法规意味着，优选货币市场共同基金必须对机构投资者购买的基金份额按照资产净值（NAV）来定价，而不是将基金价格维持在恒定的 1 美元。结果是机构投资者可能会因持有这些投资而遭受损失。此外，在金融危机期间，基金经理可以限制赎回基金份额。《华尔街日报》的一篇文章指出，就在新规定生效之前，机构投资者从这些基金中撤出 4 000 多亿美元，使这些基金处于 1999 年以来的最低水平。文章的结论是："就优选货币市场共同基金而言，新规则的考验将是安全性方面的收益是否会超过因放贷减少而造成的经济冲击。"

a. 监管机构希望通过新规则降低哪种风险？新规则将如何减少此类风险？

b. 为什么文章指出新规则会导致贷款减少？文章指的是哪种类型的贷款？

资料来源：Ken Brown，"A ＄500 Billion Stampede in Money Markets Even Before New Rules Hit," *Wall Street Journal*, August 3, 2016.

4.6 在解释金融危机时，罗杰·罗文斯坦（Roger Lowenstein）描述了影响美林投资银行的问题："杠杆太高，过度依赖短期借款，以及价值可疑的资产（尤其是房地产）。"为什么杠杆太高对投资银行是一个问题？为什么过分依赖短期借款会成为问题？

资料来源：Roger Lowenstein，*The End of Wall Street*，New York：Penguin Press，2010，p. 172.

4.7 国际货币基金组织的经济学家关于影子银行体系的一篇文章指出：

> 只要投资者了解正在发生的事情，并且此类活动不会对金融系统带来不必要的风险，那么，从可能会在短期内收回资金的各类投资者那里获得资金并将这些资金投资于期限较长的资产并不会有内在风险。

a. 作者所说的从"可能会在短期内收回资金的各类投资者"那里获得的是哪种资金？这是指哪种投资者？

b. 这种融资在金融危机期间引起什么类型的问题？投资者在此期间是否"了解正在发生的事情"？简要说明。

资料来源：Laura E. Kodres，"What Is Shadow Banking?" *Finance and Development*，Vol. 50，No. 2，June 2013，p. 42.

4.8 2008 年 3 月，为了阻止贝尔斯登被迫宣布破产，美国财政部和美联储安排将贝尔斯登投资银行出售给摩根大通。《纽约时报》的专栏作家指出：

> 这是一种迫使贝尔斯登向联邦政府求救的老式银行挤兑行为……所不同的是，贝尔斯登不是一家商业银行，因此没有资格享受 75 年前富兰克林·罗斯福用政府担保阻止挤兑时那些银行所获得的保护。

a. 投资银行怎么会遭遇挤兑？

b. 商业银行在 75 年前获得哪些"政府担保"？

c. 这些政府担保如何阻止商业银行挤兑？

资料来源：Floyd Norris，"F. D. R. s Safety Net Gets a Big Stretch," *New York Times*，March 15，2008.

4.9 【开篇案例】本·伯南克在 2007—2009 年的金融危机期间担任美联储主席。在他对那些年的叙述中，他提到：

> 从 2007 年初的有利形势来看，经济的良好表现加上规模相对小的次级抵押贷款市场及看似健康的银行体系，使我和其他人得出结论：次级抵押贷款问题……不太可能造成重大损害……但是，从 2007 年 8 月开始的短期融资市场的恐慌，最终将对次级抵押贷款市场的"纠正"转变为全球金融体系和全球经济的更大的危机。

a. 伯南克所说的"短期融资市场"是什么意思？

b. 为什么短期融资市场会出现恐慌而商业银行的储户不会恐慌？

c. 为什么即使在金融系统中担任高级职务的人也很难预见金融危机？至少在事后看来，金融体系有什么变化表明2007年发生金融危机的可能性更大吗？简要说明。

资料来源：Ben S. Bernanke，*The Courage to Act*：*A Memoir of a Crisis and Its Aftermath*，New York：W. W. Norton，2015，pp. 136，139－140.

数据练习

D11.1 【货币市场共同基金】登录圣路易斯联邦储备银行（FRED）的网站（fred. stloui-sfed. org），从有可得数据的最早一周直到有可得数据的最新一周，下载并绘制零售货币基金（WRMFSL）和机构货币基金（WI-MFNS）的数据系列。

a. 说明零售与机构货币市场共同基金之间的区别。

b. 零售与机构货币市场共同基金的趋势有何不同？

D11.2 【共同基金份额价值与经济衰退】登录圣路易斯联邦储备银行（FRED）的网站（fred. stlouisfed. org），下载并绘制从1952年第一季度到最近一个季度家庭拥有的共同基金份额价值（MFSABSHNO）的数据系列。访问国家经济研究局（nber. org）的网站，找到经济周期的高峰和低谷的日期（经济周期的高峰和低谷之间的时期是经济衰退）。

a. 描述家庭拥有的共同基金份额价值在衰退之前、期间和之后如何变化。模式在衰退期间是否相同？

b. 哪些因素会引起家庭拥有的共同基金份额的价值发生变化？

第12章 金融危机与金融监管

学习目标

学完本章之后，你应该能够：

12.1 解释什么是金融危机及导致金融危机的原因；

12.2 说明大萧条期间发生的金融危机的关键要素；

12.3 说明导致 2007—2009 年的金融危机的原因；

12.4 讨论金融危机与金融监管的联系。

开篇案例

泡沫，泡沫，无处不在！（或没有泡沫）

2007—2009 年的金融危机之后的缓慢经济复苏导致全球大多数中央银行多年来一直将利率维持在较低水平。在金融危机之前，自 1958 年以来，除了极短的时期外，联邦基金利率（即美联储的主要目标利率）一直未曾低于 1%。但美联储在 2008 年 10 月将联邦基金利率目标降至 1%以下，并在 8 年后依然如此。英格兰银行在 2016 年 8 月将目标利率下调至 0.25%，这是可追溯到 1694 年的该银行历史上的最低利率。

正如我们在第 15 章将要进一步讨论的那样，在经济衰退和经济增长缓慢时期，中央银行会采取降低利率的措施来刺激家庭和企业的借款。随着家庭和企业借钱购买新房、电器、计算机、工厂、办公楼和机器，总需求、GDP 和就业率就会增加。不过，在通常情况下，衰退一旦结束，各国央行只在有限的时间内保持低利率，然后就将其升至更正常的水平。2016 年，一些经济学家和政策制定者担心长时间保持低利率会导致金融体系扭曲。

尤其是，这些经济学家和政策制定者担心投资者利用了能够以非常低的利率借贷来购买股票、债券和其他金融资产以及房地产和商品的机会，从而将其价格推高到不可持续的水平。换句话说，这些市场有泡沫，正如我们在第 6 章的第 6.5 节中看到的那样，当资产价格远高于基本价值时会出现泡沫。在某个时候，当大量投资者确信价格可能下跌并开始出售高估资产时，泡沫破裂。泡沫破裂可能会给金融体系造成重大问题，就像 2006 年房价泡沫破裂时那样。

但是，金融资产和其他资产价格在 2016 年真的有泡沫吗？事后识别泡沫比在泡沫破裂前要容易得多。虽然我们现在知道某些市场的房价到 2006 年已达到不可持续的水平，但当时的一些行业观察家认为，分区限制以及提高新房建造成本的施工企业价格上涨可以佐证高房价的合理性。同样，在 2016 年，一些经济学家和政策制定者担心股票市场、公司债券市场或其他市场的泡沫，另一些经济学家则认为这些市场中的高价格是合理的，尤其是考虑到利率在很多年内都可能维持在低水平。

政策制定者在 2016 年对美国和世界经济是否正在经历资产泡沫也存在分歧。美联储主席珍妮特·耶伦表示："我当然不会将这种情况描述为泡沫经济。"但堪萨斯城联邦储备银行行长埃丝特·乔治（Esther George）并不乐观，他认为，如果美联储未能加息，那么结果可能是"使资本分配偏向产出较少或风险过大的事情……当这些类型的失衡加剧时，整个经济都将面临附带后果。"亿万富翁对冲基金经理乔治·索罗斯表示："我看到金融市场有严峻的挑战，这使我想起我们在 2008 年经历的危机。"

对这些矛盾的观点需要注意的是，并不是说金融系统无法理解，而是因为金融危机很少发生，所以很难预测。经历过 20 世纪 30 年代的人所经历的金融危机的严重程度才堪比次级抵押贷款市场崩溃后于 2007 年爆发的危机。当我们在本章中讨论金融危机时，请记住，当危机发生时，政策制定者、金融企业的管理者、投资者和家庭都要被迫应对极为罕见的事件。

资料来源：Jason Douglas and Paul Hannon, "Bank of England Cuts Key Interest Rate to New Low," *Wall Street Journal*, August 4, 2016; Jonathan Spicer, "Yellen: 'I Certainly Wouldn't Describe This as a Bubble Economy,'" businessinsider. com, April 8, 2016; Esther L. George, "The Outlook and Monetary Policy," Speech to Economic Forum, York, Nebraska, April 7, 2016; Anusha Ondaatjie and Adam Haigh, "George Soros Sees Crisis in Global Markets That Echoes 2008," bloomberg. com, January 7, 2016; and "Is This Really 2008 All Over Again," *Economist*, January 7, 2016.

重要议题和问题

议题：2007—2009 年的金融危机是自 20 世纪 30 年代的大萧条以来最严重的危机。

问题：2007—2009 年经济衰退的严重程度是由金融危机造成的吗？

我们已经看到，影子银行体系在过去 25 年中的发展极大地改变了资金从贷方流向借方的方式。在本章中，我们审视金融危机的根源和后果，然后具体审视影子银行体系的问题如何加剧 2007—2009 年的金融危机。

12.1 金融危机的根源

金融体系的主要功能是促进从贷款人到借款人的资金流动。**金融危机（financial crisis）**严重破坏了这种流动。经济活动取决于家庭借钱购物的能力，也取决于企业为日常活动以及为新工厂、设备和研发的长期投资筹集资金的能力。于是，当家庭和企业因面临借钱困难而削减支出时，金融危机通常会导致经济衰退。从 19 世纪头 10 年初到 20 世纪 30 年代，美国大多数金融危机都涉及商业银行体系。我们从银行恐慌开始讨论金融危机。

商业银行业的潜在脆弱性

商业银行的基本业务是接受短期存款（如支票账户存款），并用这些资金发放贷款

（包括汽车贷款、抵押贷款和商业贷款）和购买长期证券（如市政债券）。换句话说，银行向储户借入短期资金，并向家庭、企业和政府贷出长期资金。结果是，银行存在期限错配（maturity mismatch），原因是银行负债（主要是存款）的期限比资产（主要是贷款和证券）的期限短得多。因为存款人可以随时要回他们的钱，而银行可能很难出售它们将存款人的钱所投入的贷款，所以银行是相对缺乏流动性的。因此，银行面临流动性风险（liquidity risk），因为它们很难满足储户的提款要求。如果较多的存款人要求取的钱多于银行拥有的现金，那么银行通常必须从其他银行借钱。如果银行无法借钱来满足存款提取要求，那么它们必须出售资产来筹集资金。如果银行发放的贷款和购买的证券的价值已经下降，那么银行会**资不抵债（insolvent）**，这意味着资产价值小于负债价值，于是净资产或资本为负。资不抵债的银行无法履行偿还其存款人的义务。

银行挤兑、传染和银行恐慌

如果政府不为存款提供保险并且没有中央银行，那么流动性风险对银行来说就是一个特殊问题。美国在 1836—1914 年没有中央银行。在 1933 年之前，联邦政府没有存款保险制度。在那些年里，如果储户怀疑银行有不良贷款或其他投资，那么储户就有强烈的动机冲向银行取钱。存款人知道银行的现金和其他流动资产只够偿还一小部分银行存款。银行一旦耗尽流动资产，那么银行就不得不至少暂时关闭歇业直到可以筹集到新的资金为止。被迫大幅折价出售流动性差的资产来筹集现金的银行会破产，并永久歇业。倒闭的银行的储户很可能只能收回部分资金，并且通常要经过很长的延迟才能收回。银行的储户同时提款导致银行关闭的过程叫作**银行挤兑（bank run）**。

在此期间作为银行的存款人，如果你有任何理由怀疑银行有问题，那么你就有强烈的动机成为最早提款的人之一。即使你确信自己的银行管理得当并且其贷款和投资状况良好，但如果你认为该银行的其他储户认为该银行有问题，那么你仍然有动机在其他储户到来并迫使银行关闭之前把钱取出来。换句话说，在没有存款保险的情况下，银行的稳定性取决于存款人的信心。在这种情况下，如果坏消息（或人为的谣言）动摇了人们的信心，那么银行就会遭遇挤兑。

此外，如果没有政府存款保险制度，那么关于一家银行的坏消息会迅速传播并影响其他银行，这个过程叫作**传染（contagion）**。一旦一家银行遭遇挤兑，那么其他银行的存款人会担心他们的银行也有问题。这些储户就有动机从银行取钱以避免因银行被迫关闭而亏钱。其他这些银行会被迫通过出售贷款和证券来筹集资金偿还存款人。关键是，如果多家银行不得不出售相同的资产（例如，现代银行体系中的抵押贷款支持证券），那么这些资产的价格可能会下跌。随着资产价格下跌，银行的资产净值受到损害，有些银行甚至可能被推向破产。如果多家银行遭遇挤兑，结果就是**银行恐慌（bank panic）**，这会迫使银行体系中的很多或全部银行关闭。银行恐慌以自我实现的观念为基础：如果存款人认为自己的银行有麻烦，那么银行就会有麻烦。

传染和银行恐慌中的根本问题在于，银行所建立的贷款组合是基于关于借款人的私人信息的，即银行收集的用以确定发放哪笔贷款的信息。由于此信息是私人信息，因此储户无法通过审查信息来确定哪些银行实力强大，哪些银行实力弱小。这种情况类似于金融市场中的逆向选择，在这种情况下，贷款人无法区分优劣贷款申请人。由于银行在积累资产时会获得私人信息，因此储户没有足够的依据来评估银行投资组合的质量以及区分有偿付能力的银行与无力偿债的银行。因此，有关一家银行的坏消息会引起人们对其他银行财务状况的担忧，进而导致银行恐慌。

阻止银行恐慌的政府干预

政策制定者希望维护银行业的健康，因为银行减少了金融体系中的信息成本和交易成本。财务状况好的银行因流动性问题而倒闭会伤害家庭和中小型企业获得贷款的能力，进而降低金融体系匹配储蓄者和借款人的效率。

政府采用两种方法避免银行恐慌：（1）中央银行充当最后贷款人；（2）政府为存款提供保险。国会于 1913 年建立联邦储备系统来应对银行恐慌。政策制定者和经济学家认为，银行业需要一个“银行的银行”或最后贷款人。通过充当**最后贷款人（lender of last resort）**，美联储成为银行在恐慌期间可以申请贷款的终极信贷来源。美联储用银行的优质但流动性差的贷款作为抵押品向有偿付能力的银行提供贷款。政策制定者希望美联储只向有偿债能力的银行提供贷款，让无偿债能力的银行破产。

如我们在本章将会看到的那样，美联储未能阻止 20 世纪 30 年代初的银行恐慌，这导致国会于 1934 年成立**联邦存款保险公司（Federal Deposit Insurance Corporation，FDIC）**。通过让储户放心，即使他们的银行倒闭了，他们也会收回他们的钱，存款保险实质性地结束了美国的商业银行恐慌时代。

解决问题 12－1

要求银行持有 100%的准备金会消除银行挤兑吗？

美联储要求银行对其持有的一定水平以上的支票存款持有 10%的准备金。在 20 世纪 50 年代，芝加哥大学的诺贝尔经济学奖获得者米尔顿·弗里德曼（Milton Friedman）曾建议要求银行持有 100%的准备金。波士顿大学的劳伦斯·J. 科特里科夫（Laurence J. Kotlikoff）于 2010 年提出一个类似的方案。如果要求银行持有 100%的准备金，那么银行将用其资本而非存款来发放贷款和购买证券。简要讨论这一提议会如何影响银行挤兑的可能性。

资料来源：科特里科夫认为 100%银行准备金是其金融改革提议的一部分，见 Laurence J. Kotlikoff，*Jimmy Stewart Is Dead*，Hoboken，NJ：John Wiley & Sons，2010.

解决问题

第一步　复习本章的内容。这个问题是关于什么引起银行挤兑的，因此你需要回顾“银行挤兑、传染和银行恐慌”这一小节。

第二步　通过讨论什么引起银行挤兑以及要求银行持有 100%的准备金是否会影响挤兑的可能性来解决问题。我们已经看到，银行挤兑的原因在于，存款人知道银行仅将一部分存款作为准备金，并将其余部分贷放或投资。在没有最后贷款人或政府存款保险的系统中，银行在挤兑中会迅速耗尽准备金，以至于只有排在队伍中的第一批存款者才能拿回所有的钱。如果银行持有 100%的准备金而不是 10%的准备金，那么存款人就不必担心在他们想取钱的时候拿不到钱。即使银行投资不佳，储户也不会有亏损的风险，因为银行贷款和证券的价值不再与银行偿还储户资金的能力有关。

我们的结论是，无论 100%准备金的银行体系有何其他优缺点，但这样的体系不会遭遇挤兑。

见本章末的问题和应用 1.8。

银行恐慌和经济衰退

如表 12-1 所示，从 19 世纪中期到 1933 年建立联邦存款保险之前，美国一直受到银行恐慌的困扰。国家经济研究局（NBER）提供了美国经济衰退的公认日期。从 1857 年到 1933 年，除了发生于 19 世纪 60 年代美国内战期间的两次恐慌之外，每次银行恐慌都与经济衰退有关。

表 12-1　美国的银行恐慌

银行恐慌的日期	银行恐慌是在经济衰退期间发生的吗？
1857 年 8 月	是
1861 年 12 月	否
1864 年 4 月	否
1873 年 9 月	是
1884 年 6 月	是
1890 年 11 月	是
1893 年 5 月	是
1896 年 10 月	是
1907 年 10 月	是
1930 年 10 月	是
1931 年 4 月	是
1931 年 9—10 月	是
1933 年 1—2 月	是

经济衰退的日期根据国家经济研究局（NBER）的商业周期参考日期（始于 1854 年）而定。1873 年 9 月的银行恐慌发生在经济衰退开始的前一个月。

资料来源：Carmen M. Reinhart and Kenneth S. Rogoff, *This Time Is Different: Eight Centuries of Financial Folly*, Princeton, NJ: Princeton University Press, 2009, Table A.4.1; Michael Bordo, Barry Eichengreen, Daniela Klingebiel, and Maria Soledad Martinez-Peria, "Is the Crisis Problem Growing More Severe?" *Economic Policy*, Vol. 32, Spring 2001, pp. 52-82, web appendix; Michael Bordo and Joseph G. Haubrich, "Credit Crisis, Money and Contractions: An Historical Review," *Journal of Monetary Economics*, Vol. 57, January 2010, pp. 1-18; and National Bureau of Economic Research.

银行恐慌与经济衰退同时发生并不是巧合。银行恐慌会带来生产和就业下降，从而导致经济衰退或使现有衰退更严重。银行倒闭会通过毁灭它们作为存款持有的部分财富而直接影响家庭和企业的支出能力。当银行倒闭时，银行股东也会遭受财富损失。此外，依靠破产的银行提供信贷的家庭和公司不再能够获得为某些支出提供资金所需的贷款。通常的情况是，在银行恐慌中，即使是那些还有偿付能力的银行也会减少贷款，因为它们在努力积累准备金以应付存款提取。结果就是信贷紧缩（credit crunch），因为以前满足银行贷款条件的家庭和企业不再满足该条件。最后，银行倒闭，支票账户存款被破坏，从而导致货币供给量下降。

银行恐慌与经济衰退之间还会产生负反馈。如果恐慌引发衰退，那么衰退会使恐慌恶化。由于经济衰退会降低企业的盈利能力和家庭收入，所以更多的借款人可能会拖欠贷款，银行持有的证券价格可能会下降，从而进一步削弱存款人的信心并导致提款增加。提款增加的威胁和有信誉的借款人的数量减少会导致银行进一步削减贷款，从而降低家庭和企业的支出能力，进而加剧经济衰退。图 12－1 展示了银行恐慌期间的负反馈回路。

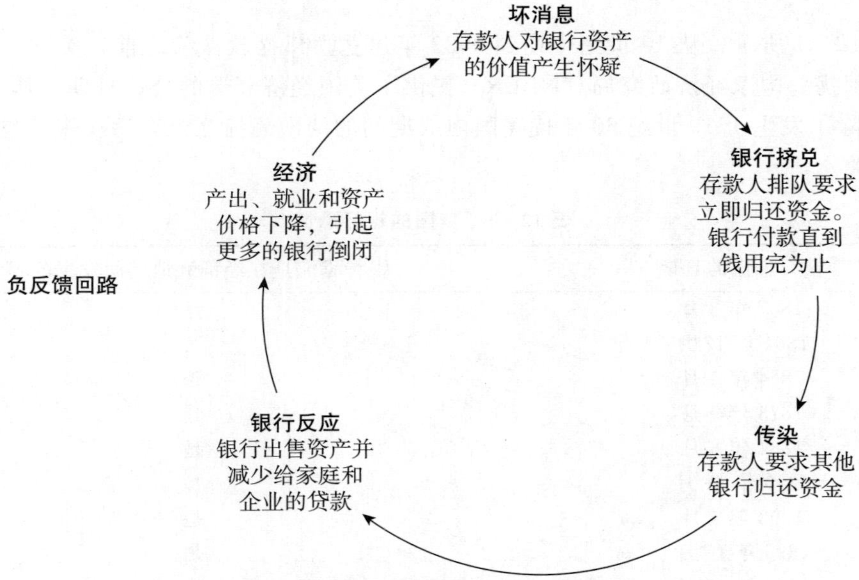

图 12－1　银行恐慌期间的负反馈回路

银行挤兑会导致好银行和差银行都破产。银行倒闭成本高昂，原因是减少了家庭和企业获得信贷的机会。一旦出现恐慌，收入、就业和资产价格下降会导致更多的银行倒闭。除非政府干预，否则这种反馈回路会导致恐慌持续下去。

联系实际 12－1

为什么 2007—2009 年经济衰退的严重性如此难以预测？

政策制定者、经济学家和公司的 CEO 都对美国 2007—2009 年经济衰退的严重性感到震惊。震惊的一个主要原因是美国自 20 世纪 30 年代以来还未遭遇过一场金融恐慌。商业周期衰退可以有多种原因。2001 年的经济衰退是由很多企业在 20 世纪 90 年代末的“互联网繁荣”期间在信息技术上的过度投资之后的投资支出下降引起的。石油价格飙升也导致经济衰退。但不管其原因是什么，美国从 1933 年到 2007 年之间的经济衰退并没有伴随着银行恐慌。20 世纪 30 年代的大萧条初期发生了一系列的银行恐慌。2007—2009 年的经济衰退也伴随着银行恐慌，但主要是在影子银行体系而不是商业银行体系中。大萧条和 2007—2009 年的经济衰退都非常严重。这两次衰退的严重性是伴随银行恐慌的结果吗？更一般地，伴随着银行恐慌的经济衰退往往比没有银行恐慌的经济衰退更严重吗？

哈佛大学的卡门·莱因哈特（Carmen Reinhart）和肯尼斯·罗戈夫（Kenneth Rogoff）收集了很多国家的经济衰退和银行恐慌或银行危机的数据来试图回答这个问题。下表显示美国在大萧条期间以及在第二次世界大战后包括日本、挪威、韩国和瑞典在内的多个其他国家在银行危机之后主要经济变量的平均变化。

经济变量	平均变化（%）	变化的平均持续期（年）	国家数（个）
失业率	+7	4.8	14
人均实际 GDP	−9.3	1.9	14
实际股票价格	−55.9	3.4	22
实际住房价格	−35.5	6	21
实际政府债务	+86	3	13

上表显示，对这些国家来说，平均而言银行危机之后的经济衰退非常严重。失业率上升 7 个百分点（例如，从 5%上升到 12%），并在危机开始后的将近 5 年中继续上升。人均实际 GDP 也大幅下降。银行危机后的衰退平均有将近两年的时间。在对通货膨胀做出调整后，股票价格下跌超过一半，住房价格下跌超过三分之一。政府债务飙升 86%。公共债务增加部分主要是政府支出增加，包括救助破产的金融机构的支出。但大部分债务增加是政府预算赤字的结果，政府预算赤字源于经济衰退导致的收入和利润下降带来税收收入大幅下降。

下表显示 2007—2009 年的美国经济衰退与第二次世界大战后其他美国经济衰退相比的一些主要指标：

	持续期（月）	实际 GDP 的降幅（%）	失业率的峰值（%）
战后衰退的平均值	10.4	−1.7	7.6
2007—2009 年的衰退	18	−4.1	10.0

与莱因哈特和罗戈夫的发现一致，银行恐慌之后的经济衰退往往异常严重。2007—2009 年的经济衰退是美国自 20 世纪 30 年代的大萧条以来最严重的一次。经济衰退的持续时间是战后早期经济衰退平均时间的近两倍，GDP 下降的幅度超过平均值的两倍，失业率的峰值高出平均水平大约三分之一。

因为大多数人并没有发现金融危机的临近，所以他们也未能预料到 2007—2009 年经济衰退的严重性。

注：在第二个表中，衰退的持续期是根据 NBER 的商业周期日期计算的，对实际 GDP 下降的度量是从周期峰顶季度到周期谷底季度的简单百分比变化，失业率的峰值是周期峰顶之后任何月的最高失业率。

资料来源：第一个表中数据来自：Carmen M. Reinhart and Kenneth S. Rogoff, *This Time Is Different: Eight Centuries of Financial Folly*, Princeton, NJ: Princeton University Press, 2009, Figures 14.1－14.5；第二个表中数据来自：the U.S. Bureau of Labor Statistics, the U.S. Bureau of Economic Analysis, and the National Bureau of Economic Research.

见本章末的问题和应用 1.9 和 1.10。

虽然美国遭遇的金融危机主要是银行恐慌，但其他国家却遭遇汇率危机，有时候也叫作货币危机和主权债务危机。

汇率危机

正如我们在第 8 章中看到的那样，货币的汇率（例如，美元与欧元的汇率或日元与澳大利亚元的汇率）与其他价格一样，是由需求和供给的相互作用决定的。不过，在某些情况下，有些国家试图通过将本币钉住另一种货币来保持货币价值不变。例如，在 20 世纪 90 年代，许多发展中国家将本币价值与美元挂钩。固定汇率可以为与另一个国家有广泛贸易的国家提供重要优势。当汇率被固定时，商业计划变得更容易。例如，如果韩元的价值相对于美元增加，那么韩国的电视机制造商就必须提高它们出口到美国的电视机的美元价格，这会减少销量。如果韩元和美元汇率固定，这些制造商的计划工作会更容易。

此外，如果一个国家的企业想直接向外国投资者借钱或间接向外国银行借钱，那么汇率波动会引起债务还款的波动。例如，一家泰国公司可能会从一家日本银行借入美元。如果泰国公司想用借来的美元在泰国建立新工厂，那么公司必须将美元换成等值的泰铢。当工厂开业并开始生产时，这家泰国公司将赚取所需的额外泰铢来换取美元以偿还贷款的利息。如果泰铢兑美元的汇率下跌，问题就会出现，因为泰国公司现在将不得不支付更多泰铢来购买所需的美元。泰国政府将泰铢钉住美元可以降低泰国公司外币贷款的风险。

钉住汇率会带来问题，特别是当钉住汇率大幅高于在没有钉住汇率的情况下会出现的均衡汇率。图 12－2 说明几个东亚国家在 20 世纪 90 年代末试图与美元挂钩时所遇到的问题。在没有钉住汇率的情况下，韩元和美元的均衡汇率为 E_1，每天交易的韩元的均衡数量为 Won_1。由于韩国政府将价值固定在高于均衡水平的 E_2，因此韩元的过量供应为 Won_3-Won_2。想要以这种汇率用韩元兑换美元的人多于想要用美元兑换韩元的人，负责维持钉住汇率的韩国中央银行不得不用以前积累的美元储备来购买过剩的韩元以便钉住能够维持。

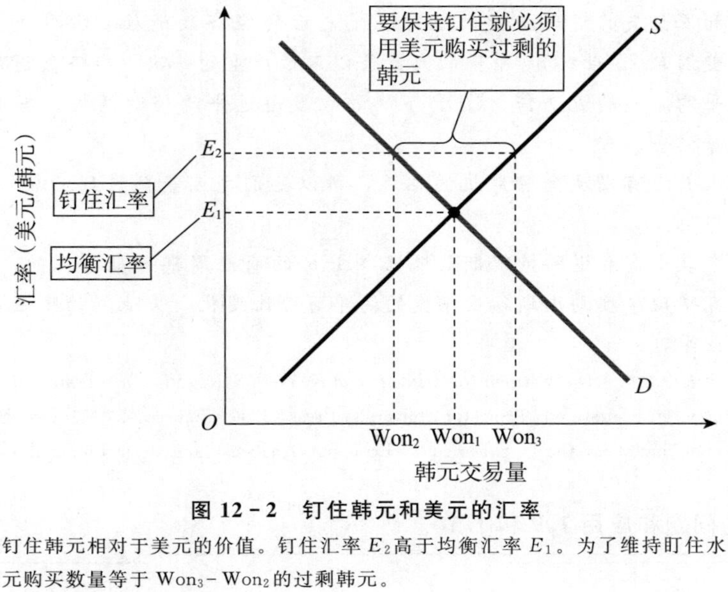

图 12－2 钉住韩元和美元的汇率

韩国政府钉住韩元相对于美元的价值。钉住汇率 E_2 高于均衡汇率 E_1。为了维持盯住水平，韩国中央银行必须用美元购买数量等于 Won_3-Won_2 的过剩韩元。

中央银行最终耗尽其持有的美元。为了尽可能长地保持钉住汇率，处于类似情况的韩国和其他东亚国家采取了提高国内利率的措施。较高的利率旨在吸引外国投资者购买本国债券，从而提高对本币的需求，并维持钉住汇率制。不幸的是，较高的国内利率也不利于国内企业开展实际资本投资，不利于国内家庭借钱为住房和耐用消费品支出融资。最终，20 世纪 90 年代后期的东亚货币危机导致这些国家陷入衰退，并决定放弃钉住汇率制。

主权债务危机

主权债务是指政府发行的债券。当一个国家无力支付债券的利息或本金时，或者当投资者预期一个国家将来会遇到这种困难时，就会爆发主权债务危机。如果主权债务危机导致实际违约，那么政府会在一段时间内无法发行债券，这意味着政府必须完全依靠税收来支付政府的支出。即使政府避免了违约，也可能在发行债券时不得不支付更高的利率。由此导致的其他政府支出减少或税收增加会让经济陷入衰退。

主权债务危机经常发生，通常是由以下两种情况之一引起的：

（1）长期的政府预算赤字最终导致政府债券需要支付的利息占政府支出的不可持续部分的很大比例。

（2）增加政府支出并减少税收收入的严重经济衰退导致预算赤字激增。

在 2007—2009 年的经济衰退之后，一些欧洲国家政府，尤其是希腊政府，被推到债务危机的边缘，因为投资者开始怀疑其偿还债券利息的能力。这些国家被迫大幅削减支出和提高税收来减少政府预算赤字。

12.2　大萧条时期的金融危机

在过去的 100 年中，美国发生的两次最严重的金融危机是伴随 20 世纪 30 年代大萧条和 2007—2009 年经济衰退的金融危机。在本节和下一节中，我们将更深入地研究这些危机。

大萧条的开始

图 12-3（a）显示从 1929 年到 1939 年实际 GDP 的变动；企业在工厂、办公楼和其他有形资本及家庭在住宅建筑上的实际投资支出的变动；家庭在商品和服务上的实际消费支出的变动。数据以相对于其在 1929 年的值的指数表示。1929—1933 年间，实际 GDP 下降了 27%，而实际消费下降了 18%，实际投资下降了惊人的 81%。这些下降是自 20 世纪以来最大的下降。图 12-3（b）显示相同年份的失业率。从 1929 年到 1930 年，失业率增长了两倍，在 1932 年和 1933 年超过 20%，在大萧条开始十年后的 1939 年，失业率仍然超过 10%。

尽管很多人认为大萧条始于 1929 年 10 月著名的股市崩盘，但 NBER 认为大萧条始于两个月前的 1929 年 8 月。图 12-4 显示标准普尔 500 指数在 1920 年至 1939 年间的走势。到 1928 年，美联储开始担心图中所示的股价的迅速上涨。随着美联储提高利率以减少股票价格的投机性泡沫，美国经济增长从 1929 年初开始放缓，经济最终陷入衰退。

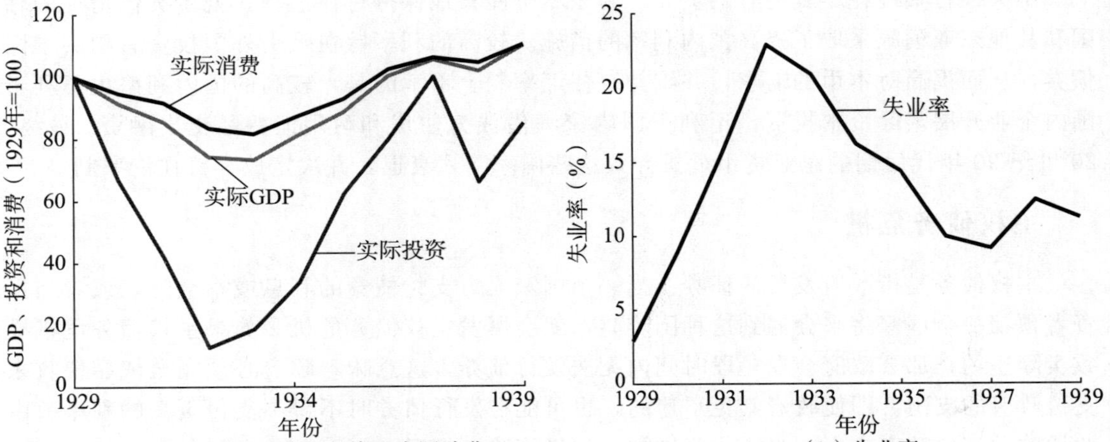

（a）实际GDP、实际投资和实际消费　（b）失业率

图 12-3　大萧条

在图（a）中，数据被表示为相对于其在 1929 年的值的指数值。实际 GDP 在 1929—1933 年下降 27%，实际消费下降 18%，实际投资下降令人震惊的 81%。这些下降是自 20 世纪以来最大的。图（b）显示失业率从 1929 年到 1930 年增加了 2 倍，1932 年和 1933 年超过 20%，在大萧条爆发 10 年后的 1939 年仍然高于 10%。

资料来源：图（a）：U. S. Bureau of Economic Analysis；图（b）：经济史学家收集了对 20 世纪 30 年代失业率的各种不同估计，联邦政府在此期间没有发布失业率数据。图中用的估计值参见 David R. Weir，"A Century of U. S. Unemployment，1890—1990，" in Roger L. Ransom，Richard Sutch，and Susan B. Carter（eds.），*Research in Economic History*，Vol. 14，Westport，CT：JAI Press，1992，Table D3，pp. 341-343.

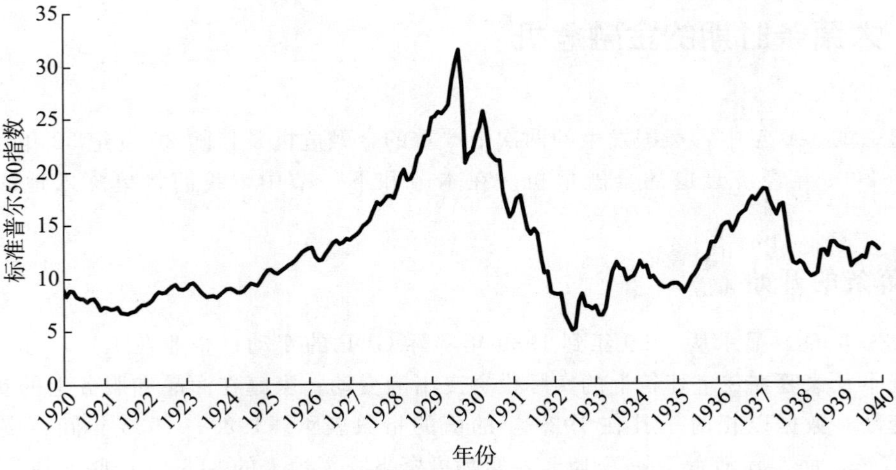

图 12-4　标准普尔 500 指数（1920—1939 年）

美联储在开始担心股票价格在 1928—1929 年间的快速上涨后提高了利率。股票价格从 1929 年到 1932 年的下跌是美国历史上幅度最大的。

资料来源：Robert J. Shiller，*Irrational Exuberance*，Princeton，NJ：Princeton University Press，2005，as updated at www. econ. yale. edu/～shiller/data. htm.

多种因素加剧了从 1929 年秋季到 1930 年秋季经济衰退的严重性。股价从 1929 年 9 月到 1930 年 9 月暴跌 40%以上，股价暴跌减少了家庭财富，使企业通过发行股票来筹集资金变得更加困难，并提高了家庭和企业对未来收入的不确定性。不确定性上升可能解释家庭在耐用消费品（如汽车）上的支出及企业在工厂、办公楼和其他有形资本上支出的急剧下降。（我们曾在第 6 章的“联系实际”中详细讨论了 1929 年的股市崩盘。）此外，国会于 1930 年 6 月通过《斯姆特-霍利关税法》，该法律导致外国政府为报复而增加关税，从而减少了美国的出口。一些经济学家还认为，由于新房支出减少，经济下滑变得更加严重。源于人口增长放缓的新房支出减少的部分原因是国会在 20 世纪 20 年代初通过了限制移民的立法。

20 世纪 30 年代初的银行恐慌

即使始于 1929 年 8 月的经济衰退在 1930 年秋天结束，该衰退也仍然是有史以来最严重的衰退之一。不过，衰退远没有结束，而是一直持续到 1933 年 3 月。然后经济缓慢复苏，直到 1937 年 5 月又一次衰退开始，并一直持续到 1938 年 6 月。结果是在大萧条开始十年后的 1939 年，很多企业的生产仍然远低于产能，失业率仍然很高。直到 1945 年第二次世界大战结束后，美国经济才恢复正常。

许多经济学家认为，始于 1930 年秋的一系列银行恐慌极大地加剧了大萧条的持续时间和严重程度。银行恐慌一波接着一波：1930 年秋天、1931 年春天、1931 年秋天和 1933 年春天。大量小型分散性差的银行，尤其是那些在商品价格下跌时持有农业贷款的银行，助长了恐慌。当银行暂时或永久不对公众开放时，就会发生银行停业。图 12－5 显示了从 1920 年至 1939 年银行停业的次数。1933 年的银行恐慌最为严重，一些州宣布“银行假期”，在此期间关闭该州所有银行。最终，总统富兰克林·罗斯福在 1933 年 3 月上任后不久就宣布全国性银行假期，美国几乎所有银行都关闭了。1929 年 6 月在美国运营的 24 500 家商业银行中，只有 1 400 家到了 1934 年 6 月仍在运营。图 12－5 显示，随着 FDIC 于 1934 年成立，银行停业降至较低水平。

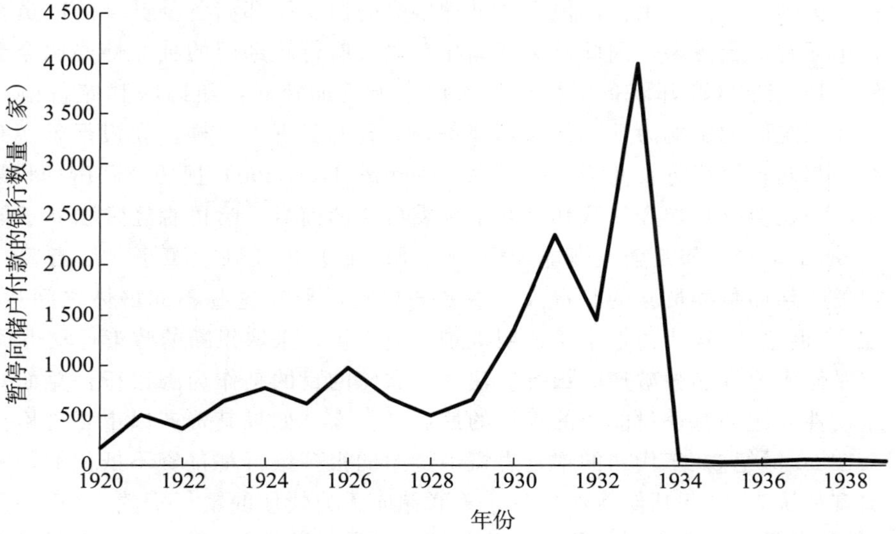

图 12－5　银行停业（1920—1939 年）

在 1934 年成立联邦存款保险公司后，银行停业数量下降到低水平，在此之前的 20 世纪 30 年代的银行恐慌期间，暂时性或永久性对公众关闭的银行数量飙升。

资料来源：Board of Governors of the Federal Reserve System，*Banking and Monetary Statistics of the United States，1914—1944*，Washington，D C：U. S. Government Printing Office，November 1943.

我们已经讨论了银行恐慌如何加剧经济衰退。此外，在大萧条期间，银行恐慌加剧了当时由耶鲁大学的欧文·费雪首次描述的**债务紧缩过程（debt-deflation process）**。费雪认为，随着银行被迫出售资产，这些资产的价格会下降，从而导致其他银行和持有该资产的投资者的净资产下降，进而导致其他银行倒闭和投资者破产。这些倒闭和破产会带来进一步的资产出售和资产价格的进一步下跌。此外，随着经济衰退的加剧，价格水平将下降（就像 20 世纪 30 年代初那样），并带来两个负面影响：实际利率会上升，债务的实际价值会上升。从 1929 年到 1933 年，消费者价格指数下降了约 25%，这意味着必须用购买力更高的美元来偿还贷款和债券的固定付款，这增加了借款人的负担并提高了违约的可能性。资产价格下跌、商品和服务价格下跌以及破产和违约增加的债务通缩过程会加剧经济下滑的严重程度。

大萧条期间美联储政策的失败

大萧条的严重程度导致一些银行在 20 世纪 30 年代初倒闭，因为银行在贷款和证券投资上遭受损失导致资不抵债和破产倒闭。但是一些银行倒闭源于系统的不稳定，因为流动性差但没有资不抵债的银行遭受挤兑并被迫关闭。具有讽刺意味的是，国会在 1913 年成立的旨在消除银行恐慌的美联储应对美国历史上最严重的恐慌负责。

为什么美联储不介入并稳定银行体系？经济学家讨论了四种可能的解释：

（1）没有人负责。如今，显然是担任美联储主席的人对其负责。此人同时担任理事会主席和制定美联储最重要政策的联邦公开市场委员会的主席。尽管任何货币政策行动都必须以正式表决方式通过，但主席被认为是负责提出新的政策倡议并制定应对危机的措施的人。然而，联邦储备系统的当前结构直到 1935 年才建立起来，联邦储备系统内的权力在 20 世纪 30 年代初更分散。财政部长和货币主计长均直接向美国总统汇报工作，他们都是理事会的前身联邦储备委员会的成员。财政部长担任委员会主席。因此，美联储相对对政府行政部门的独立性要比今天小。此外，12 家地区联邦储备银行负责人比今天更加独立，纽约联邦储备银行的负责人在系统内的影响力几乎与联邦储备委员会的负责人一样。在银行恐慌时期，纽约联邦储备银行行长乔治·哈里森（George Harrison）担任公开市场政策会议的主席，该会议是如今的联邦公开市场委员会的前身。哈里森经常独立于罗伊·杨（Roy Young）和尤金·梅耶（Eugene Meyer）出任独立董事，后者曾在那些年担任联邦储备委员会的负责人。重要的决定需要在这些不同群体之间达成共识。在 20 世纪 30 年代初，事实证明很难达成共识，采取果断的政策行动也很困难。

（2）美联储不愿意拯救破产的银行。建立美联储的目的是作为因银行挤兑而暂时遭遇流动性问题的有偿付能力的银行的最后贷款人。如果其资产以市场价格计价，那么在 20 世纪 30 年代初的银行恐慌中倒闭的很多银行都是资不抵债的。一些美联储官员认为，《联邦储备法》禁止美联储向无力偿债的银行贷款。（正如我们将在“联系实际”中所看到的那样，美联储在雷曼兄弟 2008 年陷入破产时没有向其提供贷款，在就此问题的辩论中再次提出这个问题。）抛开法律问题，美联储许多官员认为采取行动挽救资不抵债的银行是一项糟糕的政策，因为这会鼓励银行管理者的冒险行为。换句话说，美联储担心的是经济学家现在所称的道德风险问题。

(3) 美联储没有理解名义利率与实际利率的差异。 美联储密切监测名义利率，特别是短期贷款利率，该利率在 20 世纪 30 年代初降至非常低的水平。许多美联储官员认为，低利率表明对贷款的需求较低，所以给借款人的贷款供给并未显著减少。不过，经济学家认为，相对于名义利率而言，实际利率是反映贷款市场条件的更好的指标。美国经济在 20 世纪 30 年代初经历了通货紧缩，在 1930 年至 1933 年之间，物价水平以年均 6.6%的速度下降。因此，按实际价值计算，20 世纪 30 年代初的利率比美联储的政策制定者所认为的要高得多。一些经济学家认为，如此高的实际利率表明贷款的供应减少了，这迫使利率上升，因为借款人争先恐后地寻求信贷。

(4) 美联储希望"清除过度投机"。 美联储的许多成员认为，大萧条是 20 世纪 20 年代后期金融投机的结果，尤其是 1928 年和 1929 年的股票价格泡沫。他们认为，只有在"清除"过剩的结果之后，持久的复苏才有可能发生。一些经济学家认为，美联储遵循的是美国财政部长安德鲁·梅隆（Andrew Mellon）所提倡的"清算"政策。根据该政策，在复苏开始之前，有必要让价格水平下降，并让虚弱的银行和虚弱的公司倒闭。

联系实际 12-2

美国的银行破产导致大萧条吗?

在 20 世纪 60 年代初期，芝加哥大学的米尔顿·弗里德曼和国家经济研究局的安娜·施瓦茨（Anna Schwartz）在他们的《美国货币史（1867—1960 年）》一书中提出了关于 20 世纪 30 年代银行恐慌的重要性的有影响力的讨论。在那本书和后来的著作中，弗里德曼和施瓦茨指出，一家位于纽约市的大型私人银行——美利坚银行于 1930 年 12 月的倒闭尤为重要：

> 该银行于 1930 年 12 月 11 日的倒闭标志着始于 1929 年 8 月的经济收缩的性质发生根本变化，从没有任何金融危机迹象的严重衰退转变为经济灾难，并在 1933 年 3 月的银行假期达到高潮，当时所有银行都关闭一周。

美利坚银行陷入困境的部分原因在于其房地产贷款所占的百分比非常高，到 1930 年秋遭遇房地产价格下跌和抵押贷款违约。此外，该银行的所有者一直在用资金购买该银行的股票以防止股票价格下跌。这种做法是非法的，银行的两名所有者后来被判入狱。在银行倒闭前的几周内，纽约联邦储备银行试图安排该银行与其他两家纽约市银行合并。在合并计划失败后，该银行关闭，成为当时美国最大的破产银行。

美利坚银行的倒闭在当时引起很多讨论，经济学家至今仍在辩论这一事件。该银行在关闭时似乎已经破产，这可能就是为什么通过与其他银行合并来予以拯救的计划失败的原因。不过，有证据表明，纽约联邦储备银行的行长乔治·哈里森不支持合并计划，这可能对其他银行的拒绝起到作用。经济学家仍然对美联储是否应该采取更有力的行动来阻止银行关闭持不同意见。

许多经济学家对弗里德曼和施瓦茨强调该银行倒闭的重要性表示怀疑。在银行倒闭后，纽约其他银行并没有立即遭受严重的流动性问题，也没有一家倒闭。下一次银行恐慌发生在几个月之后，而卷入恐慌的许多银行都是纽约市以外的小银行。此外，后来的恐慌与美利坚银行的倒闭是否有什么联系尚不清楚。在美利坚银行破产后，低评级公司债券的利率相对于高评级公司债券的利率开始上升，这表明投资者将该银行破产解读为关于未来银行业状况的坏消息。但是，利率的这种波动是不是因为该银行倒闭依然尚不清楚。

美利坚银行倒闭的细节并不重要，重要的是这一事件后来对政策制定者的影响。特别是在弗里德曼和施瓦茨的书出版后，美联储内外的许多经济学家都确信，让银行破产是一个重大的政策失误。一些经济学家甚至认为这一事件对引导联储发展出"大而不能倒"理论很重要，该理论认为不能允许任何大型金融机构破产，因为其破产会破坏金融体系的稳定。这一理论在2007—2009 年的金融危机期间及其之后饱受争议。

尽管美利坚银行破产已超过 85 年，但其破产的后果继续影响着当前的政策。

资料来源：Milton Friedman and Anna Schwartz, *A Monetary History of the United States, 1867—1960*, Princeton, NJ: Princeton University Press, 1963, pp. 308 - 313; Friedman quote from Milton Friedman, "Anti-Semitism and the Great Depression," *Newsweek*, Vol. 84, November 16, 1974, p. 90; Allan H. Meltzer, *A History of the Federal Reserve: Volume 1: 1913—1951*, Chicago: University of Chicago Press, 2003, pp. 323 - 326; Elmus Wicker, *The Banking Panics of the Great Depression*, Cambridge, UK: Cambridge University Press, 1996; and Arthur J. Rolnick, "Interview with Ben S. Bernanke," Federal Reserve Bank of Minneapolis, *The Region*, June 2004.

见本章末的问题和应用 2.10。

12.3 2007—2009 年的金融危机

加剧 2007—2009 年经济衰退严重程度的几个因素包括石油价格从 2004 年的每桶 34 美元上涨到 2008 年的每桶 147 美元。不过，最重要的原因显然是房地产市场泡沫的破裂。

住房泡沫的破灭

新房销售额从 2000 年 1 月到 2005 年 7 月增长了 60%，当时许多经济学家认为住房市场已经形成泡沫。回想一下，在泡沫中，资产的价格大于基本价值。我们已经看到，一股股票的基本价值等于投资者预期从拥有股票中可获得的股息的现值。同样，房屋的基本价值等于房主预期可获得的房屋服务的现值。那么，我们可以预期房价和房租会以大致相同的速度增长。[①] 相应地，如果单户住宅的价格相对于单户住宅的租金而言大幅上涨，那么房地产市场更有可能出现泡沫。如图 12 - 6 所示，房价和房租通常以大致相同的速度增长，但在 2000 年 1 月和 2006 年 5 月之间，房价的增长速度远高于房租。房价和房租之间的差异就是泡沫的证据。

随着新房和旧房价格在 2006 年的下降，一些购房者在抵押贷款的还款上遇到困难。当贷款人对已违约的抵押贷款取消房屋的赎回权后，贷款人卖出房屋，导致房价进一步下

① 如果购房者预期未来的房租会上涨，那么房价可能会上涨而当前房租保持不变。但在 2000—2005 年，没有太多的迹象表明购房者或经济学家预期未来房租会大幅上涨。

跌。专门发放次级抵押贷款的贷款人遭受沉重损失，有的甚至倒闭。大多数银行和其他贷款人收紧了对借款人的要求。信贷紧缩使潜在购房者更难获得抵押贷款，这进一步压抑了房地产市场。住房市场下滑不仅导致住宅建设支出减少，而且影响家具、家电和房屋改建市场，因为房主发现房屋价值下降使其借钱更难。

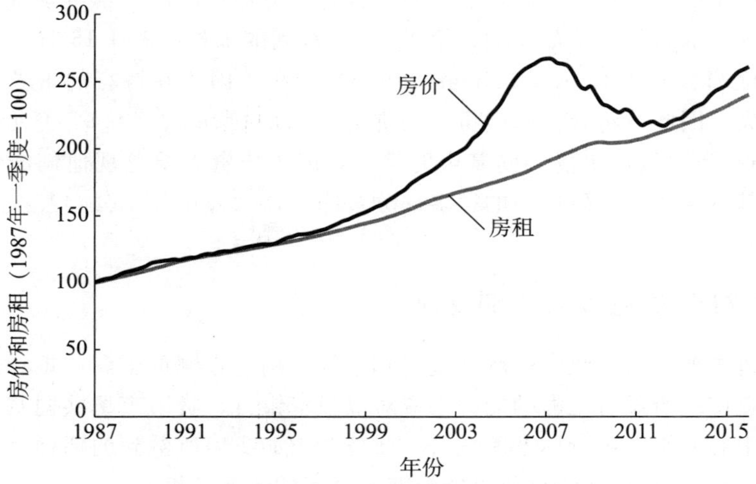

图 12-6　房价和房租（1987—2016 年）

房价的上涨速度通常与房租的上涨速度相同。但在住房泡沫期间，房价的涨幅远大于房租的涨幅。
资料来源：Federal Reserve Bank of St. Louis；and S&P/Case-Shiller，standardandpoors. com.

贝尔斯登和雷曼兄弟遭遇的银行挤兑

到 2007 年初，我们已经清楚的是，拥有由次级抵押贷款构成的抵押支持证券的投资者，包括银行和其他金融企业，遭受了重大损失。但许多经济学家和政策制定者仍然认为，次级抵押贷款违约率的上升不会给整个经济造成问题。例如，美联储主席本·伯南克辩称："我们认为次贷领域的麻烦对整个房地产市场的影响可能是有限的，而且我们预计次贷市场不会对其他经济领域或金融系统产生重大的溢出效应。"① 2007 年 8 月，当法国巴黎银行（BNP Paribas）宣布将不允许其三只投资基金的投资者赎回其份额时，这是金融危机即将来临的第一个有力迹象。这些基金持有大量抵押贷款支持证券，并且由于这些证券的交易已枯竭，因此难以确定证券的市场价格，进而也难以确定基金份额的价值。

2007 年秋季和 2008 年春季，信贷状况恶化。许多贷款人变得只愿意向金融公司提供非常短期的贷款，并经常坚持要求以政府债券作为抵押品。如我们在第 11 章中看到的那样，一些投资银行用来自银行和其他金融公司的短期借款来为长期投资提供资金。这些投资银行的情况与设立联邦存款保险之前的商业银行类似。特别是，如果贷款人拒绝续借投资银行的短期贷款，那么投资银行就会遭遇挤兑，这就是 2008 年 3 月发生在贝尔斯登身上的事情。贷款人开始担心贝尔斯登在抵押贷款支持证券上的投资价值已经下降到让该投

① Ben S. Bernanke，"The Subprime Mortgage Market，" speech at the Federal Reserve Bank of Chicago's 43rd Annual Conference on Bank Structure and Competition，Chicago，May 17，2007，www. federalreserve. gov/newsevents/speech/bernanke20070517a. htm.

资银行资不抵债的地步。在美联储的帮助下，摩根大通银行以每股 10 美元的价格收购贝尔斯登，使其免于破产。而就在一年前，贝尔斯登的股票价格还是 170 美元。

到 2008 年 8 月，随着近 25%的次级抵押贷款至少逾期 30 天，危机进一步加剧。9 月 15 日，在美国财政部和美联储拒绝提供能吸引另一家金融公司收购雷曼兄弟的必要资金后，该银行申请了破产保护。同时，美林投资银行同意把自己出售给美国银行。雷曼兄弟的破产标志着危机的转折点。如我们在第 11 章所看到的那样，9 月 16 日，大型货币市场共同基金储备优选基金（Reserve Primary Fund）宣布，因为在持有的雷曼兄弟商业票据上遭受重大损失，因此，将允许基金份额的价格从 1.00 美元跌至 0.97 美元从而“跌破面值”。这一宣布导致对货币市场共同基金的挤兑，因为投资者要兑现他们的份额。随着证券化贷款交易基本停止，金融体系的很多部分被冻结，大公司和小公司甚至要获得短期贷款都很困难。

联邦政府对金融危机的特别反应

在金融危机之前，联邦政府的政策制定和监管结构一直侧重于商业银行体系和股票市场。这种关注点使政府没有足够的能力来应对以投资银行、货币市场共同基金、保险公司和对冲基金为中心的影子银行体系的危机。此外，正如我们所看到的那样，大多数政策制定者直到 2007 年才意识到次贷危机可能演变为全面的金融危机。

尽管如此，一旦危机开始，美联储、财政部、国会和总统乔治·W. 布什都做出了有力的回应。2007 年 9 月 18 日，美联储通过降低联邦基金利率的目标开始大幅压低短期利率，联邦基金利率是商业银行相互收取的短期贷款利率。到 2008 年 12 月，联邦基金利率已接近零，为历史最低水平。2008 年 9 月，联邦政府通过财政部承诺向房地美和房利美每家公司提供至多 1 000 亿美元来交换 80%的所有权，从而对负责证券化抵押大部分抵押贷款的这两家政府担保公司实施了实质性的国有化。财政部将企业的管理控制权交给联邦住房金融局。同月，美国财政部宣布了一项 500 亿美元的计划来为货币市场共同基金份额的安全提供保险，从而制止了对基金的挤兑。10 月，美联储自大萧条以来首次宣布将通过商业票据融资便利直接贷款给公司，方法是购买非金融公司发行的为期三个月的商业票据。

2008 年 9 月，美联储和财政部还公布了一项国会授权 7 000 亿美元用于向金融公司和其他投资者购买抵押贷款和抵押贷款支持证券的计划。国会于 2008 年 10 月初通过的问题资产救助计划（Trouble Asset Relief Program，TARP）的目的是恢复这些证券的市场，以便为资产负债表上有数万亿美元这些资产的金融机构提供救济。最终，制订一项购买抵押贷款和抵押支持证券的计划被证明是困难的，并且大多数 TARP 资金被用于直接购买银行的优先股以增加其资本，并向有破产风险的汽车公司提供资金。

这些政策举措是美国历史上对金融体系最广泛的政府干预之一。从长远来看，这些举措是否会产生意想不到的负面影响还有待观察。但大多数经济学家和政策制定者认为，它们的目的是在 2008 年秋季和 2009 年春季稳定金融体系。财政部在 2009 年初对 19 家大型金融公司开展的压力测试也有助于稳定金融体系。该测试旨在评估这些公司在经济衰退加剧时的经营状况。测试表明，这些公司只需要筹集大约 1 000 亿美元的新资金即可具备应对严重经济衰退所需的资源，这使许多投资者感到放心。

在危机过去之后，国会转而研究是否有必要修改规范金融体系的法规。2010 年 7 月，国会通过并由总统巴拉克·奥巴马签署《华尔街改革和消费者保护法》或称《多德-弗兰克法案》，我们将在下一节予以讨论。

12.4　金融危机与金融监管

联邦政府对 2007—2009 年的金融危机的应对措施凸显出新的政府金融法规通常是为应对危机而制定的。当我们审视政府多年来颁布的不同类型的法规时，我们会发现有一种常规模式：

（1）金融体系发生危机。

（2）政府采取新法规来应对危机。

（3）金融公司对新规定做出回应。

（4）当金融公司试图逃避监管时，政府监管机构会调整政策。

监管模式的第一阶段是金融体系的危机。例如，如果储户对银行失去信心，他们会撤回资金，并会导致银行恐慌。在恐慌中，银行无法发挥其作为金融中介的作用，许多家庭和企业无法获得贷款。

第二阶段出现在当政府介入并通过监管结束危机的时候。当政府意识到金融机构不稳定并且政治压力使得干预可取时，政府通常会干预。例如，美国和其他国家/地区的政府法规通过建立存款保险来应对银行恐慌。

第三阶段是金融系统的响应。一项重要的新法规（如存款保险）会带来金融机构业务的变革和创新。例如，一旦存款保险降低了存款人监控银行投资的强度，那么银行就会承担更大的风险。与制造公司或其他非金融业务一样，创新（为消费者服务的新产品或业务线的开发）使一家公司比竞争对手更具优势。金融创新的动机与其他企业相同：利润。

第四阶段是监管反应。这是指监管机构监控法规对金融机构开展业务的影响。特别是，当金融创新规避监管限制时，监管机构必须调整政策或寻求新权力作为监管响应。例如，当国会通过一项法规来阻止银行为支票账户支付利息时，银行最终通过开发类似于支票账户的账户（称为 NOW 账户）来支付利息，从而绕开了禁令。国会随后不得不修改法规来禁止 NOW 账户或允许 NOW 账户。在这个例子中，国会决定允许这些账户。

最后贷款人

我们已经看到，国会于 1913 年创建了联邦储备系统来作为在银行恐慌期间向银行提供流动性的最后贷款人。不过，我们也看到，美联储在 20 世纪 30 年代初的银行体系崩溃时袖手旁观，未能通过第一次关键考验。为应对这次失败，国会于 1934 年成立了联邦存款保险公司（FDIC），并重组了美联储，使联邦公开市场委员会（FOMC）成为美联储的主要政策机构。联邦公开市场委员会的主席是理事会主席，而不是纽约联邦储备银行行长。最后这次改革通过确保总部设在华盛顿特区的理事会而不是联邦储备银行的 12 位行长在系统中发挥主导作用，有助于将决策集中在美联储。

战后以来的成功和“大而不能倒”政策的发展

虽然在大萧条期间作为最后贷款人并不顺利，但在第二次世界大战后的大部分时间里，美联储都出色地扮演了这一角色。例如，曾是美国最大的公司之一的宾夕法尼亚中央铁路公司于 1970 年申请破产时拖欠了 2 亿美元的商业票据。投资者开始怀疑其他大公司发行的商业票据的质量，并对在该市场投资持谨慎态度。美联储通过向商业银行提供贷款并允许银行将贷款发放给通常在商业票据市场上借钱的公司，从而避免了银行危机。

在 1974 年的类似事件中，富兰克林国家银行遭遇持有可转让存单的储户的挤兑。由于这些存单的价值超过 40 000 美元，因此超出当时联邦存款保险的限额，投资者担心，如果银行倒闭，他们将蒙受巨大的损失。其他银行担心自己也会受到持有可转让存单的储户的挤兑。由于可转让存单是银行的重要资金来源，因此银行会被迫削减自己的贷款，从而减少家庭和企业可获得的信贷。美联储向富兰克林国民银行提供了超过 15 亿美元的短期贷款，直到美联储找到另一家愿意与富兰克林国民银行合并的银行，从而避免了这一结果。美联储的迅速行动避免了对金融系统的重大打击。

1987 年 10 月 19 日的股市崩盘引发人们对 1929 年崩盘后事件重演的担忧。特别是，由于股价下跌，许多证券公司损失惨重。这些公司通过买入、卖出和持有证券的存货为在纽约股票交易所交易的证券做市。（近年来，由于大多数交易都是通过电子方式完成的，而不是在交易所完成的，因此它们的作用有所减弱。）这些公司的倒闭会破坏纽约股票交易所的交易。在第二天股市开盘交易之前，美联储主席格林斯潘对新闻媒体宣布美联储准备提供流动性来支持经济和金融体系。同时，作为最后贷款人的美联储鼓励银行向证券公司发放贷款，并向银行提供贷款。这些行动让银行和投资者都感到放心，并保持了金融市场的平稳运转。

在这些行动和其他类似的行动中，美联储成功地利用其作为最后贷款人的作用来稳定金融体系，从而避免了 20 世纪 30 年代的错误，美联储当时不愿意拯救可能资不抵债的银行导致其在金融体系崩溃时袖手旁观。但是美联储有可能开始朝着相反的方向犯错误吗？原则上，中央银行应给缺乏流动性但有偿付能力的银行提供短期贷款。中央银行向无力偿债的银行提供贷款会遭遇银行管理者承担过多风险的危险，因为它们知道，如果投资失败并变得资不抵债，那么中央银行会拯救它们。换言之，美联储采取措施挽救无力偿债的银行会提高金融系统的道德风险水平。到 20 世纪 80 年代初，很明显美联储和联邦存款保险公司认为最大的银行**“大而不能倒”（too big to fail）**。1984 年，负责监管全国性银行的通货监理署向国会提供了一份被认为是大而不能倒的银行清单。这些银行中的任何一家倒闭都被认为会给金融系统造成系统风险，正如我们在第 11 章中所看到的那样，系统风险是整个金融系统的风险，而不是单个公司或投资者的风险。

由于美联储和联邦存款保险公司不会让这些大型银行倒闭，因此这些银行的存款人实际上拥有无限的存款保险。即使这些银行倒闭，包括可转让存单持有人在内的大额存款人也不会损失任何钱，即使其存款额超过当时的联邦存款限额（100 000 美元）。于是，即使银行管理者投资鲁莽，这些存款者也没有太多的动机去监督银行管理者的行为，并撤回存款或要求更高的利率。

此外，大而不能倒政策因区别对待大小银行的不公平性而受到批评。当 FDIC 在 20 世纪 90 年关闭由非洲裔美国人拥有的哈林自由国家银行时，包括联合黑人大学基金会和城市联盟这样的慈善组织在内的大额存款人的每一美元无保险存款只收到约 50 美分。仅仅在几个月后的 1991 年 1 月，由于房地产投资组合的崩溃，规模更大的新英格兰银行倒闭了。其大额存款人受到联邦存款保险公司的全面保护，花费了纳税人大约 23 亿美元。

对大而不能倒政策引起的不公平性和道德风险增加的担忧是国会于 1991 年通过《联邦存款保险公司改进法》(Federal Deposit Insurance Corporation Improvement Act，FDICIA) 的原因之一。该法要求联邦存款保险公司使用对纳税人而言成本最低的方法来处理破产银行，这通常意味着关闭银行、偿还银行的受保存款人，以及使用从出售银行资产中筹集的资金偿还未受保的储户。由于破产银行的资产价值几乎总是小于负债的价值，因此未受保的存款人会蒙受损失。但是，由于银行倒闭会产生"对经济状况或金融稳定的严重不利影响"的情况，该法确实包含一个例外条款。必须得到联邦存款保险公司三分之二的董事、美联储理事会三分之二的成员和财政部长的批准才能援引该例外条款。这一例外条款在 2007—2009 年的金融危机期间被证明是重要的。

金融危机和美联储作为最后贷款人的作用更加广泛

由于是投资银行而非商业银行在 2007—2009 年的金融危机开始时受到的影响最大，因此政策制定者面临意想不到的挑战。与商业银行不同，投资银行没有资格直接从美联储借款。虽然商业银行的存款通过联邦存款保险公司获得保险，但提供给投资银行的贷款则没有保险。我们已经看到，美联储解决这些问题的方法是通过向大型投资银行提供贷款和购买商业票据来确保公司能够满足其短期信贷需求。此外，财政部向拥有货币市场共同基金份额的投资者提供临时保险。

美联储的行动中最具争议的也许是 2008 年 3 月决定与美国财政部合作，通过安排摩根大通收购这家投资银行来阻止贝尔斯登破产。作为安排的一部分，美联储同意承担摩根大通可能因贝尔斯登持有的抵押贷款支持证券而蒙受的 290 亿美元损失。一些经济学家和政策制定者批评此举，称此举加剧了金融体系的道德风险。这一批评可能是美联储在 2008 年 9 月决定不拯救雷曼兄弟免于破产的原因之一。不过，几天后，美联储向保险公司美国国际集团 (AIG) 提供了一大笔贷款来换取公司 80%的所有权。实际上，除了雷曼兄弟外，美联储、联邦存款保险公司和美国财政部联合行动的结果是没有大型金融机构倒闭。大而不能倒的政策似乎又回来了。

联系实际 12-3

美联储能挽救雷曼兄弟吗?

在 2008 年 9 月 13 日至 14 日的周末，美联储和美国财政部的官员判断，即使通过寻找另一家金融公司来收购雷曼兄弟或与雷曼兄弟合并，或者通过提供贷款使雷曼可以应对短期融资的不稳定性，它们也无法让雷曼免于破产。9 月 15 日星期一的凌晨，雷曼兄弟申请破产。第二天，美联储和财政部根据先前讨论的条款将美国国际集团 (AIG) 从破产中解救出来。允许雷曼兄弟破产却挽救美国国际集团这种看似不一致的决定在当时让许多观察家感到惊讶，并且一直是经济学家和政策制定者之间激烈辩论的主题。如当时的马萨诸塞州众议员巴尼·弗兰克 (Barney Frank) 指出的："国家对自由市场的承诺又持续了一天。这一天就是星期一。"

美联储针对雷曼兄弟的行动仍然引起争议，因为大多数经济学家认为，雷曼兄弟的破产明显加剧了金融危机和经济衰退。雷曼破产的影响可以从圣路易斯联邦储备银行编制的金融压力指数的变动中看出来。该指数是 18 个金融变量的平均值，包括公司债券与美国国债的利率之间的利差，在投资者追求安全性以及家庭和企业难以获得信贷的时期，该指数往往会上升。下图显示该指数恰在 2007—2009 年的经济衰退之前和之后的走势。该指数的平均值为零，在金融压力大于正常的时期为正，金融压力小于正常的时期为负。

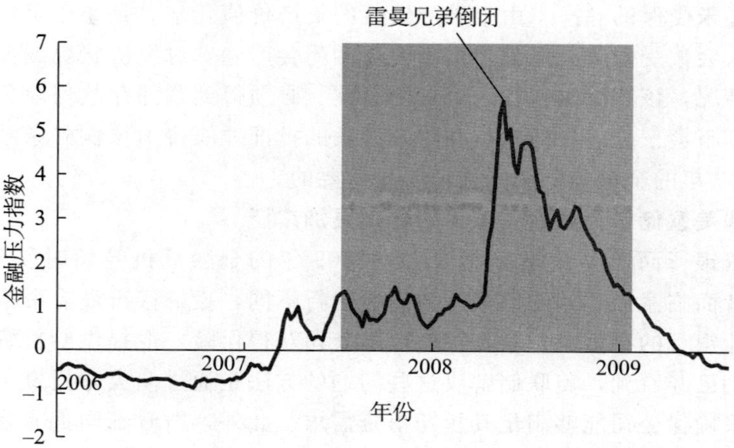

该图显示，金融压力在雷曼兄弟倒闭之后急剧上升。由于家庭和企业难以获得信贷，并且由于经济的不确定性明显增加，支出大幅下滑。支出下滑又导致生产和就业的萎缩。从 2007 年 12 月经济衰退开始到雷曼兄弟倒闭，美国的总就业人数减少了约 120 万人。从雷曼兄弟倒闭到 2009 年底，就业人数又减少了 700 万。这次就业下降是迄今为止在美国历史上在如此短暂的时期内的最大跌幅。

就美联储为什么不采取措施让雷曼免于破产，政策制定者和经济学家提出两种主要解释：

(1) 国会议员对美联储为挽救贝尔斯登而采取的行动的批评，加上对金融体系道德风险日益增加的担忧，使美联储决定允许雷曼兄弟宣布破产。

(2)《联邦储备法》的条款牵制了美联储，使其不能合法地拯救雷曼兄弟。

如果解释是正确的，那么解释（1）意味着美联储可以挽救雷曼兄弟，但选择不这样做。而解释（2）意味着，从法律上看，美联储即使愿意也不能挽救雷曼兄弟。

本·伯南克在金融危机期间担任美联储主席。伯南克在 2015 年出版的回忆录中指出，雷曼兄弟已经资不抵债，《联邦储备法》禁止美联储挽救雷曼兄弟：

> 很明显，雷曼兄弟已经严重资不抵债……雷曼兄弟的资不抵债程度使得仅凭美联储的贷款无法挽救……《联邦储备法》要求我们要有足够的抵押品才能提供贷款。美联储无权注入资本或（差不多是一回事儿）提供我们无法合理确定能否全额偿还的贷款。

但是雷曼兄弟真的资不抵债吗？雷曼在破产后，对一些债权人的偿还额少于欠款，这似乎表明公司资产的价值小于负债的价值，即符合资不抵债的定义。但约翰·霍普金斯大学的经济学家劳伦斯·鲍尔（Laurence Ball）在 2016 年发布一份工作论文中对伯南克的说法提出质疑。鲍尔认为，没有证据表明美联储的政策制定者在考虑是否给该银行提供贷款时关心雷曼兄弟的偿付能力。鲍尔认为，雷曼兄弟确实有足够的抵押品来获得可以满足其短期流动性需求的贷款。他还指出，根据《联邦储备法》，就像在 2008 年一样（2010 年的《多德-弗兰克法案》修订了《联邦储备法》），只要发放的贷款有充足的抵押品来担保，就不会阻止美联储向无力偿债的公司提供贷款。换言之，雷曼兄弟宣布破产证明自己无力偿债这一事实并没有阻止美联储提供足够多的贷款使该银行免于倒闭。

鲍尔认为上述解释（1）是美联储允许雷曼倒闭的原因。特别是，他认为财政部长亨利·保尔森（Henry Paulson）大量参与这一决定，并且他对财政部和美联储上一年春天因挽救贝尔斯登的举动而受到的政治批评很敏感。

财经记者詹姆斯·斯图尔特（James Stewart）和彼得·埃维斯（Peter Eavis）与纽约联邦储备银行的经济学家开展的访谈为鲍尔的论点提供了一些支持。经济学家是负责评估雷曼兄弟的偿付能力的两个团队的成员。雷曼兄弟破产前的一个周末，这些团队分析了雷曼兄弟的资产负债表，并得出该银行几乎没有偿付能力的结论。不过，显然，在本·伯南克、亨利·保尔森或纽约联储主席蒂莫西·盖特纳决定允许雷曼兄弟宣布破产之前，这些报告并没有送达他们。一些经济学家对鲍尔的结论持怀疑态度，因为他们认为鲍尔（以及斯图尔特和埃维斯采访的纽约联储的经济学家）低估了雷曼兄弟的财务问题，而且联储的贷款也不太可能挽救该银行。

在超过 85 年后，经济学家仍在辩论美联储在 1930 年美利坚银行倒闭时的行动。有关 2008 年雷曼兄弟倒闭的辩论可能还会持续数年。

资料来源：Ben S. Bernanke, *The Courage to Act: The Financial Crisis and Its Aftermath*, New York: W. W. Norton, 2015, quoted passage is on p. 264; James Stewart, “Pointing a Finger at the Fed in the Lehman Disaster,” *New York Times*, July 21, 2016; James B. Stewart and Peter Eavis, “Revisiting the Lehman Brothers Bailout That Never Was,” *New York Times*, September 29, 2014; Laurence Ball, “The Fed and Lehman Brothers,” working paper prepared for a meeting of the NBER Monetary Economics Program, July 14, 2016; and Federal Reserve Bank of St. Louis.

见本章末的问题和应用 4.8。

2010 年的金融改革：“大而不能倒”政策的终结？

尽管一些经济学家和政策制定者对美联储、联邦存款保险公司和美国财政部在恢复金融体系稳定方面所采取的行动表示赞赏，但是许多国会议员和社会公众反对他们认为 TARP 带来的所谓的“华尔街救助”以及为防止大型金融公司倒闭而采取的行动。部分地回应这些批评的是，国会于 2010 年 7 月通过《华尔街改革和消费者保护法》（即《多德-弗兰克法案》），其中包括旨在终结“大而不能倒”政策的条款。该法案允许美联储、联邦存款保险公司和财政部接管并“关闭”大型金融公司，这意味着将以不会破坏金融市场稳定的方式出售这些公司的资产。以前只有 FDIC 拥有这项权力，并且只能在关闭商业银行时使用。《多德-弗兰克法案》的这一规定的目的是给予政策制定者除了允许大型金融企业破产或采取行动挽救之外的第三种选择。当时担任联邦存款保险公司主席的希拉·拜尔（Sheila Bair）预测，该法案将导致投资者将资金转移给规模小的企业，原因是确定小企业的投资风险的信息成本更低。较大的企业将不得不为投资者提供更高的预期收益来补偿“大而不能倒”政策的终止。

《多德-弗兰克法案》还创建了金融稳定监督委员会（Financial Stability Oversight Council，FSOC），该委员会由主要的联邦金融监管机构的负责人组成，包括美联储、联邦存款保险公司和证券交易委员会。FSOC 由财政部长主持，除其他职责外，还负责确定哪些金融企业是系统重要性金融机构（systemically important financial institution，SIFI）。若一家金融企业的破产可能引发金融危机，则将其视为 SIFI。这些企业会受到更严格的规范监督，被要求持有额外的资本，并被要求开展年度压力测试以评估抵御严重衰退或金融危机的能力。此外，企业还必须立下生前遗嘱，说明它们如何才能在不给纳税人带来成本的情况下完成破产。最后，《多德-弗兰克法案》指定一个有序清算机构，在此安排下，财政部长在获得美国总统、美联储理事会的多数成员及董事会的批准后，可以指定 FDIC 接管一家破产的金融企业。联邦存款保险公司将在必要的时候经营该公司以确保其最终破产不会威胁整个金融体系。

这些精心制定的法规是否真正有助于减少大而不能倒政策的弊端还有待观察。截至 2017 年，美国最大的银行在金融体系中保持着重要地位：五家最大的银行控股公司拥有全部银行资产的一半以上，而 15 年前约占全部资产的四分之一。尽管这些银行现在拥有更大的资本，并且已经准备好生前遗嘱，但一些经济学家和政策制定者还是质疑监管机构能否在不对金融体系造成重大伤害的前提下让这些银行中的任何一家倒闭，甚至让其他规模较小的银行倒闭。

图 12－7 概括了联储作为最后贷款人在金融危机、监管、金融体系反应以及监管反应中的角色。

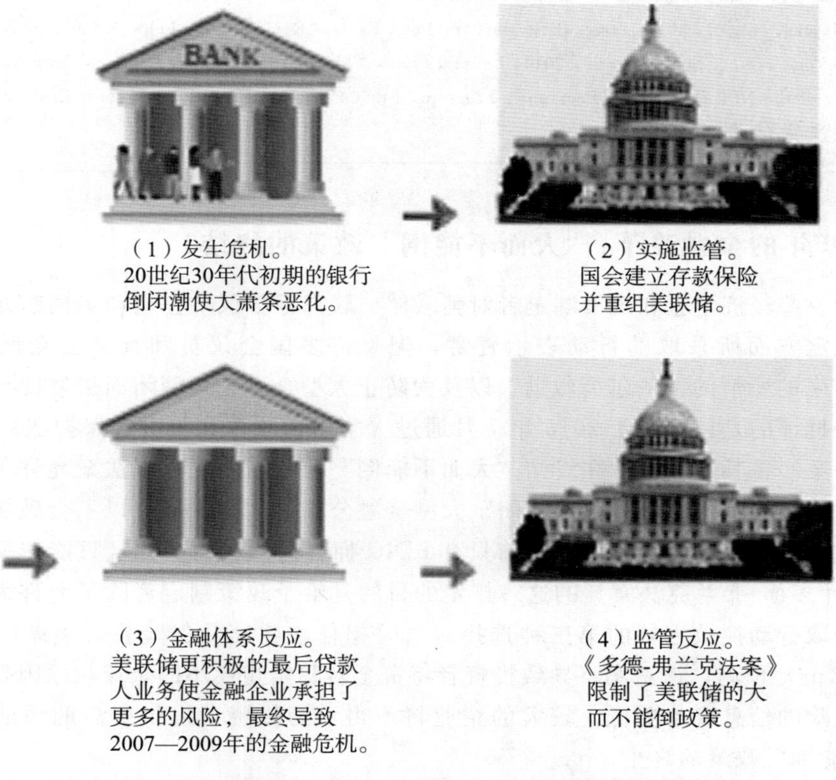

图 12－7　最后贷款人：危机、监管、金融体系反应和监管反应

联系实际 12-4

《多德-弗兰克法案》会在下一次金融危机中牵制美联储吗？

如我们所见，国会于 1913 年创建美联储来向遭遇短期流动性问题的商业银行提供贷款。1932 年，国会修订了《联邦储备法》，增加了第 13（3）条，赋予美联储在金融危机期间更大的权力。该条款授权理事会在“异常和紧急情况下”向“任何个人、合伙企业或公司”提供贷款。在 1991 年对《联邦储备法》的再次修订中，国会明确指出，在紧急情况下，美联储可以直接给非银行企业提供贷款。

在 20 世纪 30 年代之后，直到 2007—2009 年的金融危机时，美联储才开始行使这一权力。于是，美联储在金融危机期间多次援引该授权，包括向摩根大通贷款 290 亿美元以便其购买贝尔斯登、向保险公司美国国际集团（AIG）贷款、向大型证券交易商（包括投资银行）提供贷款及购买商业票据。

一些国会议员不同意美联储援引第 13（3）条来给特定公司提供贷款。因此，作为 2010 年的《多德-弗兰克法案》的一部分，国会重新改写了《联邦储备法》的这一部分，删除了“任何个人、合伙企业或公司”的提法，代之以明确规定只能向“普遍受惠的贷款计划或贷款便利的参与者”发放贷款的措辞。换言之，贷款只能作为所有商业银行或所有证券交易商等大型企业都有资格参与的计划的一部分，不再允许给个别公司贷款。特别是，新法禁止美联储“为帮助一家特定的公司避免破产”而提供贷款。美联储在危机期间向摩根大通和美国国际集团提供的贷款已不再被允许。此外，除向商业银行贷款外的任何新计划都需要获得财政部长的批准。而在金融危机期间美联储仅需获得其理事会大多数成员的批准即可启动新计划。

对改变美联储作为最后贷款人的权力持批评态度的人士担心，在另一场金融危机中，如果美联储无法向单个公司贷款，恐怕难以制止恐慌。尽管《多德-弗兰克法案》提供了允许大型金融公司破产而不破坏金融体系的机制，但这些批评者怀疑这种机制能否在危机中被迅速实施。大型银行必须准备生前遗嘱，但在 2016 年它们很难这样做。一些经济学家和政策制定者怀疑大型金融公司在准备破产期间能否避免挤兑。鉴于在程序开始之前需要多层批准，他们还质疑联邦存款保险公司在危机中能否足够快地实施有序清算权。

不过，一些经济学家和政策制定者对美联储保留足够的权力来有效充当最后贷款人持乐观态度。例如，美联储前主席本·伯南克辩称，鉴于美联储将保留（经财政部长批准）对企业集团实施贷款计划的能力，有序清算机构足以消除单一金融公司破产将引发恐慌的威胁，如投资银行或证券交易商。

关于在另一场危机发生时美联储作为最后贷款人是否拥有足够的权力来稳定金融体系的争论还会继续。

资料来源：David Fettig，“The History of a Powerful Paragraph，” Federal Reserve Bank of Minneapolis，*Region*，June 2008，pp. 33－34；Ryan Tracy，“Regulators Reject ‘Living Wills’ of Five Big U. S. Banks，” *Wall Street Journal*，April 13，2016；Glenn Hubbard and Hal Scott，“A Financial System Still Dangerously Vulnerable to a Panic，” *Wall Street Journal*，March 1，2015；Ryan Tracy and Erik Holm，“MetLife Wins Bid to Shed ‘Systemically Important’ Label，” *Wall Street Journal*，March 20，2016；and Ben S. Bernanke，*The Courage to Act*：*The Financial Crisis and Its Aftermath*，New York：W. W. Norton，2015.

见本章末的问题和应用 4.9 和 4.10。

降低银行不稳定性

大萧条时期的银行危机不仅导致重组美联储和建立联邦存款保险公司，还导致国会颁布旨在直接提高商业银行体系稳定性的新法规。国会力图实现这一目标的一种方式是减少银行之间的竞争。国会的目的是减少银行挤兑的可能性和银行行为的道德风险程度。限制竞争的一个理由是它会增加银行价值、降低银行家开展风险过大的投资的意愿。

然而，从长远来看，反竞争的法规不能提升银行的稳定性，因为这会激励不受监管的金融机构和市场通过提供银行存款和贷款的替代品来与银行竞争。反竞争的法规实际上导致竞争，为银行存款利率上限而斗争就是一个戏剧性的例子。这场斗争始于1933年《银行法》，这部法律批准了Q法规。该法规由美联储执行，规定银行的定期和储蓄存款的利率上限，并禁止银行给活期存款付息，活期存款是当时唯一的支票存款形式。Q法规旨在通过限制银行之间的资金竞争并保证贷款利率与存款利率之间的合理利差来维持银行的盈利能力。实际上，该法规迫使银行为了生存而开展创新。

在制定银行可以向存款人支付的利率上限时，国会打算使银行在贷款市场上有竞争优势。因为银行给存款支付得相对很少，所以银行可以收取较低的贷款利率，并且是家庭和企业的主要贷款人。但是，只要市场利率上升到Q法规规定的利率上限以上，储户就会有动机从银行存款中提取资金，从而使银行缺乏发放贷款所需的资金。例如，在20世纪60年代后期，随着通货膨胀率上升使利率超过Q法规的上限，特别是大公司和富裕家庭开始用短期国债、商业票据和回购协议上的短期投资来替代银行的短期存款。1971年货币市场共同基金的推出为储户提供了除银行存款之外的另一种选择。

如我们所看到的那样，货币市场共同基金的发展也为借款人提供了新的资金来源。大型成熟公司可以在商业票据市场上筹集短期资金。公司将大部分商业票据出售给货币市场共同基金。银行的商业贷款业务流失到商业票据市场，因为正如我们对逆向选择的分析所预测的那样，只有高质量借款人才能成功出售商业票据，留给银行的是低质量借款人。储蓄者和借款人退出银行而转向金融市场叫作**去中介化（disintermediation）**，这使银行损失了收入，因为这意味着它们没有储蓄者的资金可供借出。

为了规避Q法规，银行为储户开发了四种新的金融工具：

（1）可转让存单（CD）；

（2）可转让提款命令（NOW）账户；

（3）自动转账系统（ATS）账户；

（4）货币市场存款账户（MMDA）。

花旗银行于1961年推出可转让存单（或可转让存单），可转让存单是有固定期限（如6个月）的定期存款。这些存单有两个重要特征：因为它们的价值至少为100 000美元，所以不受Q法规的利率上限的限制。因为可以买卖，所以可转让存单与商业票据形成竞争。

另外，银行试图通过开发可转让提款命令（NOW）账户来规避对活期存款支付利息的禁令。NOW账户的存款人获得当他或她要将资金转移给其他人时可以签署的“可转让提款命令”。尽管这些可转让提款命令不叫支票，但看起来像支票，并可像支票一样处理，因此NOW账户实际上就是付息的支票账户。

银行还开发出自动转账系统（ATS）账户来以帮助大储户规避利率上限。ATS 账户在一天结束时将客户的支票账户余额“转入”支付利息的隔夜回购协议，从而实际上对支票账户支付利息。

最后，国会对银行业利率监管崩溃的反应是颁布了两项立法：1980 年的《存款机构放松管制和货币控制法》（Depository Institutions Deregulation and Monetary Control Act，DIDMCA）和 1982 年的《戈恩-圣杰曼法案》。随着《存款机构放松管制和货币控制法》的通过，国会逐步取消 Q 法规（该法规在 1986 年完全消失）并正式允许 NOW 账户和 ATS 账户来减轻银行的反竞争负担。此外，该法案取消了抵押贷款和商业贷款的利率上限。国会通过了《戈恩-圣杰曼法案》，向银行提供针对货币市场共同基金的更有效的武器来帮助逆转去中介化。该法案允许银行提供货币市场存款账户（MMDA），该账户由 FDIC 承保，但不要求银行对其持有准备金。存款人每月只能签有限数量的支票。MMDA 对于银行的成本很低，因为不需要银行为其持有准备金或处理许多支票，因此，银行有能力支付比 NOW 账户更高的利率。市场利率与银行的安全性和熟悉感的结合使新账户立即在存款人中取得成功。

图 12－8 总结了适用于利率上限的金融危机、监管、金融体系反应和监管反应的过程。

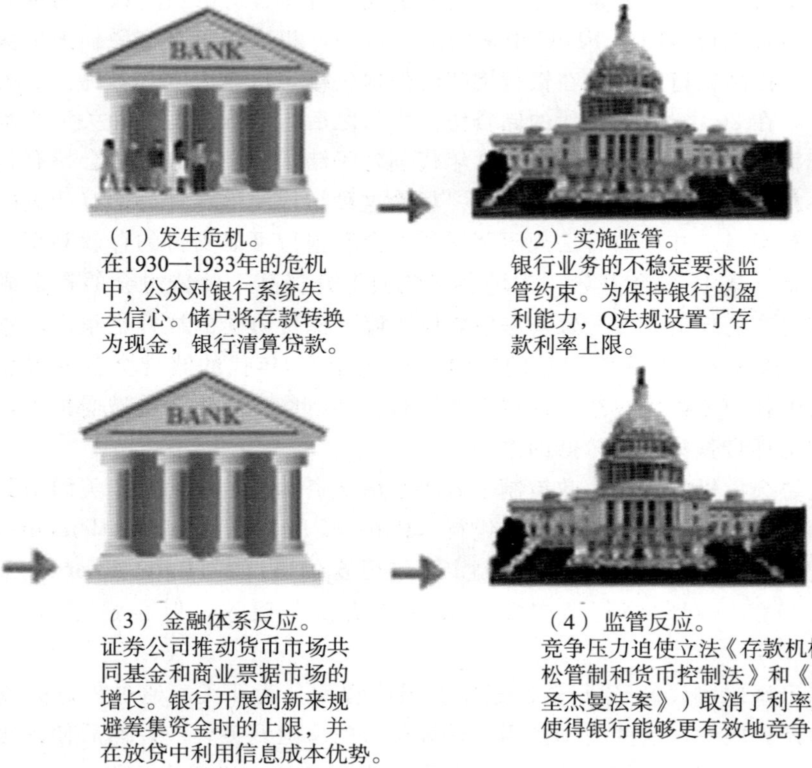

图 12－8 利率上限：危机、监管、金融体系反应和监管反应

资本要求

联邦政府试图提升银行体系稳定性的一种方法是，从 FDIC、美联储和货币监理署办公室派遣检查员到银行检查是否遵守法规。（货币监理署办公室将检查范围主要限制为大型国家银行。）在检查后，银行会收到基于以下内容的 CAMELS 评级形式的分数：

资本充足性（**C**apital adequacy）；

资产质量（**A**sset quality）；

管理水平（**M**anagement）；

盈利性（**E**arning）；

流动性（**L**iquidity）；

市场风险敏感度（**S**ensitivity to market risk）。

较低的 CAMELS 评级会导致向银行发出要求改变其行为的停业命令。这种系统模仿私人市场通过在金融合同中加入限制性契约条款来处理道德风险的方法。

在 CAMELS 类别中，除了资产质量外，资本充足率通常受到最多的关注。对资本的监管是一个宏观审慎监管的例子，宏观审慎监管试图通过提高金融企业所有者承担企业损失的成本的可能性来降低金融体系的风险。当银行开展风险投资来试图提高股本收益率时，就会发生道德风险。规定银行必须持有的最低资本金可以通过以下两种方式降低道德风险的可能性及银行倒闭给 FDIC 带来的成本：(1) 提高银行在遭受损失后保持偿付能力的能力；(2) 提高银行所有者在银行倒闭时的损失额，从而为所有者提供更大的动机来避免风险投资。在 20 世纪 80 年代的储贷协会危机之后，监管机构更加关注资本要求。为了增加抵押贷款，联邦法规在 20 世纪 30 年代创建了储贷协会。储贷协会持有长期固定利率抵押贷款，并用短期定期存款为其融资。尽管这种结构使得储贷协会有严重的期限错配问题，但只要利率稳定并且监管法规限制储贷协会和银行可以支付的存款利率，那么就不会出问题。但是，从 1979 年开始，市场利率急剧上升提高了储贷协会的资金成本，降低了其现有抵押资产的现值，并导致其净值急剧下降。储贷协会的杠杆也很高，资本通常仅为资产的 3%，这放大了损失对权益的影响。20 世纪 80 年代的储贷协会倒闭潮只有通过昂贵的联邦政府救助才得以终结。许多商业银行在 20 世纪 80 年代也遭受损失，但损害受到杠杆较低和抵押贷款集中度较低的限制。

受储贷协会危机的影响，政策制定者决心解决资本充足率问题。美国与其他国家一起参加由总部位于瑞士巴塞尔国际清算银行（Bank of International Settlements，BIS）发起的一项计划。巴塞尔银行监督委员会制定了**《巴塞尔协议》(Basel accord)** 来规范银行资本金要求。虽然巴塞尔银行监督委员会的裁决仅是建议，但会强烈影响成员的银行监管。

根据《巴塞尔协议》，银行资产根据其风险程度分为四类。通过将每类资产的美元价值乘以风险调整因子，这些类别被用于计算银行的风险调整资产，然后使用银行资本相对于风险调整资产的两种指标来计算银行的资本充足率。一级资本（Tier 1 capital）主要包括我们一直所说的银行资本：股东权益。二级资本（Tier 2 capital）包括银行的贷款损失准备金、次级债务及银行资产负债表的其他几个项目。银行将部分资本留作贷款损失准备金来为将来的贷款损失做好准备。使用贷款损失准备金可使银行避免其报告的利润发生大幅波动。当银行出售债券时，其中一些债券为优先级债务，另一些则为劣后级债务。如果银行倒闭，拥有优先级债务的投资者在拥有劣后级债务的投资者之前得到偿还。由于拥有劣后级债务的投资者有更大的动机来监督银行经理的行为，因此根据《巴塞尔协议》，劣后级债务被包括在二级资本中。

银行监管机构通过计算两个比率来确定银行的资本充足率：相对于风险调整资产的银行一级资本比率以及相对于风险调整资产的银行总资本（一级加二级）比率。根据这两个资本比率，我们可将银行划分为五个风险类别，如表 12－2 所示。注意，银行的资本比率越高，杠杆率就越低，抵御短期损失的能力就越强。

表 12－2　度量银行的资本充足性

类别	描述	一级资本比率	总资本比率
1	资本非常充足	8%或更高	10%或更高
2	资本充足	6%或更高	8%或更高
3	资本不足	小于 6%	小于 8%
4	资本显著不足	小于 4%	小于 6%
5	资本严重不足	小于 2%	—

资料来源：联邦存款保险公司。

类别 1 中的银行业务不受一般性银行法规之外的限制。类别 2 中的银行业务必须遵守某些限制，但不需要采取任何行动。类别 3、4 和 5 中的银行必须采取措施提高资本比率。通常，FDIC 与类别 3、4 和 5 中的银行签订正式协议，规定必须采取的行动及完成行动的期限。类别 5 中的银行必须让 FDIC 相信其有立即增加资本的计划，否则将被关闭。注意，类别 5 中的银行可能是有偿付能力的（资本可能为正，因此资产价值可能大于负债价值），但是如果无法立即筹集到更多的资本，FDIC 仍会将其关闭。

实施这些资本要求意味着资本比率低的银行会被迫关闭或筹集更多资本，从而提高商业银行体系的稳定性。但这些要求也导致了大型商业银行的反应，其中涉及金融创新，使这些银行能够将一些资产从资产负债表上去掉。但是这些要求也导致大型商业银行的反应，这些银行通过金融创新将部分资产从资产负债表中剥离出去。由于持有风险相对较大的资产（如抵押贷款支持证券）需要银行持有额外的资本，因此，一些大型银行（如花旗集团）组成特殊投资实体（special investment vehicle，SIV）来持有这些资产。SIV 有独立于发起银行的管理和资本。但在买卖证券方面，SIV 则受益于与发起银行的联营。到金融危机爆发时，大约有 30 个 SIV，持有约 3 200 亿美元的资产。由于 SIV 持有的资产价值下降，因此，发起银行面临艰难的选择，要么让 SIV 破产，要么让其回归银行的资产负债表。最终，大多数银行选择了第二种方法，在金融危机期间恶化了资产负债表，但维护了与投资于 SIV 发行的商业票据和其他债务的客户的关系。

《巴塞尔协议》下的法规在不断发展，特别是在风险调整因子方面，风险调整因子被用于衡量银行对某些资产必须持有的资本数量。美国和欧洲的一些银行在 2016 年争辩，拟议的法规变更将导致它们要么不得不持有额外的资本，要么减少某些类别的贷款。银行认为，无论是哪种情况，它们向家庭和企业发放信贷的能力都会下降。

图 12-9 总结了适用于资本要求的金融危机、监管、金融体系反应和监管反应的过程。

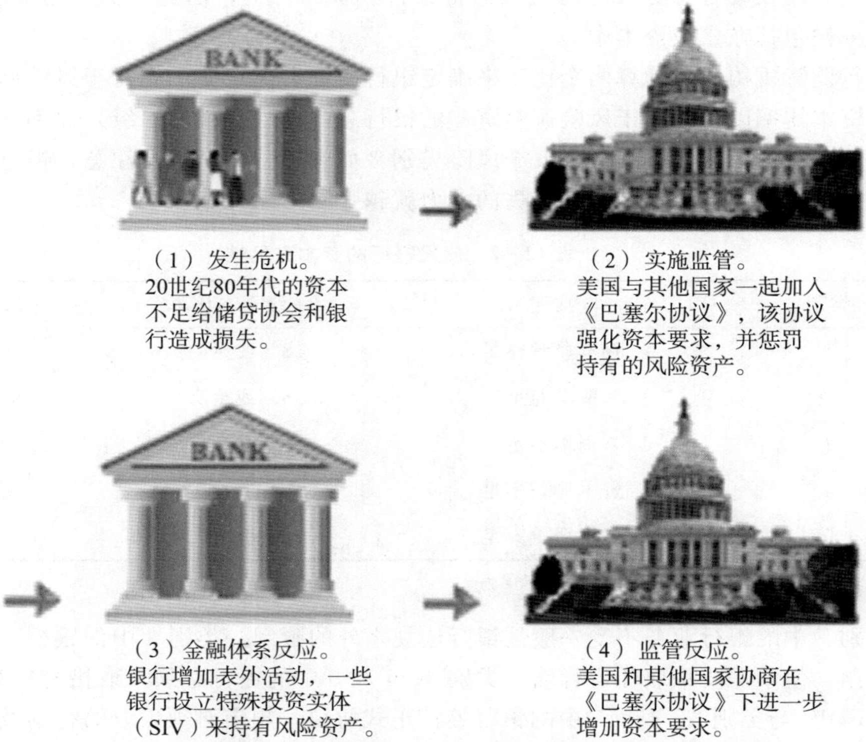

图 12-9　资本要求：危机、监管、金融体系反应和监管反应

2007—2009 年的金融危机以及危机和反应的模式

在 2007—2009 年的金融危机期间及之后发生的事件符合本章中多次出现的危机和反应模式。显然，房价崩溃带来的危机比 20 世纪 30 年代的大萧条以来美国金融体系经历的危机都要严重。房价暴跌减少了家庭的净资产，导致它们减少支出来偿还债务。想借钱（包括借钱为抵押贷款再融资）的家庭发现难以获得信贷，因为它们的净资产下降了，并且贷款人收紧了贷款标准。商业房地产价格急剧下跌导致许多较小的公司处于类似的情形，从而降低了许多公司借钱时作为抵押品的建筑物的价值。

抵押贷款支持证券和其他住房相关资产的价格下跌导致银行和其他中介机构蒙受损失。财政部和美联储最初的监管反应是通过救助 AIG 等公司、通过 TARP 向商业银行注资以及通过美联储积极放贷来稳定金融体系。

银行通过减少贷款和积累准备金的去杠杆措施来重建资本并减少资产负债表上的不良贷款，以此来应对危机和监管压力。此外，随着银行重新评估贷款规则，它们变得更加厌恶风险。许多小企业发现自己的信用中断了，即使与它们有长期关系的银行也是如此。

在危机过去后，随着 2010 年 7 月《多德-弗兰克法案》的通过，国会试图全面改革金融体系监管。以下是该法案的一些关键条款：

- 建立位于美联储的消费者金融保护局来制定旨在保护消费者的借款和投资活动的规则。
- 建立金融稳定监督委员会，包括来自所有的主要联邦金融监管机构的代表，如 SEC、FDIC 和美联储。委员会的目的是识别和应对金融体系的系统风险。
- 试图终止对大型金融公司的大而不能倒政策，如本章前面所述。
- 对美联储的运作做出若干修改。
- 要求某些衍生品必须在交易所而不是场外交易。
- 实施“沃尔克规则”，禁止商业银行大多数的自营交易。
- 要求对冲基金和私募股权公司在美国证券交易委员会注册。

《多德-弗兰克法案》会如何影响金融体系还有待观察，新当选的总统唐纳德·特朗普的政府于 2017 年考虑修改该法案。无论如何，如果以史为鉴，我们可以肯定的是，金融公司的反应将是通过金融创新来减少新规则对业务的影响。

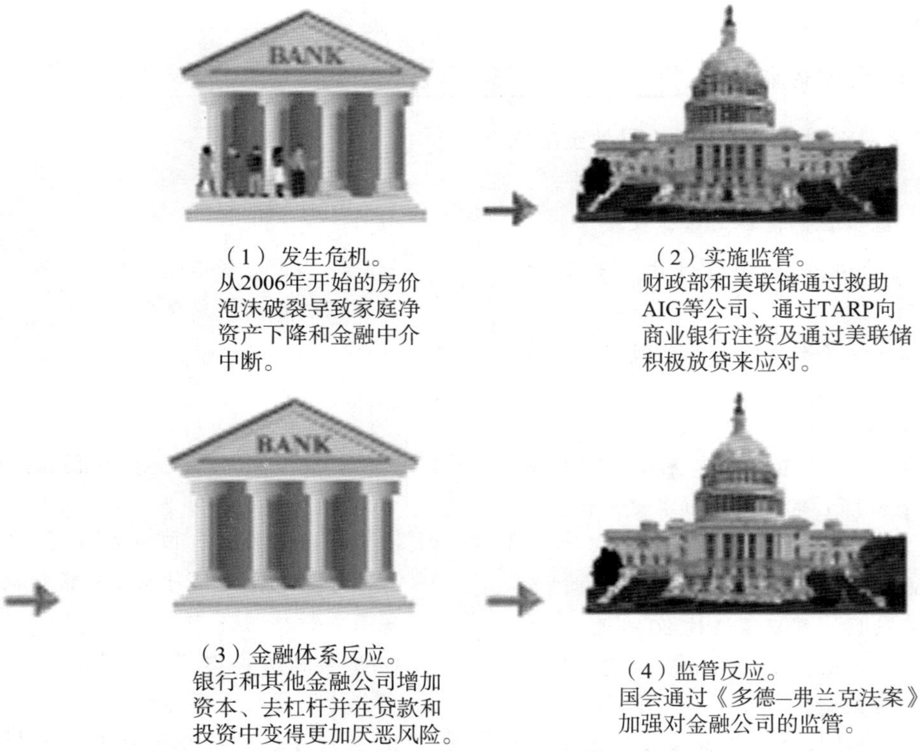

图 12－10　2007—2009 年的金融危机：危机、监管、金融体系反应和监管反应

回答重要问题

我们在本章开始的时候提出如下问题：

“2007—2009 年经济衰退的严重程度是由金融危机造成的吗？”

我们已经看到，2007—2009 年的经济衰退是自 20 世纪 30 年代大萧条以来最严重的一次，也是自 20 世纪 30 年代以来第一次伴随金融危机的衰退。在第 12.1 节中，我们讨论了卡门·

莱因哈特和肯尼斯·罗格夫的研究，结果显示，与没有金融危机相比，有金融危机的经济衰退通常持续更长、影响更深。我们注意到，由于金融危机中断了从储蓄者到家庭和企业的资金流动，因此支出大幅减少，这是经济衰退加剧的关键原因。因此，2007—2009 年金融危机的严重性很可能解释了经济衰退的严重性。并不是所有的经济学家都接受这一结论。一些经济学家认为，美联储的政策失误以及在衰退期间和之后的政策不确定性可以解释衰退的严重程度和复苏的乏力。

重要术语和问题

重要术语

银行恐慌	债务紧缩过程	金融危机	银行挤兑	去中介化
资不抵债	《巴塞尔协议》	联邦存款保险公司	最后贷款人	传染
大而不能倒				

12.1 金融危机的根源

解释什么是金融危机以及什么导致金融危机。

复习题

1.1 为什么金融危机通常会导致经济衰退？

1.2 银行只有在资不抵债时才会遭遇挤兑吗？

1.3 政府通常用于避免银行恐慌的两种方法是什么？

1.4 为什么会发生货币危机？为什么一些欧洲国家会遭遇主权债务危机？

问题和应用

1.5 在描述发生于 1930 年秋季的银行恐慌时，米尔顿·弗里德曼和安娜·施瓦茨写道：

> 恐惧的传染在储户中蔓延开来，先是农业地区，那里遭遇过 20 世纪 20 年代银行倒闭最严重的影响。但这种传染没有地域限制。

a. 作者所说的“恐惧的传染”是什么意思？

b. 银行储户在 20 世纪 30 年代初担心的是什么？如今储户是否也面临类似的担忧？简要说明一下。

c. 作者所说的“这种传染没有地域限制”是什么意思？

资料来源：Milton Friedman and Anna Schwartz, *A Monetary History of the United States, 1867—1960*, Princeton, NJ: Princeton University Press, 1963, p. 308.

1.6 美联储前主席本·伯南克指出：“即使在正常情况下有偿付能力的银行也很少能挺过持续的挤兑。”

a. 伯南克所说的“在正常情况下有偿付能力”是什么意思？

b. 他所说的“持续的挤兑”是什么意思？为什么银行不能挺过持续的挤兑？

资料来源：Ben S. Bernanke, *The Courage to Act: The Financial Crisis and Its Aftermath*, New York: W. W. Norton, 2015, p. 45.

1.7 1879 年，《经济学人》杂志的编辑沃尔特·巴格霍特（Walter Bagehot）在《伦巴第街》一书中发表了关于银行恐慌的经典论述：“在极度恐慌时期，一家银行倒闭使得很多家银行倒闭，防止派生倒闭的最佳方法是阻止引起倒闭的最初的倒闭。”

a. 为什么一家银行倒闭会导致许多银行倒闭？

b. 政府可以通过哪两种主要方法来防止一家银行倒闭导致银行恐慌？

资料来源：Walter Bagehot，*Lombard Street*：*A Description of the Money Market*，New York：John Wiley，1999（first published 1873），p. 51.

1.8 【解决问题 12－1】波士顿大学的经济学家劳伦斯·科特里科夫提议改革银行体系以使所有银行成为“有限目的的银行”。他解释说：

（银行）只是充当中间人。它们永远不拥有金融资产，也不借钱投资任何东西……（有限目的的银行）实际上为支票账户提供100%的准备金。这消除了对FDIC保险的任何需要及传统银行挤兑的任何可能性。

为什么100%的支票账户准备金要求消除了对FDIC保险的需要？如果银行倒闭，储户是否需要担心亏钱？

资料来源：Laurence J. Kotlikoff，*Jimmy Stewart Is Dead*，Hoboken，NJ：John Wiley & Sons，2010，pp. 123－124，132.

1.9 【联系实际 12－1】卡门·莱因哈特和肯尼斯·罗格夫在他们的著作《这次不一样》中得出结论：“对战后严重的金融危机的后果的研究表明，它们对资产价格、产出和就业产生深远而持久的影响。”为什么有金融危机伴随的衰退比没有金融危机伴随的衰退更严重？

资料来源：Carmen M. Reinhart and Kenneth S. Rogoff，*This Time Is Different*：*Eight Centuries of Financial Folly*，Princeton，NJ：Princeton University Press，2009，p. 248.

1.10 【联系实际 12－1】卡门·莱因哈特和肯尼斯·罗格夫认为，2007—2009年的金融危机不仅解释了随之而来的经济衰退的严重性，还解释了随后的经济复苏的缓慢性。罗格斯大学的迈克尔·博尔多（Michael Bordo）辩称，莱因哈特和罗格夫的论点是不正确的。相反，他认为复苏缓慢是由于“史无前例的住房泡沫破灭”和“对财政及监管政策变化的不确定性”。如果你想评估莱因哈特和罗格夫以及博尔多的论点的相对优点，那么你会关注哪类证据？你能否确定复苏缓慢的原因？简要说明。

资料来源：Michael Bordo，“Financial Recessions Dont Lead to Weak Recoveries，” *Wall Street Journal*，September 27，2012.

1.11 《华尔街日报》的专栏文章指出：“每个负债沉重的国家都会在偿还债务的成本与违约所导致的信心和信用损失之间权衡。”负债的国家害怕失去谁的信心？失去这种信心会有什么后果？

资料来源：George Ip，“Sovereign Default：Its Not Personal，Just Business，” *Wall Street Journal*，May 25，2016.

12.2 大萧条时期的金融危机

描述大萧条时期发生的金融危机的关键因素。

复习题

2.1 20世纪30年代初的银行恐慌对解释大萧条的严重性有什么作用？

2.2 债务紧缩过程如何加剧大萧条的严重性？

2.3 简要概括对在20世纪30年代初美联储为什么没有介入来稳定银行体系的四种解释。

问题和应用

2.4 一个商界人士代表团于 1930 年 6 月来到白宫，敦促总统赫伯特·胡佛提出一份经济刺激计划。胡佛告诉他们："先生们，你们来晚了 60 天。萧条已经结束了。"大萧条是何时开始的？胡佛预期大萧条到 1930 年 6 月已经结束的理由是什么？为什么大萧条持续的时间更长？

资料来源：Arthur M. Schlesignger, Jr., *The Crisis of the Old Older*, Boston: Houghton-Mifflin, 1957, p. 331.

2.5 美联储主席本·伯南克在进入政府工作之前所发表的学术研究中写道：

在没有存款保险的体系中，存款人的挤兑和撤资剥夺了银行贷款的资金，就银行贷款的专业化或信息敏感程度而言，这些贷款并不容易被非银行信贷形式取代。

a. 银行贷款"信息敏感"是什么意思？

b. 什么是"非银行信贷形式"？为什么银行贷款的"信息敏感"使其难以用非银行信贷形式来取代？

c. 伯南克的发现有助于解释银行恐慌对大萧条的严重性所起的作用吗？

资料来源：Ben S. Bernanke, *Essays on the Great Depression*, Princeton, NJ: Princeton University Press, 2000, p. 26.

2.6 赫伯特·胡佛在他的回忆录中是这样描述他的财政部长对大萧条的反应的：

先是以财政部长梅隆为首的"什么也别管的清算主义者们"，梅隆认为政府必须袖手旁观，并让衰退自我清算。梅隆先生只有一个规则："清算劳动、清算股票、清算农场主、清算房地产"。

a. "清算"在文中是什么意思？

b. 这些观点有助于解释联储在大萧条早期年份的行为吗？简要解释。

资料来源：Herbert Hoover, *The Memoirs of Herbert Hoover: Volume 3: The Great Depression, 1929—1941*, New York: Macmillan, 1952, p. 30.

2.7 《华尔街日报》的专栏作家写道："富兰克林·罗斯福在 1933 年 3 月的就职演说提到'我们唯一要担心的就是恐惧本身'是有启发的，却是错误的。人们有很多恐惧，尤其是当时席卷全国的通货紧缩。"

a. 当一个国家经历通货紧缩时物价会下跌，那么，难道通货紧缩不是对消费者有利吗？简要说明。

b. 20 世纪 30 年代初的通货紧缩对企业有利还是不利？简要说明。

资料来源：George Melloan, "Rising Global Debt and the Deflation Threat," *Wall Street Journal*, March 7, 2016.

2.8 卡内基梅隆大学的艾伦·梅尔策（Allan Meltzer）在他的《联邦储备史》一书中描述了联储官员在 1930 年秋的观点：

大部分政策制定者都把短期市场利率大幅下跌视为当前货币体系形势的主要指标……政策是"容易的"，在联邦储备系统政策制定者的经历中从未有过的容易。

a. 说美联储政策是"容易的"是什么意思？

b. 在 20 世纪 30 年代初的背景下，低名义利率是政策是"容易的"好的指标吗？为什么联储官员曾经这样认为？

资料来源：Alan H. Meltzer, *A History of the Federal Reserve: Volume 1: 1913—1951*, Chicago: University of Chicago Press, 2003, p. 315.

2.9 美联储前主席本·伯南克在描述大萧条期间美联储的表现时写道："事实证明，美联储在大萧条时期过于被动。它在其最后贷款人角色上无所作为，未能阻止迫使数千家小银行关闭的挤兑。"

a. 伯南克所说的美联储作为最后贷款人的角色的意思是什么？

b. 美联储在 20 世纪 30 年代初如何阻止银行挤兑？

c. 美联储为什么不采取你在 b 部分的回答中所描述的行动？

资料来源：Ben S. Bernanke, *The Courage to Act: The Financial Crisis and Its Aftermath*, New York: W. W. Norton, 2015, p. 47.

2.10 【联系实际 12-2】明尼阿波利斯联邦储备银行的阿瑟·罗德里克（Arthur Rolnick）在他对美利坚银行倒闭的解释中认为：

> 弗里德曼和施瓦茨提出现在广为人知的“大而不能倒”政策的基本理由，即有一些金融机构是如此之大以至于因其对其他经济部分的系统性影响，我们无法承受它们的倒闭。……他们提出，如果联储援救过这些银行，大萧条可能只是一场虽然严重但短暂的衰退。

a. 美利坚银行是什么？它是何时倒闭的？它为何倒闭？

b. 为什么联储没有援救美利坚银行为“大而不能倒”政策提供了理由？

c. 有反对罗德里克观点的论据吗？

资料来源：Arthur J. Rolnick, “Interview with Ben S. Bernanke,” Federal Reserve Bank of Minneapolis, *The Region*, June 2004.

12.3　2007—2009 年的金融危机

说明导致 2007—2009 年的金融危机的原因。

复习题

3.1 房地产市场有泡沫是什么意思？简要说明 2006 年房地产泡沫破灭对美国经济的影响。

3.2 投资银行怎么会遭受“挤兑”？简要说明对贝尔斯登和雷曼兄弟的挤兑对美国经济的影响。

3.3 简要讨论美联储和财政部在金融危机期间所采取的行动。

问题和应用

3.4 《纽约时报》的一篇文章援引美联储前主席艾伦·格林斯潘的观点称：

> 全球房价泡沫是利率较低的结果，但众所周知，是长期利率刺激住房资产价格而不是中央银行的隔夜拆借利率。

a. “房价”泡沫是什么？

b. 为什么长期利率比隔夜拆借利率与房价的联系更紧密？

c. 是低长期利率还是低短期利率更应对房地产泡沫负责？为什么上述问题对格林斯潘很重要？

资料来源：Sewell Chan, “Greenspan Concedes That the Fed Failed to Gauge the Bubble,” *New York Times*, March 18, 2010.

3.5 就在美联储帮助贝尔斯登免于破产后，《纽约时报》发表的一篇文章指出：

> 例如，如果贝尔斯登倒闭，那么将导致抵押贷款证券和其他资产大规模倾销到一个冻结且买家稀少的市场。这场抛售将迫使账面上持有相同类型证券的幸存机构减记头寸价值。

a. 贝尔斯登为什么几乎倒闭了？

b. 联邦储备是如何拯救贝尔斯登的？

c. 什么是债务紧缩过程？关于联邦储备为什么拯救贝尔斯登，债务紧缩过程能提供一些洞见吗？

资料来源：Gretchen Morgenson, “Rescue Me: A Fed Bailout Crosses a Line,” *New York Times*, March 18, 2008.

3.6 美联储前主席本·伯南克在博客中描述

了金融危机的四个“基本要素”：“广泛丧失对银行的信心、短期资金提供者的挤兑、抛售银行贷款和其他资产、信贷流动中断。”

a. 为什么这四个要素中的每一个在金融危机期间都会发生？

b. 简要说明四个要素中的每一个是否确实在 2007—2009 年的金融危机期间发生过。

资料来源：Ben S. Bernanke，“Ending Too Big to Fail：What's the Right Approach?” brookings. edu，May 13，2016.

3.7 【开篇案例】回顾几年后的金融危机，美联储前主席格林斯潘认为：

至少部分（对金融崩溃的严重性）负责的是，风险管理者未能完全理解提高了金融创新但结果也提高了风险水平的影子银行的出现所带来的影响。增加的风险并没有更多的资本来抵消。

a. 影子银行的出现如何提高金融系统的风险？

b. 格林斯潘表示“增加的风险并没有更多的资本来抵消”是什么意思？通过持有更多的资本，影子银行可以避免哪些问题？

资料来源：Alan Greenspan，“The Crisis，” *Brookings Papers on Economic Activity*，Spring 2010，p. 219.

3.8 在讨论 2007—2009 年的金融危机时，美联储副主席斯坦利·费舍尔（Stanley Fischer）指出：“抵押贷款市场中相对较小的一部分损失迅速蔓延至整个金融体系，这一事实说明银行与非银行之间复杂的相互联系会以重大和意想不到的方式放大冲击。”

a. 费舍尔所指的“非银行”是什么？

b. 他所指的银行与非银行之间有什么相互联系？

c. 这些相互联系会“放大冲击”是什么意思？这些相互联系放大了什么冲击？

资料来源：Stanley Fischer，“The Importance of the Nonbank Financial Sector，” remarks at the conference “Debt and Financial Stability——Regulatory Challenges，” sponsored by the Bundesbank and the German Ministry of Finance，March 27，2015.

12.4 金融危机与金融监管

讨论金融危机与金融监管之间的联系。

复习题

4.1 最后贷款人是如何与“大而不能倒”政策相联系的？

4.2 银行开发了哪些金融创新来绕开存款利率上限？

4.3 为什么存款保险会鼓励银行冒更大的风险？那么存款保险是个坏主意吗？简要说明。

问题和应用

4.4 瑞典中央银行行长在《华尔街日报》的专栏中讨论了《巴塞尔协议》，得出以下结论：“金融危机的一个明显的教训是，银行体系的监管资本要求太低。换句话说，就是杠杆率太高。”

a. 什么是“监管资本要求”？

b. 为什么监管资本要求太低会导致杠杆率太高？

c. 杠杆过高与金融危机有什么关系？

资料来源：Stefan Ingves，“Basel Ⅲ Is Simpler and Stronger” *Wall Street Journal*，October 14，2012.

4.5 财经作家塞巴斯蒂安·马拉比对于对冲基金有以下看法：

杠杆还使对冲基金容易受到冲击：如果它们的交易不利于它们，那么它们将以闪电般的速度烧毁薄薄的资本缓冲垫，迫使它们迅速抛售头寸，从而破坏价格。

a. 对冲基金的交易“不利于它”是什么意思？

b. 为什么基金的交易不利于它会烧毁其资本？

c. 基金的高杠杆率与“薄薄的资本缓冲垫”之间有什么联系？

d. 基金的“抛售头寸”是什么意思？

e. 为什么基金抛售头寸会导致价格不稳定？什么价格？

资料来源：Sebastian Mallaby, *More Money Than God*, New York: Penguin Press, 2010, p. 10.

4.6 《华尔街日报》上的一篇文章指出：“更高的资本要求实际上限制了 SIFI 可以借入的资金数量，并会削弱盈利能力。”

a. 什么是 SIFI？为什么《多德-弗兰克法案》要求 SIFI 持有更多资本？

b. 为什么持有更多的资本会限制金融企业可以借多少钱并降低其盈利能力？

资料来源：Ryan Tracy, “What You Need to Know About SIFIs,” *Wall Street Journal*, March 30, 2016.

4.7 【开篇案例】美联储前主席格林斯潘在回顾金融危机的论文中写道：

某些泡沫破裂没有造成严重的经济后果，例如，互联网繁荣以及 1987 年春季股价迅速上涨。其他则带来严重的通货紧缩后果。这类泡沫……似乎是金融部门债务杠杆程度的函数，尤其是当债务的期限小于资产的期限时。

a. 格林斯潘所说的“债务杠杆”是什么意思？

b. 为什么“债务的期限小于资产的期限”会有影响？

c. 格林斯潘的分析能否为美联储在他的任职期间不愿采取行动打击资产泡沫提供见解？

资料来源：Alan Greenspan, “The Crisis,” *Brookings Papers on Economic Activity*, Spring 2010, pp. 210 - 11.

4.8 【联系实际 12-3】财经新闻记者詹姆斯·斯图尔特指出，与雷曼兄弟的行动相反：“美联储确实援助了贝尔斯登和 AIG 的持续挤兑，但官员们当时辩称，这些公司有足够的抵押品来保证还款。”

a. 斯图尔特所说的“援助……持续的挤兑”是什么意思？中央银行为什么会援助金融企业的挤兑？

b. 为什么贝尔斯登和 AIG 持有足够的抵押品在法律上是重要的？这在经济上也重要吗？简要说明。

c. 你对 b 部分的回答与美联储在雷曼兄弟破产前几天不向其放贷的决定有何关系？

资料来源：James Stewart, “Pointing a Finger at the Fed in the Lehman Disaster,” *New York Times*, July 21, 2016.

4.9 【联系实际 12-4】美联储出版物上的一篇文章指出，在金融危机期间，美联储借出 290 亿美元帮助摩根大通收购贝尔斯登。文章问道：“美联储以何种法律权限干预非银行（在这种情况下为投资公司）的业务”？

a. 回答文章中的问题。

b. 在如今的金融危机中，美联储能否在法律上采取类似行动？简要说明。

资料来源：David Fettig, “The History of a Powerful Paragraph,” Federal Reserve Bank of Minneapolis, *Region*, June 2008, pp. 33

4.10 【联系实际 12-4】2016 年，金融监管机构下令对五家大型银行准备的“生前遗嘱”执行重大变更。根据《华尔街日报》上的一篇文章，提交的遗嘱没有“达到 2010 年的《多德-弗兰克法案》所规定的法律标准，该法律要求企业制订可靠的破产计划，而纳税人无须承担任何费用”。

a. 国会为什么决定要求大型金融企业有生前遗嘱？

b.《多德-弗兰克法案》的这一要求是否与《联邦储备法》第13（3）条所做的更改有关？简要说明。

资料来源：Ryan Tracy, "Regulators Reject 'Living Wills' of Five Big U.S. Banks," *Wall Street Journal*, April 13, 2016.

4.11 美联储在2008年3月安排摩根大通收购贝尔斯登之后不久，《华尔街日报》回顾了导致摩根大通为贝尔斯登支付极低价格的事件：“该银行正在考虑以每股4美元或5美元的价格收购。保尔森说：‘对我来说这听起来很高。’‘我认为这应该以低价完成。’”

a. 为什么财政部长保尔森希望贝尔斯登以如此低的价格出售？

b. 为什么美联储决定收购贝尔斯登的决定如此有争议性？

资料来源：Kate Kelly, "Bear Stearns Neared Collapse Twice in Frenzied Last Days," *Wall Street Journal*, May 29, 2008.

数据练习

D12.1 【失业和2007—2009年的经济衰退】登录圣路易斯联邦储备银行（FRED）的网站（fred.stlouisfed.org），下载并绘制1948年1月至可用的最近一个月的失业率数据系列（UNRATE）。登录国家经济研究局（nber.org）的网站，找到经济周期高峰和低谷的日期。（经济周期的高峰和低谷之间的时间段是衰退。）描述失业率在衰退之前、之中和之后如何变化。2007—2009年衰退的模式与其他衰退的模式相比如何？

D12.2 【信用市场和2007—2009年的衰退】登录圣路易斯联邦储备银行（FRED）的网站（fred.stlouisfed.org），下载并绘制1986年1月直至最近的Baa级公司债券（DBAA）利率的数据序列。登录国家经济研究局的网站（nber.org），找到经济周期高峰和低谷的日期。（经济周期高峰和低谷之间的时期是经济衰退。）

a. 描述这些债券的利率通常在衰退之前、之中和之后如何变化。

b. 2007—2009年衰退的模式与其他衰退的模式相比如何？

c. 如果你仅根据这些债券的利率变动来确定金融危机的日期，那么你会说金融危机在哪个月份开始，在哪个月份结束？简要说明你的选择。

第13章

联邦储备和中央银行业务

学习目标

学完本章之后，你应该能够：

13.1 解释为什么联邦储备系统的结构是现在的模式；

13.2 说明美联储与政府的关系以及支持和反对其独立性的理由；

13.3 比较其他国家中央银行的独立性程度。

开篇案例

富国银行拥有美联储的部分股份，这有关系吗？

谁拥有联邦调查局（Federal Bureau of Investigation，FBI）、国防部或环境保护局？由于这些机构是联邦政府的一部分，因此，很明显，这些机构及其办公场所和计算机系统均归联邦政府所有。而谁拥有组成联邦储备系统的12个地区性联邦储备银行这一问题则要复杂得多。

正如我们将在本章中看到的那样，国会在苦苦挣扎100多年后才确定了美国中央银行在政治上可接受的结构。根据1913年通过并在后来多次修订的《联邦储备法》所体现的折中办法，控制该系统的理事会是类似于FBI或国防部的联邦政府机构。但是开展联邦储备系统大部分业务的12家地区性联邦储备银行在法律上等同于私人公司，而其所在地区的属于联邦储备系统一部分的银行拥有其股票。例如，旧金山有一家联邦储备银行。尽管富国银行在全国设有分支机构，但其总部位于旧金山，因此是旧金山联邦储备银行的部分所有者。但富国银行和其他成员银行并不像私人公司的股东那样通常拥有所有权。银行无法出售或交易其股票，而且尽管会员银行确实会获得年度股息支付，但联邦储备银行并不像商业银行那样最大限度地提高利润。银行还对每家储备银行的运作方式产生一定的影响，因为它们选举储备银行董事会九名成员中的六名。联邦储备银行董事会又任命储备银行行长。鉴于储备银行负责监督和管理所在地区的会员银行，会员银行在储备银行运营方面发挥重要作用是否存在利益冲突？一些政策制定者曾如此认为，作为《多德-弗兰克法案》的一部分，国会于2010年修订了《联邦储备法》以排除在储备银行董事会任职的银行家参加银行行长的任命。在2016年总统大选期间，民主党候选人希拉里·克林顿（Hillary Clinton）走得更远，提议禁止银行家在联邦储备银行董事会任职。

关于银行在联邦储备系统中的作用的辩论只是近年来很多政策制定者赞成改变联储结构的诸多迹象之一。我们已经看到，《联邦储备法》旨在使联储在财政上独立于联邦政府的其他部门，并在一定程度上在政治上也独立。但是，美联储在2007—2009年的金融危机期间奉行不寻常政策之后，一些批评家认为美联储在经济中扮演的角色过于重要。实际上，许多人认为美联储主席在影响经济和金融体系方面的能力仅次于美国总统。

非由选举产生的央行行长应该拥有这么大的权力吗？国会和总统是否应该像在国防、环境、税收和联邦政府支出等领域那样，在运行联邦储备系统和制定政策方面发挥更直接的作用？在本章中，我们讨论美联储的当前结构来为这些辩论提供语境。

资料来源：Donna Borak and Henry Williams, "Where Clinton and Trump Stand on Wall Street," *Wall Street Journal*, June 20, 2016; and Board of Directors of the Federal Reserve System, "Federal Reserve Act: Section 4: Reserve Banks," August 2, 2013.

重要议题和问题

议题：国会在2007—2009年的金融危机之后讨论了是否降低美联储的独立性。

问题：国会和总统是否应该对美联储拥有更大的权力？

我们在本章中将讨论美联储的组织和结构及其作为经济政策制定机构的作用。我们还描述了美联储运作的政治舞台及有关中央银行独立性的争议，近年来，对于美联储独立性在国会中的辩论越来越激烈。然后，我们考察美国以外的中央银行（包括欧洲中央银行）的组织和独立性。

13.1 联邦储备系统的结构

很少有其他中央银行拥有像联邦储备系统那样复杂的结构。政治斗争使得美国形成碎片化的银行体系，同样的政治斗争也塑造美联储的组织方式：强大的金融机构的拥护者与那些担心这种强大的机构会滥用经济力量的人之间的对抗。我们听到了那些早期的政治斗争的回声，这些斗争是针对最近国会提出的降低美联储独立性的建议的。为了理解美联储的组织结构为何如此，我们需要回顾历史，看看美国早先创建央行的尝试。

创建联邦储备系统

在美国独立后不久，财政部长亚历山大·汉密尔顿组建了美利坚银行，该银行原本是要充当中央银行的，但同时拥有政府和私人股东。该银行试图通过采取措施确保当地银行相对于其资本而言不提供太多的贷款来稳定金融体系。该银行迅速招致敌意。当地银行对该银行监督其运作感到不满。很多有限联邦政府的提倡者不相信该银行的权力，因为宪法没有明确赋予国会建立中央银行的权力。农民和小企业主，特别是西部和南部的小企业主，对该银行干涉他们从当地银行获得贷款的能力感到不满。

国会在1791年授予该银行20年的特许权，使其成为唯一的联邦特许银行。当时所有其他银行的特许权均来自州政府。面对政治反对派，国会没有足够的支持来延长特许权，因此该银行于1811年停止运营。部分原因是联邦政府在为1812年战争提供资金方面遇到了问题，国会的政治观点又转回需要一家中央银行。1816 年，国会成立了美利坚第二银行，也被授予 20 年的特许权。第二银行遇到与第一银行相同的许多争议。随着第二银行特许权延期的临近，民粹主义总统安德鲁·杰克逊（Andrew Jackson）与第二银行总裁尼古拉斯·比德尔（Nicholas Biddle）之间爆发了一场史诗般的政治斗争。尽管国会在 1832 年通过一项重新特许该银行的法案，但杰克逊否决了法案，该银行的特许权于 1836 年到期。(该银行作为宾夕法尼亚州的特许银行幸存了一段时间。)

美利坚第二银行的消失使美国没有中央银行，因此也没有正式的银行的最后贷款人。像纽约票据交换所那样的私人机构试图填补这一空白，但是在 1873 年、1884 年、1893 年和 1907 年全国范围内严重的金融恐慌以及随之而来的经济衰退在国会引起人们对美国金融体系不稳定的担忧。在 1907 年发生金融恐慌和经济衰退之后，许多政策制定者担心，过去曾向遭受暂时流动性问题的银行提供贷款的纽约金融家 J. P. 摩根（J. P. Morgan）这样的银行家无法应对未来的危机。国会在 1908 年授权国家货币委员会研究建立中央银行的可能性。国会修改了委员会的建议并在总统伍德罗·威尔逊（Woodrow Wilson）的支持下，《联邦储备法》于 1913 年成为法律。

根据《联邦储备法》，**联邦储备系统（Federal Reserve System）**成立并作为美国的中央银行。许多国会议员认为，设在华盛顿特区的统一的中央银行会把太多的经济权力集中在经营该银行的官员手中。因此，该法案以三种方式在联邦储备系统内划分了经济权力：银行家与企业利益之间、州与地区之间以及政府与私营部门之间。该法案和随后的立法在系统中创建了四个集团，从理论上讲每个集团都有权履行单独的职责：联邦储备银行、私人商业成员银行、理事会和联邦公开市场委员会（FOMC)。所有国家银行（有联邦政府特许权的商业银行）被要求加入该系统。州银行（有州政府特许权的商业银行）可以选择加入。《联邦储备法》的初衷是让中央银行控制流通中的货币数量及在最后贷款人功能下向成员银行发放的贷款（称贴现贷款）数量。总统和国会在 1913 年并没有将美联储设想为对货币和银行体系的大多数方面有广泛控制权的中央机构。正如我们将在本节的剩余部分中看到的那样，随着时间的流逝，美联储在金融体系中的作用不断扩大。

联邦储备银行

作为在联邦储备系统内划分权限的计划的一部分，国会决定建立不设立分支机构的单一中央银行，这也一直是美利坚第一银行和第二银行的结构。取而代之的是《联邦储备法》将美国划分为 12 个联邦储备区，每个区在一个城市设有联邦储备银行（在大多数情况下，在该地区的其他城市设有分支机构）。国会希望储备银行的主要职能是向该地区的成员银行提供贴现贷款。这些贷款旨在为银行提供流动性，从而以分散的方式履行该系统作为最后贷款人的角色，并终结银行恐慌——国会大概是这么想的！

大多数联邦储备区都包括城乡地区以及制造业、农业和服务业。这种安排的目的是防止任何一个利益集团或任何一个州从地区联邦储备银行获得优惠待遇。这些地区反映了 1914 年的美国经济结构以及产业和人口的地理分布。但是自那时以来发生了巨大变化。例如，旧金山联邦储备银行服务的地区在 1914 年约占美国人口的 6%，但今天约占 20%。国会提案建议重划地区边界，但到目前为止没有一个成功。

联系实际 13－1

圣路易斯和堪萨斯城？如何解释地区银行的所在地？

当前的美联储并不是国会通过《联邦储备法》时的初衷。特别是，联邦储备银行原本打算比今天拥有更多的独立性。因此，在国会对该法案展开辩论期间，选择银行所在地是重要的问题。该法案考虑设立 8～12 个区，但没有指定边界或明确联邦储备银行将位于哪个城市。该决定被提交给储备银行组织委员会，该委员会由财政部长、农业部长和货币主计长组成。该委员会于 1914 年 4 月宣布的地区边界和联邦储备银行所在城市至今没有变化。

该委员会的选择引起争议，因为三名委员会成员都是民主党总统伍德罗·威尔逊任命的人。一些批评家认为，民主党的政治决定了委员会选择哪个城市。例如，只有密苏里州有两个银行，堪萨斯城是第十区的联邦储备银行所在地，圣路易斯是第八区的联邦储备银行所在地。批评人士指出，众议院的民主党议长来自密苏里州。同样，《联邦储备法》的发起人之一，民主党参议员卡特·格拉斯（Carter Glass）的故乡弗吉尼亚州的里士满也被授予一家储备银行。说服联邦储备系统的官员推翻委员会的决定已被尝试过，直到美国司法部长最终在 1916 年裁定，只有在国会修改《联邦储备法》的情况下才能更改地区边界和联邦储备银行的所在地。

尽管经济学家普遍认为美联储的所在地代表着 20 世纪初的政治，但最近的研究对此提出质疑。纽约州立大学奥尼翁塔分校的迈克尔·麦卡沃伊（Michael McAvoy）为了解政治或经济因素是否更为重要，重新检查了储备银行组织委员会的选择。他发现当时的大多数团体都同意在以下六个城市设置联邦储备银行：波士顿、芝加哥、纽约、费城、圣路易斯和旧金山。为了搞清楚政治变量（例如，该城市是否有国会的民主党代表）或经济变量（例如，该城市的人口、银行资本的增长以及委员会调查的银行家的偏好）是否能预测所选的城市，麦卡沃伊估算了一个统计模型。麦卡沃伊的结论是，经济变量可以正确预测选择的城市，而政治因素则不能。

圣路易斯联邦储备银行的经济学家戴维·惠洛克研究了为何储备银行组织委员会选择在密苏里州设立两家储备银行。他指出，代理银行业务在 20 世纪头 10 年初期特别重要。代理银行通常位于较大的城市，并提供支票清算和向周围地区较小银行的贷款等服务。代理银行还帮助满足较小银行的商业客户的需求。例如，位于堪萨斯城的一家银行可能会向位于堪萨斯州、内布拉斯加州或科罗拉多州的较小银行提供这些服务。惠洛克发现，由联邦储备银行组织委员会调查的较小的银行，更喜欢与堪萨斯城和圣路易斯的银行，而不是与丹佛或奥马哈等其他城市的银行有代理关系，后者也希望成为联邦储备银行的所在地。相对于其他城市，这些较小的银行支持在堪萨斯城和圣路易斯设立储备银行。

因此，虽然今天密苏里州拥有两家联邦储备银行似乎有些奇怪，但在 1914 年似乎是有经济意义的。

资料来源：David C. Wheelock，"Economics and Politics in Selecting Federal Reserve Cities：Why Missouri Has Two Reserve Banks，" Federal Reserve Bank of St. Louis *Review*，Vol. 97，No. 4，Fourth Quarter 2015，pp. 269－288；Michael R. McAvoy，"How Were the Federal Reserve Bank Locations Selected?" *Explorations in Economic History*，Vol. 43，No. 3，July 2006；and Allan H. Meltzer，*A History of the Federal Reserve*，*Volume I*：*1913—1951*，Chicago：University of Chicago Press，2003，pp. 73－75.

见本章末的问题和应用 1.8。

在本章的开篇案例中，我们指出，联邦储备银行的所有权结构在其成立后的一个多世纪以来一直有争议。银行在加入联邦储备系统时必须购买联邦储备银行的股票，该银行向成员银行支付股票的股利。因此，原则上，属于联邦储备系统成员的每个地区的私人商业银行拥有地区银行。实际上，每个联邦储备银行都是私人-政府合资企业，因为成员银行几乎不享有股东通常行使的权利和特权。例如，成员银行不像私营公司的股东那样对地区银行的利润提出法律要求。

1913 年《联邦储备法》的指导原则是不允许一个选区（例如，金融、工业、商业或农业）利用中央银行的经济力量来牺牲另一个选区的利益。因此，国会限制联邦储备银行董事会的组成。董事代表三类人的利益：银行、企业和公众。会员银行选出三位银行家（A 级董事）和三位工业、商业和农业领袖（B 级董事）。美联储理事会任命三位公共利益董事（C 级董事）。在美联储的大部分历史中，联邦储备银行的九名董事选举该行行长，并经银行董事会批准。根据 2010 年的《多德-弗兰克法案》，A 级董事不再参与银行行长的选举。如我们在开篇案例中所看到的那样，在 2016 年总统竞选期间，民主党候选人希拉里·克林顿提议不再允许银行选举 A 级和 B 级董事，而银行家不再担任董事。我们将在本章稍后部分讨论该提议。

12 家联邦储备银行履行以下与美联储在支付系统、控制货币供给和金融监管中的作用有关的职责：

- 管理支付系统中的支票清算。
- 通过发行新的联邦储备券并从流通中回收损坏的联邦储备券来管理流通中的货币。
- 通过向区域内的银行发放和管理贴现贷款来开展贴现贷款业务。
- 履行监督和规范职能，例如，检查州会员银行和评估合并申请。
- 通过收集和提供有关地区商业活动的数据并发表由银行雇用的专业经济学家撰写的有关货币和银行主题的文章来为企业和公众提供服务。
- 参加联邦储备系统的主要货币政策机构联邦公开市场委员会。

联邦储备银行直接（通过提供贴现贷款）或间接（通过联邦储备委员会的成员身份）参与货币政策。从理论上讲，联邦储备银行确定银行为贴现贷款支付的贴现率，并确定允许个别（成员和非成员）银行借入的金额。然而，实际上，自 20 世纪 20 年代以来，贴现率实际上是由在华盛顿特区的理事会确定的，并在所有 12 个地区中都是相同的。联邦储备银行还通过其在联邦公开市场委员会和联邦咨询委员会（由地区银行家组成的咨询机构）中的代表来影响政策。

成员银行

虽然《联邦储备法》要求所有国家银行都必须成为联邦储备系统的成员银行，但是州银行可以自愿加入，许多银行选择不加入联邦储备系统。目前，只有大约 20％的州银行是成员。现在，美国所有商业银行中约有 34％属于联邦储备系统，但这些成员银行持有全部银行存款的绝大部分。

从历史上看，州银行认为成员资格成本高昂，通常选择不加入联邦储备系统。特别是，没有加入该系统的州银行可以免于美联储的准备金要求。由于美联储没有为法定准备金支付利息，银行将准备金要求实际上视为一种税收，因为银行损失了把资金放贷本可以赚取的利息。换句话说，成为美联储成员会以损失利息收入的形式给银行带来巨大的机会成本。随着20世纪60年代和70年代名义利率的上升，美联储成员的机会成本增加，而当选或保留成员的州银行也有所减少。

20世纪70年代，美联储认为，所谓的成员银行准备金税使这些银行相对于非成员银行处于竞争劣势。美联储声称，银行成员减少削弱了其控制货币供给量的能力，并敦促国会强制所有商业银行加入联邦储备系统。尽管国会没有对这一要求进行立法，但1980年的《存款机构放松管制和货币控制法》（Depository Institutions Deregulation and Monetary Control Act，DIDMCA）要求所有银行以同样的条件在美联储中保留准备金存款。该立法使成员银行和非成员银行有同等的机会获得贴现贷款和支付系统（支票清算）服务。DIDMCA实际上模糊了成员银行与非成员银行之间的区别，并阻止了美联储成员数量的下降。2008年10月，美联储开始向银行支付0.25%的准备金利率，降低了银行持有准备金的机会成本。2016年12月，美联储支付的准备金利率为0.75%。

Q&A 解决问题 13－1

准备金要求对银行的成本有多高？

假定富国银行对支票账户余额支付1%的年利率，但不得不满足10%的准备金要求。假定联储对富国银行持有的准备金支付0.25%的利率，且富国银行在其贷款和其他投资上可以获得5%的利率。

a. 准备金要求如何影响富国银行在1 000美元的支票账户存款上可以获利的数量？除了向存款人支付的利息外忽略富国银行在存款上招致的所有成本。

b. 准备金要求对银行的机会成本（准备金税）在经济衰退时期还是经济扩张时期可能更高？简要说明。

解决问题

第一步　复习本章的内容。这个问题是关于准备金要求对银行的影响的，因此，你需要复习“成员银行”这一小节。

第二步　通过计算富国银行的实际资金成本来回答a部分的问题。在10%的准备金要求下，富国银行必须持有1 000美元支票账户存款中的100美元作为在联储的准备金，富国银行在准备金上获得0.50%的利率。银行可以投资余下的900美元。因此，富国银行会赚到：

$$900\times0.05+100\times0.005\,0=45.00+0.50=45.50(\text{美元})$$

如果银行对存款不需要持有准备金，那么会赚到：

$$1\,000\times0.05=50(\text{美元})$$

因此，准备金要求使富国银行的收益减少5.75美元或者说：

$$(4.50/1\,000)\times100\%=0.45\%$$

第三步　通过解释准备金税在商业周期过程中如何变化来回答b部分的问题。银行在其贷款和其他投资上可以赚取的利率越高，必须持有赚取低利率的在联储的准备金的机会成本就越高。正如我们在第 4 章看到的那样，利率往往是在经济衰退时期下降、在经济扩张时期上升。因此，准备金要求对银行的机会成本在经济扩张时期比在经济衰退时期可能更高。

见本章末的问题和应用 1.9。

理事会

总部位于华盛顿特区的**理事会（Board of Governors）**对联邦储备系统拥有最终权力。其七名成员由美国总统任命，并由美国参议院确认。为了提高美联储的独立性，董事会成员的任期被设定为 14 年的不可延长任期，这些任期是交错的，因此每隔一年的 1 月 31 日就有一个成员任期届满。因此，一位美国总统不能任命一个完整的理事会。平均而言，总统每两年任命一次新成员。一个人的任期超过 14 年是可能的：如果此人接续已退休理事未满的剩余任期开始任职，他或她可以连任一次。通过这种方法，艾伦·格林斯潘的任期从 1987 年到 2006 年。任何一个联邦储备区在理事会中都不能有超过一个成员。

总统选择一名理事会成员担任主席。主席任期 4 年，可以连任。例如，本·伯南克于 2006 年 1 月被总统布什任命为主席，并于 2010 年 1 月由总统巴拉克·奥巴马再次任命。

目前，许多理事会成员都是来自企业、政府和学术界的专业经济学家。自第二次世界大战以来的理事会主席拥有不同背景，包括华尔街［威廉·麦克切斯尼·马丁（William McChesney Martin）］、学术界［亚瑟·伯恩斯（Arthur Burns）、本·伯南克和珍妮特·耶伦］、企业［G. 威廉·米勒（G. William Miller）］、公共服务（保罗·沃克尔）和经济预测（艾伦·格林斯潘）。

理事会通过公开市场操作、准备金要求和贴现贷款来管理货币政策以影响国家的货币供给和利率。自 1935 年以来，董事会有权在国会设定的限制范围内确定准备金要求。董事会实际上还制定对银行贷款的贴现率。理事会在联邦公开市场委员会的 12 个席位中占有 7 个席位，因此会影响公开市场操作指导原则的制定。除了履行正式职责外，董事会还非正式地影响国家和国际经济政策决定。理事会主席就经济增长、通货膨胀和失业等经济问题向总统提供建议并向国会作证。

理事会负责某些金融法规。它规定保证金要求，即投资者必须以现金而非借钱方式支付所购证券价格的比例。此外，它确定银行控股公司的业务范围，并批准银行合并。理事会主席也在金融稳定监督委员会（FSOC）任职，该委员会是 2010 年《多德-弗兰克法案》为监管金融体系而设立的。最后，董事会对个别联邦储备银行实施行政控制、审查预算、确定行长和官员的工资。

联邦公开市场委员会

由 12 个成员组成的**联邦公开市场委员会（Federal Open Market Committee，FOMC）**指导美联储的公开市场操作。联邦公开市场委员会成员包括理事会主席、其他美联储理事及 12 位联邦储备银行行长中的 5 位。纽约联邦储备银行行长一直担任其成员，其他 11 位联邦储备银行行长轮流任职一年。12 位联邦储备银行行长均参加会议并参与讨论。理事会主席担任 FOMC 的主席。委员会每年在华盛顿特区召开 8 次会议。

近几十年来，联邦公开市场委员会一直是美联储政策制定的中心。正如我们将在第 15

章中讨论的那样，直到 2007—2009 年的金融危机之前，美联储最重要的政策工具是设定联邦基金利率的目标，联邦基金利率是银行对相互间短期贷款收取的利率。在金融危机期间，美联储主席本·伯南克需要迅速做出决策并使用新的政策工具。因此，货币政策的重点从联邦公开市场委员会转移了。随着经济和金融体系一直在重回正常的情况，联邦公开市场委员会已经恢复其传统重要性。

在每次会议之前，FOMC 的成员会了解三本书中的数据：

- 董事会工作人员编写的“绿皮书”，包含未来两年的国民经济预测。
- 董事会工作人员编写的“蓝皮书”，包含对货币总量的预测以及可为替代性货币政策提供背景的其他信息。
- 联邦储备银行编写的“黄皮书”，包含每个地区的经济状况摘要。

在每次会议结束时，在听取了所有理事会成员和所有储备银行行长的讲话后，主席总结讨论的内容。联邦公开市场委员会随后就设定联邦基金利率的目标展开正式的投票。委员会在公开声明中总结其对更高的通货膨胀率和更弱的经济之间平衡的看法。董事会的工作人员通常准备好三种语言稍有不同的声明供成员选择。在美联储未来政策不确定的时候，声明的准确措辞就非常重要。

美联储不是用行政手段确定联邦基金利率，而是在其发送给纽约联邦储备银行的公开市场交易席的国内政策指引中设定目标。在那里，国内公开市场操作经理通过与一级交易商买卖国债来执行指引，一级交易商是经授权与美联储买卖这些证券的私人金融企业。正如我们将在第 15 章中讨论的那样，近年来，公开市场交易席主要通过与一级交易商签订逆回购协议来执行公开市场委员会的政策指令。

联系实际 13－2

在理事会中，四个人即为一群人

由于美联储最重要的货币政策工具是设定联邦基金利率的目标，所以到 20 世纪 80 年代时，美联储内部的主要货币政策辩论都在 FOMC 会议期间进行。经济学家和华尔街分析师会密切关注每次会议的结果以便了解有关美联储政策方向的线索。然而，在 2007—2009 年的金融危机期间，很明显，美联储无法将行动仅限于改变联邦基金利率的目标。就像在其他衰退时期一样，联邦公开市场委员会迅速采取行动，从 2007 年 9 月开始削减目标。但到 2008 年 12 月，尽管目标实际上已降低为零，但经济继续萎缩，金融体系陷入危机。

正如我们在第 12 章中所看到的那样，美联储主席本·伯南克的反应是采取一系列的政策行动，其中一些行动是前所未有的。由于事态发展迅速，等待下一次联邦公开市场委员会的会议再来讨论潜在的政策动向是不可行的。此外，由于 FOMC 会议由所有理事会成员和 12 位储备银行行长出席，因此，会议规模之大阻碍了快速决策。依靠理事会的替代方案也是有问题的。国会 1976 年通过的《阳光政府法》要求大多数联邦政府机构在会议前予以公告。如果理事会有 4 名或以上成员开会考虑采取一项政策措施，那么该法案将其视为正式会议，并且未经事先公开通知不得举行。鉴于伯南克需要随着事件的发展而迅速做出决定，因此，要求事前公告使其无法与理事会的超过 2 名其他成员会面。

结果，伯南克依靠的是由理事会成员唐纳德·科恩（Donald Kohn）和凯文·沃什（Kevin Warsh）以及纽约联邦储备银行行长蒂莫西·盖特纳组成的非正式顾问小组。盖特纳是联邦公开市场委员会成员，但不是理事会成员，因此他出席会议并没有触发《阳光政府法》的要求。他们被称为"四剑客"，是危机期间美联储的主要决策者。《阳光政府法》要求的意外后果是大大限制了联邦公开市场委员会其他成员对货币政策制定的参与。

资料来源：David Wessel，*In Fed We Trust：Ben Bernankes War on the Great Panic*，New York：Crown Business，2009.

见本章末的问题和应用 1.10。

美联储内部的权力和职责

国会将联邦储备系统设计为有制衡机制以确保没有一个集团能控制联储。因此，在最初的几年，对该系统几乎没有中央（或国家）控制。由 12 家联邦储备银行首脑组成的理事会与华盛顿的联邦储备理事会争夺该系统的控制权。[①] 在 20 世纪 30 年代初严重的银行危机之后，许多分析家得出结论认为，分散式的储备银行体系不能充分应对全国性的经济和金融动荡。1933 年和 1935 年的《银行法》赋予理事会制定储备金要求的权力，FOMC 则被赋予指导公开市场操作的权力。1935 年的《银行法》也将理事会对该系统的控制权集中到一起，使其获得联邦公开市场委员会的多数票（12 票中的 7 票）。此外，财政部长和货币主计长也退出董事会，从而提高了美联储的独立性。

国会已经在立法上给予理事会和 FOMC 正式的货币政策授权。但是，许多美联储观察家认为，给主席的非正式授权通常占主导地位。我们可以与美国最高法院做个对比，美国总统提名一位法官为首席大法官。尽管首席大法官拥有某些行政职责，可以使他或她影响法院的行动，但首席大法官只有 1 票，而且其重要决定经常被其他大法官否决。美联储主席在理事会上只有 7 票中的 1 票，在联邦公开市场委员会只有 12 票中的 1 票，但是主席几乎总是能够让他们赞成的政策被采纳。联邦公开市场委员会的一些理事会成员和地区银行行长可能会对主席的议程提出质疑，但通常主席的影响力仍然占上风。理事会员工中的经济学家也会影响政策制定，因为他们负责在每次联邦公开市场委员会会议上介绍经济状况摘要和潜在的政策选择。由于纽约联邦储备银行始终在联邦公开市场委员会占有一席之地，并且纽约是开展公开市场操作的公开市场交易席的所在地，因此该银行的行长很有影响力。我们可以得出结论，美联储内部的非正式权力结构比正式权力结构更为集中。图 13－1 显示了美联储内部的组织和权力共享安排。最终，美联储主席在系统中拥有最大的权力。

成员银行是联邦储备银行的名义所有者，在系统内几乎没有实际权力。联邦储备系统内所有权和控制权的区别是很明显的：成员银行拥有联邦储备银行的股份，但这种所有权几乎没有被授予私营公司通常授予股东的那些权利。在美联储的大部分历史中，成员银行每年获得固定的 6%的股息。美联储在支付所有费用（包括支付给成员银行的股息）后剩

---

① 当时，储备银行的负责人被称为理事。在美联储成立初期，理事会会议控制着公开市场操作。公开市场操作在 20 世纪 20 年代受到公开市场投资委员会的控制。1933 年，联邦公开市场委员会取代公开市场投资委员会。

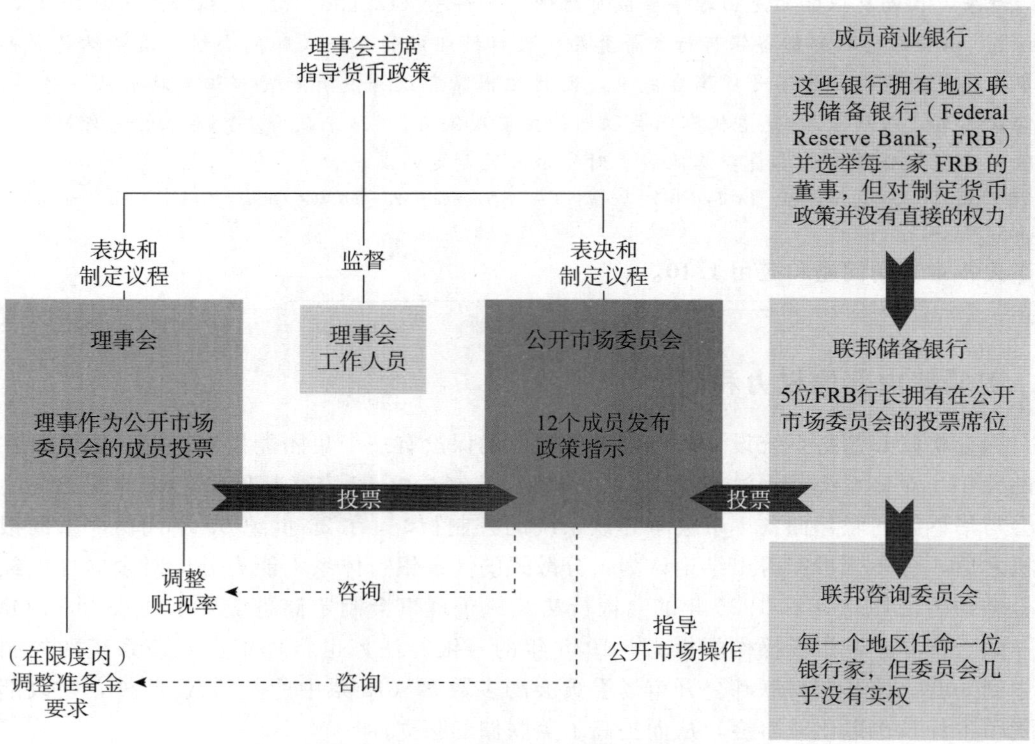

图 13-1　联邦储备系统的组织和职权

1913 年的《联邦储备法》建立了联邦储备系统并将一系列的制约和平衡引入系统。但是，美联储内部的非正式权力并不像正式结构所表明的那样，而是更多地集中在理事会主席手中。

余的收入将被赠予美国财政部以帮助支付联邦政府的支出。2015 年，为了筹集资金来维修美国的高速公路，美国国会将美联储向大型成员银行（资产大于 100 亿美元的大银行）支付的股息改为等于 6%或 10 年期国债利率的较低者。10 年期美国国债的利率在 2016 年低于 3%，因此支付给大型成员银行的股息大幅减少。注意，这一变化不影响美联储向成员银行支付的股利并不取决于美联储的收益这一基本事实，而且成员银行也不拥有私人公司股东享有的对公司利润的剩余索取权。此外，由于位于华盛顿特区的理事会制定政策，成员银行实际上无法控制其在联邦储备系统的投资被如何使用。尽管成员银行六位 A 级和 B 级董事，但这些不是竞争性选举。联邦储备银行或理事会的官员通常会为每个职位建议一名候选人。

联系实际 13-3

银行家应该在美联储的运营中发挥作用吗？

许多人惊讶地发现，银行家选举了 12 家联邦储备银行董事会的大多数成员。储备银行的职责之一是监督其所在地区的成员银行。商业银行在联邦储备银行的运营中发挥作用似乎存在利益冲突，就像制药公司在负责审批新药的食品药品监督管理局的区域办公室中发挥作用的情形一样。2010 年的《多德-弗兰克法案》禁止身为银行家的 A 级董事参加储备银行行长的选举。在 2016 年的总统大选期间，民主党的总统候选人希拉里·克林顿呼吁银行家退出储备银行的董事会，她称这是"常识性改革"。希拉里·克林顿的主要竞争对手，民主党提名的佛蒙特州参议员伯尼·桑德斯（Bernie Sanders）也主张银行家从储备银行的董事会中撤离，以便"狐狸不再守卫鸡舍"。

鉴于这些反对意见，当国会于 1913 年通过《联邦储备法》时，为什么银行家要在区域储备银行中发挥作用？其主要原因是，在美联储成立之前，银行，特别是大城市的银行依赖票据交换所，地方银行可以自愿加入票据交换所。票据交换所最初的主要作用是清算会员银行开出的支票，但到 19 世纪头 10 年后期，票据交换所也成为遭受暂时流动性问题的会员银行的短期贷款来源。虽然票据交换所可以应付少数几家银行的短期流动性问题，但会在真正的银行恐慌中不堪重负，正如在 1907 年的恐慌期间所表现的那样。国会对这一问题的回应是建立联邦储备系统来提供支票清算服务和短期贷款，在运营上与票据交换所类似。实际上，耶鲁大学的经济学家加里·戈顿（Gary Gorton）指出，从某些方面来说，联邦储备系统相当于"私有票据交换所系统的国有化"。

将银行家从联邦储备系统的治理中彻底排除是否有不利之处？里士满联邦储备银行行长杰弗里·拉克（Jeffrey Lacker）认为是这样的。他辩称，如果法律发生变化使得银行不再拥有联邦储备银行，那么谁拥有联邦储备银行的问题就出现了："如果是美国财政部，那么实际上就是将联邦储备银行国有化。"他认为，这一步骤将扰乱自该体系建立以来普遍存在的公私所有制的混合，并会引起人们对美联储能否在不受政治干预的情况下实施货币政策的质疑。其他经济学家和政策制定者不确定美联储监管成员银行是否确实是一个问题。正如我们在第 12 章中看到的那样，2007—2009 年的金融危机起源于影子银行体系，而不是商业银行体系。共同基金、对冲基金、不属于银行控股公司的投资银行及其他影子银行都不是联邦储备系统的成员，也不在联邦储备银行董事会任职。美联储主席珍妮特·耶伦在国会作证时总结了许多美联储官员的想法："美联储的结构反映了 100 年前敲定的选择，我认为当前的结构运转良好，所以我不建议改变。"

最终联邦储备系统的结构是由美国国会决定的。国会做出的选择会反映经济问题，但通常也受到政治关注的影响。

资料来源：Ylan Q. Mui, "Hillary Clinton to Support Federal Reserve Change Sought by Liberals," *Washington Post*, May 12, 2016; Bernie Sanders, "To Rein in Wall Street, Fix the Fed," *New York Times*, December 23, 2015; Gary Gorton, "Clearinghouses and the Origins of Central Banking in the United States," *Journal of Economic History*, Vol. 45, No. 2, June 1985, pp. 277 - 283; Craig Torres, Steve Matthews, and Elizabeth Dexheimer, "Reforming Fed Structure Could Harm Policy Independence: Lacker," bloomberg. com, May 24, 2016; and U. S. Senate Committee on Banking, Housing, and Urban Affairs, *Hearing on Feds First Monetary Policy Report for 2015*, February 24, 2015.

见本章末的问题和应用 1.12。

《多德-弗兰克法案》下的美联储变化

2007—2009 年金融危机的严重性以及美联储在此期间采取的一些前所未有的政策行动，导致许多经济学家和政策制定者重新考虑美联储在金融体系中的作用。在有关金融改革的漫长辩论中，国会议员提出了许多改变美联储结构或职责的建议。然而，2010 年 7 月最终通过的《华尔街改革和消费者保护法》[**Wall Street Reform and Consumer Protection Act**，又称《多德-弗兰克法案》（**Dodd-Frank Act**）]没有包含对美联储提出的更广泛的变更。以下是该法案影响美联储的主要规定：

- **美联储的新监管责任。**美联储与包括 SEC 和 FDIC 在内的其他九个监管机构一起成为新的金融稳定监督委员会（FSOC）的成员。国会授权金融稳定委员会提高对系统重要性金融机构（SIFI）的资本要求，并要求这些机构制定生前遗嘱，其中要详细说明破产后如何以不会带来金融不稳定的方式解散公司。其目的是避免出现雷曼兄弟在 2008 年倒闭等情况，在此情况下，一家大型金融企业的破产威胁到系统的稳定性。
- **对美联储作为最后贷款人的作用加以限制。**正如我们在第 11 章中讨论的那样，修订了《联邦储备法》的第 13(3)条，取消了美联储向普遍受惠的贷款计划之外的个别金融企业提供贷款的权力。这一变化反映出国会对美联储在金融危机期间为防止贝尔斯登和美国国际集团破产而采取的行动不满意。
- **理事会一名成员的新职责。**理事会的一位成员现在被任命为监管副主席，负有协调美联储监管行动的特别责任。
- **政府问责办公室审计紧急贷款。**政府问责办公室（Government Accountability Office，GAO）被命令审计美联储在金融危机期间实施的紧急贷款计划。
- **选举储备银行行长的新程序。**如前所述，联邦储备银行的 A 级董事将不再参加银行行长的选举。
- **美联储的借款人和交易对手的新披露要求。**为了提高运营的透明度，美联储被命令披露其提供贷款及与之买卖证券的金融机构的名称。
- **美联储内部的新监管局。**美联储成立新的消费者金融保护局。尽管该局实际上位于美联储在华盛顿特区的大楼内，预算来自美联储的收入，但美联储官员对其没有管理上的监督。该局局长由总统任命，但须经参议院确认，其职能独立于其他美联储官员。该局的目的是制定适用于所有金融企业的有关消费者保护的规则。美联储在监管消费者贷款方面的部分职责已经移交给该局。

13.2 美联储如何运作？

政府成立美联储的目的是，为银行提供短期流动性，监督银行体系的各个方面，并管理货币供给。美国宪法没有明确规定要建立中央银行。正如我们在第 13.1 节所看到的那样，国会在 19 世纪两次中止了现有的中央银行。在本节中我们描述政治环境如何影响美联储的运作方式，并讨论有关美联储独立性的辩论。

处理外部压力

国会希望联邦储备系统的运作基本上不受来自总统、国会、银行业和商业团体的外部压力的影响。任命的理事会成员的任期很长，任期不可延长，从而降低任何一位总统对理事会组成的影响，并降低理事采取仅为取悦总统和国会的行动的诱惑。

美联储的财务独立性使其可以抵抗外部压力。通常，联邦机构必须向国会要求其运作所需的资金。国会审查这些预算申请，并可以减少众议院或参议院主要成员不满意的机构申请的金额。美联储不仅可以免除这一程序，而且是一个营利性组织，实际上是向财政部缴款而不是从财政部获得资金。美联储的大部分收益来自持有的证券的利息，而较少的收益来自贴现贷款的利息以及向金融机构收取的支票清算和其他服务的手续费。美联储在 2015 年的利润为 1 030 亿美元，其中给美国财政部的缴款约为 980 亿美元。即使与美国最大的公司相比，美联储的利润也是可观的。例如，苹果在 2015 年赚了 780 亿美元的利润，埃克森-美孚赚了 310 亿美元，微软赚了 270 亿美元，谷歌（现在使用公司名称 Alphabet）赚了 230 亿美元。但如前所述，与这些公司不同的是，美联储将超出费用的全部收入都转交给了美国财政部而不是自己保留。

尽管试图给予美联储独立性，但美联储并未与外界压力完全隔离。首先，总统可以控制理事会成员身份。通常，理事不会任满 14 年的任期，因为他们可以在私人企业中赚取更高的收入，或者因为他们希望重返学术界或从事其他职业。因此，担任两个任期的总统可以任命几位理事。此外，总统可以每四年任命一位新主席。未获任命的主席可在其任期的剩余时间内担任理事，但传统上大多数人会辞职，从而给总统留下另一个可填补的空缺。

其次，尽管美联储的巨额利润使其不必向国会要求资金，但美联储仍是国会创建的。国会可以修改美联储的宪章和权力，甚至可以完全废除它。国会议员通常并不畏惧提醒美联储这一事实。例如，随着《汉弗莱·霍金斯法案》（正式名称为 1978 年《全面就业和平衡增长法案》）的通过，国会开始要求美联储解释其程序如何与总统的经济目标保持一致。如我们所见，《多德-弗兰克法案》改变了美联储组织和程序的某些方面。最近，国会议员提议由政府问责办公室审计美联储的货币政策行动。大多数美联储官员认为，对美联储政策的这种严格审查将大大降低其独立性，至此，大多数国会似乎都同意这一点。因此，实际上，国会已经降低了美联储某些方面的独立性，但还没有限制美联储独立执行货币政策的能力。

美联储与财政部冲突的例子

国会和总统缺乏对货币政策的正式控制，这有时会带来美联储与通常由财政部长所代表的总统之间冲突。在第二次世界大战期间，总统富兰克林·罗斯福的政府加强了对美联储的控制。为了帮助弥补战时预算赤字，美联储同意将美国国债的利率保持在较低水平：短期国债的利率为 0.375%，长期国债的利率为 2.5%。美联储只能通过购买私人投资者未购买的全部债券来将利率保持在如此低的水平，从而固定或钉住利率。当战争于 1945 年结束时，财政部希望继续执行这项政策，但美联储不同意。美联储担心的是通货膨胀：美联储购买更多的国债会提高货币供给的增长率和通货膨胀率。随着战争的结束，政府取消了限制通货膨胀的价格管制。

美联储主席马里纳·埃克尔斯（Marriner Eccles）强烈反对固定利率政策。他的反对导致总统哈里·杜鲁门（Harry Turman）在 1948 年没有再次任命他为主席，尽管在埃克尔斯担任理事的其余时间里，他继续为美联储独立而战。1951 年 3 月 4 日，联邦政府通过《财政部-联邦储备协定》，正式放弃战时固定财政部债券利率的政策。该协议对重建美联储独立于财政部的能力至关重要。

但是，财政部与美联储之间的冲突并没有因该协议而结束。例如，总统罗纳德·里根和美联储主席保罗·沃尔克争论20世纪80年代初的严重经济衰退是谁的过错。里根指责美联储让利率飙升。沃尔克认为，在减少由总统和国会的政策行动所导致的预算赤字之前，美联储不能采取降息行动。在乔治·H.布什和比尔·克林顿（Bill Clinton）政府期间发生过类似的冲突，美国财政部经常要求短期利率低于美联储认为合适的利率。

在2007—2009年的金融危机期间，美联储与财政部密切合作。实际上，二者的关系是如此密切，以至于一些经济学家和政策制定者担心美联储会牺牲部分独立性。美联储主席本·伯南克和财政部长亨利·保尔森在2008年秋季危机最严重的时候频繁磋商，打破美联储主席独立于政府制定政策的传统。如果这种紧密的合作变得频繁，那么就会引发一个问题，即美联储能否独立于当权政府执行政策。

美联储的行为动机

我们已经说明美联储对货币政策拥有法律授权。现在我们考察激励美联储行使权力的两种观点：公共利益观和委托-代理观。

公共利益观

通常解释企业管理者动机的出发点是，他们为了他们所服务的选民（他们的股东）的利益行事。美联储动机的**公共利益观（public interest view）**认为，美联储也是代表其主要选民（普通大众）的利益行事，并力求实现符合公共利益的经济目标。这些目标的例子包括价格稳定、高就业率和经济增长。

证据支持美联储的公众利益观吗？一些经济学家认为，就价格稳定而言，并不支持。自第二次世界大战以来持续的通货膨胀记录，特别是20世纪70年代末和20世纪80年代初的高通货膨胀率，削弱了有关美联储强调价格稳定的说法。其他经济学家则认为，美联储在价格稳定方面的记录相对较好，20世纪70年代的高通货膨胀率主要是由于油价飞涨令美联储措手不及。自20世纪90年代初以来，通货膨胀率已接近美联储设定的2%的年度目标水平，但自金融危机以来，通货膨胀率总体上一直低于该水平。对美联储的行动是否符合其高就业率和高经济增长率的目标也有类似的争论。

委托-代理观

许多经济学家认为组织有相互冲突的目标。尽管政府是为服务公众和执行公共服务而创建的，但政府组织也会有与其规定的任务不符的内部目标。实际上，公共组织就像私人公司一样面临委托-代理问题。

回想一下，当经理（代理人）在他们的企业中占有很少的股份时，他们就没有很强的动机最大化股东（委托人）的要求权的价值。在这种情况下，代理人不总是为了委托人的利益而行动。乔治·梅森大学的戈登·图洛克（Gordon Tullock）和诺贝尔奖获得者詹姆斯·布坎南（James Buchanan）提出美联储等官僚组织动机的**委托-代理观（principal-agent view）**。这种观点认为，官僚的目标是最大化其个人的福祉（权力、影响力和声望）而不是公众的福祉。因此，美联储动机的委托-代理观预测，美联储会采取行动提高其作为一个组织的权力、影响力和声望，但要受制于总统和国会等委托人施加的约束。

如果委托-代理观能准确解释美联储的动机，那么我们可以预料美联储会为保持自主权而斗争——确实如此。美联储经常抵制国会试图控制其预算的尝试。实际上，美联储在动员选民（如银行家和企业高管）自卫方面已经非常成功。尽管《多德-弗兰克法案》的早期草案中包含的条款会削弱了美联储的独立性及其监管权，但美联储成功地游说国会从法案的最终版本中剔除了大部分此类条款。不过，公共利益观的支持者认为，美联储捍卫自治权的目的是更好地服务于公共利益。

委托-代理观的支持者还预测，美联储会避免与可以限制其权力、影响和声望的集团发生冲突，例如，美联储会执行货币政策来协助不太可能限制其权力的现任总统的连任努力。其结果是产生了**政治经济周期（political business cycle）**，即美联储会在大选前尽量降低利率来刺激经济活动以赢得竞选连任的现任政党的青睐。在选举后，经济面临的后果是美联储收缩经济活动以减轻因其早期扩张而引起的通货膨胀的压力。但届时，对美联储有好感的总统已经当选。然而，美国的事实通常不支持政治经济周期理论。例如，虽然在 1972 年总统理查德·尼克松（Richard Nixon）连任竞选之前货币供给量的增长出现扩张，但在总统吉米·卡特（Jimmy Carter）和乔治·H. W. 布什分别于 1980 年和 1992 年连任竞选失败之前货币供给量的增长出现了收缩。

尽管如此，总统的愿望可能会微妙地影响美联储的政策。一项针对 1979—1984 年政治对货币政策变动的影响的研究测算了在《华尔街日报》上发表的文章中引用行政当局成员希望货币政策变化的次数。作者发现货币政策变化与政府希望政策变化的信号数量之间有密切的关联。[①]

一种对委托-代理观的批评观点提出有必要将美联储的意图与外部压力相隔离：美联储本身可能想要采取一种行动，而国会和总统可能会试图让美联储追求其他目标。委托-代理观也无法解释为什么国会允许美联储通过自负盈亏实现相对独立。一些经济学家认为，美联储通过自负盈亏可以为国会提供长期利益。如果自负盈亏激励美联储开展更多的公开市场购买，从而扩大货币供给量，那么财政部将获得更多的收入来满足国会的支出需要。确实，美联储在 2007—2009 年的金融危机期间及之后持有的证券数量大幅增加为其带来更多的利息收入，而大部分收入又被上缴给财政部。

美联储的独立性

通常，美联储独立性的政治问题并不是由于对货币政策或美联储在管理货币政策上作用的分歧引起的，而是由于公众对美联储政策的负面反应引起的。一个例子就是国会立法指示政府问责办公室审计美联储的货币政策行动。这项立法的产生部分因为公众对美联储无力提高经济从 2007—2009 年的衰退中复苏的速度的反应。我们现在分析支持和反对美联储独立性的观点。

支持美联储独立性的理由

支持美联储独立性的主要论点是，影响通货膨胀、利率、汇率和经济增长的货币政策过于重要和专业而不能由政治家来决定。由于选举的频度，政治家是短视的，关注短期利益而不考虑潜在的长期成本。特别是，政治家再次当选的短期愿望与美国低通货膨胀的长

① Thomas Havrilesky, "Monetary Policy Signaling from the Administration to the Federal Reserve," *Journal of Money, Credit, and Banking*, Vol. 20, No. 1, February 1988, pp. 83-101.

期目标相冲突。因此，美联储不能假设政治家的目标反映了公众的情绪。公众更希望由美联储的专家而不是由政客来制定货币政策。

支持美联储独立性的另一个论点是，由选出的官员完全控制美联储会提高货币供给和利率出现政治经济周期波动的可能性。当选官员会向美联储施加压力，要求美联储通过购买政府债券来协助财政部举债时，这又会增加货币供给、降低利率，并加剧通货膨胀。政府官员向中央银行施压要求购买债券已成为其他许多国家通货膨胀的主要原因。例如，委内瑞拉政府无力向私人投资者出售债券导致其迫使委内瑞拉中央银行购买债券。其结果是货币供给大幅扩张，年通货膨胀率在 2017 年超过 1 000%。

反对美联储独立性的理由

货币政策对经济的重要性也是反对中央银行独立性的主要理由。支持这种观点的人认为在民主国家应该由民选官员制定公共政策。因为公众可以让民选官员对无效的货币政策负责，所以一些经济学家和政策制定者主张给予总统和国会更多的货币政策控制权。就货币政策对民选官员过于专业的观点的反驳是，国家安全和外交政策也需要复杂的分析和长远的眼光，而这些职能都被交给了民选官员。此外，对美联储独立性的批评者认为，将中央银行置于民选官员的控制下可以通过协调和整合货币政策与政府税收和支出政策而带来利益。

那些主张加强国会控制的人认为，美联储并不总能很好地利用独立性。例如，一些批评家指出，美联储在 20 世纪 30 年代初的经济收缩期间未能协助银行体系。许多批评家援引的另一个例子是，美联储的政策在 20 世纪 60 年代和 70 年代过于偏向通货膨胀。最后，一些分析人士认为，美联储在 21 世纪头 10 年初忽视了房地产市场的泡沫，然后在 2006 年泡沫最终破裂时为抵消其对金融体系的影响而采取的行动过于缓慢。

小结

经济学家和政策制定者对美联储独立性的优点没有达成共识。但是，在现行制度下，美联储的独立性不是绝对的，因此，有时可以满足这一群批评者的要求，有时可以满足另一群批评者的要求。实际上，辩论集中于在某些方面限制美联储的独立性、而不是消除其正式独立性的提议。关于《多德-弗兰克法案》的长期辩论为美联储独立性的批评者提供了审议许多建议的机会。不过，大多数国会议员最终都支持对《联邦储备法》予以相对很小的改动。

联系实际 13－4

终结美联储？

最近有许多对美联储的结构予以相对较小的改变的提议，包括从区域联邦储备银行理事会中撤出银行家，重新划定联邦储备区的界限，由美国总统任命联邦储备银行行长，并让政府问责办公室审查美联储的货币政策行动。一些经济学家和政策制定者比这些改革走得更远，并敦促废除美联储。

一些美联储的批评者质疑其合法性。美国宪法没有明确授予联邦政府建立中央银行的权力。这一事实是 19 世纪头 10 年初对美利坚第一银行和第二银行辩论的一部分。这两家银行的一些反对者将其视为以未经宪法授权的方式对各州施加联邦权力的手段。南方的许多奴隶主反对美国第二银行，部分原因是他们担心如果联邦政府声称拥有建立中央银行的权力，那么也会声称拥有废除奴隶制的权力。

在对 1913 年的《联邦储备法》的辩论中，中央银行是否符合宪法的问题被再次提出。支持美联储合宪性的标准论点是，美国《宪法》第 1 条第 8 款规定，国会有权“铸币并调节其价值”。国会在《联邦储备法》中将此权力委托给美联储。联邦法院已经支持《联邦储备法》的合宪性，特别是在 1929 年赖希勒（Raichle）诉纽约联邦储备银行一案中更是体现了这一点。

现代反对美联储的争论通常不是基于所谓的违宪性，而是基于拥有独立的中央银行是不是执行货币政策的最佳手段。得克萨斯州国会前议员罗恩·保罗（Ron Paul）在 2012 年竞选共和党总统候选人期间曾强烈主张废除美联储。他的《终结美联储》一书成为畅销书。他提出废除美联储的好处包括“阻止商业周期、终结通货膨胀、为全体美国人实现繁荣、结束政府与银行的腐败合作”。除了废除美联储之外，保罗还主张重返金本位并转向 100%准备金的银行业，这会消除对存款保险的需求，因为银行只能使用其资本来发放贷款和开展其他投资。

在国会对《多德-弗兰克法案》的辩论中，废除美联储的呼吁并没有获得太多的支持。但法案的早期版本中包含几项旨在对美联储予以重大重组或降低其独立性的提议。例如，在该法案的草案中包含一些条款，这些条款会剥夺美联储对银行的大部分监管权力，并会设立一个美联储不发挥任何作用的新机构来监督金融系统的稳定性。但这些条款没有出现在 2010 年生效的《多德-弗兰克法案》的最终版本中。

即使在《多德-弗兰克法案》通过后，一些经济学家和国会议员仍然对美联储在金融危机期间和之后采取的非同寻常的政策措施以及美联储的行动加剧从衰退中缓慢复苏的可能性感到不满意。继他的父亲——国会前议员罗恩·保罗的提案之后，肯塔基州的参议员兰德·保罗（Rand Paul）提出一项法案，要求政府问责办公室审查美联储的货币政策行动，但该法案在 2016 年初被否决。美联储的捍卫者认为，美联储的政策行动没有导致美国经济从衰退中复苏缓慢，反而阻止了经济螺旋式下滑到萧条，并避免了本来会更加缓慢的复苏。美联储的捍卫者还认为，从长远来看，降低美联储的独立性将降低货币政策的有效性。

鉴于美联储的权力及其官员非民选的事实，其作用可能仍然会是经济学家和决策者之间争论的话题。

资料来源：David Harrison，“Senate Defeats ‘Audit the Fed’ Bill，” *Wall Street Journal*，January 12，2016；and Ron Paul，*End the Fed*，New York：Grand Central Publishing，2009.

见本章末的问题和应用 2.10 和 2.11。

13.3 美国以外的中央银行独立性

中央银行独立性程度在各国之间的差异很大，但是当我们将美联储的结构与加拿大、欧洲和日本的中央银行的结构加以比较时就会发现一些模式。首先，在中央银行的理事会成员有固定任期的国家，没有哪个国家的任期像美联储理事 14 年的任期那么长，这意味着名义上美国的中央银行独立性更高。其次，在其他国家中，中央银行行长的任期比美联储理事会主席的 4 年任期更长，这意味着美国的政治控制更强。因此，与其他中央银行相比，美联储的结构是否使其或多或少独立于政治控制尚不清楚。

独立的中央银行可以自由追求目标，而不会受到其他政府官员和立法者的直接干预。大多数经济学家认为，独立的中央银行可以更自由地专注于保持低通货膨胀。欧洲中央银行原则上是相当独立的，而日本银行和英格兰银行传统上则较不独立。

英格兰银行

英格兰银行成立于 1694 年，是世界上最古老的中央银行之一，在 1997 年获得独立于政府设定利率的权力。政府在“极端情况”下可以否决英格兰银行的决定，但迄今为止政府还没有这样做，由财政大臣（类似于美国财政部长的职位）负责确定英格兰银行的通货膨胀目标。利率决定权属于货币政策委员会，该委员会的九名成员分别为英格兰银行行长（相当于美联储主席）、三名副行长、央行首席经济学家以及财政部长任命的四名外部经济专家。财政部的一名成员参加货币政策委员会的会议，但没有投票权。货币政策侧重于银行利率（bank rate），即英格兰银行给商业银行的准备金支付的利率。

日本银行

日本银行的政策委员会成员包括央行行长、两名副行长及由内阁任命并经国会批准的六名成员。尽管政府可以派代表参加政策委员会的会议，没有投票权。财务省保留对日本银行的预算中与货币政策无关部分的控制权。自 1998 年 4 月开始生效的《日本银行法》赋予政策委员会更大的追求价格稳定的自主权。2016 年，日本银行宣布开始购买交易所交易基金（ETF），前提是基金中包括的公司“积极投资实物和人力资本”。这一措施旨在促使公司增加支出，因为日本经济长期处于缓慢的增长之中。日本的一些经济学家和政策制定者担心，这一政策远远超出典型的货币政策行动范畴，并进入财政政策领域，而财政政策领域通常是日本首相和国会的职责范围。这些观察家担心这种举动会削弱日本银行的独立性。

加拿大银行

加拿大银行将通货膨胀目标作为货币政策的目的，但是该目标由加拿大银行和政府共同设定。自 1967 年以来，政府对货币政策负有最终责任，而加拿大银行总体上控制货币政策。财政部长可以指示加拿大银行采取行动，但这种指示必须是书面的和公开的，迄今为止尚未发布过任何指示。2016 年，加拿大银行行长史蒂芬·波洛兹（Stephen Poloz）认为，尽管有必要协调政府的货币和财政政策来帮助提高加拿大的经济增长率，但只有在不损害加拿大银行独立性的前提下才可以实现这种协调。

欧洲中央银行

作为欧洲经济一体化行动的一部分，欧洲中央银行（European Central Bank，ECB）负责为参加欧洲货币联盟（或欧元区）并使用欧元作为共同货币的 19 个国家执行货币政策。1991 年 12 月，许多欧洲国家的代表在荷兰的马斯特里赫特签署了一项重要协议。该协议详述了逐步建立货币联盟的方法，该协议于 1999 年 1 月 1 日正式启动。

欧洲央行的组织在某些方面类似于美联储。2016 年，欧洲央行的执行委员会由担任欧洲央行行长的马里奥·德拉吉（Mario Draghi）主持，目前有六名成员。在与欧洲议会和欧洲央行理事会磋商后，根据经济和财政部长理事会的建议，国家元首和政府首脑任命委员会成员（总裁、副总裁和其他四位成员）。执行委员会成员的任期为八年，不可延期。每个成员国的中央银行行长也参与欧洲央行的治理，国家中央银行行长的任期至少五年。长期任职旨在增强欧洲央行的政治独立性。

原则上，欧洲央行有高度的整体独立性，负有强调价格稳定的明确使命，并在执行政策中不受欧盟或各国政府的干扰。此外，只有修订《马斯特里赫特条约》才能改变欧洲央行宪章，这需要签署原始条约的所有国家都同意。但是，法律独立性是否足以保证实际独立性是另一回事。根据美联储的历史经验，有理由对欧洲央行表示担心。1913 年最初的《联邦储备法》所设想的去中心化的中央银行体系带来体系内的权力斗争，并在 20 世纪 30 年代初的金融危机期间没有提供任何机制来达成共识。各国中央银行在欧洲央行中拥有相当大的权力。欧洲中央银行体系（European System of Central Banks，ESCB）的行长在欧洲央行理事会中拥有多数票。各国中央银行的工作人员总数比欧洲央行多得多。

欧洲中央银行的任务千头万绪。不同于只在各自国家执行货币政策的美联储、英格兰银行或日本银行，欧洲央行要为使用欧元作为其货币的 19 个主权国家的货币政策负责。2007—2009 年的金融危机和随之而来的衰退在不同程度上影响了这 19 个国家。甚至在 2002 年欧元硬币和纸币问世之前，考虑到参与国经济间的差异性，一些经济学家就怀疑由一个中央银行控制的单一货币能否奏效。通常，一个国家的中央银行在经济衰退期间可以采取视情况而定的扩张性政策。但在 2007—2009 年的经济衰退期间，欧洲货币联盟的 19 个国家不得不依靠欧洲央行，无法追求独立的政策。

欧洲在 2007—2009 年的经济衰退之后经历了长期的缓慢增长。2016 年，欧洲央行采取的激进货币政策行动导致部分政府债券的利率降为负。这一结果引起了一些欧元区国家政策制定者的批评。例如，德国的经济增长和就业均远高于整个欧元区，一些德国的政策制定对欧洲央行的政策持批评态度。德国财政部长认为，德国储蓄者因欧洲央行政策而获得极低的利率提高了极端主义政党的支持率。一些观察家想知道欧元区的政策制定者之间长期激烈的意见分歧最终是否会危及欧洲央行的独立性。

欧洲央行还努力解决与主权债务（或称政府发行的债券）有关的问题。2007—2009 年的严重衰退对包括葡萄牙、爱尔兰、希腊和西班牙在内的一些欧元区国家的打击要比对其他国家的打击严重得多。这些国家因税收减少和政府支出增加而遭受到巨额的政府预算赤字的困扰。这些国家的政府为弥补赤字不得不发行债券。到 2010 年春季，希腊已经发行了太多的债券，以至于私人投资者开始怀疑希腊是否有能力继续支付债务利息，对爱尔兰、西班牙和葡萄牙发行的债务也产生怀疑。随之而来的主权债务危机让欧洲央行陷入两难：欧洲银行可以购买部分债务来加以干预，但这样做会进一步增加欧洲金融体系中的流动性，从而提高对未来的通货膨胀率的预期。此外，购买债务会被视为认可一些政府的不良预算政策，进而增加道德风险。

尽管有反对意见，但当时的欧洲央行行长让-克洛德·特里谢（Jean-Claude Trichet）于 2010 年 5 月开始购买主权债务。特里谢认为，对确保受影响的政府仍然能够通过出售债券筹集资金并保护购买大量这类政府债券的欧洲银行的偿付能力而言，干预是必要的。但此举引起了很大的争议。尽管如此，特里谢的继任者德拉吉扩大了购买计划，试图遏制主权债务危机并确保欧洲银行体系的稳定。尽管主权债务危机在 2016 年似乎得到了控制，但对欧洲的单一货币和单一中央银行的试验能否最终取得成功仍有疑问。

关于中央银行独立性的结论

尽管在大多数的高收入国家中，中央银行在一定程度上与政治进程隔绝，但实际上执行货币政策的独立性程度在各国间有所不同。我们能从中央银行结构的差异中得出什么结论？许多分析人士认为，独立的中央银行在不提高产出或就业波动的情况下通过降低通货膨胀率改善经济表现。正如我们在第 2 章中看到的那样，阿尔贝托·阿莱西纳（Alberto Alesina）和劳伦斯·萨默斯（Lawrence Summers）的一项研究发现，中央银行独立性最高的国家在 20 世纪 70 年代和 20 世纪 80 年代的平均通货膨胀率最低。中央银行独立性较差的国家的通货膨胀率明显较高。

什么构成有意义的中央银行独立性？经济学家强调，政府宣称该国中央银行是独立的是不够的。中央银行必须能在不受政府直接干预的情况下执行政策。中央银行还必须能够设定目标并对其负责。这种目标的主要例子是通货膨胀目标。加拿大、芬兰、新西兰、瑞典和英国的中央银行及欧洲中央银行都有官方的通货膨胀目标。经过多年的辩论，美联储紧随其他中央银行在 2012 年采纳了 2%的通货膨胀目标。

回答重要问题

我们在本章开始的时候提出如下问题：

“国会和总统是否应该对美联储拥有更大的权力？”

如在本章中所见，几乎自美联储成立以来，经济学家和政策制定者就一直在争论美联储应该在何种程度上独立于政府其他部门。1913 年，《联邦储备法》将财政部长和货币审计长（均为总统任命）置于美联储董事会之中，并任命财政部长为董事会主席。1935 年，国会为了提高美联储的独立性让这些官员退出董事会。在 2010 年有关金融改革的辩论中，国会认真考虑了将大大降低美联储独立性的提议，但这些提议并没有被包括在《多德-弗兰克法案》的最终版本中。在 2016 年总统大选期间，改变美联储结构的问题再次引起辩论。鉴于其在金融体系中的重要性，经济学家和政策制定者会继续就美联储独立性的价值展开辩论。

重要术语和问题

重要术语

理事会　　联邦储备系统　　《华尔街改革和消费者保护法》（《多德-弗兰克法案》）
联邦公开市场委员会（FOMC）　　政治经济周期　　委托-代理观
联邦储备银行　　公共利益观

13.1 联邦储备系统的结构

解释为什么联邦储备系统是目前这样的构成。

复习题

1.1　为什么美国在1836—1913年间没有中央银行？国会为什么决定在1913年建立联邦储备系统？

1.2　为什么要把联邦储备系统分为12个储备区？

1.3　在联邦储备系统中哪个机构更重要：理事会还是联邦公开市场委员会？简要说明。

1.4　《多德-弗兰克法案》给美联储带来哪些改变？

问题和应用

1.5　堪萨斯城联邦储备银行前行长托马斯·霍尼格（Thomas Hoenig）谈到了联邦储备系统："它是一种公私合作伙伴关系，对政府负责但又独立于政府。"

a. 从什么意义上说联邦储备系统是"公私伙伴关系"？

b. 从什么意义上说美联储既对政府负责又独立于政府？

资料来源：Thomas M. Hoenig, "Twelve Banks: The Strength of the Federal Reserve System," speech delivered at Copper Mountain, Colorado, September 15, 2006.

1.6　根据曾写过联邦储备历史的卡内基梅隆大学的经济学家艾伦·梅尔策：

> 联邦储备理事会与联邦储备银行之间的紧张关系在该系统开始营业之前就开始了……保罗·沃伯格描述了问题所在。理事会的主导地位将使政治考量可以决定利率。联邦储备银行的支配地位"会将……理事会降为无足轻重。"

保罗·沃伯格是威尔逊总统在1914年联储理事会开始运作时最初任命的成员之一。

a. 国会为什么要建立一个在联邦储备银行和联邦储备委员会之间存在这种紧张关系的制度？

b. 现代的美联储是否解决了紧张关系？如果是，那么是如何解决的？

资料来源：Allan H. Meltzer, *A History of the Federal Reserve, Volume I: 1913—1951*, Chicago: University of Chicago Press, 2003, 75.

1.7　圣路易斯联邦储备银行的戴维·惠洛克描述了大萧条开始时的情节：

> 在1929年10月股市崩盘后，纽约联邦储备银行用公开市场购买国债和给商业银行自由贴现窗口贷款向银行体系注入准备金……。美联储委员会勉强批准纽约联邦储备银行事后的行动，但许多成员对纽约联邦储备银行的独立行事表示不满。

a. 支持和反对联邦储备银行独立运作的理由是什么？

b. 在现代美联储中，联邦储备银行是否有可能像纽约联储在1929年那样行事？

资料来源：David C. Wheelock, "Lessons Learned? Comparing the Federal Reserves Responses to the Crises of 1929—1933 and 2007—2009," Federal Reserve Bank of St. Louis *Review*, Vol. 92, No. 2, March/April 2010, pp. 97-98.

1.8　【联系实际13-1】假设国会要修订《联邦储备法》并成立一个新委员会来重新审查美联储的地区边界。委员会在划定界限时应考虑哪些因素？边界可能会与原始边界有很大不同吗？区域边界在哪里在现在和在1914年时一样重要吗？简要说明。

1.9　【解决问题13-1】假设美国银行给支票账户余额支付2%的年利率，同时必须满足10%的法定准备金。假设联储给美国银行持有的储备金支付0.50%的利率，美国银行在其贷款和其他投资上可赚取7%的利率。

a. 准备金要求如何影响美国银行在1 000美元的支票账户存款中获得的收入？除支付给存款人的利息外，美国银行无须支付任何存款费用。

b. 准备金要求对银行的机会成本在高通货膨胀时期还是低通货膨胀时期可能会更高吗？简要说明。

1.10 【联系实际 13-2】《阳光政府法》的目的是什么？你认为美联储主席伯南克在 2007—2009 年的金融危机期间回避该法案的要求是否合理？简要说明。

1.11 【开篇案例】里士满联邦储备银行行长杰弗里·拉克尔为捍卫银行家在联邦储备银行董事会中的存在而辩护："这种混合治理模式在货币政策独立性中起着重要作用……政治独立使货币政策可以更加重视低且稳定的通货膨胀的长期利益。"

a. 拉克所说的"混合治理模型"是什么意思？

b. 为什么政治上独立的美联储会比国会和总统直接控制货币政策更注重低且稳定的通货膨胀？

资料来源：Jeffrey M. Lacker, "The Fed-Bank Relationship Under Scrutiny," Federal Reserve Bank of Richmond *Econ Focus*, Fourth Quarter 2015, 1.

1.12 【联系实际 13-3】美联储的一份文件指出："由于担心潜在的利益冲突……A 级董事不可以参与联邦储备银行行长和第一副行长任命的大部分过程。"

a. 谁是 A 级董事？

b. 这里指的是什么潜在的利益冲突？

c. 如果在美联储的治理结构中有利益冲突，为什么国会在 1913 年通过《联邦储备法》时建立这种结构？

资料来源：Board of Governors of the Federal Reserve System, "Directors——Appointment of Reserve Bank Presidents and Vice Presidents," federalreserve.gov/aboutthefed/directors/PDF/appointment-of-reserve-bank-presidentsfirstvicepresidents.pdf.

13.2 美联储如何运作？

解释联储与政府的关系及支持和反对其独立性的理由。

复习题

2.1 美联储以何种方式受到外部压力？

2.2 美联储动机的公众利益观与委托-代理观的主要区别是什么？这些观点与政治经济周期理论的联系是什么？

2.3 简要讨论支持和反对美联储独立的主要论点。

问题和应用

2.4 艾伦·梅尔策在联邦储备系统史的第一卷中将其中一章命名为"在财政部控制下（1942—1951 年）"。为什么梅尔策认为美联储在那几年受到美国财政部的控制？

资料来源：Allan H. Meltzer, *A History of the Federal Reserve, Volume I: 1913—1951*, Chicago: University of Chicago Press, 2003, Ch. 7.

2.5 在众议院委员会举行的听证会上，美联储前主席本·伯南克被问及有关指示政府问责办公室审查联储货币政策行动的立法。他回答：

"审查联储"一词有误导性。公众认为审查是指检查账簿、查看财务报表、确保没有开展特别交易及类似的事情。所有这些东西（已经）完全开放了……

我的噩梦场景是，未来的美联储主席决定将联邦基金利率提高 25 个基点，而在座的那个人会说："我不喜欢这个决定。我希望政府问责办公室介入并获得所有记录，获得所有报告单，获得所有准备材料，并对这是不是正确的决定给予我们独立的意见。”

为什么伯南克所描述的场景是“噩梦”？让政府问责办公室对特定的货币政策行动是不是正确的决定发表独立意见不是很好吗？

资料来源：Board of Governors of the Federal Reserve System, “Testimony of Chairman Ben S. Bernanke before the House Financial Services Committee, July 18, 2012.”

2.6 评估以下陈述：“由于美联储不必向国会要钱来为其运营提供资金，因此美联储动机的委托-代理观的看法不正确。”

2.7 再看一下“联系实际”：“圣路易斯和堪萨斯城？如何解释地区银行的所在地？”迈克尔·麦卡沃伊和戴维·惠洛克关于选择联邦储备银行所在城市的解释与决策的公共利益观还是委托-代理观更一致？简要说明。

2.8 美联储前主席本·伯南克在回忆录中讨论了联邦储备银行行长对国会关于联邦储备银行不再负责监督属于美联储体系的国家银行的提议的反应是：

> 联邦储备银行行长特别担心失去银行监管职责的可能性……联邦储备银行在过去十年中已经经历了几轮裁员，因为美联储的许多金融服务（如支票清算）被合并到更少的地方……它们剩余员工中很大一部分对银行和银行控股公司进行了检查和监督。

美联储动机的公共利益观还是委托-代理观能更好地解释联邦储备银行行长在这一时期的立场？简要说明。

资料来源：Ben S. Bernanke, *The Courage to Act: A Memoir of a Crisis and Its Aftermath*, New York: W. W. Norton, 2015, p. 458.

2.9 《华尔街日报》的一篇文章引述了美联储主席珍妮特·耶伦的话：“学术研究毫无疑问地证明了独立中央银行的表现更好。”耶伦的“表现更好”的意思可能是什么？为什么会期望独立的中央银行表现更好？

资料来源：David Harrison, “Senate Defeats ‘Audit the Fed’ Bill,” *Wall Street Journal*, January 12, 2016.

2.10 【联系实际13-4】当肯塔基州参议员兰德·保罗竞选2016年共和党总统候选人时，《纽约时报》的一篇文章指出：“保罗反对美联储控制货币供给和利率，并建议由国会行使这种权力。”国会为什么直接控制财政政策（联邦政府关于支出和税收的决策），但将货币政策的权力授予美联储？

资料来源：“Rand Paul on the Issues,” *New York Times*, April 7, 2015.

2.11 【联系实际13-4】假设修正美国《宪法》已包括以下内容：“国会将建立一个负责实施美国的货币政策的中央银行。”这样的修正案会对美联储产生什么影响？

13.3 美国以外的中央银行独立性

比较其他国家的中央银行独立性程度。

复习题

3.1 比较美联储和外国中央银行行长和中央银行管理委员会成员的任期长度。

3.2 拥有不独立于政府其他部门的中央银行的主要问题是什么？

3.3 欧洲中央银行是如何组织的？其面临哪些特殊问题？它在2007—2009年的金融危机以及随后的主权债务危机期间遇到哪些困难？

问题和应用

3.4 中央银行在高收入国家还是低收入国家更容易独立？你的答案对高收入国家相对于非低收入国家的平均通货膨胀率可能会有什么影响？

3.5 欧洲中央银行在其网站上指出：

欧洲中央银行和国家中央银行共同构成欧元体系，即欧元区的中央银行体系。欧元体系的主要目标是保持价格稳定：维护欧元的价值。

相比之下，美联储既有价格稳定又有高就业的双重使命。考虑到欧洲央行的情况，为什么单一价格稳定目标更容易实现？

资料来源：European Central Bank, "ECB Mission," ecb. europa. eu/ecb/orga/escb/ecb-mission/html/index. en. html.

3.6 2015年，日本银行宣布将开始购买交易所交易基金（ETF），前提是基金中包含的股票是由"积极投资实物和人力资本"的公司发行的。日本政府一直敦促企业增加投资支出。《华尔街日报》的社论指出："利用中央银行的权力来推动政府的政治目标也有损害经济增长的资源配置错误的风险。这开创了破坏银行独立性的先例。"简要解释一下你是否同意日本央行的这些举动会破坏其独立性。

资料来源："The Bank of Japan Lays an Egg," *Wall Street Journal*, December 20, 2015.

3.7 当时还是英格兰银行货币政策委员会委员的亚当·波森（Adam Posen）在演讲中辩称：

中央银行购买政府债务……不会破坏其独立性……会增强其信誉度……波森先生说："对我们的独立性而言，重要的是我们有说不和言出必行的能力，以及对何时选择说是负责。"

a. 为什么购买政府债务会被视为破坏中央银行的独立性？

b. 中央银行为什么有时要对购买政府债务的建议说"不"？为什么有时要说"是"？

资料来源：Natasha Brereton, "BOEs Posen Defends ECBs Actions," *Wall Street Journal*, June 15, 2010.

3.8 财政部的代表出席英格兰银行货币政策委员会的每次会议。代表可以参加讨论，但不能投票。在美国，在联邦公开市场委员会会议期间没有美国财政部成员在场。英国相对于美国的优势和劣势是什么？

数据练习

D13.1 【ECB与欧洲经济体的差异】登录圣路易斯联邦储备银行（FRED）的网站（fred. stlouisfed. org），下载并绘制希腊从2000年第一季度到最近一个季度实际GDP的增长率（GRCGDPRQPSMEI）。在同一图表上，下载同期德国实际GDP的增长率（NAEXKP01DEQ1895）。注意，要将德国的数据添加到希腊的图形中，首先需要单击"编辑图形"，然后单击"添加数据系列"。当找到德国实际GDP的数据系列时，你需要将单位更改为"自一年前的百分比变化"。简要比较两个序列的变动。这些实际GDP变动对欧洲中央银行构成哪些挑战？

D13.2 【ECB与主权债务危机】登录sdw. ecb. europa. eu，并选择"政府债务（占GDP的百分比）"。当前欧元区债务与GDP的比率是多少？赤字/GDP是多少？赤字和债务数据对欧洲中央银行构成什么挑战？

第14章 美联储的资产负债表与货币供给过程

学习目标

学完本章之后，你应该能够：

14.1 说明美联储的资产负债表与基础货币的关系；

14.2 推导简单存款乘数的方程式并用T-账户来演示多倍存款创造；

14.3 说明银行和非银行公众的行为如何影响货币乘数；

14.A 附录 描述M2的货币供给过程。

开篇案例

黄金：对经济混乱的完美对冲？

在灾难电影和电视剧中，当文明崩溃时，藏匿金币或金条的聪明人往往成为幸存者。

毕竟在整个历史上，人们都珍视黄金，随着经济的崩溃，谁会出售东西来换纸币？但是，对那些会引起人们对国际金融体系感到担忧的不太严重的灾难性事件会怎么样？例如，2007—2009年的金融危机或英国在2016年投票退出欧盟（“英国脱欧”）。在这种不确定的金融时期，许多人将黄金视为避风港。但黄金是吗？

黄金曾是美国和其他高收入国家货币供给的基础，但事实已不再如此。美国于1933年退出金本位制，并停止铸造金币作为货币。美国造币厂仍然生产纪念名人和历史事件的金币，但收藏家购买了其中的大部分。有些人对金币作为投资感兴趣，因此造币厂也生产美国鹰金币。从2008年开始，由于金融危机加重，这些硬币非常热门。1盎司美国鹰金币的销售额飙升至危机前水平的10倍以上。金库（BullionVault）公司是一家在线公司，向投资者出售纽约、伦敦和苏黎世地下金库中存储的金条的所有权，该公司的销售非常强劲。在英国脱欧后，2016年的黄金购买量也出现类似的激增。金库公司经历了创纪录的销售额，包括许多首次投资者的购买。尽管有些投资者喜欢直接拥有黄金，但另一些投资者更喜欢通过购买黄金交易所交易基金（ETF）间接下注黄金。黄金ETF可以在金融市场上买卖，并设计为追踪黄金价格。

尽管有些散户投资者一直希望持有黄金，但在这一时期，不仅仅是散户在推高金价。亿万富翁对冲基金经理乔治·索罗斯和约翰·保尔森在金融危机之后投资了金条和黄金开采公司的股票。索罗斯因为在1992年押注英镑价值下跌获得超过10亿美元的收益而闻名。你可以想象，他购买黄金吸引了许多投资者的兴趣。保尔森曾在2007年和2008年通过押注房价下跌赚了数十亿美元，他在2010年又从金价上涨中获得50亿美元的利润。但是，尽管金价在2008年末至2012年底的大部分时间里都在上涨，但在2013年却大幅下跌，这给保尔森和其他押注黄金的对冲基金经理造成巨大损失。然而，金价在2016年开始再次上涨，包括索罗斯在内的一些对冲基金经理和许多个人投资者重返购买黄金的行列。

为什么人们对黄金作为投资有极大的兴趣？投资者的动机各不相同，但许多人将其视为经济不确定时期的避风港，尤其是当他们担心通货膨胀可能上升时。例如，在包括美国在内的许多国家中，金融危机后货币供给量迅速增加，而银行拥有创纪录的准备金。即使通货膨胀率在2016年仍保持在较低水平，但一些投资者预测未来几年通货膨胀率将飙升，并认为持有黄金是对冲这种风险的最佳方法。

在本章中，我们将探究为什么美国的货币供给量增长如此之快，通货膨胀上升的风险有多大，以及从历史上看黄金作为对冲通货膨胀的手段有多好。

资料来源：Ese Erheriene and Jasmine Horsey，"Gold Continues to Climb on Brexit Safe-Haven Demand，" *Wall Street Journal*，June 27，2016；Stephanie Yang，"The Big Bet of 2016：Joining George Soros in Gold，" *Wall Street Journal*，June 9，2016；Gregory Zuckerman and Juliet Chung，"Paulson：All That Glitters Isn't Gold，" *Wall Street Journal*，June 7，2013；"Store of Value，" *Economist*，July 8，2010；and U. S. Mint，*American Eagle Bullion Sales Totals*，August 2016.

重要议题和问题

议题：在2007—2009年金融危机结束后的几年里，银行继续持有创纪录水平的准备金。

问题：银行准备金为什么在2007—2009年的金融危机期间和之后迅速增加？政策制定者应该担心准备金的增加吗？

经济学家、政策制定者和投资者对货币供给很感兴趣，原因是货币供给会影响利率、汇率、通货膨胀率及经济的商品和服务的产出。中央银行（无论是欧洲中央银行、美联储、日本银行还是英格兰银行）的职责之一就是管理货币供给。为了理解中央银行如何管理货币供给，我们需要分析决定货币供给的因素及中央银行如何增加或减少流通中的货币数量。在本章中，我们构建一个模型来解释货币供给的大小并解释货币供给波动的原因。一个国家的货币供给是如何创造的被称为货币供给过程。我们在本章致力于理解美国的货币供给过程。我们将会理解为什么美国的银行准备金在2007—2009年的金融危机期间飙升，并在几年之后仍然很高。

14.1 美联储的资产负债表与基础货币

我们先描述基础货币，然后确定基础货币与货币供给的联系，进而开始分析货币供给过程。我们的货币供给决定模型包括三个群体的行为：

（1）美联储，负责控制货币供给和监管银行体系。

（2）银行体系，创造支票账户，而支票账户是货币供给指标M1最重要的组成部分。

（3）非银行公众，是指除银行以外的所有家庭和企业。非银行公众决定它们希望以何种形式持有货币，例如，通货或支票账户余额。

图 14－1 表示货币供给过程，并显示经济中的哪些群体会影响这一过程中的每个变量。该图是本章分析的基础。货币供给过程始于**基础货币**（**monetary base**），亦称**高能货币**（**high-powered money**）。基础货币等于流通中的货币加上银行体系的准备金[①]：

基础货币＝流通中的货币＋准备金

正如我们将看到的那样，美联储能完全控制基础货币。货币乘数将基础货币与货币供给联系起来。只要货币乘数值是稳定的，美联储就可以通过控制基础货币来控制货币供给。

我们的货币供给过程模型适用于货币总量 M1，这是美联储的狭义货币指标。本章附录将货币供给过程模型扩展到广义货币供给指标 M2。

图 14－1　货币供给过程

三个群体决定了货币供给：中央银行（美联储）、银行体系和非银行公众。

美联储的资产负债表

基础货币与美联储的资产负债表之间有紧密的联系，后者列出美联储的资产和负债。在表 14－1 中，我们同时显示完整的和简化的美联储资产负债表，简化版只包括与美联储增加或减少基础货币的行动最相关的四个条目。在大多数的年份中，美联储最重要的资产是其持有的美国国库证券（短期国债、中期国债和长期国债）及其向银行提供的贴现贷款。2007—2009 年的金融危机以及随之而来的缓慢经济复苏导致美联储试图降低利率并刺激家庭和企业的支出，从而大大扩大了购买的美国国债规模。此外，美联储为了振兴疲软的房地产市场，购买了由房利美和房地美担保的抵押贷款支持证券。美联储参与了挽救投资银行贝尔斯登和保险公司美国国际集团（AIG）使其免于破产的行动，与这些行动有关的证券在 2016 年仍然保留在美联储的账簿上，但其突出程度比前几年要小得多。美联储还参与过与外国中央银行的流动性互换交易，并积累了大量与这些互换有关的资产。

① 注意，基础货币的“准备金”部分严格说来叫作“准备金余额”，包括一些非银行存款机构在美联储的存款，例如，储蓄和贷款协会。

表 14-1　美联储的资产负债表

(a) 联邦储备资产负债表（2016 年 8 月）			
资产		负债和资本	
证券		流通中的货币	1 418 599
美国国债	2 463 447	逆回购协议	323 693
联邦机构债务证券	22 492	银行的准备金余额（包括定期存款）	2 394 467
抵押贷款支持证券和其他证券	1 916 806	财政存款，总账	241 426
提供给银行的贴现贷款	212	外国政府和国际组织的存款及其他存款	40 748
黄金	11 037	待付现金项目	552
贝尔斯登相关证券的持有	1 707	其他负债	6 852
托收中的款项	221	总负债	4 426 337
建筑物	2 211		
硬币	1 930	资本	40 139
中央银行流动性互换	105		
外币计价的资产	21 627		
其他资产	24 681		
总资产	4 466 476	总负债和资本	4 466 476

(b) 简化的联邦储备资产负债表	
资产	负债
美国政府证券	流通中的货币
给银行的贴现贷款	银行准备金

注：(a) 中的值以百万美元为单位。由于四舍五入，组成部分的总和不等于总数。

资料来源：(a) *Federal Reserve Statistical Release H. 4. 1*, *Factors Affecting Reserve Balances of Depository Institutions and Condition Statement of Federal Reserve Banks*, August 18, 2016.

当经济学家、政策制定者或新闻工作者提到“美联储资产负债表的规模”时，他们通常指的是美联储资产的价值。从这个意义上讲，2016 年 8 月，美联储资产负债表的规模为 4.5 万亿美元，是 2007—2009 年经济衰退和金融危机爆发之初的 2007 年 12 月的五倍。

表 14-1 (a) 还显示，美联储的主要负债是流通中的货币和银行的准备金余额，或者简称为准备金。在其作为政府的银行的角色中，美联储还为美国财政部及外国政府和国际机构存放存款。作为其公开市场操作的一部分，美联储以逆回购协议的形式承担负债。最后，资产中的“托收中的款项”和负债中的“待付现金项目”与美联储在支票清算中的角色有关。

表 14-1 (b) 从美联储的资产负债表中剔除细节，重点关注与美联储增加或减少基础货币的行动最直接相关的两项资产和两项负债。

基础货币

注意，表 14-1 (b) 中所示的美联储的两项负债——流通中的货币与银行准备金，二者之和等于基础货币。流通中的货币是指经济中流通的美联储发行的纸币（即联邦储备券）量。①

① 严格说来，基础货币还包括流通中的美国财政部的货币，主要是硬币。由于流通中的硬币的价值与流通中的美联储的货币或银行准备金相比很小，因此我们将其忽略。美联储资产负债表上显示的准备金余额包括所有存款机构在美联储的存款，不管是不是商业银行。为了方便起见，我们假设所有这些存款机构都是商业银行。

流通中的货币（**currency in circulation**）包括银行持有的货币，被称为**库存现金**（**vault cash**）。非银行公众（家庭和企业）持有的货币被称为**M1 中的货币**（**currency in M1**），等于流通中的货币减去库存现金：

M1 中的货币＝流通中的货币－库存现金

美联储资产负债表上的银行的准备金余额是商业银行在美联储的存款。但根据法律，库存现金包括在**银行准备金**（**bank reserve**）中。如果从流通中的货币减去库存现金，并将其加到银行在美联储的存款中，我们得到更精确的基础货币的定义：

基础货币＝M1 中的货币＋银行的全部准备金

其中的最后一项是库存现金与银行在美联储的存款之和。在下文中，为简单起见，我们将基础货币称为通货与准备金之和。

准备金存款是银行的资产，也是美联储的负债，因为银行可以随时要求美联储用联邦储备券偿还存款。这种情况类似于你的支票账户对你来说是资产，但对你的账户所在的银行来说是负债。

全部准备金包括美联储要求银行持有的数额，称为**法定准备金**（**required reserve**），以及银行选择持有的额外数额，称为**超额准备金**（**excess reserve**）：

准备金＝法定准备金＋超额准备金

美联储规定银行必须以准备金形式持有的支票存款的百分比叫作**法定准备金率**（**required reserve ratio**）。例如，如果法定准备金率为 10%，那么银行就必须留出支票存款的 10%作为在美联储的准备金存款或库存现金。2008 年 10 月，美联储首次开始对银行的准备金账户向银行支付利息，但利率相当低（2017 年初为 0.75%）。从历史上看，银行不曾持有太多的超额准备金。但是自 2007—2009 年的金融危机以来，银行一直持有非常多的超额准备金。关键的原因可能是，尽管美联储为准备金支付的利率低，但这笔投资是无风险的，且利率与银行可以选择的其他安全短期投资的收益相比是有竞争力的。此外，鉴于历史上金融系统的高度不确定性，许多银行都想提高其流动性。

联储如何改变基础货币？

美联储通过改变其资产水平来增加或减少基础货币，也就是说美联储通过买卖国债或向银行提供贴现贷款来改变基础货币。

公开市场操作

美联储用来改变基础货币的最直接方法是买卖证券的**公开市场操作**（**open market operation**），买卖的证券一般是美国国债。公开市场操作由位于纽约联邦储备银行的美联储交易席位来执行。交易席的美联储员工以电子方式与一级交易商买卖证券。2016 年有 23 家一级交易商，分别是商业银行、投资银行和证券交易商。非商业银行的交易商在商业银行开户，因此，我们可以认为公开市场操作是美联储与银行体系之前进行。在**公开市场购买**（**open market purchase**）中，美联储购买国债，这会增加基础货币。假设美联储向富国银行购买价值 100 万美元的国债。富国银行以电子方式将国债的所有权转给美联储，美联储通过向富国银行在美联储的准备金账户中存入 100 万美元来支付国债的款项。

我们可以用 T 账户（这是资产负债表的精简版）来说明美联储公开市场购买的影响。我们将使用 T 账户来仅显示交易如何改变资产负债表。尽管在我们的示例中，美联储仅从一家银行购买证券，但实际上美联储通常同时从多家银行购买证券。因此，我们使用整个银行体系的 T 账户来显示美联储公开市场购买的结果：银行体系的资产负债表显示证券持有量减少 100 万美元，准备金增加相同数量（注意，银行体系的资产负债表不过是将美国所有商业银行的资产和负债加在一起）：

银行体系

资产		负债	
证券	－100 万美元		
准备金	＋100 万美元		

我们可以使用另一个 T 账户来显示美联储资产负债表的变化。美联储的证券持有量（资产）增加 100 万美元，银行的准备金存款（负债）也增加 100 万美元：

联邦储备

资产		负债	
证券	＋100 万美元	准备金	＋100 万美元

美联储从富国银行的公开市场购买增加 100 万美元的准备金，因此基础货币增加 100 万美元。要点是，基础货币会增加公开市场购买的金额。

同样，美联储可以通过**公开市场出售（open market sale）**国债来减少基础货币。例如，假设美联储向巴克莱银行出售 100 万美元的国债。美联储将证券转给巴克莱银行，巴克莱银行则用准备金账户中的资金付款。结果是银行体系的证券持有量增加 100 万美元，准备金减少 100 万美元：

银行体系

资产		负债	
证券	＋100 万美元		
准备金	－100 万美元		

美联储的证券持有量减少 100 万美元，银行准备金也减少 100 万美元：

联邦储备

资产		负债	
证券	－100 万美元	准备金	－100 万美元

由于准备金已经减少 100 万美元，因此，美国的基础货币也减少 100 万美元。我们可以得出结论，公开市场出售会减少基础货币。

正如我们将看到的那样，非银行公众在货币供给过程中的主要作用是决定相对于支票存款希望持有多少通货。但是，公众对通货相对于支票存款的偏好并不影响基础货币。要了解原因，思考一下如果家庭和企业决定从其支票账户中提取 100 万美元会怎么样。以下的 T 账户显示非银行公众的资产负债表中的变化（注意，非银行公众的资产负债表不过是美国所有家庭和企业的资产和负债的加总）：

非银行公众

资产		负债	
支票存款	－100 万美元		
流通中的货币	＋100 万美元		

因为银行体系从其在美联储的准备金中提取 100 万美元来向家庭和企业提供通货，银行体系的资产负债表变化如下：

银行体系

资产		负债	
准备金	－100 万美元	支票存款	－100 万美元

美联储的资产负债表也随流通中的货币的增加而变化，而银行准备金下降：

联邦储备

资产		负债	
		流通中的货币	＋100 万美元
		准备金	－100 万美元

注意，尽管基础货币的一个组成部分（准备金）下降 100 万美元，但另一个组成部分（流通中的货币）上升 100 万美元。因此，基础货币不受影响。这个结果很重要，因为这意味着美联储可以通过公开市场操作来增加和减少基础货币，而这种变化不会受到非银行公众相对于支票存款希望持有多少通货的影响。

贴现贷款

尽管美联储通常用公开市场操作管理基础货币，但也可以通过向商业银行提供**贴现贷款（discount loan）**来增加或减少准备金。银行准备金变化会改变基础货币。

假设联储增加向银行的贴现贷款 100 万美元。联储是通过增加银行的准备金账户向银行提供资金。对联储而言，资产因新增的贴现贷款而增加 100 万美元，负债因新增的银行准备金而增加 100 万美元。因此，贴现贷款增加影响美联储资产负债表的两边：

联邦储备

资产		负债	
贴现贷款	＋100 万美元	准备金	＋100 万美元

银行体系的资产负债表的两边也都受到影响。银行以准备金的形式增加 100 万美元资产，以应付美联储的贴现贷款的形式增加 100 万美元的负债：

银行体系

资产		负债	
准备金	＋100 万美元	贴现贷款	＋100 万美元

由于美联储发放 100 万美元的贴现贷款，银行的准备金和基础货币增加 100 万美元。

如果银行向美联储偿还 100 万美元的贴现贷款，减少了贴现贷款总额，那么先前的交易被逆转。贴现贷款减少 100 万美元，准备金和基础货币也减少 100 万美元：

联邦储备

资产		负债	
贴现贷款	－100 万美元	准备金	－100 万美元

银行体系

资产		负债	
准备金	－100 万美元	贴现贷款	－100 万美元

比较公开市场操作和贴现贷款

尽管公开市场操作和贴现贷款都能改变基础货币，但相对于贴现贷款而言，美联储对公开市场操作的控制力更强。美联储能完全控制公开市场操作的数量，因为美联储让纽约联邦储备银行的交易席位向一级交易商下单来发起证券的购买或出售。为了成功开展公开市场操作，美联储愿意以所需的任何价格来买卖证券。

美联储对贴现贷款的控制远不及对公开市场操作的控制，因为是由银行决定是否向美联储借款的。因为美联储设定**贴现率（discount rate）**，所以对贴现贷款有一定的控制力。贴现率是美联储对贴现贷款收取的利率。实际上，贴现率不同于大多数利率，原因在于贴现率是由美联储确定的，而大多数利率是由金融市场的需求和供给决定的。

由于美联储对公开市场操作的控制与其对贴现贷款的控制之间的差异，经济学家认为基础货币有两个组成部分：非借入的基础货币 B_{non} 和借入的准备金 BR，借入的准备金是贴现贷款的另一个名称。我们可以将基础货币 B 表示为：

$$B = B_{non} + BR$$

虽然美联储和银行的决策共同决定贴现贷款量，但美联储自己就可以控制非借入的基础货币。

联系实际 14-1

解释基础货币的激增

如下图所示，基础货币在 2008 年秋季急剧增加，在 9 月至 12 月底之间翻了一番。直到 2016 年秋季，基础货币一直保持在很高的水平。该图还显示，在金融危机爆发前仅占基础货币约 5%的准备金到 2009 年春季已经超过 50%。实际上，超过 80%的基础货币增长是由于银行准备金部分而不是流通中的货币部分的增加。

我们已经看到，美联储有能力通过公开市场购买国债来增加银行准备金，从而增加基础货币。因此，在通常情况下，基础货币的大幅增加意味着美联储曾大量购买短期国债和其他国债。不过，在这个例子中，在基础货币激增时，美联储的国债持有量实际上下降了。美联储在 2007 年 1 月持有 7 790 亿美元各种类型的国债，但在 2009 年 1 月仅为 4 750 亿美元。美联储的短期国债持有量从 2007 年 1 月的 2 770 亿美元骤降至 2009 年 1 月的 180 亿美元。

因此，基础货币增加不是常见的公开市场购买的结果。相反，这一增加反映了美联储的创新性政策措施。随着美联储开始购买抵押贷款支持证券、商业票据以及与投资银行贝尔斯登和

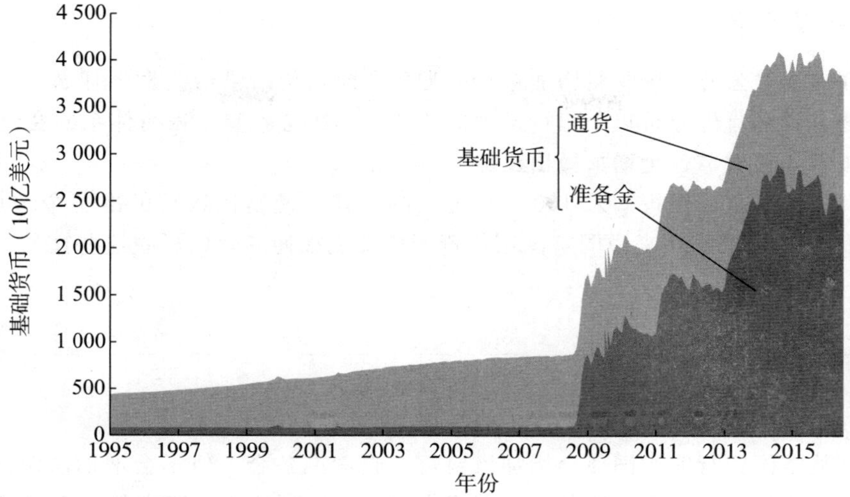

保险公司 AIG 有关的资产，其资产负债表的资产方也在扩大，基础货币也在扩大。对理解基础货币增加机制来说，从这一事件中可以得出一个重要结论：美联储任何时候购买任何类型的资产，基础货币都会增加。资产是短期国债、抵押贷款支持证券还是计算机系统并不重要。例如，达拉斯联邦储备银行以 1 000 万美元的价格从当地一家信息技术公司购买计算机系统会用支票为计算机付款。当该公司将支票存入公司的银行时，银行会将支票寄给美联储，这将使银行的准备金增加 1 000 万美元，结果是基础货币增加 1 000 万美元。如果计算机公司决定兑现支票，结果将是相同的：流通中的货币会增加 1 000 万美元，而计算机公司的银行准备金保持不变，因此基础货币仍会增加 1 000 万美元。

当美联储 2008 年秋季开始购买价值数千亿美元的抵押贷款支持证券和其他金融资产时，基础货币不可避免地会增加。

资料来源：Federal Reserve Bank of St. Louis; and William T. Galvin, "More Money: Understanding Recent Changes in the Monetary Base," *Federal Reserve Bank of St. Louis Review*, Vol. 91, No. 2, March/April 2009, pp. 49 – 59.

见本章末的问题和应用 1.6 和 1.7。

14.2 简单存款乘数

我们现在转向货币乘数来深入理解决定货币供给的因素。我们的分析分三步，因为货币乘数的大小取决于经济中三个群体的行动：美联储、银行体系和非银行公众：

- 我们在本节描述的第一步要说明的是，货币供给是如何通过多倍存款扩张（multiple deposit expansion）过程增加或减少的。在这一部分的分析中，我们确定简单存款乘数（simple deposit multiplier）。
- 第二步说明非银行公众的行动如何影响货币乘数。
- 第三步考虑银行的行动。

我们在第 14.3 节介绍第二步和第三步。

多倍存款扩张

当美联储通过公开市场购买增加银行的准备金时，货币供给会发生什么变化？为了回答这个问题，我们首先分析单个银行发生的变化，其次考察整个银行体系的变化。

单个银行如何对准备金增加做出反应？

假设美联储从富国银行购入 100 000 美元的国债，使富国银行的准备金增加 100 000 美元。我们可以用 T 账户来说明富国银行资产负债表如何变化以反映这些交易：

富国银行

资产		负债	
证券	－100 000 美元		
准备金	＋100 000 美元		

美联储从富国银行购买国债会增加该银行的超额准备金，但不会增加法定准备金。法定准备金不会增加是因为法定准备金是根据支票存款的百分比来确定的，而这笔交易不会对富国银行的支票存款产生直接影响，因此，不会改变银行必须持有的准备金数额。因为富国银行从出售国债中获得的新增准备金在美联储只能赚取低利率，因此它有动机将这些资金借出或投资。

假设富国银行向罗西面包房发放 100 000 美元的贷款使其能购买两个新烤箱。我们假设富国银行通过为罗西面包房创建一个支票账户，并在其中存入 100 000 美元的贷款本金来提供这笔贷款。富国银行资产负债表的资产和负债均增加 100 000 美元：

富国银行

资产		负债	
证券	－100 000 美元	支票存款	＋100 000 美元
准备金	＋100 000 美元		
贷款	＋100 000 美元		

回想一下，货币供给（使用 M1 定义）等于通货加上支票存款。富国银行通过贷款给罗西面包房创造了支票存款，从而增加了货币供给。假设罗西面包房随后通过签发一张 10 万美元的支票从鲍勃面包房设备公司购买烤箱来花掉这笔贷款。鲍勃面包房设备公司将支票存入其在 PNC 银行的账户中。一旦支票完成清算，并且 PNC 银行从富国银行收到资金，那么富国银行将损失 100 000 美元的准备金和支票存款：

富国银行

资产		负债	
证券	－100 000 美元	支票存款	＋0 美元
贷款	＋100 000 美元		
准备金	＋0 美元		

富国银行现在感到满意，因为已将其持有的一些低息国债换成高息贷款。但公开市场购买对银行体系的影响尚未结束。

银行体系如何对准备金增加做出反应？

通过思考 PNC 银行在收到鲍勃面包房设备公司的 100 000 美元支票之后的情况，我们可以追踪公开市场操作的后续影响。在 PNC 银行完成支票清算并从富国银行收取资金后，PNC 银行的资产负债表变化如下：

PNC 银行

资产		负债	
准备金	+100 000 美元	支票存款	+100 000 美元

PNC 银行的存款和准备金都增加 100 000 美元。为简单起见，我们假设 PNC 银行收到鲍勃的存款时没有超额准备金。如果法定准备金率为 10%，那么 PNC 银行必须对 100 000美元的支票存款增加量持有 10 000(=0.10×100 000）美元。其获得的余下的 90 000 美元的准备金是超额准备金。PNC 银行知道，应该假定自己将要失去的准备金等于发放的贷款额，因为这笔贷款会被用掉，并且资金可能会被存入另一家银行。因此，PNC 银行只能安全地贷出等于超额准备金的数额。假设 PNC 银行向圣地亚哥打印店提供 90 000 美元的贷款用于购买新的办公设备。最初，PNC 银行的资产（贷款）和负债（支票存款）都增加 90 000 美元。但这只是暂时的，因为圣地亚哥打印店会通过签发一张 90 000 美元的支票向电脑世界公司购买设备花掉贷款资金，电脑世界公司在阳光信托银行有一个账户。当阳光信托银行清算 PNC 银行 90 000 美元的支票时，PNC 的资产负债表变化如下：

PNC 银行

资产		负债	
准备金	+10 000 美元	支票存款	+100 000 美元
贷款	+90 000 美元		

阳光信托银行的资产负债表变化如下：

阳光信托银行

资产		负债	
准备金	+90 000 美元	支票存款	+90 000 美元

至此，银行体系的支票存款因美联储 100 000 美元的公开市场购买已增加 190 000 美元。

阳光信托银行面临与富国银行和 PNC 银行相同的决定。阳光信托银行希望利用增加的准备金来扩大贷款，但只能安全地贷出超额准备金的增加量。如果法定准备金率为 10%，那么阳光信托银行必须增加 90 000×0.10=9 000（美元）的法定准备金，并且只能借出 81 000 美元。假设阳光信托银行将 81 000 美元借给马利克理发店用于改建。最初，阳光信托银行的资产（贷款）和负债（支票存款）增加 81 000 美元。但是，当马利克理发店花掉贷款资金并结清81 000 美元的支票时，阳光信托银行的资产负债表变化如下：

阳光信托银行

资产		负债	
准备金	+9 000 美元	支票存款	+90 000 美元
贷款	+81 000 美元		

如果马利克理发店的贷款资金被存入另一家银行，那么银行体系的支票存款会增加 81 000 美元。至此，美联储提供的 100 000 美元的准备金增加量使支票存款水平增加

100 000＋90 000＋81 000＝271 000（美元）。该过程叫作**多倍存款创造（multiple deposit creation）**。货币供给随每笔贷款而增长。初始的银行准备金和基础货币的增加带来的货币供给增加量是初始准备金增加量的倍数。

该过程仍未结束。马利克理发店 81 000 美元支票的接收者会将钱存入银行，其他银行的支票存款会增加。该过程继续在银行体系和经济中扩散。我们在表 14－2 中演示结果。从表中我们注意到，每次支票被存入银行且银行提供新贷款时，都会继续创造新的支票存款，但每次的增量都会变小，因为银行在每一步都必须把部分资金作为法定准备金持有。

表 14－2　多倍存款创造，假设有 100 000 美元的联储公开市场购买和 10%的法定准备金率

单位：美元

银行	存款的增加	贷款的增加	准备金的增加
PNC 银行	100 000	90 000	10 000
阳光信托银行	90 000	81 000	9 000
第三家银行	81 000	72 900	8 100
第四家银行	72 900	65 610	7 290
第五家银行	65 610	59 049	6 561
⋮	⋮	⋮	⋮
总的增加	1 000 000	900 000	100 000

计算简单存款乘数

表 14－2 表明，美联储 100 000 美元的公开市场购买增加 100 000 美元的银行体系准备金，并最终增加 1 000 000 美元的支票存款。银行创造的存款数量与创造的新准备金数量之比叫作**简单存款乘数（simple deposit multiplier）**。在这个例子中，简单存款乘数等于 1 000 000/100 000＝10。为什么是 10？我们怎么知道初始的 100 000 美元的银行准备金增量最终会带来 1 000 000 美元的存款增量？

有两种方法来回答这个问题。在这个过程中每家银行都保留等于存款的 10%的准备金，因为我们假设没有银行持有超额准备金。就整个银行体系而言，准备金增量是 100 000 美元，即联储公开市场购买的数量。因此，整个银行体系最终会有 1 000 000 美元的存款增量，因为 100 000 美元是 1 000 000 美元的 10%。

回答这个问题的第二种方法是推导简单存款乘数的方程式。根据表 14－2，我们可以写出全部存款增量的方程式：

$$\Delta D = 100\,000 + 0.9 \times 100\,000 + 0.9 \times 0.9 \times 100\,000 + 0.9 \times 0.9 \times 0.9 \times 100\,000 + \cdots$$

或者简化为：

$$\Delta D = 100\,000 \times (1 + 0.9 + 0.9^2 + 0.9^3 + \cdots)$$

代数法则告诉我们，形如方程式中的无限序列之和为：

$$\frac{1}{1-0.9}=\frac{1}{0.10}=10$$

因此，$\Delta D=100\ 000\times10=1\ 000\ 000$（美元）。注意，10 是 1 除以法定准备金率 rr_D，此例中的法定准备金率是 10%或 0.10。这种分析给予我们另一种表示简单存款乘数的方法：

$$简单存款乘数=\frac{1}{rr_D}$$

于是，我们现在得到一个说明存款变化量 ΔD 与初始的准备金变化量 ΔR 之间关系的方程式：

$$\Delta D=\frac{\Delta R}{rr_D}$$

或者说，在我们的例子中，

$$\Delta D=\frac{100\ 000}{0.10}=1\ 000\ 000(美元)$$

如果银行决定将全部或部分超额准备金投资于市政债券或其他证券而不是发放贷款，那么存款扩张过程会与银行发放贷款时完全相同。假定 PNC 银行决定向债券交易商购买价值 90 000 美元的市政债券而不是给圣地亚哥发放 90 000 美元的贷款。PNC 银行会给债券交易商开出一张金额为 90 000 美元的支票，而债券交易商会把支票存入自己的银行。债券交易商的银行随后会有可供放贷或投资的超额准备金，等等。银行利用超额准备金发放贷款还是购买证券对多倍存款创造的影响是相同的。

起初，你可能认为是单个银行在创造货币。但是单个银行只能贷出等于超额准备金的金额。当借款人花掉从银行借来的资金时，新的存款会被创造出来，然后这些资金被存回银行体系。多倍存款创造指的是整个银行体系的行为而不是个别银行的行为。

最后，注意，正如美联储可以通过增加准备金来扩张银行体系的支票存款数量一样，也可以通过减少准备金来收缩存款数量。美联储通过公开市场出售政府债券来减少准备金。这种操作也有类似于银行体系的存款扩张的连锁反应，但方向相反。公开市场出售的结果是多倍存款收缩。假设美联储向富国银行出售 100 000 美元的国债，从而将该银行的准备金减少 100 000 美元。在简单存款乘数为 10 的情况下，我们知道准备金减少 100 000 美元最终会导致支票存款减少 1 000 000 美元。

14.3　银行、非银行公众和货币乘数

理解简单存款乘数是理解货币供给过程的重要一步，但这还不是全部。我们在推导货币乘数时有两个重要假设：

（1）银行不持有超额准备金。

（2）非银行公众不增加通货持有量。

换言之，我们在前一节假设只要银行有超额准备金就会将其全部贷放出去。我们也假设家庭和企业收到支票时会把全部金额存入支票账户而不保留任何现金。然而，这两个假设都不符合实际情况：银行会持有超额准备金，非银行公众在支票账户余额上升时通常也会增加通货持有量。在本节中，我们看看放宽这些假设会对我们描述的货币供给过程产生什么影响。

通货持有量增加和超额准备金增加的影响

在第 14.2 节对货币供给过程的描述中，富国银行因向美联储出售国债而获得 100 000 美元的超额准备金，之后银行便将全部金额贷给罗西面包房。然后，罗西面包房通过向鲍勃面包房设备公司开出一张 100 000 美元的支票花掉贷款资金，鲍勃面包房设备公司将全部 100 000 美元的支票存入其在 PNC 银行的账户。在支票清算后，PNC 银行获得 100 000 美元的准备金。但假设鲍勃面包房设备公司没有存入全部 100 000 美元，而是存入 90 000 美元并取出 10 000 美元现金会怎么样？在这种情况下，PNC 的准备金增加量为 90 000 美元，而不是 100 000 美元，从而减少了 PNC 银行可贷出的金额。

在银行发放贷款和创造新的支票存款的整个过程中，家庭和企业会以通货而非存款的形式持有部分新增资金。存入银行的资金会参与多倍存款创造过程，以通货形式持有的资金则不会。我们可以得出结论，非银行公众持有的通货相对于支票存款越多，多倍存款创造就越少。

现在假设当鲍勃面包房设备公司将其 100 000 美元存入在 PNC 银行的账户时，该银行的决定不是以法定准备金的形式持有 10 000 美元并贷出余下的 90 000 美元，而是以超额准备金形式持有全部 100 000 美元。如果 PNC 银行采取这种行动，那么多倍存款创造过程就会立即停止，因为没有更多的贷款被发放，也没有更多的存款被创造。美联储 10 万美元的公开市场购买不会导致存款增加 100 万美元，只会增加 10 万美元。存款乘数从 10 下降到 1。我们可以得出结论，银行持有的超额准备金相对于支票存款越多，多倍存款创造就越少。

图 14－1 演示了我们理解货币供给过程的最终目标：找到一个将基础货币与货币供给联系起来的稳定的货币乘数。我们已经看到，美联储可以通过公开市场操作控制基础货币的规模。只要货币乘数稳定，那么美联储对基础货币的控制使其也可以控制货币供给。简单存款乘数有助于理解准备金创造如何导致贷款和存款增加，这是货币供给过程的核心。但我们需要从三个方面来进一步完善简单存款乘数：

（1）我们需要的不是准备金与存款之间的联系，而是基础货币与货币供给之间的联系。

（2）我们需要考虑非银行公众相对于支票存款的通货持有意愿的变化对货币供给过程的影响。

（3）我们需要考虑银行相对于存款的超额准备金持有意愿的变化的影响。

在下一节中，我们修改简单存款乘数以便完整解释货币供给过程。

推导现实的货币乘数

我们需要推导将基础货币 B 与货币供给 M 联系起来的货币乘数 m：

$$M = m \times B$$

这个方程式告诉我们，货币乘数等于货币供给与基础货币之比：

$$m = \frac{M}{B}$$

回忆一下，货币供给是通货 C 与支票存款 D 之和，基础货币是通货 C 与银行准备金 R 之和。因为我们要考虑银行持有超额准备金的决策，所以我们可以把银行准备金分为两部分：法定准备金 RR 和超额准备金 ER。于是，我们可以把货币乘数的表达式扩展为：

$$m = \frac{C + D}{C + RR + ER}$$

记住，我们感兴趣的是，非银行公众相对于支票存款持有通货的意愿及银行相对于支票存款持有超额准备金的意愿。为了在货币乘数的表达式中表现这些行为，我们需要考虑**通货-存款比率（currency-to-deposit ratio，*C/D*）**，该比率度量的是非银行公众相对于支票存款持有量的通货持有量，以及**超额准备金-存款比率（excess reserve-to-deposit ratio，*ER/D*）**，该比率度量的是银行相对于其支票存款的超额准备金持有量。为了在货币乘数的表达式中包括这些比率，我们可以利用基本的算术法则：分数的分子和分母同时乘以相同的变量，分数值不变。因此，我们可以这样将存款比率引入货币乘数的方程式：

$$m = \frac{C+D}{C+RR+ER} \times \frac{(1/D)}{(1/D)} = \frac{(C/D)+1}{(C/D)+(RR/D)+(ER/D)}$$

回忆一下，法定准备金与支票存款的比率是法定准备金率 rr_D。我们可利用这一事实得到货币乘数的最终表达式：

$$m = \frac{(C/D)+1}{(C/D)+rr_D+(ER/D)}$$

于是，我们可以说，因为：

货币供给＝货币乘数×基础货币

所以：

$$M = \frac{(C/D)+1}{(C/D)+rr_D+(ER/D)} \times B$$

例如，假设我们有如下值：

C＝5 000 亿美元
D＝10 000 亿美元
rr_D＝0.1
ER＝1 500 亿美元

那么通货-存款比率＝5 000 亿/10 000 亿＝0.50，超额准备金-存款比率＝1 500 亿/10 000 亿＝0.15。于是，货币乘数值为：

$$m=\frac{0.5+1}{0.5+0.1+0.15}=\frac{1.5}{0.75}=2$$

由于货币乘数等于 2，基础货币每增加 10 亿美元会引起货币供给增加 20 亿美元。

关于联系货币供给与基础货币的货币乘数有几点需要说明：

（1）不管是基础货币增加还是货币乘数上升，货币供给都会增加，不管是基础货币减少还是货币乘数下降，货币供给都会减少。

（2）通货-存款比率（C/D）上升会导致货币乘数下降，如果基础货币未发生变动，那么货币供给会下降。例如，在前面的例子中，如果 C/D 从 0.5 上升到 0.6，那么货币乘数的值会从 1.5/0.75＝2 下降到 1.6/0.85＝1.88。这个结果是有经济意义的：如果家庭和企业相对于支票存款持有量而提高通货持有量，那么银行就会有相对较少的可贷出资金量，这又会减少多倍存款创造。

（3）提高法定准备金率 rr_D 会引起货币乘数下降，如果基础货币不变，那么货币供给下降。这个结论的数学计算简单明了：由于 rr_D 在货币乘数方程式的分母中，所以 m 随 rr_D 的上升而下降。从经济意义上看，rr_D 上升意味着，对银行获得的任何准备金增加，更大的比例必须以法定准备金形式持有，进而不能贷放出去作为多倍存款创造过程的一部分。

（4）超额准备金-存款比率（ER/D）上升会引起货币乘数下降，如果基础货币不变，那么货币供给下降。由于 ER/D 也在货币乘数方程式的分母中，所以这个结论的数学计算也是简单明了的。从经济意义上看，ER/D 上升意味着银行正持有相对较多的超额准备金，因此，银行没有利用这些资金发放作为多倍存款创造过程一部分的贷款。

解决问题 14－1

应用货币乘数方程式

考虑如下信息：

银行准备金＝5 000 亿美元

通货＝4 000 亿美元

a. 如果银行持有 800 亿美元的法定准备金，法定准备金率＝0.1，那么支票存款是多少？

b. 给定这些信息，货币供给（M1）是多少？货币乘数是多少？

解决问题

第一步　复习本章的内容。这个问题是关于货币乘数的，因此，你需要复习“推导现实的货币乘数”这一小节。

第二步　通过计算支票存款的数值回答 a 部分的问题。法定准备金的数值等于支票存款的数值乘以法定准备金率：

$RR=D\times rr_D$

800 亿美元＝$D\times 0.1$

$D = (800\text{ 亿}/0.1) = 8\ 000\text{ 亿(美元)}$

第三步　通过计算货币供给、基础货币和货币乘数来回答 b 部分的问题。 M1 指标的货币供给等于通货的数值加上支票存款的数值：

$$M = C + D = 4\ 000\text{ 亿} + 8\ 000\text{ 亿} = 12\ 000\text{ 亿(美元)}$$

基础货币等于通货的数值加上银行准备金的数值：

$$B = C + R = 4\ 000\text{ 亿} + 5\ 000\text{ 亿} = 9\ 000\text{ 亿(美元)}$$

我们可以用两种方法来计算货币乘数。注意，货币乘数等于货币供给与基础货币之比：

$$M = M/B = 12\ 000\text{ 亿}/9\ 000\text{ 亿} = 1.33$$

我们也可以用前面推导的方程式来计算货币乘数的数值：

$$m = \frac{(C/D) + 1}{(C/D) + rr_D + (ER/D)}$$

要使用这个方程式，我们需要计算超额准备金的数值。因为我们知道全部准备金等于 5 000 亿美元，法定准备金等于 800 亿美元，所以超额准备金的数值必然等于 4 200 亿美元，把这些数值代入货币乘数方程式可得：

$$m = \frac{(4\ 000\text{ 亿}/8\ 000\text{ 亿}) + 1}{(4\ 000\text{ 亿}/8\ 000\text{ 亿}) + 0.1 + (4\ 200\text{ 亿}/8\ 000\text{ 亿})} = \frac{1.5}{1.125} = 1.33$$

因此，计算货币乘数值的两种方法得出相同的结论。

见本章末的问题和应用 3.8 和 3.9。

我们在第 14.1 节看到，经济学家把基础货币看作有两个组成部分：非借入基础货币 B_{non} 和借入准备金 BR。借入准备金是贴现贷款的别称，因此，$B = B_{non} + BR$。由于美联储和银行的行为共同决定贴现贷款的数量，所以美联储对非借入基础货币的控制力更强。我们可以通过重写货币供给与基础货币的关系来确认这一事实：

$$m = \frac{(C/D) + 1}{(C/D) + rr_D + (ER/D)} \times (B_{non} + BR)$$

我们现在已有对货币供给过程的完整描述：

(1) 货币供给等于基础货币乘以货币乘数。

(2) 基础货币等于非借入基础货币（主要由美联储通过公开市场操作决定）与贴现贷款（由美联储和银行共同决定）之和。

(3) 货币乘数取决于法定准备金率（由联储决定）、超额准备金-存款比率（由银行决定）以及通货-存款比率（由非银行公众的家庭和企业决定）。

表 14 - 3 总结了决定货币供给的变量。注意，第一列中列示的变量减小会对第三列中的货币供给产生相反的影响。

表 14-3 货币供给过程中的变量

变量的增加	基于下列主体的行为	对货币供给的影响	原因
非借入基础货币，B_{non}	美联储公开市场操作	增加	基础货币增加，更多的准备金可用于存款扩张
法定准备金率，rr_D	美联储变动准备金要求	减少	较少的准备金可被贷出，货币乘数下降
通货-存款比率（C/D）	非银行公众	减少	货币乘数下降，降低了存款扩张
超额准备金-存款比率（ER/D）	银行	减少	货币乘数下降，降低了存款扩张

我们之前说的是美联储控制货币供给。现在我们知道这种说法不是很准确。美联储可以设定其选择的任意水平的非借入基础货币的数值。然而，非银行公众的行为通过通货-存款比率影响货币供给，银行的行为通过贴现贷款的数量和超额准备金-存款比率影响货币供给。在下一小节中，我们将利用这一分析来理解在 2007—2009 年金融危机期间基础货币和货币供给的变化。

自 2007—2009 年金融危机以来的货币供给、货币乘数和基础货币

我们已经看到，从 2008 年秋天开始，美联储为应对金融危机购买了大量金融资产，包括抵押贷款支持证券。图 14-2（a）显示，其结果是基础货币的规模猛增。M1 也有所增加，但增幅没有基础货币大。如图 14-2（b）所示，货币乘数值在同一时期急剧下降。货币乘数值一直在下降，从 1995 年初的约 2.6 下降到 2007 年初的约 1.7。货币乘数值在金融危机期间下降了 50%以上，到 2008 年下半年跌至 1 以下。实际上，由于基础货币的数值已经超过货币供给的数值，货币乘数已变成货币除数！在金融危机结束七年多之后，2016 年货币乘数值依然低于 1。

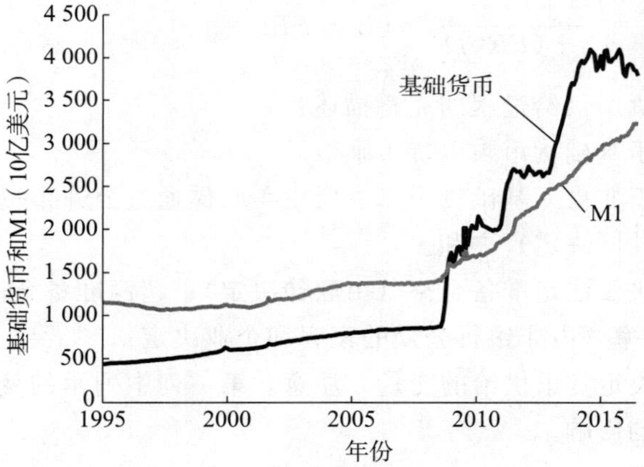

（a）基础货币和M1

图 14-2 基础货币、M1 和货币乘数的变动（1995—2016 年）

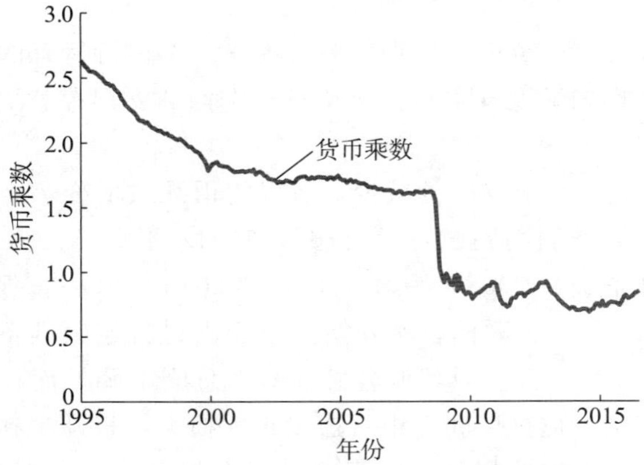

(b) 货币乘数

图 14-2 基础货币、M1 和货币乘数的变动（1995—2016 年）（续）

图 (a) 表明，基础货币规模从 2008 年秋季开始飙升。M1 也增加了，但没有增加多少。如图 (b) 所示，同一时期的货币乘数值急剧下降。

资料来源：Federal Reserve Bank of St. Louis.

为什么基础货币的增长大大超过 M1？图 14-3 有助于解决这个难题。该图显示通货-存款比率（C/D）和超额准备金-存款比率（ER/D）的变动。虽然自 1995 年以来通货与存款之比一直在逐渐上升，但在金融危机期间有所下降，因为家庭和企业将资金从货币市场共同基金和它们认为风险有所增加的其他资产转移到了支票存款。由于存款的增长快于通货，所以 C/D 下降。回想一下我们对于 C/D 变化对货币乘数的影响的讨论，在所有其他条件不变的情况下，C/D 下降会引起货币乘数值上升，而且对任意给定的基础货币的数值，$M1$ 的数值也会上升。我们从图 14-2 (b) 知道，实际上，货币乘数的值下降了。原

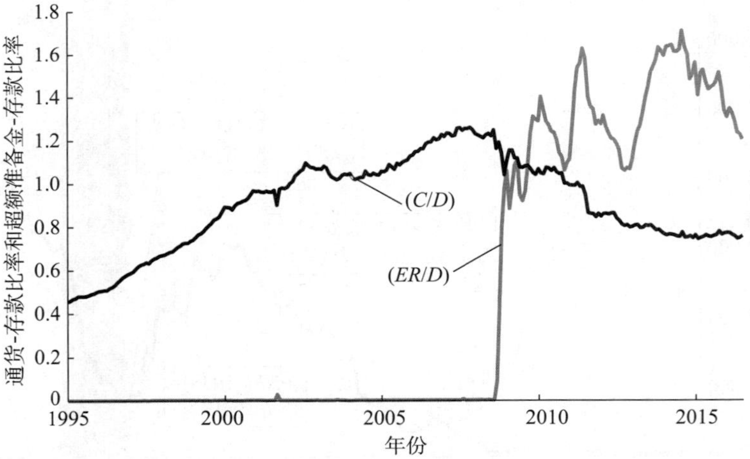

图 14-3 C/D 和 ER/D 的变动

通货-存款比率（C/D）自 1995 年以来一直在逐渐上升，但在 2007—2009 年的金融危机期间有所下降。同时，超额准备金-存款比率（ER/D）从 2008 年 9 月的几乎为零（由于银行持有的超额准备金很少）猛增到 2009 年秋季的 1.3。银行开始持有比支票存款更多的超额准备金。

资料来源：Federal Reserve Bank of St. Louis.

因是 ER/D 的值猛增，从 2008 年 9 月的几乎为零（由于银行持有的超额准备金很少）到 2009 年秋季约为 1.3。换句话说，银行开始持有比它们的支票存款更多的超额准备金，导致 ER/D 升至 1 以上。

因为 ER/D 的增加远大于 C/D 的减少，所以货币乘数值变小，基础货币增加引起的 M1 的增加比如果货币乘数值保持在金融危机开始时的水平要小得多。

银行持有的超额准备金在 2008 年秋季激增，到 2016 年底一直保持高位，原因有以下几点。首先，2008 年 10 月，美联储首次开始向银行支付其超额准备金的利息。尽管当时的利率很低（当时仅为 0.25%），但其他名义利率也急剧下降，而在美联储的存款的收益是无风险的。其次，在金融危机期间，银行遭受重大损失，特别是在持有的抵押支持证券和商业房地产抵押贷款上。这些损失使银行有动机在努力重建资本时保持流动性。最后，银行在面对借款人信誉的不确定性增加及更严格监管的实施时也收紧了贷款标准。由于没有更好的选择，所以把资金放在美联储变得更具吸引力。在金融危机结束后的几年中，经济增长缓慢，导致贷款和债券的利率一直处于历史低位，使得银行持有在美联储存款的机会成本非常低。监管机构不断施加的降低投资风险的压力导致银行严格执行贷款标准。由于这些因素，银行在金融危机结束后的几年里仍然维持高水平的超额准备金。

联系实际 14－2

美联储对超额准备金的担忧导致了 1937—1938 年的衰退？

如果美联储担心银行体系的超额准备金水平，那么一种解决方法是通过提高法定准备金率将超额准备金转变为法定准备金。美联储在 20 世纪 30 年代中期的大萧条时期采取了这种做法。如下图所示，银行体系的超额准备金在 1933 年初银行恐慌结束后急剧上升。

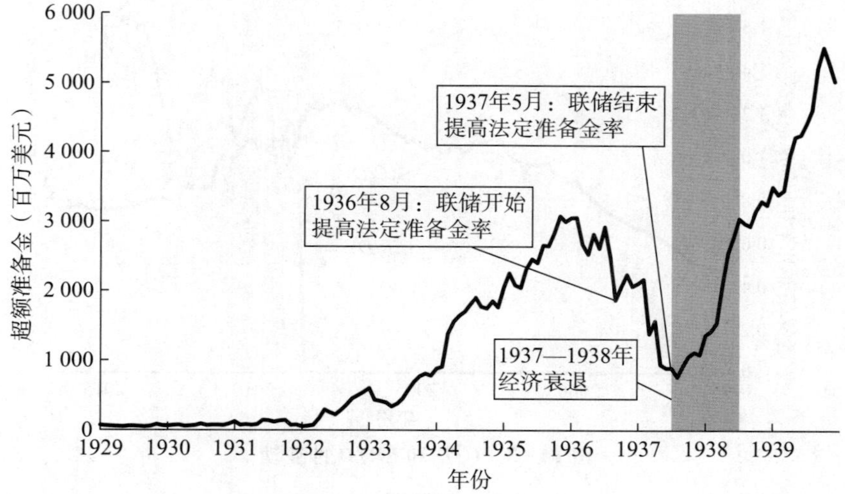

银行体系的超额准备金

资料来源：Banking and Monetary Statistics of the United States.

银行在 20 世纪 30 年代中期积累超额准备金的原因类似于 2008 年之后银行积累超额准备金的原因。尽管在 FDIC 成立后银行恐慌已经结束，但许多银行遭受了沉重损失，并强烈希望保持流动性。名义利率也下降到非常低的水平，降低了持有在美联储的准备金的机会成本。最后，由于大萧条的严重性，大多数借款人的信誉度已经下降。到 1935 年底，失业率仍然很高，超过 14%，通货膨胀率仍然很低，不到 2%。尽管如此，美联储理事会的某些成员仍担心股价飞速上涨。他们认为，尽管经济萧条，但这种增长可能会导致投机泡沫，类似于 1929 年 10 月股市大崩盘之前的泡沫。一些成员还担心通货膨胀率会上升。美联储工作人员的备忘录提到“有一种普遍的恐惧，许多人感到目前规模的超额准备金迟早一定会成为推动通货膨胀的力量，如果在通货膨胀爆发前没有得到解决，那么就会失去控制”。

理事会决定从 1936 年 8 月起分四步将支票存款的法定准备金率从 10%提高到 20%来减少银行体系的超额准备金。理事会还将定期存款的法定准备金率从 3%提高到 6%。上图表明，起初，美联储的行动成功地减少了超额准备金。但美联储的政策忽视了银行在此期间持有超额准备金的原因。随着法定准备金率的提高，银行能够恢复以前的超额准备金持有量的唯一方法是减少贷款，进而减少活期存款。随着银行贷款的收缩，货币供给量也随之收缩。无法获得信贷的家庭和企业削减了开支，经济在 1937 年陷入衰退。失业率不但远未达到 1929 年的充分就业水平，而且再次开始上升。①

1938 年 4 月，美联储将支票存款的法定准备金率从 20%降低到 17.5%，将定期存款的法定准备金率从 6%降低到 5%，部分地改变了这一做法。然而，损害已经造成。许多经济学家认为，美联储提高准备金率的行动加剧了 1937—1938 年的经济衰退。美联储误判了银行持有超额准备金的意愿，因此，没有预料到在准备金要求大幅提高后银行会采取行动来恢复超额准备金持有量。一位美联储的经济学家认识到：“20 世纪 30 年代的经验表明，提高准备金要求肯定不是消除超额准备金的最佳方法。”

注：美联储在 20 世纪 30 年代根据银行的规模和所在地设定不同的存款准备金要求。这里讨论的准备金要求适用于储备银行所在城市的银行。

资料来源：David Wheelock, “How *Not* to Reduce Excess Reserves,” *Federal Reserve Bank of St. Louis Economic Synopses*, No. 38, 2009; Douglas A. Irwin, “Gold Sterilization and the Recession of 1937—1938,” *Financial History Review*, Vol. 19, No. 3, December 2012, pp. 249 - 267; Board of Governors of the Federal Reserve System, *Banking and Monetary Statistics of the United States, 1914—1941*, Washington, DC, November 1943; the quote from the 1935 Fed memorandum is from Milton Friedman and Anna Schwartz, *A Monetary History of the United States, 1867—1960*, Princeton, NJ: Princeton University Press, 1963, p. 523.

见本章末的问题和应用 3.11。

2016 年，银行巨大的超额准备金持有量使一些投资者、政策制定者和经济学家担心其对未来通货膨胀的影响。正如我们看到的那样，在正常的经济时期，并且在美联储不支

① 其他因素也可能推动经济在 1937 年进入衰退。1936 年，国会和总统富兰克林·罗斯福通过立法大幅提高了个人和企业所得税税率。此外，1936 年底，美国财政部决定冲销黄金流入。尽管美国已正式脱离金本位，但财政部以每盎司 35 美元的固定价格买入美国的大部分黄金。财政部使用在美联储的资金来购买黄金。如果财政部通过在美联储存入代表实物黄金债权的黄金凭证来代替这些资金，那么黄金流入会导致基础货币增加。如果不这样做，黄金流入被冲销，那么基础货币保持不变。由于财政部与美联储一样担心通货膨胀率会上升，从而于 1936 年 12 月决定开始冲销黄金流入。直到 1938 年 2 月前的大部分时间里一直在冲销黄金流入。财政部冲销黄金流入的决定消除了往年基础货币和货币供给增加的重要来源。

付银行准备金利息的情况下，银行通常会贷出几乎所有超额准备金。如果银行突然开始贷放其在 2016 年 12 月持有的 2 万亿美元的超额准备金，结果将是货币供给量激增，通货膨胀可能迅速上升。传统上对通货膨胀的恐惧导致一些投资者购买黄金。

联系实际 14-3

如果你担心通货膨胀，那么你应该投资黄金吗？

如我们在开篇案例中看到的那样，许多人将黄金视为避风港投资，即在金融市场混乱时可以购买的东西。因此，在 2007—2009 年的金融危机期间及在英国投票决定退出欧盟之后的 2016 年，出售给个人投资者的金条、金币和追踪黄金价格的 ETF 份额的销售额都出现激增。特别担心银行准备金和货币供给量增加可能导致未来非常高的通货膨胀率的许多投资者把黄金视为对抗通货膨胀的对冲工具。

从历史上看，黄金的投资表现如何？黄金作为投资显然有一些弊端：与债券不同，黄金不支付任何利息，与股票不同，黄金不支付任何股息。在许多投资（包括大多数股票和债券）仅以电子形式存在的时候，黄金是一种必须存储和保管的真正的有形资产。例如，拥有美国造币厂发行的美国鹰金币的个人投资者必须找一个地方存放它们——可能要向银行支付一定的保险箱费用——并可能必须为其购买保险。投资者可以通过购买黄金 ETF 来避免这些成本，但因担心未来金融体系崩溃而购买黄金的人们宁可持有实物黄金。

由于黄金不支付任何利息，因此很难确定其作为投资的基本价值。最终，黄金的最低价格取决于其作为可用于珠宝或某些工业用途的金属的价值，特别是在电子产品中，其高电导率和耐腐蚀性使其很有用。黄金作为投资的价值取决于其价格未来上涨的可能性，因为其收益完全以资本利得形式获得。许多个人投资者认为，黄金是抵御通货膨胀的良好避险工具，因为如果一般价格水平上涨，黄金价格肯定会上涨。但是这种观点正确吗？下图的灰线显示从 1976 年 1 月到 2016 年 12 月的黄金月度价格。

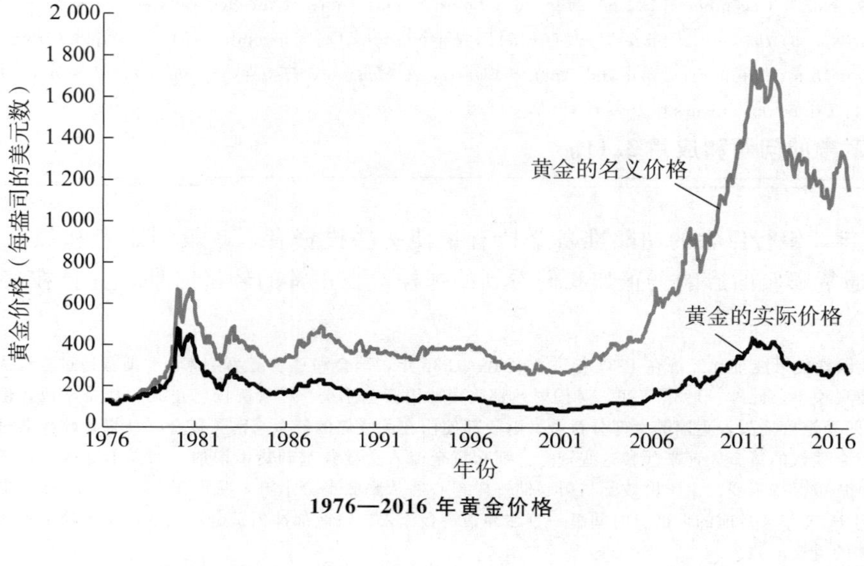

1976—2016 年黄金价格

该图显示，在 20 世纪 70 年代后期的高通货膨胀时期，黄金价格飞涨。黄金在 1976 年 1 月的售价为每盎司 132 美元，到 1980 年 9 月上涨到 670 美元。对黄金投资者而言，不幸的是，尽管在 1980 年之后的几年中，一般价格水平持续上涨，但金价实际上却在下跌。1999 年 8 月，黄金的价格仅为 255 美元/盎司，比大约 20 年前的峰值低了 60%。同时，以消费者价格指数衡量的价格水平翻了一番。图中的黑线显示黄金的实际价格，该价格是通过将黄金的名义价格除以消费者价格指数得出的。黑线显示，即使在 2009 年开始名义价格强劲上涨之后，到 2016 年底黄金的实际价格仍比 1980 年 9 月的水平低 40%以上。1980 年，许多新闻报道和投资指南都强调黄金在 20 世纪 70 年代末是多么好的投资。接受此建议并购买金条或硬币的所有人都会感到非常失望：在为金条和金币花了 35 年以上的存储和保险费用之后，他们可以为之炫耀的不过是−40%的实际收益率。相反，如果他们购买了投资于 S&P 500 的共同基金，那么他们会获得 500%以上的实际收益率。

与其在一些投资者中的声誉相反，从长远来看，黄金已被证明是应对通货膨胀的糟糕的对冲工具。虽然在 2016 年购买黄金的投资者可能是在做精明的投资，但过去 35 年的记录并不令人鼓舞。

注：黄金的名义价格是伦敦金银市场中的“黄金定盘价”。黄金的实际价格是通过用名义价格除以消费者价格指数得出的，用 1976 年 1 月＝100 为基数。

见本章末的问题和应用 3.13。

回答重要问题

我们在本章开始的时候提出如下问题：

“银行准备金为什么在 2007—2009 年的金融危机期间和之后迅速增加？政策制定者应该担心准备金的增加吗？”

正如我们所看到的那样，银行准备金自 2008 年秋季开始的快速增长是美联储购买资产的结果。只要美联储购买资产，基础货币就会增加。基础货币中的通货和银行准备金在 2008 年都增加了，但准备金的增加幅度特别大。银行对持有大量的超额准备金感到满意，因为美联储正在为其支付利息以及资金的其他用途的风险上升。到 2016 年，通货膨胀率仍然很低，但一些政策制定者担心，如果银行最终开始借出持有的超额准备金，那么将来的通货膨胀率就会上升。

重要术语和问题

重要术语

银行准备金	贴现率	公开市场购买	通货-存款比率（C/D）
超额准备金	公开市场出售	流通中的货币	基础货币（高能货币）
法定准备金率	法定准备金	M1 中的通货	多倍存款创造
简单存款乘数	贴现贷款	公开市场操作	库存现金

14.1 美联储的资产负债表与基础货币

说明美联储的资产负债表与基础货币的关系。

复习题

1.1 基础货币与货币供给有何不同？

1.2 美联储资产负债表上最重要的两项资产和最重要的两项负债是什么？既然通货有价值，为什么对美联储是负债而不是资产？

1.3 用富国银行的 T 账户和美联储的 T 账户来说明美联储从富国银行购买 100 万美元短期国债的结果。

问题和应用

1.4 《经济学人》的一篇文章将中国的基础货币称为“中央银行发行的货币”。你是否同意这一定义？简要说明。

资料来源：“How China's Cash Injections Add Up to Quantitative Squeezing,” *Economist*, September 7, 2015.

1.5 用 T 账户说明以下每个行为对美联储和银行体系资产负债表的初始影响：

a. 美联储增加 20 亿美元的贴现贷款。

b. 美联储开展 20 亿美元的公开市场出售。

c. 美联储斥资 1 亿美元从 DeShawn 计算机服务公司为亚特兰大联邦储备银行购买一套新的信息技术系统。

1.6 【联系实际 14-1】《华尔街日报》上的一篇文章指出，到 2016 年年中，日本银行拥有日本全部政府债券的约三分之一，“其资产负债表激增至国内生产总值的 85%”。

a. 简要说明日本央行购买的日本政府债券会出现在资产负债表的资产方还是负债方。

b. 为什么与金融危机之前相比，大多数中央银行的资产负债表近年来大幅扩张？

资料来源：Takashi Nakamichi and Megumi Fujikawa, “Bank of Japan Takes Modest Easing Action,” *Wall Street Journal*, July 29, 2016.

1.7 【联系实际 14-1】《华尔街日报》在 2016 年发表的一篇文章中指出，在金融危机结束后的七年中，经济持续缓慢增长且利率极低。其结果之一是“美联储庞大资产负债表的持续存在以及金融机构希望在中央银行存放大量准备金的愿望”。

a. 缓慢的美国经济增速如何影响美联储资产负债表的规模？

b. 为什么银行要在美联储存放大量准备金？

c. 为什么银行准备金在美联储资产负债表上是负债？它在银行资产负债表上也是负债吗？简要说明。

资料来源：David Harrison, “Fed Discussed New Ways of Making Policy at July Meeting,” *Wall Street Journal*, August 17, 2016.

14.2 简单存款乘数

推导简单存款乘数的方程式并用 T 账户来说明多倍存款扩张。

复习题

2.1 假设 PNC 银行向美联储出售 100 万美元的短期国债，然后向戴维的甜甜圈购物中心和船只维修公司提供 100 万美元的贷款。使用 T 账户说明这些交易对 PNC 银行资产负债表的影响。

2.2 为什么美联储购买短期国债会导致“多倍存款扩张”？

2.3 如果法定准备金率为 15%，那么简单存款乘数是多少？

问题和应用

2.4　假设富国银行向吉尔球衣公司提供100 000美元的贷款。用T账户显示该交易如何记录在银行的资产负债表上。假设吉尔公司花费这笔资金从扎克拉链公司（在PNC银行有支票账户）购买原材料，这会对富国银行的资产负债表产生什么影响？富国银行的资产和负债的总变化是多少？

2.5　假设一家没有超额准备金的银行将一笔10 000美元的通货存款存入一个支票账户。如果法定准备金率为0.10，那么银行可以贷出的最高金额是多少？

2.6　假设摩根大通向美联储出售1亿美元的国债。

a. 用T账户显示此次出售对摩根大通和美联储资产负债表的初始影响。

b. 假设摩根大通在出售国债之前没有超额准备金。假设法定准备金率为20%。同时假设摩根大通用出售国债获得的资金提供最大额的贷款。使用T账户说明发放贷款对摩根大通资产负债表的最初影响。还要在该T账户中包含a部分的交易。

c. 现在假设b部分中任何借出贷款的人都会开出一张等于贷款金额的支票，而接收支票的人将其存入富国银行。显示这些交易在支票清算后对摩根大通和富国银行资产负债表的影响。（在摩根大通的T账户上包括a部分和b部分的交易。）

d. a部分的交易导致货币供给最多增加多少（即a部分中的交易已经发生所引起的所有行为之后的最大增加量为多少）？

2.7　在下面的银行资产负债表中，单位是百万美元。第一个3 000万美元的支票存款的法定准备金率是3%，超过3 000万美元的支票存款的法定准备金率是12%（下表单位为百万美元）。

资产		负债	
准备金	18.9	支票存款	180.0
贷款	150.0	净值	20.0
证券	31.1		
	200.0		200.0

a. 计算银行的超额准备金。

b. 假定银行向一位投资者出售500万美元的证券。给出这笔交易之后的银行资产负债表。银行现在的超额准备金是多少？

c. 假定银行将b部分的超额准备金贷给当地企业。给出贷款已经发放但企业尚未花费贷款资金之前的银行资产负债表。银行现在的超额准备金是多少？

d. 假定企业通过开支票花掉贷款资金。修改银行的资产负债表并计算在支票清算之后的超额准备金。

2.8　在中世纪时期，许多金匠会提出收取费用来存储黄金。他们向任何存放黄金的人提供收据，这代表要求金匠将收据换成上面写的黄金量的法定权利。

a. 中世纪的金匠与现代银行有何相似之处，与现代银行有何不同之处？

b. 在此系统中会有多倍存款创造吗？你的答案是否取决于存入黄金的人以外的其他人是否可以买卖和赎回这些收据？

2.9　美联储的出版物将多倍存款扩张称为“银行理论的核心”。

a. 为什么多倍存款扩张过程对理解银行体系的运作方式很重要？

b. 同一份出版物比较了“银行体系的多倍贷款和存款能力与单个银行无法这样做”。如果单个银行无法这样做，那么银行体系如何能多倍贷款和存款？

资料来源：Thomas M. Humphrey, “The Theory of Multiple Expansion of Deposits: What It Is and Whence It Came,” *Federal Reserve Bank of Richmond Economic Review*, March/April 1987.

14.3 银行、非银行公众和货币乘数

解释银行和非银行公众的行为如何影响货币乘数。

复习题

3.1 简单存款乘数与货币乘数的主要区别是什么？

3.2 简要说明在正常情况下，在保持其他因素不变的情况下，货币乘数会随着以下各项的增加而增加还是减少：

a. 通货-存款比率（C/D）。

b. 超额准备金-存款比率（ER/D）。

c. 法定准备金率（rr_D）。

3.3 简要说明在2007—2009年金融危机期间通货-存款比率（C/D）和超额准备金-存款比率（ER/D）发生了什么变化。这些变化对货币乘数的大小有什么影响？

问题和应用

3.4 美联储的一份出版物指出，当经济学家分析货币供给过程时，他们通常会假设货币乘数“与中央银行的政策行动无关”。

a. 简要说明此假设的含义。

b. 假设这个假设是错误的，那么对基础货币变化与货币供给变化之间的关系有什么影响？

资料来源：Michelle R. Garfinkle and Daniel L. Thornton, “The Multiplier Approach to the Money Supply Process: A Precautionary Note,” Federal Reserve Bank of St. Louis *Review*, Vol. 73, No. 4, July/August 1991, p. 47.

3.5 说明你是否同意如下说法：“如果法定准备金率为零，那么多倍存款扩张过程会永远继续下去。”

3.6 如果银行不持有超额准备金、通货-存款比率为1、支票存款的法定准备金率是100%，那么货币乘数是多少？

3.7 《经济学人》的一篇文章指出，中国的货币供给量比基础货币“增长快得多”。文章还指出，中国人民银行降低了法定准备金率，家庭和企业对现金（通货）结算的依赖减少了。利用后两个变化解释为什么中国的货币供给量增长快于基础货币。

资料来源：“How China's Cash Injections Add Up to Quantitative Squeezing,” *Economist*, September 7, 2015.

3.8 【解决问题14-1】考虑如下的数据（单位：10亿美元）：

通货	100
银行准备金	200
支票存款	800
定期存款	1 200
超额准备金	40

计算通货-存款比率、总准备金-存款比率、基础货币、货币乘数及M1货币供给。

3.9 【解决问题14-1】考虑如下的数据（单位：10亿美元）：

通货	850
支票存款	700
银行准备金	700

a. 计算通货-存款比率、总准备金-存款比率、基础货币、货币乘数及M1货币供给。

b. 假设总准备金-存款比率从你在a部分中计算的值变为2.0（假定通货-存款比率保持不变），现在的货币乘数是多少？

3.10　考虑如下的数据（单位：10 亿美元）：

	1930 年 6 月	1931 年 6 月	1932 年 6 月
通货	3.681	3.995	4.959
支票存款	21.612	19.888	15.490
银行准备金	3.227	3.307	2.829

计算每个时期的通货-存款比率、总准备金-存款比率、基础货币、货币乘数及 M1 货币供给。你能解释为什么通货-存款比率和总准备金-存款比率从 1930 年到 1932 年是如此变动的吗？

3.11　【联系实际 14－2】卡内基梅隆大学的艾伦·梅尔策写过如下关于美联储理事会成员是如何分析银行在 20 世纪 30 年代中期持有大量超额准备金的可能影响的：

理事会的工作人员……根据经验假设其持有超额准备金不是出于安全动机。结果是明显高估可能的货币和信用扩张及通货膨胀前景，明显低估较高的法定准备金率的影响。

a. 为什么银行在 20 世纪 30 年代中期会出于“安全动机”持有准备金？

b. 梅尔策提到的“可能的货币和信用扩张”的意思是什么？

c. 如果银行出于安全动机持有超额准备金，为什么美联储的工作人员会高估可能的货币和信用扩张？

d. 美联储提高法定准备金率对银行的影响是什么？梅尔策对为什么美联储的工作人员低估提高法定准备金的影响提出了什么洞见？

资料来源：Allan H. Meltzer，*A History of the Federal Reserve*，*Volume Ⅰ*：*1913—1951*，Chicago：University of Chicago 2003，p. 496.

3.12　【开篇案例】美国造币厂描述对其生产的金币、银币和铂币的需求取决于这些金属作为商品的价格。此外，铸币厂指出：“这些商品价格又取决于诸如……感受到的作为避险资产的能力……以及其他商品或投资的获利潜力之类的变量。”简要说明这两个因素是否有助于解释 2016 年对金币需求的激增。

资料来源：U. S. Mint，*2015 Annual Report*，p. 12.

3.13　【联系实际 14－3】2016 年夏季《华尔街日报》上有一篇专栏文章讨论了黄金投资。专栏作家指出：“未来可以永远与过去不同。但是，如果黄金从这里飙升，这就不是遵循过去的先例，而是违背。”

a. 为什么有些投资者在 2016 年担心未来几年通货膨胀率会急剧上升？为什么其中一些投资者将黄金视为对冲预期的通货膨胀率上升的工具？

b. 专栏作家写的“遵循过去的先例”，不会期望黄金价格快速上涨是什么意思？

资料来源：Jason Zweig，“Gold：It's Still a Pet Rock，” *Wall Street Journal*，July 8，2016.

数据练习

D14.1　【计算货币乘数】登录圣路易斯联邦储备银行（FRED）的网站（fred.stlouisfed.org），查找 M1 货币存量（M1SL）和圣路易斯联邦储备银行调整后的基础货币（AMBSL）的最新值。

a. 使用这些数据，计算货币乘数的值。

b. 假设乘数等于 a 部分计算的值，如果基础货币增加 4 亿美元，货币供给会增加多少？

D14.2　【计算货币乘数】登录圣路易斯联邦储备银行（FRED）的网站（fred.stlouisfed.org），查找 M1 的通货部分（CURRNS）、支票存款总额（TCDSL）和存款机构的超额准备金（EXCSRESNS）的最新值。

a. 使用这些数据，计算通货-存款比率的值。

b. 使用这些数据，计算超额准备金-存款比率的值。

c. 使用这些数据并假设法定准备金率为 11%，计算货币乘数的值。

D14.3 【分析货币供给的变化】登录圣路易斯联邦储备银行（FRED）的网站（fred. stlouisfed. org），查找存款机构超额准备金（EXCSRESNS）的最新值及一年前同一月的值。

a. 使用这些数据，计算两期之间超额准备金余额的百分比变化。

b. 根据你对 a 部分的回答，简要说明在保持所有其他影响货币供给量的因素不变的情况下，在此期间货币供给量是增加、减少还是保持不变。

D14.4 【基础货币与经济衰退】登录圣路易斯联邦储备银行（FRED）的网站（fred. stlouisfed. org），并下载 1959 年 7 月至可用的最近一个月的圣路易斯联邦储备银行调整的基础货币（BASE）的数据系列。除了基础货币的水平外，还可以找到复合年变化率（选择“编辑图”，然后在“单位”下选择复合年度变化率）。绘制货币基础的水平和变化率。登录美国国家经济研究局（nber. org）的网站，查找经济周期高峰和低谷的日期（经济周期高峰和低谷之间的时期是衰退时期）。

a. 从 1959 年到可用的最近一个月的基础货币水平是什么趋势？

b. 描述基础货币水平在衰退之前、之中和之后如何变化。各个衰退之间的模式是否相同？

c. 在变化率的图上，哪个时期基础货币的波动最大？

附录　M2 的货币供给过程

学习目标

14. A　说明 M2 的货币供给过程。

在 20 世纪 80 年代和 20 世纪 90 年代的金融创新之后，如国会允许银行为支票账户支付利息，许多分析家和政策制定者开始担心 M1 不再能充分代表作为交换媒介的资产。因此他们将更多的注意力放在 M2 上。正如我们在第 2 章中看到的那样，M2 是比 M1 更广泛的货币总量，不仅包括通货 C 和支票存款 D，还包括非交易账户。我们可以将这些非交易账户分为两个部分：

（1）N，由储蓄账户（包括货币市场存款账户）组成；

（2）MM，由零售货币市场共同基金组成。

因此，我们可以把 M2 表示为：

$$M2 = C + D + N + MM$$

货币供给的 M2 指标对家庭和企业（非银行公众）把资金从一类账户转移到另一类账户的敏感性不如 M1。例如，假设非银行公众想把资金从支票存款转到储蓄账户。在这种情况下，D 会下降，但 N 会上升相同的量，而 M2 保持不变。但 M1（通货与支票存款的总和）会下降。

我们可以把 M2 表示为 M2 乘数（M2 multiplier）与基础货币的乘积：

$$M2 = M2\ 乘数 \times 基础货币$$

我们可以推导一个类似于我们推导的 M1 乘数表达式的 M2 乘数表达式。结果是：

$$M2\ 乘数 = \frac{1+(C/D)+(N/D)+(MM/D)}{(C/D)+rr_D+(ER/D)}$$

因为分子中增加了 N/D 和 MM/D 两项，所以 M2 乘数明显大于 M1 乘数。因为对 N 和 MM 中的账户没有准备金要求，所以基础货币变动引起的 M2 货币扩张大于 M1 货币扩张。自 1980 年以来，M2 乘数一直比 M1 乘数稳定得多。

M2 乘数的组成部分以类似于 M1 的方式影响乘数的大小。提高法定准备金率和通货-存款比率降低存款扩张程度，从而降低乘数。但非银行公众对非交易账户或货币市场类账户相对于支票存款的偏好上升会提高乘数。

近年来，许多经济学家和政策制定者在预测其他经济变量（如实际 GDP）的未来变化时，都没有强调货币供给变化的重要性。尽管如此，一些“美联储观察家”仍在研究货币供给的变化。这些美联储观察家预测 M2 增长与 M1 增长的方式大致相同。他们预测了基础货币（尤其是非借入基础货币）的变化及 M2 乘数的成分的变化。

第15章

货币政策

学习目标

学完本章之后，你应该能够：

15.1　说明货币政策的最终目标；

15.2　理解美联储如何利用货币政策工具来影响联邦基金利率；

15.3　追踪随着时间的推移，美联储如何改变其使用的货币政策工具；

15.4　说明货币目标制在货币政策中的作用。

开篇案例

“正常”货币政策的终结？

2016年8月，当美联储的政策制定者与其他国家的经济学家和中央银行行长在怀俄明州杰克逊霍尔（Jackson Hole）举行年度货币政策会议时，许多观察家在问：货币政策会恢复正常吗？在2007—2009年的金融危机期间，美联储采取了特殊的政策行动来防止金融体系崩溃。雷曼兄弟投资银行破产后，危机在2008年秋天加深。当时，美联储开展了巨额的资产购买，从而大大增加了银行准备金、基础货币及美联储的资产负债表的规模。

美联储的政策制定者预计，在采取这些行动后的两年内，经济会处于强劲复苏之中，它们可以开始实施“退出战略”。尽管美联储从未详细描述过退出战略，但退出战略是美联储缩减其资产负债表并将银行准备金和基础货币恢复至正常水平的过程。此外，美联储在2008年12月将联邦基金利率（银行相互之间对隔夜贷款收取的利率）的目标下调至0%～0.25%。作为退出战略的一部分，美联储的政策制定者曾预计最终将目标提高到4%。但是，到2016年杰克逊霍尔会议召开时，即2007—2009年的经济衰退结束后的七年多，基础货币和美联储的资产负债表仍然非常庞大，联邦基金利率的目标仅上升至0.25%～0.50%。正常的货币政策似乎还很遥远。正如美联储主席珍妮特·耶伦所言：“当然我自己在六七年前不曾料到我们会采用现在这样的政策。”

不单是美联储坚持不寻常的货币政策。日本银行（BOJ）、英格兰银行（BOE）和欧洲中央银行（ECB）也采取了类似的政策，日本银行和欧洲中央银行甚至将某些利率推低至零以下。尽管在 2016 年，自经济衰退结束以来美国就业人数大幅增加，但就业人口比例远低于衰退前的水平，实际 GDP 增长率仍然很低。经济衰退以来的复苏至少是 20 世纪 40 年代以来最弱的。英国、欧元区和日本的经济也经历了缓慢的增长。

对珍妮特·耶伦和其他一些美联储的政策制定者来说，美国经济尚未达到足以使其最终启动退出战略并恢复到正常货币政策的实力。旧金山联邦储备银行行长约翰·威廉斯（John Williams）警告说，即使在美联储一直采取的非常规政策下，美国仍面临"新常态，在这种情况下，衰退将趋向于更长和更深，复苏则更慢"。

不过，一些经济学家和政策制定者担心非常规政策的持续存在会给经济和金融体系带来扭曲，从而会导致未来的经济不稳定。尤其是，他们担心：

- 长期很低的名义利率导致股票、公司和政府债券及其他资产的价格不可持续地高涨。
- 低利率降低了储蓄的收益率，使厌恶风险的投资者更难用银行存单（CD）和其他低风险资产来为退休储蓄。
- 美联储继续持有数万亿美元的金融资产是通过将通常由私人投资者持有的证券从市场中撤出来实现的，造成金融市场的价格和收益率扭曲，尤其是房地产市场。

美联储会回到 2007 年之前的政策吗？在 2016 年的杰克逊霍尔会议的讲话中，耶伦认为美联储不应该回到那些政策上，因为世界经济和金融体系的变化意味着这些政策已不足以使美联储实现高就业率和价格稳定的目标。当耶伦和其他美联储的政策制定者离开会议时，关于货币政策的未来的辩论看起来可能还会持续很长时间。

资料来源：Janet L. Yellen, "The Federal Reserves Monetary Policy Toolkit: Past, Present, and Future," Remarks at "Designing Resilient Monetary Policy Frameworks for the Future," a symposium sponsored by the Federal Reserve Bank of Kansas City, Jackson Hole, Wyoming, August 26, 2016; Jon Hilsenrath, "Years of Fed Missteps Fueled Disillusion with the Economy and Washington," *Wall Street Journal*, August 25, 2016; Kevin Warsh, "The Federal Reserve Needs New Thinking," *Wall Street Journal*, August 24, 2016; and John C. Williams, "Monetary Policy in a Low R-Star World," *FRBSF Economic Letter*, 2016 - 23, August 15, 2016.

重要议题和问题

议题：在 2007—2009 年的金融危机期间，美联储采取了不同寻常的货币政策措施来稳定金融体系，并帮助经济摆脱衰退。

问题：美联储是否有可能恢复使用正常的货币政策程序？

尽管我们可以确定货币政策的目标，但从 2007—2009 年衰退中的缓慢复苏表明，对美联储来说实现这些目标并不总是很容易。美联储可用于实现目标的货币政策工具的数量有限。美联储主要用这些政策工具来改变货币供给和短期利率。然而，在金融危机期间和之后，美联储不得不超越对货币供给和短期利率的关注。在本章中，我们将说明美联储如何实施货币政策，并确定美联储在制定有效的货币政策时遇到的困难。

15.1　货币政策的目标

大多数经济学家和政策制定者都认为，货币政策的终极目标是提升人们的经济福利。尽管有很多评价经济福利的方法，但经济福利通常取决于个人可以享用的商品和服务的数量和质量。经济福利源于劳动和资本的有效配置及产出的稳定增长。此外，稳定的经济条件（生产和就业的波动最小、稳定的利率以及金融市场的平稳运转）可以改善经济福利。美联储制定了六项旨在促进经济繁荣的货币政策目标（monetary policy goal）：

（1）价格稳定；

（2）高就业；

（3）经济增长；

（4）金融市场和金融机构稳定；

（5）利率稳定；

（6）外汇市场稳定。

美联储和其他中央银行用货币政策来实现这些目标。

价格稳定

通货膨胀，或持续上涨的价格，侵蚀作为交换媒介和记账单位的货币的价值。特别是自20世纪70年代通货膨胀率急剧而出人意料地上升以来，美国、欧洲、加拿大和日本的政策制定者已将价格稳定确定为主要的政策目标。市场经济依靠价格向家庭和企业传达有关成本和有关对商品和服务的需求的信息。通货膨胀使价格作为资源配置的信号的作用下降，因为家庭和企业难以区分相对价格变化（指导决策）和通货膨胀导致的总体价格水平变化。例如，如果玉米的相对价格上涨5%，那么卖玉米将更有利可图，农民将种植更多的玉米。但是，如果通货膨胀率为5%而玉米的相对价格没有上涨，那么卖玉米的利润就不会更高，因为玉米的价格和种植玉米的投入物的价格都会上涨。在那种情况下，农民不会想增加玉米产量，但如果他们无法意识到发生的是通货膨胀而不是玉米价格的相对上涨，那么就会增加产量。

当发生通货膨胀时，家庭很难决定为子女的教育或退休储蓄多少，因为他们不确定一定的储蓄额在将来能购买多少。面临不确定的未来价格的公司会是否与供应商或客户签订长期合同。通货膨胀波动还会随意再分配收入，例如，贷款人会在通货膨胀率高于预期时遭受损失，或者依靠固定金额的养老金的退休人员的购买力意外下降。

严重的通货膨胀会带来更大的经济成本。每年百分之几百或几千的通货膨胀率（称之为恶性通货膨胀）会严重损害经济的生产能力。在极端情况下，货币失去价值的速度是如此之快以至于它不再发挥价值贮藏或交换媒介的功能。人们需要用一辆独轮车装满现金去购买杂货。在德国20世纪20年代的恶性通货膨胀期间，产量剧降，失业飙升。由此产生的经济不稳定为希特勒和纳粹党10年后上台铺平了道路。由通货膨胀引发的一系列问题（从不确定性到经济破坏）使价格稳定成为重要的货币政策目标。

高就业

高就业或低失业率，是另一个重要的货币政策目标。失业工人和未充分利用的工厂和机器降低了经济的产出。失业会导致财务困境，并降低没有工作的工人的自尊心。国会和总统与美联储都有责任实现高就业目标。国会颁布1946年《就业法》和1978年《全面就业和平衡增长法案》（《汉弗莱·霍金斯法案》）来明确联邦政府对实现高就业率和价格稳定的承诺。

尽管美联储致力于实现高就业，但并不寻求零失业率。即使在最佳的经济条件下，也有一些工人会进入或离开劳动力市场或者处于两份工作之间。工人有时会离开一份工作去寻找另一份工作，在此期间会失业。个人也会离开劳动力队伍去接受更多的教育和培训或照顾家庭，重新入职还需要一些时间。这种类型的摩擦性失业使工人能寻找最大程度提高他们的福利的职位。结构性失业是指由经济结构的变化引起的失业，例如制造技术向自动化的转变、办公室中计算机硬件和软件使用的增加以及服务产出而不是商品产出的增加。货币政策工具在降低摩擦性和结构性失业水平方面是无效的，因为这些类型的失业并不取决于货币政策通常关注的货币供给和利率的变化，而是取决于如下一些因素：技术的长期趋势、劳动力的年龄和性别构成、行业所在地的变化及工人的地域流动性等。相反，美联储试图降低周期性失业水平，周期性失业是与经济周期衰退有关的失业。有时，经济学家很难区分结构性失业和周期性失业。例如，2016 年，一些经济学家和政策制定者认为，美国就业人口比例下降是由于 2007—2009 年经济衰退的持续影响，而另一些人认为，下降是由不能被货币政策影响的结构性因素引起的。

当所有想工作的工人都有工作（除了摩擦性和结构性失业外）并且劳动的供求处于均衡状态时，经济学家就称失业率处于自然率（有时候也称充分就业的失业率）。经济学家对自然失业率的确切值有分歧，并有充分的理由相信自然失业率会随着时间的推移而变化，这是由劳动力的年龄和性别构成的变化以及政府在税收、最低工资和失业保险金方面政策的变化引起的。目前大多数经济学家估计自然失业率约为 5%。

经济增长

政策制定者寻求稳定的**经济增长（economic growth）**或者说经济中商品和服务的产出随着时间的推移而增加。经济增长是持续的家庭收入实际增长的唯一来源。经济增长取决于高就业率。在高就业率下，企业才可能通过投资于提高利润、生产率和工人收入的新工厂和设备来实现增长。相反，当失业率高时，企业有闲置的生产能力，几乎不可能投资于资本改进。政策制定者试图促进稳定的经济增长，因为稳定的商业环境使企业和家庭能够准确地开展计划，并鼓励维持增长所需的长期投资。

金融市场和金融机构稳定

当金融市场和金融机构无法有效匹配储蓄者和借款人时，经济就会丧失一些资源。一些公司会无法获得设计、开发和销售商品和服务所需的融资。储蓄者会在寻找让人满意的投资方面浪费资源。金融市场和机构的稳定使储蓄者和借款人的有效匹配成为可能。

国会和总统对 19 世纪末和 20 世纪初的金融恐慌的反应是创建美联储。但是，如我们在第 12 章所看到的那样，美联储未能阻止 20 世纪 30 年代初加剧大萧条严重性的银行恐慌。在第二次世界大战后，美联储在避免商业票据、股票和商品市场的潜在恐慌方面取得了更大的成功。美联储在 1987 年的股市崩盘和 2001 年 9 月 11 日的美国恐怖袭击后的干预体现出其对金融稳定的关注。

尽管美联储也对 2007 年开始的金融危机做出积极反应，但最初低估了危机严重性，未能抵御 2007—2009 年的严重衰退。金融危机引发关于美联储是否应采取行动来阻止资产价格泡沫的重新辩论，如 20 世纪 90 年代末美国股票市场的互联网繁荣及 21 世纪头 10

年中期美国房地产市场相关的资产价格泡沫。美联储政策制定者和许多经济学家普遍认为，资产泡沫很难被提前识别，缩小泡沫的措施可能适得其反。但2007—2009年经济衰退的严重性促使一些经济学家和政策制定者重新评估这一立场。金融稳定显然已经成为美联储的一个更重要的政策目标。

联系实际 15-1

美联储应该缩小资产泡沫吗?

如我们在前几章所看到的那样，当资产价格上涨到资产的基本价值之上时就会出现泡沫。我们在第12章看到，在21世纪头10年初期，美国许多城市的房屋价格飙升，远高于房屋的租赁价值所表明的价格。房地产泡沫破裂是导致2007—2009年的金融危机和经济衰退非常严重的主要因素。在20世纪90年代后期，Webvan和eToys等互联网公司的股票价格上涨到远远超过这些公司的未来盈利能力所能解释的水平。（实际上，这两家公司和许多其他早期的互联网零售商最终宣布破产而未赚取任何利润。）互联网泡沫的破裂促成2001年的衰退。

作为承诺稳定金融体系的一部分，美联储是否应该监视资产市场价格并在泡沫破裂且可能导致衰退之前采取措施缩小泡沫？一些经济学家和政策制定者认为，网络泡沫和房地产泡沫的教训是，如果美联储希望避免泡沫破裂导致的金融体系混乱，那么就需要采取措施对抗资产泡沫。美联储政策的一些批评者认为，2016年，美联储实际上通过将利率保持在历史最低水平而助长了金融资产泡沫，从而使投资者更容易借钱购买资产。其他经济学家和大多数美联储政策制定者都不相信美国经济正经历资产泡沫，也不相信美联储拥有能使其成功对抗泡沫的工具。

要对抗泡沫，美联储先要识别泡沫。尽管在事后看来，20世纪90年代末的网络股票价格和2005年许多市场的房屋价格显然是泡沫，但在当时这样的结论尚不明确。正如我们在第6章所看到的那样，股票的基本价值取决于投资者对发行股票的公司未来盈利能力的预期。我们现在知道Webvan、eToys和Pets.com等互联网公司永远不会获得能证明其股价合理的必要利润。但是，在20世纪90年代后期，由于互联网零售才刚刚开始，因此这些公司中的每一个都可以对它们的未来盈利能力做出预测，而这一点很难被推翻。除了已经被狂热冲昏头脑而不是仔细研究公司前景的个人投资者之外，许多专业的资金管理者也大量投资于这些股票。对美联储的政策制定者如何在许多市场参与者都不相信泡沫存在的时候识别泡沫尚不清楚。

同样，直到2004年12月，纽约联邦储备银行的经济学家都认为并存在房价泡沫。在分析了住房市场之后，他们的结论是："房价基本上与家庭收入增长和名义抵押贷款利率的下降保持一致。"① 尽管一些有见识的投资者能够通过下注房价最终会大幅下跌而赚取巨额利润，但其他投资者（包括许多大型金融企业的资金经理）都在住房价格会继续上涨的假设下持续购买抵押贷款支持证券。

如果美联储确实成功地发现资产价格泡沫，那么还有一个问题是，在不伤害金融体系或经济的情况下，美联储可以采取什么行动来缩小泡沫？如我们将在第15.2节讨论的那样，美联

① Jonathan McCarthy and Richard W. Peach, "Are Home Prices the Next 'Bubble'?" *FRBNY Economic Policy Review*, Vol, 10, No. 3, December 2004, pp. 1-17.

储的货币政策行动以改变联邦基金利率的目标为中心，目的是影响整个经济的利率。提高利率通过增加借钱购买有泡沫的房屋、股票或任何其他资产的资金成本而有助于缩小资产泡沫。

传统上，美联储的政策制定者一直不愿意用更高的利率来阻止潜在的资产泡沫。他们认为，提高利率也会增加家庭和企业为各种支出而筹集资金的成本，并会导致经济放缓甚至衰退。蒂莫西·盖特纳在 2003—2009 年担任纽约联邦储备银行行长，这段时期包括房价泡沫的高峰期。他认为，当美联储在 2006 年初考虑住房和股市的状况时，"让整个经济放缓的速度超过我们认为的只为压低房价或股价所需要的速度，这种想法看起来就像截断一只手臂来修复手腕的受伤"。

美联储前主席本·伯南克认为，对金融企业加以监管和监督要比限制资产泡沫的加息措施更好。确保金融企业增加应对风险资产的资本可以限制杠杆的增长，如我们在第 12 章所看到的那样，杠杆的增长助长了金融危机。美联储现任主席珍妮特·耶伦认为，国会、美联储和金融监管机构为降低金融体系风险而采取的措施使该体系更有弹性，从而减少了泡沫带来的威胁："因为富有弹性的金融体系能承受出乎意料的事态发展，识别泡沫就不再那么重要了。"

尽管当前大多数美联储政策制定者并不认为对抗资产泡沫是主要的政策目标，但由于房地产泡沫破裂而造成的严重后果意味着该问题可能会继续引起争议。

资料来源：David Harrison, "Fed's George Calls for Higher Interest Rates to Prevent Asset Bubbles," *Wall Street Journal*, April 7, 2016; Janet L. Yellen, "Speech at the 2014 Michel Camdessus Central Banking Lecture, International Monetary Fund, Washington, D. C.," July 2, 2014; Jonathan McCarthy and Richard W. Peach, "Are Home Prices the Next 'Bubble'?" *FRBNY Economic Policy Review*, Vol. 10, No. 3, December 2004, pp. 1-17; and Timothy F. Geithner, *Stress Test: Reflections on Financial Crises*, New York: Crown Publishers, 2014, p. 111.

见本章末的问题和应用 1.7 和 1.8。

利率稳定

像价格水平波动一样，利率波动使家庭和企业难以开展规划和投资决策。利率大幅上升和下降会使公司难以规划对工厂和设备的投资，使家庭对房屋的长期投资更加犹豫。由于人们认为利率过高或过低时通常会归咎于美联储，因此，美联储的利率稳定目标是出于政治压力以及对稳定的储蓄和投资环境的渴望。另外，正如我们所看到的那样，急剧的利率波动会给银行和其他金融企业带来麻烦。因此，稳定利率有助于稳定金融体系。

外汇市场稳定

在全球经济中，外汇市场稳定或者说美元对外交换价值的有限波动，是重要的货币政策目标。稳定的美元可以简化对商业和金融交易的规划。此外，美元价值波动会导致美国产业的国际竞争力发生变化：美元升值使美国商品在国外变得更加昂贵并减少出口，美元贬值使外国商品在美国变得更加昂贵并减少进口。在实际中，美国财政部经常发起外汇政策变更，但由美联储来负责实施这些政策变动。

美联储的双重使命

美联储如何同时实现所有六个政策目标？事实证明，这些目标实际上只是两个目标：价格稳定和高就业。如果美联储能实现这两个目标，那么通常也会实现其他目标。因此，许多经济学家和评论家将美联储的双重使命称为价格稳定和高就业。正如我们将在本章稍后讨论的那样，一个悬而未决的问题是，美联储的双重使命是否一定与金融市场稳定相一致。

在下一节中，我们将考虑美联储可用于实现目标的货币政策工具。

15.2 货币政策工具与联邦基金利率

在 2007—2009 年的金融危机之前，美联储主要依靠三种货币政策工具。在金融危机期间，美联储宣布了几种新的政策工具。我们先考虑美联储的三种传统政策工具：

（1）**公开市场操作（open market operation）**是指美联储在金融市场上买卖证券。传统上，美联储主要购买和出售国债，目的是影响银行准备金水平和短期利率。在金融危机期间，美联储开始购买更多种类的证券来影响长期利率并支持金融体系中的信贷流动。

（2）**贴现政策（discount policy）**包括确定贴现率和贴现贷款条件。国会在 1913 年通过《联邦储备法》时曾期望贴现政策成为美联储的主要货币政策工具。**贴现窗口（discount window）**是美联储向银行提供贴现贷款的手段，并充当满足银行短期流动性需求的渠道。

（3）**准备金要求（reserve requirement）**是美联储要求银行持有一定比例的支票存款作为库存现金或在美联储的存款的一项规定。① 在第 14 章中我们看到法定准备金率在货币供给过程中是货币乘数的一个决定因素。

美联储在金融危机期间推出以下三种与银行准备金账户有关的新的政策工具。这些新工具在 2017 年仍在使用，实际上，其中前两个工具已经变得比美联储的三个传统工具更重要。

（1）**准备金余额的利息。**2008 年 10 月美联储推出一种新工具，首次开始给银行的法定准备金和超额准备金存款支付利息。② 该利率被称为 IOER，表示超额准备金的利率（interest rate on excess reserve）。准备金要求是对银行征收隐性税，否则银行可能通过贷出资金或投资资金来获得资金的利息。美联储通过对准备金余额支付利息来减少这项税收。美联储也获得更大的影响银行准备金余额的能力。通过提高支付的利率，美联储可以增加银行的准备金持有量，从而抑制银行发放贷款和增加货币供给的能力。通过降低利率，美联储可以得到相反的效果。最后，美联储为准备金支付的利率有助于为短期利率设置下限，因为银行贷出资金的利率通常不会低于存在美联储可以赚取的利率。

（2）**隔夜逆回购协议便利。**正如我们将在下一节中讨论的那样，美联储提高短期利率

---

① 法定准备金因支票存款水平而异。截至 2017 年 1 月，银行不必对开始的 1 550 万美元支票存款持有准备金。它们必须对随后的 9 960 万美元的支票存款持有 3%的准备金，并对超过 1.151 亿美元的支票存款持有 10%的准备金。

② 严格说来，美联储可以分别设定法定准备金余额的利率和超额准备金余额的利率。2016 年 12 月，两种类型的余额的利率相同，为 0.75%。

的传统方法是，用公开市场出售减少银行体系的准备金水平来提高联邦基金利率（即银行相互之间对隔夜贷款收取的利率）的目标。但在金融危机发生后的几年里，由于银行仍然持有数万亿美元的超额准备金，美联储无法利用公开市场出售来实现提高联邦基金利率的目标。相反，2015 年 12 月，美联储通过提高支付给银行的准备金利率和提供的逆回购协议利率来提高联邦基金利率的目标。我们将在第 15.3 节中讨论此过程的详细信息。现在回想一下，回购协议是由抵押品担保的短期贷款。在回购协议下，美联储从一家金融企业购买证券，该企业承诺第二天从美联储回购证券。在逆回购协议（有时被称为匹配的出售-购买协议）下，美联储反其道而行之：美联储向金融企业出售证券，同时承诺第二天回购证券。实际上，美联储是从购买证券的企业隔夜借入资金。通过提高愿意为这些贷款支付的利率，美联储降低了与其开展交易的企业（其交易对手）以更低的利率发放贷款的意愿。美联储将隔夜逆回购协议称为逆回购协议，将这些证券的利率称为逆回购协议利率。尽管该程序比美联储提高联邦基金利率目标的传统方法更复杂，但这是美联储在银行持有大量超额准备金的时候实现该目标的有效方法。

(3) **定期存款便利。**美联储于 2010 年 4 月宣布其将为银行提供购买定期存款的机会，这种定期存款类似于银行向家庭和企业提供的存单。美联储通过定期拍卖向银行提供定期存款。利率由拍卖决定，略高于美联储为准备金余额提供的利率。例如，2016 年 8 月，美联储拍卖 580 亿美元的 7 天定期存款的利率为 0.51%，高于美联储为准备金存款支付的 0.50%的利率。定期存款便利给予美联储另一种管理银行准备金持有量的工具。银行存放在定期存款中的资金越多，可用于增加贷款和货币供给的资金就越少。定期存款便利是美联储三种新货币政策工具中最不重要的一种。

联邦基金市场与美联储的目标联邦基金利率

几十年来，美联储政策的重点一直是确定**联邦基金利率（federal fund rate）**的目标，联邦基金利率是银行相互之间对极短期的贷款收取的利率。联邦基金利率的目标是在联邦公开市场委员会（FOMC）的会议上确定的，该委员会每年在华盛顿特区举行八次会议。尽管联邦基金利率的目标是由美联储确定的，但真正的联邦基金利率是在联邦基金市场上由银行准备金的需求和供给的互动决定的。

要分析联邦基金利率的决定因素，我们需要考察银行体系的准备金需求和美联储的准备金供给。我们利用准备金的需求和供给的图形（如图 15 - 1 所示）来理解美联储如何使用政策工具影响联邦基金利率和货币供给。

传统的稀缺准备金假设

随后的分析要说明准备金的需求和供给的相互作用如何确定均衡联邦资金利率。该分析背后的一个关键假设是准备金是稀缺的，这意味着在平常的一天，有许多银行通过在联邦基金市场上向其他银行借款来满足准备金需求。在 2007—2009 年金融危机之前，这个假设是准确的。例如，银行在 2007 年 6 月仅持有约 100 亿美元的准备金，而支票存款为 6 000 亿美元。但是，自金融危机以来，这种假设不再准确，因为银行拥有如此大量的准备金以至于几乎不需要向其他银行借款。例如，2016 年 12 月银行拥有 2.1 万亿美元的准备金，而支票存款为 1.9 万亿美元。如我们在第 14 章所看到的那样，银行准备金增加是金融危机期间和之后美联储资产负债表规模大幅增加的结果。

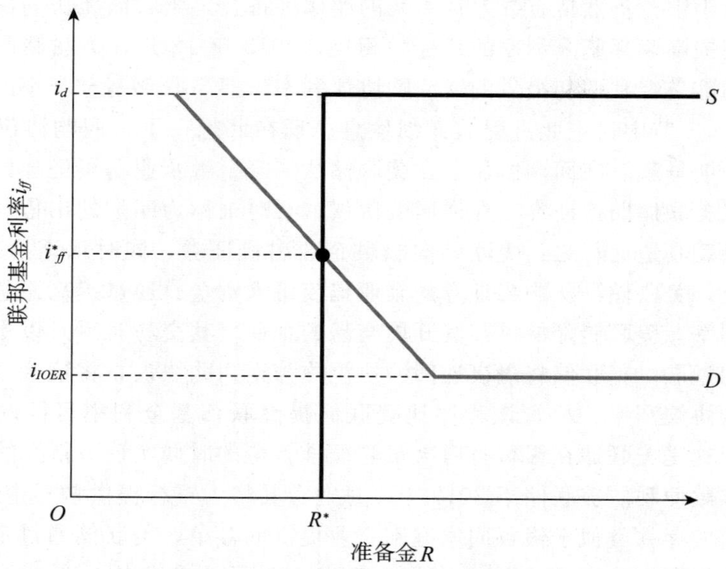

图 15-1　联邦基金市场的均衡

联邦基金市场的均衡出现在准备金需求曲线 D 与准备金供给曲线 S 的交点处。美联储决定准备金水平 R、贴现率 i_d 及银行在美联储的准备金余额的利率 i_{IOER}。均衡的准备金是 R^*，均衡的联邦基金利率是 i^*_{ff}。

就像我们将看到的那样，准备金已经不再稀缺这一事实对美联储如何执行货币政策有重要的意义。但是，要理解美联储当前的政策方法，我们仍然需要探究在金融危机之前的更正常时期，准备金市场的运作方式。这样做不仅可以为我们提供理解美联储当前做法的背景，而且可以为我们提供一些工具来理解美联储在将来把资产负债表缩减至足以使准备金再次变得稀缺时如何执行货币政策。

准备金需求

银行需要准备金既是为了履行持有法定准备金的义务，也是因为希望持有超额准备金来满足短期流动性需求。如图 15-1 所示，准备金的需求曲线 D 包括银行对法定准备金 RR 和超额准备金 ER 的需求。需求曲线是在假设除联邦基金利率以外的影响银行准备金需求的其他因素（例如其他市场利率或法定准备金率）保持不变的情况下绘制的。与其他类型的贷款一样，我们预计，利率越高，贷款需求量越少。随着联邦基金利率 i_{ff} 的提高，银行持有超额准备金的机会成本增加，原因是银行贷出这些准备金可以获得的收益上升。因此，随着联邦基金利率的提高，准备金需求量下降。结果是银行的准备金需求曲线向下倾斜。

注意，在图 15-1 中，准备金的需求曲线在利率 i_{IOER}（即美联储为银行的准备金余额支付的利率）变为水平（或完全弹性）。美联储支付的准备金利率为联邦基金利率设定了下限。要理解背后的原因，假设联储对银行的准备金余额支付 0.75%的利率，但联邦基金利率仅为 0.30%。银行可以在联邦基金市场上以 0.30%的利率借入资金，并将这些资金存入其在美联储的准备金余额中，从而获得0.45%的无风险收益。银行之间为获得资金从事这种无风险套利而展开的竞争会迫使联邦基金利率升至0.75%，这是银行不再能获得套利利润的利率。但对这一分析需要有所保留，因为没有考虑到某些非银行金融机构（如房利美和房地美）有资格参与联邦基金市场，但没有资格获得在联储的存款的利息。我们将在本章后面的“美联储目前如何管理联邦基金利率?”这一小节讨论这一限制条件。

准备金供给

图15-1还显示了准备金的供给曲线S。美联储以贴现贷款的形式提供借入准备金，通过公开市场操作提供非借入准备金。在2007—2009年的金融危机期间及之后，美联储在三轮量化宽松期间通过购买长期国债和抵押贷款支持证券大大增加了准备金供给。供给曲线的垂直部分反映了一个假设，即美联储可以将准备金R设定在满足其目标所需的任何水平上。因此，准备金数量并不取决于联邦基金利率，这使得供给曲线的这部分垂直。但需要注意的是，供给曲线在i_d处变为水平（或完全弹性），i_d是美联储设定的贴现率。在低于贴现率的联邦基金利率下，我们假设银行不向美联储借款，因为银行可以更便宜地向其他银行借款。因此，在这种情况下，所有银行准备金均为非借入准备金。贴现率是联邦基金利率的上限，因为银行不会支付比从美联储借款支付的贴现率更高的利率来从其他银行借款。（为简单起见，我们假设银行在使用贴现窗口上没有任何限制。）

联邦基金市场的均衡

均衡的联邦基金利率和准备金水平出现在图15-1中需求曲线和供给曲线的交点处。均衡准备金等于R^*，均衡联邦基金利率等于i_{ff}^*。

公开市场操作与美联储的联邦基金利率目标

美联储政策制定的核心一直是联邦公开市场委员会的会议，美联储在该会议上宣布联邦基金利率的目标。尽管只有银行和其他一些金融机构才能以联邦基金利率借贷，但该利率的变化会对经济产生广泛的影响。例如，当联邦公开市场委员会降低联邦基金利率的目标时，银行的资金成本降低通常会导致银行给家庭和企业的贷款利率降低。利率下降后企业会增加在机器、设备和其他投资品上的支出，家庭会增加在汽车、家具和其他耐用消费品上的支出。

如图15-2所示，联邦基金利率、抵押贷款利率和公司债券利率通常一起变动。但是请注意，联邦基金利率通常会比这些长期利率上升或下降更多。例如，在2000年之后的几年中，所有的利率都下降了，但抵押贷款和公司债券的利率并没有联邦基金利率下降那么多或那么快。在这种情况下，投资者认为短期低利率不会持续很长时间。换句话说，投资者预期未来短期利率会上升。不过，通常来说，如果美联储提高或降低联邦基金利率的目标，那么长期名义利率（如30年期抵押贷款利率）也会提高或降低。

传统上，美联储利用公开市场操作达到联邦基金利率的目标。例如，在2008年10月29日，为帮助缓解金融危机和经济衰退，联邦公开市场委员会将联邦基金利率的目标从1.5%降低至1%。为实现这一目标，美联储开展了国债的公开市场购买。在美联储降低联邦基金利率目标的同时，也将贴现率从1.75%降低到1.25%。图15-3（a）说明美联储行动的结果。如果联邦基金市场没有其他变化，那么公开市场购买将准备金供给曲线从S_1向右移动到S_2，从而增加银行准备金并降低联邦基金利率。因为贴现率被降低，所以准备金供给曲线的水平部分也向下移动。均衡的银行准备金水平从 R_1^* 增加到R_2^*，均衡的联邦基金利率从 1.5%下降到 1%。

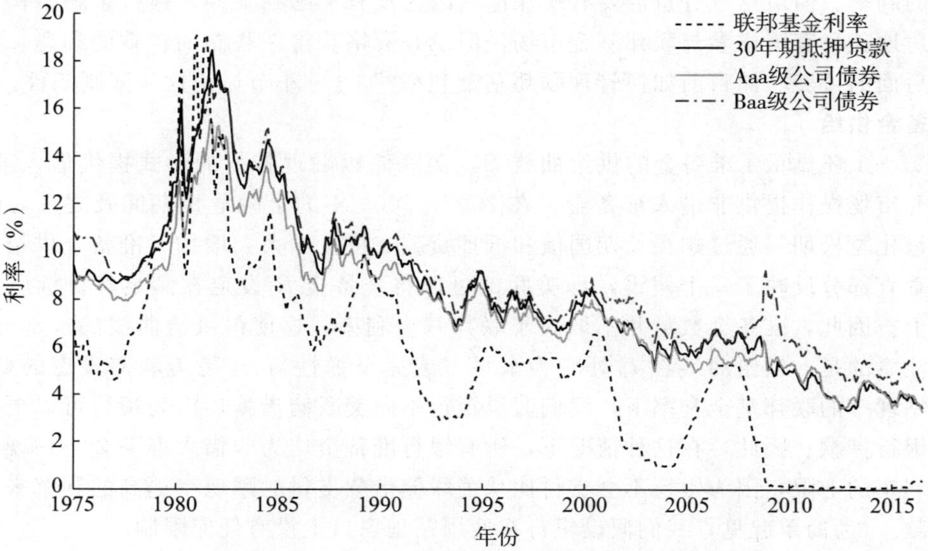

图 15-2　联邦基金利率与公司债券和抵押贷款的利率

美联储控制联邦基金利率。家庭购买房屋或公司筹集投资资金支付的长期利率通常随联邦基金利率升降而升降。

资料来源：Board of Governors of the Federal Reserve System.

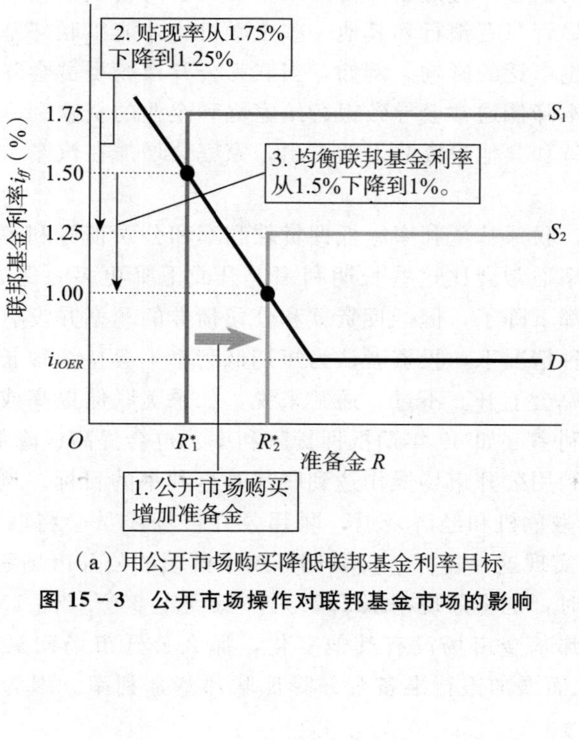

（a）用公开市场购买降低联邦基金利率目标

图 15-3　公开市场操作对联邦基金市场的影响

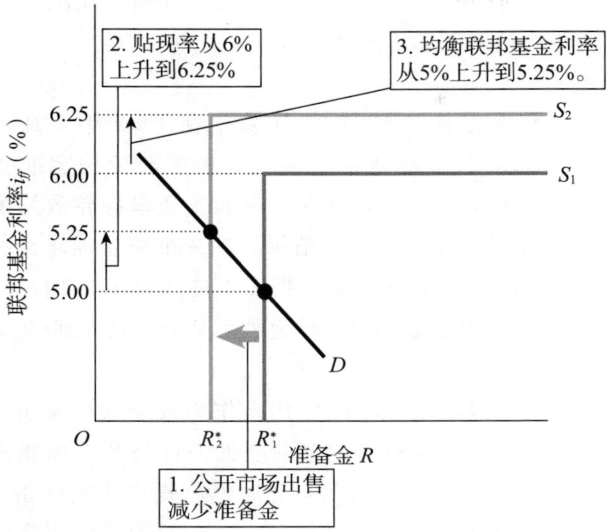

（b）用公开市场出售提高联邦基金利率目标

图 15－3 公开市场操作对联邦基金市场的影响（续）

在图（a）中，美联储对债券的公开市场购买增加银行体系的准备金，将供给曲线从 S_1 向右移动到 S_2，均衡的准备金水平从 R_1^* 增加到R_2^*，而均衡的联邦基金利率从 1.5%下降到 1%。贴现率则从 1.75%下降到 1.25%。在图（b）中，美联储对债券的公开市场出售减少准备金，将供给曲线从 S_1 向左移动到 S_2，均衡的准备金水平从R_1^*减少到R_2^*，而均衡的联邦基金利率从 5%上升到 5.25%。贴现率则从 6%上升到 6.25%。

要提高联邦基金利率的目标，美联储就要开展国债的公开市场出售。例如，在 2006 年 6 月 29 日，联邦公开市场委员会将联邦基金利率的目标从 5%提高到 5.25%。同时，美联储将贴现率从 6%提高到 6.25%。面对房地产泡沫和通货膨胀率上升，美联储希望提高利率来减缓经济增长。图 15－3（b）显示公开市场出售的结果。准备金的供给曲线从 S_1 向左移动到 S_2，将均衡的银行准备金水平从 R_1^* 降低到R_2^*，并将均衡联邦基金利率从 5%提高到 5.25%。由于贴现率被提高，准备金供给曲线的水平部分也向上移动。（注意，由于这些事件发生在美联储开始支付银行准备金存款的利息之前，因此，我们省略准备金需求曲线的水平部分。）

总而言之，假设准备金是稀缺的，那么美联储公开市场购买降低联邦基金利率，公开市场出售提高联邦基金利率。

贴现率和准备金要求变动的影响

美联储几乎完全通过公开市场操作来调整联邦基金利率的目标，但是我们可以简要考虑贴现率变化和法定准备金率变化对准备金市场的影响。

贴现率变化

自 2003 年以来，美联储一直将贴现率保持在高于联邦基金利率目标的水平。这使得贴现率成为惩罚利率，意思是银行从美联储而不是从联邦基金市场上的其他银行借款要支付惩罚利率。通常，美联储在提高或降低联邦基金利率目标的同时也会提高或降低贴现率。① 因此，贴现率变化不会对联邦基金利率产生独立影响。在准备金市场图形中，供给曲线的水平部分始终高于均衡联邦基金利率。

法定准备金率变化

美联储很少改变法定准备金率。最近的一次发生在 1992 年 4 月，当时的法定准备金率从 12%降低到 10%。不过，美联储还是有可能在未来改变法定准备金率的。如果美联储也没有开展抵消性公开市场操作，那么改变法定准备金率将导致均衡的联邦基金利率发生变化。我们在图 15－4（a）中说明了这一结果。如果准备金需求曲线和供给曲线背后的其他因素保持不变，那么提高法定准备金率会把需求曲线从 D_1 向右移动到 D_2，原因是银行必须持有更多的准备金。结果是均衡联邦基金利率从 i^*_{ff1} 上升到 i^*_{ff2}，而均衡的准备金水平保持在 R^*_1 不变。

美联储不太可能开始用法定准备金率的变化来作为改变联邦基金利率目标的手段。如果美联储改变法定准备金率，那么很有可能会开展抵消性公开市场操作来保持联邦基金利率的目标不变。图 15－4（b）显示如下情况：美联储将提高法定准备金率与公开市场购买相结合来保持联邦基金利率的目标不变。如图 15－4（a）所示，提高法定准备金率使需求曲线从 D_1 向右移动到 D_2，但在这种情况下，公开市场购买将供给曲线从 S_1 向右移动到 S_2，保持联邦基金利率的目标在 i^*_{ff1} 不变。均衡的准备金水平从 R^*_1 增加到 R^*_2。

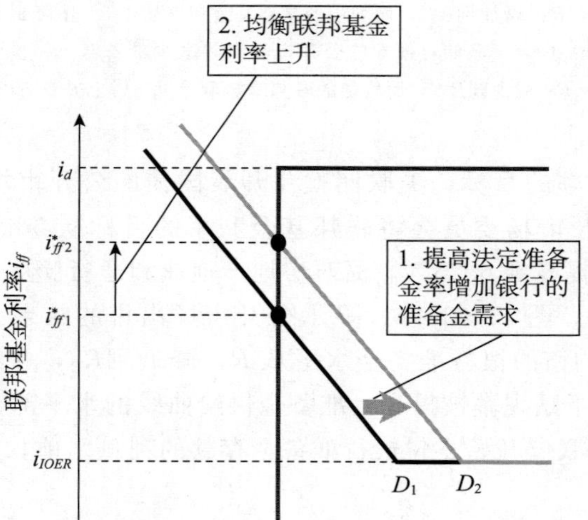

（a）提高法定准备金率

图 15－4　法定准备金率变动对联邦基金市场的影响

① 这一规则的例外发生在 2010 年 2 月，当时美联储将贴现率从 0.50%提高到 0.75%，同时保持联邦基金利率的目标不变。

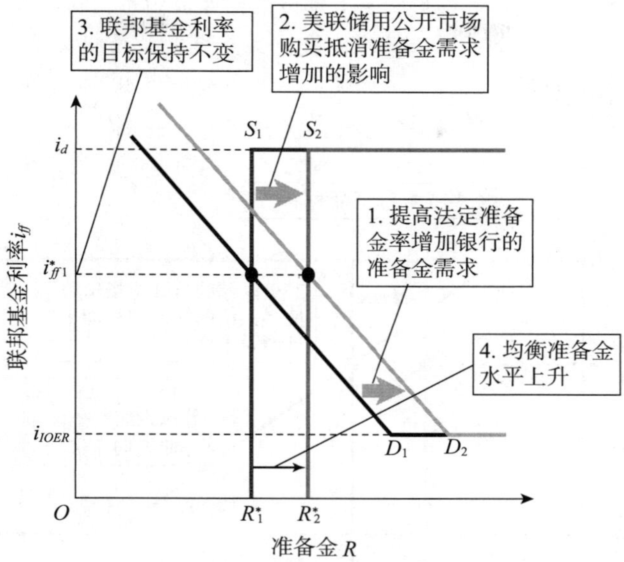

（b）用公开市场购买抵消提高法定准备金率

图 15-4　法定准备金率变动对联邦基金市场的影响（续）

在图（a）中，美联储提高法定准备金率，将准备金需求曲线从 D_1 移动到 D_2。均衡联邦基金利率从 i^*_{ff1} 上升到 i^*_{ff2}。在图（b）中，美联储提高法定准备金率，将准备金需求曲线从 D_1 移动到 D_2。美联储用公开市场购买抵消提高法定准备金率的影响，供给曲线从 S_1 移动到 S_2，准备金水平从 R^*_1 增加到 R^*_2，目标联邦基金利率保持在 i^*_{ff1} 不变。

解决问题 15-1

分析联邦基金市场

利用联邦基金市场的需求和供给图形分析下述两种情形。确保你的图形清晰地展示均衡联邦基金利率和均衡准备金水平的变化以及需求和供给曲线的任何变动。在问题的两个部分都假设准备金是稀缺的。

a. 假定银行减少准备金需求。说明美联储为了保持均衡联邦基金利率不变会如何通过公开市场操作来抵消这一变化。

b. 假定在均衡时联邦基金利率等于美联储对准备金支付的利率。如果美联储开展公开市场购买，说明对均衡联邦基金利率的影响。

解决问题

第一步　复习本章的内容。这个问题是关于联邦基金市场的，因此你需要复习如下两小节："公开市场操作与美联储的联邦基金利率目标"以及"贴现率和准备金要求变动的影响"。

第二步　通过画出一幅合适的图形回答 a 部分的问题。如果银行减少准备金需求，那么需求曲线会向左移动。给定准备金稀缺的假定，那么除非美联储能抵消这一移动的影响，否则均衡联邦基金利率就会下降。要抵消准备金需求减少的影响，美联储就需要开展公开市场出售，将准备金供给曲线向左移动。你的图形应该显示，在这两个变动之后均衡联邦基金利率不变。

第三步　通过画出一幅合适的图形回答 b 部分的问题。 如果均衡联邦基金利率等于美联储对银行的准备金余额支付的利率，那么供给曲线一定与需求曲线相交于需求曲线的水平部分。公开市场购买会将供给曲线向右移动，这会提高均衡的准备金水平，但由于供给曲线已经位于需求曲线的水平部分，所以均衡联邦基金利率不会改变。

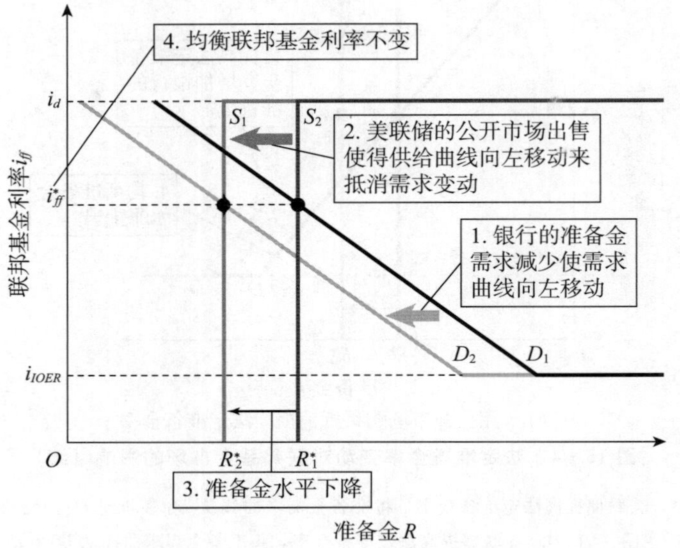

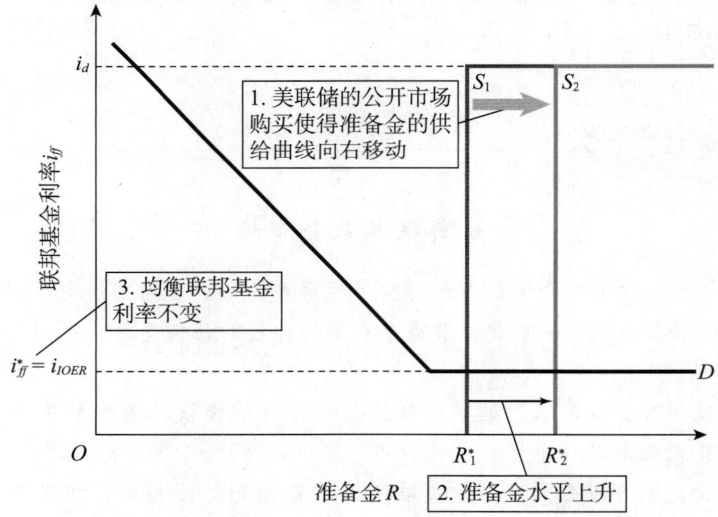

见本章末的问题和应用 2.7 和 2.8。

15.3 美联储的货币政策工具及其管理联邦基金利率的新方法

既然我们已经研究了美联储的货币政策工具如何影响联邦基金利率，我们就可以更仔细地研究每种工具。我们还将分析美联储如何在当前准备金不再稀缺的情况下管理联邦基金利率。

公开市场操作

最初的 1913 年《联邦储备法》并没有特别提及公开市场操作，因为当时的政策制定者和金融市场参与者都没有很好地理解公开市场操作。美联储在 20 世纪 20 年代开始用公开市场购买作为政策工具，当时联储在第一次世界大战期间从银行获得联邦政府发行的自由债券，使银行能够为更多的商业贷款提供融资。在 1935 年之前，地区联邦储备银行在证券市场上开展有限的公开市场操作，但这些交易缺乏集中协调，并不总是用于实现货币政策目标。美联储在 20 世纪 30 年代初的银行危机期间缺乏协调干预导致国会在 1935 年成立公开市场委员会来指导公开市场操作。

当美联储在公开市场购买国债时，这些证券的价格会上涨，从而降低其收益率。由于公开市场购买会增加基础货币，货币供给会扩张。公开市场出售会降低国债价格，从而提高其收益率。公开市场出售减少基础货币和货币供给。公开市场购买会降低利率，所以被视为扩张性政策。公开市场出售提高利率，所以被视为紧缩性政策。（注意，扩张性政策也被称为宽松政策，紧缩性政策也被称为紧缩政策。）

执行公开市场操作

美联储如何执行公开市场操作？在每次会议结束时，联邦公开市场委员会都发布一份声明，包括联邦基金利率的目标和对经济的评估，尤其是关于价格稳定和经济增长的政策目标。此外，联邦公开市场委员会向联邦储备系统的账户经理发布政策指令，该账户经理是纽约联邦储备银行副行长，负责实施公开市场操作。直到 2007—2009 年的金融危机以及银行准备金大量增加之前，纽约联邦储备银行的账户经理一直负责实现公开市场委员会的联邦基金利率目标。正如我们将在本节后面部分看到的那样，公开市场操作本身不再能够改变公开市场委员会的目标联邦基金利率。纽约联邦储备银行的公开市场交易席位每天早晨开展公开市场操作。交易席通过一个叫作交易室自动处理系统（Trading Room Automated Processing System，TRAPS）的系统与一级交易商以电子方式相连接，一级交易商是美联储选择的可参与公开市场操作的私人证券公司，如高盛和坎托-菲茨杰拉德。（2016 年 12 月，共有 23 个主要交易商。）交易席每天早上把要开展的公开市场购买或出售的规模通知一级交易商，并要求他们提交购买或出售国债的要约。交易商只有几分钟的时间回应。在收到交易商的报价后，美联储的账户经理会浏览清单，接受最佳报价，然后让交易席买卖证券，直到准备金的数量达到美联储的意愿目标为止。根据各地区联邦储备银行在联邦储备系统的总资产中所占的份额，这些证券被从各个联邦储备银行的投资组合中加入或减去。

账户经理如何知道做什么？经理解读公开市场委员会的最新政策指令，每天与公开市场委员会的两名成员举行会议，并亲自分析金融市场状况。如果需要将准备金水平提高到当前水平以上，那么账户经理命令交易席购买证券。如果需要降低准备金水平，那么账户经理命令交易席出售证券。

在准备金稀缺的正常时期开展美联储的公开市场操作时，交易席同时开展能动性或永久性公开市场操作以及防御性或临时性公开市场操作。能动性公开市场操作旨在根据联邦公开市场委员会的指导改变货币政策。防御性公开市场操作旨在抵消准备金需求或供给的暂时波动，而不是完成货币政策的变化。例如，美国财政部为联邦政府购买商品和服务时，是使用其在美联储账户中的资金来支付的。随着这些商品和服务的卖方将资金存入银行，银行体系的准备金供给会增加。同样，如果暴风雪导致运输延误和支票清算延迟，那么联邦储备浮动存款（federal reserve float）会增加。浮动存款的增加会暂时增加银行体系的准备金，因为已存入支票的银行会看到准备金增加，而减少已签发支票的银行的准备金会有所延迟。能动性公开市场操作很可能是作为国债的直接买卖来开展的，即通过向一级交易商购买或出售。防御性公开市场操作要比能动性公开市场操作常见得多。防御性公开市场购买是通过回购协议来开展的。在回购协议下，美联储向一级交易商购买证券，交易商同意在指定的未来日期（通常在一周之内）按既定价格回购这些证券。实际上，政府证券充当短期贷款的抵押品。对防御性公开市场出售而言，交易台通常会达成逆回购协议（也称匹配的出售-购买交易或逆回购），在这种协议中，美联储将证券出售给一级交易商，交易商同意在不久的将来把证券卖回给美联储。经济动荡，例如由自然灾害所引起的，也导致对通货和银行准备金需求的意外波动。美联储的账户经理必须对这些事件做出回应，并买入或卖出证券来维持由公开市场委员会的指导原则所指示的货币政策。

公开市场操作与其他政策工具的比较

公开市场操作具有美联储的其他传统政策工具（贴现政策和准备金要求）所欠缺的几个优点：控制力、灵活性和实施速度。由于美联储发起公开市场的购买和出售，因此可以完全控制交易量。贴现贷款部分取决于银行申请贷款的意愿，因此并不完全受美联储的控制。

公开市场操作具有灵活性，因为美联储可以开展大规模或小规模的公开市场操作。能动性公开市场操作通常需要大量的购买或出售，而防御性操作需要少量的购买或出售。其他传统的政策工具缺乏这种灵活性。逆转公开市场操作对美联储来说很简单。例如，如果美联储判断其公开市场出售使准备金增长过慢，那么可以迅速授权公开市场购买。贴现贷款和准备金要求的变动很难迅速逆转。这是自 1992 年以来美联储保持准备金要求不变的主要原因。

美联储可以迅速实施公开市场操作，不会出现管理延误。交易席只需要向一级交易商下达买卖订单即可。改变贴现率或准备金要求需要更长的审议时间。

量化宽松：美联储在金融危机期间及之后的债券购买

在最近的几十年中，美联储的公开市场操作集中于买卖短期国债，目的是影响银行准备金市场和均衡联邦基金利率。但是到 2008 年 12 月的时候，美联储已将联邦基金利率的目标几乎调至零，而金融危机和经济衰退却在加深。这些持续存在的问题导致美联储采取不同寻常的措施，在 2009—2010 年初购买了超过 1.7 万亿美元的抵押贷款支持证券和美国长期国债。中央银行试图通过购买长期国债来刺激经济的这一政策叫作**量化宽松（quantitative easing）**。美联储的目标是降低抵押贷款和 10 年期国债的利率。

10 年期国债的利率是基准的无违约风险利率，所以在金融体系中起着重要的作用。较低的 10 年期国债利率有助于降低公司债券的利率，从而增加投资支出。此外，许多可调整利率抵押贷款的利率是根据 10 年期国债的利率来确定的。当 10 年期国债利率下降时，这些抵押贷款利率会自动下降。2010 年 11 月，美联储宣布第二轮量化宽松政策（称之为 QE2）。通过 QE2，美联储到 2011 年 6 月又购买了 6 000 亿美元的美国长期国债。

2011 年 9 月，由于经济复苏的步伐仍然慢于预期，美联储宣布将购买 4 000 亿美元的长期证券，同时将出售 4 000 亿美元的短期证券。金融媒体将这一政策称为扭曲操作（operation twist）。该政策的名称反映了其通过提高短期利率和降低长期利率来扭转收益率曲线的目标。由于扭曲操作试图通过购买债券直接降低长期利率，因此其作用类似于量化宽松。通过在购买 4 000 亿美元长期证券的同时出售 4 000 亿美元的短期证券，美联储并未增加基础货币或未来通货膨胀的威胁。

2012 年 9 月，美联储宣布了第三轮量化宽松（QE3），重点是购买抵押贷款支持证券。美联储于 2014 年 10 月结束了第三轮量化宽松。经济学家对各轮量化宽松是否显著扩大美国经济中的就业和产出的增长仍有分歧。

图 15－5 显示美联储在 2007—2009 年的金融危机及其后几年的政策如何影响美联储的资产负债表。雷曼兄弟在 2008 年 9 月 15 日倒闭后的动荡导致美联储的政策发生重大变化。美联储的资产从雷曼兄弟破产前的 9 270 亿美元激增至 2008 年 11 月 12 日的 2.2 万亿美元。这一增长主要来自向金融机构提供的新贷款，以及试图通过新贷款便利增加商业票据等主要市场的流动性，如下一节所描述的那样。随着 2009 年初连续几轮量化宽松政策的开始，美联储持有的抵押贷款支持证券（包括房利美、房地美和其他政府担保企业发行的“机构证券”)开始迅速增加（由图中的深灰色区域显示），持有的美国国债也迅速增加（由图中黑色区域显示）。截至 2016 年底，美联储持有这些证券的规模仍然非常庞大。

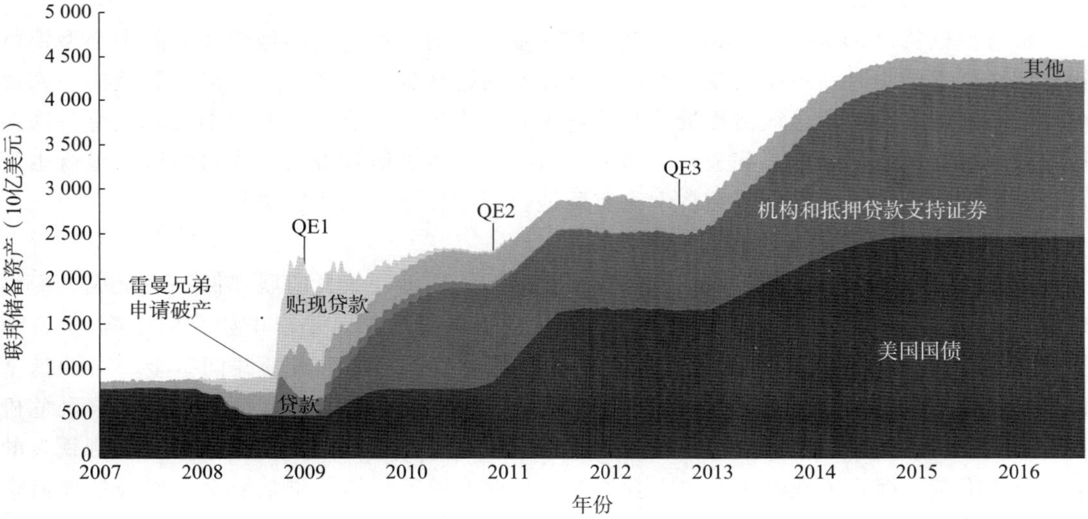

图 15－5 联邦储备资产（2007—2016 年）

在雷曼兄弟破产后，美联储将其拥有的资产从 9 270 亿美元大幅增加到 2.2 万亿美元。增长的一部分来自向金融机构的贷款，其余的来自购买资产，如商业票据和抵押贷款支持证券。美联储的三轮量化宽松（QE）推动美联储资产的增长。

资料来源：Board of Governors of the Federal Reserve System.

贴现政策

除 1966 年的短暂时期外，在 1980 年之前，美联储只向属于联邦储备系统的银行提供贴现贷款。银行认为通过贴现窗口向美联储借款的能力是会员制的优势，可以部分抵消美联储的准备金要求的成本。自 1980 年以来，所有存款机构，包括储蓄贷款协会和信用合作社，都可以使用贴现窗口。虽然每个联邦储备银行都保有自己的贴现窗口，但所有储备银行都收取相同的贴现率。

贴现贷款的种类

美联储给银行提供的贴现贷款分为三大类：(1) 一级信贷、(2) 二级信贷、(3) 季节信贷。

一级信贷（primary credit）提供给拥有足够的资本和监管评级的健康银行。银行可以将一级信贷用于任何目的，在通过一级信贷便利（primary credit facility）或常备贷款便利（standing lending facility）申请贴现窗口贷款之前不必从其他来源寻求资金。贷款通常是极短期的（经常是隔夜的），但也可以长达数周。一级信贷利率设定为高于联邦基金利率，因此只是备用资金来源，因为健康的银行会选择在联邦基金市场或其他来源以较低的利率借款。一级信贷的主要目的是使银行可以获得资金来解决暂时的流动性问题。从这个意义上说，一级信贷反映美联储作为最后贷款人的行为。当经济学家和政策制定者提到贴现率时，他们指的是一级信贷的利率。

二级信贷（secondary credit）服务于因资本不充足或监管评级低而没有资格获得一级信贷的银行。这种信贷通常被用于遭受严重流动性问题的银行，包括即将关闭的银行。美联储严密监测银行如何使用从这些贷款中获得的资金。二级信贷的利率被设定为高于一级信贷的利率，通常高 0.50 个百分点。

季节性信贷（seasonal credit）是满足在农业或旅游业很重要的地理区域的中小型银行的季节性需求的临时性短期贷款。例如，通过使用这些贷款，佛蒙特州滑雪胜地的一家银行就不必保留多余的现金或出售贷款和投资来满足本地公司在冬季的借款需求。季节性信贷的利率与存单利率和联邦基金利率的平均值挂钩。由于信贷市场的改善使得小银行也可以获得市场化贷款，所以许多经济学家质疑是否还需要季节性信贷便利。

2007—2009 年金融危机期间的贴现贷款

从 1914 年成立到 1980 年，除了一些短暂的例外，美联储只向联邦储备系统成员提供贷款。1980 年，国会授权美联储向所有存款机构提供贷款。但是，正如我们在第 11 章中所看到的那样，到 2007 年金融危机爆发时，由投资银行、货币市场共同基金、对冲基金和其他非银行金融企业组成的影子银行体系已成长为与商业银行一样大的体系。金融危机的初始阶段涉及这些影子银行而不是商业银行。当危机开始时，美联储作为最后贷款人的角色受到限制，因为美联储没有向存款机构（如商业银行、储蓄贷款协会）以外的任何企业放贷的传统。

但是，美联储确实有权放宽贷款范围。当时，《联邦储备法》第 13(3)条授权美联储在“异常和紧急情况”下可以向任何能提供可接受的抵押品并能证明无法从商业银行借款的“个人、合伙企业或公司”提供贷款。美联储利用这一权力建立了一些临时贷款便利：

- **一级交易商信贷便利。**在这一便利下，一级交易商可以用抵押贷款支持证券作为抵押品借入隔夜贷款。这一便利旨在让作为一级交易商的投资银行和大型证券公司能获得紧急贷款。这一便利在 2008 年 3 月建立并于 2010 年 2 月关闭。
- **定期证券贷款便利。**在这一便利下，美联储可以贷出高达 2 000 亿美元的国债来交换抵押贷款支持证券。到 2008 年初，出售抵押贷款支持证券已经变得非常困难。

这一便利旨在让金融企业能以那些非流动性资产为抵押获得借款。这一便利在 2008 年 3 月建立并于 2010 年 2 月关闭。

- **商业票据融资便利。**在这一便利下，美联储购买非金融企业发行的三个月期商业票据。当雷曼兄弟于 2008 年 10 月对商业票据违约时，很多货币市场共同基金遭受重大损失。随着投资者开始赎回在这些基金中的份额，这些基金停止购买商业票据。很多公司依靠出售商业票据来满足短期融资需要，包括为存货和工资筹集资金。通过直接从这些公司购买商业票据，美联储让它们可以继续正常运营。这一便利在 2008 年 10 月建立并于 2010 年 2 月关闭。
- **定期资产支持证券贷款便利。**在这一便利下，纽约联邦储备银行发放三年期或五年期的贷款来帮助投资者筹集购买资产支持证券的资金。资产支持证券是除住房抵押贷款之外的证券化的消费者和工商业贷款。例如，一些资产支持证券包括被打包在一起作为一种证券来重新出售给投资者的消费者汽车贷款。在金融危机爆发后，资产支持证券市场基本上枯竭了。这一便利于 2007 年 11 月建立，最后一笔贷款是在 2010 年 6 月发放的。

到 2010 年中期，随着金融体系度过危机的最艰难时期，美联储结束了这些创新性的贴现贷款计划。

图 15－6 显示，在金融危机期间，美联储所有类型的贷款都有爆炸性的增长。截至 2007 年 12 月 5 日，向美联储的借款总额仅为 21 亿美元。然而，随着金融危机在 2008 年头几个月加剧，金融机构向美联储的借款越来越多。贝尔斯登在 2008 年 3 月 19 日倒闭后，向美联储的借款总额已增至 1 089 亿美元。2008 年 9 月 17 日，就在雷曼兄弟申请破

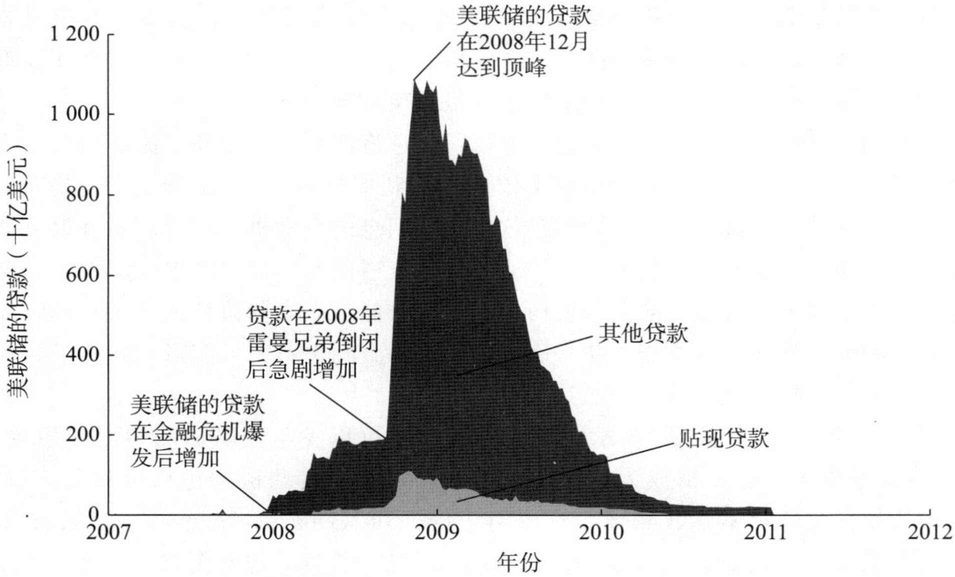

图 15－6 美联储在 2007—2009 年的金融危机期间提供的贷款

在金融危机期间，美联储的贷款从金融危机前的几亿美元增加到 2008 年 12 月的 9 935 亿美元。此后，美联储的贷款稳步下降。

资料来源：Board of Governors of the Federal Reserve System.

产的几天后，借款总额已经达到 2 713 亿美元，在金融危机最严重的时期，猛增至 2008 年 12 月 10 日的 9 935 亿美元。此后，向美联储的借款稳步下降，直到 2011 年末降至不到 10 亿美元，并一直保持到 2016 年。

美联储目前如何管理联邦基金利率?

为了应对金融危机和衰退对家庭和企业支出的不利影响，联邦公开市场委员会在 2008 年 12 月将联邦基金利率的目标从 1%下调至 0%～0.25%。这一目标一直保持到 2015 年 12 月 16 日，当时联邦公开市场委员会将其提高到 0.25%～0.50%。那时，美联储认为美国经济已经足够强大，可以启动恢复金融市场到更正常状态的进程。但是，与过去不同，联邦公开市场委员会知道，仅仅指示纽约联储的账户经理从事国债的公开市场出售不能提高联邦基金利率。用这种方法提高联邦基金利率需要从银行中抽出多达 2 万亿美元的准备金，这会极大地破坏金融体系。

相反，美联储使用之前描述的两种新的货币政策工具：对超额准备金支付的利率（IOER）设置为 0.50%，为隔夜逆回购协议提供的利率设置为 0.25%。美联储同时需要这两种货币政策工具，因为它们是在联邦基金市场上借贷的两种不同的金融机构：

（1）有资格在联邦基金市场上借贷，且在美联储的存款能获得利息的存款机构，如商业银行和储蓄贷款协会。

（2）有资格在联邦基金市场上借贷但在美联储的存款不能获得利息的金融机构有例如房利美、房地美和联邦住房贷款银行（Federal Home Loan Bank，FHLB）。（国会于 1932 年建立了联邦住房贷款银行体系来为储蓄和贷款协会提供贷款，就像美联储给商业银行提供贷款一样。12 个地区性联邦住房贷款银行在金融市场上出售债务，并用所得资金向成员金融机构提供叫作垫款的贷款。近年来，联邦住房贷款银行在联邦基金市场上提供大量隔夜贷款。）

正如我们在讨论图 15-1 时所解释的那样，通过将超额准备金利率提高到 0.50%，美联储确保银行几乎不会在联邦基金市场上以更低的利率放贷。[①] 但房利美、房地美、联邦住房贷款银行和其他不符合从美联储的存款中收取利息的金融机构仍然愿意在联邦基金市场上以低于超额准备金利率的利率放贷。通过将隔夜逆回购协议的利率设定为 0.25%，美联储确保有资格成为交易对手的金融机构，即与美联储订立这些协议的金融机构，不太可能以更低的利率在其他地方放贷。此举确保了联邦基金利率不太可能降低到低于 0.25%的公开市场委员会目标下限。

截至 2016 年 12 月，除了 23 家一级交易商（也可以参与美联储的逆回购协议）外，其他 61 家金融机构也有资格成为这些协议的交易对手。这些机构包括房利美、房地美、联邦住房贷款银行以及富达、先锋、查尔斯·施瓦布（Charles Schwab）和黑石（Black Rock）等投资公司。注意，一些投资公司，例如富达和先锋，没有资格在联邦基金市场上

---

① 我们需要注意一个细节：真正的联邦基金利率可能低于超额准备金利率，因为银行获取并存入美联储的资金有成本。银行在获取支票存款时会产生若干费用：（1）银行必须向联邦存款保险公司支付保险费；（2）为账户提供服务会产生费用（如清算支票和准备对账单的费用）；（3）随着资产负债表的扩大，可能招致美联储和其他机构额外监管的成本。这些成本在超额准备金利率与银行从美联储存款中获得的净收益之间形成一个楔子。

借贷。但是，美联储通过接受它们作为隔夜逆回购协议的交易对手可以确保其对这些证券设定的利率会对其他短期利率产生更广泛的影响。例如，许多这样的投资公司都经营货币市场共同基金。在与美联储的隔夜逆回购协议上能获得更高的利率使得这些公司可以为其货币市场基金提供更高的利率。

图 15－7 显示联邦公开市场委员会 2015 年 12 月 16 日采取行动提高联邦基金利率目标的效果。灰色色带显示公开市场委员会设定的联邦基金利率目标，该目标是 0％～0.25％，并于当天将利率提高至 0.25％～0.50％。黑线显示每天真正的联邦资金利率。该图显示，真正的联邦基金利率上升了 0.25％，符合美联储的意图，并且大多数时候仍高于公开市场委员会目标范围的下限（0.25％）。

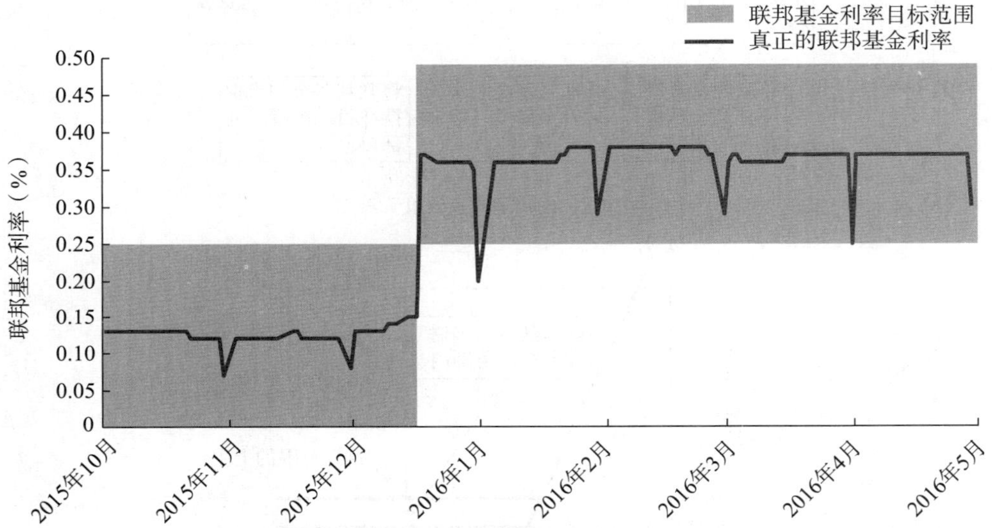

图 15－7 美联储提高联邦基金利率的目标

2015 年 12 月 16 日联邦公开市场委员会宣布联邦基金利率的目标范围将从 0％～0.25％提高至 0.25％～0.50％。灰色色带显示公告前后几个月 FOMC 的目标范围。黑线显示每天真正的联邦资金利率。真正的联邦基金利率上升了美联储期望的 0.25％，并在大多数时间里都保持在 FOMC 目标范围的下限（0.25％）之上。

图 15－8 总结了美联储提高联邦基金利率目标的新方法。图 15－8（a）追踪公开市场委员会使真正的联邦基金利率升至目标范围的步骤。图 15－8（b）用准备金的需求曲线和供给曲线说明美联储的新方法。在图 15－8（b）中，由于美联储大量购买美国国债和抵押贷款支持证券，准备金供给曲线已经被大幅向右移动，并与需求曲线的水平部分相交。注意，在此图中，我们包括了需求曲线的两个水平部分。上面的部分对应于美联储的联邦基金利率目标范围的上限，并由美联储向银行存款支付的利率 i_{IOER} 决定。下面的部分对应于美联储的联邦基金利率目标范围的下限，并由美联储为隔夜逆回购协议提供的利率 $i_{ON\ RRP}$ 决定。联邦基金利率在某一天通常会在此范围内。

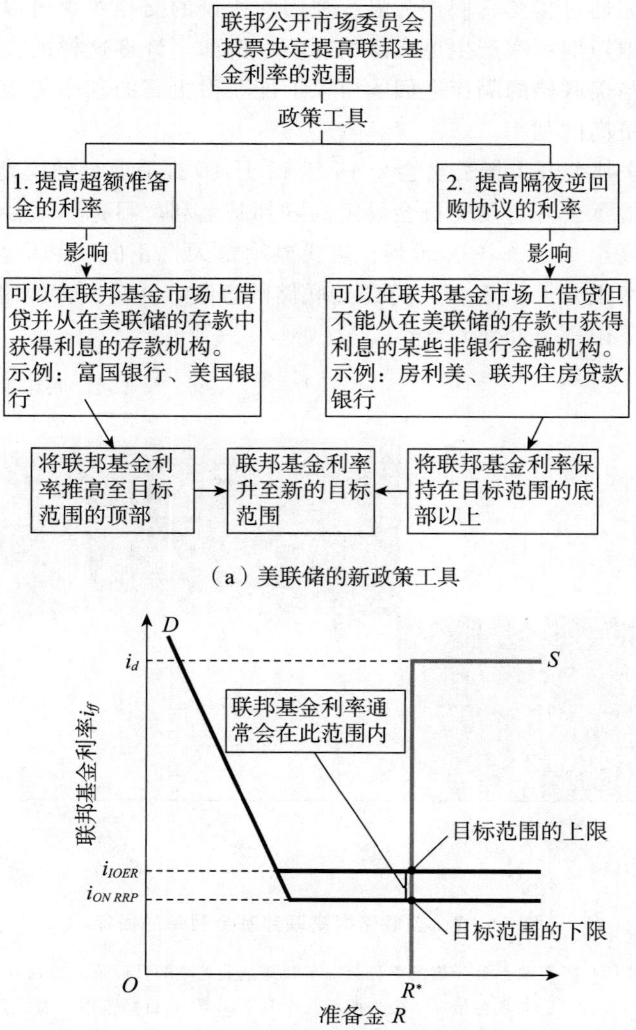

（a）美联储的新政策工具

（b）达到联邦基金利率的目标区间

图 15-8　美联储管理联邦基金利率的新方法

图（a）总结了美联储在准备金不再稀缺的时候如何使用两种新的货币政策工具［对超额准备金支付的利率（IOER）和为隔夜逆回购协议提供的利率（ON RRP)］来管理联邦基金利率。图（b）显示准备金供给曲线与需求曲线相交于需求曲线的水平部分时的准备金市场。上面的水平部分对应于联邦基金利率目标范围的上限，并由美联储对银行的存款支付的利率 i_{IOER} 决定。下面的部分对应于联邦基金利率目标范围的下限，并由美联储为隔夜逆回购协议提供的利率 $i_{ON\ RRP}$ 决定。

15.4　货币指标制与货币政策

任何中央银行执行货币政策的目的都是用政策工具来实现货币政策目标。但美联储在努力实现目标时常常面临权衡取舍，特别是一边是高经济增长和高就业目标，另一边是低通货膨胀目标。为了说明这个问题，假设联储打算提高经济增长和就业，于是降低联邦基金利率的目标，并期望其他市场利率也会下降。较低的利率在短期内通常会增加消费者和企业的支出。但是增加的支出会推高价格。因此，旨在实现一个货币政策目标（高就业）的政策可能会对另一个货币政策目标（低通货膨胀）产生不利影响。20 世纪 70 年代的石油价格急剧上涨，当时，就业率在下降的同时通货膨胀率却在上升，当时美联储面临的正是这种两难困境。

美联储在实现货币政策目标时还面临另一个问题。尽管美联储希望促进高就业率和价格稳定，但并不能直接控制实际产出（这是短期内就业的主要决定因素）或价格水平。家庭和企业之间的相互作用决定着实际产出和价格水平。美联储只能用货币政策工具来影响价格水平或产出。但这些工具不能让美联储直接实现货币政策目标。

美联储在使用货币政策工具时也面临时机上的困难。阻止美联储迅速采取行动的第一个障碍是信息滞后（information lag）。出现这种滞后的原因是，政府机构需要花费一些时间来收集有关 GDP、通货膨胀或其他经济变量变化的数据。如果美联储缺乏及时的信息，那么就可能执行与实际经济状况不符的政策，其行动实际上会恶化其试图纠正的问题。例如，一些经济学家认为，在房地产泡沫破灭后，信息滞后导致美联储在 2006 年和 2007 年将联邦基金利率指标降低得太慢。第二个障碍是影响滞后（impact lag）。这种滞后是货币政策变化影响产出、就业或通货膨胀所需要的时间。利率和货币供给变化会随着时间的推移影响经济，而不是立即影响经济。由于存在这种滞后，美联储的行动可能会在错误的时间影响经济，而美联储可能无法尽快识别错误并予以纠正。2016 年，一些经济学家和政策制定者认为，美联储在如此长的一段时间内将联邦基金利率目标维持在接近于零的水平上，没有考虑影响滞后。

解决信息滞后和影响滞后造成的问题的一种可能的解决方案是，美联储用指标来实现目标。指标可部分解决美联储无法直接控制决定经济表现的变量的问题，并能减少观察和应对经济波动的时滞。不幸的是，指标也有问题，在过去的 25 年中，美联储抛弃了一些传统的指标确定方法。在本节的其余部分，我们描述指标、指标的利弊及其在制定货币政策中的应用。

用指标实现目标

指标是美联储可以直接影响并有助于实现货币政策目标的变量。传统上，美联储依赖于两类指标：政策手段（policy instrument），有时被称为操作指标（operating target），以及中介指标（intermediate target）。虽然使用政策指标和中介指标在美联储已经不受重视，但回顾其原理有助于了解一些美联储在执行货币政策时面临的困难。

中介指标

中介指标通常是货币总量（如 M1 或 M2）或利率。美联储可用作中介指标的要么是短期利率，如短期国债利率，要么是长期利率，如公司债券或住房抵押贷款利率。美联储通常选择一个其认为会直接帮助其实现目标的中介指标。其想法是，相对于只专注于目标而言，美联储通过使用中介指标（例如 M2 之类的货币总量）更有可能实现不能直接控制的目标，如价格稳定或充分就业。使用中介指标还可以提供有关美联储的政策行动与实现目标是否一致的反馈。例如，美联储根据统计研究可能已经估计出以每年 3%的稳定速度增加 M2 符合其价格稳定目标。如果 M2 实际上以 6%的速率增长，那么美联储会立即知道它正在偏离长期价格稳定目标。随后它可以用货币政策工具（最可能的是公开市场操作）将 M2 的增长放缓至 3%的指标速度。达到 M2 中介指标除了帮助美联储实现既定目标没有其他价值。

政策手段或操作指标

美联储只能间接控制中介指标变量，如抵押贷款利率或 M2，因为家庭、企业和投资者的决策也会影响这些变量。因此，美联储需要一个能将政策工具与中介指标联系起来的更好的指标。政策手段或操作指标与中介指标密切相关，美联储可以用货币政策工具直接控制这些变量。政策工具的例子包括联邦基金利率和非借入准备金。如我们所见，近几十年来，联邦基金利率一直是美联储最常用的政策手段。大多数高收入国家的中央银行都将利率用作政策手段。

图 15－9 显示美联储用政策手段和中介指标实现目标的传统方法。该图还有助于说明为什么我们对指标制的大部分讨论都用过去式。尽管美联储选择目标，但最终只能控制政策工具。为了使我们刚才简单描述的指标方法有效，政策工具与政策手段之间、政策手段与中介指标之间以及中介指标与政策目标之间的联系必须可靠。但是，随着时间的流逝，其中一些联系已经被打破。例如，在 1980 年之前，M1 和 M2 的增长率上升与大约滞后两年的通货膨胀率上升之间有相当坚实的联系。这种联系使一些经济学家认为，美联储应将货币总量作为中介指标。不幸的是，自 1980 年以来，货币供给变化与通货膨胀变化之间的联系变得不稳定。货币供给增长率的变化很大，而通货膨胀率的变化要小得多。总体而言，近年来，许多经济学家和政策制定者不再相信备选的中介指标与美联储的政策目标之间存在稳定的关系。

然而，关于美联储应该选择准备金总量还是联邦基金利率作为政策手段的讨论仍在继续。我们将在下一小节对此进行分析。

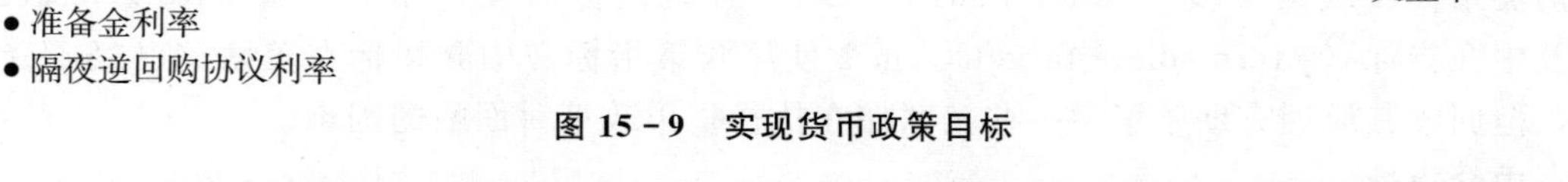

图 15－9 实现货币政策目标

美联储确定通货膨胀率和失业率之类的经济变量的目标。美联储仅直接控制政策工具。美联储可以使用指标（中介指标和政策手段，即美联储能影响的变量）来帮助实现货币政策目标。近年来，美联储不再重视这种指标方法的使用。

联系实际 15-2

货币与价格之间的联系怎么了？

在美国，货币供给增长更快的几十年就是通货膨胀率相对较高的几十年。但是长达数十年的经济关系对试图在短期内引导经济的政策制定者而言并不总是有用的。在 1980 年之前，有大量证据表明货币与价格之间的联系在一两年的短期内成立。实际上，许多经济学家认为，20 世纪 60 年代末和 20 世纪 70 年代的通货膨胀加速是由于美联储在那些年让货币供给增长率急剧上升。

最强力支持这一点的经济学家被称为货币主义者。最杰出的货币主义者是芝加哥大学的诺贝尔奖获得者米尔顿·弗里德曼。当 1979 年 7 月总统吉米·卡特（Jimmy Carter）任命保罗·沃尔克担任美联储理事会主席时，货币主义者似乎受到青睐。沃尔克致力于降低通货膨胀率，并选择货币总量作为中介指标。在沃尔克的领导下，美联储调整政策，将非借入准备金作为政策手段或操作指标。这一事件有时被称为“伟大的货币主义实验”。起初，美联储的政策似乎很成功，因为降低了货币供给的增长率，通货膨胀率在一段时滞之后也有所下降。但是，到 1981 年 7 月开始出现严重的经济衰退，到年底的时候货币供给的增长率上升。从 1981 年第三季度到 1983 年第三季度，M1 的年增长率超过 9%。弗里德曼预测，这种高的货币增长率会带来滞后的更高的通货膨胀率。

为了支持他的论点，弗里德曼在《美国经济评论》的一篇文章中提出下表中的一些数据。先来关注表中未加阴影的条目。弗里德曼认为，两年内 M1 的增长率与两年后的通货膨胀率之间有着密切的联系。表中未加阴影的条目表明，这种关系在 1973 年至 1981 年期间一直存在。尤其要注意的是，货币供给的增长从 1977—1979 年的 8.6% 下降到 1979—1981 年的 6.1%（沃尔克政策的结果），通货膨胀率从 9.4% 下降到 4.8%。因此，弗里德曼似乎有理由预测，由于美联储在 1981 年至 1983 年期间让货币供给量的增长率提高到 9.2%，因此，通货膨胀率可能会大幅上升。但是，实际上，下表阴影区域中的值表明，尽管货币供给量的增长率有所提高，但通货膨胀率却下降而不是上升。此外，货币增长率在随后的两年中仍然很高，而通货膨胀率却进一步下降。在随后的几年中，M1 或 M2 的增长率与通货膨胀率之间的联系并不牢固。

货币增长时期	M1 的增长率(%)	两年后的通货膨胀率(%)	通货膨胀时期
1973 年第三季度到 1975 年第三季度	5.2	6.3	1975 年第三季度到 1977 年第三季度
1975 年第三季度到 1977 年第三季度	6.4	8.3	1977 年第三季度到 1979 年第三季度
1977 年第三季度到 1979 年第三季度	8.6	9.4	1979 年第三季度到 1981 年第三季度
1979 年第三季度到 1981 年第三季度	6.1	4.8	1981 年第三季度到 1983 年第三季度
1981 年第三季度到 1983 年第三季度	9.2	3.3	1983 年第三季度到 1985 年第三季度
1983 年第三季度到 1985 年第三季度	8.1	2.8	1985 年第三季度到 1987 年第三季度

为什么货币供给增长与通货膨胀的短期联系在 1980 年之后被打破了？大多数经济学家认为，出现这种情况的原因是 M1 和 M2 的本质在 1980 年后发生变化。在 1980 年之前，政府不允许银行为支票存款支付利息。1980 年，国会批准 NOW 账户，银行可以为该账户支付利息，

因此，M1 从代表纯粹的交换媒介变为也代表价值贮藏。此外，银行的金融创新增加了家庭和企业在不支出的情况下愿意持有的支票存款的数量。储蓄账户的自动转账每天晚上将支票存款余额转移到高息银行存单中，然后在早上转移到支票存款中。针对企业的流动账户（sweep account）在每个星期结束时将支票存款余额转移至货币市场存款账户，然后在下周初将资金转移回支票存款。[回想一下，法规禁止企业持有生息的支票（NOW）账户。] 由于这些变化，M1 的快速增长不必直接转化为会导致更高通货膨胀的支出增长。

由于货币供给增长和通货膨胀之间的关系破裂，自 1993 年以来，美联储不再宣布 M1 和 M2 的指标值。尽管投资者一度密切关注美联储每周发布的 M1 和 M2 的数据，寻找有关未来通货膨胀率的线索，但如今发布这些数据对金融市场几乎没有影响。

资料来源：表中数据来自 Benjamin M. Friedman, "Lessons on Monetary Policy in the 1980s," *Journal of Economic Perspectives*, Vol. 2, No. 3, Summer 1988, p. 62。原文来自 Milton Friedman is "Lessons from the 1979—1982 Monetary Policy Experiment," *American Economic Review*, Vol. 74, No. 2, May 1984, pp. 397 - 401。

见本章末的问题和应用 4.8 和 4.9。

以准备金为指标和以联邦基金利率为指标的选择

传统上，美联储在评估可以用作政策手段的变量时会使用三个标准。美联储的主要政策手段曾是准备金总量（如总准备金或非借入准备金）和联邦基金利率。我们可以简要评估这些指标是否满足美联储的三个标准：

(1) **可度量的。**该变量必须在短时间内可测量以克服信息滞后。美联储对准备金总量和联邦基金利率的控制力很强，并可以在需要时每小时对其精确度量。

(2) **可控制的。**尽管美联储不能完全控制准备金总量和联邦基金利率，因为两者都取决于银行的准备金需求，但美联储拥有可使这两个变量接近其选择的任何指标的工具。但是，自 2008 年 12 月以来，美联储选择一个范围而非单一数字作为联邦基金利率的指标。

(3) **可预测的。**美联储需要能对政策目标产生可预测的影响的政策手段。准备金或联邦基金利率变化对诸如经济增长或价格稳定之类的目标的影响是复杂的。这种复杂性是美联储曾一度依赖中介指标的原因之一。由于尚不清楚是准备金还是联邦基金利率最能满足最后一个标准，因此，经济学家继续探讨哪种政策手段是最好的，但这种讨论近年来已经不再是货币政策辩论的中心。

要理解的要点是，美联储可以为政策手段选择准备金总量，也可以选择联邦基金利率，但不能同时选择两者。要了解原因，见图 15 - 10，该图显示联邦基金市场上准备金的需求和供给。再次注意，我们假设准备金是稀缺的，因此，准备金需求曲线与准备金供给曲线在需求曲线向下倾斜的部分相交。在图 15 - 10（a）中，我们假设美联储已经决定通过将准备金保持在 R^* 不变来将准备金水平用作政策手段。在准备金需求为 D_1 的情况下，均衡联邦基金利率为 i^*_{ff1}。如果家庭和企业决定持有更多的支票存款或银行决定持有更多的超额准备金，那么准备金需求会从 D_1 向右移动到 D_2。结果是均衡联邦基金利率从 i^*_{ff1} 上升到 i^*_{ff2}。类似地，如果家庭和企业决定持有更少的支票存款或银行决定持有更少的超额准备金，那么准备金需求会从 D_1 向左移动到 D_3。结果是均衡联邦基金利率从 i^*_{ff1} 下降到i^*_{ff3}。我们可以得出结论，用准备金作为美联储的政策手段会导致联邦基金利率随准备金需求的变化而波动。

在图 15－10（b）中，我们假设美联储已经决定通过将联邦基金利率保持在i^*_{ff}不变来将联邦基金利率用作政策手段。当准备金需求为 D_1时，均衡准备金水平为R^*_1。如果准备金需求从 D_1增加到 D_2，那么美联储要将联邦基金利率的指标保持在i^*_{ff}就必须将准备金

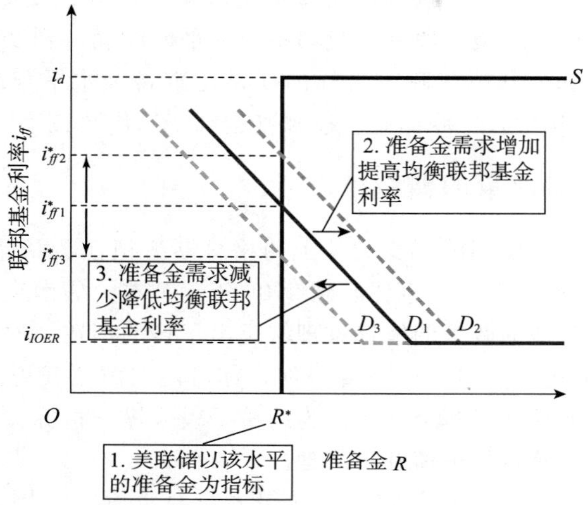

(a) 以准备金为指标

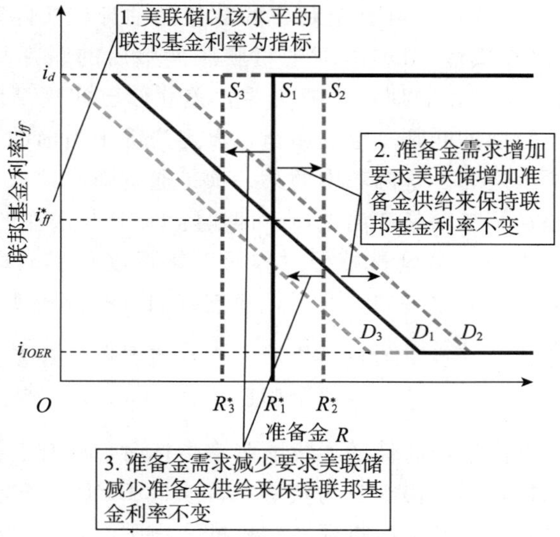

(b) 以联邦基金利率为指标

图 15－10 选择政策手段

在图（a）中，美联储通过将准备金保持在 R^* 不变来选择准备金水平作为指标。在准备金需求为 D_1的情况下，均衡联邦基金利率为 i^*_{ff1}。如果准备金需求从 D_1向右移动到 D_2，那么均衡联邦基金利率从 i^*_{ff1} 上升到 i^*_{ff2}。类似地，如果准备金需求从 D_1向左移动到 D_3，那么均衡联邦基金利率从 i^*_{ff1} 下降到 i^*_{ff3}。在图（b）中，美联储通过保持联邦基金利率在 i^*_{ff} 不变来选择联邦基金利率作为指标。如果准备金需求从 D_1增加到 D_2，那么为保持联邦基金利率的指标为 i^*_{ff}，美联储必须将准备金供给从 S_1增加到 S_2。如果准备金需求从 D_1减少到 D_3，那么美联储必须将准备金供给从 S_1减少到 S_3来维持联邦基金利率指标。

供给从 S_1 增加到 S_2。将准备金供给曲线从 S_1 移动到 S_2 导致均衡的准备金水平从 R_1^* 增加到 R_2^*。同样，如果准备金需求从 D_1 减少到 D_3，那么美联储要将联邦基金利率的指标保持在 i_{ff}^* 就必须将准备金供给从 S_1 减少到 S_2。结果是均衡准备金水平从 R_1^* 减少到 R_3^*。我们可以得出结论，用联邦基金利率作为美联储的政策手段会导致准备金水平随准备金需求的变化而波动。

因此，美联储面临权衡取舍：选择准备金作为政策手段并接受联邦基金利率的波动，或者选择联邦基金利率作为政策手段并接受储备金水平的波动。到 20 世纪 80 年代，美联储得出的结论是，联邦基金利率与政策目标的联系比准备金水平与政策目标的联系更紧密。因此，在过去的 35 年中，美联储是将联邦基金利率用作政策手段。

泰勒规则：美联储政策的概括

美联储对传统指标制的使用的减少大体上与格林斯潘担任美联储主席的时间相吻合。格林斯潘于 1987 年 8 月被任命，一直任职到 2006 年 1 月本·伯南克接替他。在国会的演讲和证词中，格林斯潘对他的政策的解释难理解是出了名的。在一次演讲中，他曾开玩笑说："如果我变得特别清楚，我想我应该警告你，你可能误解了我说的话。"① 在这段时间里，众所周知的是美联储用联邦基金利率作为政策手段或操作指标。但对公开市场委员会如何确定联邦基金利率的特定指标值并不清楚。

美联储真正考虑的因素是很复杂的，包含很多与经济有关的因素。斯坦福大学的约翰·泰勒（John Taylor）在设定联邦基金利率指标的**泰勒规则（Taylor rule）**中概括了这些因素。② 泰勒规则始于对实际联邦基金利率的数值的估计，实际联邦基金利率是长期内对应于实际 GDP 等于潜在实际 GDP 并对通货膨胀调整后的联邦基金利率。在实际 GDP 等于潜在实际 GDP 的情况下，周期性失业为零，美联储已实现高就业的政策目标。根据泰勒规则，美联储应把当前的联邦基金利率指标设定为等于当前的通货膨胀率、均衡实际联邦基金利率和另外两项之和。这两项中的第一项是通货膨胀缺口，即当前的通货膨胀率与通货膨胀率指标之差；第二项是产出缺口，即实际 GDP 与潜在的实际 GDP 的百分比偏差。通货膨胀缺口和产出缺口分别被赋予"权重"来反映他们对联邦基金利率指标的影响。在两个缺口的权重为二分之一的情况下，我们有如下的泰勒规则：

$$
\begin{aligned}
\text{联邦基金利率指标} &= \text{当前的通货膨胀率} + \text{均衡实际联邦基金利率} \\
&\quad + (1/2 \times \text{通货膨胀缺口}) + (1/2 \times \text{产出缺口})
\end{aligned}
$$

因此，当通货膨胀率高于美联储的通货膨胀率指标时，联邦公开市场委员会将提高联邦基金利率的指标。同样，当产出缺口为负数（即实际 GDP 低于潜在 GDP）时，联邦公开市场委员会将降低联邦基金利率的指标。在校准该规则时，泰勒假设均衡实际联邦基金利率利率为 2%，通货膨胀率的指标为 2%。图 15－11 显示如果美联储严格遵守泰勒规则会出现的联邦基金利率水平和实际联邦基金利率。该图表明，由于两条线在大多数年份相互靠近，所以泰勒规则在说明美联储政策方面是很合理的。在某些时期，两条线分离明

① Floyd Norris, "What if the Fed Chief Speaks Plainly?" *New York Times*, October 28, 2005.

② 泰勒对于泰勒规则的最初讨论见：John B. Taylor, "Discretion Versus Policy Rules in Practice," *Carnegie-Rochester Conference Series on Public Policy*, Vol. 39, 1993, pp. 195－214.

显。在 20 世纪 60 年代后期和 20 世纪 70 年代初期至中期，根据泰勒规则预测的联邦基金利率始终高于联邦基金利率指标。这种差距与大多数经济学家的观点一致，即在那些年面临通货膨胀率不断恶化的情况下，联邦公开市场委员会提高联邦基金利率指标的幅度本应更高。

图 15-11 还表明，在 1981—1982 年严重衰退之后，联邦公开市场委员会降低联邦基金利率的速度比泰勒规则的要求慢得多。该图还表明，在从 2001 年的经济衰退中复苏期间，联邦公开市场委员会将联邦基金利率保持在远低于泰勒规则指示的水平。一些经济学家和政策制定者认为，通过将联邦基金利率长期维持在非常低的水平，美联储为房地产繁荣提供了动力。论据是，联邦基金利率低导致抵押贷款利率低，从而增加住房需求。当时，美联储主席艾伦·格林斯潘认为，需要低利率来防范经济进入通货紧缩时期的可能性。在此期间曾担任理事会主席的前美联储主席本·伯南克认为，是全球储蓄过剩而不是美联储的政策是导致 21 世纪头 10 年初美国长期利率较低的主要原因。最后，请注意，泰勒规则表明，联邦基金利率在整个 2009 年应为负，这再次表明 2007—2009 年经济衰退的严重性。

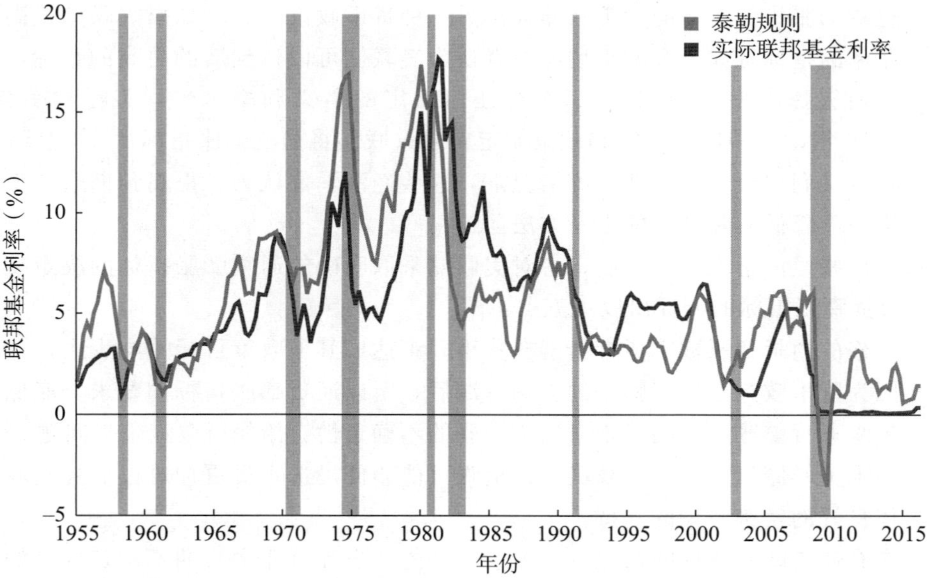

图 15-11　泰勒规则

灰线显示如果美联储严格遵守泰勒规则时的联邦基金利率水平，黑线显示实际联邦基金利率。该图显示泰勒规则在某些时期可以很好地说明美联储的政策，但同时也显示联邦基金利率指标与泰勒规则预测的利率背离的时期。阴影区域表示衰退期。

资料来源：Federal Reserve Bank of St. Louis；and Congressional Budget Office. 我们感谢昆尼皮亚克大学的原同事马修·拉弗蒂（Matthew Rafferty）提供用泰勒规则预测的利率的数据。

泰勒规则相当准确地跟踪了真实的联邦基金利率，这证实了近几十年来以联邦基金利率为指标一直是美联储政策制定的中心的观点。

通货膨胀指标：一种新的货币政策工具？

特别是在 2007—2009 年的金融危机爆发之前的几年中，许多经济学家和央行行长对使用通货膨胀指标（inflation targeting）作为执行货币政策的框架表现出浓厚的兴趣。在通货膨胀指标下，中央银行公开设定一段时间内的通货膨胀率的明确指标，然后政府和公众根据其达到指标的成就来判断中央银行的绩效。在多年没有明确的通货膨胀指标之后，美联储在 2012 年宣布将努力保持 2%的年均通货膨胀率。

在通货膨胀指标下，美联储仍可运用自己的判断来处理特殊情况，而不必遵循一成不变的规则。尽管如此，通货膨胀指标使货币政策可以在除了严重衰退时期之外专注于通货膨胀和通货膨胀预测。支持美联储使用明确的通货膨胀指标的论点集中于以下四点：

（1）宣布明确的通货膨胀指标可以把公众的注意力引导到关注现实中美联储可以实现什么上来。大多数经济学家认为，从长期来看，货币政策对通货膨胀的影响大于对实际产出或就业的增长的影响。

（2）为美国确立透明的通货膨胀指标可为通货膨胀预期提供锚。如果家庭、企业和金融市场参与者认为美联储将达到 2%的年均通货膨胀指标，那么它们会预期即使通货膨胀暂时低于或高于通货膨胀指标，最终还是会返回通货膨胀指标。

（3）通货膨胀指标通过提供衡量其绩效的标准来提升美联储的责任感。

（4）通货膨胀指标有可能为美联储提供另一种货币政策工具。如果美联储提高通货膨胀率的指标（如果金融市场参与者认为美联储可以达到新的更高的指标，并提高对通货膨胀率的预期），那么对任何给定的名义利率水平，实际利率会更低。2016 年，一些经济学家和政策制定者建议联储将通货膨胀指标从 2%上调至 4%。在名义利率处于历史低位的情况下，这些经济学家认为，提高预期通货膨胀率是进一步降低实际利率的唯一方法。

不过，一些经济学家和政策制定者对美联储采取明确的通货膨胀指标的决定持批评态度。反对通货膨胀指标的人提出以下五点：

（1）严格的通货膨胀数字指标会削弱货币政策达成其他政策目标的灵活性。

（2）因为货币政策对通货膨胀的影响有滞后，所以通货膨胀指标制要求美联储依赖对未来通货膨胀的预测，未来通货膨胀的不确定性会给执行政策带来问题。

（3）要求美联储仅对低通货膨胀目标负责可能会使民选官员更加难以监控美联储对总体良好的经济政策的支持。

（4）在有通货膨胀指标的情况下，关于未来的产出和就业水平的不确定性会妨碍经济决策。也就是说，通货膨胀指标会提高对美联储在经济衰退后是否会立即采取行动使经济恢复充分就业的不确定性。

（5）用通货膨胀指标作为一种货币政策工具可能会在经济上造成不稳定。正如 20 世纪 70 年代的经验所表明的那样，一旦更高的通货膨胀率被嵌入家庭和公司的期望中，人们可能很难再次降低预期。在 2016 年的背景下，强迫实际利率降低会带来金融系统扭曲加剧的风险，可能加剧投机性资产泡沫。

对通货膨胀指标是否可以改善经济政策的问题尚无定论。许多经济学家和央行行长认为，在没有明确的通货膨胀指标的情况下也可以获得透明度和责任感的好处，而通过经验可以更好地建立货币政策的信誉。建议美联储应该用通货膨胀指标作为货币政策工具尤其会引起争议。

货币政策的国际比较

尽管中央银行执行货币政策的方式有制度性差异，但最近的做法有两个重要的相似之处。首先，大多数高收入国家的中央银行越来越多地将短期利率（类似于美国的联邦基金利率）用作追求目标的政策手段或操作指标。其次，许多中央银行采取特殊的政策措施（包括采取量化宽松政策）来应对 2007—2009 年的金融危机后的缓慢经济增长。在本节中，我们讨论加拿大、日本、英国和欧盟的这些做法及其货币政策执行的制度背景。

加拿大银行

像美联储一样，加拿大银行在 20 世纪 70 年代也开始越来越担忧通货膨胀。1975 年，加拿大银行宣布一项逐步降低 M1 增长率的政策，到 1982 年底，已经不再使用 M1 指标。1988 年，时任加拿大银行行长的约翰·克罗（John Crow）通过公布一系列越来越低的通货膨胀指标来宣布该银行对价格稳定的承诺。为了实现通货膨胀指标，加拿大银行为隔夜利率（类似于联邦基金利率）设定明确的操作指标区间。尽管美联储政策主要关注通货膨胀缺口和产出缺口，但加拿大银行也将加元的汇率作为政策重点。对汇率的关注（尤其是加元和美元的汇率）反映了出口传统上在加拿大经济中发挥着重要作用。

在 2007—2009 年期间，加拿大银行因帮助加拿大金融体系度过金融危机而获得赞誉，而其危机造成的不稳定比美国小得多。尤其是加拿大的银行体系避免了美国许多银行在抵押贷款支持证券和商业房地产投资上遭受重大损失。2010 年，加拿大银行是工业国家中首家提高隔夜银行间拆借利率指标的中央银行。这再次表明加拿大经济在全球经济下滑期间的相对强劲表现。然而，从 2014 年开始的油价下跌降低了加拿大的经济增长，并导致加拿大银行于 2015 年将隔夜贷款利率的指标下调至 0.5%，并维持到 2016 年。

日本银行

在 1973 年的第一次石油输出国组织石油危机后，日本遭遇超过 20%的通货膨胀率。这种高通货膨胀率导致日本银行采取了明确的货币增长指标。特别是日本银行从 1978 年开始公布对应于 M2 的总量指标。在 1979 年的石油价格冲击后，该中央银行降低了货币增长速度。货币增长从 1978 年到 1987 年的逐步下降伴随着比美国更快的通货膨胀率下降。

像美国一样，日本的银行和金融市场在 20 世纪 80 年代也经历一波放松管制和金融创新的浪潮。结果是，日本银行在实施货币政策时开始较少依赖 M2 总量。从 1987 年到 1989 年，日本银行对日元的对外交换价值（已对美元大幅上涨）的关注在货币政策中占有首要地位。在此期间，货币的快速增长导致日本资产价格暴涨，尤其是土地和股票。为了减少资产价格繁荣时期的资产市场投机行为，日本银行采取了收缩性的货币政策，这导致资产价格下跌，并最终导致日本经济增长下降。

许多金融市场评论家将 20 世纪 90 年代末和 21 世纪头 10 年日本持续的紧缩性货币政策视为造成日本在该时期大部分时间经济表现疲软的重要因素。在 21 世纪头 10 年中期，更具扩张性的货币政策开始刺激经济增长和通货膨胀。2006 年，日本银行开始减弱扩张政策，但从 2007 年开始的金融危机使日本银行又重返扩张政策。自 2010 年以来，日本银行已多次干预以扭转日元对美元的升值。日元的高价值阻碍日本出口，并妨碍日本经济复苏。在金融危机后的几年中，日本银行与日本政府展开持续的斗争，因为日本政府试图向日本银行施加压力，要求日本银行采取更积极的行动来降低日元汇率，日本央行则努力保持制定货币政策决定的独立性。

安倍晋三在 2012 年 12 月当选首相时宣布一项经济计划，旨在扭转近 20 年的通货紧缩和经济增长缓慢。该计划被称为安倍经济学，包括要求日本央行采纳明确的 2%的通货膨胀率指标，同时增加政府支出，并开展结构性改革，如改善公司治理、使女性更容易进入劳动力市场并减少阻碍国际贸易的因素。

尽管这些措施在结束通缩和增加就业方面取得一些成功，但日本银行并没有接近于达到通货膨胀指标，而且经济增长缓慢得令人失望。作为回应，日本银行扩大了量化宽松，包括通过购买交易所交易基金（ETF）间接购买日本公司的股票。（相比之下，美联储在量化宽松计划下的购买仅限于长期国债和抵押贷款支持证券。）此外，2016 年 2 月，日本央行采取了不同寻常的措施，对从银行那里收到的存款采取负利率。实际上，银行被要求向日本央行付钱来保管存款。此举旨在推动银行贷出准备金而不是将其留给日本央行。此外，利率下降会降低日元兑换其他货币的价值，从而增加日本出口。日本央行在 2016 年 9 月采取进一步措施，宣布开始将日本 10 年期政府债券的利率设定为 0%。

英格兰银行

在英国，英格兰银行对 20 世纪 70 年代初不断上涨的通货膨胀的反应是宣布将采用货币供给增长指标。为应对 20 世纪 70 年代后期加速的通货膨胀，首相玛格丽特·撒切尔（Margret Thatchet）的政府于 1980 年正式提出逐步降低货币供给增长速度的战略。从 1983 年开始，英格兰银行将重点转移到以基础货币增长为目标上（再次着眼于逐渐降低货币供给的增长率）。1992 年，英国采用通货膨胀指标，该指标是由财政大臣（与美国财政部长的职位相似）而不是由英格兰银行设定的。

英格兰银行在 1997 年获得独立于政府制定利率的权力。政府在“极端情况”下可以推翻英格兰银行，但迄今为止尚未这样做。利率决定权属于货币政策委员会，该委员会的九名成员为英格兰银行行长（相当于美联储主席）、三名副行长、英格兰银行首席经济学家及四名由财政大臣任命的外部经济专家。财政部代表参加货币政策委员会会议，但不投票。货币政策的重点是银行利率（bank rate），即英格兰银行给商业银行的准备金支付的利率。

在 2007—2009 年的金融危机期间，英格兰银行采取了几项引人注目的政策措施。英格兰银行在一系列措施中将银行利率从 2007 年 7 月的 5.75%降低到 2009 年 3 月的 0.5%。2009 年，英格兰银行也启动了涉及购买长期英国政府债券的量化宽松计划。英格兰银行在 2012 年结束量化宽松政策，但将银行利率维持在 0.5%。在脱欧公投后，在行长马克·卡尼（Mark Carney）领导下的英格兰银行采取了四步措施来缓解对英国经济的预期影响：（1）将银行利率降至 0.25%；（2）恢复购买英国政府长期债券；（3）开始购买英国公司发行的债券；（4）对承诺会将资金用于向家庭和企业发放贷款的银行启动一项提供四年贷款的计划。这些措施可能阻止了英国经济在 2016 年夏季陷入衰退。

欧洲中央银行体系

由欧洲中央银行和欧盟所有成员国的国家中央银行组成的欧洲中央银行体系（European System of Central Banks，ESCB）在签署《马斯特里赫特条约》后于 1999 年 1 月开始运作。ESCB 模仿德国中央银行——德国联邦银行所遵循的法律，以保持价格稳定为首要目标。次要目标是欧洲央行必须支持欧盟的总体经济政策。欧洲央行强调价格稳定目标，定义通货膨胀范围为 0%～2%。

在 2007—2009 年的金融危机期间及其之后，欧洲央行努力制定一种适合于成员国之间需求十分不同的货币政策。虽然一些国家（尤其是德国）已经从经济衰退中强劲复苏，但其他国家（如希腊、爱尔兰、葡萄牙和西班牙）却在失业率高企的情况下苦苦挣扎。此外，欧洲央行有义务在可能出现政府违约的情况下购买希腊和西班牙的政府债券来加以干预。这场主权债务危机（sovereign debt crisis）进一步加剧欧洲央行的压力。欧元区各国政府对债务危机的反应是首次授予欧洲央行额外的监管成员国银行体系的权力。

2014 年 6 月，对整个欧元区大部分地区经济增长缓慢和通货膨胀率非常低的担忧导致在行长马里奥·德拉吉领导下的欧洲央行扩大购买政府债券的量化宽松计划，并推出新的给银行提供四年低利率贷款的计划来鼓励银行向家庭和企业扩大信贷。最引人注目的是，欧洲央行将其给银行支付的存款利率降至－0.10%。该利率连降三次达到－0.40%，这意味着到 2016 年底欧元区已有两年多的时间关键利率为负。

联系实际 15－3

负利率是有效的货币政策工具吗？

2007—2009 年的金融危机和经济衰退是自 20 世纪 30 年代的大萧条以来最严重的。中央银行对此采取一系列前所未有的货币政策措施。正如我们在本章和前几章所讨论的那样，其中很多措施是有争议的。可能最激烈的争议是对几家中央银行用负利率来刺激经济的措施，包括日本银行、欧洲中央银行、瑞士国民银行和丹麦国民银行。

在金融危机期间和之后，这些中央银行都逐步降低了支付给银行的存款的利率。从 2014 年开始，它们开始对这些存款支付负利率，这意味着银行必须为中央银行保管存款资金付费。这些国家的其他利率也为负。一些商业银行开始就支票账户余额向企业客户收费，实际上是对这些账户提供负利率。因为包括银行在内的投资者推高价格，许多政府短期债券也开始支付负利率。2016 年 7 月，德国政府出售了收益率为－0.05%的 10 年期债券。正如一篇新闻文章所指出的："对投资者而言，这意味着他们现在要为借钱给德国 10 年的权利付费。"因为包括抵押贷款在内的一些银行贷款的利率会根据政府债券利率的变化而调整，所以这些贷款开始有负利率。一些房主发现银行正在为他们的抵押贷款支付利息！

对中央银行的负利率政策的争议集中在两个问题上：(1) 负利率政策有可能带来短期的产出和就业增加吗？(2) 负利率政策有可能扭曲金融体系吗？经济学家还没有足够的时间对负利率的影响展开深入的研究。然而，最初，结果似乎好坏参半。在某些情况下，银行似乎在提高对贷款收取的利率来抵消其不得不为在中央银行的存款支付的利息，这与预期的效果相反。但日本银行行长黑田东彦认为，由于日本银行所采取的行动，日本的公司债券和抵押贷款的利率下降了，从而刺激了支出、生产和就业。

但是，有一些证据表明负利率并未产生增加消费者支出的预期效果。2016 年日本、德国、丹麦、瑞典和瑞士的储蓄率处于 1995 年以来的最高水平。储蓄增加似乎是两个因素的结果：(1) 较低的利率意味着家庭需要储蓄更多才能实现为大笔购买或者为退休积累足够资金的目标，(2) 一些人认为负利率是中央银行发出的预期未来经济不稳定的信号，并提高了储蓄率。一些经济学家和政策制定者还担心，低利率通过降低借款成本可能会助长住房和其他资产的泡沫。此外，许多寻求更高的利率来帮助实现储蓄目标的家庭撤离银行存单（CD）和政府债券并进入高风险资产，例如股票、共同基金或投资于大宗商品、低评级公司债券或发展中国家政府发行的债券的交易所交易基金（ETF）。这些高风险资产的价格在经济衰退时可能会大幅下降。许多州和地方养老基金曾向退休人员承诺支付固定金额的养老金，但由于养老基金青睐的长期债券的利率已降至历史低位，退休人员将难以获得固定金额的养老金。

一些经济学家和政策制定者认为，降到负利率是大多数国家的宏观经济政策失衡的迹象。政府不是依靠货币政策和财政政策的结合，而是几乎完全依靠货币政策。财政政策有可能促进经济增长，例如降低企业和个人的边际税率，激励企业增加对工厂、办公楼和设备的投资以及增加政府在公路和桥梁等基础设施上的支出，但是，除了日本有限程度地利用财政政策外，大多数国家近年来的政策组合中并未包括财政政策。

截至 2016 年，美联储的政策制定者更加关注提高联邦基金利率指标的必要性，而不是考虑负利率的可能性。正如亚特兰大联邦储备银行行长丹尼斯·洛克哈特（Dennis Lockhart）所说的那样，负利率是“我们有幸远距离观察的一种试验”。

资料来源：Patricia Kowsmann and Jeannette Neumann, “A Battle Brews over Negative Rates on Mortgages,” *Wall Street Journal*, May 16, 2016; Emese Bartha and Christopher Whittall, “Investors Now Pay Germany to Borrow for 10 Years,” *Wall Street Journal*, July 13, 2016; John Wasik, “Trading Stocks for Bonds Poses Its Own Risks,” *New York Times*, August 26, 2016; “Slow Suffocation,” *Economist*, July 16, 2016; and Jon Hilsenrath and Harriet Torry, “Fed's Dislike of Negative Interest Rates Points to Limits of Stimulus Measures,” *Wall Street Journal*, August 28, 2016.

见本章末的问题和应用 4.13 和 4.14。

在本章中，我们讨论了货币政策的执行机制以及对 2007—2009 年的金融危机以来各国央行一直在追求的非同寻常的货币政策的激烈辩论。在第 17 章和第 18 章中，我们将更深入地探究货币政策如何影响产出、就业和通货膨胀。不过，我们要先在第 16 章更深入地了解国际金融体系及中央银行在其中所发挥的作用。

回答重要问题

我们在本章开始的时候提出如下问题：

“美联储是否有可能恢复使用正常的货币政策程序？”

如本章所述，在 2007—2009 年的金融危机之前，货币政策的重点是利用公开市场操作来提高和降低联邦基金利率。但这种方法只有在准备金稀缺的情况下才有效，这使美联储可以通过调整准备金水平来影响均衡的联邦基金利率。2015 年 12 月，当美联储自 2008 年以来首次提高联邦基金利率指标时，美联储是通过提高支付给银行的准备金的利率和隔夜逆回购协议的利率实现这一目标的。美联储必须对已经实现高就业率和价格稳定目标充满信心时才会重返正常的政策程序。届时，随着这些债券到期，美联储可能会停止对国债和抵押贷款支持证券本金的再投资。这样做将逐渐缩小美联储的资产负债表，并再次使准备金足够稀缺，以便美联储可以恢复使用公开市场操作来达到联邦基金利率的目标。

美联储主席珍妮特·耶伦在怀俄明州的杰克逊·霍尔举行的开幕式会议上说：

> 在提高联邦基金利率的过程顺利推进后的某个时候，我们会停止或逐步放弃我们持有

的证券的本金还款的再投资。一旦我们停止再投资，我们持有的资产（及用于为银行融资的准备金）被动地下降到更正常的水平需要几年的时间。[①]

因此，重要问题的答案是，尽管美联储最终会恢复正常的货币政策程序，但在不久的将来不太可能这样做。

重要术语和问题

重要术语

贴现政策	公开市场操作	季节性信贷	贴现窗口	一级信贷
二级信贷	经济增长	量化宽松	泰勒规则	联邦基金利率
准备金要求				

15.1 货币政策的目标

说明货币政策的目标。

复习题

1.1 货币政策的目标是什么？经济福利的意思是什么？为什么说美联储有“双重使命”？

1.2 美联储寻求降低的是哪种类型的失业，摩擦性、结构性还是周期性失业？为什么美联储并不寻求将通货膨胀率降低到零？

1.3 为什么利率波动使家庭和企业的投资决策更困难？

1.4 如果你拥有一家从事国际业务的企业，为什么美元对外交换价值的过度波动会使商业和金融交易的规划更困难？

问题和应用

1.5 既然通货膨胀侵蚀货币的价值，那么美联储应该追求通货紧缩目标吗？就价格变化传递的信息和恣意的收入再分配而言，通货紧缩会带来一些与通货膨胀一样的问题吗？简要说明。

1.6 《华尔街日报》的专栏作家主张将美联储的双重使命改为单一的价格稳定使命：“当经济变得足够疲软时，有理由采取非常规宽松措施来对抗潜在的严重破坏性的通货紧缩而不是为了减少失业。”

a. 专栏作家所说的“非常规宽松措施”是什么意思？

b. 这些措施如何结束通货紧缩？通货紧缩为什么是“潜在的严重破坏性的”？

c. 简要说明你是否同意专栏作家的论点，即美联储的双重使命应该由价格稳定的单一使命来代替。

资料来源：Neal Lipschutz，“Should Fed Chairman Have a Single Term，Single Mandate?” *Wall Street Journal*，September 27，2012.

1.7 【联系实际 15－1】《华尔街日报》的一个专栏提到著名的亿万富翁投资者沃伦·巴菲特因拒绝购买科技股而在

① Janet L. Yellen，“The Federal Reserve's Monetary Policy Toolkit：Past，Present，and Future，” Remarks at “Designing Resilient Monetary Policy Frameworks for the Future” a symposium sponsored by the Federal Reserve Bank of Kansas City，Jackson Hole，Wyoming，August 26，2016，p. 10.

1999年和2000年初被广泛嘲笑为“恐龙”和“脱节”。

a. 为什么在1999年和2000年初没有投资科技类股票的人会被人们称为“脱节”？

b. 在此期间美联储对股价上涨的政策是什么？你对a部分的回答是否与评估美联储的政策有关？简要说明。

资料来源：Jason Zweig, “When Does a Bubble Spell Trouble?” *Wall Street Journal*, January 10, 2014.

1.8 【联系实际15-1】Bloomberg. com的专栏作家观察到：“美联储很容易分辨出失业率或通货膨胀率何时高企，但确定资产价格膨胀的确难得多。”

a. 简要说明你是否同意该专栏作家的说法。

b. 你在a部分的回答对美联储的政策有什么含义？

资料来源：Noah Smith, “Fed Rates Are the Wrong Tools to Fight Bubbles,” bloomberg. com, July 6, 2016.

1.9 实现伴随低且稳定的通货膨胀率的价格稳定目标可以使美联储实现其他目标，如稳定的利率和稳定的汇率。如果美联储未能实现低且稳定的通货膨胀率，那么为什么很难实现稳定的利率？

15.2 货币政策工具与联邦基金利率

理解美联储如何用货币政策工具影响联邦基金利率。

复习题

2.1 美联储的三大传统货币政策工具是什么？哪一个是最重要的？

2.2 为什么联邦基金利率上升会减少准备金需求量？在什么利率水平上准备金需求曲线变为完全弹性？

2.3 简要说明什么决定准备金供给曲线？为什么供给曲线有水平部分？

2.4 银行准备金稀缺是什么意思？在银行准备金不稀缺的时期，为什么美联储给银行的准备金支付的利率和为隔夜逆回购提供的利率的重要性上升？

问题和应用

2.5 使用联邦基金市场的图形来说明下列每一个美联储政策行动对准备金需求或准备金供给的影响。假设在图形所代表的时期内准备金是稀缺的。务必在你的图形中说明发生了什么。

a. 法定准备金率降低。

b. 贴现率下降。

c. 准备金利率降低。

d. 公开市场出售政府证券。

2.6 假设公开市场委员会决定降低联邦基金利率的指标。如何用公开市场操作来实现这一目标？联邦公开市场委员会如何用公开市场操作来提高联邦基金利率的指标？用联邦基金市场的图形说明你的答案。准备金是否稀缺对你的回答有影响吗？简要说明。

2.7 【解决问题15-1】用联邦基金市场的图形分析以下三种情况。确保你的图形清楚地显示均衡联邦基金利率的变化、均衡准备金水平的变化以及需求和供给曲线的所有变化。假设你正在分析准备金稀缺的情况。

a. 假设美联储决定将联邦基金利率的目标从2%提高到2.25%，同时将贴现率从2.5%提高到2.75%。说明美联储如何用公开市场操作提高均衡联邦基金利率。

b. 假设银行增加准备金需求。说明美

联储如何通过公开市场操作来抵消这一变化以保持均衡的联邦基金利率不变。

c. 假设美联储决定降低法定准备金率，但不希望法定准备金率降低影响其联邦基金利率目标。展示美联储如何用公开市场操作完成这项政策。

2.8 【解决问题 15-1】假设在均衡状态下联邦基金利率等于美联储为准备金支付的利率。使用联邦基金市场的图形来分析公开市场出售国债对均衡联邦基金利率的影响。

2.9 联邦公开市场委员会在 2005 年 12 月 13 日的新闻稿中声明，公开市场委员会"决定今天将联邦基金利率指标提高 25 个基点到 4.25%"。新闻稿中还声明："在一次相关措施中，理事会一致通过将贴现率提高 25 个基点到 5.25%。"

a. 用联邦基金市场的需求和供给图形显示在 2005 年 12 月 13 日的政策措施前的均衡联邦基金利率和贴现率，当时的联邦基金利率是 4%，贴现率是 5%。

b. 使用 a 部分中的图表来说明美联储如何提高联邦基金利率 25 个基点（0.25%）。在图形中显示贴现率提高 25 个基点。美联储会采取什么政策措施来实现提高联邦基金利率的指标？

c. 如今，美联储是否会使用你在 b 部分所述的相同政策措施来提高联邦基金利率？简要说明。

资料来源：Board of Governors of the Federal Reserve System, "Press Release," December 13, 2005, www.federalreserve.gov/boarddocs/press/monetary/2005/20051213/.

2.10 联邦公开市场委员会在 2008 年 1 月 22 日的新闻稿中声明，公开市场委员会"决定将联邦基金利率指标降低 75 个基点到 3.5%。"新闻稿继续说道："理事会在一次相关措施中一致通过将贴现率降低 75 个基点到 4%。"

a. 用联邦基金市场的需求和供给图形说明在 2008 年 1 月 22 日的政策措施之前的均衡联邦基金利率和贴现率，当时的联邦基金利率是 4.25%，贴现率是 4.75%。

b. 使用你的图形显示美联储如何降低联邦基金利率 75 个基点（0.75%）。在图形中显示贴现率降低 75 个基点。美联储会采取什么政策措施将联邦基金利率降低 75 个基点？

c. 如今，美联储是否会用你在 b 部分所述的相同政策措施来降低联邦基金利率？简要说明。

资料来源：Board of Governors of the Federal Reserve System, "Press Release," January 22, 2008, www.federalreserve.gov/newsevents/press/monetary/20080122b.htm.

15.3 美联储的货币政策工具及其管理联邦基金利率的新方法

追踪美联储如何随着时间的推移改变其使用的货币政策工具。

复习题

3.1 美联储在公开市场上出售国债如何影响国债的价格、国债的利率、基础货币和货币供给？

3.2 什么是量化宽松？美联储为何开始使用它？量化宽松对银行准备金有何影响？

3.3 三类贴现贷款是什么？在 2007—2009 年的金融危机期间，美联储的贴现贷款是如何扩张的？

3.4 哪两类金融机构有资格在联邦基金市场上借贷？简要描述联储现在用于提高联邦基金利率的程序。

问题和应用

3.5 当国会在1913年通过《联邦储备法》时，最初并没有预期到美联储会参与公开市场操作。美联储出版物上的一篇文章指出，在美联储首次开始购买国债后："美联储官员意识到，通过在公开市场上购买证券，联邦储备银行可以影响全国的整体信贷条件。"

a. 该文章所说的"全国的整体信贷条件"是什么意思？

b. 美联储购买国债会如何影响全国的整体信贷条件？

资料来源："Discovering Open Market Operations," Federal Reserve Bank of Minneapolis *Region*, August 1, 1988.

3.6 【开篇案例】在2016年7月27日的会议之后，联邦公开市场委员会发表了一项声明，其中包含以下内容：

委员会维持现行政策，将持有的机构债务和机构抵押支持证券的本金再投资到机构抵押支持证券中，并在拍卖中展期到期的国债，委员会预计会一直这样做到联邦基金利率水平正常化为止。

a. 什么是机构债务和机构抵押支持证券？传统上，美联储持有的证券主要由短期国债组成。美联储是如何拥有机构债务和机构抵押支持证券的？

b. 美联储打算"展期"到期的国债的意思是什么？

c. 该声明对银行持有的准备金水平有何影响？

d. 该声明所说的"联邦基金利率水平正常化"是什么意思？2016年联邦基金利率水平有何异常？

资料来源：Federal Open Market Committee, "Federal Reserve Press Release," July 27, 2016.

3.7 【开篇案例】联邦公开市场委员会在一份解释其打算在什么时候正常化货币政策的声明中写道：

委员会打算，从长远来看，美联储不持有有效率和有效果地执行货币政策所需的更多证券，并主要持有美国短期国债，从而最大限度地减少美联储所持资产对经济各部门的信贷分配的影响。

a. 美联储持有的证券与实施货币政策有什么关系？

b. 美联储目前持有除国债以外的哪些证券？持有这些证券如何影响"信贷在经济各部门的分配"？

资料来源：Federal Open Market Committee, "Policy Normalization Principles and Plans," September 17, 2014.

3.8 【开篇案例】在开篇案例中提到的在怀俄明州杰克逊·霍尔举行的美联储会议的讲话中，美联储主席珍妮特·耶伦观察到，金融危机表明"一旦准备金不再相对稀缺"，美联储"便无法控制联邦基金利率"。她继续说道："为应对金融危机带来的挑战……美联储大幅扩展了货币政策工具包……我们当前的工具包已于去年12月证明有效。在准备金过多的环境中，联邦公开市场委员会提高了有效的联邦基金利率"。

a. 耶伦的"准备金不再相对稀缺"是什么意思？

b. 简要解释一下为什么使用金融危机之前的货币政策工具，美联储无法控制联邦基金利率。

c. 美联储如何利用其新的货币政策工具在2015年12月提高联邦基金利率？

资料来源：Janet L. Yellen, "The Federal Reserve's Monetary Policy Toolkit: Past, Present, and Future," Remarks at "Designing Resilient Monetary Policy Frameworks for the Future" a symposium sponsored by the Federal Reserve Bank of Kansas City, Jackson Hole, Wyoming, August 26, 2016.

3.9 《华尔街日报》的一篇文章指出，美联储设定了"下限，或者说是短期利率下限，用其向货币市场基金等机构支付逆回购协议的利率。"

a. 什么是逆回购协议？

b. 为什么美联储在逆回购协议中支付的利率会为短期利率设定下限？

资料来源：Michael S. Derby and Katy Burne, "Fed Bolsters Tool Kit for Lifting Interest Rates," *Wall Street Journal*, December 16, 2015.

3.10 根据《华尔街日报》2016 年 6 月的一篇文章，众议院金融服务委员会主席得克萨斯州国会议员杰布·汉萨林（Jeb Hensarling）批评美联储向银行支付的准备金利率高于联邦基金利率。简要说明为什么联邦基金利率通常低于美联储向银行支付的准备金利率。美联储是否有可能把支付给银行的准备金利率设定为等于真正的联邦基金利率？简要说明。

资料来源：Kate Davidson, "House Republicans Grill Janet Yellen on Fed Operations," *Wall Street Journal*, June 22, 2016.

3.11 2016 年 6 月，美联储将联邦基金利率的指标范围定为 0.25%～0.50%。《华尔街日报》的一篇文章指出："它已将其支付给银行准备金的利率设定在该范围的上限处，而将其支付给逆回购协议的利率设定为下限处。"

a. 解释为什么这两个利率的作用是设定联邦基金利率指标范围的最高值和最低值。

b. 绘制一个准备金市场的图形来说明你对 a 部分的回答。

资料来源：Kate Davidson, "House Republicans Grill Janet Yellen on Fed Operations," *Wall Street Journal*, June 22, 2016.

15.4 货币指标制与货币政策

说明货币指标制在货币政策中的作用。

复习题

4.1 美联储在努力实现目标时，尤其是在短期内，面临什么权衡取舍？

4.2 美联储在使用货币政策工具时面临哪两个时机上的困难？

4.3 按美联储影响最大到影响最小的顺序排列以下内容：政策目标、政策工具、政策手段、中间指标。

4.4 如何将泰勒规则用作一段时间内评价美联储货币政策的指南？

4.5 一些外国中央银行将哪些利率定为负值？简要说明它们为何采取此行动。

问题和应用

4.6 说明以下每个变量最有可能是目标、中间指标、操作指标还是货币政策工具：

a. M2。

b. 基础货币。

c. 失业率。

d. 公开市场购买。

e. 联邦基金利率。

f. 非借入准备金。

g. M1。

h. 实际 GDP。

i. 贴现率。

j. 通货膨胀率。

4.7 如果美联储将联邦基金利率用作政策手段，准备金需求增加会导致准备金水平增加还是减少？如果美联储将准备金水平用作政策手段，准备金需求增加会导致联邦基金利率上升还是下降？用准备金的需求和供给的图形来支持你的答案。

4.8 【联系实际 15-2】在 1979 年之后发生

了哪些影响 M1 的立法变化和金融创新？这些变化如何影响货币与通货膨胀的短期联系？

4.9 【联系实际 15-2】《华尔街日报》2016 年 6 月的一篇文章指出："美联储首选的消费者价格衡量标准已连续 48 个月未达到央行设定的 2% 的年度目标。"同期，M1 的年均增长率为 9.5%，在此之前的四年中，从 2008 年 6 月到 2012 年 6 月，M1 的年均增长率为 12.0%。回顾第 2 章中第 2.5 节有关货币数量论的讨论。用交换方程式解释如此高的货币供给增长率如何与低于 2% 的通货膨胀率保持一致。鉴于前几年货币供给的高增长率，在 1980 年之前，我们是否期望通货膨胀率低于 2%？简要说明。

资料来源：Ben Eisen, "Newest Inflation Expectations Likely to Trouble the Fed," *Wall Street Journal*, June 10, 2016.

4.10 2016 年，旧金山联邦储备银行行长约翰·威廉姆斯在美联储的出版物中写道，为未来的长期低实际利率做准备的一种方式是"中央银行追求更高的通货膨胀指标。这将意味着更高的平均利率水平，从而使货币政策有更大的回旋余地"。

a. 为什么更高的通货膨胀指标会导致更高的平均利率水平？

b. 威廉姆斯写的更高利率意味着货币政策"有更大的回旋余地"是什么意思？

c. 是否有什么理由可以说明中央银行提高通货膨胀指标是个坏主意？简要说明。

资料来源：John C. Williams, "Monetary Policy in a Low RStar World," *FRBSF Economic Letter*, 2016-23, August 15, 2016, p. 3.

4.11 利用泰勒规则，使用以下信息，计算 2016 年 6 月联邦基金利率的目标：均衡实际联邦基金利率为 2%，通货膨胀率目标为 2%，当前通货膨胀率为 1.0%，产出缺口为 -1.9%。在你的计算中，如果当前通货膨胀率低于目标通货膨胀率，则通货膨胀缺口为负。用泰勒规则计算的联邦基金利率目标与 0.25% 至 0.50% 的真实联邦基金利率相比如何？

4.12 约翰·泰勒称："大量的经验工作支持以下观点：2003—2005 年，利率太低的时间太长了，这是导致住房繁荣和萧条的主要因素。"

a. 有什么证据表明 2003—2005 年的利率太低？

b. 2003—2005 年太低的利率如何导致住房繁荣和萧条？

资料来源：John Taylor, *First Principles: Five Keys to Restoring America's Prosperity*, New York: W. W. Norton & Company, 2012, p. 133.

4.13 【联系实际 15-3】2016 年《华尔街日报》的一篇文章开头写道："汉斯·彼得·克里斯滕森（Hans Peter Christensen）打开最新的抵押贷款对账单时得到一些不同寻常的消息。他每个季度支付的利息为 -249 丹麦克朗。"简要解释如何和为何会发生这种情况。

资料来源：Charles Duxbury and David Gauthier-Villars, "Negative Rates Around the World: How One Danish Couple Gets Paid Interest on Their Mortgage," *Wall Street Journal*, April 14, 2016.

4.14 【联系实际 15-3】《华尔街日报》2016 年的一篇文章指出："超过 30% 的欧元计价投资级公司债券以负收益率在交易……而 84% 的债券的收益率低于 1%。"导致许多欧洲公司债券的利率为负的原因是什么？为什么有人会购买负利率的债券？

资料来源：Christopher Whittall, "Bond Investors Cash Out in Europe, Head to U.S.," *Wall Street Journal*, September 1, 2016.

数据练习

D15.1 【跟踪 FOMC 会议的新闻】登录联邦储备理事会的网站 www.federalreserve.gov 并阅读最新的联邦公开市场委员会（FOMC）的新闻稿。在该网站中，选择屏幕最上方的“货币政策”，接下来选择屏幕最左方的“FOMC 日历”。向下滚动并选择最新的 FOMC 会议日期的声明。根据 FOMC 的新闻稿回答下列问题：

a. 联邦公开市场委员会是否改变了联邦基金利率的指标？如果是，那么变化是什么？

b. 总的来说，联邦公开市场委员会在声明中更担心经济增长缓慢还是通货膨胀率高？

c. 阅读最新的公开市场委员会会议日的声明中随附的“实施说明”。美联储是否改变了其支付给银行准备金的利率和为逆回购协议提供的利率？

d. 美联储是否宣布了其他货币政策行动？

D15.2 【联邦基金利率相对于指标的波动】登录圣路易斯联邦储备银行（FRED）的网站（fred.stlouisfed.org），下载并绘制有效联邦基金利率（DFF）、联邦基金利率指标范围上限（DFEDTARU）和联邦基金利率的指标范围下限（DFEDTARL）的数据系列图。在同一幅图形上绘制从 2008 年 12 月 16 日到最近可用的一天的所有三个数据系列的值。在此期间，美联储能将有效联邦基金利率保持在指标范围内吗？简要说明。

D15.3 【中央银行的资产负债表】登录英格兰银行网站 www.bankofengland.co.uk。英格兰银行的交互式数据库有一个标题为“货币性金融机构的资产负债表、收入和支出”的部分。该部分有英格兰银行资产负债表的数据。在 2007 年之后，该银行的资产负债表发生了什么变化？这些变化与同期美联储资产负债表的变化相比如何？

D15.4 【贴现贷款的波动】登录圣路易斯联邦储备银行（FRED）的网站（fred.stlouisfed.org），下载并绘制从 2000 年 1 月到最近的数据可用月份的贴现贷款数据系列（DISCBORR）。仅根据这些数据简要说明金融危机何时开始和何时结束。

第16章 国际金融体系与货币政策

学习目标

学完本章之后，你应该能够：

16.1　分析美联储的外汇市场干预如何影响美国的基础货币；

16.2　分析美联储的外汇市场干预如何影响汇率；

16.3　说明如何计算国际收支；

16.4　讨论汇率制度的演变。

开篇案例

欧元能幸存吗？

欧元从一开始就是一场赌博。12个主权国家在2002年决定使用同一货币的决定是前所未有的尝试。尽管有小国放弃本国货币使用大国货币的例子，但从未有像德国、法国和意大利那样大的经济体同意使用共同货币。在欧洲4个最大的经济体中，只有英国拒绝加入“欧元区”，并继续使用本国货币。到2016年，已有19个国家采用欧元。如我们已经看到的那样，各国期望中央银行采取货币政策行动来实现价格稳定和充分就业之类的关键政策目标。但要实施货币政策，一个国家需要控制其货币供给。由于法郎、德国马克、意大利里拉和其他货币不复存在，这些国家已将货币政策控制权移交给欧洲中央银行（ECB)。是欧洲央行而不是各成员国的中央银行来确定隔夜银行贷款利率和基础货币规模之类的关键货币政策变量。

在最初的五年中，欧元这场赌博似乎一直在带来收益。在不必兑换货币或担心货币价值波动的情况下，企业和家庭都能从买卖商品和跨境投资的成本节省中受益。在产出和就业稳定增长的情况下，欧元区国家很少有人抱怨欧洲央行的货币政策。但随后2007—2009年金融危机袭来。尽管这场危机导致欧元区所有国家都遭受产出和就业下降，但希腊、西班牙、葡萄牙和爱尔兰遭受的打击尤其严重。在欧元出现前，这些国家的中央银行本可以通过允许本币贬值来应对经济衰退，从而促进出口和减少进口。每个国家也可以扩大基础货币。但这些抗击衰退的选择已经不再有用。使问题更加复杂的是政府收入减少和政府支出增加带来的政府预算赤字只能通过出售债券（叫作主权债务）来弥补。

投资者开始担心出售的债务太多，以至于希腊、西班牙和意大利政府可能拖欠利息或本金偿付。欧洲央行 2012 年采取了非同寻常的措施，购买了西班牙和意大利的债务。此外，欧元区国家政府同意授予欧洲央行更多的权力来监督所有成员国的银行。如我们在第 15 章中讨论的那样，从 2014 年开始，欧洲央行采取了对银行准备金支付负利率的不同寻常的措施。到 2016 年，欧洲央行不仅增加了购入的政府债券，而且开始购买公司债券，并启动一项为期四年的银行贷款计划来帮助银行为家庭和企业的借款提供资金。这些行动有助于稳定最弱的欧元区成员国的经济，并提高了欧元体系团结在一起的可能性，但一些经济学家和政策制定者依然认为长期来看欧元是不可持续的。

不管结果如何，欧元的经历都说明了各国愿意为实现汇率稳定而付出的努力的程度及这些国家会遇到的困难。

资料来源：Tom Fairless，“Draghi Stops Short of Pledging Fresh Stimulus，” *Wall Street Journal*，July 21，2016；“Unyielding，” *Economist*，June 11，2016；and Matt O'Brien，“The ECB's Big Bazooka Just Got Even Bigger，” *Washington Post*，March 10，2016.

重要议题和问题

议题：2007—2009 年的金融危机及其后果引发对欧洲中央银行货币政策的争议。

问题：欧洲国家应该放弃使用共同货币吗？

我们在第 8 章描述了外汇市场如何运作。在本章中我们重点介绍美联储和其他中央银行如何干预外汇市场。我们还会说明不同的汇率体系（如欧元）及这些体系如何影响国内货币政策。我们先考察美联储在外汇市场采取的行动会如何影响美国的基础货币。

16.1　外汇干预和基础货币

在第 14 章对货币供给过程的分析中，我们说明了三个参与者的行为：中央银行、银行体系和非银行公众。但是，由于国际金融市场是相互联系的，外国中央银行、外国银行及外国储蓄者和借款人也会影响美国的货币供给。特别是，当中央银行或政府试图影响其货币的对外交换价值时，国际金融交易就会影响货币供给。结果是，这种干预会导致外汇市场稳定的货币政策目标与国内价格稳定和经济增长的政策目标之间发生冲突。

美联储和其他中央银行偶尔会参与国际市场来影响本国货币的对外交换价值。**外汇市场干预（foreign exchange market intervention）**是中央银行为影响本国汇率而有意采取的行动。外汇市场干预会改变中央银行持有的**国际储备（international reserve）**［或**外汇储备（foreign reserve）**］，国际储备是以外币计价并被用于国际交易的资产。

如果美联储希望美元的对外交换价值上升，那么可以通过出售外国资产，并在国际货币市场上购买美元来增加对美元的需求。如果美联储希望美元的对外交换价值下降，那么可以通过出售美元并购买外国资产来增加美元的供给。这种交易不仅影响美元价值，而且影响国内基础货币。我们可以用 T 账户追踪外汇市场干预对美联储资产负债表的影响来说明如何影响基础货币。

假设为了降低美元的对外交换价值，美联储购买了价值 10 亿美元的外国资产，如外国政府发行的短期证券。通常，美联储会从商业银行买入购买外国政府债券所需的外汇。

这项交易使美联储的国际储备增加 10 亿美元，因此，美联储资产负债表上的外国资产分录增加 10 亿美元。美联储支付给银行的资金使在美联储的银行储备存款增加 10 亿美元，这是美联储的负债。我们可以将这笔交易对美联储资产负债表的影响总结如下：

美联储

资产		负债	
外国资产（国际储备）	+10 亿美元	在美联储的银行准备金	+10 亿美元

如果美联储用 10 亿美元的通货为外国资产付款，那么因为通货也是美联储的负债，所以美联储的负债也增加 10 亿美元：

美联储

资产		负债	
外国资产（国际储备）	+10 亿美元	通货	+10 亿美元

因为基础货币等于通货与银行准备金之和，所以任何一项交易都会引起基础货币增加所购买的外国资产（国际储备）的金额。换言之，中央银行购买外国资产与公开市场购买政府债券对基础货币的影响相同。当中央银行购买外国资产时，国际储备和基础货币会增加等于所购买的外国资产的金额。

类似地，如果美联储为了提高美元的对外交换价值而出售外国资产，那么基础货币会下降，而美元价值会上升。例如，如果美联储出售 10 亿美元的外国政府发行的短期证券，那么美联储的外国资产持有量就会下降 10 亿美元。与此同时，如果美联储出售的外国资产的购买人用美国的银行签发的支票付款，那么在美联储的银行准备金下降 10 亿美元。这笔交易对美联储资产负债表的影响如下：

美联储

资产		负债	
外国资产（国际储备）	－10 亿美元	在美联储的银行准备金	－10 亿美元

相反，如果美联储用出售外国资产所得购买美元，那么通货（另一种美联储负债）会减少相当于所出售的外国资产的金额。因为基础货币是流通中的现金与准备金之和，所以基础货币也下降等于所出售的外国资产（国际储备）的金额。因此，本国在美联储的银行准备金或通货下降。换言之，中央银行出售外国资产与公开市场出售政府债券对基础货币的影响相同。中央银行用出售外国资产所获资金来购买本国货币使国际储备和基础货币减少等于所出售的外国资产的金额。

当中央银行允许基础货币随外汇市场上对本币的购买或出售而变动时，这种交易被称为**非冲销性外汇干预（unsterilized foreign exchange intervention）**。另外，中央银行可以用国内公开市场操作来抵消由外汇市场干预引起的基础货币变动。例如，考虑美联储出售 10 亿美元的外国资产。当没有任何抵消性干预时，基础货币下降 10 亿美元。然而，美联储可以同时执行公开市场购买 10 亿美元短期国债来消除由外汇市场干预引起的基础货币下降。如下的 T 账户说明了这些交易：

美联储

资产		负债	
外国资产（国际储备）	－10 亿美元	基础货币（通货＋准备金）	＋0 亿美元
短期国债	＋10 亿美元		

伴随着保持基础货币不变的抵消性国内公开市场操作的外汇市场干预被称为**冲销性外汇市场干预（sterilized foreign exchange intervention）**。

16.2　外汇干预和汇率

外汇干预会影响本国的货币供给，可能对本国经济产生意想不到的影响。但中央银行偶尔仍会介入外汇市场，原因是中央银行试图将汇率波动降至最小。本币贬值会提高外国商品的成本，并会带来通货膨胀。如我们在第 16.1 节所看到的，中央银行可以通过购买以本币计价的资产并出售以外币计价的资产来限制贬值。本国货币升值会使一国的商品在世界市场的竞争力下降。中央银行试图通过出售以本币计价的资产来限制升值。在本节中，我们考察非冲销性和冲销性外汇市场干预对汇率的影响。

非冲销性干预

我们在第 8 章看到，汇率是由外汇市场上对美元的需求和供给决定的。我们可以利用需求和供给分析来说明中央银行外汇干预对汇率的影响。

假设美联储试图通过非冲销性干预来提高美元对日元的交换价值。美联储出售短期日本政府证券会减少美国的基础货币。美联储减少了外汇市场的美元供给，然而，正如我们在第 15 章看到的那样，基础货币减少也会提高美国的利率（如果我们处于银行准备金稀缺的情形，这种可能性更大）。随着美国利率相对于日本利率的上升，外国投资者要购买美国的金融资产就需要更多的美元，而美国投资者想要购买更少的日本金融资产，因此，他们兑换日元的美元供给会下降。图 16－1（a）显示美元需求曲线从 D_1 向右移动到 D_2，供给曲线从 S_1 向左移动到 S_2。均衡汇率从 E_1 升至 E_2，表明美联储已经成功地提高了美元的外汇价值。因此，如果没有其他改变，那么中央银行通过出售外国资产来换取本国货币的非冲销性干预导致国际储备和货币基础减少及本国货币升值。

如果要用非冲销性外汇干预来降低汇率，那么美联储会购买短期日本政府证券，增加美国的货币基础。如果美国利率随着基础货币的增加而下降，那么美元的需求曲线将向左移动，美元的供给曲线将向右移动。如图 16－1（b）所示，结果是均衡汇率下降。因此，如果没有其他改变，那么中央银行以本国货币购买外国资产的非冲销性干预会导致国际储备和货币基础增加及本国货币贬值。

冲销性干预

正如我们看到的那样，就冲销性外汇干预而言，中央银行利用公开市场操作来抵消外汇干预对基础货币的影响。因为基础货币未受影响，所以国内利率不会变化。于是，如果美联储卖出短期日本政府证券，但同时又通过购买短期国债冲销外汇干预，那么美国利率

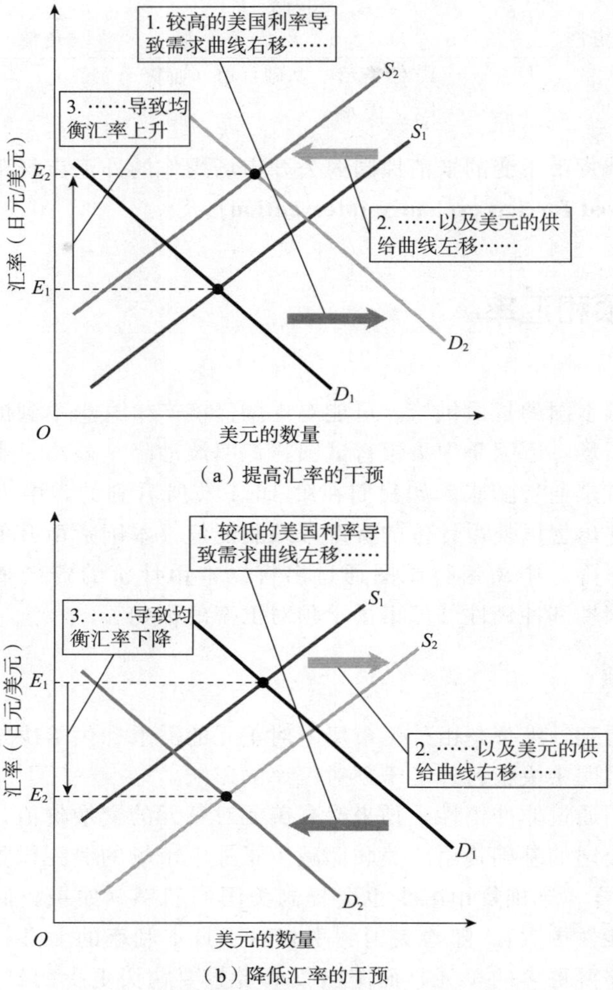

图 16-1　非冲销性外汇市场干预对汇率的影响

在图（a）中，美联储通过出售短期日本政府证券来干预外汇市场。这种行动减少美国的基础货币并提高美国的利率。因此，美元兑换日元的需求曲线从 D_1 向右移动到 D_2，供给曲线从 S_1 向左移动到 S_2。均衡汇率从 E_1 上升到 E_2。在图（b）中，美联储通过购买短期日本政府证券来干预外汇市场。这种行动增加美国的基础货币并降低美国的利率。因此，美元兑换日元的需求曲线从 D_1 向左移动到 D_2，供给曲线从 S_1 向右移动到 S_2。均衡汇率从 E_1 下降到 E_2。这两个例子都是非冲销性干预。

就不会受到影响。因此，美元的需求曲线和供给曲线也不会受到影响，汇率不会变化。我们可以得出结论：冲销性干预不影响汇率。如果要产生影响，那么旨在改变汇率的中央银行外汇干预不需要被冲销。

解决问题 16-1

瑞士中央银行抵消瑞士法郎升值

2016 年，《华尔街日报》的一篇文章指出：

瑞士央行周四发布的数据突显出，在大多数国家似乎宁愿汇率走弱而不是走强之际，官员们竭尽所能阻止其货币升值过多。上个月瑞士的外汇储备升至瑞士经济总量的 95%，如果瑞士法郎继续升值，那么瑞士央行将遭受巨大损失。

a. 如果瑞士法郎走强，购买一欧元要花更多的瑞士法郎还是更少的瑞士法郎？为什么大多数国家会偏爱弱势货币而不是强势货币？

b. 瑞士中央银行不得不采取什么行动来削弱瑞士法郎相对欧元的价值？瑞士中央银行的“外汇储备”是什么？为什么其外汇储备会增加？用瑞士法郎交换欧元的市场图说明瑞士中央银行为削弱瑞士法郎的价值而采取的行动。

解决问题

第一步　复习本章的内容。这个问题是关于中央银行如何干预来影响汇率的，因此，你需要复习“外汇干预和汇率”这一节。

第二步　通过解释货币疲软的含义及为什么大多数国家可能更喜欢弱势货币而不是强势货币来回答 a 部分。如果兑换一欧元需要更多的瑞士法郎（或者兑换一瑞士法郎需要更少的欧元），那么瑞士法郎就是较疲软的。当瑞士法郎的价值相对于欧元下降时，那么像食品出口商雀巢（Nestlé）或制药公司诺华（Novartis）和罗氏（Roche）之类的瑞士出口商在欧洲的销量可能会增加，因为其产品的欧元价格会下降。例如，假设雀巢在苏黎世以 1 瑞士法郎的价格出售糖果棒。如果瑞士法郎与欧元的汇率为 1 瑞士法郎＝1 欧元，那么糖果棒在巴黎的价格为 1 欧元。但是，如果瑞士法郎对欧元的价值贬值，且汇率变为 1 瑞士法郎＝0.9 欧元，那么糖果棒在巴黎的价格会跌至 0.9 欧元，进而销量会增加。

第三步　通过解释瑞士中央银行不得不采取哪些行动来削弱瑞士法郎的价值及该银行的外汇储备在这些行动中会发挥的作用来回答 b 部分。画一个图形来说明你的答案。要削弱瑞士法郎对欧元的价值，瑞士中央银行必须出售瑞士法郎来交换欧元。结果是，瑞士中央银行的资产持有量或国际储备（或外汇储备）会增加。下图显示瑞士央行的出售将瑞士法郎的供给从 S_1 增加到 S_2。结果是，均衡汇率从 E_1 下降到 E_2。注意，因为你是从瑞士中央银行的角度来绘制图形的，所以纵轴应标记为“欧元/瑞士法郎”。

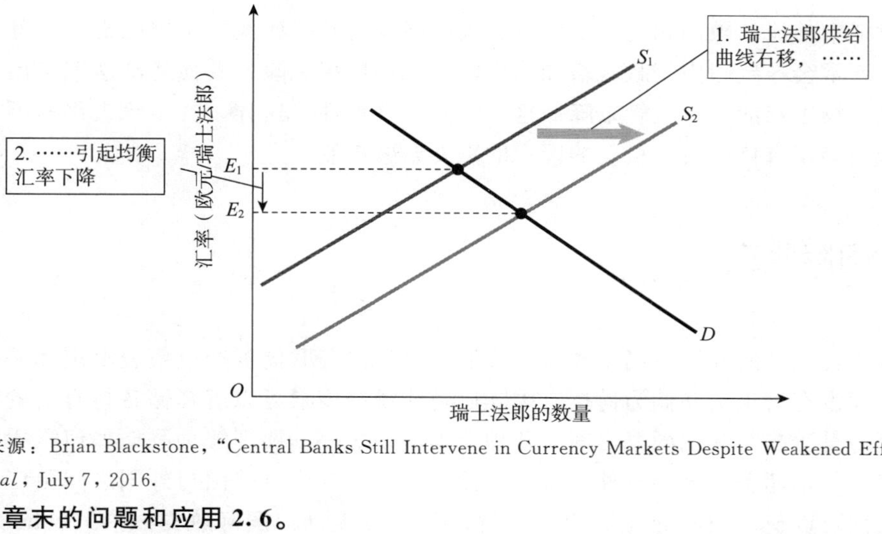

资料来源：Brian Blackstone, “Central Banks Still Intervene in Currency Markets Despite Weakened Effect,” *Wall Street Journal*, July 7, 2016.

见本章末的问题和应用 2.6。

资本管制

墨西哥在1994—1995年间遭遇货币危机，一些东亚国家在1997—1998年间遭遇货币危机。在这些危机中，所涉国家的货币汇率急剧下跌，经济遭到破坏。这些危机在一定程度上是由于金融投资的大量流入或流出，或者说资本流入和资本流出，这导致一些经济学家和政策制定者提倡限制新兴市场国家的资本流动。这些叫作**资本管制（capital control）**的限制是政府对外国投资者购买国内资产或国内投资者购买外国资产的限制。政府希望用资本管制减小本币与外币的汇率波动。

尽管资本外流经常在货币危机中发挥作用——导致一些政治领导人限制资本外流，就像当时的马来西亚总理马哈蒂尔·穆罕默德（Mahathir Mohamad）在1998年所做的那样——但大多数经济学家都担心这种管制对国内经济的影响。资本管制有严重的问题。首先，在资本管制下，国内公司和投资者必须获得政府的许可才能将本币兑换成外币。负责授予许可的政府官员可以在授予许可之前坚持收受贿赂。大多数实施资本管制的发展中国家发现资本管制带来大量的政府腐败。其次，跨国公司可能不愿意在有资本管制的国家投资，因为如果无法将本币兑换为外币，那么这些公司很难将其获得的任何利润返还给本国。这个问题很重要，因为要实现高增长率，许多发展中国家都依赖跨国公司在本国建立工厂和其他设施的意愿。最后，在实践中，许多国家发现，个人和公司通过使用黑市来逃避资本管制，在黑市中，货币交易商愿意将本国货币非法兑换为外币。

尽管使用资本控制有这些缺点，但2007—2009年的金融危机及其后果让一些经济学家和政策制定者重新对资本管制产生兴趣。在危机发生之前的几年中，包括西班牙、希腊和冰岛在内的几个欧洲国家经历了大量的资本流入，部分原因是全球房地产价格的上涨。在危机开始后，这些国家经历了急剧的资本外流，这又加剧了经济衰退。国际货币基金组织（我们将在本章稍后讨论的一个国际机构）多年来一直反对资本管制。但最近已经软化了反对立场，甚至建议政府和中央银行在遇到特别大的资本流入的情况下考虑使用资本管制。

与对资本外流的限制相比，对资本流入的限制得到一些经济学家的支持，部分原因是这种流入通常会导致国内贷款激增和国内银行承担更多风险。其他经济学家指出可以通过改善新兴市场国家的银行监管来降低这一问题的严重性。这样，资本流入仍然可以作为将外国投资引导至有良好投资机会的国家的重要金融机制。

16.3 国际收支

在说明美联储的外汇市场干预时，我们只是指出美联储资产负债表上国际储备的增加或减少，而没有讨论美联储为何持有国际储备或哪些因素可以解释储备持有量的规模。国际储备交易是美国与其他国家之间的几种资本流动之一。要理解美联储如何积累国际储备以及有多少外汇储备可被用于外汇市场干预，我们需要研究美国与外国之间更广泛的资金流动。我们可以使用国际收支账户来了解国际资本流动。**国际收支账户（balance-of-payments account）**衡量本国经济（在本例中为美国）与所有外国之间全部的私人和政府资金流动。

美国的国际收支是一种簿记程序，类似于家庭或企业可能用来记录收支的程序。在国际收支中，外国人向美国的资金流入为收款，记为正数。收款包括：

（1）购买美国生产的商品和服务（出口）；

（2）外国家庭和企业购买美国资产所花费的资金（资本流入）；

（3）外国人给美国公民的赠予（单边转移）。

从美国到外国人的资金流出是付款，记为负数。付款包括：

（1）购买外国生产的商品和服务（进口）；

（2）美国家庭和企业购买外国资产所花费的资金（资本流出）；

（3）给外国人的赠予，包括对外援助（单边转移）。

国际收支账户的主要组成部分概括购买和出售商品和服务的交易（经常账户余额，包括贸易余额）和国际贷款或借款的资金流动（金融账户余额，包括官方结算余额）。

每项国际交易都代表家庭、企业或政府之间的商品、服务或资产交换。因此，交换的双方一定总是平衡的。换句话说，国际收支账户的付款和收款一定等于零，或者：

经常账户余额＋金融账户余额＝0

经常账户

经常账户概括一个国家与外国贸易伙伴之间与当期生产的商品和服务的购买和出售有关的交易。如果美国有经常账户盈余（正数），那么美国居民向外国人出售的商品和服务多于向外国人购买的。因此，美国居民有资金可以借给外国人。美国的经常账户余额通常为负，或者说处于赤字状态。美国 2015 年的经常账户赤字为 4 630 亿美元。当美国有经常账户赤字时，必须借入差额部分支付从国外购买的商品和服务。一般而言，经常账户盈余或赤字必须通过国际借贷或官方储备交易的变化来平衡。一些经济学家和政策制定者一直担心，自 20 世纪 80 年代以来，美国经常账户的巨额赤字已导致美国严重依赖国外的储蓄（国际借款）来为国内的消费、投资和联邦政府预算赤字提供资金。

在过去的 15 年中，美国经常账户赤字的一个原因可能是全球“储蓄过剩”。储蓄过剩的部分原因是日本等国的高储蓄率，这些国家拥有正在为退休做准备的老龄化人口。此外，由于中国、韩国和其他亚洲国家等发展中国家及东欧一些国家因收入增加而提高储蓄，全球的储蓄水平提高了。高储蓄率和相对有限的投资机会导致这些国家的资金流入美国。此外，欧洲增长缓慢及金融和政治动荡导致一些投资者更倾向于选择美国证券作为避风港。在某些时期，这些因素导致投资者抬高美元的价值。美元的高价值减少了美国的出口，并增加了进口，导致经常账户赤字。

金融账户

金融账户衡量国家之间对现有金融或实物资产的交易。当一个国家的某个人向外国投资者出售资产（例如，摩天大楼、债券或股票）时，由于资金流入该国来购买资产，所以该交易在国际收支账户中记为资本流入。当一个国家的某个人在国外购买资产时，因为资金从该国流出来购买该资产，所以该交易在国际收支账户中记为资本流出。例如，当一位富有的中国企业家在纽约的高层建筑购买一套顶层公寓时，该交易被记录为中国的资本流出和美国的资本流入。

金融账户余额是资本流入量减去资本流出量，加上债务减免的净值和移民进入美国的金融资产转移。[①] 如果该国居民向外国人出售的资产多于从外国人购买的资产，那么金融账户余额为盈余。如果该国居民向外国人购买的资产多于向外国人出售的资产，那么金融账户余额为赤字。2015 年，美国的资本流入为 4 206 亿美元，资金流出为 2 253 亿美元，净金融账户余额为 1 953 亿美元。该金融账户余额代表外国人持有的美国资产的增加。

官方结算账户

并不是所有的国家间的资本流动都是家庭和企业的交易。政府和中央银行资产持有量的变化是对私人资本流动的补充。官方储备资产是中央银行持有的资产，央行将其用于开展国际支付来结算国际收支并执行国际货币政策。历史上黄金是主要的官方储备资产。现在官方储备主要是美国和其他高收入国家的政府证券、外国银行存款以及由国际货币基金组织（IMF）创建的被称为特别提款权的资产。官方结算等于一国官方储备资产的净增加额（本国持有量减去外国持有量）。

官方结算余额有时被称为国际收支盈余或赤字。这个术语可能有些令人困惑。前面我们看到，国际收支等于经常账户余额和金融账户余额的总和，因此始终为零。考虑国际收支的另一种方法是从金融账户中排除官方结算余额。这种排除使一个国家有可能出现国际收支盈余或赤字。从这个角度看，美国在 2015 年出现了巨大的国际收支赤字。当一个国家在这种意义上有国际收支盈余时，该国会获得国际储备，原因是该国的收款超过付款。也就是说，外国中央银行向该国中央银行提供国际储备。当一个国家在这种意义上有国际收支赤字时，该国会损失国际储备。由于美元和以美元计价的资产是国际储备中最大的组成部分，因此，美国国际收支赤字可以通过减少美国的国际储备和增加外国中央银行持有的美元资产来提供资金。同样，美国国际储备的增加和外国中央银行持有的美元资产的减少结合起来可以抵消美国的国际收支盈余。

账户间的关系

回想一下，原则上，经常账户余额与金融账户余额之和为零。实际上，度量问题使这种关系无法完全成立。对度量误差的调整，即统计差异，在国际收支账户的金融账户部分报告。2015 年美国国际收支账户的统计差异为 2 678 亿美元（资本流入）。许多分析师认为，其他国家的国际收支账户中类似的巨额统计差异反映了与非法活动、逃税或政治风险引起的资本外逃有关的隐蔽资本流动。

总而言之，国际贸易和金融交易影响国际收支中的经常账户和金融账户。为了结清一国的国际收支中的国际交易，该国的中央银行与外国中央银行开展官方储备交易，这会影

---

① 资本账户是国际收支的第三个且不太重要的组成部分。资本账户记录相对小额的交易，如债务免除、移民转移（包括人们离开或进入某个国家时携带的商品和金融资产）以及非生产性非金融资产的买卖。非生产性非金融资产指版权、专利、商标或自然资源权。金融账户和资本账户的定义经常被误解，因为在 1999 年之前资本账户记录现在包括在金融账户和资本账户中的所有交易。换句话说，资本账户交易从国际收支的非常重要的组成部分变成相对不重要的部分。因为现在所谓的资本账户的余额很小，为简单起见，我们在此处将其与金融账户合并。

响该国的基础货币。

16.4　汇率制度和国际金融体系

美联储和其他中央银行开展外汇市场干预来维持本国货币的对外交换价值。政治协议影响每个中央银行购买和出售国际储备的规模和时间。具体而言，各国可能同意采纳一种特定的**汇率制度**（**exchange rate regime**），或者说调整国家间的汇率及商品和资本流动的体系。有时候，各国同意固定各国货币之间的汇率，这些协议承诺中央银行会采取行动来维持这些汇率。在其他时候（包括现在），大多数国家都允许汇率根据不同货币的供求变化而波动，但中央银行仍会采取行动限制汇率波动。

在本节中，我们将从以下几个方面分析汇率制度：（1）协议如何把体系结合在一起；（2）汇率如何调整来维持协议；（3）中央银行如何采取行动维持国际货币和金融体系的均衡。我们还评估每种体系的成败及政府和中央银行面临的政策困境。

固定汇率和金本位

过去，大多数的汇率制度都是**固定汇率体系**（**fixed exchange rate system**），在该体系中，汇率被设定在由政府决定和维持的水平上。在**金本位**（**gold standard**）下，参与国的货币可以兑换约定的黄金数量。任何两国货币之间的汇率都由货币的相对含金量固定下来。从 19 世纪末到 1914 年第一次世界大战爆发期间盛行的古典金本位表明了固定汇率体系的成败。

考虑一个金本位如何运作的示例：如果 1 美元可以兑换 1/20 盎司的黄金，而 1 法郎（FF1）可以兑换 1/80 盎司的黄金，那么汇率为 1 美元＝4 法郎或 0.25 美元＝1 法郎。现在，我们看一个法国和美国之间的贸易和资本流动的例子来说明这种固定汇率体系是如何运作的。在金本位下，美国进口商可以通过以下方式从法国出口商购买商品：（1）在法国将美元兑换成法郎并购买商品，或者（2）在美国将美元兑换成黄金，并向法国运送黄金来购买法郎和法国商品。

假设对法国商品的需求相对于对美国商品的需求增加，导致对法郎的需求增加和对美元的需求减少。结果是汇率偏离官方汇率的压力，比方说从 1 美元＝4 法郎变为 1 美元＝3 法郎。在这种情况下，只要美国和法国政府继续按照约定的汇率将货币兑换成黄金，美国进口商就可以通过将黄金运到法国购买法郎来获利。

因此，如果费城的布料进口商萨莉・夏普（Sally Sharp）想从巴黎的豪华（Deluxe）公司购买价值5 000法郎的布料，她可以使用上述两种策略中的任何一种。首先，如果她尝试在外汇市场上出售美元购买法郎，她会发现必须为布料支付5 000法郎÷(3 法郎/美元)＝1 666.67 美元。或者，她可以用1 250美元兑换黄金，将金条运送到法国，并要求法国银行按固定汇率将黄金兑换为法郎。以 1 美元＝4 法郎的官方汇率，她将从黄金中获得5 000法郎，这足以买到布。第二种策略为萨莉提供了更便宜的解决方案。她在这笔交易上节省了 416.67 美元，只要将黄金从费城运到法国的成本不超过 416.67 美元，这就是购买布料的更好的方法。

像萨莉·夏普这样的美国进口商将黄金运到巴黎在法国会发生什么？黄金流入法国，扩大了该国的国际储备，因为黄金最终被兑换成法郎。美国损失了等量的国际储备，因为美元被交给政府来换取黄金。一国国际储备增加会增加基础货币，国际储备减少会减少基础货币。法国的基础货币增加而美国的基础货币减少，这给法国的价格水平带来上行压力，给美国的价格水平带来下行压力。法国商品相对于美国商品而言变得更加昂贵。因此，对法国商品的相对需求下降，贸易平衡恢复并使汇率向 1 美元＝4 法郎的官方汇率移动。

反之，如果对美国商品的相对需求增加，那么黄金将从法国流向美国，减少法国的基础货币，并增加美国的基础货币。在这种情况下，随之而来的是美国价格水平相对于法国价格水平的上涨，这使法国商品更具吸引力，贸易平衡恢复。汇率回到 1 美元＝4 法郎的固定汇率。因此，我们可以得出结论，金本位具有使得汇率反映各国货币的潜在含金量的自动机制。这种自动机制被称为价格铸币流动机制（price-specie flow mechanism）。

金本位下的经济调整过程的一个问题是贸易逆差和黄金流出国家的价格水平下降或通货紧缩。一段时期的未预期到的明显通货紧缩会导致经济衰退或加剧经济衰退恶化。美国在 19 世纪 70 年代、19 世纪 80 年代和 19 世纪 90 年代发生几次因通货紧缩而更加严重的经济衰退。价格水平下降提高了家庭和企业名义债务的实际价值，导致许多经济部门陷入财务困境。

金本位下的固定汇率的另一个后果是各国对国内货币政策几乎没有控制权。原因是黄金流动引起基础货币发生变化。结果是，各国面临来自国际贸易的意外的通货膨胀或通缩。此外，黄金的发现和生产对世界货币供给的变化产生重大影响，加剧了不稳定。例如，在 19 世纪 70 年代和 19 世纪 80 年代，人们很少发现金矿和快速的经济增长导致许多国家的物价下跌。通货紧缩导致美国中西部和大平原州的农民政治上巨大的不安定，因为他们看到抵押贷款的实际利率上升。此外，19 世纪 90 年代阿拉斯加、加拿大育空地区和现在南非的金矿发现提高了全世界的物价水平。

从理论上讲，金本位要求所有国家都遵守以固定汇率将货币自由兑换成黄金的承诺。实际上，英国使该汇率制度的承诺可信。英国经济的实力、频繁的贸易顺差及其庞大的黄金储备使英国成为国际货币和金融体系的锚。在第一次世界大战期间，国际贸易体系的中断导致各国放弃将货币兑换为黄金的承诺。在两次世界大战之间，金本位得到短暂的复兴，但在 20 世纪 30 年代的大萧条时期最终崩溃了。总统富兰克林·罗斯福和国会在 1933 年使美国脱离金本位制。此后，联邦政府不再将纸币兑换为黄金，并且除了出于某些有限的目的之外，如制造黄金珠宝、工业制造和硬币收集，禁止美国公民拥有黄金。对美国公民拥有黄金的禁令一直持续到 1974 年。

联系实际 16－1

金本位加剧大萧条吗？

在 1929 年大萧条开始时，各国政府面临放弃金本位以便让中央银行可以更轻松地推行扩张性货币政策的压力。1931 年，英国成为第一个放弃金本位的主要国家。同年，其他一些国家也相继放弃金本位。美国的金本位一直保持到 1933 年，包括法国、意大利和比利时在内的少数国家维持金本位的时间甚至更长。到 20 世纪 30 年代后期，金本位已不复存在。

一个国家越早脱离金本位，就越容易通过扩张性货币政策来对抗大萧条。如下图所示，在 1933 年之前放弃金本位的国家在 1929 至 1934 年间工业生产平均下降幅度仅为 3%。直到 1933 年或之后一直保持金本位的国家的生产平均下降幅度超过 30%。

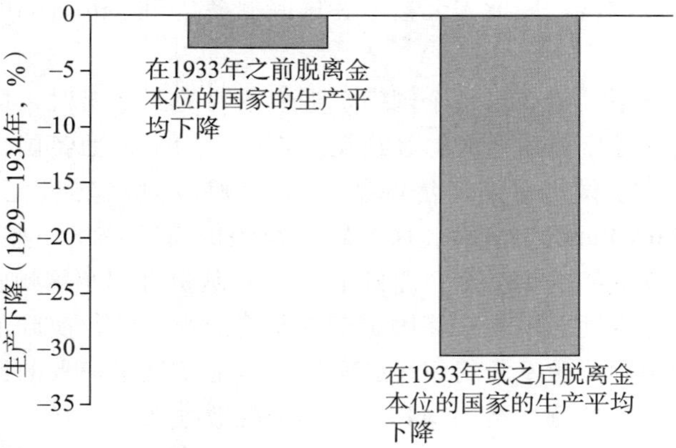

为什么坚持金本位的国家遭受大萧条的影响更严重？一个关键原因是，要保持金本位，中央银行通常不得不采取收缩而不是扩大生产和就业的行动。例如，美国在 1930 年和 1931 年经历了黄金外流。担心黄金外流可能迫使美国脱离金本位，美联储试图通过提高贴现率来阻止黄金外流。更高的利率将使在美国的金融投资对外国投资者更具吸引力，导致他们增加对美元的需求。但是，尽管较高的利率可以有效地阻止黄金外流，并使美国保持金本位，但经济实际上需要较低的利率来刺激国内支出。美国直到 1933 年 3 月，即脱离金本位的同一个月，才从大萧条中恢复过来。

那些在 20 世纪 30 年代保持金本位最长的国家的毁灭性经济表现是政策制定者在晚些时候不再尝试恢复古典金本位的关键原因。

资料来源：Ben Bernanke and Harold James, "The Gold Standard, Deflation, and Financial Crisis in the Great Depression: An International Comparison," in R. Glenn Hubbard, ed., *Financial Markets and Financial Crises*, Chicago: University of Chicago Press, 1991; Barry Eichengreen, *Golden Fetters: The Gold Standard and the Great Depression 1919—1939*, New York: Oxford University Press, 1992; 放弃金本位的时间数据来自 Melchior Palyi, *The Twilight of Gold, 1914—1936*, Chicago: Henry Regnery, 1972, Table Ⅳ-Ⅰ, pp. 116-117; 工业生产变化的数据来自 League of Nations, *World Production and Prices*, 1925—1934, Geneva: League of Nations, 1935, Appendix Ⅱ, Table 1, p. 133.

见本章末的问题和应用 4.8。

改进的固定汇率：布雷顿森林体系

尽管金本位已经消亡，但许多国家仍然对固定汇率的概念感兴趣。随着第二次世界大战临近结束，美国、英国、法国和其他盟国政府的代表于 1944 年聚集在新罕布什尔州的布雷顿森林，目的是设计一个新的国际货币和金融体系。由此产生的协议被称为**布雷顿森林体系（Bretton Woods system）**，该体系从 1945 年一直维持到 1971 年。包括英国经济学家约翰·梅纳德·凯恩斯在内的该协议的制定者打算恢复固定汇率体系，但希望实现比金本位下更为平稳的短期经济调整。美国同意以每盎司 35 美元的价格将美元转换为黄金，但仅限于与外国中央银行打交道。美国公民依然被禁止用美元兑换黄金。该体系所有其他成员国的中央银行承诺按照对美元的固定汇率买卖本国货币。通过固定对美元的汇率，这些国家也固定了其货币之间的汇率。由于当时美国在全球经济中处于主导地位，并且因为美国拥有世界上大部分的货币黄金，美国在该体系中发挥特殊作用。由于中央银行使用美元资产和黄金作为国际储备，因此美元被称为国际储备货币（international reserve currency）。

在布雷顿森林体系下，只有当一个国家遭遇根本性的不平衡时，即只有当国际收支在固定汇率下出现持续的赤字或盈余时，才应调整汇率。为了帮助各国在保持固定汇率的同时对国际收支赤字或盈余做出短期经济调整，布雷顿森林协定创建了**国际货币基金组织（International Monetary Fund，IMF）**。这个跨国组织的总部位于华盛顿特区，从 1945 年的 29 个成员发展到 2016 年的 189 个。原则上，IMF 负责管理布雷顿森林体系，并作为最后贷款人来确保短期经济问题不会破坏固定汇率制度的稳定性。实际上，在布雷顿森林体系结束后幸存下来的国际货币基金组织还鼓励制定与汇率稳定一致的国内或地区内经济政策，并收集和标准化用于监测成员的国际经济和金融数据。

虽然 IMF 不再试图鼓励固定汇率（其核心的布雷顿森林体系职能），但其作为国际最后贷款人的业务活动却在增加。在 20 世纪 80 年代的发展中国家债务危机期间，IMF 向这些国家提供信贷来帮助偿还贷款。在 1994—1995 年墨西哥金融危机和 1997—1998 年东亚金融危机期间，IMF 的贷款引发有关其在国际金融体系中作用的重大争议。

IMF 干预措施的倡导者指出在新兴市场金融危机中需要最后贷款人。IMF 的批评者提出两个相反的论点。首先，IMF 通过救助外国贷款人鼓励了过度冒险形式的道德风险。根据这种观点，IMF 在墨西哥危机中对外国贷款人的救助鼓励了这些贷款人向东亚国家提供高风险贷款，进而加剧了这场危机。其次，与 IMF 给外国贷款人的待遇相反，该机构给发展中国家的紧缩方案着重于减少政府支出和提高利率，而这是会带来失业和政治动荡的宏观经济政策。

布雷顿森林体系下的固定汇率

中央银行买卖美元资产的外汇市场干预维持了布雷顿森林体系的固定汇率。在要求各国干预来稳定汇率之前，汇率可以比固定汇率高出或低出 1%。如果一种外币相对于美元升值，那么该国中央银行会卖出本币，买入美元，从而将汇率推回固定汇率。如果一种外币相对于美元贬值，那么中央银行会卖出其国际储备中的美元资产，并购买本国货币，将汇率推回固定汇率。

一般而言，中央银行只要有意愿和能力买卖稳定汇率所需的本国货币量，就可以维持固定汇率。外国中央银行在购买本国货币时会出售美元（国际储备）。外国中央银行在出售本国货币时会购买美元。结果是中央银行应对汇率市场压力的调整面临严重的不对称性。国际收支顺差国出售本币、购买美元来维持汇率的能力没有任何限制。但国际收支逆差国购买本币的能力（提高其相对于美元的价值）受到该国国际储备存量的限制。因此，由国际收支赤字引起的储备外流给受到布雷顿森林体系约束的中央银行带来问题。当一个国家的国际储备存量被耗尽时，中央银行和政府将不得不执行限制性经济政策（如提高利率）来减少进口和贸易逆差，或者不得不放弃固定汇率政策。

布雷顿森林体系下的贬值和升值

在布雷顿森林体系下，一国可以通过买卖国际储备或改变国内经济政策来捍卫固定汇率，或者可以向国际货币基金组织提出允许改变汇率的请求。当一国货币相对于美元被高估时，若得到 IMF 的同意，则该国可以让其货币**减值**（**devaluation**），即降低该国货币相对于美元的官方价值。货币相对于美元被低估的国家可以让其货币**增值**（**revaluation**），即提高其货币相对于美元的官方价值。[①]

在实践中，一国不会经常寻求减值或增值。在布雷顿森林体系下，政府宁愿推迟减值，也不愿面对货币政策有缺陷的政治指控。增值是一个不太受欢迎的选择。让货币对美元的价值增加时，国内厂商及其工人会强烈抱怨，因为本国商品在世界市场上的价格上涨会减少利润和就业。反对减值和增值的政治压力意味着政府仅在外汇市场出现严重失衡时才会改变汇率。

布雷顿森林体系中的投机攻击

当投资者开始认为一国政府没有意愿或能力维持汇率时，他们会尝试通过出售弱势货币或购买强势货币来获利。这些被称为投机攻击的行动会迫使货币减值或增值。投机攻击会造成国际金融危机。1967 年发生过这种攻击，当时英镑相对于美元被高估。图 16-2 说明了对英镑的投机攻击。英镑供求的交点发生在 E_1 处，低于 1 英镑＝2.80 美元的固定汇率。结果是英镑过剩。为了捍卫被高估的汇率，英格兰银行不得不用其国际储备中的美元购买相当于 Q_2-Q_1 的过剩英镑。

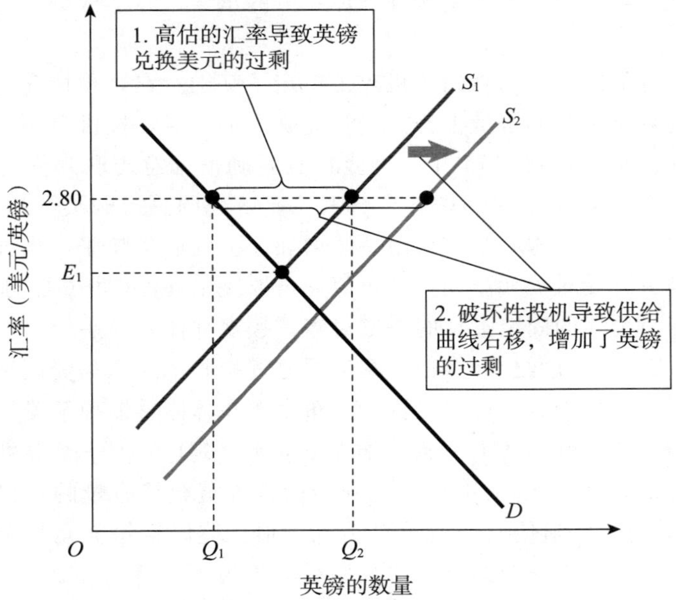

图 16-2　1967 年对英镑的投机攻击

英镑兑换美元的需求曲线和供给曲线的交点在点 E_1，点 E_1 低于 1 英镑＝2.80 美元的固定汇率的点。结果是出现过剩的英镑。为了捍卫高估的汇率，英格兰银行不得不利用国际储备中的美元买入等于 Q_2-Q_1 的过剩英镑。投机者确信英国将对英镑减值，这导致对英镑的供给从 S_1 移动到 S_2，加剧了英镑的高估程度。

① 回想一下，在浮动汇率体系中，汇率下降叫作贬值（depreciation），汇率上升叫作升值（appreciation）。

随着英格兰银行国际储备的萎缩，货币交易员知道，英格兰银行在某个时候会耗尽美元，并不得不放弃稳定措施。在预期英镑对美元的价值会下跌的情况下，投机者的做法是将英镑（包括从银行借来的英镑）以 2.80 美元/1 英镑的固定汇率出售给英格兰银行。当英镑最终确实贬值时，投机者再用美元买回现在更便宜的英镑，从而赚取可观的利润。就我们的图形分析而言，投机者使英镑的供给从 S_1 移动到 S_2，这导致对英镑的高估加剧。固定汇率与市场汇率之间的这种差异迫使英格兰银行购买更多的英镑，直到美元耗尽为止。1967 年 11 月 17 日，英格兰银行损失超过 10 亿美元的国际储备（此前有数十亿美元的损失）。11 月 18 日，英格兰银行让英镑减值 14%。

当中央银行不能捍卫汇率时，投机攻击会迫使货币减值，就像英格兰 1967 年的危机那样。此外，当中央银行不愿捍卫汇率时，投机攻击会迫使货币增值。1971 年对低估的德国马克的投机攻击导致德国马克对美元的增值，并加快布雷顿森林体系的消亡。

对德国马克的投机攻击和布雷顿森林体系的崩溃

到 1970 年，美国的国际收支赤字已经大幅增加。到 1971 年第一季度，美国之外的大量国际收支顺差在国际金融市场引发担忧，因为许多货币相对于美元的价值都被低估了。联邦德国的忧虑最大，因为德意志联邦银行（Bundesbank，联邦德国中央银行）奉行维持低通货膨胀率的政策。德国央行面临困境。由于马克兑美元汇率被低估，因此，如果德国央行捍卫固定汇率，那么必须在外汇市场上出售马克并购买美元。这样做会获得国际储备，增加德国的基础货币，并给德国的价格带来上行压力。如果德国让马克升值，那么可以避免通货膨胀压力，但会破坏布雷顿森林体系下的承诺，并给依赖向美国出口的德国公司带来困扰。

德意志联邦银行的困境为马克的投机攻击奠定了基础。在这种情况下，投机者用美元购买马克，期望马克兑美元的价值上升。当马克确实上涨时，投机者用马克买回现在更便宜的美元，从而获得利润。到 1971 年，许多投资者确信德意志联邦银行很快将不得不放弃 0.27 美元=1 马克的固定汇率。1971 年 5 月 5 日，德国央行购买了超过 10 亿美元，使基础货币增大了同等数量。担心基础货币持续增加会引发通货膨胀，当天晚些时候德国央行停止了干预。马克开始对美元浮动，其价值完全取决于外汇市场的需求和供给力量。

德国央行放弃对美元的固定汇率的决定对布雷顿森林体系是一个打击，但该体系还有更根本性的问题。随着 20 世纪 60 年代后期美国通货膨胀率上升和美国国际收支赤字的增加，外国央行购买了大量以美元计价的资产。布雷顿森林体系依赖于美国承诺以每盎司 35 美元的价格将外国中央银行的美元兑换成黄金。但到 1971 年，外国中央银行拥有的美元资产按照每盎司黄金 35 美元的汇率计算达到美国官方黄金持有量的三倍以上。1971 年 8 月 15 日，尼克松政府试图迫使其他货币对美元重估。美国暂停美元与黄金的兑换，并对进口商品加征关税，只有当一个国家重估汇率后，关税才会降低。1971 年 12 月的史密森尼会议完成了对美元的重估过程。

然而，在史密森尼会议上商定的汇率条件在遇到世界性事件时并不稳定。实际上，许多货币开始浮动，但中央银行会干预以防止汇率大幅波动。国际货币基金组织于 1976 年 1 月在牙买加举行的会议上正式同意允许货币浮动。在那次会议上，国际货币基金组织成员还同意取消黄金在国际货币体系中的正式作用。这次会议标志着布雷顿森林体系的正式终结，但实际上该体系已于五年前停止运行。

甚至在各国正式放弃布雷顿森林体系之前的 1970 年，国际货币基金组织就已经开始发行黄金的纸质替代品。国际货币基金组织以最后贷款人的身份创建了这些被称为特别提款权（Special Drawing Right，SDR）的国际储备。现在，黄金价格的确定方法与其他商品价格的确定方法相同，即通过市场上的需求和供给力量来确定。

总而言之，布雷顿森林体系是一个固定汇率体系，该体系有一个最后贷款人来解决应对国际收支逆差的短期经济调整。该系统最终崩溃，原因是美国没有致力于价格稳定，其他国家不愿对美元重估本币，这导致该体系的固定汇率承受巨大的市场压力。

布雷顿森林体系之后的中央银行干预

自布雷顿森林体系消亡以来，美国正式采纳了美元的对外交换价值由外汇市场确定的**浮动汇率体系（flexible exchange rate system）**。其他许多国家也遵循相同的路线，允许汇率浮动，或者说由需求和供给决定。但是，当美联储和外国中央银行认为自己的货币被严重低估或高估时，它们并未放弃干预外汇市场的权利。例如，瑞士中央银行在 2016 年开展外汇干预，用瑞士法郎购买欧元，试图降低瑞士法郎对欧元的价值。当前的国际金融体系是**管理浮动体制（managed float regime**，也叫作肮脏浮动体制），中央银行偶尔会干预来影响汇率。因此，国际上维持汇率的努力继续影响国内货币政策。

联系实际 16－2

美元有“过高的特权”吗？

在 19 世纪和 20 世纪初的金本位鼎盛时期，英镑是主要的国际货币。绝大部分国际借款都是以英镑计价的，国际上交易的很多产品（无论是不是英国企业出售的）都以英镑计价。为了参与 1914—1918 年的第一次世界大战，英国政府不得不大量借款，主要是从美国借款。英国的巨额外债及 20 世纪英国经济相对于美国经济的缓慢增长意味着到 1944 年布雷顿森林会议召开时，与会代表们很清楚在新的国际金融体系中美元需要成为国际储备货币。

到 20 世纪 60 年代，大多数经济学家和政策制定者都认为美元相对于其他主要货币已经被高估了，特别是德国马克和日元。结果是美国长期积累经常账户赤字。外国中央银行开始积累越来越多的美元。实际上，美元作为国际储备货币的作用意味着美国家庭和企业消费的商品和服务（包括进口商品）可以超过生产的商品和服务。因此，美国与其他国家相比，生活水平提高了，其他国家的商品和服务的消费总量比生产少。法国财政部长瓦莱里·吉斯卡德·埃斯塔因（Valéry Giscard d'Estaing）在 1965 年的一个著名的讲话中称，美元因成为国际储备货币而享有“过高的特权”。

自布雷顿森林体系崩溃后，美元继续在国际货币和金融体系中充当储备货币的角色，截至 2016 年，约 60％的国际储备是美元。尽管欧元、英镑、日元和人民币也作为储备货币，但大多数国际金融交易仍以美元开展。实际上，包括石油在内的大多数商品都以美元计价，特别是在某些发展中国家中，许多外国家庭和企业更喜欢用美元而不是本国的货币。

如果美元失去最重要的储备货币地位会怎么样？美国会失去什么优势？

- 第一，美国家庭和企业会失去以美元在世界各地交易和借款的优势。这种优势可以降低交易成本并减少汇率风险敞口。

- 第二，外国人会不太愿意持有美元。目前，他们这样做的意愿使美国公民获得了一笔意外之财，因为外国人本质上在向美国提供无息贷款。
- 第三，美国政府和美国企业以比其他政府或外国企业更低的利率借款的能力会下降。这种能力部分是由于美元在国际金融体系中的作用，部分是由于外国投资者在金融或政治动荡时期经常将美国证券视为避风港。因此，通常来说美国投资者在外国投资的收益要比外国投资者在美国投资的收益大。
- 第四，纽约作为金融中心的国际主导地位会受到威胁。

不过，一些经济学家和政策制定者并不认为美国确实从美元作为储备货币中获得了经济优势。由于美元是主要的国际储备货币，对美元的需求比不是储备货币时要高，这提高了美元与其他货币之间的汇率。结果是，美国公司在外国市场上销售商品和服务的困难更大。如果美元失去储备货币地位，那么美元兑其他货币的价值可能下跌多达 30%，这会提振美国的出口。加州大学伯克利分校的经济学家巴里·艾肯格林（Barry Eichengreen）指出，结果会是“美国出口构成从外国中央银行和私人投资者购买的美国短期国债、机构证券和衍生证券转变为约翰迪尔推土设备、波音梦幻客机甚至（谁知道呢）摩托车和零部件。”

最后，其他货币，如欧元、日元和人民币，有可能逐渐提高相对于美元作为储备货币的重要性。这种趋势会对美国经济产生一些影响，但从长远来看，美国经济提供更高的生活水平的能力在很大程度上取决于生产率的长期增长率和技术变革步伐等因素，而不是美元作为储备货币的地位。

资料来源：Ben S. Bernanke, “Federal Reserve Policy in an International Context,” Paper presented at the 16th Jacques Polak Annual Research Conference Hosted by the International Monetary Fund, Washington, DC, November 5 - 6, 2015; Barry Eichengreen, *Exorbitant Privilege: The Rise and Fall of the Dollar and the Future of the International Monetary System*, New York: Oxford University Press, 2011 (quotation is from p. 173); Robert J. Samuelson, “The ‘Exorbitant Privilege’ and Its Stubborn Costs,” *Washington Post*, May 6, 2015; and Lewis E. Lehrman and John D. Mueller, “How the ‘Reserve’ Dollar Harms America.” *Wall Street Journal*, November 20, 2014.

见本章末的问题和应用 4.11。

欧洲的固定汇率

固定汇率的好处之一是可以降低国际商业和金融交易中的汇率风险。由于欧洲国家之间有大量的商业和金融交易，许多欧洲国家政府一直都在寻求降低汇率波动的成本。固定汇率也被用来约束通货膨胀性货币政策。购买力平价理论指出，如果一个国家的通货膨胀率高于其贸易伙伴的通货膨胀率，那么该国的汇率就会贬值。因此，当政府承诺采用固定汇率时，政府也隐含地致力于抑制通货膨胀。在某些时期曾遭受过高通货膨胀率的欧洲国家因为这个原因也倾向于固定汇率。

汇率机制和欧洲货币联盟

属于欧洲经济共同体成员国的国家于 1979 年建立了欧洲货币体系。当时，8 个欧洲国家还同意参加汇率机制（exchange rate mechanism，ERM）来限制本国货币彼此之间的价值波动。具体而言，成员国承诺将货币价值保持在以欧洲货币单位（ECU）为单位的固定范围内。成员国同意将汇率保持在这些限制范围之内，但允许汇率对美元和其他货币联合浮动。ERM 的锚货币是德国马克。法国和英国都通过将货币与德国马克绑定降低了通货膨胀率。

由于遭受了外汇市场历史上最著名的投机攻击之一，英国于 1992 年退出 ERM。尽管英国将英镑与德国马克挂钩迫使英国政府采取行动降低了通货膨胀率，但其通货膨胀率仍远高于德国的水平。在通货膨胀率如此不同的情况下，根据购买力平价，英镑很难维持与马克的固定汇率。此外，随着联邦德国与民主德国的统一，德国政府保持高利率来吸引为民主德国重建提供资金所需的外国投资。高利率吸引了外国投资者购买德国证券，提高了马克相对于英镑的价值。

货币交易员开始确信英格兰银行无法将英镑与马克之间的汇率捍卫在商定的水平上。尽管英国政府提高了利率并坚称会捍卫英镑的价值，但货币交易员一直卖出英镑、买入马克，直到 1992 年 9 月 16 日的黑色星期三，英国政府退出 ERM 并允许英镑价值浮动。外汇交易员中最著名的赢家是出生于匈牙利的对冲基金经理乔治·索罗斯。金融媒体估计，索罗斯通过押注英镑下跌赚了超过 10 亿美元。一些评论员称他为“打败英格兰银行的人”。然而，索罗斯认为他的行为与英国政府退出 ERM 的决定无关：“市场决定货币，所以不管有没有我，英镑的问题都会发生，因此我不承担任何责任。”①

作为 1992 年单一欧洲市场倡议的一部分，欧洲共同体（EC）国家起草了**欧洲货币联盟（European Monetary Union）**计划，通过使用共同货币**欧元（euro）**来固定汇率。单一货币将消除货币兑换的交易成本并降低汇率风险。此外，跨境贸易的高额交易成本的消除会通过提供规模经济优势来提高生产效率。

实践中的欧洲货币联盟

欧共体 1989 年发表的一份报告建议设立**欧洲中央银行（ECB）**这样一家共同的中央银行来执行货币政策，并最终控制单一货币。欧洲中央银行于 1999 年 1 月正式开始运作，其结构遵循美国联邦储备系统的思路，由欧洲理事会任命一个执行委员会（类似于理事会）和来自欧盟各国的行长（类似于联邦储备银行行长）。与美联储一样，欧洲央行也独立于成员国政府。执行委员会成员的任期为八年，不可延长，以增强其政治独立性。欧洲央行宪章规定欧洲央行的主要目标是价格稳定。

成员国于 1991 年 12 月在荷兰的马斯特里赫特举行会议，并同意采取渐进方式建立货币联盟。其目标是在 20 世纪 90 年代中期之前统一货币政策，并在 1999 年 1 月 1 日之前完成欧洲货币联盟。要拥有单一的货币和货币政策，国内通货膨胀率和预算赤字与 20 世纪 90 年代中期相比需要更加一致。到 1999 年建立货币联盟时，有 11 个国家在通货膨胀率、利率和预算赤字方面达到参与的条件。英国拒绝参加。

如开篇案例所指出的那样，欧元在早期似乎相当成功。从 2002 年 1 月欧元问世到 2007 年金融危机爆发，欧洲大部分地区都经历了一段时期的相对经济稳定。由于低利率、低通货膨胀率以及扩大的生产和就业，欧元的优势似乎显而易见。一些低收入的欧洲国家在欧元制度之下似乎特别繁荣。在 1999—2007 年期间，西班牙经济以每年 3.9%的速度增长，该国的失业率从 20 世纪 90 年代中期的近 20%降至 2007 年的不到 8%。爱尔兰和希腊在这几年中也经历了快速增长。

① Louise Story, “The Face of a Prophet,” *New York Times*, April 11, 2008.

当2007—2009年的金融危机袭来且欧洲陷入衰退时，受打击最重的国家无法实施比欧洲央行愿意为整个欧元区实施的更具扩张性的货币政策。这些国家缺乏通过贬值本国货币和扩大出口来振兴经济的能力，因为这些国家都使用欧元，而且大部分出口都是出口到其他欧元区国家的。在金本位实施期间，各国同样无法执行扩张性货币政策，也无法使汇率贬值。如我们所见，这些弊端导致20世纪30年代各国相继放弃金本位，直到该体系崩溃。

金本位的命运会发生在欧元身上吗？2016年，一些经济学家认为这可能会发生，特别是那些一开始就质疑采用欧元是个好主意的人。在理想情况下，使用相同货币的国家的经济应该是协调一致的，就像美国的各个州那样。尽管各州的经济状况各不相同，有些州在2007—2009年的经济衰退中遭受的打击更大，但工人和企业却可以跨州自由流动。联邦立法导致许多州（但不是全部）有关劳工、税收和环境法规的规则是一致的；各州拥有共同的语言，并选举共同的中央政府。与美国的州相比，使用欧元的国家在所有这些方面的协调程度都低得多，并且在经济、政治和文化上都更加多样化。已经采取一些措施帮助工人和企业跨境自由流动，协调某些方面的劳工和税收立法，等等。实际上，赞成欧元的一种说法是有助于欧洲经济的协调。但是，在2016年，工人在各国之间的自由流动已成为争议的焦点，尤其是在超过100万名逃离中东动乱的难民抵达欧洲之后。批评欧洲联盟并主张退出欧洲联盟的政党在许多国家得到支持。

但是，欧洲国家是否如此多样化以至于使用共同货币会严重阻碍经济应对诸如严重衰退之类的经济冲击？答案可能部分取决于受衰退影响最大的国家是否最终能够恢复较高的增长和较低的失业率。希腊、西班牙、葡萄牙和爱尔兰（也许最可能放弃欧元的国家）的政策制定者似乎并未从中受益匪浅。放弃欧元会使这些国家通过贬值本国货币来增加出口，并通过扩张性货币政策刺激经济复苏。但是，这些行动会损害这些国家从欧元制度中获得的长期利益。因此，尽管欧元在2016年底遭受重创，但似乎仍有可能幸免。

联系实际 16-3

如果你是希腊人，你更喜欢欧元还是德拉克马？

如果你生活在希腊，你是希望政府继续使用欧元还是放弃欧元恢复使用德拉克马（希腊以前的货币）？像南欧其他国家一样，希腊在使用欧元初期的几年里经济表现强劲。从2002年欧元问世直到2007年，希腊的实际GDP年均增长4.2%。失业率从2001年的10.7%下降到2008年的7.7%。

但是从2008年开始，希腊的实际GDP开始下降，失业率开始上升。2016年希腊的实际GDP仍比2008年的水平低25%以上。失业率从2008年的7.4%上升至2013年近28%的低迷水平，并在2016年仍高于23%。税收的暴跌产生了庞大的政府预算赤字和占GDP180%的国债。希腊能避免债务违约不过是因为得到了欧盟委员会、欧洲中央银行（ECB）和国际货币基金组织“三驾马车”的帮助。欧洲央行购买希腊政府债券的决定引起争议，因为一些经济学家认为这将使欧洲国家发行超出私人投资者愿意购买的更多债务，从而增加道德风险。

因为希腊年轻工人的失业率约为50%，所以如果你生活在希腊，作为刚毕业的大学生可能很难找到工作。但是，如果希腊继续使用欧元或者放弃欧元而恢复使用德拉克马，你找工作的机会和希腊恢复经济增长的机会会更多吗？如我们所见，使用欧元的国家无法通过货币贬值来刺激出口。毫不奇怪，2008 年希腊的经常账户赤字飙升至 GDP 的近 15%。

回顾第 8 章中的实际汇率表达式：

$$e = E \times \left(\frac{P^{本国}}{P^{外国}}\right)$$

其中，

E ＝名义汇率

e ＝实际汇率

$P^{本国}$ ＝本国物价水平

$P^{外国}$ ＝外国物价水平

在名义汇率固定的情况下，如果一国的价格水平相对于其他国家的价格水平下降，那么该国仍然可以降低实际汇率，从而提高商品和服务的竞争力。由于法国、德国和其他欧元区国家的通货膨胀率一直很低，希腊将不得不经历通货紧缩来降低相对价格水平。这种内部贬值很难实现，因为工资和价格往往表现出向下的刚性，这实际上意味着降低工资和价格是困难的。实际上，试图降低工资和价格给希腊带来严重的政治动荡。

放弃欧元将使希腊能够提高出口竞争力，但同时也存在重大弊端。例如，希腊的许多人认为，如果政府离开欧元，以一比一的比率将欧元银行存款换成德拉克马。如果德拉克马币（正如人们普遍预期的那样）贬值，就像居住在希腊的某人一样，其银行存款将蒙受巨大损失。此外，希腊政府可能会对债券违约，迫使其仅用税收来支付政府支出。结果将是政府大幅削减支出，从而可能进一步压低希腊经济。

此外，希腊银行和公司的外国贷款人可能会反对用德拉克马付款，这会导致法律纠纷并破坏希腊公司在希腊境外借款的能力。

如果希腊离开欧元区，那么你和其他希腊人在短期内的情况可能会更糟。从长远来看，放弃欧元可能会使希腊公司更容易与外国公司竞争，这对经济有利。放弃欧元带来的短期和长期后果的不确定性是希腊人和希腊政府在 2016 年底似乎不愿恢复使用德拉克马的主要原因。

资料来源：Simon Nixon, "Real Greek Drama Is About Reforms, Not Debt Relief," *Wall Street Journal*, May 11, 2016; Stephen Fidler, "Euro Exit Would Bring Greece Trauma Before Growth," *Wall Street Journal*, June 25, 2016; and Organization for Economic Co-operation and Development, *Data*, September 2016.

见本章末的问题和应用 4.13。

货币挂钩

维持固定汇率的一种方法是挂钩。**挂钩（pegging）**是指一国保持本国货币对另一国货币的汇率固定不变。货币挂钩不需要两国都同意。例如，当韩国、泰国、印度尼西亚和其他发展中国家在 20 世纪 90 年代将本国货币与美元挂钩时，维持这种挂钩的责任完全在发展中国家。各国将其货币挂钩来获得固定汇率的以下优点：降低汇率风险、制止通货膨胀及保护已经获得外币贷款的企业。最后一个优点在 20 世纪 90 年代对很多亚洲国家来说非常重要，因为这些国家的一些企业已经开始从美国和外国银行那里获得美元贷款。因此，比方说，在没有货币挂钩的情况下，如果韩元对美元价值下降，那么一家有美元贷款的韩国企业会发现韩元计价的利息和本金付款增加。

但是，挂钩会遭遇布雷顿森林体系下各国所面临的问题：由需求和供给决定的货币的均衡汇率可能与挂钩汇率有很大的不同。结果是，与美元挂钩的货币可能会被高估或低估。在 20 世纪 90 年代，一些货币被高估的亚洲国家遭遇投机攻击。在随之而来的东亚货币危机期间，这些国家试图用美元购买本国货币、减少基础货币并提高国内利率来捍卫自己的挂钩汇率。较高的利率使它们的经济陷入衰退，最终，它们无法有效地保住自己的挂钩汇率，这些国家最终都放弃了挂钩汇率。

尽管货币挂钩有弊端，但许多发展中国家还是将货币与美元或欧元挂钩。采用浮动汇率的发展中国家相对很少。

中国操纵汇率吗?

在 2016 年的总统大选期间，民主党候选人希拉里·克林顿和共和党候选人唐纳德·特朗普都谴责中国政府操纵人民币兑美元的汇率。他们认为，中国政府为帮助中国的出口，正在干预外汇市场，以人为地将人民币兑美元的汇率保持在较低水平。这个说法准确吗?

随着中国政府从中央计划转向市场体制，中国经济政策的一个重要组成部分是 1994 年决定将人民币的价值与美元挂钩在 8.28 元兑 1 美元的固定汇率上。与美元挂钩确保了中国出口商在美国出售的商品面临稳定的美元价格。到 21 世纪头 10 年初，许多经济学家认为人民币兑美元的价值被低估了。为了支持被低估的汇率，作为中央银行的中国人民银行必须用人民币购买大量美元。到 2005 年中国人民银行已经积累了 7 000 亿美元，其中很大一部分被用于购买美国国债。

2005 年 7 月，中国政府在贸易伙伴的压力下宣布中国将从人民币与美元挂钩转向人民币价值与一篮子货币（美元、日元、欧元、韩元和其他几种货币）的平均价值挂钩。尽管中国人民银行没有公开将人民币与其他货币联系起来的细节，但中国人民银行宣布已从挂钩汇率转换为有管理的浮动汇率。如图 16 - 3 所示，从 2005 年到 2014 年底的大部分时间里人民币相对于美元的价值逐渐上升。（注意，该图显示的是每一美元兑换多少元人民币，因此，上升表示人民币相对于美元贬值，下降表示人民币相对于美元升值。）例外是 2008 年 7 月到 2010 年 5 月这一时期，当时汇率稳定在 1 美元兑 6.83 元人民币，表明中国显然又重返“硬挂钩”。这种政策变化导致美国的政策制定者再次提出批评。2010 年年中，总统奥巴马称“市场决定的汇率对全球经济活动至关重要”。面对这种批评，中国人民银行允许人民币恢复对美元的缓慢升值。

2015 年，中国政府担心实际国内生产总值（GDP）的增速将放缓至 7%左右，为六年多来的最低水平。8 月 11 日，人民币再次成为新闻，当时中国人民银行意外宣布将用人民币购买美元以使人民币贬值约 3%，这是自 1994 年以来最大的单日跌幅。图 16 - 3 显示，人民币兑美元汇率继续走低。但是，中国人民银行坚持认为，这一趋势是市场力量的结果，并未采取行动使人民币贬值。实际上，一些经济学家认为，中国人民银行实际上是在用美元购买人民币，从而使人民币的贬值幅度不超过应有的幅度，中国人民银行持有的美元减少了近 7 000 亿美元这一事实即是明证。许多中国投资者都在利用首次允许他们开展海外投资的新规定加重人民币的下行压力。为了进行这些投资，投资者需要用人民币兑换美元或其他外币。

人民币汇率直到 2016 年底的持续下跌导致中国政府面临即将就任的总统唐纳德·特朗普和其他美国政策制定者操纵货币的指控。不过，许多经济学家不太相信人民币汇率一直人为地保持在低位。

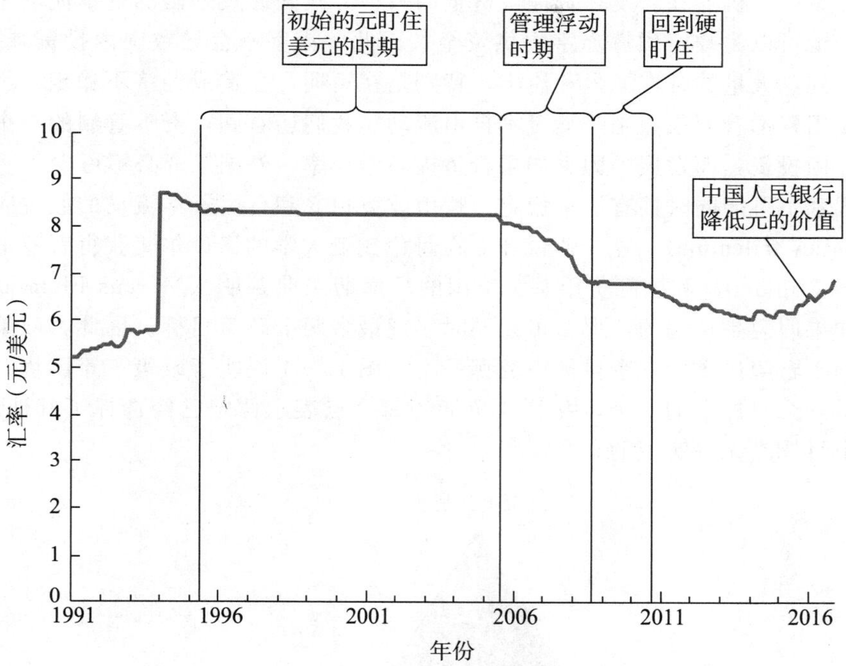

图 16－3　元-美元汇率

中国于 1994 年开始明确将人民币与美元挂钩。从 2005 年 7 月到 2008 年 7 月，中国允许人民币对美元升值，然后回到 6.83 元人民币兑 1 美元的硬挂钩，直到 2010 年 5 月。2010 年 6 月，中国中央银行宣布恢复人民币兑美元汇率的升值，缓慢升值持续到 2014 年。2015 年，中国人民银行采取措施降低了人民币对美元的汇率，这引起美国政界人士的批评。

资料来源：Federal Reserve Bank of St. Louis.

政策三难困境

我们对货币政策和汇率的分析及许多国家的实际经验表明，一个国家不能同时实现以下三个目标：

（1）汇率稳定；

（2）货币政策独立；

（3）自由资本流动。

我们在第 15 章中讨论过汇率稳定是美联储和大多数其他中央银行的货币政策目标，因为汇率稳定可以简化商业和金融交易的规划，可以避免国内产业的国际竞争力的突然变化。例如，美元汇率突然上升会使总部位于伊利诺伊州皮奥里亚的卡特彼勒公司更加难以出口挖土设备。货币政策独立性是指中央银行可以在不考虑汇率变动的情况下使用货币政策实现目标的能力。美联储可以自由使用货币政策来实现高就业率和价格稳定的目标，因为美国的汇率是浮动的，所以美联储不必调整利率来维持美元的价值。相反，有固定汇率的国家的中央银行必须调整利率来维持固定汇率，这使其无法同时使用利率来达到就业和通货膨胀的目标水平。

如我们在第 16.1 节所看到的那样，大多数经济学家都认为资本跨境自由流动是可取的。一国为工厂、机器和研发投资提供资金的一种方式是通过外国的资本流动来实现。这些资本流动也可以为政府预算赤字提供资金，因此，赤字不会导致国内投资减少。不过，我们已经看到，大量的资本流入和流出，特别是在短期，会造成经济不稳定。因此，一些国家已经使用资本管制来限制跨境资本自由流动。我们还看到，资本管制的一个重要缺陷是会阻止外国投资，而发展中国家如果希望提高增长率，外国投资必不可少。

一个国家不可能同时拥有汇率稳定、货币政策独立和自由资本流动的假说叫作**政策三难困境（policy trilemma)**。这个假说建立在哥伦比亚大学的诺贝尔奖获得者罗伯特·蒙代尔（Robert Mundell）和国际货币基金组织的马库斯·弗莱明（Marcus Fleming）研究的基础上。如果假说是正确的，那么可以同时实现最多两个政策目标。因此，政策制定者必须选择他们不希望追求的三个目标中的哪一个。图 16-4 说明了政策三难困境。三角形的每一边表示三个目标中的一个，并且三角形的每个点表示假定已经选择了其他两个目标，则另外一个目标是无法实现的。

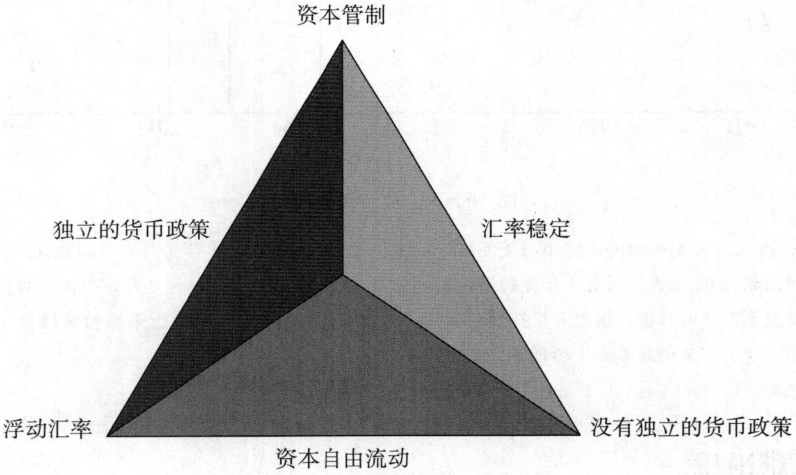

图 16-4　政策的三难困境

一国不可能同时实现汇率稳定、货币政策独立和自由资本流动这三个目标。一国最多只能实现这三个目标中的两个，而且经济学家没有就哪一个目标是最佳目标达成明确共识。

三角形的左下角表示，如果政策制定者选择允许资本自由流动并拥有独立的货币政策，那么他们必须让汇率浮动。美国允许资本自由流动，美联储可以自由地使用货币政策来追求宏观经济目标，如低通货膨胀和高就业。这些选择的结果是，美国必须让美元在外汇市场上浮动。为什么？名义汇率变化不仅取决于国内货币政策，还取决于其他国家的货币政策。2016 年，当美联储在采取措施提高利率时，外国中央银行却在降低利率，美元随之升值，这对美国出口商而言是个坏消息。总体而言，美国对自由资本流动的承诺及美联储对国内政策目标的关注增加了美国公司和家庭面临的汇率风险。

三角形的右下角表示，如果政策制定者选择允许资本自由流动的同时又追求汇率稳定，那么他们必须放弃货币政策独立。欧元区国家面临这一难题。例如，希腊是欧元区成员国，并允许资本自由流动。在这种情况下，即使没有将货币政策控制权移交给欧洲中央银行，也无法推行独立的货币政策。瑞士、丹麦和瑞典等不使用欧元的较小的欧洲国家也面临类似的情况。由于大多数的商品都是出口到欧元区国家，因此中央银行感到有必要稳定本国货币与欧元之间的汇率。这些国家也有自由的资本流动，因此，货币政策必须更多地集中在稳定汇率上，而不是在国内政策目标上。例如，瑞士国家银行于 2016 年将其支付给银行准备金的利率提高至－0.75％来防止瑞士法郎兑欧元的汇率升值过大。

三角形的顶部表示，如果政策制定者选择独立的货币政策和稳定的汇率，那么他们必须限制资本流动。多年来，中国一直保持独立的货币政策，同时基本上固定人民币对一篮子外币的价值，因此必须限制资本流动。为什么？如果中国允许资本自由流动，对中国资产需求的大幅下降会减少对其货币的需求。人民币需求减少会导致人民币大幅贬值。通过限制资本流入和流出中国，中国使外国人在中国拥有的资产的价值保持相对稳定，因此外汇市场对人民币的需求也相对稳定。然而，近年来，为了使得经济融入国际金融体系，中国已经减少了阻碍资本流动的法规。2016 年，随着中国使用扩张性货币政策刺激经济增长，许多国内投资者开始出售中国证券，购买收益率更高的外国证券，这对人民币和美元之间的汇率造成下行压力。目前尚不清楚中国政府可能采取什么措施解决政策目标的矛盾之处。如果决定维持资本自由流动和扩张性货币政策，中国就不得不接受更大的汇率不稳定，即朝着三角形左下角美国所处的位置迈进。

回答重要问题

我们在本章开始的时候提出了如下问题：

“欧洲国家应该放弃使用共同货币吗？”

正如我们在本章看到的那样，在欧洲大部分地区拥有共同货币使家庭和公司更容易跨境购买、出售和投资。从 2002 年引入欧元作为货币到 2007 年金融危机爆发这段时间，欧洲经济体经历了低通货膨胀的经济增长。在金融危机期间，欧洲中央银行的政策发生冲突。受这场危机打击最严重的国家，如希腊、爱尔兰和西班牙，无法像在之前的衰退中那样让货币贬值来刺激出口。2016 年欧元体系崩溃的可能性仍然存在，并且政治上的反对声似乎一直在增加。但是，由于许多欧洲经济学家和政策制定者坚信共同货币的优势超过不利因素，因此该体系似乎可能会维持下去。

重要术语和问题

重要术语

国际收支账户	浮动汇率体系	挂钩
布雷顿森林体系	外汇市场干预	政策三难困境
资本管制	金本位	增值

减值
欧元
欧洲中央银行（ECB）
固定汇率体系
国际货币基金组织（IMF）
国际储备（外汇储备）
汇率制度
冲销性外汇干预
非冲销性外汇干预
管理浮动制度

16.1 外汇干预和基础货币

分析美联储的外汇市场干预如何影响美国的基础货币。

复习题

1.1 如果美联储出售20亿美元的外国资产，美联储的国际储备持有量和基础货币会发生什么变化？

1.2 美联储购买外国资产比美联储公开市场购买政府债券对基础货币的影响更大、相同还是更小？简要解释。

1.3 冲销性外汇干预与非冲销性外汇干预的区别是什么？

问题和应用

1.4 《华尔街日报》一篇有关中国人民银行的政策的文章指出："货币干预……像过去一样，扩大了中央银行的资产负债表，并在未冲销的情况下增加了货币供给量。"

a. 什么是"货币干预"？为什么中央银行要开展货币干预？

b. 为什么货币干预会扩大中央银行的资产负债表？

c. 为什么货币干预对中央银行资产负债表的影响取决于干预是否被冲销？在你的回答中，务必说明冲销性货币干预与非冲销性货币干预的区别。

资料来源：Aaron Back, "China's Central Bank Swoops to the Rescue," *Wall Street Journal*, April 28, 2015.

1.5 卡内基梅隆大学的经济学家艾伦·梅尔策曾说过："我尚未看到一项研究表明，冲销性干预，即美联储在外汇市场上最常用的干预类型，对美元的价值有什么影响。"

a. 什么是"冲销性干预"？

b. 美联储如何在外汇市场上开展冲销性干预？

c. 为什么冲销性干预对美元价值没有影响？

资料来源：Joel Kurtzman, "Fed vs. Treasury on Dollar's Value," *New York Times*, March 28, 1990.

1.6 使用T账户给出美联储出售50亿美元的以日元计价的日本政府债券对美联储资产负债表的影响。美联储的国际储备和基础货币会发生什么变化？简要说明这是冲销性外汇干预还是非冲销性外汇干预。

1.7 使用T账户显示美联储购买20亿美元的以欧元计价的德国政府债券，同时开展20亿美元的美国国债的公开市场出售对美联储资产负债表的影响。基础货币会怎样？简要说明这是冲销性外汇干预还是非冲销性外汇干预。

1.8 以下各项对美国的基础货币有什么影响？

a. 美联储购买100亿美元的外国资产。

b. 美联储出售100亿美元的外国资产，并购买100亿美元的美国国债。

c. 美联储执行冲销性外汇干预。

d. 美联储出售100亿美元的外国资产，并出售100亿美元的美国国债。

16.2　外汇干预和汇率

分析美联储的外汇市场干预如何影响汇率。

复习题

2.1　要提高本币的汇率，中央银行会买入还是卖出外国资产？对基础货币的影响是什么？对本国利率的影响是什么？

2.2　中央银行的冲销性干预如何影响一国货币的需求曲线和供给曲线？

2.3　什么是资本管制？一国为什么会实行资本管制？实行资本管制的不利之处是什么？

问题和应用

2.4　在外汇市场上，谁需要美元——美国投资者还是外国投资者？为什么美国利率相对于日本利率上升会提高对美元的需求？持有美国货币的投资者没有获得任何利息，那么为什么当美国利率上升时对美元的需求会上升？

2.5　假定日本银行出售 50 亿美元的美国国债。用一幅展示兑换美元的日元需求和供给的图形来说明这对日元和美元汇率的影响。在你的图形中简要说明发生了什么。(注意，汇率是每一日元对应的美元数。)

2.6　【解决问题 16－1】《华尔街日报》2016 年的一篇文章指出："丹麦中央银行已出售丹麦克朗来削弱货币汇率并将对欧元的汇率保持在……目标区间内。"

a. "削弱"货币汇率是什么意思？削弱后购买一欧元会花费更多还是更少的丹麦克朗？

b. 丹麦央行出售克朗如何削弱货币？用克朗兑换欧元的市场图形来说明你的答案。

c. 对于丹麦中央银行来说，为什么将克朗和欧元的汇率保持在目标范围内很重要？

资料来源：Brian Blackstone, "Central Banks Still Intervene in Currency Markets Despite Weakened Effect," *Wall Street Journal*, July 7, 2016.

2.7　根据《华尔街日报》2016 年的一篇文章：人民币的小幅变动引发全球市场的大幅波动，美元兑几乎每种货币均飙升。在动荡时期，金融和经济政策制定者提倡采取资本管制，这曾是一种对除了管理最不完善的经济体之外的所有经济体都讨厌的策略。

a. 什么是资本管制？

b. 为什么资本管制在 2016 年比在 10 年前被看作是更可取的政策？

c. 为什么文章说政府使用资本管制曾被视为经济管理不善的迹象？资本管制的弊端是否仍然存在？简要说明。

资料来源：Mike Bird, "The Hottest Idea in Finance: Capital Controls Are Good," *Wall Street Journal*, February 4, 2016.

16.3　国际收支

说明如何计算国际收支。

复习题

3.1　区别经常账户和金融账户记录的交易类型。如果一国有经常账户赤字，商品和服务出口的价值是大于还是小于商品和服务进口的价值？简要解释。

3.2 为什么经常账户余额加上金融账户余额必须等于零？简要说明在何种意义上一国可以有国际收支盈余或国际收支赤字。

3.3 中央银行如何使用官方储备资产？

问题和应用

3.4 如果美国的经常账户赤字是4 000亿美元，而且统计差异为0，那么金融账户余额是多少？这一金融账户余额表示净资本流入还是净资本流出？

3.5 假定一家美国企业以每辆20 000美元的价格购买了10辆大众汽车，该德国公司在国债拍卖中用这笔钱购买了200 000美元的美国国债。这两笔交易如何记录在美国的国际收支账户中？

3.6 假定美国政府向日本出售价值3 000万美元的旧军舰，日本政府用官方持有的美元资产支付这笔交易。这笔交易如何记录在美国的经常账户中？

3.7 2016年，埃及试图保持其货币（埃及镑）与美元的汇率不变。《华尔街日报》的一篇文章指出，如果埃及政府采取措施降低埃及镑的价值，那么这“将增强外国投资者的信心，并增强埃及市场的竞争力。这也将有助于减轻国际收支压力。埃及的经常账户赤字已扩大至占国内生产总值的5%以上。”

a. 为什么埃及镑贬值有助于减少埃及的经常账户赤字？

b. 文章所说的埃及的国际收支“压力”是什么意思？难道不是任何国家的国际收支都总是等于零吗？为什么减少埃及的经常账户赤字可以减轻国际收支压力？

资料来源：Dahlia Kholaif and Nikhil Lohade, “Bets on Egypt Currency Devaluation Rise,” *Wall Street Journal*, July 25, 2016.

3.8 如果一国实行了导致金融账户余额为0的资本管制，那么该国会有经常账户赤字吗？简要解释。

16.4 汇率制度和国际金融体系

讨论汇率制度的演变。

复习题

4.1 简要说明金本位如何运作。金本位与布雷顿森林体系的主要区别是什么？

4.2 简要回答下列关于金本位的问题：

a. 金本位是固定汇率体系还是浮动汇率体系？

b. 各国能采取积极的货币政策吗？

c. 有贸易赤字的国家会遭遇黄金流入还是黄金流出？

d. 黄金流入会如何影响一国的基础货币及其通货膨胀率？

e. 金本位在大萧条期间是如何阻碍经济复苏的？

4.3 布雷顿森林体系下的减值和增值是什么？减值和贬值的区别是什么？为什么各国不愿意采取减值措施？为什么各国更不愿意采取增值措施？

4.4 什么是欧元区？欧元区国家如何从单一货币中受益？使用单一货币有什么缺点？

4.5 什么是挂钩？挂钩的好处是什么？缺点是什么？简要讨论对中国管理美元与人民币汇率的争议。

4.6 什么是政策三难困境？美国的政策制定者如何应对政策三难困境？

问题和应用

4.7 在金本位下，有可能发生通货膨胀吗？考虑单个国家的情形和整个世界的情形。

4.8 【联系实际 16-1】加州大学伯克利分校的巴里·艾兴格林（Barry Eichengreen）和哥伦比亚大学的杰弗里·萨克斯（Jeffrey Sachs）在讨论 20 世纪 30 年代退出金本位制或“单边贬值”的国家的情况时指出：“在所有单边贬值的情况下，货币贬值都会增加贬值国家的产出和就业。”解释在 20 世纪 30 年代退出金本位制如何导致一个国家的产出和就业增加。

资料来源：Barry Eichengreen and Jeffrey Sachs, “Exchange Rates and Economic Recovery in the 1930s,” *Journal of Economic History*, Vol. 45, No. 4, December 1985, p. 934.

4.9 评价下述论断：“美国在 1933 年并没有真正放弃金本位。在布雷顿森林体系下，美国时刻准备按固定的价格将美元兑换为黄金，这正是金本位的基本要求。”

4.10 塔夫茨大学的经济学家迈克尔·克莱因（Michael Klein）在讨论布雷顿森林体系时指出：“当投资者感到减值的可能性上升时，他们就面临对中央银行的‘单向押注’。”换句话说，如果该国减值，那么投资者获利，如果该国不减值，那么投资者没有损失。

a. 在布雷顿森林体系下，投机者如何在一国实行减值时获利？

b. 在布雷顿森林体系下，为什么投资者在一国不实行减值时不会损失？

c. 你在 a 和 b 部分中的推理适用于任何固定汇率体系吗？简要说明。

资料来源：Michael W. Klein, “European Monetary Union,” *New England Economic Review*, March-April 1998, p. 5.

4.11 【联系实际 16-2】《华盛顿邮报》的一个意见专栏指出，美元是“世界上主要的国际货币”。该专栏还指出，因此，“我们经常出现巨额贸易逆差；而且……与外国竞争对手相比美国制造商通常在价格上处于劣势”。

a. 美元在什么意义上是世界主要货币？

b. 美元的主导地位与美国持续的贸易赤字有什么联系？

资料来源：Robert J. Samuelson, “The ‘Exorbitant Privilege’ and Its Stubborn Costs,” *Washington Post*, May 6, 2015.

4.12 【开篇案例】《经济学人》2016 年的一篇文章指出，“欧元危机”并没有阻止另外四个国家（斯洛伐克、爱沙尼亚、拉脱维亚和立陶宛）在 2009 年到 2016 年加入欧元区：“它们的经验表明，欧元仍有其自身的优势，但也有一些常见的风险。”

a. 什么是“欧元危机”？

b. 一国从加入欧元区中获得的潜在利益是什么？成为成员国有哪些常见的风险？

c. 这四个国家都很小。与欧元区较大的国家相比，欧元区较小的国家有更大的利益吗？简要说明。

资料来源：“SELL Signals,” *Economist*, May 14, 2016.

4.13 【联系实际 16-3】《华尔街日报》上的一篇文章讨论了希腊退出欧元区的可能性：“传统上，减值被认为是对经济增长的短期刺激。”

a. 解释为什么离开欧元区后希腊经济可能会出现增长。

b. 尽管你回答了 a 部分，为什么希腊仍会选择留在欧元区？

资料来源：Stephen Fidler, “Euro Exit Would Bring Greece Trauma Before Growth,” *Wall Street Journal*, June 25, 2015.

4.14 2016 年《纽约时报》的一篇文章指出，希拉里·克林顿和唐纳德·特朗普都“希望将中国标记为货币操纵者”。

a. 什么是货币操纵者？

b. 支持和反对中国实际操纵货币的论点是什么？

资料来源：Keith Bradsher，“In Trade Stances Toward China，Clinton and Trump Both Signal a Chill，” *New York Times*，June 29，2016.

4.15 美联储前主席本·伯南克在2016年的博客中写道：“这是行动中的三难选择：如果中国想利用货币政策来管理国内需求，同时放松国际资本流动，那么就不能把汇率固定在当前的水平。”

a. 伯南克所说的“三难”是什么意思？

b. 如果中国采用扩张性货币政策并允许资本自由流动，为什么无法固定汇率？

资料来源：Ben S. Bernanke，“China's Trilemma——And a Possible Solution，” brookings. edu，March 9，2016.

数据练习

D16.1 【人民币-美元汇率的最新变动】登录圣路易斯联邦储备银行（FRED）的网站（fred. stlouisfed. org），下载并绘制从2010年7月到可用的最近一天的人民币兑美元汇率（DEXCHUS）的数据系列。自2010年7月以来，人民币与美元的汇率是如何变化的？

D16.2 【经常账户与商业周期】登录圣路易斯联邦储备银行（FRED）的网站（fred. stlouisfed. org），下载并绘制从1960年第一季度到最近可用季度的美国经常账户余额（BOPBCA）的数据系列。登录国家经济研究局（nber. org）的网站，找到经济周期高峰和低谷的日期。（经济周期高峰和低谷之间的时间段是衰退。）描述经常账户余额在衰退之前、之中和之后是如何变化的。各次衰退时的模式是否相同？

第17章

货币理论Ⅰ：总需求和总供给模型

学习目标

学完本章之后，你应该能够：

17.1 说明如何推导总需求曲线；

17.2 说明如何推导总供给曲线；

17.3 用总需求和总供给模型演示宏观经济均衡；

17.4 用总需求和总供给模型说明货币政策对经济的影响。

开篇案例

为什么就业在大衰退之后增长缓慢？

当经济衰退结束后，实际国内生产总值和就业会增加，人们会发现找工作更容易。根据国家经济研究局的数据，经济学家所说的“大衰退”始于2007年12月，终于2009年6月。这是自20世纪30年代的大萧条以来时间最长、程度最深的衰退。经济衰退结束时的失业率在2009年6月已经非常高，达到9.5%，到2009年10月上升到10.0%。通常，经济衰退越深，复苏就越强。在随后的几个月中，失业率确实开始下降，但步伐缓慢。直到2015年底（衰退结束后的六年多），失业率才降至5.0%，这是大多数经济学家认为的充分就业水平。

但失业率并不总是能充分说明劳动力市场的状况。要算作失业者，某个人必须积极寻找工作。2016年，让许多经济学家和政策制定者感到不安的是，劳动人口的比例尚未恢复到衰退前的水平。下图显示了三个群体的就业-人口比率：总人口、25～54岁人口以及25～54岁男性。

就业-人口比率的下降似乎很小，但即使下降几个百分点，也意味着工作的人口减少了数百万。例如，如果总人口的就业-人口比率在2016年和2007年一样高，那么在大衰退开始之前，将有900万人在工作。就业-人口比率的下降部分归因于婴儿潮时期出生的人（1946年和1964年之间出生的人）开始退休。但是，如图所示，即使只关注年龄在25～54岁富裕年龄段的人群，就业-人口比率也出现了大幅下降，这意味着工作的人数减少了300万。如图中颜色最浅的灰线所示，该年龄段男性的下降幅度特别大。

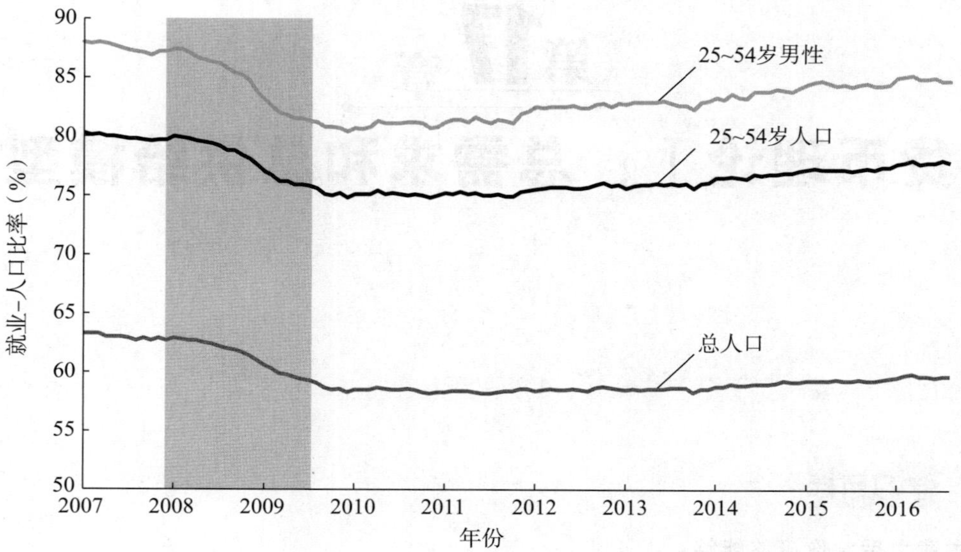

就业情况

此外，失业者待业时间更长。2016 年 8 月，失业至少六个月的失业者有 25.5%，而在经济衰退开始之前的 2007 年 6 月仅有 16.4%。低通货膨胀率还表明，劳动力市场的疲软可能比失业率所表现得更严重。通常，随着失业率下降和劳动力市场的紧张，企业之间对工人的竞争会导致工资上涨。工资上涨会增加企业的成本，并导致通货膨胀率上升。然而，在 2016 年中期，通货膨胀率在四年多的时间内一直低于美联储每月 2%的目标。

美联储主席珍妮特·耶伦于 2016 年 6 月在国会作证时承认"通货膨胀持续低于目标，劳动力市场数据喜忧参半。"因此，她指出："（联邦公开市场）委员会预期联邦基金利率在未来的一段时间内很可能仍会低于预期的长期水平。"

就美联储的政策制定者面临的形势产生了一个问题，即劳动力市场持续疲软是否表明应继续实施扩张性货币政策。一些经济学家认为，美联储的政策将无法进一步有效地增加就业，因为劳动力市场的剩余疲软是由美联储无法控制的因素造成的。就业-人口比例的下降，尤其是男性的下降，始于几十年前。在 20 世纪 50 年代初期，25～54 岁的男性中将近 96%的人在工作，而在 2016 年，该年龄组的男性就业率还不到 85%。这种长期的下降（大于大多数其他高收入国家）表明可能存在与经济总体状况无关的结构性因素。这些结构性因素包括：(1) 为一些男性提供了另一种收入来源的社会保障残疾津贴的扩大；(2) 使一些男性对潜在雇主的吸引力下降的更高的监禁率；(3) 在自动化和全球化影响下对非技术工人的需求下降。

货币政策旨在增加经济中的总支出水平，不适合解决可能部分导致低就业率的结构性问题。但一些经济学家认为，较低的就业率部分是由于一些工人放弃了找工作，因为大衰退的严重性意味着这些工人花了很多个月也没有成功地找到工作。增加经济的总支出水平会产生足够的需求，以便这些工人再次开始积极寻找工作。但是，在经历多年的极低利率之后，货币政策还是扩张经济的最佳方法吗？或者国会和总统现在应该考虑采取财政政策措施（改变支出和税收）？

在本章和第 18 章中，我们提供一个更好地理解这些政策问题的框架。

资料来源：U. S. Bureau of Labor Statistics, *Employment Situation Summary, August 2016*, September 2, 2016;

Federal Reserve Bank of St. Louis; President's Council of Economic Advisers, "The Long-Term Decline in Prime-Age Male Labor Force Participation," June 2016; and Janet L. Yellen, "Statement Before the Committee on Banking, Housing, and Urban Affairs, U. S. Senate," June 21, 2016.

重要议题和问题

议题：在从 2007—2009 年的金融危机中复苏期间，就业-人口比率仍然很低。

问题：为什么在从 2009 年开始的经济扩张期间就业增长相对缓慢？

像 2007—2009 年的经济衰退和随后的经济扩张这样的商业周期的原因和结果并不总是经济学研究的重要部分。现代宏观经济学始于 20 世纪 30 年代，当时的经济学家和政策制定者都在努力理解为什么大萧条那么严重。

美国经济所经历的商业周期至少可以追溯到 19 世纪初。商业周期并不完全一致：扩张期的长度不尽相同，衰退期的长度也不尽相同。但在美国历史上每个扩张期之后都有一个衰退期，每个衰退期之后都有一个扩张期。经济学家开发了宏观经济模型来分析商业周期。为了应对大萧条，英国经济学家约翰·梅纳德·凯恩斯在 1936 年开发了一个特别有影响力的模型。

我们将在本章和下一章探究货币理论，其中涉及用宏观经济模型来探讨货币供给和利率变化与实际 GDP 和价格水平变化之间的关系。我们从本章的总需求和总供给（*AD*-*AS*）模型开始。这个模型体现了凯恩斯在 20 世纪 30 年代首次提出的一些基本思想。

17.1　总需求曲线

我们先考察商品和服务需求与价格水平的关系。经济学家从总支出的角度来分析家庭、企业和政府对商品和服务的需求。对经济的商品和服务的产出的总支出等于以下各项之和：

（1）家庭对商品和服务的消费支出，C。

（2）企业对工厂、办公楼和机床等资本品以及家庭对新住房的计划支出，I。

（3）地方、州和联邦政府对商品和服务（不包括对个人的转移支付，如社会保障金）的购买，G。

（4）净出口，即外国企业和家庭对美国生产的商品和服务的支出减去美国企业和家庭对其他国家生产的商品和服务的支出，NX。

因此，我们可以将总支出 AE 写为：

$$AE=C+I+G+NX$$

我们可以用总支出的概念来得到**总需求（*AD*）曲线［aggregate demand（*AD*）curve］**，该曲线显示价格水平与家庭、企业和政府在商品和服务上的总支出的关系。在图 17-1 中，我们用价格水平 P 在纵轴和总产出 Y 在横轴的图形来显示总需求曲线。在下一节中，我们通过分析价格水平变化对总支出的组成部分的影响来得到总需求曲线。

货币市场和总需求曲线

AD 曲线的形状和位置对确定实际 GDP 和价格水平的均衡值很重要。

AD 曲线是向下倾斜的，因为如果没有其他变化，价格水平上升会减少商品和服务的总支出。通过回顾和扩展第 4 章对货币市场的讨论我们可以理解为什么价格水平上涨会产生这种影响。[①] 货币市场包含家庭和企业对 M1 的需求（通货加支票存款）与美联储决定的 M1 的供给之间的相互作用。货币市场分析有时候也被称为流动性偏好理论，这是凯恩斯使用的术语。

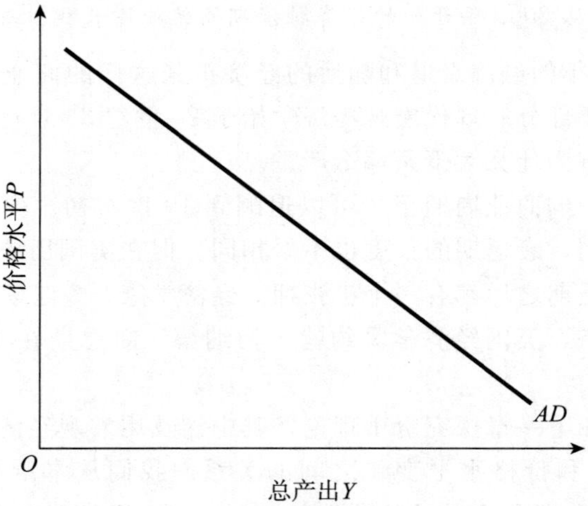

图 17-1　总需求曲线

总需求（*AD*）曲线显示价格水平与总支出水平的关系。

家庭和企业需求的 M1 的数量取决于价格水平。100 年前的价格水平比现在低得多，家庭和企业需要较少的美元就可以完成交易。随着价格水平上升，家庭和企业需要更多的美元。我们在第 4 章中重点讨论了涉及名义货币余额的需求和供给的货币市场模型，名义货币余额是没有对价格水平变化做出校正的货币数量。在本章中，我们采用另一种方法，即假设家庭和公司需求及美联储供给**实际货币余额（real money balance）**，或者说 M/P，其中 M 是货币总量，如 M1，P 是价格水平指标，如消费者价格指数或 GDP 平减指数。

图 17-2（a）用纵轴表示短期名义利率，如短期国债利率，横轴表示实际货币余额的图形展示货币市场。该图显示家庭和企业对实际货币余额的需求是向下倾斜的。我们假定家庭和企业需求货币的主要原因是交易动机，即持有货币作为交换媒介以便利交易。然而，家庭和企业面临持有货币的便利性与从货币中获得低利率或零利率之间的权衡取舍。像短期国债那样的短期资产的利率越高，家庭和企业持有大量货币余额所放弃的就越多。因此，短期名义利率是持有货币的机会成本。利率越高，家庭和企业想持有的实际余额越少。利率越低，家庭和企业想持有的实际余额越多。因此，对实际余额的需求是向下倾斜的。我们把实际余额的供给显示为一条垂直线，因为我们假设美联储可以完全控制 M1 的水平。银行和公众的行为也会影响 M1 的水平，但我们这里的简化并不会显著影响分析。

① 注意不要混淆，回顾一下第 4 章的提醒：当经济学家提到“货币市场”时，他们通常指的是在一年或更短的时间内到期的债券（如短期国债）市场。不过，此处我们所用的“货币市场”一词指的是货币需求和货币供给分析。

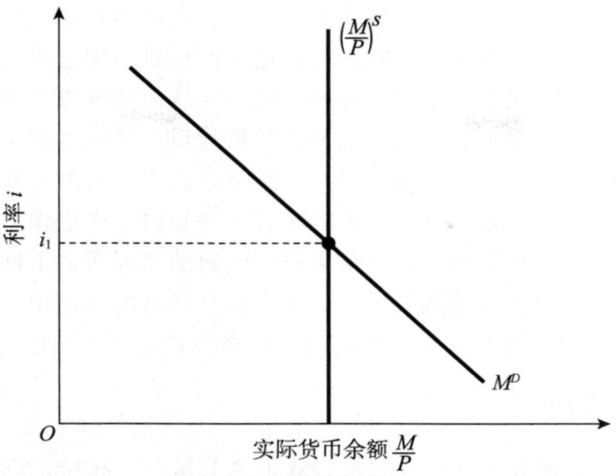

（a）货币市场

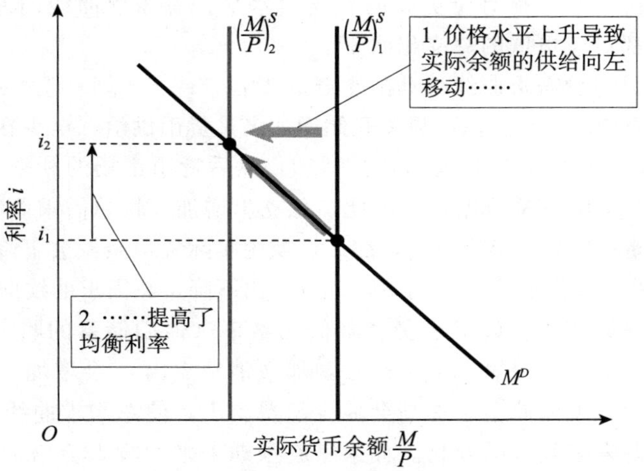

（b）价格水平上升的影响

图 17-2　货币市场

在图（a）中，对实际余额的需求是向下倾斜的，因为较高的短期利率会提高持有货币的机会成本。实际余额的供给是一条垂直线，因为我们出于简化起见假定美联储可以完全控制 M1。我们在图（b）中显示价格水平上升引起实际余额的供给曲线从 $(M/P)_1^S$ 左移至 $(M/P)_2^S$，从而将均衡利率从 i_1 提高到 i_2。

在图 17-2（b）中，假定名义货币供给（通货加支票存款的美元价值）保持不变，我们显示价格水平上升对货币市场的影响。价格水平上升减少实际余额的供给，使得供给曲线从 $(M/P)_1^S$ 左移至 $(M/P)_2^S$。在供给曲线移动之后，在初始的均衡利率 i_1 处，需求的实际余额会大于供给。家庭和企业会试图通过出售短期资产（如短期国债）来恢复意愿的实际余额持有量。短期国债的供给增加会压低其价格并提高短期国债的利率。不断上升的短期利率会导致家庭和企业减少它们需求的实际余额直至在利率 i_2 处恢复均衡。我们的结论是：当保持所有其他条件不变时，价格水平上升会导致利率上升。

利率上升使企业不太愿意投资于厂房和设备，并对消费者产生储蓄而非支出激励。如果我们在 AE 的方程式中包含这一行为，那么随着 P 的上升，C 和 I 下降，AE 下降。净出口也会因不断上升的利率对汇率的影响而发生变化。更高的本国利率使得本国金融资产的收益相对于外国金融资产的收益更有吸引力，这会增加对本国货币的需求。对本国货币需求的增加会提高汇率，这又会增加进口并减少出口，从而减少 NX 和 AE。

相反，价格水平下降会增加实际货币余额，导致货币市场的利率下降。较低的利率减少储蓄（从而增加消费）并增加投资和净出口，于是，总支出水平上升。

我们可以从图 17－1 中看到，总需求曲线向右下方倾斜，产生像个别商品的需求曲线那样的斜率。但从我们的分析中知道，总需求曲线倾斜的原因明显不同于个别商品需求曲线倾斜的原因。沿着总需求曲线的点表示价格水平和总产出的均衡组合。正如我们将在第 17.3 节中看到的那样，经济中实际上会出现哪个均衡点取决于产出的供给。

总需求曲线的移动

AD 曲线在图中的位置对理解政策措施的效果至关重要。在特定的价格水平上，当对经济的总产出的总支出增加或减少时，总需求曲线会发生移动。总需求曲线向右移动是扩张性的，因为每个价格水平都对应更高的总支出水平。总需求曲线向左移动是收缩性的，因为每个价格水平都对应更低的总支出水平。

我们现在回顾引起总需求曲线移动的主要因素：

（1）**货币供给的增加和减少。**如果美联储增加名义货币供给，至少在最初阶段价格水平涨幅不大，那么实际货币余额就会增加。然后货币市场的利率下降，导致消费 C、投资 I 和净出口 NX 都增加。因此，总支出增加，将总需求曲线向右移动。相反，如果美联储减少名义货币供给，那么短期内实际货币余额会下降。因此，均衡利率上升，消费、投资和净出口均下降。总支出下降，总需求曲线向左移动。

（2）**家庭储蓄率的变化。**如果消费者降低储蓄率（他们储蓄的收入的比例），总需求也会向右移动。如果家庭减少储蓄，那么消费支出 C 会增加。因此，总需求曲线将向右移动。家庭储蓄率提高会减少消费支出，使总需求曲线向左移动。

（3）**家庭的预期未来收入的变化。**如果家庭预期未来的收入会增加，那么现在的消费支出会增加，因为许多人的消费支出是根据他们的永久收入，而不是只根据他们的当期收入来定的。家庭的永久收入是其随着时间的推移预期会获得的收入水平。因此，如果家庭预期未来收入会增加，那么总需求曲线会向右移动。如果家庭对预期在未来会获得的收入感到悲观，那么永久收入会减少，这又会减少当期消费支出。结果是总需求曲线会向左移动。

（4）**预期资本的未来盈利能力。**如果企业预期资本的未来盈利能力上升，那么企业会增加计划投资 I。未来盈利能力通常取决于经济状况。因此，如果企业预期衰退很快会结束并且复苏会开始，那么它们通常会增加计划投资。在这种情况下，总需求曲线会向右移动。如果企业认为在不久的将来可能会出现经济衰退，那么它们就可能会减少计划投资，这会使总需求曲线向左移动。

（5）**家庭和企业的税负变化。**增加个人所得税会减少家庭的可支配收入。结果通常是消费支出减少，这会使总需求曲线向左移动。个人所得税减少通常会引起消费支出增加，使总需求曲线向右移动。同样，提高营业税（如公司所得税）会降低新工厂、办公楼和设备的盈利能力，从而导致计划投资支出下降。总需求曲线会向左移动。减少营业税会增加计划投资支出，使总需求曲线向右移动。

(6) 政府购买的变化。 政府购买 G 增加会直接增加总支出，并使总需求曲线向右移动。政府购买减少会减少总支出，并使总需求曲线向左移动。

(7) 外国对美国生产的商品和服务的需求的变化。 外国对美国生产的商品和服务的需求增加会提高净出口 NX，并使总需求曲线向右移动。外国对美国生产的商品和服务的需求减少会降低净出口，并使总需求曲线向左移动。决定对美国生产的商品和服务的需求的关键因素是美元与其他货币的汇率。当美元价值增加时，购买美元需要更多的外国货币（如欧元或日元），这会提高美国商品的外币价格，从而减少出口。此外，外国商品的美元价格下降，外国商品的进口增加。结果是净出口下降。美元贬值有相反的效果。

表 17－1 总结了移动总需求曲线的最重要的变量。

表 17－1　移动总需求曲线的变量

……增加	移动 AD 曲线……	因为……
名义货币供给	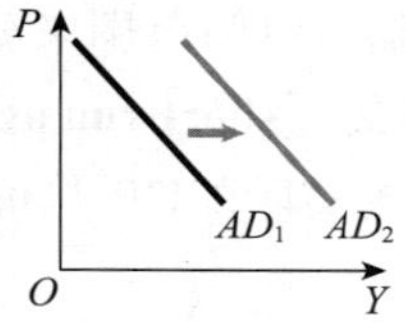	实际货币余额上升，且利率下降
家庭储蓄率	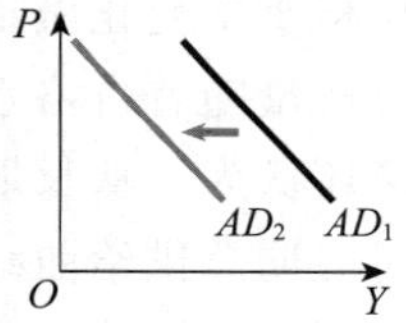	消费下降
家庭的预期未来收入	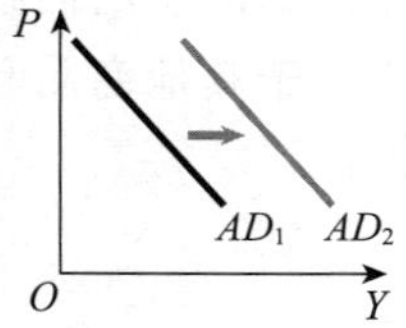	消费上升
预期资本的未来盈利能力	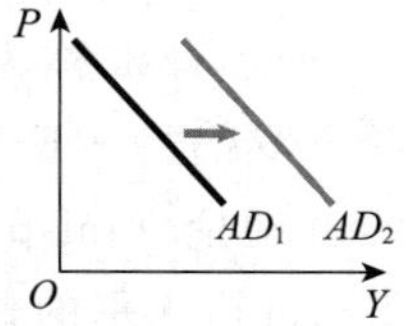	投资上升
所得税和营业税	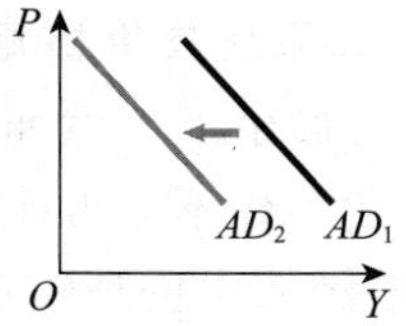	消费和计划投资减少
政府购买	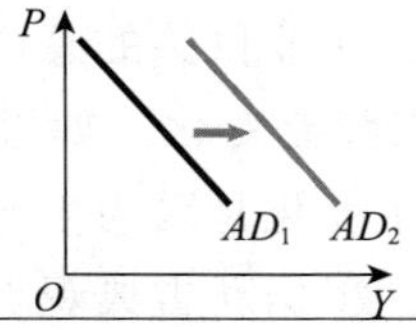	总支出直接增加

续表

……增加	移动 *AD* 曲线……	因为……
外国对美国生产的商品和服务的需求	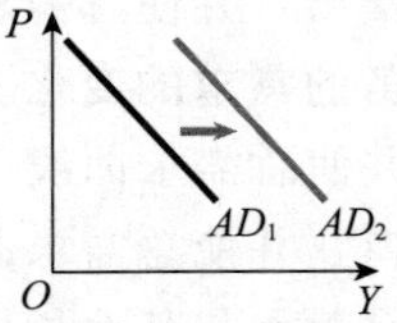	净出口增加

17.2 总供给曲线

AD-*AS* 模型的第二个组成部分是**总供给（aggregate supply）**，即企业在给定的价格水平下愿意供给的总产量或实际 GDP。相对于长期而言，企业在短期内对价格水平变化有不同的反应。因此，我们根据企业面临的时间范围来分别展开总供给分析。我们的最初目标是构建一条**短期总供给（*SRAS*）曲线［short-run aggregate supply（*SRAS*）curve］**，该曲线显示企业在短期愿意供给的总产量或实际 GDP 与价格水平的关系。我们再讨论长期总供给曲线。

经济学家对企业在短期内如何对价格水平变化做出反应的看法并不完全一致。大多数经济学家认为，企业在短期内供给的总产量随着价格水平的上升而增加，因此，短期总供给曲线是向上倾斜的。大多数经济学家还认为，从长期来看，价格水平的变化不会对企业供给的总产量产生影响。但经济学家对短期总供给曲线向上倾斜的原因有不同的解释。

虽然短期总供给曲线看似个别企业面临的供给曲线，但其表示不同的行为。个别企业愿意供给的产量取决于其产出的价格相对于其他商品和服务的价格。相反，短期总供给曲线将供给的总产量与价格水平联系起来。

短期总供给曲线

对 *SRAS* 曲线为什么向上倾斜的一种解释被称为新古典观点（new classical view），由芝加哥大学的诺贝尔经济学奖获得者小罗伯特·E. 卢卡斯（Robert E. Lucas，Jr.）首次提出。这种分析方法有时也被称为错觉理论（misperception theory），因为该理论强调企业难以区别自己产品价格的相对上涨和价格水平的普遍上涨。例如，假定你是一位玩具生产商，你看到玩具价格上涨了 5%。如果玩具价格相对于其他价格上涨，那么你可以得出玩具需求增加的结论，而且你应该增加生产。然而，如果经济中的所有价格都上涨了 5%，那么玩具的相对价格并未发生变化，你不太可能通过生产更多的玩具来增加利润。

当然，你只是众多生产商之一。把经济中的所有生产商都包括进来加以一般化之后，我们就能明白为什么错觉理论表示的是企业供给的总产量与价格水平的关系。假定经济中的所有价格均上涨了 5%，但相对价格没有变化。如果个别生产商没有意识到相对价格没有变化，那么总产出会增加。产出发生变化是因为生产商认为一部分价格上涨代表其产品的相对价格上涨，从而增加了供给量。根据新古典观点，只有当玩具的价格上涨不同于预期的整体价格水平的上涨时，对价格变化拥有完美信息的企业才会在玩具价格上涨时提高供给的玩具数量。如果所有生产商都预期价格水平会上涨 5%，而你作为玩具生产商看到玩具价格只上涨了 2%，你会减少你的玩具生产，因为你认为玩具的相对价格已经下降。在整个经济中，当企业预期价格水平会上涨 5%时，如果价格水平实际上只上涨了 2%，那么很多企业都会削减产出。

新古典观点表明，实际价格水平和预期价格水平之间的差异与商品的总供给之间有正向关系。如果 P 是实际价格水平，P^e 是预期价格水平，那么根据新古典观点，总产出与价格水平的关系是：

$$Y = Y^P + a(P - P^e)$$

其中：

Y＝实际总产出或实际 GDP

Y^P＝潜在 GDP，或者说当经济处于充分就业时生产的实际产出水平（Y^P 有时也叫作充分就业 GDP）

a＝当实际价格水平不同于预期价格水平时产出会做出多大反应的正系数

该方程式表明，当实际价格水平与预期价格水平相等时，供给的产出（Y）等于潜在 GDP（Y^P）。当实际价格水平大于预期价格水平时，企业会增加产出。当实际价格水平小于预期价格水平时，企业会减少产出。因此，在短期内产出可以高于或低于充分就业水平，直到企业可以区别相对价格变化和一般价格水平变化。于是，在短期内，就特定的预期价格水平而言，实际价格水平上升会提高供给的总产量。因此，*SRAS* 曲线向上倾斜。

对 *SRAS* 曲线向上倾斜的原因的另一种解释来自约翰·梅纳德·凯恩斯及其追随者的论断，即价格在短期内对总需求的变化做出反应时调整缓慢。也就是说，价格在短期内是有黏性的。在最极端的价格黏性观点中，我们会得到一条水平的 *SRAS* 曲线，因为价格对总需求的上升或下降完全不做出调整。相反，企业会在不改变价格的情况下调整生产水平来满足新的需求水平。追随凯恩斯的价格黏性观点的当代经济学家已经找到一些价格在短期内不调整的原因。赞同新凯恩斯主义观点的经济学家用很多现实世界市场的特征（尤其是长期合约的存在和不完美竞争）来解释价格行为。

一种形式的刚性源于工资（企业与工人之间）或中间品价格（企业与其供应商之间）的长期名义合约。在长期名义合约下，工资率或价格是以名义量的形式提前数月或数年设定的。例如，一家汽车制造商可能已经与一家钢铁供应商签订了长期合同。如果汽车制造商和钢铁公司都预期通货膨胀率将为 3%，那么这一事实会反映在合同规定的钢铁价格中。如果通货膨胀率实际为 5%，那么汽车制造商能将其价格提高到超出预期的水平，这会增加利润，因为使用的钢材成本由长期合同固定了下来。因此，价格水平出乎意料地大幅上涨会导致产出增加，而如果所有投入价格都可以自由调整的话，这是不可能发生的。同样，当预期通货膨胀率为 3%时，如果通货膨胀率实际为 1%，那么企业会发现利润下降，因为它们的一些成本无法自由调整。结果是产出会下降。

经济中存在很多这样的长期安排，并且在一个特定时期内并不是所有合同都要续签，因为合同是重叠的或交错的。因此，当期只有一部分工资和价格可以调整。从长期来看，企业和工人会根据需求的变化重新协商合同，但他们不能立即重新协商所有合同。

新凯恩斯主义者还将价格黏性归因于市场结构的差异及在不同类型的市场中发生的价格设定决策。在小麦或短期国债市场上，产品是标准化的，许多交易者相互影响，价格自由迅速地调整来适应需求和供给的变化。在这种完美竞争市场中，个别交易者的买卖相对于全部市场交易量而言很小。例如，少数小麦种植者无法将他们的价格提高到其他小麦种植者之上，因为那样就没有人会购买他们的小麦。

然而，经济中的很多市场（例如，高级服装、汽车和医疗保健市场）不同于小麦或国债的连续调整的价格接受市场，因为这些市场中的产品不是标准化的。当产品具有个体属性时，就会形成垄断竞争。提价的卖方会遭遇需求量下降，但不会降为零。在垄断竞争市场中，卖方不像在完全竞争市场中那样将价格视为给定价格，因为他们是价格制定者而不是价格接受者。新凯恩斯主义经济学家认为，当改变价格有成本时，价格在垄断竞争市场中只会逐步调整。公司改变价格的成本（有时被称为菜单成本）包括告知当前和潜在客户价格变化以及改变在线和印刷的产品目录和商店货架上的价格。

为什么菜单成本在解释产出和价格变动时可能很重要？再考虑一个完美竞争的市场：当一位小麦的卖方收取的价格略高于其他卖方收取的价格时，该卖方会什么也卖不出去。但是，一家垄断竞争企业（如服装精品店）的价格略高于市场价格时不会失去许多客户。当改变价格的潜在利润小于改变价格的成本时，企业不会改变价格。

垄断竞争企业不在短期内连续调整价格，而可能会通过按标价出售更多或更少来满足需求的波动。这种策略对垄断竞争企业是合理的，因为产品价格高于边际成本（即生产额外一单位的成本）。因此，企业在需求增加时很乐意出售额外的产出。由于是在不调整价格的情况下对需求水平做出反应，所以企业的产出会根据总需求变化上升或下降。

当企业有黏性价格时，价格水平上涨在短期内往往会增加这些公司的利润，从而会导致它们增加产量。新凯恩斯主义观点所隐含的短期总供给曲线是向上倾斜的。经济中有黏性价格的企业的比例越大，*SRAS* 曲线越平坦。如果所有企业在短期内都有黏性价格，那么 *SRAS* 曲线会是水平的。反之，如果所有企业在短期内都有完全灵活的价格，那么 *SRAS* 曲线会是垂直的。

长期总供给（*LRAS*）曲线

在新古典主义和新凯恩斯主义对总供给曲线的解释中，*SRAS* 曲线都是向上倾斜的，但价格水平与企业愿意供给的总产量的关系在长期内不会是向上倾斜的。根据新古典主义的观点，企业最终能够区别其产品的相对价格变化和价格水平的变化。此时实际和预期价格水平相等，即 $P=P^e$。新古典主义方程式表明，当实际价格水平等于预期价格水平时，当期产出 Y 等于潜在 GDP，即 Y^P。因此，**长期总供给（*LRAS*）曲线［long-run aggregate supply（*LRAS*）curve］**垂直于 Y^P。

根据新凯恩斯主义的观点，短期内很多投入成本是固定的，因此，企业可以在不遭受投入成本与产品价格等比例上升的情况下扩张产出。然而，随着时间的流逝，投入成本会与价格水平同步上升，因此，在长期内，有灵活价格的企业和有黏性价格的企业都会调整价格来适应需求的变化。与新古典主义的观点一样，*LRAS* 曲线垂直于潜在 GDP，或者说 $Y=Y^P$。

图 17－3 在同一幅图形中显示短期和长期总供给曲线。注意，两条曲线在等于 P^e 的

价格水平处相交。

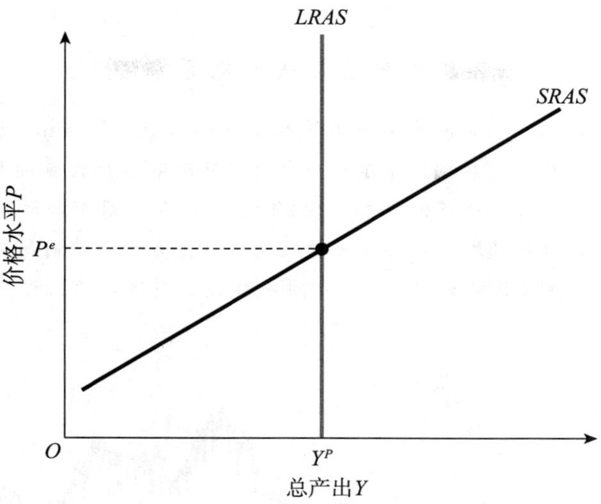

图 17-3　短期和长期总供给曲线

SRAS 曲线是向上倾斜的，因为当价格水平 P 超过预期价格水平 P^e 时，供给的产出数量上升。在长期，实际和预期价格水平相同。因此，*LRAS* 曲线垂直于潜在 GDP，即为 Y^P。

短期总供给曲线的移动

总供给曲线的移动可以解释短期产出变化。短期总供给曲线移动的原因主要有三个：

(1) **劳动成本的变化。**生产产出的大部分成本通常是劳动。当产出 Y 超过潜在 GDP 水平 Y^P 时，生产的高产出水平会提高对劳动的需求。更高的劳动需求又会抬高工资，增加企业的劳动成本。因此，短期总供给曲线最终会向左移动，因为在任何给定的价格水平下，当成本较高时，企业会供给较少的产出。在产出下降到低于潜在 GDP 的情况下，企业开始解雇工人，工人的工资会下降。生产成本的相应下降最终会使短期总供给曲线向左移动。

(2) **其他投入成本的变化。**原材料（如石油）的价格或可得性或者生产商品和服务的技术未预期到的变化会影响生产成本或短期总供给曲线。这些变化被称为**供给冲击（supply shock）**。正面的供给冲击，如节省劳动的技术的开发或者风调雨顺带来较低的食品价格，会使短期总供给曲线向右移动。负面的供给冲击，如石油价格上涨，会使短期总供给曲线向左移动。

(3) **预期价格水平的变化。**当工人就工资讨价还价时，他们是比较工资和他们购买的商品和服务的成本。当工人预期价格水平会上涨时，他们会要求更高的名义工资来保持实际工资不变。类似地，企业也是通过比较产出的价格和其他商品和服务的预期价格来做出供给多少的决策的。当预期价格水平上升时，企业会提高价格来抵消更高的劳动和其他成本。预期价格水平上升会使短期总供给曲线向左移动。预期价格水平下降会将短期总供给曲线向右移动。发生移动的原因是，随着名义工资和其他成本的下降，企业会降低价格，从而在每一给定的价格水平下都会供给更多的产出。

联系实际 17-1

压裂改变了美国的能源市场

在 19 世纪 50 年代后期，职业铁路运输员埃德温·德雷克（Edwin Drake）发明了一种钻探石油的方法，并从宾夕法尼亚州泰特斯维尔的一个油田抽出第一批大量的原油。直到 20 世纪 60 年代，美国的石油产量都超过其他任何国家。在 20 世纪 60 年代后期，随着美国石油产量减缓然后开始下降，同时石油需求持续增长，石油进口猛增。下图显示，特别是在 20 世纪 80 年代中期之后，美国的石油产量长期下降，到 20 世纪 90 年代中期，美国的石油进口量首次超过生产量。

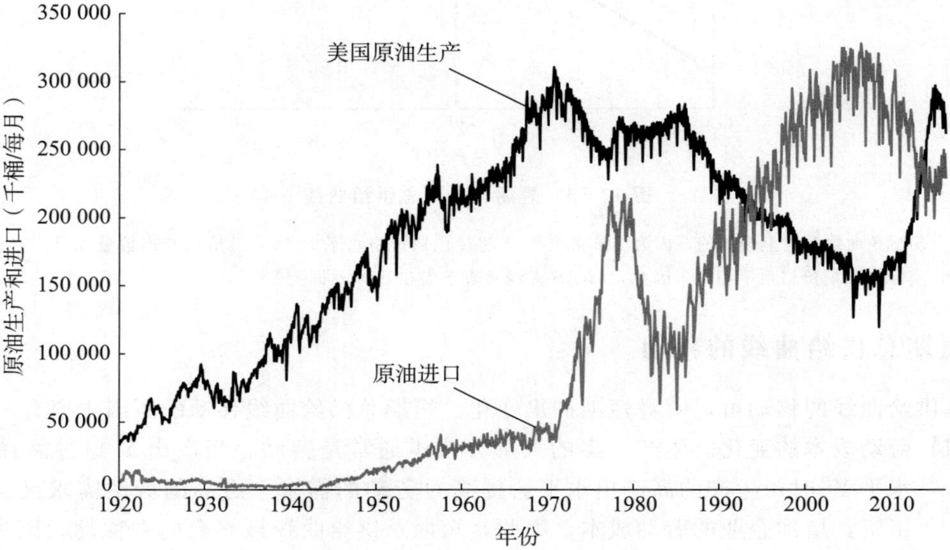

美国原油生产与进口情况

从 2008 年开始，高昂的原油价格导致许多美国能源公司采用一种被称为水力压裂或压裂的技术。压裂涉及在高压下将水、沙子和化学物质的混合物注入岩层中，以释放传统方法无法回收的石油和天然气。该图显示，由于水力压裂的应用，美国的石油产量在 2008 年至 2015 年翻了一番。美国石油产量的增加使世界石油价格从 2008 年每桶 133 美元的高位急剧下降到 2016 年 2 月每桶 30 美元的低位。一年后油价又回升至 50 美元以上。

油井通常还回收天然气作为抽油的副产品。结果是石油产量增加的同时天然气的供应也上升了，价格从 2008 年 7 月的 13 美元/BTU（百万英国热量单位，衡量燃料的热量含量）下降到 2016 年 9 月的不足 3 美元/BTU。天然气一直是制造化学品和化肥等产品的能源。天然气价格下跌导致美国的铝、玻璃和其他产品制造商从煤炭和其他燃料转向天然气。因为天然气变得越来越便宜，许多公用事业也从使用煤炭转向天然气。除了降低价格的好处外，天然气产生的导致全球变暖的温室气体水平也较低。美国使用天然气发电的比例从 2006 年的 20%增加到 2016 年的 34%。因此，许多公司面临较低的电费。但低成本天然气可能对运输市场影响最大。占全国货运量四分之三的长途卡车运输行业的公司已经开始从使用柴油燃料的卡车转向使用便宜得多、清洁得多的天然气驱动的卡车。

由于能源市场的这些发展，美国的 *SRAS* 曲线向右移动。经济学家菲利普·韦拉格

(Rhilip Verlager) 预测，美国最终将拥有工业化国家中最低的能源成本，花旗集团的经济学家估计，美国石油和天然气产量的增长到 2020 年可能创造超过 350 万个新工作岗位和明显更高的实际 GDP。一些企业高管认为，较低的天然气价格会持续数十年。雪佛龙菲利普斯公司首席执行官彼得·塞拉 (Peter Cella) 说："我们确信这不是暂时的事情。""这是一个真实的持久现象，对美国来说是潜在的竞争优势。"地质学家估计，美国的天然气供应足以将现有的产量维持一个多世纪。

尽管水力压裂产生的能源具有经济效益，但该工艺也招来批评。压裂需要大量能量和水，居住在生产现场附近的人们抱怨甲烷泄漏。一些政策制定者担心急于利用新技术而忽视环境风险。国际能源机构估计，通过仔细监测可以抑制压裂产生的许多潜在不利影响，但是典型气井的平均成本将增加约 7%。

如上页图中所示，较低的石油和天然气价格导致一些美国公司在 2016 年减产。但是许多经济学家和石油公司高管认为，从长远来看，更充裕和更便宜的石油和天然气供应将对世界经济产生重大的影响。正如一家石油公司的高层管理人员在 2016 年所说的那样："现在有大量的创新，包括商业创新、商业模式的变化以及技术创新。目前的机会之窗令人难以置信。"

资料来源：Spencer Jakab, "Natural Gas: Don't Get Too Comfortable," *Wall Street Journal*, June 19, 2016; Sarah Kent, "Big Oil's New Focus on Natural Gas," *Wall Street Journal*, September 13, 2016; Ben Casselman and Russell Gold, "Cheap Natural Gas Gives Hope to the Rust Belt," *Wall Street Journal*, October 24, 2012; and "The Oil Conundrum," *Economist*, January 23, 2016.

见本章末的问题和应用 2.10。

长期总供给（*LRAS*）曲线的移动

长期总供给（*LRAS*）曲线表明经济在一个特定时间的潜在实际产出或 GDP 水平。*LRAS* 曲线随时间推移而移动以反映潜在 GDP 的增长。这种经济增长的源泉包括：(1) 资本和劳动投入的增加；(2) 提高生产率（每单位投入生产的产出）增长率的技术变革。

投入的增长会提高经济的生产能力。当企业投资于新的厂房和设备时——而不仅仅是替换旧的厂房和设备——可以增加可用于生产的资本存量。当人口增长或更多的人参与劳动力队伍时，劳动投入增加。对美国和其他国家产出增长的研究表明，从长期来看，生产率增长显著影响产出增长的速度。生产率的增长主要是由技术变革推动的，技术变革使企业的每单位投入能有更多的产出。经济学家对技术变革有广泛的定义，不仅包括新的或改良的机械和设备，而且包括用给定数量的投入生产更多产出的其他方式，例如更好的组织生产的方法及工人培训和教育的改进。

表 17－2 概括了短期和长期总供给曲线移动的最重要的因素。

表 17－2　短期和长期总供给曲线移动的因素

<table>
<tr><th>……的上升</th><th>SRAS 曲线移动到……</th><th>因为……</th></tr>
<tr><td>劳动成本</td><td>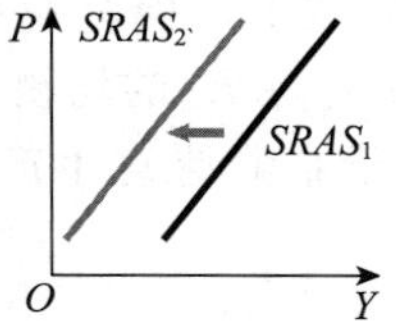
</td><td>生产成本上升</td></tr>
</table>

续表

……的上升	SRAS 曲线移动到……	因为……
其他投入成本	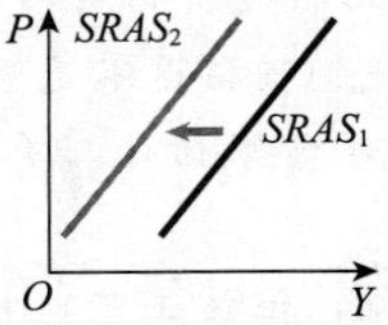	生产成本上升
预期价格水平	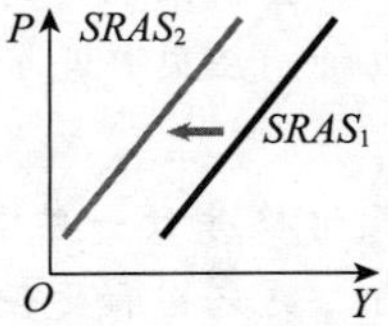	工资和其他生产成本上升
……的上升	**LRAS 曲线移动到……**	**因为……**
资本和劳动投入	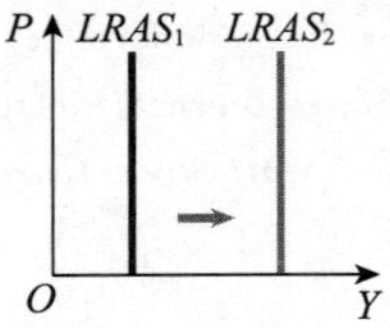	生产能力上升
生产率	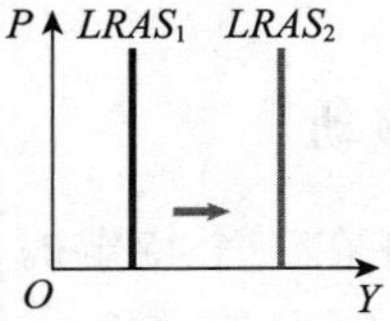	用于生产产出的要素的效率上升

17.3 总需求和总供给模型的均衡

总需求及短期和长期总供给是总需求和总供给（*AD-AS*）模型的组成部分，我们可以用该模型来确定经济的均衡产出水平和均衡价格水平。由于企业在短期和长期供给产出的行为有差异，因此，我们有两个产出和价格水平的均衡值，即短期均衡和长期均衡。

短期均衡

要确定短期的产出和价格水平，在图 17－4 中我们将总需求（*AD*）曲线和短期总供给（*SRAS*）曲线结合起来。经济的短期均衡出现在 *AD* 和 *SRAS* 曲线的交点 E_1处。没有其他点表示均衡。例如，点 *A* 位于 *AD* 曲线上，但企业在价格水平 P_2供给的产出会超过家庭和企业的需求。价格水平会下降来恢复点 E_1的均衡。点 *B* 位于 *SRAS* 曲线上。但家庭和企业在价格水平 P_3对产出的需求大于企业愿意生产的产出。价格水平会上升到 P_1，使得需求量等于供给量。

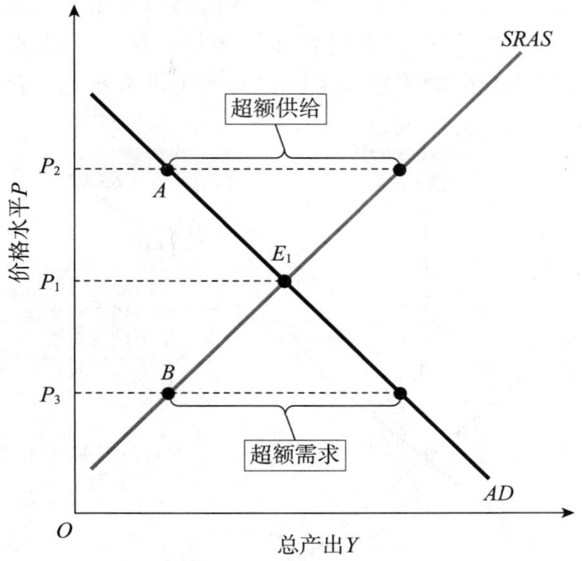

图 17－4　短期均衡

经济的短期均衡是由 AD 曲线与 $SRAS$ 曲线相交的点 E_1 表示的。均衡价格水平是 P_1。更高的价格水平对应产出的超额供给（例如，在点 A），更低的价格水平对应产出的超额需求（例如，在点 B）。

长期均衡

我们对经济的短期均衡的分析表明，有很多可能的产出和价格水平的组合，取决于总需求曲线和短期总供给曲线相交于何处。然而，从长期来看，价格水平会调整到将经济带到位于潜在 GDP（Y^P）的均衡。因此，经济的长期均衡出现在 AD、$SRAS$ 和 $LRAS$ 三条曲线的交点。在图 17－5 中，总供给曲线 AD_1 和短期总供给曲线 $SRAS_1$ 相交于总产出为 Y^P 处，价格水平为 P_1。

现在，假设总需求发生意料之外的增加，也许因为住房需求的增加，结果是总需求曲线从 AD_1 右移到 AD_2，产出和价格水平在短期内都会上升。新的短期均衡 E_2 位于 AD_2 曲线和 $SRAS_1$ 曲线的交点。但是随着时间的流逝，由于企业获悉一般价格水平已经上升且投入成本上升，$SRAS$ 曲线会从 $SRAS_1$ 左移到 $SRAS_2$，因为企业在新的价格水平下只愿意供给较少的产出。从长期来看，$SRAS$ 曲线必须移动足够远来与 AD_2 相交于 Y^P。总需求增加之后的新的长期均衡位于点 E_3，价格水平为 P_2，产出为 Y^P。

如果总需求发生未预期到的收缩，从而 AD 曲线向左移动，该过程会被逆转。产出和价格水平一开始会下降。随着时间的推移，由于企业获悉价格水平已经下降且投入成本下降，$SRAS$ 曲线会向右移动。这一调整过程在新凯恩斯主义理论中比在新古典主义理论中更缓慢（由于很多企业的黏性价格）。在新的长期均衡处，产出等于 Y^P，价格水平低于 P_1。

经济学家将刚才描述的调整回潜在 GDP 的过程称为自动机制，因为该过程是在政府没有采取任何行动的情况下发生的。

从长期来看，经济会生产 Y^P，价格水平会对总需求移动做出调整以确保经济处于均衡状态。由于 $LRAS$ 曲线是垂直的，所以经济学家通常认同，从长期来看，总需求变化影响价格水平，但不影响产出水平。AD 变动与价格水平的这一长期关系导致**货币中性**

(money neutrality)。例如，如果美联储试图通过增加货币供给来刺激经济，那么在短期产出和价格水平都会上升，但在长期只有价格水平上涨，因为产出水平会返回 Y^P。相反，名义货币供给下降在长期内会降低价格水平，但对产出没有影响。因此，我们的结论是货币供给变化在长期内对产出没有影响。

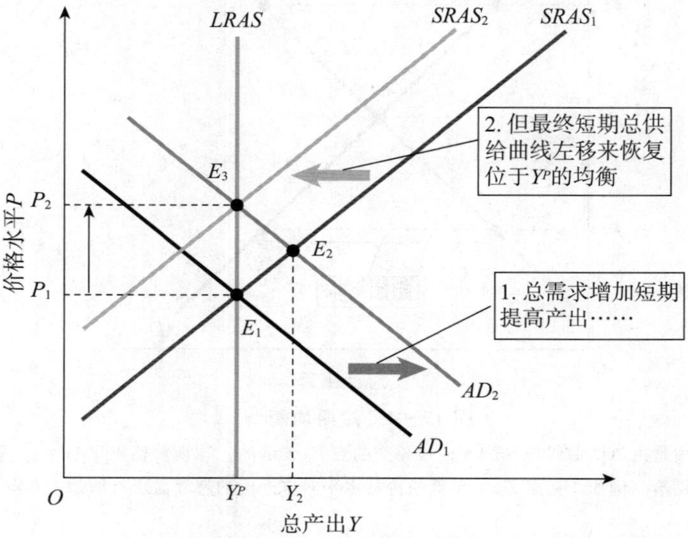

图 17－5　向长期均衡的调整

从位于 E_1 的初始均衡开始，总需求增加将 AD 曲线从 AD_1 移动到 AD_2，产出从 Y^P 增加到 Y_2。由于 Y_2 大于 Y^P，所以价格上涨，将 $SRAS$ 曲线从 $SRAS_1$ 移动到 $SRAS_2$。经济的新均衡位于 E_3。产出已经返回 Y^P，但价格水平已经上涨到 P_2。$LRAS$ 曲线垂直于潜在 GDP 水平 Y^P。AD 曲线的移动只在短期内影响产出水平。这个结果在新古典主义和新凯恩斯主义理论中都是成立的，但价格调整在新古典主义理论中更迅速。

美国的经济波动

我们可以用 *AD-AS* 模型来解释过去的事件和预测未来的经济走势。当期产出波动可由总需求曲线或总供给曲线的移动来解释。在以下各节中，我们用 *AD-AS* 分析来解释美国的三次经济波动时期：(1) 总需求冲击（1964—1969 年）；(2) 供给冲击（1973—1975 年为负面，1995 年之后为正面）；(3) 2007—2009 年的经济衰退期间和之后对总需求的信贷紧缩冲击。然后，我们用 *AD-AS* 分析来预测激励投资的税制改革对产出和价格的影响。

总需求冲击（1964—1969 年）

到 1964 年，美国对越南冲突的参与已经发展成一项重大的战争努力，实际的政府购买（主要是用于军事装备和人员的购买）自 1960 年以来增长 9%。这些支出在 1964 年到 1969 年之间又增加 21%。美联储担心由政府购买增加引起的总需求增加会提高货币需求和利率。为了避免利率上升，美联储采取了扩张性的货币政策：M1 的年增长率从 1963 年的 3.7%上升到 1964 年的 7.7%。

财政扩张和货币扩张相结合导致总需求曲线发生一系列右移。总需求在 20 世纪 60 年代中期的上升导致产出超过潜在 GDP，这给生产成本和价格水平带来上行压力。正如我们在用 *AD-AS* 模型分析短期和长期均衡时所演示的那样，当产出增加到潜在 GDP 之上时，*SRAS* 曲线最终会向左移动，在更高的价格水平上恢复经济的充分就业均衡。由于财政和货币扩张持续数年，因此，*AD-AS* 分析表明，从 1964 年到 1969 年，产出增长和通货膨胀率（价格水平的变化率）应该已经上升，实际上就是这样。

供给冲击（1973—1975 年和 1995 年之后）

到 20 世纪 70 年代初，许多经济学家和政策制定者认为，通货膨胀主要是由总需求增加驱动的。按照这种观点，通货膨胀只会在产出也增加时发生。然后，由于 1973 年和 1974 年的负面供给冲击，一段时期的通货膨胀率上升和产出下降使美国和其他工业化国家的经济学家和政策制定者感到惊讶。1973 年，石油输出国组织（OPEC）大幅减少世界石油市场上的石油供给，试图向美国和其他国家施压，使其停止在 1973 年的阿以战争中支持以色列。伴随着世界石油价格翻两番的是世界各地的收成不佳导致粮食价格大幅上涨。在美国，自 1971 年起生效的政府工资和价格管制措施的取消加剧了这两种负面供给冲击。随着这些控制措施的结束，企业提高价格，工人要求更高的工资来跟上价格上涨并恢复他们在管制时期无法得到的工资上涨。

在 *AD-AS* 分析中，这组负面供给冲击会使短期总供给曲线向左移动，从而提高价格水平并减少产出。实际上，1974 年和 1975 年产出下降，而通货膨胀率上升。通货膨胀率上升与产出下降或经济停滞的结合被称为滞胀。产出下降和价格上涨表明，总供给冲击以及总需求冲击会改变经济的短期平衡。1978—1980 年，由于石油价格上涨造成的负面供给冲击，也出现类似的模式。

我们还可以考察有利的供给冲击，如 1996—2005 年美国经济生产率的加速增长。许多经济学家认为，信息技术投资，特别是与互联网"新经济"相关的技术投资，可以解释这种生产率增长率的上升。我们可以使用 *AD-AS* 分析来说明这种正面供给冲击。*SRAS* 曲线和 *LRAS* 曲线都向右移动，产出提高，并使价格水平上涨的幅度小于在其他情况下的涨幅。从 2006 年开始，生产率增长放慢，导致 *LRAS* 曲线以较慢的速度向右移动。生产率增长的这种放缓导致 2007—2009 年金融危机之后的几年中实际 GDP 的缓慢增长。

2007—2009 年的经济衰退期间和之后的信贷紧缩和总需求

如我们在前几章中所讨论的那样，信贷紧缩，或者说银行和其他金融企业放贷的能力或意愿下降，会导致产出下降。许多分析家认为，信贷紧缩加剧了 2007—2009 年的经济衰退，并助长了从经济衰退中复苏的缓慢性。如我们在第 12 章中看到的那样，在雷曼兄弟投资银行倒闭之后发生了金融恐慌。除政府担保的住房抵押贷款外，证券化过程已停止。当储户从货币市场共同基金撤回资金时，公司很难出售商业票据。随着银行和其他金融企业出售资产并削减贷款来加强财务状况，从储蓄者到借款人的资金流动中断了。由于家庭和中小企业无法用其他来源的资金代替银行贷款，用于消费者的耐用品和企业的厂房和设备的支出减少了。

在 *AD-AS* 分析中，支出减少转化为总支出减少，从而使 *AD* 曲线向左移动。随着时间的流逝，总需求下降给价格带来下行压力，使 *SRAS* 曲线向右移动。实际上，在 2007—2009 年的经济衰退期间，实际 GDP 下降 4.2%，以消费者价格指数（CPI）衡量的通货膨胀率从 2007 年的 2.9%下降到 2009 年的－0.3%。如我们在第 12 章中讨论的那样，信贷紧缩以外的其他因素也促成 2007—2009 年的经济衰退，但大多数经济学家认为，信贷紧缩是造成经济衰退严重程度的主要因素。

投资激励是通货膨胀性的吗？

在 20 世纪 90 年代后期，许多经济学家和政策制定者都敦促国会考虑能刺激商业投资的税制改革。2002 年，总统乔治 · W. 布什提出投资激励并获得国会批准。此类改革包括（1）引入成本费用化——企业可以一次性而不是逐步扣除购买新工厂和设备的成本；（2）削减股息和资本利得税，降低资本成本。许多经济学家认为，这样的改革将大幅增加商业投资的需求和资本品的产出。这些改革也会提高通货膨胀率吗？

在 *AD-AS* 分析中，对投资的刺激转化为总需求增加，从而使 *AD* 曲线向右移动。但是，随着新工厂和设备的安装，经济的生产能力会提高，*SRAS* 曲线和 *LRAS* 曲线会向右移动，从而减轻激励投资的税制改革带来的通货膨胀压力。最近的证据表明，供给的反应是巨大的，投资激励措施不太可能导致通货膨胀。

2010 年，美国经济正努力从 2007—2009 年的衰退中复苏。为了刺激总需求，总统巴拉克 · 奥巴马提出并由国会通过的 2010 年《小企业就业法》允许企业在 2011 年底之前将投资品支出费用化。这项政策变化增加了投资品需求，但对通货膨胀率没有显著的影响。

17.4 货币政策的作用

商业周期（business cycle）是指交替出现的经济扩张和经济衰退时期。在商业周期中，产出在扩张期增长，直到商业周期的顶峰。然后，随着经济进入收缩或衰退阶段，产量下降，直到经济周期的低谷，此时产出再次开始扩张。这种模式从几个月到几年不等，扩张和衰退的强度也不同。自 1945 年第二次世界大战结束以来，1981—1982 年和 2007—2009 年的经济衰退尤为严重。

当经济陷入衰退时，产出下降，失业增加，这给某些个人和企业带来困难。大多数经济学家认为，增加货币供给和降低利率可以增加短期产出。于是，美联储可以使用货币政策通过减轻衰退的严重程度并缓解产出的短期波动来稳定经济。这种**稳定政策（stabilization policy）**试图通过改变货币供给和利率来移动 *AD* 曲线。国会和总统也可以采取财政政策行动（如改变政府购买或税收的水平）来稳定经济。与货币政策一样，财政政策主要通过移动 *AD* 曲线来发挥作用。但是，影响对工作、储蓄和投资的激励的税收政策的变化从短期和长期来看也可能增加总供给。

扩张性货币政策

假设经济遭遇总需求冲击，就像 2007 年发生的新房支出的暴跌一样。图 17 - 6 说明了这一结果。在图 17 - 6（a）中，经济开始处于点 E_1 的均衡，点 E_1 位于 AD_1、$SRAS_1$ 和 *LRAS* 三条曲线的交点。产出位于 Y^P，价格水平位于 P_1。总需求曲线因为总需求冲击从 AD_1 移动到 AD_2。经济进入位于 E_2 的衰退，产出从 Y^P 下降到 Y_2，价格水平从 P_1 下降到 P_2。

美联储当时不得不决定是否实施扩张性货币政策。如果美联储什么也没有做，我们从之前的分析中知道，经济最终会自我纠正。在产出低于充分就业水平的点 E_2，随着时间的推移，投入成本和价格会下降，将短期总供给曲线 $SRAS_1$ 向右移动到 $SRAS_2$，并把经济恢复到位于点 E_3 的潜在 *GDP* 水平。经济最终返回位于价格水平 P_3 的潜在 GDP，但必要的成本和价格调整可能需要数年，在这段时间内，一些工人遭受失业，一些企业遭受损失。

另外，如图 17－6（b）所示，美联储可以通过实施扩张性货币政策来设法加速经济复苏。如我们在第 15 章所看到的那样，美联储可以通过降低联邦基金利率的目标值来实施扩张性货币政策。扩张性政策会将总需求曲线从 AD_2 向右移回 AD_1。经济会从位于点 E_2 的衰退移回位于点 E_1 的初始充分就业均衡。经济恢复到潜在 GDP 的速度要比美联储不采取积极政策更快。然而，稳定政策有副作用：稳定政策下的价格水平比不采取行动时更高。

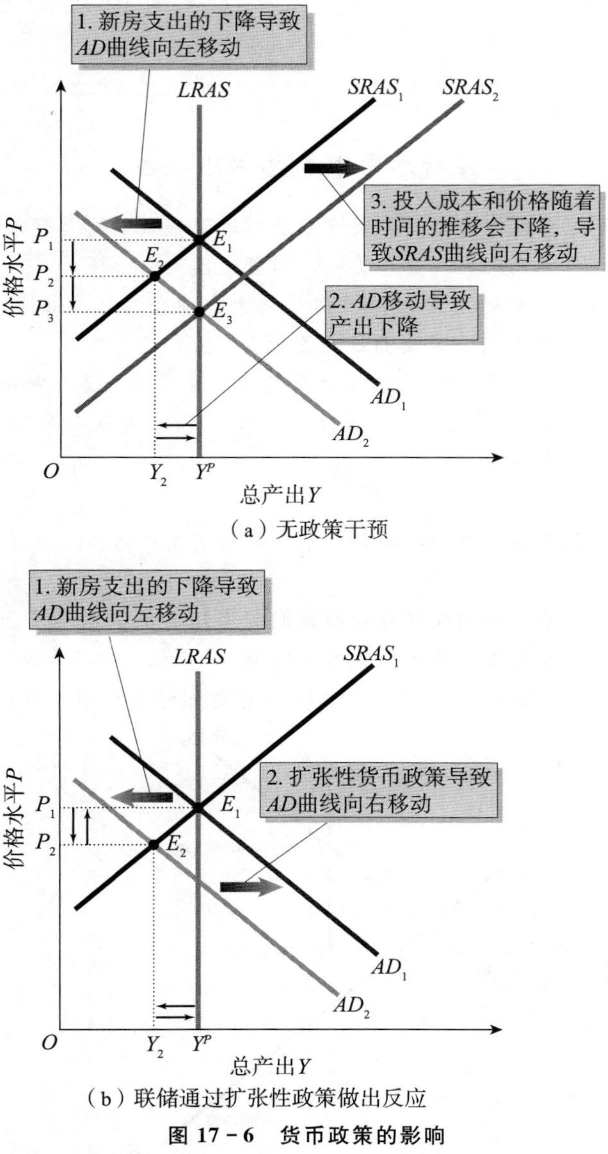

图 17－6　货币政策的影响

图（a）表明，从位于 E_1 的初始充分就业均衡开始，总需求冲击将 AD 曲线从 AD_1 移动到 AD_2，产出从 Y^P 下降到 Y_2。经济在 E_2 处于衰退中。随着时间的推移，价格水平向下调整，将经济恢复到位于 E_3 的充分就业均衡。图（b）表明，从位于 E_1 的初始充分就业均衡开始，总需求冲击将 AD 曲线从 AD_1 移动到 AD_2。经济在 E_2 处于衰退中。美联储利用扩张性货币政策加速经济复苏，AD 曲线从 AD_2 移回 AD_1。相对于无干预情形而言，经济更快地恢复到充分就业，但有更高的长期价格水平。

在 20 世纪 60 年代，很多经济学家鼓吹用货币政策和财政政策来平滑经济波动。然而，其他一些经济学家怀疑试图微调经济是否有效，其原因是在形成和实施稳定政策时可能有很长的时滞。现在，大多数经济学家认为，因为有这些时滞，政策制定者不能期望成功地抵消每一次经济波动。因此，经济学家通常提倡政策制定者应该关注长期目标，如低通货膨胀或平稳的经济增长。许多经济学家认为，政策制定者应该限制使用积极政策来应对重大的经济衰退。当然，美国经济从 2007 年开始经历的正是一场重大的经济衰退。

解决问题 17－1

应对总需求和总供给冲击

假定经济初始位于充分就业均衡。再假设经济同时遭遇负面的总需求和总供给冲击：石油价格大幅上升，家庭因为对未来收入变得悲观，消费支出大幅下降。

a. 画一幅总需求和总供给的图形来说明初始均衡和冲击后的短期均衡。我们能否确切地知道价格水平在新的均衡下是更高还是更低？

b. 假设美联储决定不用扩张性货币政策干预经济。说明经济会如何调回长期均衡。

c. 假定美联储决定采取扩张性货币政策干预经济。如果美联储的政策是成功的，说明经济会如何调回长期均衡。

解决问题

第一步　复习本章的内容。这个问题是关于美联储实施扩张性货币政策的，因此，你需要复习“扩张性货币政策”这一小节。

第二步　通过画出一幅合适的图形并解释我们能否知道价格水平是上升还是下降来回答 a 部分的问题。负面的总供给冲击会导致总供给曲线从 $SRAS_1$ 向左移动到 $SRAS_2$，负面的总需求冲击会导致总需求曲线从 AD_1 向左移动到 AD_2。你的图形应该是这样：

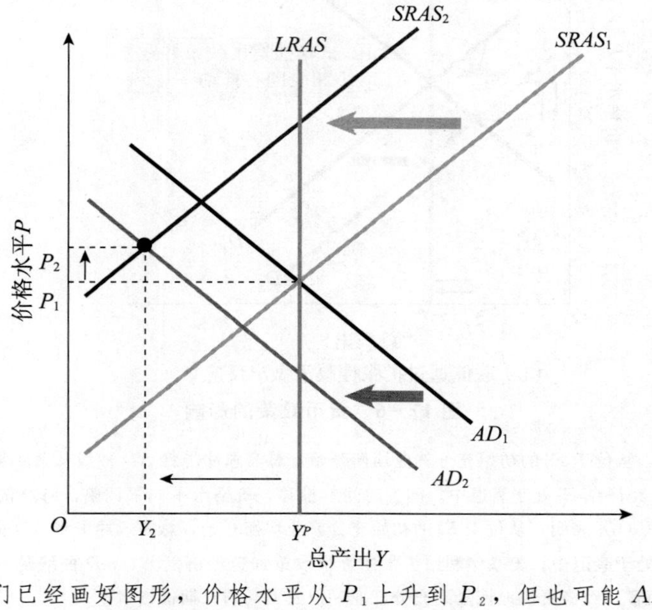

注意，因为我们已经画好图形，价格水平从 P_1 上升到 P_2，但也可能 AD 曲线向左移动的

幅度大于 *SRAS* 曲线向左移动的幅度。在这种情况下，价格水平会下降。因此，如果经济同时遭遇总供给和总需求冲击，我们不能确切地说价格水平会上升还是下降。

第三步　通过画合适的图形回答 b 部分的问题。我们从 a 部分中描述的产出位于 Y_2 且价格水平位于 P_2 的短期均衡出发。由于产出 Y_2 低于充分就业水平，随着时间的推移，价格水平和投入成本会下降，使得短期总供给曲线从 $SRAS_2$ 向右移动到 $SRAS_3$，最终会将经济恢复到在更低的价格水平 P_3 的潜在 *GDP* 水平 Y^P。

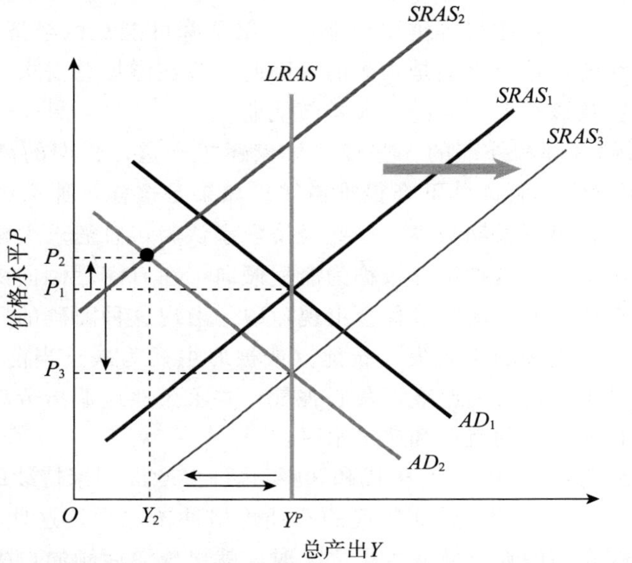

第四步　通过画合适的图形回答 c 部分的问题。再次从 a 部分描述的短期均衡出发，扩张性的货币政策会将总需求曲线从 AD_2 移动到 AD_3，将经济恢复到在更高的价格水平 P_3 的潜在 GDP 水平 Y^P。

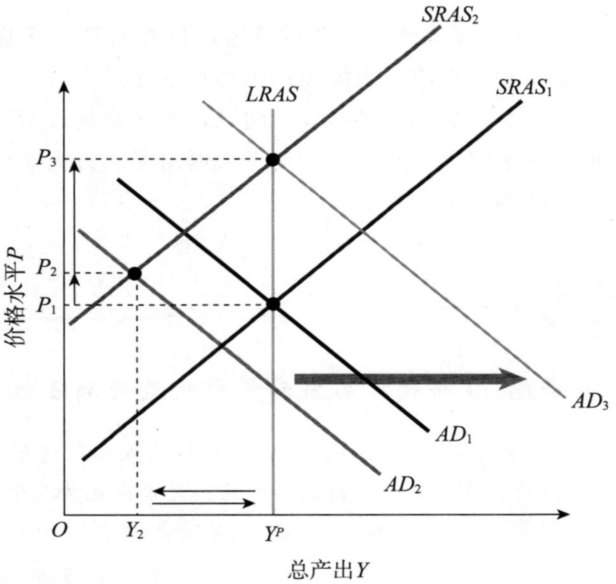

见本章末的问题和应用 4.7。

货币政策在 2007—2009 年的经济衰退期间无效吗?

如我们在开篇案例中所看到的那样，在从 2007—2009 年的经济衰退中复苏期间，就业和实际 GDP 的增长慢于大多数经济学家和政策制定者的预期。这些事实是否表明货币政策失效了？不一定。当然，美联储无法使图 17-6（b）所示的类型迅速而平稳地恢复充分就业。但是，如我们在第 12 章中所看到的那样，研究表明，在美国和在其他国家中，伴随金融危机的衰退几乎总是非常严重的。而且 2007—2009 年的经济衰退不仅仅由总需求的暂时下降所致，相反，住房等重要行业的产出下降可能是由经济的结构变化造成的，并且可能是长期存在的，甚至可能是永久的。因此，旨在增加总需求的扩张性货币政策可能无法成功地让那些从该行业失业的工人重新就业。

2016 年，美联储内部和外部的一些经济学家还想知道，长期的高失业水平是否已经导致就业-人口比率下降，而这种下降很难逆转。如果是这样，那么结果将是总供给相对于原本应有的水平而言出现长期减少。一些经济学家认为，总需求大幅负向变动实际上减少了充分就业的产出水平，这种情况被称为滞后倾向。在有滞后倾向的情况下，如图 17-6（a）所示的经济自动恢复均衡的过程会出现障碍。出现这种障碍的原因是，如果高失业率持续存在，那么会有更多的工人失去技能（或被雇主视为缺乏当前的技能），因此很难被雇用。长期失业的工人也可能会变得灰心丧气，并永久性地退出劳动力队伍。这些寻找新工作的障碍导致长期较低的就业和产出水平。

一些经济学家认为，20 世纪 80 年代和 90 年代许多欧洲国家持续的高失业率反映出滞后倾向。根据该分析，在 20 世纪 70 年代的石油价格冲击之后，这些国家的失业率上升。当失业率持续保持在先前的充分就业水平之上时，就出现滞后倾向，失业率仍然停留在较高水平。其他经济学家则怀疑滞后倾向是不是欧洲持续失业的好的解释。这些经济学家将为什么这些国家的就业增长缓慢的解释指向政府政策，如慷慨的失业保险金、高税率及对公司雇用和解雇工人的限制。

因此，美联储在 2016 年发现自己陷入两难境地：只有当经济面临的主要问题是总需求不足时，采用常规的扩张性货币政策来提高产出增长率才是有效的，一些经济学家和政策制定者认为确实如此。但是，如果总供给成为问题，那么常规政策就会失效。相反，国会和总统可能需要采取政策来解决如此多的中年工人退出劳动力大军的问题，即使当时失业率已经下降到了充分就业的水平。

联系实际 17-2

20 世纪 30 年代、当前和货币政策的局限性

在 2007—2009 年的经济衰退期间及之后，经济学家和政策制定者研究了 20 世纪 30 年代大萧条期间的事件是否可以为正在发生的事情提供洞见。大萧条也涉及金融危机，并持续十多年。2016 年，低就业率和实际 GDP 增长缓慢让政策制定者担心 2007—2009 年的金融危机的影响也会长期存在。

关于大萧条的惊人事实之一是 20 世纪 30 年代后期的高失业率。如此之高的失业率部分是由于 1937—1938 年的经济衰退，正如我们在第 14 章中所看到的那样，美联储无意中通过一系

列提高法定存款准备金率而造成这种情况。西北大学的经济学家罗伯特·戈登（Robert Gordon）分析了美国 1939 年的情况。尽管估计有所不同，但戈登认为那一年的失业率超过 17%，超过三分之一的失业者失业超过一年。尽管失业率很高，但几乎没有迹象表明工资和价格下降会通过图 17－6（a）中所示的过程使经济回到充分就业状态。一些经济学家认为 1939 年的高失业率是由于总需求的问题，另一些经济学家则认为这是由于总供给的问题。支持总供给解释的经济学家指出这三个关键因素：（1）国会在 20 世纪 30 年代通过法律大幅提高税率；（2）工会、罢工和劳工动乱急剧增加；（3）被这些经济学家看作在总统富兰克林·罗斯福的新政（New Deal）下破坏私有财产权的因素。

戈登不同意总供给的论点，而是认为美国正遭受总需求不足带来的滞后倾向现象。他认为当国会在 1940 年开始大幅增加军品开支为美国加入第二次世界大战做准备时，总产出迅速扩大，失业率下降。实际上，联邦政府通过大量增加军品开支来采取非常大的财政政策行动。戈登认为，当总需求大幅度增加时，扩大产出和就业的结构性障碍就消失了。

戈登对 20 世纪 30 年代末和 40 年代初的事件的分析受到挑战。独立研究院的经济学家罗伯特·希格斯（Robert Higgs）认为 20 世纪 30 年代的高失业率是由新政政策导致的“体制不确定性”所致。他认为，由于 1940—1945 年的产出增长主要来自战争物资和军需品行业，而失业率的下降是由于征兵和战争行业的就业增长所致，因此，真正的繁荣直到 1945 年战争结束时才恢复。希格斯认为，第二次世界大战后的繁荣源于：

> 罗斯福的逝世和哈里·杜鲁门及其政府的继任（从此）完成了从投资者感到充满不确定性的政治体制向他们对自己的私有财产权的安全性更有信心的政治体制的转变。尽管联邦政府支出从极高的战时水平大幅削减，但投资者推动了战后的投资热潮，促使经济恢复持续繁荣。

不过，希格斯的论点遭到经济学家的批评，他们认为，从罗斯福政府到杜鲁门政府的政策转变不像希格斯认为的那样剧烈。

2016 年的政策辩论与 20 世纪 30 年代的辩论相呼应。2016 年，一些经济学家认为，足够扩张的货币政策可以提高就业和实际 GDP 的增长率，从而使经济回到类似于 2007—2009 年金融危机之前的状况。其他经济学家认为，美联储已经尽其可能地采取了扩张性的货币政策，因此需要其他方法。例如，一些经济学家提倡使用财政政策，特别是基础设施支出计划，例如改善高速公路和桥梁以及开展提高实物资本投资激励的税制改革。确保更高水平的总需求会导致企业扩大生产和就业。此外，可以制定新的激励措施来刺激企业增加雇用人数，从而使那些退出劳动力市场的工人得以返回。

其他经济学家在 2016 年也回应了希格斯关于 20 世纪 30 年代和 40 年代的观点，他们认为更大的政策确定性，尤其是在监管和税收方面，可能会导致企业增加实物资本支出并扩大就业。毫无疑问，经济学家会继续探究 20 世纪 30 年代的美国经济与 2007—2009 年金融危机后的美国经济之间有趣的相似之处。

资料来源：Robert J. Gordon, “Back to the Future: European Unemployment Today Viewed from America in 1939,” *Brookings Papers on Economic Activity*, Vol. 19, No. 1, 1988, pp. 271－312; and Robert Higgs, *Depression, War, and Cold War: Challenging the Myths of Conflict and Prosperity*, Oakland, CA: Independent Institute, 2009.

见本章末的问题和应用 4.10、4.11 和 4.12。

回答重要问题

我们在本章开始的时候提出如下问题：

"为什么在从2009年开始的经济扩张期间就业增长相对缓慢?"

我们在本章中已经看到，2016年的就业-人口比率仍远低于衰退前的水平。结果是，在经济衰退结束七年之后，仍有数百万人没有工作，这是大多数经济学家和政策制定者没有想到的结果。一些经济学家认为，就业增长缓慢是总需求不足的结果，并建议通过扩张性货币政策增加生产和就业。不过，其他经济学家认为是结构性问题导致就业增长缓慢，这些问题必须由国会和总统而不是美联储来解决。一些经济学家认为需要进一步扩大总需求，但他们赞成涉及基础设施支出和税法变更的财政政策行动，而非新的货币政策行动。

重要术语和问题

重要术语

总需求曲线	长期总供给曲线	短期总供曲线	总供给	货币中性
稳定政策	商业周期	实际货币余额	供给冲击	

17.1 总需求曲线

说明如何得到总需求曲线。

复习题

1.1 简要说明总支出的四个组成部分。

1.2 为什么 AD 曲线是向下倾斜的?

1.3 家庭和企业需要货币的主要原因是什么？为什么对实际货币余额的需求是向下倾斜的?

1.4 利率上升如何影响下列每类总产出?

a. 企业对厂房和设备的投资支出。

b. 家庭的消费支出。

c. 净出口。

问题和应用

1.5 简要说明下列每个事件会将总需求曲线向右还是向左移动?

a. 美联储降低联邦基金利率的目标值。

b. 联邦政府启动重建全国高速公路的庞大计划。

c. 联邦政府削减公司利润税。

d. 美元的对外交换价值上升。

e. 企业对工厂和设备支出的未来盈利性变得悲观。

1.6 用货币市场图形说明价格水平下降对均衡利率的影响。利率变动如何影响计划投资支出、消费支出和净出口?

1.7 美联储副主席斯坦利·费舍尔表示，汇率波动影响美国的总需求："这是汇率借以影响我们的决策的渠道。"

a. 费舍尔很可能指的是哪些决策？为什么美联储在做出这些决策时需要考虑汇率变动的影响?

b. 除了通过对总需求的影响之外，汇率变化还有影响美国经济的其他方式吗?（你需要复习第8章第8.1节的讨论。）

资料来源：Ben Leubsdorf, "Fischer Says Fed Officials Will Watch Dollar for Impact on Aggregate Demand," *Wall Street Journal*,

October 9，2014.

1.8　股价和房价在 21 世纪头 10 年初至中期大幅上涨。这些家庭财富增加对储蓄率和消费支出有何影响？股票价格和住房价格上涨是如何影响总需求的？

1.9　在离任奥巴马政府总统经济顾问委员会主席一职之前不久，克里斯蒂娜·罗默指出："政策制定者在短期内大幅增加总需求的唯一可靠的方法是政府增加支出、减少税收。"罗默指的是哪些政策制定者？简要说明为什么政府多支出少征税会增加总需求。

资料来源：Deborah Solomon，"Romer：'Spend More，Tax Less' to Boost Economy，" *Wall Street Journal*，September 1，2010.

17.2　总供给曲线

说明如何得到总供给曲线。

复习题

2.1　短期总供给曲线与长期总供给曲线的斜率有何不同？

2.2　在新古典主义观点中，为什么企业无法区别一般价格水平上涨和自己产品的相对价格上涨？

2.3　在新凯恩斯主义观点中，术语价格黏性的意思是什么？什么可以解释价格黏性？

2.4　哪些因素会移动短期总供给曲线？哪些因素会移动长期总供给曲线？

问题和应用

2.5　用方程式 $Y=Y^{p}+a(P-P^{e})$ 解释为什么在新古典主义看来短期总供给曲线向上倾斜且长期总供给曲线是垂直的。

2.6　画图说明下列各项对短期总供给曲线的影响：

a. 预期价格水平下降。

b. 石油价格下跌。

c. 开发出了比现在笔记本电脑快十倍的笔记本电脑。

d. 工资因产出超过充分就业水平而上涨。

e. 影响美国大片地区的严重冬季暴风雪。

2.7　乔治·梅森大学经济学家泰勒·考恩（Tyler Cowen）在 Bloomberg. com 上的一篇意见栏中指出："凯恩斯主义经济学将黏性名义工资作为增加生产的一个障碍。"简要解释一下他的意思。

资料来源：Tyler Cowen，"Maybe Supply-Side Economics Deserves a Second Look，" bloomberg. com，September 7，2016.

2.8　2015 年，中国政府宣布将由依靠扩大总需求来刺激经济转变为依靠扩大总供给。根据一家中国新闻网站的报道，政府已决定"刺激经济增长的最佳方法是降低生产壁垒，特别是通过减税"。政府可能会想到哪种减税措施？这些减税措施将如何增加总供给？

资料来源："What Is China's Supply-Side Reform?" news. xinhuanet. com，December 22，2015.

2.9　如果长期总供给曲线发生移动，那么短期总供给曲线是否也必须移动？如果短期总供给曲线发生移动，那么长期总供给曲线是否也必须移动？（提示：考虑移动每条曲线的因素，并判断这些因素是否也使另一条曲线移动。）

2.10　【联系实际 17－1】水力压裂法已大大降低天然气和石油的生产成本。

a. 简要说明哪些行业可能最直接受到这些成本降低的影响。

b. 这些行业因水力压裂降低成本而发生的变化会如何影响总供给？影响可能在短期还是长期更大？简要说明。

17.3 总需求和总供给模型的均衡

用总需求和总供给模型演示宏观经济均衡。

复习题

3.1 在说明 *AD*-*AS* 模型的图形中，短期均衡出现在哪里？长期均衡出现在哪里？长期均衡出现在什么产出水平？

3.2 当经济处于产出大于潜在 GDP 的短期均衡时，短期总供给曲线会怎么样？简要说明。

3.3 假定经济初始处于潜在 GDP 水平的均衡。如果总需求出现下降，用 *AD*-*AS* 图形说明短期和长期对价格水平和产出水平的影响。

3.4 货币中性的意思是货币供给变化永远不会影响实际 GDP 吗？简要说明。

问题和应用

3.5 经济可以处于短期宏观经济均衡而不是长期宏观经济均衡吗？经济可以处于长期宏观经济均衡而不是短期宏观经济均衡吗？用 *AD*-*AS* 图形支持你的答案。

3.6 哈佛大学经济学家马丁·费尔德斯坦（Martin Feldstein）在 2016 年《华尔街日报》的观点专栏中提到“可能的负面冲击，如出口或建筑业的急剧下降，可能将经济推向新的衰退。”简要说明这是指对总需求还是总供给的冲击。用 *AD*-*AS* 图形说明你的答案。

资料来源：Martin Feldstein, “Federal Reserve Oblivious to Its Effect on Financial Markets,” *Wall Street Journal*, January 13, 2016.

3.7 假设第一年的价格水平等于 110，产出水平等于 14 万亿美元，第二年的价格水平等于 104，产出水平等于 13 万亿美元。在 *AD*-*AS* 模型中，总需求曲线或总供给曲线的什么变化可以解释从第一年到第二年发生的价格水平和产出水平的变化？

3.8 假设经济最初处于潜在 GDP 的均衡。用 *AD*-*AS* 图形说明政府购买增加在短期和长期对价格水平和产出水平的影响。在你的图中说明发生的事情。

3.9 假设经济最初处于位于潜在 GDP 的均衡。假设欧洲的收入减少导致对美国生产的商品的需求减少。用 *AD*-*AS* 图形说明欧洲收入下降在短期和长期对美国产出和价格水平的影响。

3.10 一份美联储的出版物指出：

在经济衰退期间，消费减少（来自储蓄增加）会阻碍经济复苏。但是，从长远来看，个人储蓄者累积的资金可被用于资本投资，即企业借钱购买资本（例如，机械和技术）的情况。

a. 简要解释为什么消费减少会抑制经济复苏。用 *AD*-*AS* 图形说明你的答案。

b. 用 *AD*-*AS* 图形说明引文第二句描述的储蓄增加在长期对经济的影响。

资料来源：E. Katarina Vermann, “‘Wait, Is Saving Good or Bad? The Paradox of Thrift,’” Federal Reserve Bank of St. Louis *Page One Economics*, May 2012.

17.4　货币政策的作用

用总需求和总供给模型说明货币政策的作用。

复习题

4.1　所有商业周期的长度和严重性都相同吗？

4.2　为什么微调经济的努力可能是无效的？经济学家通常建议政策制定者做什么而不是微调经济？

4.3　美联储会用什么政策抵消总需求冲击？

4.4　什么是滞后倾向？它会给经济造成什么问题？

问题和应用

4.5　美联储可以用扩张性或紧缩性政策来移动总需求曲线。用 *AD-AS* 图形说明在以下情况下如何用货币政策将产出恢复为潜在的 GDP：

a. 总需求曲线与短期总供给曲线相交于潜在 GDP 的左侧。

b. 总需求曲线与短期总供给曲线相交于潜在 GDP 的右侧。

4.6　既然经济可以自我纠正并返回潜在 GDP，为什么在负面的需求冲击发生后美联储会采取扩张性的货币政策？美联储采取扩张性货币政策如何才能比经济自我修正更可取？鉴于货币政策行动影响的滞后，扩张性货币政策是否有可能损害经济？简要说明。

4.7　【解决问题 17-1】假定经济初始时位于潜在 GDP 的均衡。再假定经济同时遭遇正面总需求冲击和负面总供给冲击：美国向欧洲的出口大幅增加，石油价格大幅上涨。

a. 用 *AD-AS* 图形说明初始均衡和冲击后的短期均衡。我们肯定能知道在新的均衡下产出水平是高于还是低于潜在 GDP 吗？

b. 假设美联储决定不用货币政策干预。说明经济会如何调回长期均衡。

c. 现在假设美联储决定用货币政策进行干预。说明经济如何调回长期均衡。

4.8　我们通常认为引起 *AD* 曲线移动的因素不同于引起 *LRAS* 曲线移动的因素。在滞后倾向的情况下也是这样吗？简要说明。

4.9　【开篇案例】美联储理事会成员杰罗姆·鲍威尔（Jerome Powell）在 2016 年 6 月的演讲中指出，美国 25～54 岁正在工作或积极寻找工作的人口比例“目前低于大多数其他发达经济体，如英国、法国和德国”。他还说：“我倾向于相信，劳动力市场的边缘有潜在的工人，他们会随着经济的持续复苏返回劳动力队伍。”

a. 简要说明鲍威尔理事的两句话之间的关系。

b. 为什么美联储准确估计随着经济复苏的持续有多少人还会重返劳动力市场很重要？美联储为什么难以做出这样的估计？如果估计不准确，那么美联储会犯哪些潜在的政策错误？

资料来源：Jerome H. Powell, “Recent Economic Developments, Monetary Policy Considerations and Longer-Term Prospects,” remarks at the Chicago Council on Global Affairs Chicago, Illinois, June 28, 2016.

4.10　【联系实际 17-2】乔治·梅森大学的经济学家泰勒·科恩在《纽约时报》上写道：

> 简而言之，欧洲的扩张性货币政策和战时命令，而不是新政中众所周知的政策，为美国经济从大萧条中脱身发挥了最大的作用。

科恩的立场与罗伯特·戈登还是罗伯特·希格斯的立场更为一致？简要说明。

资料来源：Tyler Cowen, "The New Deal Didn't Always Work, Either," *New York Times*, November 21, 2008.

4.11 【联系实际 17-2】经济学家罗伯特·戈登曾写过：1939 年的美国经济比惨淡的大萧条十年的任何一年都表现出滑入低就业陷阱的迹象。尽管失业率很高，但物价仍处于平稳状态，没有下降的趋势。

a. 戈登所说的"低就业陷阱"是什么意思？（提示：想想戈登对 1939 年高失业率的解释，如"联系实际 17-2"中所讨论的那样。）

b. 为什么尽管失业率居高不下但物价没有下降这一事实导致戈登得出经济处于低就业陷阱的结论？

资料来源：Robert J. Gordon, "Back to the Future: European Unemployment Today Viewed from America in 1939," *Brookings Papers on Economic Activity*, Vol. 19, No. 1, 1988, p. 272.

4.12 【联系实际 17-2】2016 年，《华尔街日报》的专栏作家写道：

多年来，世界一直在期待央行使用它们拥有的任何工具来支持经济增长。现在，正当这些工具达到极限时，政府正在悄悄地加紧努力。整个发达国家的财政政策集体变得更具刺激性。

a. 中央银行在使用哪些工具来"支撑增长"？

b. 为什么有些经济学家在 2016 年会认为这些工具已达到极限？

c. 什么是财政政策？说财政政策正在"变得更具刺激性"是什么意思？

资料来源：Greg Ip, "Fiscal Policy Makes a Quiet Turn Toward Stimulus," *Wall Street Journal*, September 14, 2016.

数据练习

D17.1 【说明均衡实际 GDP 和价格水平的变动】登录圣路易斯联邦储备银行（FRED）的网站（fred.stlouisfed.org），查找有关 1960 年、1973 年、1975 年和 2007 年的实际 GDP（GDPCA）和 GDP 价格平减指数（USAGDPDEFAISMEI）的数据。

a. 在 *AD-AS* 图形中，用实际 GDP 的真实值和 GDP 价格平减指数显示 1960 年和 2007 年的均衡。假定经济在这两年都处于潜在 GDP 的均衡。从 1960 年到 2007 年，长期总供给发生了什么？给定 GDP 隐性价格平减指数的变化，总需求比长期总供给增长得更多还是更少？

b. 在 *AD-AS* 图中，用实际 GDP 的真实值和 GDP 价格平减指数显示 1973 年和 1975 年的均衡。假定经济在 1973 年处于潜在 GDP 的均衡，但在 1975 年只处于短期均衡。给定实际 GDP 的变化和 GDP 隐性价格平减指数，简要说明短期总供给从 1973 年到 1975 年发生了什么。

D17.2 【正向供给冲击的影响】使用来自圣路易斯联邦储备银行（fred.stlouisfed.org）FRED 数据库数据研究 20 世纪 90 年代美国经济的情况。在 1995 年后，随着信息通信技术和互联网的普及，美国经济经历供给冲击。

a. 下载从 1981 年至今的个人消费支出价格指数（PCEPI）的月度数据。将 1982 年至 2007 年的通货膨胀率计算为个人消费支出价格指数自上一年同月的百分比变化。

b. 计算 1982 年至 1995 年的平均通

货膨胀率及 1995 年至 2007 年的平均通货膨胀率。

c. 你的计算是否与 1995 年后的正面供给冲击一致？简要说明。

D17.3 【比较各国的商业周期】在 2007—2009 年间，冲击影响英国的方式与美国相似。与美国一样，石油价格居高不下，房价自 2000 年之后急剧上升。美国金融危机还通过限制信贷和提高风险溢价影响对英国的投资。使用来自圣路易斯联邦储备银行（fred.stlouisfed.org）的 FRED 数据库数据研究自 2007 年以来英国经济的行为。

a. 下载从 2006 年至今的实际 GDP（RGDPMPUKQ）和 GDP 平减指数（GBRGDPDEFQISMEI）的季度数据。计算实际 GDP 的增长率，计算为与上一年同一季度相比的百分比变化；将通货膨胀率计算为与上年同期的 GDP 平减指数的百分比变化。下载同一时期的失业率数据（GBRURHARMMDSMEI）。

b. 在同一图形中下载从 2007 年到现在的三个数据系列。在检查数据之后，简要讨论这些年英国和美国的经历有多相似。

第18章 货币理论Ⅱ：*IS-MP* 模型

学习目标

学完本章之后，你应该能够：

18.1 说明 *IS* 曲线是什么及其如何推导；

18.2 说明 *MP* 曲线和菲利普斯曲线的重要性；

18.3 使用 *IS-MP* 模型说明宏观经济均衡；

18.4 讨论货币政策的其他渠道；

18.A 附录 使用 *IS-LM* 模型说明宏观经济均衡。

开篇案例

预测联邦基金利率很困难……即使对美联储也是如此！

2016年底，许多经济学家想知道为什么在2007—2009年的经济衰退结束后的七年多时间里，联邦公开市场委员会（FOMC）仅对联邦基金利率的目标实施了两次小幅（0.25%）提高。这两次提高使目标仍然在0.50%到0.75%的历史低区间。联邦公开市场委员会的一些成员担心将利率长期维持在低位的后果。波士顿联邦储备银行行长埃里克·罗森格伦（Eric Rosengren）警告说，如果不尽快提高利率，那么美联储就冒着使美国经济过热风险："重要的是要注意，过热的经济（明显超过可持续的产出和就业的经济）会给长期维持充分就业造成风险。"与此同时，旧金山联邦储备银行行长约翰·威廉姆斯（John Williams）也提出类似的观点："历史告诉我们，太长时间的经济过热会产生失衡，从而可能带来过度的通货膨胀、资产市场泡沫以及最终的经济调整和衰退。"

实际上，作为一个团队，联邦公开市场委员会曾预计，在2016年，联邦基金利率目标会比实际目标高出很多。例如，在2013年底，参与12月的FOMC会议讨论的人（所有12位联邦储备银行行长和7位理事会成员参加FOMC讨论）预期该目标到2016年底之前会比实际水平平均高出大约1.5个百分点。通常，联邦基金利率的提高会反映在其他短期利率中。因此，如果联邦基金利率较高，那么短期国债、银行存单和货币市场共同基金的利率也会较高，从而提高储蓄者从这些资产中获得的收益。

长期利率通常也会随着联邦基金利率的上升而上升，但这种关系不太确定。因此，国债利率及商业贷款和抵押贷款的利率可能也会因联邦基金利率上升而上升。实际上，波士顿联邦储备银行行长罗森格伦担心美联储将利率长期保持低位的关键原因是，他担心商业房地产抵押贷款的低利率可能会导致该市场的价格泡沫。

为什么联邦公开市场委员会成员几年前预期他们在2016年的联邦基金利率目标会高于实际水平？一个关键原因是，在大衰退结束以来的大部分时间里，联邦公开市场委员会成员曾预期实际GDP的增长率和通货膨胀率高于实际水平。GDP的缓慢增长和低通货膨胀率已经说服FOMC成员将联邦基金利率的目标维持在非常低的水平的时间长于他们之前的预期。

在确定货币政策时，美联储对未来经济增长和通货膨胀的预测至关重要。美联储知道利率和货币供给变化对经济的影响是滞后的，因此美联储当前实施的政策在一年或一年以上的时间内不会对经济产生充分的影响。因此，对未来可能的经济状况有所了解有助于指导当前的政策。在准备它们的预测时，美联储、外国中央银行和私人预测机构通常都依赖宏观经济模型。在本章中，我们探究一个可以帮助我们分析美联储的政策如何影响关键宏观经济变量的模型。

资料来源：Eric S. Rosengren, "Exploring the Economy's Progress and Outlook," speech to the South Shore Chamber of Commerce Quincy, Massachusetts, September 9, 2016; John C. Williams, "Whiter Inflation Targeting," presentation to the Hayek Group, Reno, Nevada, September 6, 2016; Federal Reserve Open Market Committee, "Economic Projections of Federal Reserve Board Members and Federal Reserve Bank Presidents, December 2013," December 18, 2013; and David Harrison, "Fed's Eric Rosengren Sees 'Reasonable Case' for Gradual Rate Increases," *Wall Street Journal*, September 9, 2016.

重要议题和问题

议题：到2008年12月，美联储已将联邦基金利率的目标压低到接近零。

问题：在什么情况下降低联邦基金利率的目标在抗击衰退时不太可能有效？

我们在上一章讨论了基本的总需求和总供给（*AD-AS*）模型。尽管该模型可为价格水平和实际GDP水平在短期内如何决定提供见解，但其仍有一些重要的缺陷。首先，*AD-AS* 模型隐含地假设充分就业的实际GDP水平保持不变，但实际上每年都在增加。其次，该模型提供的是对价格水平而不是价格水平的变化（通货膨胀率）的解释。但通常我们是对通货膨胀率而不是对价格水平更感兴趣。最后，该模型未明确考虑美联储对不断变化的经济状况的反应。在本章中，我们开发一个能对实际GDP、通货膨胀率和利率的变化提供更详尽解释的模型。

IS-MP 模型是比 *AD-AS* 模型更完整的宏观经济模型。[①] 我们可以用 *IS-MP* 模型来为美联储政策的影响提供更详细的分析。注意，任何模型要有用都必须简化现实。*IS-MP* 模型比 *AD-AS* 模型更完整，并可以回答 *AD-AS* 模型无法回答的问题。但 *IS-MP* 模型不如许多其他宏观经济模型完整，包括美联储用来准备预测的模型。模型是过于简化还是不够简化取决于使用模型的环境。就我们的目的而言，*IS-MP* 模型对于解释美联储政策的关键方面足够完整。

***IS-MP* 模型（*IS-MP* model）**包括三个组成部分：

① 即使有时会让人感到神秘，经济学家还是喜欢缩写词。在这种情形中，*IS* 代表投资和储蓄，而 *MP* 代表货币政策。关于这个模型的历史起源的讨论，参见后面的联系实际。

(1) ***IS*** **曲线**（***IS* curve**），代表商品和服务市场的均衡。

(2) ***MP*** **曲线**（***MP* curve**），代表美联储的货币政策。

(3) **菲利普斯曲线**（**Phillips curve**），代表产出缺口（即真实的实际 GDP 与潜在的实际 GDP 的百分比差异）与通货膨胀率的短期关系。

我们首先分析 *IS* 曲线。

18.1 *IS* 曲线

商品市场均衡

商品市场包括经济在特定时点生产的所有最终商品和服务的交易。回想一下，我们用符号 Y 表示的国内生产总值（GDP）是一个国家在一段时间（通常为一年）内生产的所有最终商品和服务的市场价值。名义 GDP 是用当年的价格计算的，而实际 GDP 是用基准年的价格计算的。因为实际 GDP 可以很好地衡量一个国家根据价格水平变化予以校正后的产出，所以是我们在本章将要使用的对总产出的度量。

当需求的商品和服务的价值等于生产的商品和服务（实际 GDP）的价值时，商品市场就出现均衡。经济学家把在商品和服务上的总支出叫作总支出（aggregate expenditure，AE）。AE 等于下列各项之和：

• 家庭的消费需求，C；

• 企业的厂房和设备、企业的存货和住房的投资需求，I；

• 商品和服务的政府购买，G；

• 净出口（商品和服务的出口减商品和服务的进口），NX。

因此，总支出 AE 为：

$$AE=C+I+G+NX$$

当商品市场处于均衡时，AE 等于实际 GDP(Y)：

$$AE=Y$$

IS 曲线表示商品市场均衡。

总支出小于实际 GDP 会怎样？在这种情况下，生产出来的一些商品没有被出售，未出售商品的存货会增加。例如，如果通用汽车公司在某个特定月份生产并向经销商供应了 250 000 辆汽车，但仅出售了 225 000 辆，那么通用汽车经销商停车场的汽车存货会增加 25 000 辆汽车。（注意，由于存货在联邦政府统计中被计为投资的一部分，因此，在这种情形中，真实投资支出会大于计划投资支出。）如果需求下降不仅影响到汽车，而且影响到其他商品，那么企业可能会减少生产并解雇工人：实际 GDP 和就业会下降，经济会陷入衰退。

然而，如果总支出大于 GDP，那么支出会大于生产，企业出售的商品和服务会多于它们之前的预期。如果通用汽车生产了 250 000 辆汽车，但出售了 300 000 辆，那么经销商的停车场上的汽车存货会减少 50 000 辆。（在这种情形下，由于企业出现意外的存货下降，因此，真实投资支出会小于计划投资支出。）经销商可能会增加给通用汽车工厂的订单。如果不仅汽车而且其他商品也出现销售量超过生产量，那么企业可能会增加生产并雇用更多的工人：实际 GDP 和就业会增加，经济会进入扩张。

只有当总支出等于 GDP 时，企业才会卖掉它们预期会卖掉的数量。在这种情况下，企业不会遭遇意外的存货变动，也不会有增加或减少生产的激励。商品市场会处于均衡。表 18－1 总结了总支出与 GDP 的关系。

表 18－1　总支出与 GDP 的关系

如果总支出……	那么……	并且……
等于 GDP	没有意外的存货变动	商品市场处于均衡
小于 GDP	存货增加	GDP 和就业减少
大于 GDP	存货减少	GDP 和就业增加

回忆一下你的经济学原理课程，使用 45°线图是说明商品市场均衡的一种方法。45°线图分析是基于简化的假定，即在总支出的四个组成部分（C、I、G 和 NX）中，实际 GDP 的变化只影响消费支出 C。要明白为什么消费取决于 GDP，回忆一下，当我们在度量总生产的价值时，我们同时也在度量总收入的价值。例如，当你以 10 美元的价格在达美乐购买比萨时，全部 10 美元（不包括你要支付的营业税）就成为某人的收入。10 美元的一部分成为做比萨的人的工资，一部分成为达美乐的利润，依此类推。如果我们加总购买的全部商品和服务的价值，那么我们也在加总经济在该时期产生的所有当期收入。（营业税和其他一些相对不重要的项目使 GDP 的价值与国民收入的价值有一些差异，如联邦政府的统计数据所示。但这一差异对我们的目的来说并不重要。）

研究表明，当家庭的当期收入上升时，支出更多，当家庭的当期收入下降时，支出更少。[①] 当期消费支出与当期收入或者说 GDP 的关系被称为消费函数。用代数的形式表示，我们可以将其写为：

$$C = MPC \times Y$$

其中，MPC 表示边际消费倾向，是 0 和 1 之间的一个数。如果我们考察 GDP 变化对消费的影响，那么 $MPC = \Delta C / \Delta Y$，或者说消费的变动除以 GDP 或收入的变动。例如，如果 MPC 等于 0.90，那么家庭在花掉他们赚到的额外每一美元中的 0.90 美元。

因为我们关注的是 GDP 变化对总支出的影响，所以假设 I、G 和 NX 不取决于 GDP 就相当于假设它们的值是固定的。我们可以用上方有一个横杠的变量来表示固定值。因此，用上面的方程式代替 C，我们有如下的总支出方程式：

$$AE = (MPC \times Y) + \overline{I} + \overline{G} + \overline{NX}$$

图 18－1 用 45°线图说明商品市场均衡。我们在纵轴上度量经济中的全部花费，或者

① 很多经济学家认为，家庭的永久收入而不是当期收入可以更好地解释家庭的消费。家庭的永久收入是家庭预期在长期会获得的收入水平。家庭的当期收入会因为暂时失业、生病、中奖、某一年的投资收入特别高或低等原因而不同于永久收入。就我们的目的而言，我们可以忽略这种复杂性。

说总支出 AE。我们在横轴上度量实际 GDP 或实际总收入 Y。45°线表示距两个轴的距离相等的所有点，在这种情形中表示 $AE=Y$ 的所有点。因此，沿着 45°线的任何点都可能是商品市场的均衡点。不过，在任何给定时间，只有一个均衡，该均衡出现在总支出线与 45°线相交的点上。我们将总支出线绘制为向上倾斜，因为随着 GDP 增加，消费支出增加，而总支出的其他组成部分保持不变。

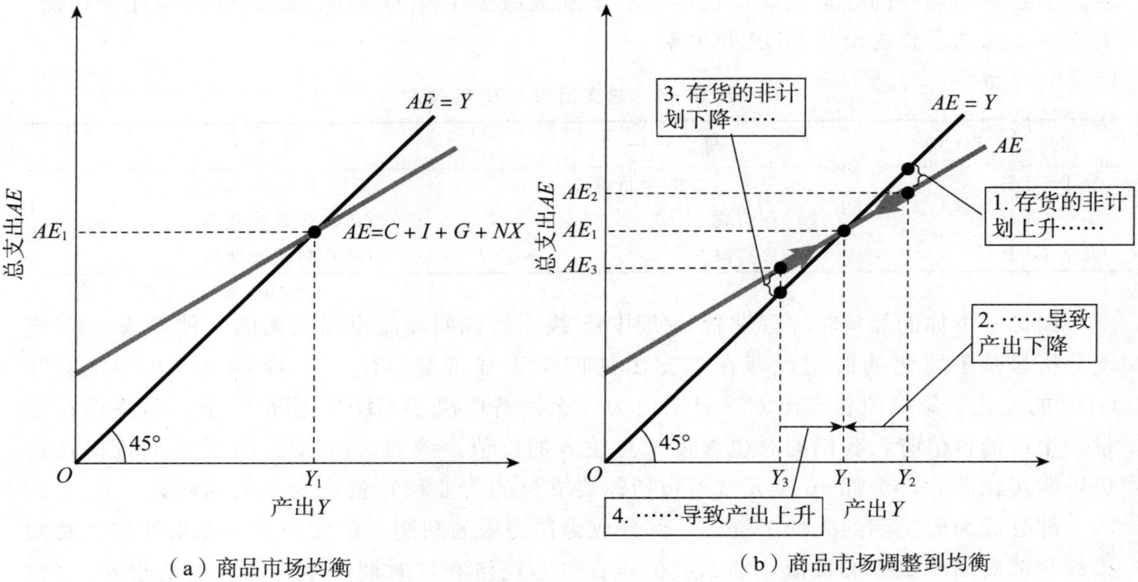

（a）商品市场均衡　　（b）商品市场调整到均衡

图 18－1　说明商品市场均衡

图（a）显示，商品市场均衡出现在产出水平 Y_1，AE 线与 45°线相交的地方。在图（b）中，如果初始的产出水平是 Y_2，总支出是 AE_2。存货增加导致企业减少生产，产出会下降，直至在 Y_1 达到均衡为止。如果最初的产出水平为 Y_3，总支出为 AE_3。存货减少导致企业增加生产，产出会增加，直至在 Y_1 达到均衡为止。

图 18－1（a）显示，商品市场均衡出现在产出水平 Y_1，其中，AE 线穿过 45°线。图 18－1（b）说明为什么在其他产出水平下商品市场不处于均衡。例如，如果初始产出水平是 Y_2，总支出是 AE_2。在支出小于生产的情况下，会有意外的存货增加。存货增加导致企业削减生产，产出会下降，直至达到位于 Y_1 的均衡。如果初始产出水平是 Y_3，总支出是 AE_3。在支出大于生产的情况下，会有意外的存货减少。存货减少导致企业增加生产，产出会增加，直至达到位于 Y_1 的均衡。

潜在 GDP 和乘数效应

在图 18－1 中，Y_1 是均衡 GDP 水平，但不一定是政策制定者想实现的水平。美联储的目标是让均衡 GDP 接近潜在 GDP（potential GDP），潜在 GDP 是当所有企业都以正常的生产能力生产时可以得到的实际 GDP 水平。企业的正常生产能力不是企业能生产的最大产出，而是当企业使用正常的劳动力规模在正常的时间经营时的产出。在潜在 GDP 水平处，经济实现充分就业，周期性失业降为 0。因此，潜在 GDP 有时被称为充分就业 GDP。潜在 GDP 会因劳动力的增长、新工厂和办公楼的建造、新机器和设备的安装以及技术变化的出现而随着时间的推移增加。

在图 18－2 中，如果经济最初处于潜在 GDP 水平 Y^P 的均衡，然后总支出下降，我们看看会发生什么。假定住房建设支出下降，于是，总支出的投资部分 I 下降。因此，总支出线从 AE_1 向下移动到 AE_2。由于现在支出低于生产，存货有非意愿的增加。企业通过削减生产来应对存货积压，产出一直下降到 Y_2 的新均衡为止。注意，产出下降大于导致产出下降的投资支出的下降。在这个基础宏观经济模型中，自主支出是不依赖 GDP 水平的支出。因此，投资支出、政府购买和净出口都是自主的，而消费支出不是。自主支出下降最初导致收入等量下降，这又带来诱导的消费下降。例如，随着住房建设支出下降，住房建筑商削减生产、解雇工人并减少对建筑材料的需求。建筑业收入下降导致该行业的从业人员减少在汽车、家具、家电和其他商品和服务上的支出。随着这些行业的生产下降，收入也会下降，进一步导致消费下降等。

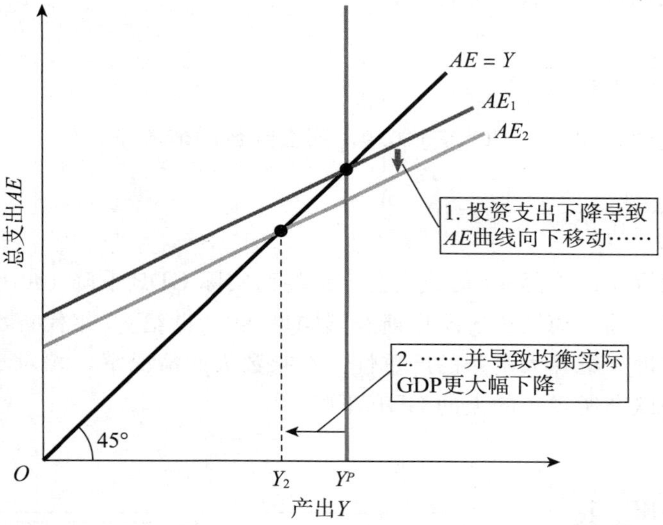

图 18－2　乘数效应

经济最初处于潜在 GDP 水平 Y^P 的均衡，然后总支出的投资部分 I 下降。结果是总支出线从 AE_1 向下移动到 AE_2。产出一直下降到位于 Y_2 的新均衡。产出下降大于导致产出下降的投资支出的下降。

由初始的自主支出变化所引致的消费支出的系列变化被称为**乘数效应（multiplier effect）**。**乘数（multiplier）**是均衡 GDP 的变化除以自主支出的变化。投资支出变化的乘数用符号表示为：

$$乘数=\frac{\Delta Y}{\Delta I}$$

乘数有多大？在我们的简单模型中相当大。要理解这一点，回忆总支出的表达式：

$$AE=(MPC\times Y)+\overline{I}+\overline{G}+\overline{NX}$$

且在均衡时：

$$Y=AE$$

代入后我们有：

$$Y=(MPC\times Y)+\overline{I}+\overline{G}+\overline{NX}$$

重新整理各项得：

$$Y=\frac{\overline{I}+\overline{G}+\overline{NX}}{(1-MPC)}$$

我们可以用这个方程式分析投资变化会导致均衡 GDP 变化多少。如果投资发生变化，而政府购买和净出口保持不变（于是它们的值的变化等于零），那么我们有：

$$\Delta Y=\frac{\Delta I}{(1-MPC)}$$

重新整理各项，我们得到乘数的方程式：

$$\frac{\Delta Y}{\Delta I}=\frac{1}{(1-MPC)}$$

如我们之前所假定的，如果 MPC 等于 0.9，那么乘数的值等于：

$$\frac{\Delta Y}{\Delta I}=\frac{1}{(1-0.9)}=\frac{1}{0.1}=10$$

换句话说，投资支出下降 10 亿美元会导致均衡实际 GDP 下降 100 亿美元。当乘数分析由英国经济学家约翰·梅纳德·凯恩斯及其同事在 20 世纪 30 年代首次提出时，他们认为大的乘数效应有助于解释大萧条的严重性：在乘数大的情况下，相对小的投资支出下降可以导致像美国和欧洲所经历的大的 GDP 下降。①

解决问题 18－1

计算均衡实际 GDP

用下面的数据计算均衡实际 GDP 水平和投资支出乘数的值：

$C=MPC\times Y=0.8\times Y$

$\overline{I}=1.6$ 万亿美元

$\overline{G}=1.3$ 万亿美元

$\overline{NX}=-0.4$ 万亿美元

解决问题

第一步 复习本章的内容。这个问题关于计算均衡实际 GDP 的值和乘数的值，因此，你

① 凯恩斯认为乘数的值可以高达 10。（John Maynard Keynes，*The General Theory of Employment，Interest，and Money*，London：Macmillan，1936，p. 51.）由于 20 世纪 30 年代尚无宏观经济统计数据，因此，凯恩斯无法提供乘数的粗略估计。他确实注意到（p. 56）西蒙·库兹涅茨（Simon Kuznets）对美国的投资和国民收入的早期估计意味着乘数约为 2.5。但凯恩斯认为，考虑到 20 世纪 30 年代美国的经济状况，计算中所用的 MPC 的值“低得令人难以置信”。

需要复习“商品市场均衡”这一小节及“潜在 GDP 和乘数效应”这一小节。

第二步　用数据计算均衡实际 GDP。我们知道，在均衡时，总支出等于实际 GDP。总支出的表达式为：

$$AE=(MPC\times Y)+\overline{I}+\overline{G}+\overline{NX}$$

因此，在均衡时：

$$Y=AE=(MPC\times Y)+\overline{I}+\overline{G}+\overline{NX}$$

代入上面的值：

$$Y=0.8Y+1.6\text{ 万亿美元}+1.3\text{ 万亿美元}+(-0.4\text{ 万亿美元})$$
$$Y=0.8Y+2.5\text{ 万亿美元}$$
$$0.2Y=2.5\text{ 万亿美元}$$
$$Y=\frac{2.5\text{ 万亿美元}}{0.2}=12.5\text{ 万亿美元}$$

第三步　根据给定的数据计算乘数的值。投资支出乘数的方程式为：

$$\frac{\Delta Y}{\Delta I}=\frac{1}{(1-MPC)}$$

在 $MPC=0.8$ 的情况下，乘数的值为：

$$\frac{1}{(1-0.8)}=\frac{1}{0.2}=5$$

见本章末的问题和应用 1.6。

凯恩斯及其追随者认为乘数值大，导致他们对财政政策的有效性感到乐观。**财政政策（fiscal policy）**是指旨在实现宏观经济政策目标的联邦政府购买和税收的变化。就像有投资支出乘数一样，也有政府购买乘数：

$$\frac{\Delta Y}{\Delta G}=\frac{1}{(1-MPC)}$$

因此，如果 MPC 是 0.9，那么政府购买乘数也等于 10。在这种情况下，如果实际 GDP 比潜在水平低 2 000 亿美元，那么国会和总统可以使用财政政策通过增加政府购买 200（=2 000/10）亿美元将实际 GDP 恢复到潜在 GDP。

不过，实际上，早期对乘数大小的估计值太大。我们的简单模型（类似于凯恩斯及其追随者在 20 世纪 30 年代所用的模型）忽视了几项因素，这些因素会引起乘数小于此处给出的值。这些现实世界的复杂因素包括 GDP 增加对若干变量的影响：进口、价格水平、利率和个人所得税。

2009 年初，奥巴马政府提出并在国会通过《美国复苏和再投资法案》，该法案提出 8 400 亿美元的政府支出增加和减税计划，这是迄今为止美国历史上规模最大的财政政策行动。在提出这项政策行动时，白宫经济学家估计政府购买乘数的值为 1.57，这意味着政府购买每增加 10 亿美元，均衡实际 GDP 就会增加 15.7 亿美元。此估算值比我们之前计算的简单乘数 10 要小得多。但是，一些经济学家认为，即使 1.57 的估值也太高了。一些经济学家认为，政府购买乘数的值小于 1。很难估计乘数的确切数字，因为在国会和总统采取财政政策行动之后，经济中可能会发生许多其他事情，从而影响实际 GDP。因此，隔离政府购买变化的影响不是一件容易的事，关于乘数大小的争论可能还会继续。

绘制 *IS* 曲线

像我们在第 15 章所看到的那样，通常，美联储政策的重点是确定联邦基金利率的目标，并预期联邦基金利率的变化会引起其他市场利率的变化。因此，我们需要将利率变化的影响纳入商品市场模型。

利率变动影响总支出的三个组成部分：消费 C、投资 I 和净出口 NX。我们对实际利率感兴趣，在此背景下实际利率是与家庭和企业的决策最相关的利率。回想一下，实际利率等于名义利率减去预期通货膨胀率。实际利率提高使企业不愿投资于厂房和设备，并使家庭购买新房的可能性降低，于是，I 下降。同样，实际利率提高激励消费者储蓄而不是消费，于是，C 下降。更高的本国实际利率提高了本国金融资产相对于外国资产的收益，对本币的需求增加，从而提高了汇率。汇率上升增加进口，减少出口，于是，NX 下降。实际利率下降会产生相反的效果，提高 I、C 和 NX。

图 18－3（a）用 45°线图来说明实际利率变化对商品市场均衡的影响。在实际利率最初为 r_1 的情况下，总支出线为 AE（r_1），均衡产出水平为 Y_1（点 A）。如果利率从 r_1 下降到 r_2，总支出线从 AE（r_1）上移至 AE（r_2），均衡产出水平从 Y_1 提高到 Y_2（点 B）。如果利率从 r_1 上升到 r_3，总支出线从 AE（r_1）下移至 AE（r_3），均衡产出水平从 Y_1 下降到 Y_3（点 C）。

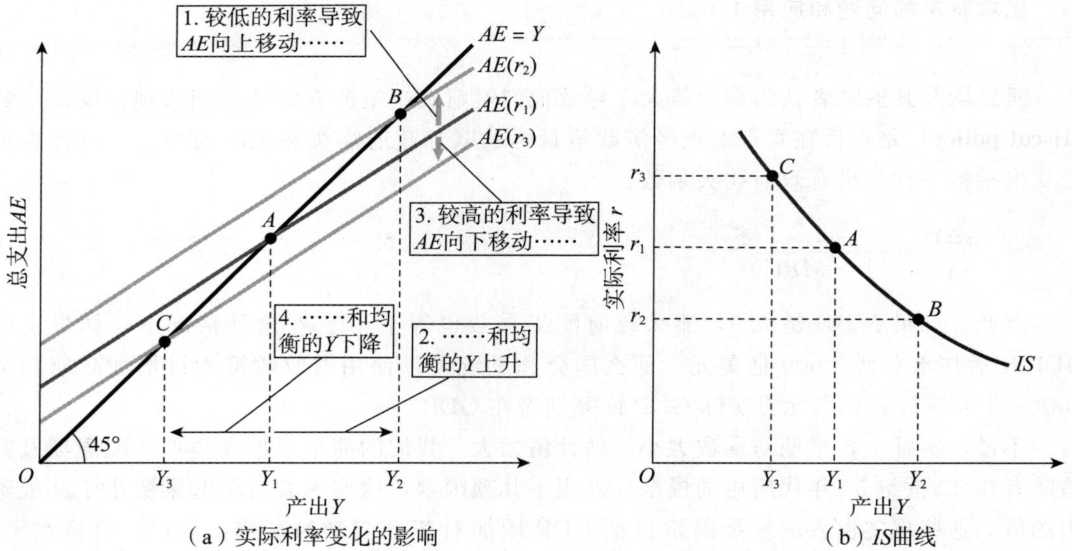

（a）实际利率变化的影响

（b）*IS*曲线

图 18－3　推导 *IS* 曲线

图（a）用 45°线图来说明实际利率变化对商品市场均衡的影响。在实际利率最初为 r_1 的情况下，总支出线为 AE（r_1），均衡产出水平为 Y_1（点 A）。如果利率从 r_1 下降到 r_2，总支出线从 AE（r_1）上移至 AE（r_2），均衡产出水平从 Y_1 提高到 Y_2（点 B）。如果利率从 r_1 上升到 r_3，总支出线从 AE（r_1）下移至 AE（r_3），均衡产出水平从 Y_1 下降到 Y_3（点 C）。在图（b）中，我们描绘从图（a）中得到的点形成 IS 曲线。图（b）中的点 A、B 和 C 对应于图（a）中的点 A、B 和 C。

在图 18－3（b）中，我们用图 18－3（a）的结论来绘制 *IS* 曲线，*IS* 曲线显示当商品市场处于均衡时的实际利率与总产出的组合。我们知道，在图 18－3（a）的 45°线图的每个均衡点，总支出等于总产出或 GDP。在图 18－3（b）中，我们在纵轴表示实际利率、横轴表示总产出的图形中描绘这些点。图 18－3（b）中的点 *A*、*B* 和 *C* 对应于图 18－3（a）中的点 *A*、*B* 和 *C*。*IS* 曲线是向下倾斜的，因为更高的利率导致总支出减少和更低的均衡产出水平。

产出缺口

我们在第 15 章看到泰勒规则为美联储如何选择联邦基金利率目标提供了一种解释。在泰勒规则下，美联储有一个联邦基金利率目标，并根据两个变量的变化来调整该目标：通货膨胀缺口和产出缺口。通货膨胀缺口是当期通货膨胀率与目标通货膨胀率的差额，**产出缺口（output gap）**是实际 GDP 与潜在 GDP 之间的百分比差额。图 18－4 显示了从 1952 年直到 2016 年第二季度的产出缺口变动。

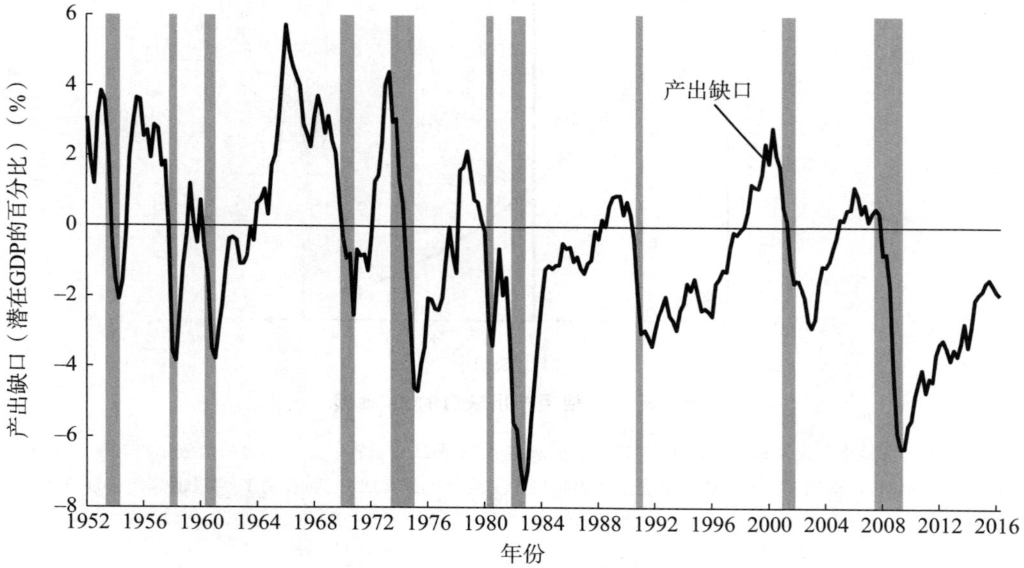

图 18－4　产出缺口变动

产出缺口是实际 GDP 与潜在 GDP 之间的百分比差额。产出缺口在经济衰退期间为负，原因是实际 GDP 低于潜在 GDP。

资料来源：Congressional Budget Office; and U. S. Bureau of Economic Analysis.

在衰退期间，产出缺口为负，因为实际 GDP 低于潜在 GDP。在扩张期间，当实际 GDP 超过潜在 GDP 时产出缺口为正。图 18－4 显示，以产出缺口的大小来衡量，1981—1982 年和 2007—2009 年的经济衰退是第二次世界大战后这段时期最严重的。注意，在 2007—2009 年的经济衰退结束七年后的 2016 年，产出缺口仍为负，实际 GDP 仍低于潜在 GDP。

因为美联储关注产出缺口而不是实际 GDP 水平，所以将产出缺口纳入我们的宏观经济模型会很有用。图 18－3（b）所示的 *IS* 曲线的图形的横轴是实际 GDP 水平而不是产出缺口。我们可以在 *IS* 曲线图中用产出缺口代替实际 GDP 水平吗？在满足以下条件的情况下我们可以：我们应把影响投资、消费和净出口水平的实际利率变化看成是相对于潜在 GDP 的。例如，当实际利率下降以及 C、I 和 NX 增加时，总支出的增加会导致实际 GDP 水平 Y 相对于潜在 GDP 水平 Y^P 增加。此时，在纵轴为实际利率和横轴为产出缺口的情况下，当我们画 *IS* 曲线时，*IS* 曲线仍然是向下倾斜的。

图 18－5 在横轴为产出缺口的情况下显示 *IS* 曲线图。我们用符号 $\tilde{Y}$ 来区别产出缺口和实际 GDP 水平 Y。作为参照，我们包括了 $Y=Y^P$ 的垂直线，这也是产出缺口为 0 的点。通常，我们是在纵轴始于横轴上的点 0 的情况下画图的。不过，在这种情况下，如果我们将纵轴左移，让点 0 位于横轴的中间，我们的图形就更容易理解了。注意，横轴上点 0 左边的值表示产出缺口的负值（衰退时期），横轴上点 0 右边的值表示产出缺口的正值（扩张时期）。

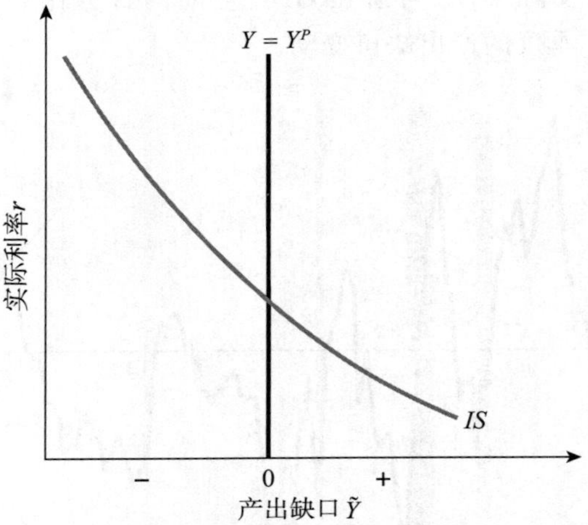

图 18－5 使用产出缺口的 *IS* 曲线

该图的横轴以产出缺口而不是实际 GDP 水平来显示 *IS* 曲线。横轴上点 0 左边的值表示产出缺口的负值（衰退时期），横轴上点 0 右边的值表示产出缺口的正值（扩张时期）。垂直线 $Y=Y^P$ 也是产出缺口为 0 的点。

IS 曲线的移动

在保持所有其他可能影响家庭、企业和政府的支出意愿的因素不变的情况下，我们通过考察实际利率变化对总支出的影响得到 *IS* 曲线。因此，实际利率的上升或下降导致沿 *IS* 曲线的移动。改变其他影响总支出的因素会引起 *IS* 曲线的移动。除了实际利率的变化之外，这些导致总支出变化的其他因素叫作**总需求冲击（aggregate demand shock）**。例如，如我们所见，从 2006 年开始美国的住宅建设支出迅速下降。这种 I 的组成部分下降是使 *IS* 曲线向左移动的负面需求冲击。从 2014 年中期开始并一直持续到 2016 年，美国的州政府和地方政府支出大幅增加。这种 G 的增加是使 *IS* 曲线向右移动的正面需求冲击。图 18－6 显示，对任何给定的实际利率水平，正面的需求冲击使 *IS* 曲线向右移动，负面的需求冲击将 *IS* 曲线向左移动。

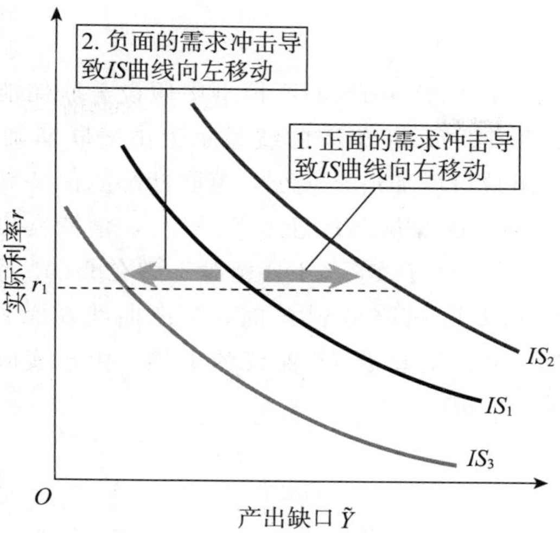

图 18-6　*IS* 曲线的移动

就任意给定的实际利率水平而言，正面的需求冲击使 *IS* 曲线向右移动，负面的需求冲击使 *IS* 曲线向左移动。

18.2　*MP* 曲线和菲利普斯曲线

IS-MP 模型的第二部分是货币政策或 *MP* 曲线。*MP* 曲线表示美联储在每次联邦公开市场委员会会议后设定联邦基金利率目标的货币政策行动。我们假定美联储根据泰勒规则选择联邦基金利率的目标。回忆一下第 15 章中第 15.4 节的泰勒规则方程式：

联邦基金利率目标＝当期通货膨胀率＋均衡实际联邦基金利率
＋(1/2×通货膨胀缺口)＋(1/2×产出缺口)

泰勒规则告诉我们，当通货膨胀率超过美联储的大约 2%的通货膨胀率目标时，联邦公开市场委员会会提高联邦基金利率目标，如 2005 年末和 2006 年初所做那样。当产出缺口为负时（即当实际 GDP 小于潜在 GDP 时，就像从 2008 年开始的那样），联邦公开市场委员会会降低联邦基金利率目标。

虽然联邦公开市场委员会能控制联邦基金利率目标，但这是短期名义利率，长期实际利率在决定总支出水平方面的相关性更强。例如，当人们决定是否购买新房时，他们关心的是 30 年期抵押贷款的实际利率，当企业借款为新投资提供资金时，它们关注的是长期公司债券的实际利率。但是，短期利率和长期利率往往会同时上升和下降。因此，当联邦公开市场委员会提高或降低联邦基金利率的目标时，长期利率通常也会上升或下降。同样，尽管联邦基金利率是名义利率，但如果对未来通货膨胀的预期保持稳定，那么联邦公开市场委员会通过提高或降低名义联邦基金利率目标通常也能提高或降低实际利率。

MP 曲线

由于上一节所述的原因，我们在 *IS-MP* 模型中假设美联储能通过改变联邦基金利率的目标来控制实际利率。图 18-7 将 *MP* 曲线显示为由美联储确定的实际利率下的水平线，因为我们假设不管产出缺口增加还是减小，美联储都能保持利率恒定。当美联储将实际利率从 r_1 提高到 r_2 时，*MP* 曲线从 MP_1 上移至 MP_2，消费支出、投资支出和净出口都下降，引起沿 *IS* 曲线的上移，由于实际 GDP 相对于潜在 GDP 下降，产出缺口的值从 $\tilde{Y}_1$ 变为 $\tilde{Y}_2$。当美联储将实际利率从 r_1 降低到 r_3 时，*MP* 曲线从 MP_1 下移至 MP_3，消费支出、投资支出和净出口都上升，引起沿 *IS* 曲线的下移，由于实际 GDP 相对于潜在 GDP 上升，产出缺口的值从 $\tilde{Y}_1$ 变为 $\tilde{Y}_3$。

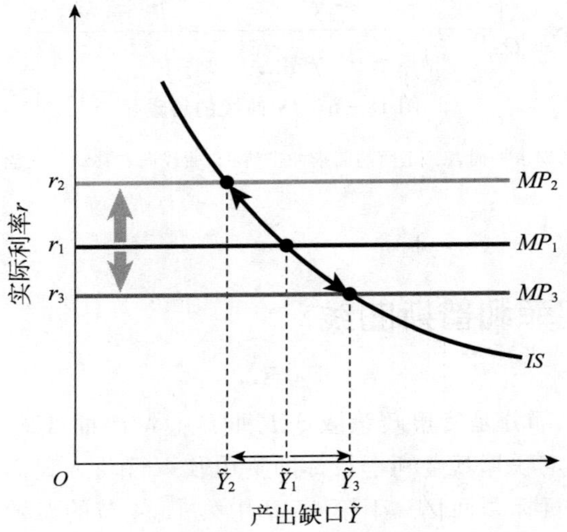

图 18-7 *MP* 曲线

MP 曲线是位于由美联储决定的实际利率处的一条水平线。当美联储将实际利率从 r_1 提高到 r_2 时，*MP* 曲线从 MP_1 上移至 MP_2，引起沿 *IS* 曲线的上移，产出缺口的值从 $\tilde{Y}_1$ 变为 $\tilde{Y}_2$。当美联储将实际利率从 r_1 降低到 r_3 时，*MP* 曲线从 MP_1 下移至 MP_3，引起沿 *IS* 曲线的下移，产出缺口的值从 $\tilde{Y}_1$ 变为 $\tilde{Y}_3$。

菲利普斯曲线

泰勒规则表明，美联储通常在通货膨胀缺口为正时（即当期通货膨胀率大于美联储的约 2%的目标通货膨胀率时）提高实际利率。提高实际利率导致实际 GDP 相对于潜在 GDP 下降。在实际 GDP 低于潜在水平的情况下，企业的产能利用不足，失业率上升，这又为成本和价格带来下行压力，最终导致更低的通货膨胀率。美联储依赖于通货膨胀率与经济状态的反向关系：当产出和就业增加时，通货膨胀率往往会上升，当产出和就业减少时，通货膨胀率往往会下降。

新西兰经济学家 A. W. 菲利普斯（A. W. Phillips）是第一位在 1958 年系统地分析这种反向关系的经济学家。菲利普斯绘制了英国的通货膨胀率和失业率的数据，并画出一条显示两者的平均关系的曲线。从那时起，显示失业率与通货膨胀率之间的短期关系的图形就被称为菲利普斯曲线。① 图 18－8 中的图形类似于菲利普斯所画的图形。菲利普斯曲线的每个点都代表在特定年份可以观察到的通货膨胀率和失业率的组合。例如，点 A 代表某一年 4%的失业率和 4%的通货膨胀率的组合，点 B 代表另一年 7%的失业率和 1%的通货膨胀率的组合。

研究过菲利普斯曲线关系的经济学家的结论是，菲利普斯曲线的位置会因供给冲击和通货膨胀预期的变化而随着时间的推移发生移动，通货膨胀与失业之间没有单一的稳定的权衡关系。如我们在第 17 章中第 17.3 节所讨论的那样，负面的供给冲击，如石油价格的意外上涨，在造成价格水平上行压力的同时也会导致产出下降（从而失业上升）。失业和通货膨胀同时上升意味着菲利普斯曲线已经上移。家庭和企业对通货膨胀率的预期的变化也会改变菲利普斯曲线的位置。例如，如果工人和企业预期通货膨胀率是每年 2%，但在经历相当长一段时间的 4%的通货膨胀率之后，有可能把对未来通货膨胀的预期从 2%调整到 4%。

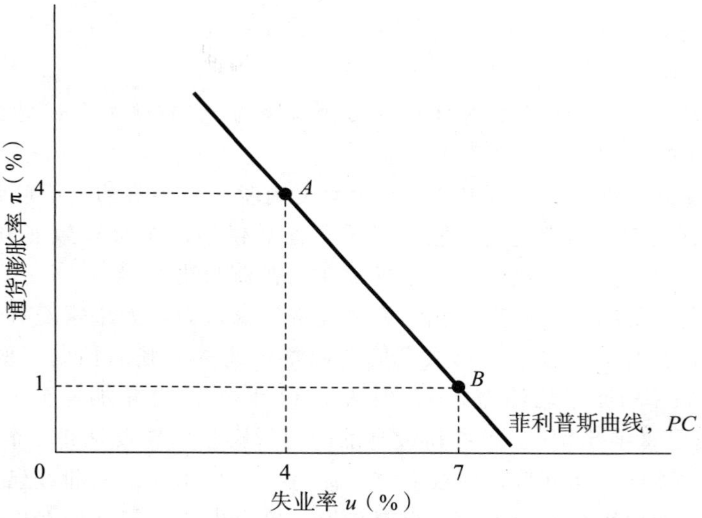

图 18－8　菲利普斯曲线

菲利普斯曲线说明失业率与通货膨胀率的短期关系。点 A 代表某一年 4%的失业率和 4%的通货膨胀率的组合。点 B 代表另一年的 7%失业率和 1%的通货膨胀率的组合。

对通货膨胀的预期变得内嵌于经济中。例如，如果工人认为未来的通货膨胀率是 4%而不是 2%，那么他们知道，除非他们的名义工资提高至少 4%，否则他们的实际工资（他们的名义工资除以价格水平）会下降。类似地，我们在第 4 章第 4.3 节讨论过的费雪效应表明，预期通货膨胀率上升会引起名义利率上升。随着工人、企业和投资者将 2%的通货膨胀率预期调整到 4%的通货膨胀率预期，在任意给定的失业率水平，通货膨胀率都比原来高 2%。换言之，菲利普斯曲线已经上移 2%。

最后，大多数经济学家认为，反映失业率变化对通货膨胀率影响的最好的方法是，考察当期失业率与经济处于充分就业时的失业率之间的缺口，而经济处于充分就业时的失业

① 菲利普斯实际上是用工资的百分比变化而不是价格的百分比变化来衡量通货膨胀的。因为工资和价格通常大致一起变动，所以这种差异对我们的讨论来说并不重要。

率叫作自然失业率（natural rate of unemployment）。当期失业率与自然失业率之间的缺口代表周期性失业（cyclical unemployment），因为这是由将失业率提高到充分就业水平以上的商业周期衰退引起的失业。若当期失业率等于自然失业率，在保持通货膨胀预期和供给冲击的影响不变的情况下，通货膨胀率通常不会改变。若当期失业率大于自然失业率时，劳动市场疲软，工资上涨受限，企业的生产成本也是如此。因此，通货膨胀率会下降。若当期失业率小于自然失业率时，劳动市场紧俏，工资有可能上涨，这会推高企业的生产成本。因此，通货膨胀率会上升。

将所有这些因素考虑进来之后，我们会得到如下的菲利普斯曲线的方程式：

$$\pi = \pi^e - a(U - U^*) - s$$

其中：

π＝当期通货膨胀率

π^e＝预期通货膨胀率

U＝当期失业率

U^*＝自然失业率

s 表示供给冲击影响的变量（对负面供给冲击，s 的值为负；对正面供给冲击，s 的值为正）

a 表示当期失业率与自然失业率的缺口对通货膨胀率影响大小的常数

该方程式告诉我们，预期通货膨胀上升或负面总供给冲击会导致菲利普斯曲线上移，而预期通货膨胀下降或正面总供给冲击会导致菲利普斯曲线下移。

什么引起预期通货膨胀率发生变化？许多经济学家认为，如果家庭和企业经历持续的高于预期水平的真实通货膨胀率，那么它们会调整对通货膨胀的预期。例如，在 20 世纪 60 年代，通货膨胀率每年平均约为 2%，但从 1970 年至 1973 年加速至每年 5%，从 1974 年至 1979 年加速至每年 8.5%。这些持续高涨的通货膨胀率导致家庭和企业向上修正他们对未来通货膨胀的预期，菲利普斯曲线上移。注意，一旦菲利普斯曲线已经上移，通货膨胀与失业之间的短期权衡会变得更糟。也就是说，每个失业率都开始对应着更高的通货膨胀率。我们在第 15 章第 15.4 节中看到，保罗·沃尔克于 1979 年 8 月出任美联储主席，总统吉米·卡特下令降低通货膨胀率。当经济经历 1981—1982 年的严重衰退时，通货膨胀率急剧下降，原因是失业率飙升且企业遭遇产能过剩。从 1983 年到 1986 年，年均通货膨胀率为 3.3%。相应地，家庭和企业降低了对未来通货膨胀的预期，菲利普斯曲线向下移动。图 18-9 展示菲利普斯曲线的移动。

奥肯定律和产出缺口菲利普斯曲线

菲利普斯曲线显示通货膨胀率和失业率之间的短期关系。我们在图 18-7 中看到如何用 *IS* 曲线和 *MP* 曲线说明美联储使用货币政策影响产出缺口的情况。如果我们可以显示产出缺口和通货膨胀率之间的关系，那么我们可以将菲利普斯曲线整合到 *IS-MP* 模型中。这使我们能说明通货膨胀率变化对美联储政策的影响及美联储政策变化对通货膨胀率的影

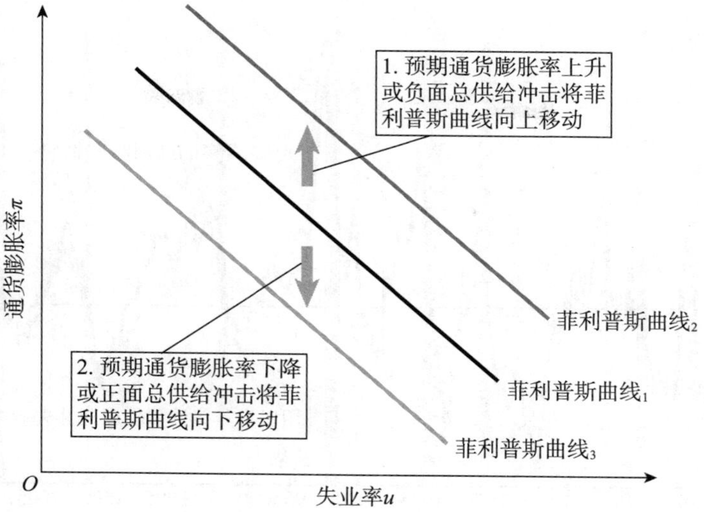

图 18－9　菲利普斯曲线的移动

预期通货膨胀率上升或负面的总供给冲击会将菲利普斯曲线向上移动。预期通货膨胀率下降或正面的总供给冲击会将菲利普斯曲线向下移动。

响。幸运的是，有一种直接的方法可以修改菲利普斯曲线，将其从通货膨胀率和失业率的关系更改为通货膨胀率和产出缺口的关系。

奥肯定律（Okun's law）以亚瑟·奥肯（Arthur Okun）的名字命名，他于 20 世纪 60 年代担任总统经济顾问委员会主席，他将产出缺口 $\widetilde{Y}$ 与当前失业率（U）和自然失业率(U^*)之差的关系方便地总结为：

$$\widetilde{Y}=-2\times(U-U^*)$$

记住，当期失业率与自然失业率之差等于周期性失业率。图 18－10 显示自 1950 年以来的真实的周期性失业率和用奥肯定律计算的周期性失业率。由于这些值在大多数年份都非常接近，所以我们可以确信用产出缺口 $\widetilde{Y}$ 代替菲利普斯曲线方程式中的周期性失业($U-U^*$)将捕获产出缺口变化对通货膨胀率的影响：

$$\pi=\pi^e+b\widetilde{Y}-s$$

方程式中的系数 b 表示产出缺口变化对通货膨胀率的影响。

图 18－11 显示修改后的菲利普斯曲线 PC，横轴为产出缺口，纵轴为通货膨胀率。注意，产出缺口版的菲利普斯曲线是向上倾斜而不是向下倾斜的，如图 18－8 所示。之所以发生这种斜率变化是因为通货膨胀率通常在失业率上升时下降，而在实际 GDP 上升时上升。当产出缺口等于零且没有供给冲击时，真实的通货膨胀率将等于预期通货膨胀率。与最初的菲利普斯曲线一样，预期通货膨胀率上升或负面供给冲击会使菲利普斯曲线向上移动，而预期通货膨胀率下降或正面供给冲击会使菲利普斯曲线向下移动。

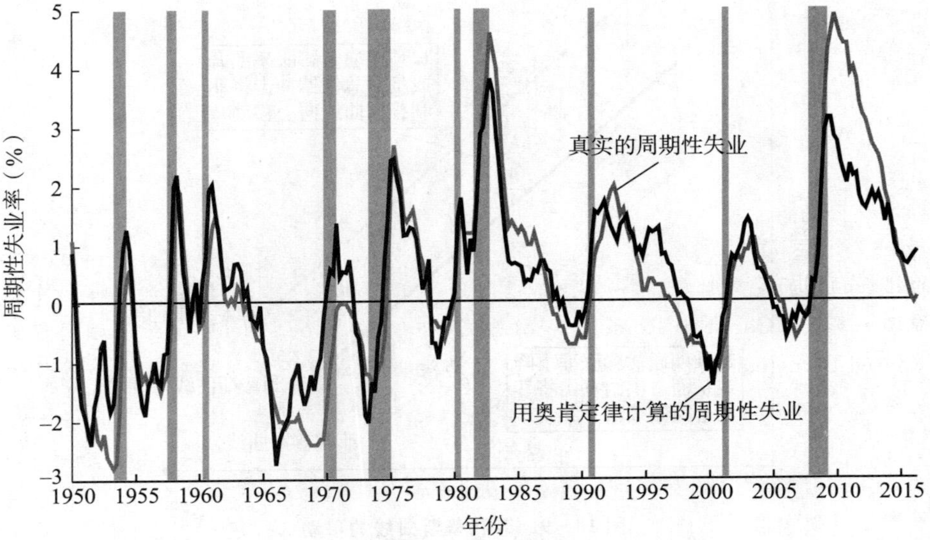

图 18－10　用奥肯定律预测周期性失业率

奥肯定律指出，产出缺口等于－2乘以当期失业率与自然失业率之差。该图显示，奥肯定律在大多数时期都可以很好地解释周期性失业率。阴影区域表示衰退的月份。

资料来源：Congressional Budget Office；and U. S. Bureau of Economic Analysis.

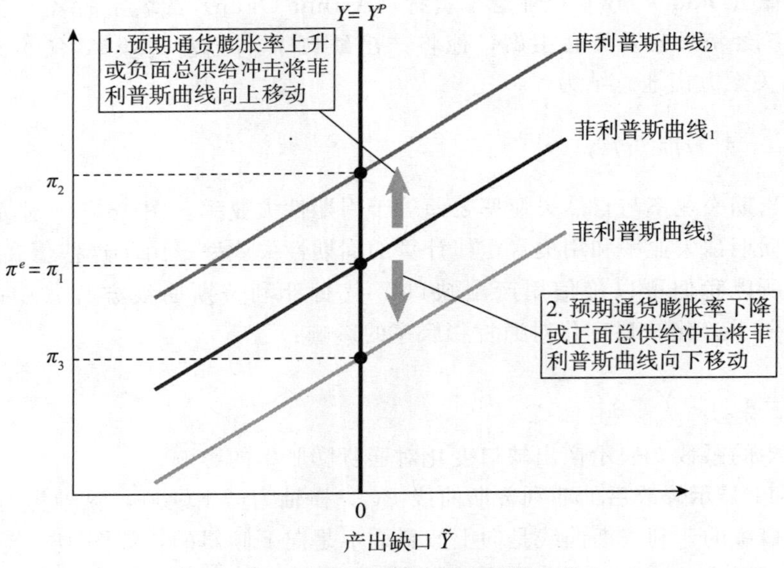

图 18－11　产出缺口版的菲利普斯曲线

这种菲利普斯曲线与图 18－8 所示的菲利普斯曲线的不同之处是横轴是产出缺口而不是失业率。因此，菲利普斯曲线向上倾斜，而不是向下倾斜。当产出缺口等于 0 且没有供给冲击时，真实的通货膨胀率等于预期的通货膨胀率。预期通货膨胀率上升或负面供给冲击将菲利普斯曲线上移，预期通货膨胀率下降或正面供给冲击将菲利普斯曲线下移。

联系实际 18－1

2007—2009 年的经济衰退的后果违反奥肯定律吗？

正如我们在本章开篇案例中所指出的那样，联邦公开市场委员会的成员及其依赖的专职经济学家近年来难以准确预测未来的实际 GDP 增长率和通货膨胀率。结果是他们在 2016 年的联邦基金利率的真实目标低于他们之前的预期。同样，在 2009 年和 2010 年，白宫经济学家因对失业率的错误预测而受到批评。2009 年初，时任总统巴拉克·奥巴马经济顾问委员会主席的克里斯蒂娜·罗默（Christina Romer）和副总统乔·拜登（Joe Biden）的经济顾问贾里德·伯恩斯坦（Jared Bernstein）预测，如果国会通过总统奥巴马提高联邦政府支出和减税的刺激计划，失业率将在 2009 年第三季度达到 8%的峰值，并在随后的几个季度下降。尽管国会通过了刺激计划，但 2009 年第三季度的失业率为 9.6%。2009 年第四季度的失业率升至 9.9%，直到 2011 年第三季度才降至 9%以下。

并不只是罗默和伯恩斯坦未能预测到 2009 年和 2010 年失业的严重程度。预测错误的原因之一是产出的下降幅度大于预期，因此，根据奥肯定律，失业率的上升也大于预期。但是实际 GDP 下降并不能完全解释失业率上升。图 18－10 显示，自 1950 年以来的整个时期，奥肯定律在解释失业率变化方面都做得很好。下图仅涵盖 2007 年第一季度到 2016 年第二季度之间的时间，该图显示，在解释 2007—2009 年的经济衰退后的失业率变化方面，奥肯定律的表现不尽如人意。

该图显示，从 2009 年中期开始一直持续到 2013 年中期，奥肯定律预测周期性失业率至少为 1 个百分点，在同一时期比真实的失业率低 2 个百分点。换句话说，根据 GDP 的变化，依靠奥肯定律的经济学家预测的失业率会低于实际失业率。就像当时的美联储主席本·伯南克于 2012 年在国会作证时所说的，失业率的下降“令人沮丧地缓慢”。

什么可以解释奥肯定律在这段时期相对较差的表现？一些经济学家将劳动生产率（每个工人的产量）的行为作为一种解释。劳动生产率在 2009 年和 2010 年出现暂时的急剧增长。当劳动生产率提高时，公司可以用给定数量的工人生产更多的产出，也可以用更少的工人生产相同数量的产出。许多公司似乎采取第二种选择，即用更少的工人来维持他们的生产水平，这导致失业率比许多经济学家预期的要高。但是，这种解释的一个困难在于，劳动生产率在 2011 年下降至较低水平并保持在那里，而奥肯定律在随后两年继续低估失业率。一些经济学家提供的另一种解释是，由于 2007—2009 年经济衰退是如此严重，以至于许多公司担心它们可能会被迫破产。结果是，给定销售额下降的幅度，它们采取了比平常情况下裁员更多的措施来降低成本。

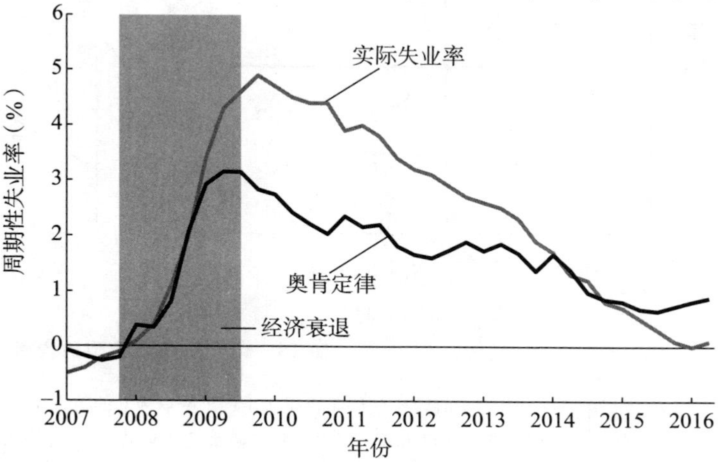

周期性失业率

一些经济学家认为，劳动市场的变化可以解释奥肯定律的问题。例如，西北大学的罗伯特·戈登认为，工会组织减少和临时就业增加提高了企业在销售下降时裁员的意愿。如果这是真的，那么要准确预测未来经济衰退期间的失业变化，就必须修改奥肯定律的方程式。

目前尚不清楚50年前亚瑟·奥肯发现的产出变化与失业变化之间的密切关系是否会继续保持下去。

资料来源：Christina Romer and Jared Bernstein, "The Job Impact of the American Recovery and Reinvestment Plan," January 10, 2009; Mary Daly and Bart Hobjin, "Okun's Law and the Unemployment Surprise of 2009," Federal Reserve Bank of San Francisco *Economic Letter*, March 8, 2009; Robert J. Gordon, "Okun's Law and Productivity Innovations," *American Economic Review: Papers and Proceedings*, Vol. 100, No. 2, May 2010, pp. 11–15; Ben S. Bernanke, "Statement by Ben S. Bernanke Chairman Board of Governors of the Federal Reserve System before the Committee on Banking, Housing, and Urban Affairs U. S. Senate," July 17, 2012; and Jon Hilsenrath, "Piecing Together the Job-Picture Puzzle," *Wall Street Journal*, March 12, 2012.

见本章末的问题和应用 2.10。

18.3 *IS-MP* 模型的均衡

现在，我们已经得到 *IS-MP* 模型的三个部分：*IS* 曲线、*MP* 曲线和菲利普斯曲线。图 18－12 用该模型显示长期宏观经济均衡的情形。在图 18－12（a）中，*IS* 曲线和 *MP* 曲线相交于产出缺口为零的地方，实际利率处于美联储的目标水平。在图 18－12（b）中，因为产出缺口为零，所以菲利普斯曲线显示实际通货膨胀率和预期通货膨胀率相等。

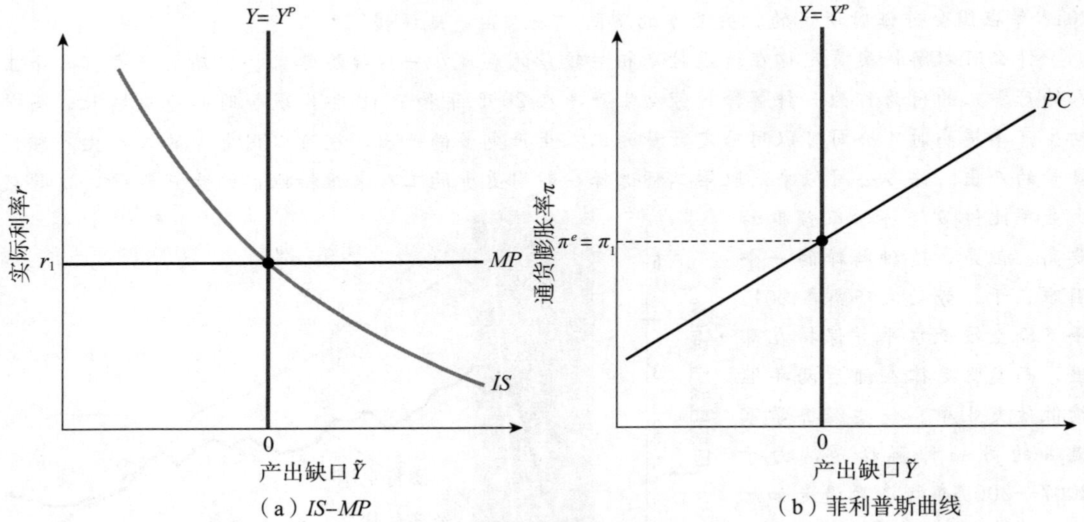

图 18－12　*IS-MP* 模型的均衡

在图（a）中，*IS* 曲线和 *MP* 曲线相交于产出缺口为 0 的地方，实际利率位于美联储的目标水平。在图（b）中，因为产出缺口为零，所以菲利普斯曲线显示实际通货膨胀率和预期通货膨胀率相等。

联系实际 18-2

IS-MP 模型从何而来？

我们在本章中一直讨论的宏观经济模型有深厚的历史根源。英国经济学家约翰·梅纳德·凯恩斯在其 1936 年出版的《就业、利息和货币通论》中提出 *IS* 曲线背后的基本思想。凯恩斯是第一位详细讨论总生产会随着总支出的波动而上升和下降这一思想的经济学家。他认为从 1929 年开始的总支出暴跌引发大萧条。

凯恩斯在《就业、利息和货币通论》中没有明确画出 *IS* 曲线。*IS* 曲线首次出现在约翰·希克斯在 1937 年所写的一篇论文中。我们对 *IS* 曲线的讨论并没有回答为什么其被标记为 *IS*。采取希克斯分析商品市场均衡的另一种方法可以为我们解开这个谜团。如果我们考察一个封闭经济（没有进口或出口的经济），那么总支出等于 $C+I+G$。在均衡时，$Y=C+I+G$。我们可以将这一表达式重新整理为 $Y-C-G=I$。由于 $Y-C-G$ 表示家庭和政府当期没有消费的产出，我们可以将其看作国民储蓄 S。因此，我们可以说，当投资等于国民储蓄或 $I=S$ 时，商品市场处于均衡，这正是希克斯将显示商品市场均衡的曲线称为 *IS* 曲线的原因。商品市场均衡的两种分析方法［(1) 总产出＝总支出；(2) 投资＝储蓄］正好是等价的。

希克斯在他的模型中没有使用 *MP* 曲线。相反，他使用的是著名的 *LM* 曲线，*LM* 表示"流动性"和"货币"。（希克斯在他的原始论文中将曲线标记为 *LL*。）*LM* 曲线显示使货币市场均衡的利率和产出的组合（我们在上一章讨论过货币市场）。希克斯的分析方法叫作 *IS-LM* 模型（见附录对该模型的深入讨论）。*IS-LM* 模型的一大缺点是其假定货币政策所采取的形式是美联储选择货币供给目标。然而，我们知道，自 20 世纪 80 年代初以来，美联储盯住的是联邦基金利率，而不是货币供给。近年来，美联储在执行短期货币政策时几乎完全不关注货币供给的变动。加州大学伯克利分校的戴维·罗默在 2000 年的时候建议放弃 *LM* 曲线，转而使用本章中使用的 *MP* 曲线方法。

你可以阅读资料来源中的参考文献了解更多关于约翰·梅纳德·凯恩斯、约翰·R. 希克斯、A. W. 菲利普斯和亚瑟·奥肯的原著。注意，这些参考资料中的一些讨论是专业性的。

资料来源：John Maynard Keynes, *The General Theory of Employment, Interest, and Money*, London: Macmillan, 1936; John R. Hicks, "Mr. Keynes and the 'Classics'; A Suggested Interpretation," *Econometrica*, Vol. 5, No. 2, April 1937, pp. 147-159; David Romer, "Keynesian Macroeconomics Without the *LM* Curve," *Journal of Economic Perspectives*, Vol. 14, No. 2, Spring 2000, pp. 149-169; A. W. Phillips, "The Relation Between Unemployment and the Rate of Change of Money Wage Rates in the United Kingdom, 1861—1957," *Economica*, Vol. 25, No. 100, November 1958, pp. 283-299; and Arthur M. Okun, "Potential GDP: Its Measurement and Significance," *Proceedings of the Business and Economic Statistics Section of the American Statistical Association*, 1962.

见本章末的问题和应用 3.5 和 3.6。

用货币政策应对衰退

假设从图 18-12 所示的情况开始，经济遭遇需求冲击，例如，在 2007 年住房泡沫破灭后住宅建设支出下降。图 18-13（a）显示，需求冲击导致 *IS* 曲线从 IS_1 向左移动到 IS_2。实际 GDP 下降到低于潜在 GDP，于是，经济有位于 $\tilde{Y}_1$ 的负产出缺口并进入衰退。

图 18－13（b）显示负产出缺口导致沿菲利普斯曲线向下移动，使通货膨胀率从 π_1 降为 π_2。美联储通常通过降低联邦基金利率目标来应对经济衰退。这种行动降低了实际利率，使货币政策曲线从 MP_1 向下移动到 MP_2。较低的实际利率导致消费支出、投资支出和净出口增加，导致沿 *IS* 曲线向下移动。实际 GDP 返回潜在水平，于是，产出缺口再次为 0。在图 18－13（b）中，通货膨胀率从 π_2 升回 π_1。

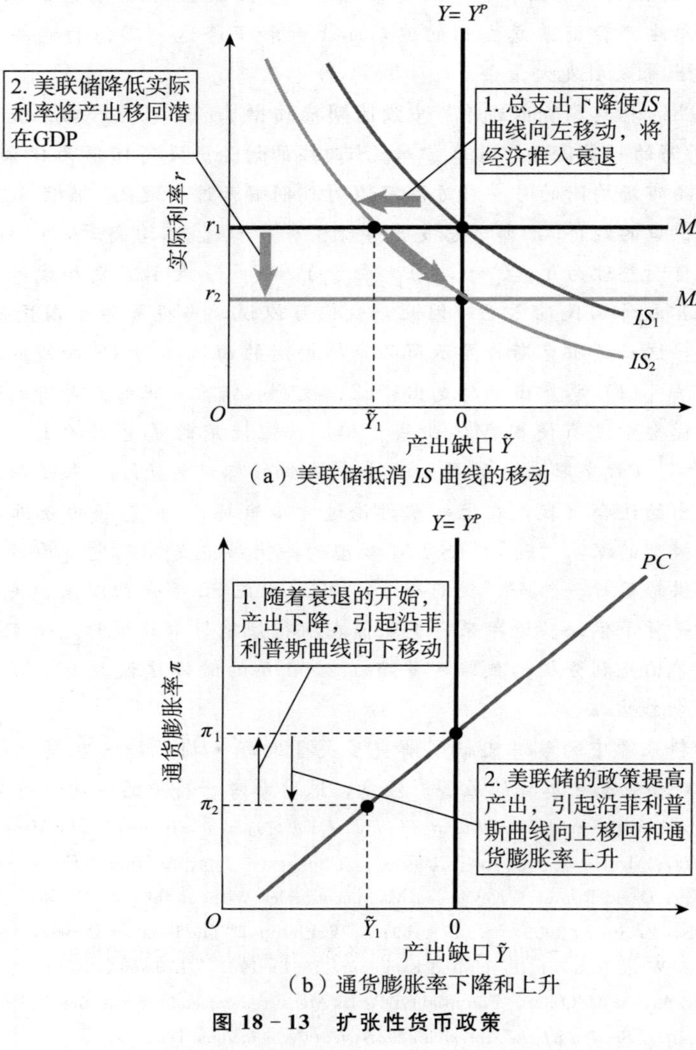

图 18－13　扩张性货币政策

在图（a）中，需求冲击导致 *IS* 曲线从 IS_1 向左移动到 IS_2。实际 GDP 下降到低于潜在 GDP，于是，经济有位于 $\tilde{Y}_1$ 的负产出缺口并进入衰退。图（b）显示负产出缺口导致沿菲利普斯曲线向下移动，将通货膨胀率从 π_1 降为 π_2。美联储降低实际利率，将货币政策曲线从 MP_1 向下移动到 MP_2。较低的实际利率导致消费支出、投资支出和净出口增加，导致沿 *IS* 曲线向下移动。实际 GDP 返回潜在水平，于是产出缺口再次为 0。在图（b）中，通货膨胀率从 π_2 升回 π_1。

应对 2007—2009 年的经济衰退的复杂因素

如我们在之前对美联储在 2007—2009 年经济衰退期间的政策的讨论中所看到的，平稳过渡到潜在 GDP 并没有发生，如图 18－13 所示。其原因之一是，虽然我们在 *IS-MP* 模型中一直假设美联储控制实际利率，然而，实际上美联储能盯住联邦基金利率但通常不会试图直接影响其他市场利率。通常，美联储可以依靠长期实际利率在联邦基金利率下降时使长期利率下降，在联邦基金利率上升时使长期利率上升。但 2007—2009 年的经济衰退并不代表正常时期。

回顾第 5 章，违约风险溢价是投资者对持有具有一定违约风险的债券所要求的额外收益。在金融危机期间，尤其是在雷曼兄弟于 2008 年 9 月破产后，违约风险溢价飙升，原因是投资者担心公司难以偿还贷款或债券的息票和本金。图 18－14 显示了两种衡量投资者购买穆迪评级为 Baa 的公司债券所需违约风险溢价的方法。灰线显示 Baa 评级公司债券的利率与 10 年期美国国债利率之间的差异。黑线显示 Baa 级公司债券的利率与 Aaa 级公司债券的利率之间的差异。出售 Baa 级公司债券是公司的重要资金来源。Baa 是穆迪最低的投资评级，相比于 Aaa 评级，更多公司的债券有资格获得该评级。实际上，在 2016 年，只有两家非金融公司（微软和强生）有资格获得穆迪的 Aaa 评级。因此，当 Baa 利率与 10 年期美国国债利率的差异从金融危机前的约 1.5%飙升至危机最严重时的 6%以上时，企业很难通过发行债券来筹集资金。注意，图 18－14 显示，在 2007—2009 年的衰退期间，风险溢价的增加远大于风险溢价在 2001 年的温和衰退中的增加。

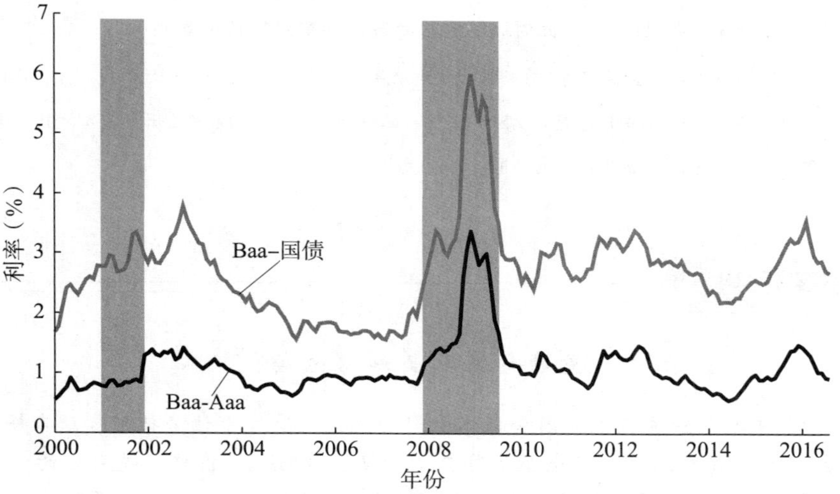

图 18－14　2007—2009 年的经济衰退期间风险溢价的攀升

在 2007—2009 年的金融危机期间，违约风险溢价飙升，提高了 Baa 评级的公司债券相对于 Aaa 评级的公司债券（图中的黑线）和 10 年期美国国债（图中的灰线）的利率。

资料来源：Federal Reserve Bank of St. Louis.

如我们所见，到 2008 年底美联储已使联邦基金利率几乎降为零，但风险溢价上升抵消了美联储扩张性政策的影响。美联储采取直接购买 10 年期美国国债和抵押贷款支持证券这种不同寻常的措施来降低长期利率，但无法完全抵消风险溢价增加的影响。

图 18－15 说明美联储在 2008 年实施扩张性货币政策时遇到的问题。住房建设支出暴跌使 *IS* 曲线从 IS_1 移至 IS_2，实际 GDP 下降到潜在 GDP 之下的 $\widetilde{Y}_1$。美联储的反应是将实际利率从 r_1 降低到 r_2，在正常情况下，这足以将经济恢复到潜在 GDP 水平。然而，风

险溢价上升导致实际利率上升到 r_3，将经济推入位于 $\tilde{Y}_2$ 的更深度的衰退。只有在风险溢价开始下降到更正常的水平之后，经济在 2009 年才开始复苏。美联储通过采取非常规货币政策降低了风险溢价，如购买房地美和房利美发行的抵押贷款支持证券。

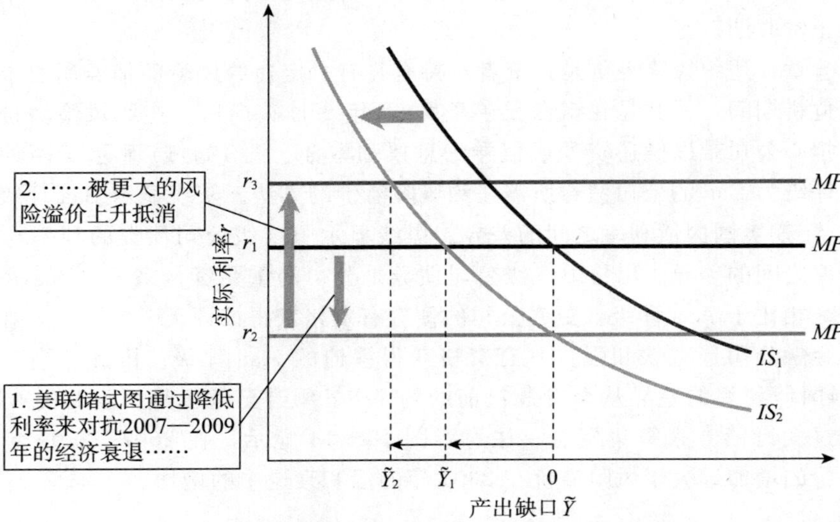

图 18－15　面对风险溢价攀升时的扩张性货币政策

在 2007—2009 年的经济衰退期间，住房建设支出暴跌引起 IS 曲线从 IS_1 移至 IS_2，实际 GDP 下降到潜在 GDP 之下的 $\tilde{Y}_1$。美联储的反应是将实际利率从 r_1 降低到 r_2，但风险溢价上升导致实际利率实际上上升到 r_3，将经济推进位于 $\tilde{Y}_2$ 的更深度的衰退。

联系实际 18－3

免费的房利美和房地美？

2007—2009 年的金融危机对美国金融体系影响最大的莫过于住房抵押贷款市场。如我们所见，金融危机是由住房价格下跌导致抵押贷款支持证券（MBS）价格下跌引起的。由于金融企业持有 MBS 遭受损失，信贷开始枯竭，经济陷入自 20 世纪 30 年代的大萧条以来最严重的衰退。在 2008 年 9 月，为应对危机，联邦政府让新成立的联邦机构联邦住房金融局（Federal Housing Finance Agency，FHFA）接管联邦国民抵押贷款协会（Fannie Mae，通常简称为“Fannie”）和联邦住房贷款抵押协会（Freddie Mac，通常简称为“Freddie”）。

房利美（Fannie Mae）和房地美（Freddie Mac）都是公办公司（government sponsored enterprise，GSE），国会建立该企业的目的是创建抵押贷款二级市场。房利美和房地美向投资者出售债券，并用这笔资金从银行购买抵押贷款，然后将其捆绑到 MBS 中。从法律上讲，房利美和房地美是私人公司，其股东期望他们能够获利。尽管国会没有责任在房利美和房地美遭遇财务问题时向其提供资金，但大多数投资者都认为国会绝不会让它们破产，因为这样做会严重破坏抵押贷款市场，使人们难以借钱买房。由于这一预期，房利美和房地美能够以低利率出售债券，因为投资者认为债券的违约风险非常低。

下图显示在金融危机爆发之前的几年中 GSE 在住房抵押贷款市场的重要性日益提高。在 20 世纪 50 年代和 60 年代，传统的发放抵押贷款的方式占了上风，银行及储蓄和贷款协会发放了大部分抵押贷款，并将抵押贷款保留在账簿上，直到它们到期或被借款人还清为止。结果是，在这些年中，银行、储蓄和贷款协会及保险公司持有所有住房抵押贷款的 85%或更多，如图中的黑色线所示。到 20 世纪 90 年代初，房利美、房地美和其他联邦机构，如政府国民抵押贷款协会（Ginnie Mae）和联邦住房管理局（FHA），持有大多数的抵押贷款，如图中的深灰色线所示。此外，投资银行和其他一些金融公司也开始对贷款开展证券化并发行自己的“自有品牌”MBS，如图中的浅灰色线所示（包括私人抵押贷款持有人及个人）。就在金融危机爆发之前，自有品牌 MBS 的市场份额还在不断增加，但以房利美和房地美的 MBS（称为机构 MBS）减少为代价。

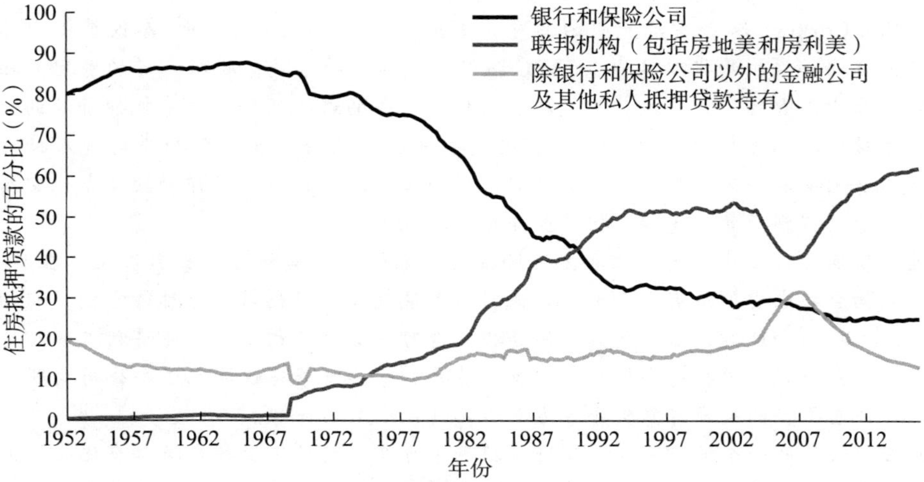

住房抵押贷款占比情况

随着房价的下跌，投资者开始担心房利美和房地美无法兑现对已发行 MBS 的担保。此外，两家公司均持有大量自己的 MBS。因为国会允许它们持有很少的资本，所以很明显，它们的损失正在使公司破产。为了避免抵押贷款市场崩溃，美国国会在 2008 年 9 月授权美国财政部向房利美和房地美注资 1 890 亿美元的新资本，并将其置于联邦住房金融局的保护之下。

当联邦政府控制房利美和房地美时，许多经济学家和政策制定者的预期是，在某些时候，这些公司将再次私有化。但是截至 2017 年初，这些公司仍处于联邦住房金融局的控制之下，并且还没有明确的私有化计划。此外，作为几轮量化宽松的一部分，美联储持有房利美和房地美发行的超过 1.75 万亿美元的 MBS。该总额约占所有住房抵押贷款价值的 17%。一些经济学家和政策制定者认为抵押贷款市场当前的情况存在以下重大问题：

- 联邦政府实际上是在担保房利美和房地美的 MBS。这种担保使住房抵押贷款的私人证券化变得困难，因为诸如投资银行之类的私人证券化者将不得不对抵押贷款投保收取远高于房利美和房地美所收取的费用。此外，根据法律，房利美和房地美免征州和地方公司税，从而使它们比潜在的私人竞争对手更具优势。毫不奇怪，抵押贷款的私人证券化几乎消失了，如前图所示，金融危机后浅灰色线急剧下降。在没有任何私人证券化公司的情况下，联邦政府实际上是在控制抵押贷款市场，因此国会在 2008 年授权接管房利美和房地美时，并没有希望无限期地持续下去。

- 联邦住房金融局与美国财政部在2010年达成的协议导致房利美和房地美的几乎全部利润（2016年超过2 500亿美元）都被汇入美国财政部，这两家公司几乎没有资本来弥补任何潜在的损失。如果住房市场上的问题引起一波抵押贷款违约，国会将不得不提供大量资金来维持这些公司。
- 由于房利美和房地美实际上是政府机构，因此它们可能会受到国会的政治压力要求其放松对其购买的抵押贷款的承销标准。尽管标准高于金融危机之前的水平，但一些经济学家对发放的低首付抵押贷款数量的不断增加感到担心。当借款人仅支付少量首付时，他们在房价下跌时更可能对抵押贷款违约。
- 美联储大量购买MBS提高了其价格，降低了抵押贷款的利率，这可能有助于支撑房地产市场，但也意味着这些证券的价格可能无法反映其潜在风险。

经济学家和政策制定者提出一些重组抵押贷款市场的建议。2013年，田纳西州的鲍勃·科克尔（Bob Corker）和弗吉尼亚州的马克·沃纳（Mark Warner）两位参议员提出建立新的联邦机构的立法，该机构将以类似于FDIC担保银行存款的方式，收取一定的费用来担保抵押贷款支持证券中包含的抵押贷款。为了减少与保险有关的道德风险，发起抵押贷款的金融公司将承担高达被保险抵押贷款价值10%的损失。该提议旨在诱使其他金融公司进入抵押贷款证券化市场与房利美和房地美展开竞争。最终它们会被淘汰，把所有抵押贷款证券化交给私人部门。尽管该计划得到两党的支持，但国会拒绝为其立法。

其他建议通常涉及让美国财政部出售所持股票来使房利美和房地美私有化。在私有化后，金融监管机构会要求它们持有大量资本，像对待其他大型金融公司一样对待它们。它们也会失去在法律上免征州和地方税这一优惠。因为投资者可能会继续相信，即使房利美和房地美再次成为正式的私人公司，国会也会拯救它们免于破产，一些改革建议要求这些公司向联邦政府支付费用，以便它们在向投资者筹集资金方面不比其他公司占优势。

实施任何改革的一个绊脚石是，抵押贷款利率可能会因抵押贷款市场私有化而提高，因为投资者会要求对不再被“两房”吸收的风险给予充分补偿。如果美联储在货币政策正常化的过程中，随着时间的推移减持MBS，利率上升的可能性就特别大。利率上升将阻止一些人买房，鉴于拥有住房的美国人口比例从2005年的69.1%下降到2016年的63.5%，国会可能会反对这一政策。

与其他一些针对金融危机而制定的美联储政策一样，直到2016年人们还不清楚2008年9月决定将房利美和房地美国有化之后的退出策略是什么。

资料来源：Joe Light, “Will Fannie and Freddie Need Another Bailout?” *Wall Street Journal*, May 24, 2016; James K. Glassman and Alex J. Pollock, “How to Fix Fannie and Freddie,” aei. org, January 15, 2016; Office of the President, “A Better Bargain for the Middle Class: Housing,” August 5, 2013; “Comradely Capitalism,” *Economist*, August 20, 2016; U. S. Census Bureau, “Residential Vacancies and Homeownership in the Second Quarter 2016,” July 28 2016; and Board of Governors of the Federal Reserve System.

见本章末的问题和应用3.8和3.9。

解决问题 18-2

用货币政策应对通货膨胀

如我们在第15章第15.4节所见，美联储主席保罗·沃尔克于1979年8月就职，其任务是降低通货膨胀率。用 *IS-MP* 模型分析美联储如何改变通货膨胀预期来永久地降低通货膨胀率。确保你的图形包括 *IS* 曲线、*MP* 曲线和菲利普斯曲线。此外，确保图形显示美联储政策对产出缺口和通货膨胀率的最初影响。最后，务必说明经济如何返回较低通货膨胀率的长期均衡。

解决问题

第一步　复习本章的内容。这个问题是关于使用 *IS-MP* 模型以及菲利普斯曲线移动的原因，因此，你需要复习“菲利普斯曲线”这一小节和“*IS-MP* 模型的均衡”这一节。

第二步　说明美联储为降低通货膨胀率会采取的政策并用图形说明你的答案。为了永久性地降低通货膨胀率，美联储需要降低预期通货膨胀率。如果家庭和企业经历的通货膨胀率持续低于之前的预期，预期通货膨胀就会下降。菲利普斯曲线告诉我们，如果实际 GDP 低于潜在 GDP，那么通货膨胀率会下降。美联储可以通过提高实际利率引起实际 GDP 下降。你的图形应该说明 *MP* 曲线从 MP_1 上移到 MP_2，新的均衡产出缺口为 $\widetilde{Y}_1$，且通货膨胀率沿菲利普斯曲线从 π_1 下降到 π_2。

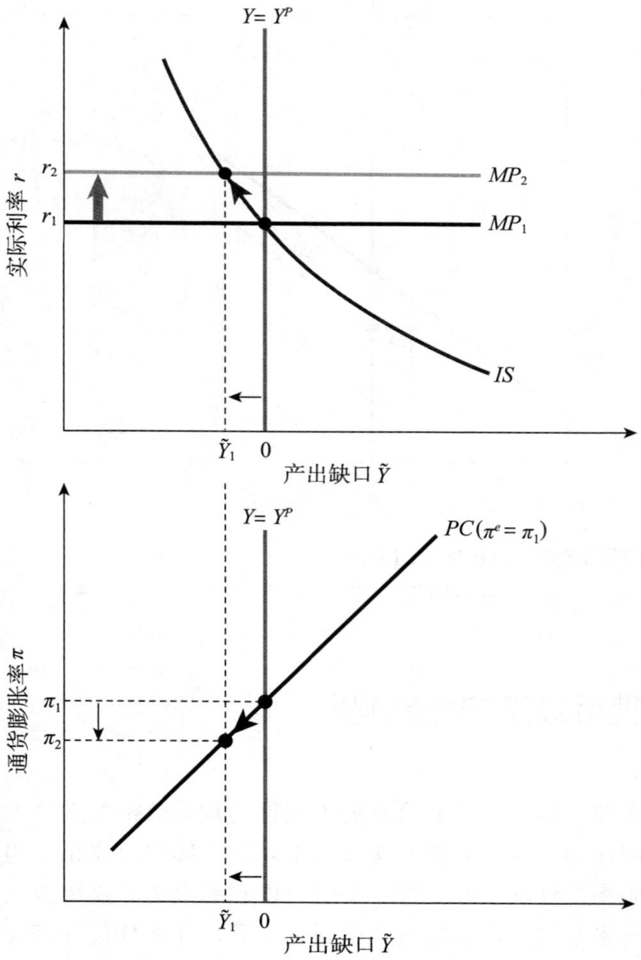

第三步　说明在菲利普斯曲线下移后美联储如何让经济返回通货膨胀率较低的潜在产出水平。如果通货膨胀率持续为 π_2，那么家庭最终会将通货膨胀预期从 π_1 降低到 π_2。一旦出现这种情况，菲利普斯曲线会下移，美联储可以将实际利率从 r_2 降回 r_1，并将产出恢复到潜在 GDP。

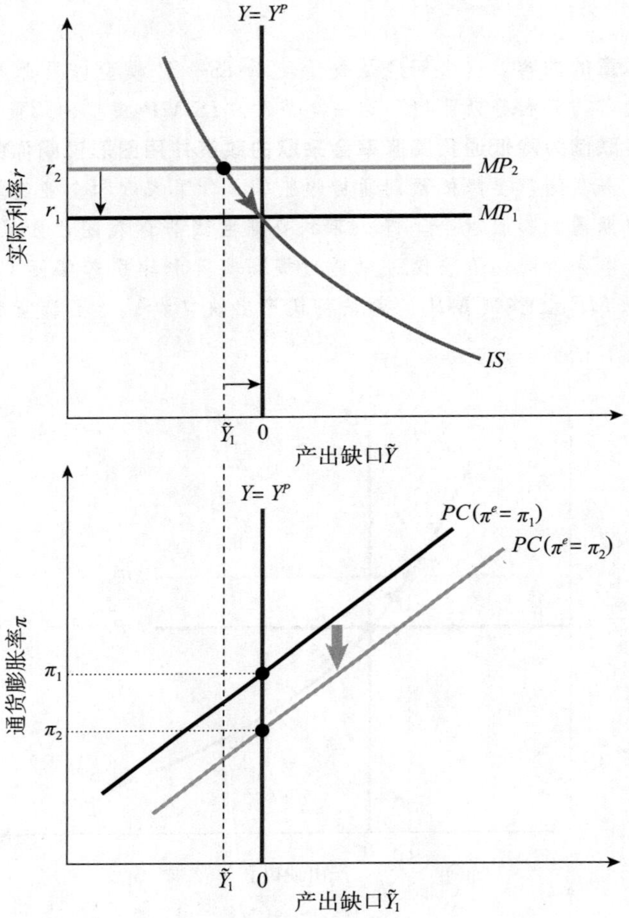

见本章末的问题和应用 3.10 和 3.11。

18.4 利率是货币政策的全部吗?

经济学家将货币政策影响产出和价格的方式称为货币政策的渠道。在 *IS-MP* 模型中，货币政策通过利率起作用：美联储改变实际利率，这会影响总支出的组成部分，从而改变产出缺口和通货膨胀率。经济学家把这个渠道叫作利率渠道。这种方法的潜在假设是，借款人对他们如何筹集资金或向谁筹集资金感到无差异，并将替代性资金来源视为近似替代品。银行贷款在此渠道中没有特别的作用。

银行贷款渠道和影子银行贷款渠道

家庭和许多企业依靠银行贷款来获得信贷，因为它们几乎没有或完全没有其他资金来源。一些经济学家认为，利率渠道应该辅之以**银行贷款渠道（bank lending channel）**，其传统形式强调依靠商业银行贷款的借款人的行为。在这种银行贷款渠道中，银行放贷能力或意愿的变化影响依赖银行的借款人为其支出计划筹集资金的能力。这种渠道对银行贷款的关注也暗示着对货币政策如何影响经济的不同看法。在这种渠道中，货币扩张会提高银行的放贷能力，而给依赖银行的借款人的贷款增加会增加这些借款人的支出。货币收缩会降低银行的放贷能力，而给依赖银行的借款人的贷款减少会导致其支出减少。

在准备金稀缺的时期，利率渠道关注的是，通过公开市场购买增加银行准备金后，美联储如何降低实际利率并在短期内增加产出。之所以会出现产出增加，是因为联邦基金利率下降导致其他利率下降，而这些利率对家庭和企业的支出决定很重要。银行贷款渠道的预测在一个方面类似于利率渠道的预测：在准备金稀缺的时期，当美联储通过公开市场购买增加银行准备金时，银行准备金增加导致贷款利率下降。

然而，银行贷款渠道进一步认为，货币政策通过银行向依赖银行的借款人放贷的数量及这些借款人的支出来影响经济。在银行贷款渠道中，扩张性货币政策导致总支出增加的原因有两个：(1) 家庭和企业支出因利率下降而增加；(2) 银行贷款可得性提高。换句话说，如果银行扩大贷款范围，那么依赖银行的借款人可以借入和支出的金额在任何实际利率下都增加。因此，在银行贷款渠道中，扩张性货币政策的有效性并不取决于利率下降。同样，紧缩性货币政策的有效性也不取决于利率上升。

传统上，对银行贷款渠道的讨论主要集中于商业银行，但正如我们在第 11 章中所讨论的那样，在过去的几十年中，非银行金融企业或影子银行在金融体系中的重要性日益提高。特别是，货币市场共同基金已经成为许多企业的重要信贷来源，因为这些基金购买企业出售的商业票据。但是由于美联储的低利率政策，自 2008 年以来，投资者从拥有货币市场共同基金中获得的年收益率一直很低，通常不到 0.25%。为了应对如此低的收益，许多投资者出售了货币市场共同基金，并购买了债券共同基金，他们可以从中获得更高的收益。结果是货币市场共同基金的资产总值在 2008—2015 年间下降了约 1 万亿美元，一些货币市场基金也倒闭了。

当投资者出售货币市场基金时，基金减少购买商业票据，迫使发行票据的公司转向其他可能成本更高的融资来源。未偿还的商业票据总额从金融危机之前的 2007 年的 2.2 万亿美元下降到 2016 年秋季的不到 1 万亿美元。

我们可以得出结论，影子银行贷款渠道的作用是使扩张性货币政策的有效性降低，至少在扩张性货币政策采取极低利率形式时是如此。由于极低的利率会导致货币市场共同基金减少商业票据的购买，因此，低利率可能对依赖发行商业票据为短期业务融资的企业产生负面影响。

资产负债表渠道：货币政策和净值

货币政策也会通过影响企业的资产负债表状况来影响经济。经济学家通过货币政策对企业资产和负债的价值及资产负债表头寸的流动性的影响来给这一渠道建立模型，资产负债表头寸的流动性是家庭和企业持有的流动资产相对于负债的数量。这些经济学家认为资产负债表头寸的流动性是企业投资支出、住房支出和耐用消费品支出的决定因素。**资产负债表渠道（balance sheet channel）**描述货币政策通过改变利率影响借款人净值和支出决策的方式。我们知道，当借贷的信息成本很高时，较高的净值和流动性使借款人更可能获得执行计划支出所需的资金。

货币政策如何影响借款人的资产负债表？紧缩性货币政策带来的利率上升会增加浮动利率借款人偿还债务的金额，并通过降低借款人的资产现值来降低借款人的净资产价值。回想一下，随着借款人的净资产下降，信息问题会加剧外部和内部资金成本之间的差距。也就是说，借款人的净资产减少会增加为资本投资筹集资金的成本，因为贷方会对低净值借款人的贷款要求更高的利率，也会对他们如何使用借入资金施加额外的限制。净值下降使外部融资成本增加的幅度超过了更高利率所隐含的增加幅度，并降低了企业投资工厂和设备的能力。资产负债表渠道强调这种影响。即使货币政策对银行的放贷能力没有影响，但借款人的净资产因货币紧缩而下降也会减少总需求和产出。此外，资产负债表渠道意味着，低净值企业的支出在货币紧缩后特别有可能下降。

与利率渠道和银行贷款渠道（针对商业银行）一样，资产负债表渠道认为，扩张性政策最初降低利率、增加产出，而紧缩性政策最初提高利率、减少产出。资产负债表渠道强调家庭和企业的净值和流动性与其支出之间的联系。在有信息成本的情况下，净值和流动性变化会显著影响贷款数量和经济活动。

大多数经济学家认为，接受银行贷款或资产负债表渠道的重要性并不需要拒绝利率渠道的含义，即货币政策通过利率起作用。相反，银行贷款和资产负债表渠道提出金融体系和货币政策可以影响经济的其他方法。

表 18－2 总结了这四种货币政策渠道的要点。

表 18－2　货币政策的渠道

渠道	聚焦于……	货币扩张……	货币收缩……
利率渠道	利率	降低利率，导致总支出增加	提高利率，导致总支出减少
银行贷款渠道（商业银行）	银行贷款	提高银行向依赖银行的借款人放贷的能力，导致总支出增加	降低银行向依赖银行的借款人放贷的能力，导致总支出减少
银行贷款渠道（影子银行）	货币市场共同基金购买企业发行的商业票据的能力	降低利率，这会导致投资者出售货币（市场共同）基金份额，进而降低基金购买商业票据的能力	提高利率，这会导致投资者购买货币（市场共同）基金份额，进而提高基金购买商业票据的能力
资产负债表渠道	家庭和企业的净值和流动性与其支出之间的联系	提高净值和流动性，导致总支出增加	降低净值和流动性，导致总支出减少

回答重要问题

我们在本章开始的时候提出了如下问题：

“在什么情况下降低联邦基金利率目标在抗击衰退时不太可能有效？”

正如我们在本书中看到的，2007—2009 年的经济衰退伴随着金融危机，使经济衰退异常严重。美联储在 2008 年秋天意识到主要通过降低联邦基金利率目标来对抗衰退的正常政策不太可能有效。本章提出的 *IS-MP* 模型为正常的货币政策为何无效提供了一种解释。尽管美联储将联邦基金利率目标下调至接近于零，但投资者要求的风险溢价增加导致许多企业在美联储采取行动后支付的利率（如 Baa 债券的利率）依然上升。

重要术语和问题

重要术语

总需求冲击	*IS-MP* 模型	产出缺口	资产负债表渠道	*MP* 曲线
菲利普斯曲线	银行贷款渠道	乘数	潜在 GDP	财政政策
乘数效应	*IS* 曲线	奥肯定律		

18.1　*IS* 曲线

说明 *IS* 曲线是什么及其如何推导。

复习题

1.1　说明 *IS-MP* 模型的三个组成部分。

1.2　画 45°线图说明商品市场均衡。将均衡实际 GDP 水平标记为 Y_1。现在，在你的图形中显示下列两种情形：

（1）实际 GDP 等于 Y_2，其中 Y_2 大于 Y_1。

（2）实际 GDP 等于 Y_3，其中 Y_3 小于 Y_1。

一定要在你的图形中显示总支出水平以及在 Y_1、Y_2 和 Y_3 处存货意外的变化。简要说明如果实际 GDP 最初等于 Y_2 或 Y_3，实际 GDP 如何调整到均衡。

1.3　*MPC* 和乘数的关系是什么？

1.4　说明 *IS* 曲线如何表示商品市场均衡。为什么 *IS* 曲线向下倾斜？

1.5　举一个可以使 *IS* 曲线向左移动的冲击的例子。举一个可以使 *IS* 曲线向右移动的冲击的例子。

问题和应用

1.6　【解决问题 18-1】用如下数据计算均衡产出值和投资支出乘数：

$$C = MPC \times Y = 0.75 \times Y$$

$\overline{I} = 2.3$ 万亿美元

$\overline{G} = 1.7$ 万亿美元

$\overline{NX} = -0.5$ 万亿美元

1.7　简要说明你是否同意下述论断：

潜在 GDP 是当所有企业都按产能生产时可达到的实际 GDP 水平。如果有必要，企业有能力每天 24 小时运营，但很少会这样做。因此，由于企业几乎总是能生产比实际生产的更多的产出，因此，实际 GDP 几乎总是远低于潜在 GDP。

1.8 约翰·梅纳德·凯恩斯写道，稳定的经济的一个要求是“乘数……大于1但不是很大。”为什么很大的乘数值会使经济不稳定？

资料来源：John Maynard Keynes, *The General Theory of Employment, Interest, and Money*, London: Macmillan, 1936, p. 250.

1.9 在下列情形中，简要说明 *IS* 曲线是否会移动，如果会移动，会向哪个方向移动：

a. 消费者对未来收入变得更乐观。

b. 联邦政府削减公司所得税。

c. 实际利率上升。

d. 企业对新信息技术上的支出的未来盈利性变得悲观。

1.10 乘数的大小会如何影响 *IS* 曲线的斜率？（提示：在45°线图中，对给定的实际利率变化，乘数如何影响均衡实际GDP水平的变化？）

1.11 如果消费支出对实际利率变化变得更敏感，*IS* 曲线的斜率会受到怎样的影响？

1.12 《华尔街日报》2015年末的一篇文章指出：“在这6年半的复苏过程中，有一种经济趋势没有发挥作用：资本支出。”鉴于这段时期的大部分时间利率都处于历史低位，我们可以对这几年 *IS* 曲线的形状得出什么结论？

资料来源：Steven Russolillo, “Capital Spending: The Economy's Weak Spot,” *Wall Street Journal*, December 22, 2015.

18.2 *MP* 曲线和菲利普斯曲线

说明 *MP* 曲线和菲利普斯曲线的重要性。

复习题

2.1 联邦基金利率的变化怎么会导致长期实际利率的变化？

2.2 为什么 *MP* 曲线是一条水平线？美联储如何改变 *MP* 曲线的位置？

2.3 当美联储提高实际利率时，结果是沿 *IS* 曲线向上还是向下移动？产出缺口的值上升还是下降？

2.4 什么因素引起菲利普斯曲线移动？

2.5 什么是奥肯定律？奥肯定律怎么能被用于推导产出缺口菲利普斯曲线？

问题和应用

2.6 《华尔街日报》2016年的一篇文章指出：“2016年政府债券价格的上涨已使美国10年期国债的实际收益率……自2012年以来首次低于零。”这句话是否意味着如果你在2016年购买了10年期美国国债，那么10年后当国债到期时财政部给你付的价格低于你为债券付的价格？简要说明。

资料来源：Min Zeng, “By One Measure, U.S. Rates Are Already Negative,” *Wall Street Journal*, April 8, 2016.

2.7 【开篇案例】2016年《经济学人》杂志的一篇文章指出：“如果美联储希望在实际利率较低的世界中提高名义利率，那么就必须加剧通货膨胀。”简要解释作者的推理。

资料来源：R. A., “Fed Officials Try to Understand Why They Cannot Keep Raising Rates,” *Economist*, June 20, 2016.

2.8 美联储主席珍妮特·耶伦在一次演讲中指出：“用菲利普斯曲线预测通货膨胀的方法在经济学中有悠久的历史，并在全球范围内为货币政策决策提供有用的信息。”经济学家如何用菲利普斯曲线预测通货膨胀？

资料来源：Janet L. Yellen，"Inflation Dynamics and Monetary Policy，" Philip Gamble Memorial Lecture，University of Massachusetts，Amherst，September 24，2015，p. 16

2.9　在以下每种情况下，简要解释失业率在横轴上的短期菲利普斯曲线是否会移动，如果确实发生移动，会向哪个方向移动：

a. 预期通货膨胀率下降。

b. 真实通货膨胀率上升。

c. 石油价格大幅下跌。

d. 周期性失业增加。

e. 有利的天气条件使农作物丰收。

2.10　【联系实际 18－1】一份美联储出版物评论说："为了使奥肯定律成为有用的经验法则，实际 GDP 增长与失业率之间的关系需要在一段时间内保持稳定。"

a. 根据奥肯定律，实际 GDP 与失业之间是什么关系？

b. 奥肯定律在一段时间内稳定吗？简要说明。

c. 作者的"经验法则"是什么意思？奥肯定律是很好的经验法则吗？

资料来源：Brent Meyer and Murat Tasci，"An Unstable Okun's Law，Not the Best Rule of Thumb，" Federal Reserve Bank of Cleveland *Economic Commentary*，June 12，2012.

2.11　《经济学人》的专栏作家断言："我认为美联储一直将通货膨胀目标定在极低的水平，而通货膨胀预期的下降意味着未来的利率将大大降低。"

a. 通货膨胀预期下降会导致名义利率降低、实际利率降低，还是两者兼而有之？简要说明。

b. 如果美联储想提高通货膨胀预期，它会采取什么行动？

资料来源：R. A.，"Fed Officials Try to Understand Why They Cannot Keep Raising Rates，" *Economist*，June 20，2016.

2.12　美联储主席珍妮特·耶伦在 2016 年的一次演讲中指出，衡量自然失业率存在一些不确定性："它无法准确估算，所以它可能会更高或更低——尽管鉴于近年来工资很低，但我认为后一种可能性比前一种可能性更大。"

a. 为什么缓慢的工资增长率会使自然失业率可能比以前估计的要低？

b. 较低的自然失业率会如何影响短期菲利普斯曲线？同时考虑失业率形式的菲利普斯曲线和产出缺口形式的菲利普斯曲线。

资料来源：Janet L. Yellen，"The Outlook，Uncertainty，and Monetary Policy，" Remarks at the Economic Club of New York，New York，New York，March 29，2016，p. 11，fn. 8.

18.3　*IS-MP* 模型的均衡

用 *IS-MP* 模型演示宏观经济均衡。

复习题

3.1　画图显示 *IS-MP* 模型的长期宏观经济均衡。你的图形之一应该显示产出缺口形式的菲利普斯曲线。在长期均衡中，产出缺口等于什么？实际通货膨胀率和预期通货膨胀率如何？

3.2　当美联储降低实际利率时，产出缺口和通货膨胀率会怎么样？

3.3　什么是违约风险溢价？为什么违约风险溢价在 2007—2009 年的衰退期间大幅上升？这一上升如何影响 *MP* 曲线和产出缺口？

问题和应用

3.4 用 *IS-MP* 模型（包括产出缺口菲利普斯曲线）分析美联储会如何应对大的正面需求冲击。假定在需求冲击发生前经济处于长期宏观经济均衡。用图形说明正面需求冲击的影响及美联储会如何应对。

3.5 【联系实际 18－2】约翰·梅纳德·凯恩斯提出一个模型，后来由约翰·希克斯详细阐述，在这个模型中，总产出只由总支出决定，几乎不考虑经济的供给（生产）。为什么凯恩斯和希克斯在大萧条时期撰文时会发展出一种专注于总支出的经济模型？

3.6 【联系实际 18－2】约翰·希克斯在最初的宏观经济模型——*IS-LM* 模型中提出 *LM* 曲线来显示导致货币市场均衡的实际利率和产出的组合。*LM* 曲线假设货币政策采取美联储选择货币供给目标的形式。为什么戴维·罗默在 2000 年会建议放弃传统的 *LM* 曲线并用 *MP* 曲线来代替？

3.7 经济学家在辩论美联储、国会和总统是否应该采取旨在“微调”经济的积极的稳定政策，即消除几乎所有的 GDP 或通货膨胀波动，或者采取专注于长期目标的政策，如低通货膨胀或稳定的经济增长，并限制使用积极的政策来应对经济的严重下滑。政策制定者必须依靠要修订的“实时数据”（在美联储做出决定时可用的数据）这一现实是削弱还是加强了用积极的稳定政策微调经济的论点？简要说明。

3.8 【联系实际 18－3】《经济学人》杂志发表的一篇有关美国住房市场的文章指出：“现状还意味着，如果再次发生崩溃，纳税人将面临巨额账单。”解释一下住房市场的哪个方面使得如果住房价格再次崩溃，就像从 2006 年开始一样，纳税人将为此付出巨额账单。一定要解释纳税人要为那笔大账单支付什么。

资料来源：“Comradely Capitalism,” *Economist*, August 20, 2016.

3.9 【联系实际 18－3】前财政部长蒂莫西·盖特纳在 2014 年出版的回忆录中指出：“最终，国会将不得不对抵押贷款市场做出艰难的抉择，不仅是如何减少政府的主导作用，而且要如何平衡安全性和可及性。”

a. 从什么意义上说政府在抵押贷款市场中起主导作用？

b. 需要采取什么步骤来减少政府在抵押贷款市场中的作用？截至 2016 年，联邦政府尚未采取任何措施减少其在抵押贷款市场中的作用。为什么摆脱当前体制在政治上困难重重？

c. 住房抵押贷款的安全性和可及性之间有何取舍？政府在抵押贷款市场中的作用如何影响这种权衡？

资料来源：Timothy F. Geithner, *Stress Test: Reflection on Financial Crises*, New York: Crown, 2014, p. 435.

3.10 【解决问题 18－2】假设美联储担心通货紧缩在长期内会损害经济。用 *IS-MP* 模型（包括菲利普斯曲线）分析美联储如何应对通货紧缩。

a. 用 *IS-MP* 图形显示通货紧缩率为 2％的长期宏观经济均衡。

b. 如果美联储希望经济回到通货膨胀率为 2％的长期均衡状态，应该如何改变联邦基金利率的目标？在 *IS-MP* 图形（包括菲利普斯曲线）上显示联邦基金利率目标变化的影响。产出缺口和通货膨胀率会怎样？

c. 用 *IS-MP* 图形（包括菲利普斯曲线）说明经济如何恢复到更高通货膨胀率的长期均衡。

3.11 【解决问题 18－2】美联储主席本·伯南克在 2012 年中期向国会作证时指出，如果不采取立法行动，明年初将开始实施的增税与（政府）削减开支的合并可能危及经济复苏。

a. 用 *IS-MP* 图形显示税收增加和政府支出减少对产出缺口的影响。简要说明你的图形显示的结果。

b. 在同一证词中，伯南克提到“公众对这些（税收和政府支出）事情会如何解决的不确定性可能会导致额外的负面影响”。不确定性增加会影响总支出的哪些组成部分？用 *IS-MP* 图形显示不确定性对产出缺口的影响。简要说明你的图形显示的结果。

资料来源：Board of Governors of the Federal Reserve System, “Statement by Ben S. Bernanke Chairman Board of Governors of the Federal Reserve System before the Committee on Banking, Housing, and Urban Affairs, U. S. Senate,” July 17, 2012.

18.4　利率是货币政策的全部吗？

讨论货币政策的其他渠道。

复习题

4.1　经济学家所说的“货币政策的渠道”是什么意思？

4.2　如果货币政策不引起利率变化，还会影响产出缺口和通货膨胀率吗？简要说明。

问题和应用

4.3　当美联储改变实际利率来影响产出缺口和通货膨胀率时，以下每个货币政策渠道是加强还是部分抵消了实际利率变化的影响：银行贷款渠道（通过商业银行起作用）、银行贷款渠道（通过影子银行起作用）和资产负债表渠道？简要说明。

4.4　在通过商业银行起作用的银行贷款渠道中，扩张性货币政策的有效性不依赖于降低利率，紧缩性货币政策的有效性不依赖于提高利率。扩张性货币政策如何在不降低利率来刺激支出的情况下有效？紧缩性货币政策如何在不提高利率来降低支出的情况下有效？

4.5　你预计银行贷款渠道（通过商业银行起作用）对巴西或印度等新兴经济体的影响是大于还是小于美国？简要说明。

4.6　在 2008 年和 2009 年的短暂时间内，美国财政部向投资者保证其持有的货币市场共同基金份额不会遭受损失。如果该计划当初成为永久性计划，那么会如何影响通过影子银行起作用的银行贷款渠道？

数据练习

D18.1　【联邦基金利率与长期利率的关系】登录圣路易斯联邦储备银行（FRED）的网站（fred.stlouisfed.org），并把 1984 年 1 月至最新可用月份的名义联邦基金利率（FEDFUNDS）和名义 10 年期固定期限美国国债（GS10）的数据下载到同一个图中。

a. 联邦基金利率与长期名义利率之间的关系是否像联邦基金利率与其他短期名义利率之间的关系一样牢固？简要说明。提示：考虑利率的期限结构。

b. 现在，将 30 年期固定利率抵押贷款（MORTG）的月利率添加到图形中。联邦基金利率与抵押贷款利率之间的关系比联邦基金利率与10年期美国国债利率之间的关系是更强还是更弱？简要说明。尤其要评论抵押贷款利率在2007—2009年衰退的第一阶段的行为。提示：考虑利率的风险结构。

D18.2 【分析违约风险溢价】登录圣路易斯联邦储备银行（FRED）网站（fred. stlouisfed. org），并下载从1953年1月到最近可用月份的AAA级公司债券（AAA）的利率和10年期固定期限美国国债的利率（GS10）。

a. 计算违约风险溢价，并在图形上绘制相应的数据序列。

b. 你可以在国家经济研究局（NBER）的网站（www. nber. org/cycles/cyclesmain. html）上找到美国经济衰退的日期。经济衰退期间的违约风险溢价会怎么样？保持其他所有条件不变，你预计 *MP* 曲线在经济衰退期间会发生什么变化？

c. 美联储可以采取哪些措施来抵消违约风险溢价变化对 *MP* 曲线的影响？

D18.3 【分析实际利率】登录圣路易斯联邦储备银行（FRED）的网站（fred. stlouisfed. org），并下载2003年1月到最新可用月份的10年期固定期限美国国债（GS10）的数据作为名义利率的衡量标准，10年期美国国债通货膨胀保护证券（FII10）作为实际利率的衡量标准。

a. 费雪关系告诉我们，预期通货膨胀率是名义利率减去实际利率。用这些数据计算未来十年的预期通货膨胀率。

b. 对2003年1月至最近可用月份，下载有关Aaa公司债券（AAA）的数据。费雪关系还告诉我们，实际利率等于名义利率减去预期通货膨胀率。用a部分的结果计算Aaa公司债券的实际利率。将相应的数据系列绘制在图形上。

c. 从2007年12月经济衰退开始到2008年8月，实际利率发生了什么变化？实际利率的变化表明是 *IS* 曲线的移动还是 *MP* 曲线的移动最可能导致衰退的开始？简要说明。

d. 2008年9月至2008年11月期间的实际利率如何？实际利率的这种变化表明是 *IS* 曲线还是 *MP* 曲线的移动是导致2008年秋季经济衰退恶化的原因？简要说明。

D18.4 【检验菲利普斯曲线】登录圣路易斯联邦储备银行（FRED）的网站（fred. stlouisf-ed. org），并下载1962年至今的年度失业数据（UNRATE）。（要将数据从月度频率转换为年度频率，单击“编辑图表和频率”。）然后，下载使用消费者价格指数（CPI）度量的年度通货膨胀率（CPIAUCSL）。（将数据从月度频率转换为每年频率后，通过单击“单位”并选择“一年来的百分比变化”可以找到通货膨胀率。）简要说明以下每个时期的年失业率和年通货膨胀率之间的关系是对应于沿短期菲利普斯曲线的移动还是菲利普斯曲线的移动。如果数据与已移动的菲利普斯曲线一致，简要说明移动是由负面冲击还是正面冲击引起的。

a. 1966—1969年。

b. 1973—1975年。

c. 1992—1994年。

d. 2000—2002年。

附录　*IS-LM* 模型

学习目标

18. A　用 *IS-LM* 模型演示宏观经济均衡。

我们在本章提出的 *IS-MP* 模型中假设美联储盯住联邦基金利率。我们用 *IS-MP* 模型来说明货币政策的影响，因为当前美联储和其他很多中央银行用一个短期银行贷款利率（如联邦基金利率）作为其货币政策目标。

不过，一些中央银行曾盯住货币供给而不是短期利率。我们在前面的联系实际 18－2 中提到的 ***IS-LM* 模型（*IS-LM* model）** 是由英国经济学家约翰·希克斯在 1937 年首先提出来的，该模型建立在约翰·梅纳德·凯恩斯提出的思想的基础上，类似于 *IS-MP* 模型。区别在于 *IS-LM* 模型假设美联储盯住货币供给而不是联邦基金利率。*IS-MP* 模型和 *IS-LM* 模型都用 *IS* 曲线来说明商品和服务市场上的实际利率与支出之间的负相关关系。*IS-LM* 模型与 *IS-MP* 模型的不同之处是它用 *LM* 曲线代替 *MP* 曲线。***LM* 曲线（*LM* curve）** 显示导致货币市场均衡的利率和产出缺口的组合。

推导 *LM* 曲线

要推导 *LM* 曲线，我们使用第 17 章的货币市场。在该章中，我们假设货币市场均衡决定短期名义利率。如 *IS* 曲线所示，由于商品市场均衡取决于实际利率，所以我们简化假设：预期通货膨胀率不变从而名义利率变化等同于实际利率变化。此外，我们假设短期利率变化会导致对消费和投资决策很重要的长期利率发生相应的变化。如果这些假设成立，那么均衡长期实际利率是在货币市场决定的。

要推导 *LM* 曲线，我们考虑当产出缺口（或实际 GDP 与潜在 GDP 的百分比差额）上升时，对实际余额的需求会发生什么变化。（注意，为了与 *IS-MP* 模型保持一致，我们用产出缺口而不是产出水平来度量产出。）在图 18A－1（a）中，经济始于点 *A* 的均衡。产出缺口从 $\widetilde{Y}_1$ 变化到 $\widetilde{Y}_2$ 导致对实际余额的需求从 M_1^D 移动到 M_2^D 。对实际余额的需求随产出的增加而上升，这是因为家庭和企业需要更大的货币余额来满足因更高的产出水平而导致的交易增加。随着对实际余额的需求增加，实际利率必须从 r_1 上升到 r_2 来维持点 *B* 的货币市场均衡。这一分析告诉我们，当保持实际余额的供给不变时，更高的产出水平对应于货币市场上更高的实际利率水平。图 18A－1（b）绘制图 18A－1（a）中的均衡点 *A* 和 *B* 的利率和产出缺口的组合。如果我们在图 18A－1（a）中继续改变产出水平，那么我们会在图 18A－1（b）中描绘出 *LM* 曲线显示的各种组合。换言之，*LM* 曲线表示导致货币市场均衡的所有实际利率和产出缺口的组合。

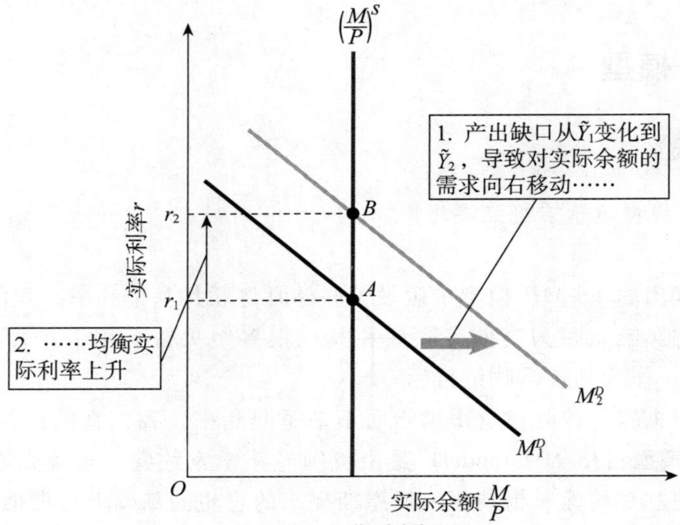

（a）货币市场

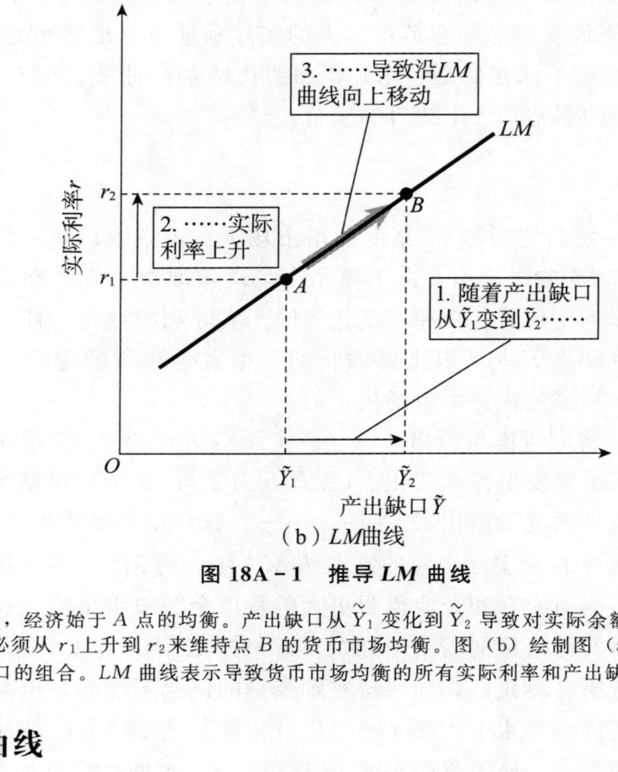

（b）LM曲线

图 18A－1　推导 LM 曲线

在图（a）中，经济始于 A 点的均衡。产出缺口从 $\tilde{Y}_1$ 变化到 $\tilde{Y}_2$ 导致对实际余额的需求从 M_1^D 移动到 M_2^D。实际利率必须从 r_1上升到 r_2来维持点 B 的货币市场均衡。图（b）绘制图（a）中的均衡点 A 和 B 的利率和产出缺口的组合。LM 曲线表示导致货币市场均衡的所有实际利率和产出缺口的组合。

移动 LM 曲线

如果除产出之外影响对实际余额的需求或供给的因素发生变化，那么 LM 曲线会移动。例如，图 18A－2 给出货币供给增加对 LM 曲线的影响。在图 18A－2（a）中，货币市场开始处于点 A 的均衡。然后美联储将实际余额的供给从 $(M/P)_1^S$ 增加到 $(M/P)_2^S$。实际利率从 r_1降到 r_2。货币市场均衡在点 B 得以恢复。在图 18A－2（b）中，我们可以看到实际余额增加的结果是 LM 曲线从 LM_1 向右移动到 LM_2。与点 A 相比——对应于图 18A－2（a）中的 A——在 B 点，产出缺口保持不变，实际利率更低。

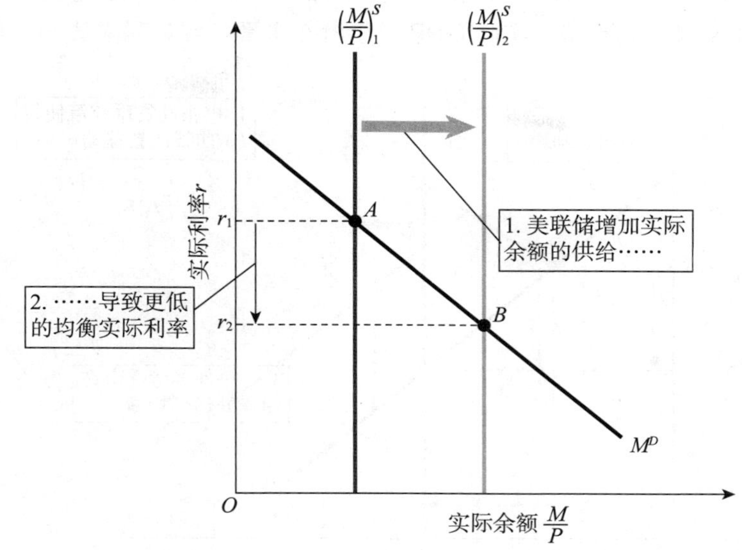

（a）货币市场

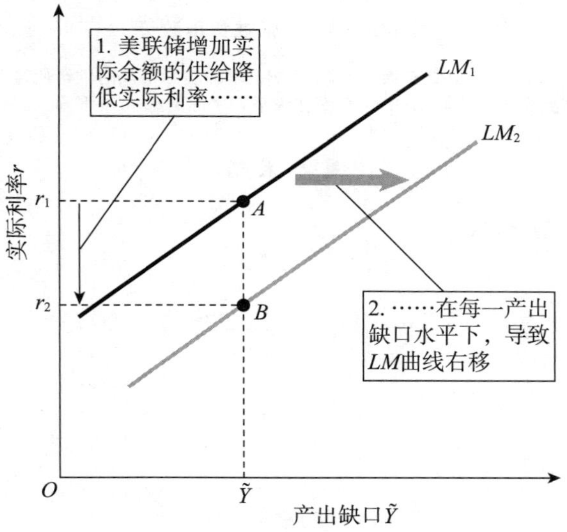

（b）LM曲线

图 18A－2　移动 LM 曲线

在图（a）中，货币市场开始处于点 A 的均衡。然后美联储将实际余额的供给从 $(M/P)_1^S$ 增加到 $(M/P)_2^S$。实际利率从 r_1 降到 r_2。在图（b）中，我们可以看到实际余额增加的结果是 LM 曲线从 LM_1 向右移动到 LM_2。

IS-LM 模型中的货币政策

在图 18A－3 中，我们将 IS 曲线和 LM 曲线结合起来。在两条曲线的交点处，我们同时有商品市场均衡和货币市场均衡。我们可以用这幅图形来说明美联储通过增加实际余额的供给而不是降低联邦基金利率目标来执行扩张性货币政策的影响。在点 A 的初始均衡，位于 $\widetilde{Y}_1$ 的实际 GDP 低于潜在实际 GDP。如我们在图 18A－2 中所看到的，增加实际

余额的供给使 LM 曲线向右移动。如果美联储增加实际货币余额使得 LM 曲线从 LM_1 移动到 LM_2，均衡会移动到点 B，实际 GDP 位于潜在水平，实际利率从 r_1 下降到 r_2。

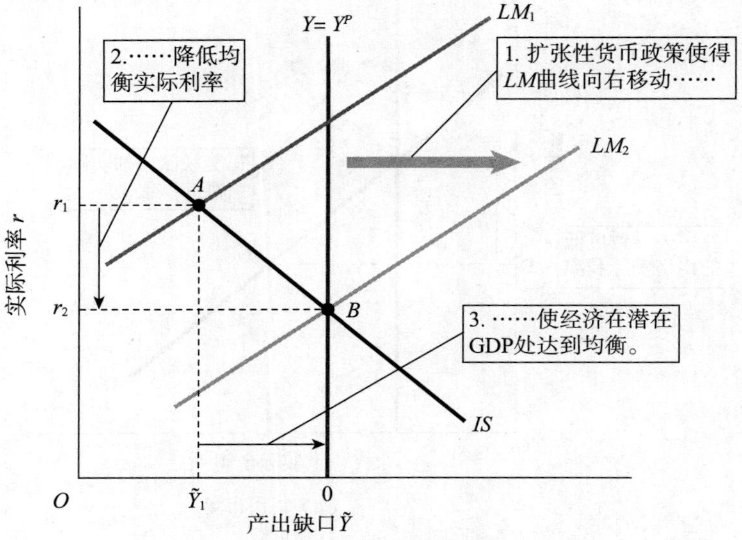

图 18A-3　扩张性货币政策

在点 A 的初始均衡，实际 GDP 低于潜在实际 GDP。增加实际余额的供给使得 LM 曲线从 LM_1 向右移动到 LM_2。均衡会移动到点 B，实际 GDP 位于潜在水平，实际利率从 r_1 下降到 r_2。

重要术语

IS-LM 模型　　　　*LM* 曲线

术语表

逆向选择（Adverse selection）：投资者在做投资之前在区分低风险借款人和高风险借款人时遇到的问题。

总需求（*AD*）曲线［Aggregate Demand（*AD*）curve］：显示价格水平与商品和服务的总支出之间关系的曲线。

总需求冲击（Aggregate demand shock）：导致 *IS* 曲线移动的总支出的组成部分之一的变化。

总供给（Aggregate supply）：企业在给定的价格水平下愿意供给的总产量或 GDP。

升值（Appreciation）：一种货币交换另一种货币的价值的上升。

资产（Asset）：个人或企业拥有的有价值的东西；特别是金融要求权。

不对称信息（Asymmetric information）：经济交易的一方比另一方拥有更好信息的情况。

国际收支账户（Balance-of-payments account）：衡量本国经济与所有外国的私人和政府资金流动的指标。

资产负债表（Balance sheet）：列示个人或企业的资产和负债来表明个人或企业在某一天的财务状况的报表。

银行资本（Bank capital）：银行的资产价值与负债价值之间的差额，也称股东权益。

银行杠杆（Bank leverage）：银行的资产价值与资本价值的比率，其倒数（资本比资产）叫作银行的杠杆比率。

银行恐慌（Bank panic）：很多银行同时遭遇挤兑的情形。

银行准备金（Bank reserve）：在美联储的银行存款加库存现金。

银行挤兑（Bank run）：对银行失去信心的存款人同时提取足够多的资金迫使银行关闭的过程。

物物交换（Barter）：个人将商品和服务直接交换为其他商品和服务的交换体系。

《巴塞尔协议》（Basel accord）：关于银行资本要求的国际协议。

理事会（Board of Governors）：联邦储备系统的治理委员会，包括由美国总统任命的七位成员。

债券（Bond）：企业或政府发行的代表偿还固定金额的承诺的金融证券。

债券评级（Bond rating）：概括评级机构对发行人偿付债券的潜在能力的看法的单一统计数字。

布雷顿森林体系（Bretton Woods system）：从 1945 年持续到 1971 年的一种汇率体系，在该体系下，各国保证按对美元固定的汇率买卖本币，美国保证在外国中央银行提出要求时将美元兑换为黄金。

泡沫（Bubble）：资产价格上涨到远大于资产内在价值的情形。

商业周期（Business cycle）：交替出现的经济扩张和经济衰退时期。

看涨期权（Call option）：给予买方在规定的时期内按规定的价格购买标的资产的权利的一类衍生品合约。

资本管制（Capital control）：政府对外国投资者购买本国资产和本国投资者购买外国资产的限制。

资本利得（Capital gain）：资产市场价格的上涨。

资本损失（Capital loss）：资产市场价格的下跌。

支票（Check）：银行或其他金融机构的即期付款承诺。

支票存款（Checkable deposit）：存款人可以签发支票的账户。

封闭经济（Closed economy）：家庭、企业和政府不从事国际借贷的经济。

抵押品（Collateral）：借款人抵押给贷款人的资产，若借款人对贷款违约，则贷款人可以没收该资产。

商业银行（Commercial bank）：通过接受存款并用存款发放贷款来充当金融中介的金融企业。

商品货币（Commodity money）：用作货币的商品，有独立于作为货币的价值。

复合（Compounding）：随着储蓄的积累赚取利息的利息的过程。

传染（Contagion）：对一家银行的挤兑扩展至其他银行导致银行恐慌的过程。

契约型储蓄机构（Contractual saving institution）：养老基金或保险公司等金融中介机构，通过合同从个人那里收到付款，并使用这些资金开展投资。

公司（Corporation）：一种企业的法律形式，保护所有者在企业倒闭时的损失不超过投入额。

交易对手风险（Counterparty risk）：交易对方（交易另一方的人或公司）会违约的风险。

息票债券（Coupon bond）：一种债务工具，要求定期（如半年或一年）多次支付利息，并在到期时支付面值。

信用违约互换（Credit default swap）：若基础证券价格下跌，则要求卖方向买方付款的衍生工具；实际上是一种保险。

信用配给（Credit rationing）：贷方限制信贷，使借款人无法以给定的利率获得所需的资金。

信用风险（Credit risk）：借款人可能对贷款违约的风险。

信用风险分析（Credit-risk analysis）：银行信贷员用来筛选贷款申请人的过程。

信用互换（Credit swap）：交换利率付款以降低违约风险的合同。

流通中的货币（Currency in circulation）：流通于美联储之外的纸币。

M1 中的通货（Currency in M1）：非银行公众持有的通货。

货币互换（Currency swap）：交易各方同意交换以不同货币计价的本金的合同。

通货-存款比率（C/D）（Currency-to-deposit ratio, C/D）：非银行公众持有的通货 C 与支票存款 D 之比。

债务紧缩过程（Debt-deflation process）：欧文·费雪首先指出的一个过程，在这个过程中，资产价格下跌及商品和服务价格下跌的周期可以增加经济衰退的严重性。

债务工具［Debt instrument，也叫信用市场工具（credit market instrument）或固定收益资产（fixed-income asset）］：债务融资的方法，包括简单贷款、贴现债券、息票债券和固定付款贷款。

违约风险（信用风险）［Default risk（credit risk）］：债券发行人不能履行利息或本金付款的风险。

通货紧缩（Deflation）：价格水平的持续下降。

贬值（Depreciation）：一种货币交换另一种货币的价值的下降。

减值（Devaluation）：一国货币相对于其他货币的官方价值的下调。

贴现债券（Discount bond）：一种债务工具，借款人在到期时一次性偿还贷款金额，但最初收到的金额低于债券面值。

贴现政策（Discount policy）：确定贴现率和贴现贷款条件的政策工具。

贴现率（Discount rate）：联邦储备对贴现贷款收取的利率。

贴现窗口（Discount window）：美联储向银行提供贴现贷款的手段，是满足银行流动性需求的渠道。

贴现（Discounting）：确定未来要收付的资金的现值的过程。

去中介化（Disintermediation）：储蓄者和借款人退出银行转向金融市场。

分散化（Diversification）：在很多不同资产上分配财富以降低风险。

股息（Dividend）：公司给股东的付款，通常以季度为基础。

股息收益率（Dividend yield）：预期的年股息除以当前的股票价格。

二元银行体系（Dual banking system）：美国的体系，银行由州政府或联邦政府特许。

久期分析（Duration analysis）：银行资本对市场利率变化的敏感度的分析。

经济增长（Economic growth）：经济中商品和服务的产出随时间推移而增加；一个货币政策目标。

规模经济（Economies of scale）：生产的商品或服务数量增加导致平均成本下降。

股权（Equity）：对企业部分所有权的要求权；公司发行的股票。

欧元（Euro）：19 个欧洲国家的共同货币。

欧洲中央银行（European Central Bank，ECB）：已经接受欧元的那些欧洲国家的中央银行。

欧洲货币联盟（European Monetary Union）：作为 1992 年欧洲单一市场倡议的一部分起草的计划，在该计划中，汇率被固定并最终采用共同货币。

超额准备金（Excess reserve）：银行持有的超过满足准备金要求的准备金。

汇率制度（Exchange rate regime）：调整汇率及商品和资本在各国间的流动的制度。

汇率风险（Exchange-rate risk）：投资者或企业会因汇率波动而遭受损失的风险。

预期理论（Expectations theory）：一种利率期限结构理论，该理论认为，长期债券的利率是投资者预期在长期债券的生命期内的短期债券利率的平均值。

预期收益率（Expected return rate）：预期资产未来一段时期的收益率。

联邦存款保险（Federal deposit insurance）：高达 250 000 美元的存款账户余额的政府担保。

联邦存款保险公司（Federal Deposit Insurance Corporation，FDIC）：国会于 1934 年建立的为商业银行的存款提供保险的联邦政府机构。

联邦基金利率（Federal funds rate）：银行对极短期贷款互相收取的利率；由联邦基金市场上准备金的需求和供给决定。

联邦公开市场委员会（Federal Open Market Committee，FOMC）：指导公开市场操作的 12 个成员组成的联邦储备委员会。

联邦储备银行（Federal Reserve Bank）：联邦储备系统的 12 家地区银行之一，除其他业务活动外，还提供贴现贷款。

联邦储备系统（Federal Reserve System）：美国的中央银行。

不兑现纸币（Fiat money）：除了用作货币外没有价值的货币，如纸币。

金融公司（Finance company）：通过出售商业票据和其他证券筹集资金并利用资金来向家庭和企业发放小额贷款的非银行金融中介。

金融套利（Financial arbitrage）：在短期内买卖证券以从价格变动中获利的过程。

金融资产（Financial asset）：有权要求其他人付款的资产。

金融危机（Financial crisis）：资金流动从贷款人到借款人的明显中断。

金融中介（Financial intermediary）：向储蓄者借入资金并将其贷放给借款人的金融企业，如银行。

金融负债（Financial liability）：个人或企业所欠的金融要求权。

金融市场（Financial market）：买卖股票、债券和其他证券的场所或渠道。

财政政策（Fiscal policy）：旨在实现宏观经济政策目标的联邦政府购买和税收的变化。

费雪效应（Fisher effect）：欧文·费雪提出的名义利率与预期通货膨胀率一一对应升降的论断。

固定汇率体系（Fixed exchange rate system）：汇率由政府决定和维持的制度。

固定付款贷款（Fixed-payment loan）：要求借款人定期向贷款人偿还本金和利息的债务工具。

浮动汇率体系（Flexible exchange rate system）：货币的对外交换价值由外汇市场决定的制度。

外汇（Foreign exchange）：外币单位。

外汇市场（Foreign-exchange market）：交易国际货币并确定汇率的场外交易市场。

外汇市场干预（Foreign exchange market intervention）：中央银行影响该国汇率的有意的行动。

远期合约（Forward contract）：将来以约定的价格买卖资产的协议。

终值（Future value）：现在所做的投资在未来某一天的价值。

期货合约（Futures contract）：在特定的未来日期买卖指定数量的商品或金融资产的标准化合同。

缺口分析（Gap analysis）：银行的可变利率资产的美元价值与其可变利率负债的美元价值之间

的差异或缺口的分析。

金本位（Gold standard）：一种固定汇率制度，在这种制度下，参与国的货币可以兑换成约定数量的黄金。

戈登增长模型（股利折现模型）[Gordon growth model（dividend-discount model）]：利用当期支付的股利、预期股利增长率和股权必要收益率来计算股票价格的模型。

对冲（Hedge）：采取行动降低风险，例如，购买当投资者的资产组合中的其他资产的价值下降时其价值上升的衍生品合约。

对冲基金（Hedge fund）：由富有的投资者以合伙制形式组成的金融企业，开展相对高风险的投机性投资。

恶性通货膨胀（Hyperinflation）：极高的通货膨胀率，超过每月50%。

异质性（非系统性）风险 [Idiosyncratic（unsystematic）risk]：与特定资产而不是整个市场有关的风险，如特定企业的股票价格因新商品的成功或失败而波动。

信息（Information）：关于借款人和金融资产收益预期的事实。

信息成本（Information cost）：储蓄者确定借款人信誉和监控借款人如何使用所获资金带来的成本。

首次公开募股（Initial public offering，IPO）：企业首次向公众出售股票。

资不抵债（Insolvent）：银行或其他企业净资产为负的情况，因为该公司资产的价值低于负债的价值。

保险公司（Insurance company）：专门签署合约来保护投保人免于与特定事件有关的财务损失的风险的金融中介。

利率（Interest rate）：借入资金的成本（或贷出资金的报酬），通常表示为借款额的百分比。

利率平价条件（Interest-rate parity condition）：不同国家的类似债券的利率差异反映了对汇率未来变化的预期。

利率风险（Interest-rate risk）：金融资产价格随市场利率变化而上涨或下跌的风险。

利率互换（Interest-rate swap）：各方同意在规定的时段交换被称为名义本金的固定的美元额上的利息付款的合约。

国际货币基金组织（International Monetary Fund，IMF）：由布雷顿森林协定于1944年建立的负责管理固定汇率体系并充当遭遇国际收支问题国家的最后贷款人的跨国组织。

国际储备（外汇储备）[International reserve（foreign reserve）]：外币计价并用于国际交易的中央银行资产。

投资银行业务（Investment banking）：承销新证券发行并为兼并和收购提供建议的金融业务。

投资机构（Investment institution）：筹集资金投资于贷款和证券的金融企业，如共同基金或对冲基金。

***IS* 曲线（*IS* curve）**：*IS-MP* 模型中的一条曲线，显示代表商品市场均衡的实际利率和总产出的组合。

***IS-MP* 模型（*IS-MP* model）**：表示商品市场均衡的 *IS* 曲线、表示货币政策的 *MP* 曲线和表示产出缺口（真实和潜在实际 GDP 的百分比差异）与通货膨胀率的短期关系的菲利普斯曲线组成的宏观经济模型。

一价定律（Law of one price）：同一商品在任何地方都应以相同的价格出售的基本经济思想。

法定货币（Legal tender）：政府规定用货币纳税，并规定个人和企业在债务的付款中必须接受货币。

最后贷款人（Lender of last resort）：中央银行充当银行体系的最终信贷来源，并以银行的优质但非流动的贷款为抵押向有偿付能力的银行发放贷款。

杠杆（Leverage）：对投资者在投资时承担了多少债务的度量。

负债（Liability）：个人或企业所欠的某些东西，对个人或企业的要求权。

有限责任（Limited liability）：保护公司的所有者的亏损不会超过投入企业的资金的法律条款。

流动性（Liquidity）：资产转换为货币的难易程度。

流动性溢价理论（期限优先理论）[Liquidity premium theory（preferred habitat theory）]：一种利率期限结构理论，该理论认为，长期债券的利率是投资者预期在长期债券的生命期内的短期债券的利率的平均值加上随债券期限延长而增加的期限溢价。

流动性风险（Liquidity risk）：银行可能无法以合理的成本出售资产或筹集资金来满足现金需要的可能性。

贷款承诺（Loan commitment）：银行在某一指定的时段向借款人提供一定数量的资金的协议。

贷款销售（Loan sale）：银行同意向第三方出售来自标的银行贷款的预期未来收益的金融合约。

多头（Long position）：在期货合约中，买方在规定的未来日期收到或买入标的资产的权利和义务。

长期总供给曲线［Long-run aggregate supply（LRAS）curve］：显示价格水平与企业供给的总产量或实际 GDP 的长期关系的曲线。

M2：广义的货币供给定义；包括在 M1 中的所有资产，以及价值小于 100 000 美元的定期存款、储蓄账户、货币市场存款账户和非机构货币市场共同基金份额。

管理浮动体制（Managed float regime）：中央银行时而干预以影响外汇价值的汇率制度；也叫作肮脏浮动体制。

保证金要求（Margin requirement）：在期货市场上，交易所要求金融资产的买方和卖方的最低存款；降低违约风险。

市场（系统性）风险［Market（systematic）risk］：某一特定类型的所有资产共有的风险，如商业周期导致的股票价格上涨和下跌。

做市商（Market maker）：持有证券存货并充当证券买卖双方的中介的企业。

盯市（Marking to market）：在期货市场上，交易所根据合约价格变化将资金从买方账户转到卖方账户或从卖方账户转到买方账户的每日结算。

交易媒介（Medium of exchange）：在商品和服务的付款中被普遍接受的东西；货币的一种功能。

基础货币（高能货币）［Monetary base（high-powered money）］：银行准备金与流通中的现金之和。

货币中性（Monetary neutrality）：货币供给变动在长期内对产出没有影响的命题，因为货币供给的增加（减少）在长期内会提高（降低）价格水平，但不改变均衡产出水平。

货币政策（Monetary policy）：美联储为管理货币供给和利率来实现宏观经济政策目标而采取的行动。

货币（Money）：在商品和服务的付款或债务的偿还中被普遍接受的任何东西。

货币市场共同基金（Money market mutual fund）：专门投资于短期国债、可转让存单和商业票据等短期资产的共同基金。

货币供给（Money supply）：经济中的货币总量。

道德风险（Moral hazard）：人们在达成交易后会采取使另一方的处境更糟的行动的风险。

***MP* 曲线（*MP* curve）**：*IS-MP* 模型中表示美联储的货币政策的曲线。

多倍存款创造（Multiple deposit creation）：货币供给过程的一部分，银行准备金的增加导致多轮的银行贷款和支票存款的创造，货币供给增加是最初的准备金增加的倍数。

乘数（Multiplier）：均衡 GDP 变动除以自主支出变动。

乘数效应（Multiplier effect）：自主支出变化导致更大均衡 GDP 变化的过程。

市政债券（Municipal bond）：州和地方政府发行的债券。

共同基金（Mutual fund）：通过向个人储蓄者出售份额筹集资金并将资金投资于股票、债券、抵押贷款和货币市场证券的资产组合的金融中介。

国家银行（National bank）：联邦特许银行。

净利息收益率（Net interest margin）：银行在贷款和证券上收到的利息与其对存款和债务支付的利息的差额除以总盈利性资产的价值。

净值（Net worth）：企业资产的价值与其负债的价值的差额。

名义汇率（Nominal exchange rate）：用另一种货币表示的一种货币的价格，也叫汇率（exchange rate）。

名义利率（Nominal interest rate）：没有对由物价水平变化引起的购买力变化做出调整的利率。

表外业务（Off-balance-sheet activity）：不影响银行资产负债表的业务，因为既不增加银行资产，也不增加银行负债。

开放经济（Open economy）：家庭、企业和政府可以开展国际借贷的经济。

公开市场操作（Open market operation）：美联储在金融市场上买卖证券，通常是美国国债。

期权（Option）：买方有权按规定的价格在规

定的时段内买入或卖出标的资产的一类衍生品合约。

期权费（Option premium）：期权的价格。

产出缺口（Output gap）：实际 GDP 与潜在 GDP 的百分比差异。

场外市场（Over-the-counter market）：通过计算机连接的证券交易商买卖金融证券的市场。

支付体系（Payments system）：经济中执行交易的机制。

挂钩（Pegging）：一国保持其货币与另一国货币的汇率固定的决定。

养老基金（Pension fund）：将工人和企业的缴款投资于股票、债券和抵押贷款从而在工人退休期间提供养老金付款的金融中介。

菲利普斯曲线（Phillips curve）：显示产出缺口（或失业率）与通货膨胀率之间短期关系的曲线。

政策三难困境（Policy trilemma）：一个国家不可能同时拥有汇率稳定、货币政策独立和自由资本流动的假说。

政治经济周期（Political business cycle）：政策制定者会在选举前敦促美联储降低利率刺激经济的理论。

投资组合（Portfolio）：一组资产，如股票和债券。

潜在 GDP（Potential GDP）：当所有企业都以正常能力生产时可获得的实际 GDP 水平。

现值（Present value）：未来要收付的资金用现在的美元衡量的价值。

一级信贷（Primary credit）：遭遇暂时的流动性问题的健康银行可申请的贴现贷款。

一级市场（Primary market）：股票、债券和其他证券首次被出售的金融市场。

最优惠利率（Prime rate）：以前，银行对六个月的贷款向高质量借款人收取利息的利率；现在，银行主要向小额借款人收取利息的利率。

委托-代理问题（Principal-agent problem）：经理（代理人）追求自身利益而不是股东（委托人）利益的道德风险问题。

委托-代理观（Principal-agent view）：一种认为官员最大化他们自己而不是一般公众的福利的中央银行决策理论。

私募股权公司（公司重组公司）[Private equity firm（corporate restructuring firm）]：筹集股权资本来获取其他企业的股份以降低搭便车和道德风险问题的企业。

公共利益观（Public interest view）：一种认为官员代表公众最大利益行动的中央银行决策理论。

上市公司（Publicly traded company）：在美国股票市场出售股票的公司，美国 500 万家公司中只有 5 100 家是上市公司。

看跌期权（Put option）：给予买方按规定的价格在规定的时段内卖出标的资产的权利的一类衍生品合约。

量化宽松（Quantitative easing）：试图通过购买长期证券刺激经济的一种中央银行政策。

货币数量论（Quantity theory of money）：在假定货币的流通速度主要由制度因素决定从而短期内基本不变下得到的关于货币与价格之间关系的理论。

配额（Quota）：政府对可进口的商品数量施加的限制。

随机游走（Random walk）：证券价格的不可预测的变动。

收益率（Rate of return）：证券收益占初始价格的百分比；对一年持有期的债券而言，是息票付款加债券价格变化除以初始价格。

理性预期（Rational expectation）：人们使用所有可用信息来预测变量未来值的假设；正式地，期望值等于使用所有可用信息的最佳预测的假设。

实际汇率（Real exchange rate）：一国的商品和服务交换另一国的商品和服务的比率。

实际利率（Real interest rate）：根据价格水平变化引起的购买力变化予以调整后的利率。

实际货币余额（Real money balance）：家庭和企业持有的对价格水平变化调整后的货币价值；M/P。

关系银行业务（Relationship banking）：银行根据借款人的私人信息评估信用风险的能力。

法定准备金率（Required reserve ratio）：美联储规定银行必须以准备金形式持有的支票存款的百分比。

法定准备金（Required reserve）：美联储要求银行对活期存款和 NOW 账户余额持有的准备金。

股权必要收益率（Required return on equity）：补偿投资股票的风险所必需的预期收益率。

准备金要求（Reserve requirement）：要求银行持有支票存款的一定比例作为库存现金或在美联储的存款的监管规则。

准备金（Reserve）：包括库存现金和在美联储的银行存款在内的银行资产。

限制性条款（Restrictive covenant）：债券合约中对借款人收到的资金的用途加以限制的条款。

收益（Return）：证券的总收益；对一年持有期的债券而言，是息票支付加债券价格的变化。

资产收益率（Return on asset，ROA）：银行税后利润的价值与其资产的价值的比率。

股权收益率（Return on equity，ROE）：银行税后利润的价值与其资本的价值的比率。

增值（Revaluation）：提高一国货币相对于另一国货币的官方价值。

风险（Risk）：资产收益的不确定性程度。

风险分担（Risk sharing）：金融体系提供的一种让储蓄者可以分散和转移风险的服务。

利率的风险结构（Risk structure of interest rate）：期限相同但属性不同的债券的利率间的关系。

季节性信贷（Seasonal credit）：给农业或旅游业非常重要的地区的小银行的贴现贷款。

二级信贷（Secondary credit）：给不符合一级信贷条件的银行的贴现贷款。

二级市场（Secondary market）：投资者买卖现有证券的市场。

证券化（Securitization）：将不可交易的贷款和其他金融资产转换为证券的过程。

证券（Security）：可在金融市场买卖的金融资产。

市场分割理论（Segmented market theory）：一种利率期限结构理论，该理论认为一种特定期限的债券的利率只由对该期限的债券的需求和供给决定。

结算日（Settlement date）：远期合约中规定的商品或金融资产的交割日期。

空头（Short position）：在期货合约中，卖方在规定的未来日期出售或交割标的资产的权利和义务。

短期总供给曲线［Short-run aggregate supply (*SRAS*) curve］：显示价格水平与企业供给的总产量或实际 GDP 的短期关系的曲线。

简单存款乘数（Simple deposit multiplier）：银行创造的存款数量与新增准备金数量的比率。

简单贷款（Simple loan）：借款人从贷款人那里收到一笔叫作本金的金额，并同意在贷款到期日偿还贷款人本金加利息的一种债务工具。

专业化（Specialization）：个人生产自己拥有相对最佳能力的商品或服务的体系。

投机（Speculate）：因试图从资产价格波动中获利而下金融赌注，如买入期货或期权合约。

现货价格（Spot price）：商品或金融资产当前的售价。

稳定政策（Stabilization policy）：旨在降低商业周期的严重性和稳定经济的货币政策或财政政策。

延期支付标准（Standard of deferred payment）：货币便利跨时交换的属性；货币的一种功能。

备用信用证（Standby letter of credit）：银行在商业票据到期时向商业票据的卖方贷出资金（如有必要）的承诺。

冲销性外汇干预（Sterilized foreign exchange intervention）：中央银行抵消干预对基础货币的影响的外汇市场干预。

股票（Stock）：代表公司的部分所有权的金融证券，也称权益（equity）。

股票交易所（Stock exchange）：股票在交易场地面对面买卖的有形场所。

股票市场指数（Stock market index）：投资者用于度量股票市场整体表现的股票价格平均数。

价值储藏（Store of value）：持有可被用于在未来购买商品和服务的美元或其他资产而进行的财富积累；货币的一种功能。

协议价格（执行价格）［Strike price（exercise price）］：期权买方有权买入或卖出标的资产的价格。

供给冲击（Supply shock）：导致短期总供给曲线移动的生产成本或技术的意外变化。

互换（Swap）：两方或多方在某一未来时期交换几组现金流的协议。

辛迪加（Syndicate）：联合承销证券发行的一组投资银行。

系统风险（Systemic risk）：对整个金融体系而不是个别企业或投资者的风险。

T 账户（T-account）：用于显示资产负债表项

目变化的会计工具。

关税（Tariff）：政府对进口征收的税。

泰勒规则（Taylor rule）：经济学家约翰·泰勒提出的一种确定联邦基金利率目标的货币政策指导方针。

期限溢价（Term premium）：为了让投资者愿意购买长期债券而不是类似的短期债券序列，投资者要求的额外利息。

利率的期限结构（Term structure of interest rate）：其他方面类似但有不同期限的债券的利率间的关系。

购买力平价理论（Theory of purchasing power parity，PPP）：汇率变动使不同货币的购买力相等的理论。

货币的时间价值（Time value of money）：付款的价值因收到付款的时间不同而不同。

大而不能倒（Too big to fail）：由于担心伤害金融体系，联邦政府不允许大型金融企业倒闭。

交易成本（Transactions cost）：贸易或金融交易的成本；例如，买卖金融资产收取的经纪佣金。

不良资产救助计划（Troubled Asset Relief Program，TARP）：国会在2008年通过的一项政府计划，根据该计划，美国财政部购买数百家银行的股票来增加银行的资本。

承销（Underwriting）：投资银行向发行企业保证新证券的价格，然后以一定的利润转售证券的业务。

记账单位（Unit of account）：用货币度量经济中的价值的方法；货币的一种功能。

非冲销性外汇市场干预（Unsterilized foreign exchange intervention）：中央银行不抵消干预对基础货币的影响的外汇市场干预。

库存现金（Vault cash）：银行手头的现金，包括ATM中的现金和在其他银行的存款。

风险投资公司（Venture capital firm）：向投资者筹集股权资本来投资于初创企业的企业。

《华尔街改革和消费者保护法》（《多德-弗兰克法案》）［Wall Street Reform and Consumer Protection Act（Dodd-Frank Act）］：2010年通过的旨在改革金融体系监管的立法。

财富（Wealth）：一个人的资产的价值之和减去此人的负债的价值。

到期收益率（Yield to maturity）：使资产的付款的现值等于该资产现在的价格的利率。

重要符号和缩写

$*$：变量的均衡值

Δ：变量的变动

ΔD：存款的变动

ΔR：准备金的变动

π：当期通货膨胀率

π^e：预期通货膨胀率

a：当期失业率与自然失业率的缺口对通货膨胀率影响大小的常数

AD：总需求

AD-AS 模型：总需求和总供给模型

AE：总支出

AS：总供给

B：基础货币

B_{non}：非借入基础货币

BR：借入准备金

C：消费支出

C：（债券的）息票

C：通货

C/D：通货-存款比率

D：支票存款

e：实际汇率

E：名义汇率

ER：超额准备金

ER/D：超额准备金-存款比率

FP：固定付款

FV：终值

g：戈登增长模型中的恒定股息增长率

G：地方、州和联邦政府购买

i：名义利率

i_{1t}：1 年期债券在时间 t 的利率

i_{nt}：n 年期债券在时间 t 的利率

i_D：贴现率，美联储给银行的贴现贷款所收取的利率

i_{ff}：联邦基金利率
i_{IOER}：美联储给银行的准备金存款支付的利率
I：（实物资本的）投资支出
IS 曲线：商品市场的均衡
$LRAS$：长期总供给
m：货币乘数
M：货币数量
M1：通货加支票存款，狭义的货币供给定义
M2：广义的货币供给定义
MP 曲线：货币政策
M/P：实际货币余额
MPC：边际消费倾向
n：年数
NX：净出口
ON RRP：隔夜逆回购协议
P：价格水平
P^e：预期价格水平
PPP：购买力平价理论
r：实际利率
R：收益率
R：总准备金等于法定准备金（RR）加超额准备金（ER）
r_E：股权必要收益率
ROA：资产收益率
ROE：股权收益率
rr_D：法定准备金率
RR：法定准备金
s：供给冲击影响的一个变量
$SRAS$：短期总供给
U：当期失业率
U^*：自然失业率
V：货币流通速度
Y：实际总产出或实际 GDP
Y^P：潜在 GDP，有时被称为充分就业 GDP（full-employment GDP）

方程式

总支出：$AE = C + I + G + NX$

资产 = 负债 + 股东权益

债券价格：$P = \frac{C}{(1+i)} + \frac{C}{(1+i)^2} + \frac{C}{(1+i)^3} + \cdots + \frac{C}{(1+i)^n} + \frac{FV}{(1+i)^n}$

复利：$PV \times (1+i)^n = FV_n$

消费函数：$C = MPC \times Y$

M1 中的通货＝发行的通货－库存现金

贴现：$PV = \frac{FV_n}{(1+i)^n}$

交换方程式：$M \times V = P \times Y$

预期资本利得率：$R = \frac{D_{t+1}^e}{P_t} + \frac{P_{t+1}^e - P_t}{P_t}$

预期通货膨胀率：$r = i - \pi^e$

戈登增长模型：$P_t = D_t \times \frac{(1+g)}{(r_E - g)}$

利率平价条件：本国债券的利率＝外国债券的利率－预期本币升值

贷款价值 $= \frac{FP}{(1+i)} + \frac{FP}{(1+i)^2} + \cdots + \frac{FP}{(1+i)^n}$

基础货币＝M1 中的通货＋全部银行准备金

货币乘数：$M = m \times B$，其中 $m = \frac{(C/D)+1}{(C/D) + rr_D + (ER/D)}$

货币供给 = 货币乘数 × 基础货币

乘数 $= \frac{\Delta Y}{\Delta I}$

政府购买乘数：$\frac{\Delta Y}{\Delta I} = \frac{1}{(1 - MPC)}$

奥肯定律：$\widetilde{Y} = -2 \times (U - U^*)$

菲利普斯曲线：$\pi = \pi^e - a(U - U^*) - s$

数量方程：$M \times V = P \times Y$

息票债券的收益率：$R = \frac{\text{息票} + \text{资本利得}}{\text{购买价格}}$

一年期股票投资的收益率：$P_t = \frac{D_{t+1}^e}{(1+r_E)} + \frac{P_{t+1}^e}{(1+r_E)}$

实际汇率：$e = E \times \left(\frac{P^{本国}}{P^{外国}}\right)$

总产出与价格水平的关系，新古典理论：$Y = Y^{P} + a(P - P^{e})$

货币供给与基础货币的关系：$M = \left(\frac{C/D + 1}{C/D + rr_{D} + ER/D}\right) \times (B_{non} + BR)$

准备金＝法定准备金＋超额准备金

资产收益率(*ROA*)：$\frac{税后利润}{银行资产}$

股权收益率(*ROE*)：$\frac{税后利润}{银行资本}$

简单存款乘数 $= \frac{1}{rr_{D}}$

泰勒规则：联邦基金利率 ＝ 当期通货膨胀率 ＋ 均衡实际联邦基金利率 ＋（1/2 × 通货膨胀缺口）
＋（1/2 × 产出缺口）

货币的流通速度(*V*)：$\frac{PY}{M}$

译后记

货币、银行和金融市场既是一个重要的学科领域，也伴随着日新月异的现实发展，因此，货币金融学有很强的理论性和现实性，是金融学和经济学专业的核心基础课程。

美国著名学者 R. 格伦·哈伯德和安东尼·帕特里克·奥布赖恩合著的《货币金融学》（第三版）继承前两版的优点，体系清晰，结构合理，全书内容简洁生动，理论阐释深入浅出，且教材内容、案例专栏和课后习题等都紧扣货币、银行和金融体系的时代发展脉搏，成功实现经典与前沿、理论与实践的有机结合。除了内容简洁生动、深入浅出之外，本书的特色还体现在以下几个方面：第一，每一章都有明确的学习目标并有对应的节。第二，每一章开篇都有一个"开篇案例"阅读材料，旨在通过生动的现实生活提出相应的理论问题，并通过本章的学习达到最后能回答所提出的重要问题的目的。第三，每一章均有"联系实际"和"解决问题"两个专栏。"联系实际"专栏选取现实材料，结合本章所学理论，帮助学生形成理论联系实际的能力。"解决问题"专栏利用本章的重要基础理论循序渐进地引导学生掌握如何分析和解决理论和实际问题。

此外，作者精心编写并更新每章末的复习题以及问题和应用，以此加强学生必要的训练，不仅考查学生对本章基础内容的理解和掌握，而且通过从《华尔街日报》和《经济学人》等重要财经媒体选摘有代表性和现实性的阅读材料来训练学生对现实问题的分析能力。另外，每章末还结合本章内容配有相应的数据练习来训练学生非常重要的数据分析能力。

本书的两位作者不仅学术造诣深厚，在很多顶尖的经济学期刊上发表过大量很有影响力的学术论文，而且曾参与宏观经济政策制定，拥有丰富的实践经验，对宏观经济政策有深入的理解。尤为难得的是，两位作者的教学水平也极为出色，曾出版过多本广受欢迎的教材，《货币金融学》（第三版）就是一本不可多得的优秀本科教材，同时，本书也可以作为金融爱好者和从业者的重要参考书。

中国人民大学出版社多年来致力于引进出版大量国外优秀教材，尤其是经济金融类教材，对我国的经济学和金融学教育的快速进步做出巨大贡献。在此要感谢中国人民大学出版社的信任，尤其是要感谢崔惠玲女士一直以来的信任、理解和支持。

由于时间紧张、水平有限，翻译难免会有不恰当、不理想之处，甚至有错误之处，还望读者包涵谅解并不吝赐教。

孙国伟

经济科学译丛

序号	书名	作者	Author	单价	出版年份	ISBN
1	国际贸易(第十一版)	保罗·R.克鲁格曼等	Paul R. Krugman	52.00	2021	978-7-300-29058-4
2	国际金融(第十一版)	保罗·R.克鲁格曼等	Paul R. Krugman	52.00	2021	978-7-300-29057-7
3	国际经济学:理论与政策(第十一版)	保罗·R. 克鲁格曼等	Paul R. Krugman	98.00	2021	978-7-300-28805-5
4	财政学(第五版)	乔纳森·格鲁伯	Jonathan Gruber	118.00	2021	978-7-300-28892-5
5	面板数据分析(第三版)	萧政	Cheng Hsiao	69.00	2021	978-7-300-28646-4
6	宏观经济学(第十三版)	鲁迪格·多恩布什等	Rudiger Dornbusch	89.00	2021	978-7-300-28853-6
7	曼昆版《宏观经济学》(第十版)课后题解答与题库	N. 格里高利·曼昆等	N. Gregory Mankiw	62.00	2021	978-7-300-28855-0
8	共谋理论和竞争政策	小约瑟夫·E. 哈林顿	Joseph E. Harrington, Jr.	39.00	2021	978-7-300-28804-8
9	离散时间的经济动力学	苗建军	Jianjun Miao	108.00	2020	978-7-300-28814-7
10	微观经济学(第四版)	戴维·A. 贝赞可	David A. Besanko	125.00	2020	978-7-300-28647-1
11	经济建模:目的与局限	劳伦斯·A. 博兰德	Lawrence A. Boland	49.00	2020	978-7-300-28532-0
12	计量经济分析(第八版)(上下册)	威廉·H. 格林	William H. Greene	158.00	2020	978-7-300-27645-8
13	微观经济学(第四版)	保罗·克鲁格曼等	Paul Krugman	86.00	2020	978-7-300-28321-0
14	发展宏观经济学(第四版)	皮埃尔·理查德·阿根诺等	Pierre-Richard Agenor	79.00	2020	978-7-300-27425-6
15	平狄克《微观经济学》(第九版)学习指导	乔纳森·汉密尔顿等	Jonathan Hamilton	42.00	2020	978-7-300-28281-7
16	经济地理学:区域和国家一体化	皮埃尔-菲利普·库姆斯等	Pierre-Philippe Combes	56.00	2020	978-7-300-28276-3
17	公共部门经济学(第四版)	约瑟夫·E. 斯蒂格利茨等	Joseph E. Stiglitz	96.00	2020	978-7-300-28218-3
18	递归宏观经济理论(第三版)	拉尔斯·扬奎斯特等	Lars Ljungqvist	128.00	2020	978-7-300-28058-5
19	策略博弈(第四版)	阿维纳什·迪克西特等	Avinash Dixit	85.00	2020	978-7-300-28005-9
20	劳动关系(第10版)	小威廉·H. 霍利等	William H. Holley, Jr.	83.00	2020	978-7-300-25582-8
21	微观经济学(第九版)	罗伯特·S. 平狄克等	Robert S. Pindyck	93.00	2020	978-7-300-26640-4
22	宏观经济学(第十版)	N. 格里高利·曼昆	N. Gregory Mankiw	79.00	2020	978-7-300-27631-1
23	宏观经济学(第九版)	安德鲁·B.亚伯等	Andrew B. Abel	95.00	2020	978-7-300-27382-2
24	商务经济学(第二版)	克里斯·马尔赫恩等	Chris Mulhearn	56.00	2019	978-7-300-24491-4
25	管理经济学:基于战略的视角(第二版)	蒂莫西·费希尔等	Timothy Fisher	58.00	2019	978-7-300-23886-9
26	投入产出分析:基础与扩展(第二版)	罗纳德·E. 米勒等	Ronald E. Miller	98.00	2019	978-7-300-26845-3
27	宏观经济学:政策与实践(第二版)	弗雷德里克·S. 米什金	Frederic S. Mishkin	89.00	2019	978-7-300-26809-5
28	国际商务:亚洲视角	查尔斯·W.L. 希尔等	Charles W. L. Hill	108.00	2019	978-7-300-26791-3
29	统计学:在经济和管理中的应用(第10版)	杰拉德·凯勒	Gerald Keller	158.00	2019	978-7-300-26771-5
30	经济学精要(第五版)	R. 格伦·哈伯德等	R. Glenn Hubbard	99.00	2019	978-7-300-26561-2
31	环境经济学(第七版)	埃班·古德斯坦等	Eban Goodstein	78.00	2019	978-7-300-23867-8
32	管理者微观经济学	戴维·M.克雷普斯	David M. Kreps	88.00	2019	978-7-300-22914-0
33	税收与企业经营战略:筹划方法(第五版)	迈伦·S. 斯科尔斯等	Myron S. Scholes	78.00	2018	978-7-300-25999-4
34	美国经济史(第12版)	加里·M. 沃尔顿等	Gary M. Walton	98.00	2018	978-7-300-26473-8
35	组织经济学:经济学分析方法在组织管理上的应用(第五版)	塞特斯·杜玛等	Sytse Douma	62.00	2018	978-7-300-25545-3
36	经济理论的回顾(第五版)	马克·布劳格	Mark Blaug	88.00	2018	978-7-300-26252-9
37	实地实验:设计、分析与解释	艾伦·伯格等	Alan S. Gerber	69.80	2018	978-7-300-26319-9
38	金融学(第二版)	兹维·博迪等	Zvi Bodie	75.00	2018	978-7-300-26134-8
39	空间数据分析:模型、方法与技术	曼弗雷德·M. 费希尔等	Manfred M. Fischer	36.00	2018	978-7-300-25304-6
40	《宏观经济学》(第十二版)学习指导书	鲁迪格·多恩布什等	Rudiger Dornbusch	38.00	2018	978-7-300-26063-1
41	宏观经济学(第四版)	保罗·克鲁格曼等	Paul Krugman	68.00	2018	978-7-300-26068-6
42	计量经济学导论:现代观点(第六版)	杰弗里·M. 伍德里奇	Jeffrey M. Wooldridge	109.00	2018	978-7-300-25914-7
43	经济思想史:伦敦经济学院讲演录	莱昂内尔·罗宾斯	Lionel Robbins	59.80	2018	978-7-300-25258-2
44	空间计量经济学入门——在R中的应用	朱塞佩·阿尔比亚	Giuseppe Arbia	45.00	2018	978-7-300-25458-6
45	克鲁格曼经济学原理(第四版)	保罗·克鲁格曼等	Paul Krugman	88.00	2018	978-7-300-25639-9
46	发展经济学(第七版)	德怀特·H.波金斯等	Dwight H. Perkins	98.00	2018	978-7-300-25506-4
47	线性与非线性规划(第四版)	戴维·G.卢恩伯格等	David G. Luenberger	79.80	2018	978-7-300-25391-6
48	产业组织理论	让·梯若尔	Jean Tirole	110.00	2018	978-7-300-25170-7
49	经济学精要(第六版)	巴德、帕金	Bade, Parkin	89.00	2018	978-7-300-24749-6
50	空间计量经济学——空间数据的分位数回归	丹尼尔·P. 麦克米伦	Daniel P. McMillen	30.00	2018	978-7-300-23949-1
51	高级宏观经济学基础(第二版)	本·J. 海德拉	Ben J. Heijdra	88.00	2018	978-7-300-25147-9

经济科学译丛

序号	书名	作者	Author	单价	出版年份	ISBN
52	税收经济学(第二版)	伯纳德·萨拉尼耶	Bernard Salanié	42.00	2018	978-7-300-23866-1
53	国际贸易(第三版)	罗伯特·C. 芬斯特拉	Robert C. Feenstra	73.00	2017	978-7-300-25327-5
54	国际宏观经济学(第三版)	罗伯特·C. 芬斯特拉	Robert C. Feenstra	79.00	2017	978-7-300-25326-8
55	公司治理(第五版)	罗伯特·A.G. 蒙克斯	Robert A. G. Monks	69.80	2017	978-7-300-24972-8
56	国际经济学(第15版)	罗伯特·J. 凯伯	Robert J. Carbaugh	78.00	2017	978-7-300-24844-8
57	经济理论和方法史(第五版)	小罗伯特·B. 埃克伦德等	Robert B. Ekelund. Jr.	88.00	2017	978-7-300-22497-8
58	经济地理学	威廉·P. 安德森	William P. Anderson	59.80	2017	978-7-300-24544-7
59	博弈与信息:博弈论概论(第四版)	艾里克·拉斯穆森	Eric Rasmusen	79.80	2017	978-7-300-24546-1
60	MBA宏观经济学	莫里斯·A. 戴维斯	Morris A. Davis	38.00	2017	978-7-300-24268-2
61	经济学基础(第十六版)	弗兰克·V. 马斯切纳	Frank V. Mastrianna	42.00	2017	978-7-300-22607-1
62	高级微观经济学:选择与竞争性市场	戴维·M. 克雷普斯	David M. Kreps	79.80	2017	978-7-300-23674-2
63	博弈论与机制设计	Y. 内拉哈里	Y. Narahari	69.80	2017	978-7-300-24209-5
64	宏观经济学(第十二版)	鲁迪格·多恩布什	Rudiger Dornbusch	69.00	2017	978-7-300-23772-5
65	国际金融与开放宏观经济学:理论、历史与政策	亨德里克·范登伯格	Hendrik Van den Berg	68.00	2016	978-7-300-23380-2
66	经济学(微观部分)	达龙·阿西莫格鲁等	Daron Acemoglu	59.00	2016	978-7-300-21786-4
67	经济学(宏观部分)	达龙·阿西莫格鲁等	Daron Acemoglu	45.00	2016	978-7-300-21886-1
68	中级微观经济学——直觉思维与数理方法(上下册)	托马斯·J. 内契巴	Thomas J. Nechyba	128.00	2016	978-7-300-22363-6
69	环境与自然资源经济学(第十版)	汤姆·蒂坦伯格等	Tom Tietenberg	72.00	2016	978-7-300-22900-3
70	货币金融学(第十一版)	弗雷德里克·S. 米什金	Frederic S. Mishkin	85.00	2016	978-7-300-23001-6
71	动态优化——经济学和管理学中的变分法和最优控制(第二版)	莫顿·I. 凯曼等	Morton I. Kamien	48.00	2016	978-7-300-23167-9
72	投资学精要(第九版)	兹维·博迪等	Zvi Bodie	108.00	2016	978-7-300-22236-3
73	环境经济学(第二版)	查尔斯·D. 科尔斯塔德	Charles D. Kolstad	68.00	2016	978-7-300-22255-4
74	MWG《微观经济理论》习题解答	原千晶等	Chiaki Hara	75.00	2016	978-7-300-22306-3
75	横截面与面板数据的计量经济分析(第二版)	杰弗里·M. 伍德里奇	Jeffrey M. Wooldridge	128.00	2016	978-7-300-21938-7
76	宏观经济学(第十二版)	罗伯特·J. 戈登	Robert J. Gordon	75.00	2016	978-7-300-21978-3
77	动态最优化基础	蒋中一	Alpha C. Chiang	42.00	2015	978-7-300-22068-0
78	管理经济学:理论、应用与案例(第八版)	布鲁斯·艾伦等	Bruce Allen	79.80	2015	978-7-300-21991-2
79	微观经济分析(第三版)	哈尔·R. 范里安	Hal R. Varian	68.00	2015	978-7-300-21536-5
80	财政学(第十版)	哈维·S. 罗森等	Harvey S. Rosen	68.00	2015	978-7-300-21754-3
81	经济数学(第三版)	迈克尔·霍伊等	Michael Hoy	88.00	2015	978-7-300-21674-4
82	发展经济学(第九版)	A.P. 瑟尔沃	A. P. Thirlwall	69.80	2015	978-7-300-21193-0
83	宏观经济学(第五版)	斯蒂芬·D. 威廉森	Stephen D. Williamson	69.00	2015	978-7-300-21169-5
84	现代时间序列分析导论(第二版)	约根·沃特斯等	Jürgen Wolters	39.80	2015	978-7-300-20625-7
85	空间计量经济学——从横截面数据到空间面板	J. 保罗·埃尔霍斯特	J. Paul Elhorst	32.00	2015	978-7-300-21024-7
86	战略经济学(第五版)	戴维·贝赞可等	David Besanko	78.00	2015	978-7-300-20679-0
87	博弈论导论	史蒂文·泰迪里斯	Steven Tadelis	58.00	2015	978-7-300-19993-1
88	社会问题经济学(第二十版)	安塞尔·M. 夏普等	Ansel M.Sharp	49.00	2015	978-7-300-20279-2
89	时间序列分析	詹姆斯·D. 汉密尔顿	James D. Hamilton	118.00	2015	978-7-300-20213-6
90	微观经济理论	安德鲁·马斯-克莱尔等	Andreu Mas-Collel	148.00	2014	978-7-300-19986-3
91	产业组织:理论与实践(第四版)	唐·E. 瓦尔德曼等	Don E. Waldman	75.00	2014	978-7-300-19722-7
92	公司金融理论	让·梯若尔	Jean Tirole	128.00	2014	978-7-300-20178-8
93	公共部门经济学	理查德·W. 特里西	Richard W. Tresch	49.00	2014	978-7-300-18442-5
94	计量经济学导论(第三版)	詹姆斯·H. 斯托克等	James H. Stock	69.00	2014	978-7-300-18467-8
95	中级微观经济学(第六版)	杰弗里·M. 佩罗夫	Jeffrey M. Perloff	89.00	2014	978-7-300-18441-8
96	计量经济学原理与实践	达摩达尔·N. 古扎拉蒂	Damodar N.Gujarati	49.80	2013	978-7-300-18169-1
97	经济学简史——处理沉闷科学的巧妙方法(第二版)	E. 雷·坎特伯里	E. Ray Canterbery	58.00	2013	978-7-300-17571-3

经济科学译丛

序号	书名	作者	Author	单价	出版年份	ISBN
98	环境经济学	彼得·伯克等	Peter Berck	55.00	2013	978-7-300-16538-7
99	高级微观经济理论	杰弗里·杰里	Geoffrey A. Jehle	69.00	2012	978-7-300-16613-1
100	高级宏观经济学导论:增长与经济周期(第二版)	彼得·伯奇·索伦森等	Peter Birch Sørensen	95.00	2012	978-7-300-15871-6
101	卫生经济学(第六版)	舍曼·富兰德等	Sherman Folland	79.00	2011	978-7-300-14645-4
102	现代劳动经济学:理论与公共政策(第十版)	罗纳德·G. 伊兰伯格等	Ronald G. Ehrenberg	69.00	2011	978-7-300-14482-5
103	计量经济学基础(第五版)(上下册)	达摩达尔·N. 古扎拉蒂	Damodar N.Gujarati	99.00	2011	978-7-300-13693-6
104	《计量经济学基础》(第五版)学生习题解答手册	达摩达尔·N. 古扎拉蒂等	Damodar N. Gujarati	23.00	2012	978-7-300-15080-8

金融学译丛

序号	书名	作者	Author	单价	出版年份	ISBN
1	货币金融学(第三版)	R. 格伦·哈伯德等	R. Glenn Hubbard	96.00	2021	978-7-300-28819-2
2	房地产金融与投资(第十五版)	威廉·B. 布鲁格曼等	William B. Brueggeman	118.00	2021	978-7-300-28473-6
3	金融工程学原理(第三版)	罗伯特·L. 科索斯基等	Robert L. Kosowski	109.00	2020	978-7-300-28541-2
4	金融市场与金融机构(第12版)	杰夫·马杜拉	Jeff Madura	99.00	2020	978-7-300-27836-0
5	个人理财(第11版)	E. 托马斯·加曼等	E. Thomas Garman	108.00	2020	978-7-300-25653-5
6	银行学(第二版)	芭芭拉·卡苏等	Barbara Casu	99.00	2020	978-7-300-28034-9
7	金融衍生工具与风险管理(第十版)	唐·M. 钱斯	Don M. Chance	98.00	2020	978-7-300-27651-9
8	投资学导论(第十二版)	赫伯特·B. 梅奥	Herbert B. Mayo	89.00	2020	978-7-300-27653-3
9	金融几何学	阿尔文·库鲁克	Alvin Kuruc	58.00	2020	978-7-300-14104-6
10	银行风险管理(第四版)	若埃尔·贝西	Joël Bessis	56.00	2019	978-7-300-26496-7
11	金融学原理(第八版)	阿瑟·J. 基翁等	Arthur J. Keown	79.00	2018	978-7-300-25638-2
12	财务管理基础(第七版)	劳伦斯·J. 吉特曼等	Lawrence J. Gitman	89.00	2018	978-7-300-25339-8
13	利率互换及其他衍生品	霍华德·科伯	Howard Corb	69.00	2018	978-7-300-25294-0
14	固定收益证券手册(第八版)	弗兰克·J. 法博齐	Frank J. Fabozzi	228.00	2017	978-7-300-24227-9
15	金融市场与金融机构(第8版)	弗雷德里克·S. 米什金等	Frederic S. Mishkin	86.00	2017	978-7-300-24731-1
16	兼并、收购和公司重组(第六版)	帕特里克·A. 高根	Patrick A. Gaughan	89.00	2017	978-7-300-24231-6
17	债券市场:分析与策略(第九版)	弗兰克·J. 法博齐	Frank J. Fabozzi	98.00	2016	978-7-300-23495-3
18	财务报表分析(第四版)	马丁·弗里德森	Martin Fridson	46.00	2016	978-7-300-23037-5
19	国际金融学	约瑟夫·P. 丹尼尔斯等	Joseph P. Daniels	65.00	2016	978-7-300-23037-1
20	国际金融	阿德里安·巴克利	Adrian Buckley	88.00	2016	978-7-300-22668-2
21	个人理财(第六版)	阿瑟·J. 基翁	Arthur J. Keown	85.00	2016	978-7-300-22711-5
22	投资学基础(第三版)	戈登·J. 亚历山大等	Gordon J. Alexander	79.00	2015	978-7-300-20274-7
23	金融风险管理(第二版)	彼德·F. 克里斯托弗森	Peter F. Christoffersen	46.00	2015	978-7-300-21210-4
24	风险管理与保险管理(第十二版)	乔治·E. 瑞达等	George E. Rejda	95.00	2015	978-7-300-21486-3
25	个人理财(第五版)	杰夫·马杜拉	Jeff Madura	69.00	2015	978-7-300-20583-0
26	企业价值评估	罗伯特·A.G. 蒙克斯等	Robert A. G. Monks	58.00	2015	978-7-300-20582-3
27	基于Excel的金融学原理(第二版)	西蒙·本尼卡	Simon Benninga	79.00	2014	978-7-300-18899-7
28	金融工程学原理(第二版)	萨利赫·N. 内夫特奇	Salih N. Neftci	88.00	2014	978-7-300-19348-9
29	国际金融市场导论(第六版)	斯蒂芬·瓦尔德斯等	Stephen Valdez	59.80	2014	978-7-300-18896-6
30	金融数学:金融工程引论(第二版)	马雷克·凯宾斯基等	Marek Capinski	42.00	2014	978-7-300-17650-5
31	财务管理(第二版)	雷蒙德·布鲁克斯	Raymond Brooks	69.00	2014	978-7-300-19085-3
32	期货与期权市场导论(第七版)	约翰·C. 赫尔	John C. Hull	69.00	2014	978-7-300-18994-2
33	国际金融:理论与实务	皮特·塞尔居	Piet Sercu	88.00	2014	978-7-300-18413-5
34	货币、银行和金融体系	R. 格伦·哈伯德等	R.Glenn Hubbard	75.00	2013	978-7-300-17856-1
35	并购创造价值(第二版)	萨德·苏达斯纳	Sudi Sudarsanam	89.00	2013	978-7-300-17473-0
36	个人理财——理财技能培养方法(第三版)	杰克·R. 卡普尔等	Jack R. Kapoor	66.00	2013	978-7-300-16687-2
37	国际财务管理	吉尔特·贝克特	Geert Bekaert	95.00	2012	978-7-300-16031-3
38	应用公司财务(第三版)	阿斯沃思·达摩达兰	Aswath Damodaran	88.00	2012	978-7-300-16034-4
39	资本市场:机构与工具(第四版)	弗兰克·J. 法博齐	Frank J.Fabozzi	85.00	2011	978-7-300-13828-2

图书在版编目（CIP）数据

货币金融学：第三版/（美）R. 格伦·哈伯德（R. Glenn Hubbard），（ ）安东尼·帕特里克·奥布赖恩著；孙国伟译. --北京：中国人民大学出版社，2021.3

（金融学译丛）

书名原文：Money，Banking，and the Financial System（Third Edition）

ISBN 978-7-300-28819-2

Ⅰ.①货… Ⅱ.①R… ②安… ③孙… Ⅲ.①货币和银行经济学 Ⅳ.①F820

中国版本图书馆 CIP 数据核字（2021）第 031978 号

金融学译丛

货币金融学（第三版）

R. 格伦·哈伯德
安东尼·帕特里克·奥布赖恩 著
孙国伟 译

Huobi Jinrongxue

出版发行	中国人民大学出版社		
社　址	北京中关村大街 31 号	邮政编码	100080
电　话	010－62511242（总编室）		010－62511770（质管部）
	010－82501766（邮购部）		010－62514148（门市部）
	010－62515195（发行公司）		010－62515275（盗版举报）
网　址	http://www.crup.com.cn		
经　销	新华书店		
印　刷	涿州市星河印刷有限公司		
规　格	185 mm×260 mm　16 开本	版　次	2021 年 3 月第 1 版
印　张	36.5　插页 1	印　次	2021 年 3 月第 1 次印刷
字　数	876 000	定　价	96.00 元

Pearson

尊敬的老师：

您好！

为了确保您及时有效地获得培生整体教学资源，请您务必完整填写如下表格，加盖学院的公章后以电子扫描件等形式发给我们，我们将会在2～3个工作日内为您处理。

请填写所需教辅的信息：

采用教材			□ 中文版　□ 英文版　□ 双语版
作　者		出版社	
版　次		ISBN	
课程时间	始于　　年　月　日	学生人数	
	止于　　年　月　日	学生年级	□ 专科　□ 本科 1/2 年级 □ 研究生　□ 本科 3/4 年级

请填写您的个人信息：

学　校			
院系/专业			
姓　名		职　称	□ 助教 □ 讲师 □ 副教授 □ 教授
通信地址/邮编			
手　机		电　话	
传　真			
official email（必填） （eg：×××@ruc. edu. cn）		email （eg：×××@163. com）	
是否愿意接受我们定期的新书讯息通知：　□ 是　□ 否			

系/院主任：＿＿＿＿＿＿（签字）

（系 / 院办公室章）

＿＿年＿＿月＿＿日

资源介绍：

——教材、常规教辅（PPT、教师手册、题库等）资源：请访问 www. pearson. com/us/higher-education。（免费）

——MyLabs/Mastering 系列在线平台：适合老师和学生共同使用；访问需要 Access Code。　（付费）

地址：中国北京市东城区北三环东路36号环球贸易中心D座1208室 100013

Please send this form to：copub. hed@pearson. com

Website：www. pearson. com